张家口长城
研究文集

程葆刚 韩祥瑞 主编

中国言实出版社

图书在版编目（CIP）数据

张家口长城研究文集 / 程葆刚，韩祥瑞主编 . -- 北京：
中国言实出版社 , 2023.1
ISBN 978-7-5171-4364-2

Ⅰ . ①张… Ⅱ . ①程… ②韩… Ⅲ . ①长城－文化研
究－张家口－文集 Ⅳ . ① K928.77-53

中国国家版本馆 CIP 数据核字（2023）第 005599 号

张家口长城研究文集

责任编辑：史会美
责任校对：张天杨

出版发行：中国言实出版社
    地 址：北京市朝阳区北苑路180号加利大厦5号楼105室
    邮 编：100101
    编辑部：北京市海淀区花园北路35号院9号楼302室
    邮 编：100088
    电 话：010-64924853（总编室） 010-64924716（发行部）
    网 址：www.zgyscbs.cn 电子邮箱：zgyscbs@263.net

经 销：新华书店
印 刷：北京虎彩文化传播有限公司
版 次：2024年6月第1版 2024年6月第1次印刷
规 格：710毫米×1000毫米 1/16 36.25印张
字 数：600千字

定 价：168.00元
书 号：ISBN 978-7-5171-4364-2

图 1　张北县虞台岭赵夯土长城　胡明摄

图 2　张北县桦皮岭燕长城　胡明摄

图 3　张北县周坝秦长城与烽火台　李晓宁摄

图 4　张北县桦皮岭汉、秦长城　胡明摄

图 5　沽源县冰山梁北魏长城与烽火台　李晓宁摄

图 6　蔚县马头山北齐、北魏长城　宋勇摄

图 7　赤城县上虎村唐、明长城　郑严摄

图 8　康保县处长地乡金长城　李晓宁摄

图9　明宣府镇城鼓楼（镇朔楼）梁国柱摄

图10　明"样边"长城（怀来县庙港）李晓宁摄

图 11　明内长城（怀来县陈家堡）吕富荣摄

图 12　明外长城（赤城县独石口）李晓宁摄

本书编委会

顾　问：卢永庆　　陈韶旭

主　编：程葆刚　　韩祥瑞

编　辑：王秀琴　　王晓轩　　高鸿宾　　李殿光

张家口市位于河北省西北部，东接北京市，西连山西省，北临内蒙古自治区，南邻河北省保定市。其总面积达 37000 平方公里，总人口为 450 余万。

张家口是一块古老而神奇的土地。北京中华世纪坛的青铜甬道上清楚地记载着，张家口在距今 100 多万年前就已有古人类生存，是中华民族的发祥地之一。司马迁在《史记·五帝本纪》也记载着，距今 5000 多年前，黄帝在今天的张家口市涿鹿县一带先是"与炎帝战于阪泉之野"，后又"与蚩尤战于涿鹿之野"，最终与各部族"合符釜山，而邑于涿鹿之阿"，"诸侯咸尊轩辕为天子"，奠定了中华民族大一统的人文基础。故论者说："千古文明开涿鹿。"张家口在中华民族发展壮大的历史征程中，留下我们祖先向前迈进的足迹。万里长城是记载中国历史发展的重要标志，是中华民族历史文化的象征，在张家口留下了浓墨重彩的篇章。

张家口是中国修筑长城最早的地区之一。"长城之筑，始于战国。"公元前 300 年，赵武灵王为防止北方草原民族林胡、楼烦的南下，"筑长城，自代并阴山下，至高阙为塞"。代地在当今张家口之西部地区，此举开张家口修筑长城之先河。不久，"燕亦筑长城，自造阳至襄平"，其目的则是防止北方游牧民族东胡的南下。造阳在上谷，上谷则处于当今张家口东部地区。远在战国时期，张家口北部地区就已先后筑起了西边的赵北长城、东边的燕北长城。公元前 221 年，秦始皇灭六国，一统中国，同样为防止北方匈奴、东胡向南掳掠，而筑长城。秦长城起临洮，至辽东，绵延万里。在张家口地区，秦始皇选择利用赵北长城与燕北长城已有部分，并把二者连接起来，使之成为北方边防大屏障的重要一环。这之后，汉、北魏、北齐、唐、金，直至明朝，都曾在张家口地区大规模地修筑长城。张家口在地理上处于华北平原向蒙古高原的提升过渡地带，是中原农耕民族与草原游牧民族生活范围的天然分野，中原王朝为防备北方草原民族"南下牧马"，不得不在此大筑长城，且规模越来越大，城高堡密，长时不辍。张家口堪称历代长城之博物馆。

张家口是中国修筑长城最集中的地区之一。据初步统计，2000余年间，在张家口地区所筑长城达1800余公里。仅明朝就曾在张家口地区三次大规模地修筑长城，明朝修筑的长城质量最好，防御功能最全，也最长，达700余公里。现全市所属13个县，县县都有长城及其附属建筑的遗存。从防御纵深看，既有内长城，又有外长城，甚至称二道边、三道边者。长城于险要处设关隘，内外高峻开阔处立烽火台，骑城墙布敌台、敌楼。长城内侧战略要地建卫城，冲要之地建千户所城、军堡，驻扎部队。居民点亦筑堡自卫。从指挥体系说，除绝大部分属宣府镇统辖外，还有昌镇统辖的长城系统和真保镇统辖的长城系统。明代整体边防内缩，使宣府镇"南屏京师，后控沙漠，左抱居庸之险，右拥云中之固，弹压上游"的军事防御地位更加突出，终成"九边"中"最为冲要"者。"其地山川纠纷，号为险塞，且分屯置军，倍于他镇。"全镇辖宣府前卫、宣府左卫、宣府右卫、万全左卫、万全右卫、延庆左卫、延庆右卫、开平卫、怀安卫、保安卫、保安右卫、怀来卫、蔚州卫、永宁卫、龙门卫15个卫，并直辖兴和、美峪、广昌、龙门、云州、长安岭、四海冶7个守御千户所，以及众多的军堡、民堡。长城沿线更是"三里一墩，五里一台"。镇守总兵官特佩"镇朔将军"印，并分北路、东路、西路、中路、南路、南山路防守。明永乐帝五次亲征北元，均自宣府镇出击，绝非偶然。

张家口是中国长城规制、式样最为丰富的地区之一。历朝历代修筑长城的规制是不一样的，特别是各地的地形地貌非常复杂，所以建筑结构、式样也是多变多彩的。有的是长长的城墙连同山险，绵延不断；有的是分组筑墩带堡，列成成排；有的是深壕堆土，横亘逶迤。有土夯、石砌，也有土石混筑；有石条、城砖、灰浆精筑的，也有石块干垒、石片干插粗糙搭建的。长城顶部有平顶的，也有尖顶、圆顶、斜顶的。有的顶部人不能立，而有的则是可以八人并行、四马踏列。敌楼和墩台有方形的和圆形的，有的中空分楼层，也有的底实上空、靠软梯上下。进出券门和瞭望窗口的设计，则更是匠心独具，样式各异，精巧而美观。特别值得一提的是怀来县小南辛堡乡庙港村一带的长城，人称"样边"，据传是明朝戚继光总理蓟镇（昌镇、真保镇原属蓟镇）军务时为保证长城建筑质量而做的"样板工程"。墙体外表由条石垒筑，内部则由石块、砖头、三合土填充。上部内侧宇墙、外侧垛口均由城砖砌成。顶部方砖平铺、灰浆灌缝，并置有排水出口。城墙内侧设有台阶通道，方便人马上下。在山谷处设置水关，排洪水、走行人，严控城防。墙体厚实坚固，配套齐全完整。该段长城可谓长城修筑中的精品，具有很高的实用价值、观赏价值和研究价值。

长城造就了张家口，长城是构成张家口地域文化的核心内容。长城是中原农耕民族保护自己农业生产方式的军事防御体系，其出发点是向往和平的生活。长城没有也不会完全阻断长城内外各民族间的正常交往，它使贸易点和民居点变得更趋集中，客观上促成了长城沿线一批城市的形成和发展。始建于明宣德四年（1429 年）的张家口堡，当时不过是宣府镇统辖的万全右卫指挥下的一个很一般的军堡，但正是驻军及其家属的生活需要使这个戍堡兼有了商城的变化，也正是长城内外各民族基于生活需要而进行的边境关口贸易—"互市"的兴盛，带动了张家口制造业、服务业的大发展，造就了张家口"陆路码头"的经济地位，张家口成为北方"茶叶之路"的起始点。大量的茶叶、绸缎、日用品在这里集中、加工，出关输往蒙古、俄罗斯以及欧洲各地；广阔草原的马匹、毛皮在这里集中、加工，进关运往中原各地。张家口的皮毛加工业、冶金制造业、酿酒业也很发达，"口皮""口蘑""口碱"闻名于世。随着我国第一条自己设计、自己施工的京张铁路的建成和我国第一条运营公路——张库（库伦—蒙古国乌兰巴托）汽车路的开通，张家口这一商道枢纽一时成了"华北第二商埠"，年贸易总额达 15000 万两白银。

张家口自古为边关，但也历来是多民族共居之地。长城内外征战时的漫天烽火与和平时民族密切来往、交相轮替形成的浓烈的边塞生活氛围，培养了张家口人特有的对争战变局的冷峻与沉稳，对艰苦环境的随适与乐观，对和平生活的渴望与追求，对交友待客的热诚与豪放，以及对外来人的尊重与包容等鲜明的性格。这也是张家口地域文化的核心内容。

正是长城的无穷魅力，吸引了越来越多的人渴望探求的目光。张家口一带的长城因为年代久远，形态多样，再加之山高地僻，人迹罕至，因而记载着更多的历史信息，这也引起了众多长城爱好者越来越多的关注。他们徒步长城探索，泛舟学海求证，发表了不少的文章。如今，我们有选择地将一部分结集出版，是想为大家创造一个交流的平台。当然，也希望大家藉此出发，把对张家口长城的研究推向一个新高度。

是为序。

编者

2022 年 2 月 18 日

目 录

1

中国北方长城考述（节选）

李逸友

承《中国文物地图集·内蒙古自治区分册》主编郭素新同志的委托，由我负责对长城遗迹进行重点复查并对书稿进行修改。鉴于内蒙古长城遗迹是我国北方古长城的一部分，有的是自邻近省区伸入内蒙古，有的是自内蒙古穿越邻省而又复入内蒙古，有的自邻省区穿越内蒙古而又复入另一省区。因此，我复查时不仅限于内蒙古境内，而且深入到与内蒙古相邻的华北以及西北、东北地区连接地段，从而弄清中国北方古长城遗迹状况。我不顾年迈体弱，全力投入田野考察，1996—1997年花费了两年的夏秋时节，1998—1999年在修改文稿时又对个别地段进行短期复查，田野工作历时共计约8个月，除乘坐公共交通工具外，自备汽车行程约25000公里，终于基本上完成任务。

经过田野考察，结合文献资料，在基本上弄清中国北方古长城分布状况的基础上，我改写了地图集有关长城部分的说明，绘制出中国北方古长城的分布图。

赵长城东段遗迹踏查记

1996—1997年，我考察了赵长城北线的东段遗迹，收获如下：

《史记·匈奴列传》记载："赵武灵王亦变俗胡服、习骑射，北破林胡、楼烦，筑长城，自代并阴山下，至高阙为塞，而置云中、雁门、代郡。"这条战国时期赵国在北部边境所筑长城，通称赵长城北线或赵北长城，我们可直称其为赵长城。对于赵长城的东端起点，历史考古学界众说纷纭，有说起点在今河北省蔚县代王城附近，有说起点在今河北省宣化县境内，又有说起点在今河北省尚义县以西，还有说起点在内蒙古兴和县北部的。这些说法有的是据史书原文解释的，有的是据文物考古工作提供的线索推断的。从已发表的考古资料中未查出有实地考察遗址的，因此亦难于使人信服。我于1997年6月到河北考察，经过数天的实地考察，仅见有秦、汉、明代长城，而未见有战国时期赵国的长城遗迹。张家口地区文物普查资料，也未见自蔚县向北伸延经尚义县而进入兴和县的南北走向的长城，更没有战国时期兴筑者。因此，可以肯定赵北长城的东端起点不在今河北省境内，而应是在今内蒙古兴和县北部的大青山西麓地带。

秦汉长城中间地段述考

自卓资县以东的秦汉长城遗迹不多，至今只搞清楚大致情况，还要再做工作，才可能完全明白。盖山林、陆思贤先生在1979年发表的文章，曾称秦长城是由乌兰察布盟中部和东部，经察右后旗、商都县、化德县、康保县、太仆寺旗、正蓝旗、多伦县、围场县而进入赤峰市（昭乌达盟）境内。陆思贤先生后又曾称："秦长城在武川县与察右中旗之间空了一段，现在还没有搞清楚。由察右中旗的金盆公社向东，经商都县、化德县，与战国时代的燕长城相连接，中经河北省康保县、再到内蒙古的太仆寺旗、正蓝旗、多伦县……"我们复查后得知：自察右后旗北部的赵家房子村南向东行经商都县大拉子乡，至于二吉淖尔村西止的长城，乃是北魏长城的西半段；自察右后旗东北部向东行，经商都县冯家村南，至卯都乡境折向东南行，经化德县、康保县、太仆寺旗、正蓝旗、多伦县，而后伸入河北省境内的长城遗迹，乃是利用北魏长城改造的金界壕南线遗迹。

秦汉长城河北省怀安县至围场县、承德县地段遗迹

秦汉长城自内蒙古乌兰察布市兴和县至赤峰市松山区和宁城县地段，系横贯河北省北部，包括张家口地区的怀安县、尚义县、张北县、崇礼县、沽源县和赤城县，承德地区的丰宁县、围场县、隆化县、承德县等地，分布在东西横亘的大马群山、军都山的脊岭之上，东至于七老图山山麓地带，东西绵延400余公里。

河北省北部的历代长城，早在 20 世纪 80 年代就已经过文物普查弄清了分布情况。为了弄清内蒙古地区历代长城中何时代长城与河北省何地段的相连，我特地于 1997 年夏季至秋季到张家口市、承德市及其所属有关县的文物部门请教，并实地查看了一些地段。据《张家口地区文物普查资料集》记载，秦长城自怀安县桃沟村以东至骆驼嵯坝，再东伸入丰宁县境，即自桃沟向东经张北县狼窝沟，"向东经二道边村、小南洼、塞塞坝、小三塔户、崇礼县的坝顶，攀越桦皮岭，然后向东北入沽源县经卜塔沟、碾盘沟，至小厂而后东南经毡房营、太平沟至前坝，折而向南经平头梁、南场至骆驼嵯坝"。现今地表上所见，狼窝沟以西至桃沟之间的秦长城，上面为明外长城所叠压；狼窝沟以东至骆驼嵯坝之间的秦长城，部分地段被明外长城所叠压，其中二道边村至坝顶之间地段，未曾被明外长城叠压。在当地文物部门陪同下，我们一行人共查看了三处秦长城与明外长城分岔地段。一处位于尚义县与万泉县交界的鱼儿山脊顶，明外长城绕至南侧山脊，再折返鱼儿山顶，而秦长城则是直向鱼儿山攀登，中间穿越山沟，墙体已中断，再向东直趋至山顶。这一段明外长城多绕行约 1 公里，但较秦长城有利于占据脊顶。又一处是在狼窝沟口的东约 2 公里的二道边村东，狼窝沟是张家口市通往坝上草原的交通要道，自古以来的南北交通均经过此山口，这是由于这座山口，是张家口市北面横贯大山中较低的一处山口。长城自西向东经过山脊的北坡，穿越狼窝沟后，继续东行至二道边村南分岔；从狼窝沟的长城断面上可以看到，这一段长城不是一次筑成，上面叠压的明外长城的墙体最多不过有三分之二；从分岔点看到，秦长城继续向东偏北方向伸延，逶迤在山脊的北坡之上。而另一支长城则折向东南行，经张家口市北面的大境门再向东伸延；从这段长城向山下伸延点看到，其下部为土石混筑长城，上部叠压的是明代加筑的砂土层，墙体西侧的一座烽燧址也被明代改筑成墩台，其上半部加高的夯土层与下半部的完全不同，由此得知这一段长城，原系秦以后兴筑的，明代改筑成为外长城；这一段长城下部叠压的墙体，原系土石混筑，水土流失后仅存石块而形成石垄，它有可能为北齐长城。再一处是在张北县东南边境的桦皮岭上，位于张北、崇礼、沽源三县交界处，秦长城自西伸延至桦皮岭，折向东北行，从岭上山脊向山下伸延，穿过山沟，再爬上桦皮岭，而明长城则是沿山脊向南再折向东北，多绕行约 2 公里。秦长城位于桦皮岭北部山沟地段的，墙体为土筑，山沟口上见有水门址，即南北墙体中断处，各筑有一方形夯土台基，两夯土台间留有宽约10米的豁口，以便山洪通过；夯土台长宽各约5米，高约2米，未见有遗物。经过考察，我们发现上述三处长城有分岔点，证实原文物普查资料是可信的。后来，我们一行人从沽源南下赤城县时，看到在独石口北面的秦长城在明长城北面1—2公里的山脊上，自西向东通过。秦长城通过的山岭，依然是位于山顶脊梁上，而明长城则筑在脊岭南侧的山坡上，于独石口堡北约1公里地带通过。这次实地考察，证实了秦长城在张家口地区的分布情况，后又经汉代沿用过，但未见有亭障和烽燧遗址及遗物。

秦汉长城在河北省承德地区的分布情况，依据以往文物普查资料，也可大致了解。在沽源县与丰宁县交界的骆驼嵯，是一处值得注意的地点。经多方打听，找不到可去骆驼嵯的车路，都说那一带山势陡险无车路可通；我们一行曾到赤城县东北部一带寻访，也未找到与长城相关的遗迹。据文物普查资料记载，赤城县龙门所后面南北走向的明长城，系自独石口东面折而沿山脊南下，经龙门所东山梁，直至延庆区四海冶。我们沿赤城县至丰宁县砂土公路东行，经过龙门所东山梁时，偶见这里有两条长城并行，仔细观察发现，早期长城塌倒较甚，地表残高1米左右，我们在其侧的烽燧址旁拾到了汉代陶片，由此得知这是汉代长城遗迹。位于汉长城西侧的明长城，残高达3米，虽多残废，但较汉长城更为清楚。这一段南北纵向的汉长城，应系从骆驼嵯分出，经丰宁县南部，再经隆化县、承德县伸入内蒙古宁城县境内。

秦汉长城在今河北省北部地段，是代郡、上谷郡、渔阳郡的北边防御线，秦始皇时兴筑长城将赵长城和燕长城联结起来，但实地调查发现自沽源县东南角上的骆驼嵯起，经过丰宁县北部的大山，至滦河西侧的乌孙吐鲁坝之间，秦代未曾筑有墙体，只是因山守险，在山南麓筑有障址。秦长城在滦河东侧的大营子村南山坡再现，乃是沿用了燕北长城，仅需修缮即可成为防御工事。汉武帝元朔二年时，"弃上谷之斗辟县造阳地以予胡"，此造阳地方的地理位置，史学界也有多种解释，大都认为今河北沽源县为造阳地方。从汉长城遗迹的分布状况来看，汉长城自沽源、赤城、丰宁三县交界地带的骆驼嵯折回南行，沿山脊东侧向南伸延，再东南经丰宁县南部、隆化县、承德县，而后伸入内蒙古宁城县境内。由此可知，汉长城不再沿用骆驼嵯以东的秦长城，即放弃了自此以东的边疆。所谓"造阳地"，当是指这一带山峦重叠的地方，该地至今仍是人烟稀少不通车路的僻壤，我们无法沿着山脊仔细查找有无长城遗迹存在。这一段汉长城南移了数十公里，面积不只是一个小县管领的范围，于是曾有历史学者认为这一段长城，乃是东汉或西晋时所筑，不认为是西汉武帝时兴筑。从概念上讲赵之上谷郡以东与燕国接壤，秦并天下后兴筑的长城将赵、燕长城连接起来，但实际上赵燕两国长城所防之敌各不相同，赵国防御匈奴人南下，而燕国防御的是东胡人南下，两国所筑长城原来就不是连成一条防线的。秦代在两条长城中补筑一条联结线，而秦时主要是防匈奴自河南地直入关中，因此在阴山北麓进行的兴建工程巨大，在东北方的防线上，尽可能利用山险设防。从调查资料看到，燕北长城的西端起点应是在今丰宁县的滦河东侧的大山北麓，自此向东伸延，而不是燕国北境上全都筑有长城，更不是有人想象中那样越长越好；燕国防御的敌人在燕北山脉的东北方，因此属于燕山山脉的军都山上就不曾有燕或赵的长城。可以肯定今丰宁县滦河以西无燕长城，秦代沿袭管领这一带地区时，也未曾筑有墙体，只是因山设险防守而已。秦末至西汉初期中原王朝也难于控制这一带，史书有匈奴南下上谷、渔阳郡的记载，但这一带不是骑兵突击的主要通道，因此汉武帝时便主动放弃了这一带山区，另筑长城列燧于其南部山区。

北魏长城与镇戍遗址之考查

据近年文物普查和我亲自复查，北魏王朝第一次修筑的长城，应是将赤城至五原间的秦汉长城加以修葺而成。北魏长城东起自河北省赤城县独石口北的大山上，西行经崇礼与沽源之间的山岭，经张北县南、尚义县南、怀安县西北角而入内蒙古，经兴和县、丰镇市、察右前旗、卓资县、察右中旗、呼和浩特市郊区、武川县、固阳县等地，即从大马群山经蛮汉山东、北，再经灰腾梁山西南麓，西经大青山南麓而穿越大青山至其北麓，由西进入查石太山区。查石太山以南地带为汉代五原郡北部边境，北魏长城西端的五原，并非指五原郡郡治所在地，而是五原郡的北部边境。这一段秦汉长城，曾在北魏时期利用并加以修缮，这是有考古资料证明的。1996年秋我曾在察右前旗呼和乌素乡黑沟村南山坡上的一座燧址旁，拾到过北魏时期的筒瓦和板瓦残片，可知这座筑在长城墙体上的烽燧，曾在北魏时期加筑有房屋。如非沿用修葺而成，也很难想象当时北魏王朝的国力，能在两个月内筑起东西长1000多公里的长城。因此，我认为北魏时期第一次修筑的是自赤城至五原之间的秦汉长城。

关于北魏长城的研究，艾冲先生在《北朝诸国长城新考》中曾归纳："学术界对这段长城现存三种说法。第一，由今河北赤城县境过东洋河上游抵陕西省神木县。此说由王国良于1931年提出，现在响应者无几。第二，由今河北赤城县独石口经内蒙古兴和县境而达内蒙古五原县境。此说系寿鹏飞于1941年提出，但他又说独石口至清水营大边墙是其东段，自身矛盾。赞成此说者目前较多。第三，自河北赤城县北独石口经张北至内蒙古固阳县北境，再伸往阴山。"艾冲先生认为这是北魏长城的魏北长城，始筑于泰常八年二月的是其西段。他在叙述这段长城的走向时，属于自己归纳的第三种说法，与我在上面论述的走向差不多，但仔细一看，才知他叙述的"大部利用了战国赵长城遗迹"，即自内蒙古兴和县以西地段，完全是赵长城的分布走向。其中所说"除经过'九十九泉'北侧外"一语，尚不知其所指何物。我调查北魏在九十九泉北侧兴筑的围墙，乃是将九十九泉包围起来成为皇家御苑的墙，它的东西两侧不与赵、秦、汉等长城连接。如系指此段墙而言，当不攻自破。这段长城的西端，艾冲先生认为是"止于乌拉特前旗乌加河东岸"，此说亦不确切。乌拉特前旗乌加河东岸地带位于查石太山、狼山上的秦汉长城之南20多公里；自乌拉山西端的赵长城终止点至乌加河东岸之间，且无任何时代长城遗迹相连，大青山、乌拉山、查石太山、狼山都属于阴山山脉。上面引文记述"经张北至内蒙古固阳县北境，再伸往阴山"之"阴山"，应系"狼山"之刊误。

长城爱好者高旺先生曾著文介绍北魏长城，称这段长城为"泰常八年长城"，记述其走向为："这道长城东起河北省赤城，绕独石口转而向西至张北，继续西行，经内蒙古草原到达固阳北境，再由固阳之北，趋向阴山。"

（一）畿上塞围

《世祖纪》记拓跋焘太平真君七年（446年）"六月丙戌，发司、幽、定、冀四州十万人，筑畿上塞围，起上谷，西至于河，广袤皆千里。""九年二月，罢塞围作。"历时一年九个月的庞大工程，并非防御柔然人从北方攻击平城及附近的京畿地方，而是防御从南面进犯之敌，当时晋陕一带有吐京胡、卢水胡、稽胡等许多少数民族的反叛，冀南一带各族因饥荒揭竿而起，北魏王朝处在风雨飘摇之中，拓跋焘不得已兴筑起畿上塞围以捍卫平城的安全。这条南向面敌的军事防御工程，遗迹在今北京门头沟区西面山区起始，西行经河北省涿鹿县、蔚县南部，再西经山西省灵丘县、繁峙县、代县、宁武县、岢岚县，止于黄河东岸，东西长 500 余公里。据新华社成大林先生介绍，他曾骑自行车沿线调查摄影，进入山西省境内，可知此说可信。

北魏王朝在北方边境地带设置的镇，用以屯兵驻防，通常说的六镇是沃野、怀朔、武川、抚冥、怀荒、柔玄等镇。御夷镇初名御夷城，太和中迁至云候卤更名御夷镇。

现今所见长城遗迹，墙体残高 1—1.5 米，宽约 3 米，今沽源县与多伦县交界地段的墙体已被改造为乡间大道。沿线只在平安堡村附近见有一座戍堡址。河北省张家口地区组织文物普查时，曾将这一段中沽源与多伦县交界地段断定为金界壕。现今地面所见的金界壕南线遗迹，自太仆寺旗骆驼山南麓，折向东北行，进入正蓝旗境后继续北行，至太平城的西北角外才折向东行，穿越闪电河后，继续东南行经多伦县，伸入河北省丰宁县境，经草原乡所在地后再东南行。金界壕南线在此地段，先向北行一段后再折向东南行，是为了将正蓝旗黑城子金旧桓州城包围在界壕之内，所以不再利用北魏长城改筑；而且这段长城上，不见加筑有望台（马面），而在旧桓州城北面通过的金界壕上，每隔 200—250 米是加筑有望台的。

（二）北方镇戍遗址（略）

……

1. 尚义县哈拉沟古城

《水经注》谓于延水"出塞外柔玄镇西长川城南小山"，可知柔玄镇位于长川城之东，今已考定长川城址在今兴和县西北 15 公里的土城子村，柔玄镇遗址当在其东方寻访，于是有说柔玄镇当在今张北县境者。查阅《张家口地区文物普查资料集》中的张家口地区古城址登记表时，见有一栏记载尚义县哈拉沟乡土城子村古城，"暴露遗迹遗物"栏内记载"城垣呈凸形，东西约 1100 米，南北 1006 米，夯筑、泥质和夹砂陶、灰陶片、铜钱、铁农具"。又"保存情况"栏记载"城垣严重破坏，仅存墙基"。其中遗物与沽源县大宏城相同，大宏城为北魏御夷城遗址（详见下文），因此亦疑尚义县哈拉沟古城乃是柔玄镇遗址，这一推论有待于河北省文物部门证实。

2. 沽源县大宏城古城

《水经注》云："濡水出御夷镇东南，其水二源双引，夹山西北流，出山合成一川，又西北迳御夷故城东，镇北百四十里；北流，左道则连渊水注之，出故城东，西北流，迳故城南。"濡水即今滦河，其上源叫作闪电河，发源于丰宁县北境，东西两支流于沽源县南境内合流下注，在沽源县北部又汇合东面流来的支流，再北流入正蓝旗境。据此文献资料可知御夷城遗址在今沽源县北部。据《张家口地区文物普查资料集》附表记载，大宏城古城位于沽源县闪电河乡永红村西南750米，"暴露遗迹遗物"栏内记："城垣是长方形，东西170米，南北140米，夯筑，残高2米，泥质红、灰陶片。"这本资料集中未断定古城时代。后来公开发表的文章，专题记述张家口地区战国时期城址，将大宏城古城列入附表中，记其位于大宏城村西南750米，"坐落在土岗上，城南500米是囫囵淖"。"遗迹遗物"栏内记："泥质灰陶，夹砂红、褐、灰陶片。纹饰有绳纹、弦纹。器形：盆、罐、瓮等。建筑构件有绳纹板瓦、筒瓦等"，将此城列为战国时期古城。郭郛先生《元察罕脑儿行宫实地考辨》一文，已指出囫囵淖即元代察罕脑儿，大宏城在囫囵淖东北，"南墙长130米、北墙长177米，东、西墙各宽146米，有一东门"，"从城内裸露的瓦、陶器看，瓦为布纹瓦、绳纹瓦两种；陶器为泥质灰陶（有少量暗纹班灰陶片）、粗绳红陶两种。从残陶沿部看有罐、碗、盆等"。"经有关史料和出土砖、瓦、陶器等文物推断，大宏城古城就是北魏时拓跋部所建"。其说基本正确，此乃北魏初筑御夷城遗址，孝文帝时御夷镇南迁至今赤城县北面的猫峪，仍称原筑城郭为御夷城，上面曾引用的《高祖纪》太和十八年九月"诏六镇及御夷城人……"证实当时将御夷城与六镇并列，它不属于六镇之一，仍住有戍边人员家属。我曾于1997年夏季到大宏城和猫峪考察，证实了御夷城和御夷镇遗址的位置。

……

北魏长城自武川镇之北向东伸延，筑在抚冥、怀荒、柔玄诸镇之北，近者20余公里，远者超过30公里；长城沿线近旁的戍堡，当时在兴筑长城之后加筑。长城一直延伸到御夷城北十余公里，而后东南伸延至滦河西岸大山而止，即自今河北省康保县，经太仆寺旗、正蓝旗而至河北丰宁县间地段，长城沿线所见戍堡址不多，可能是金界壕南线改筑为边堡之故，在未发掘解剖城址前无法定论。

金界壕南线遗迹之考察

金王朝在其北部边境兴筑的界壕边堡，是金代最大的军事防御工程，其遗迹主要分布在今内蒙古自治区境内。现今公开出版的内蒙古地图上，绘有金界壕南线的断续遗迹。为了便于深入研究，暂将其分为东北段、中段、西南段三部分。其中段在林西县凌家营子村北分为两线，一线自凌家营子村西伸延，经克什克腾旗、正蓝旗、正镶白旗、镶黄旗，再西南行至商都县冯家村，暂称为 A 段；另一线自凌家营子向南伸延，经克什克腾旗、翁牛特旗、赤峰市松山区，再西南经河北围场县、丰宁县，再西经内蒙古多伦县、正蓝旗、太仆寺旗、河北康保县，再西北行经内蒙古化德县，至商都县冯家村与 A 段相会合，暂称为 B 段。1996 年至 1997 年间，我重点考察了金界壕南线中段的 B 段及西南段，首次确定了自林西县凌家营子至多伦县间 B 段的分布与走向，并对西南段的分布情况进行修正。

金界壕南线 B 段自太仆寺旗进入河北省康保县阎油坊乡境内，大致呈东西走向，横贯康保县中部，西至李家地乡毛胡庆村西北，再进入内蒙古化德县土城子乡境内，全长约 60 公里。《张家口地区文物普查资料》记述："康保县大青沟村东南二千米处，因修水渠将界壕切开近二百米，从剖面上看到夯层，每层厚二十厘米。因其年久，现残存一路基状大土埂。在界壕的外侧还附有马面。在平川险要处，每三五十米一个，现均倾塌成圆形土堆。"并记述康保县境内有边堡两座，均为平面呈方形，边长约 200 米，东、南、西三面开门。其中一座叫小兰城，位于界壕南 500 米，出土有白瓷碗、绿釉缸、六耳铁锅等物；另一座叫大土城，位于界壕南约 1000 米。我们复查时，曾察看了处长地乡和李家地乡境内的部分界壕遗迹，有的地段的墙体残高不足 1 米，最高的约 2 米，有的墙体上看不出有夯层，有的附筑望台遗址还很明显。

（原载于《内蒙古文物考古》2001 年 5 月刊）

李逸友，男，内蒙古自治区文物考古研究所原所长，研究馆员。曾踏遍燕赵长城、细数秦汉烽隧、明辨金元长壕，足迹遍及内蒙古及周边地区，尤其在辽金元考古研究方面有突出贡献。著有《内蒙古元代城址概说》《黑城出土文书·汉文文书卷》《成吉思汗陵》《中国北方长城考述》等。

河北长城概况

李建丽　李文龙

河北省位于我国中北部，是环绕北京的"京畿重地"，具有重要的军事战略地位。古代河北地处中国文明的中心区，北部为古代游牧民族活动区域，经济形态以畜牧为主；中南部属农耕区，有着发达的传统农业文明。建立于中原的历代封建王朝，为防止北方游牧民族的袭扰，大多以修建长城作为最重要的防御手段。

新中国成立以来，文物考古工作者经过艰辛的努力，对河北境内古代长城的分布及修筑时代有了比较清楚的认识。长城分布于省内北部、中部、西部和南部的广大区域，东起渤海之滨，顺燕山而西，横跨冀北山地、坝上草原，又向南纵贯太行山脊，经过秦皇岛、唐山、承德、张家口、保定、廊坊、石家庄、邢台、邯郸等9市54个县区。其中金代以前修筑的长城约3000公里，现地表遗存约1200公里；明代长城约2000公里。

一、战国长城

战国时期，今河北境内的燕、赵和中山三个诸侯国均修筑了长城，其中燕、赵两国分别修筑了防止中原诸侯国进攻的南长城和防止北方游牧民族进攻的北长城。

（一）燕南长城（略）

（二）燕北长城

燕北长城西端起点位于内蒙古自治区正蓝旗黑城子牧场南的滦河东岸（上游称闪电河），沿内蒙古多伦与河北张家口市的沽源交界，经小城子、糜地沟，向东进入内蒙古多伦境内；从多伦入承德市丰宁县，向东横跨围场全境，在三义永乡入内蒙古赤峰境。河北境内燕北长城总长约 226 公里。

燕北长城墙体为黄土、沙土夯筑，破坏较为严重，有的地方已成为一条土垄，残宽 4—18 米，残高 0.4—3 米。长城沿线发现 10 余处障城、烽燧。秦始皇统一全国后，燕北长城的部分地段被秦利用，金代承安年间又改建为金长城南线中段的一部分。

（三）赵南长城（略）

（四）赵北长城

赵北长城东端起点位于河北张家口市张北、万全、崇礼交界处的黄花梁北麓，向西经张北的狼窝沟、镇虎台，向西南经过海拔 1713 米的鱼儿山，由万全洗马林向南转西入怀安县，由桃沟向西进入内蒙古兴和县界。赵北长城全长约 85 公里。

赵北长城墙体为石砌或土石混砌，破坏严重，大多数地段被秦代、汉代、北魏、北齐和明代修缮利用。

（五）中山长城（略）

二、秦代长城

秦始皇统一六国，将原秦、赵、燕北部边境的长城连接起来，部分地段废弃原线另筑新墙，形成西起甘肃临洮、东至朝鲜清川江畔延袤万里的军事防线，"万里长城"由此形成。

秦长城由西向东横跨河北北部的张家口、承德两市，分为西段和东段。西段由内蒙古兴和县进入河北张家口市，经过怀安、尚义、万全、张北、崇礼、沽源和赤城县境，由沽源向东至承德市丰宁县，此后因山为险，未筑城墙。东段秦长城沿用原燕北长城，经沽源、多伦、丰宁、围场，向东入内蒙古赤峰境内。

河北境内的秦长城总长约 482 公里，墙体为土石混筑，坍塌严重，残宽 2—3 米，残高 0.3—1.5 米。

三、汉长城

汉代是修筑长城最多的封建王朝，汉长城横跨西北、华北、东北的广大地区。

河北境内的汉长城由内蒙古兴和县入境，向东经张家口的怀安、尚义、张北、万全、崇礼、沽源、赤城和承德的丰宁、隆化、滦平、承德等县，又入内蒙古宁城县。张家口境内的汉长城大部分利用原秦长城，自沽源县小厂村西南的椴木梁开始离开秦长城，至沽源、赤城交界的骆驼砦又与秦长城相接。承德境内的汉长城以城墙和"列燧"两种形式存在，丰宁、滦平、隆化和承德县有夯土长城和石砌长城，并有连续的烽燧。

汉长城在张家口境内长约233公里，在承德境内长约21.5公里。烽燧总计281座，间距为1—3公里。烽燧平面呈圆形，底径4—18米，残高0.5—4.5米，以黄土夯筑或石块垒基，上部夯筑黄土。

四、北魏长城

河北境内有三条北魏长城。

1. 泰常八年（423年）筑长城。东端起点位于张家口市赤城县东南的四十里长嵯南端，向北经白草安梁、北高山至青虎沟村东北，转东北方向至骆驼砦；此后沿用原汉长城向南进入崇礼县，从宣化向西进入张家口市区，向北抵万全、张北；又转向西沿用原秦汉长城旧基，在怀安县桃沟村西入内蒙古兴和县。总长约393公里。

此北魏长城大部分地段被明长城修缮利用，未被利用的坍塌严重，大部分高不足1米，呈土垄、石堆状。

2. 太平真君七年（446年）"畿上塞围"。东由北京市门头沟区东灵山进入河北省张家口市涿鹿县，呈东西走向至西灵山，向西再向西南，之后的长城以山为险，未筑墙。从小五台山北麓的大堡乡开始又筑有墙体，向西南入蔚县，过大南山、金河口、松枝口、九宫口、北口（即飞狐口）等要隘，在西庄头村南进入山西广灵县东加斗村南。总长约109公里。

这段长城墙体为石砌，以涿鹿西灵山段、蔚县张家窑段保存最好，底宽3.1米，顶宽2.8米，高约3米，顶部略呈圆拱形。其他地段坍塌较严重。

3. 太和八年（484年）筑长城。东段由内蒙古化德县进入河北张家口市康保县，向东北再入内蒙古太仆寺旗，折向东南方向，经内蒙古多伦与河北张家口沽源交界，又向东进入承德市丰宁县，止于万盛永乡的乌孙吐鲁坝西麓。总长约93公里。

沽源、丰宁境内的北魏长城沿用了原燕北长城。康保境内的北魏长城在金代被利用改造为界壕。

五、北齐长城

天保六年（555年）至天统元年（565年）修筑。天保六年先修建了自北京市延庆县始，经河北省赤城、沽源、崇礼、宣化、张家口市区、万全、张北、尚义、怀安进入内蒙古兴和县的长城。天保七年和天统元年，长城向东、西两个方向延伸。西部沿用原北魏"畿上塞围"，由山西广灵县入河北蔚县，再进入北京市，到密云与滦平交界的古北口。东段历滦平、兴隆、遵化、迁西、迁安、宽城、青龙、抚宁，延伸至山海关角山、馒头山。再向东，长城遗迹不明显，有人认为过杨庄村后进入辽宁省绥中县，止于墙子里村北的渤海岸边。

北齐长城大部分被明长城修缮利用。墙体结构为石砌或土石混砌，有夯筑迹象。现坍塌严重，底宽1.2—4米，残高0.6—2.5米，许多地段已成一条石垄状。

六、唐代长城

为开元年间（713—741年）修筑。自张家口市赤城县名旺庄村东北的四十里长嵯西侧山顶向西，至大尖山转南，止于宣化县小蛤蟆口。总长约70公里。

长城墙体坍塌严重。雕鹗以东为石砌，底宽约3.5米，残高0.5—3米；雕鹗以西为黄土夯筑，底宽3.5—7米，残高0.8—4米。此段长城明代又经修缮，分属宣府镇下北路和中路管理。

七、金代长城

金长城又称界壕、壕堑，掘土为壕，堆土夯筑为墙，重要地段双壕双墙并列，墙体外侧筑望台（马面），内侧建成堡、关城。金长城有主线和多条支线，河北境内的金长城属南线，分别位于承德市的围场县、丰宁县和张家口市的康保县。长城东由内蒙古赤峰进入围场，沿用原燕、秦长城至桃山后，向西北方向进入内蒙古多伦，又由多伦向西入丰宁县草原乡，再入多伦。康保县的金长城东由内蒙古太仆寺旗进入，东西横贯县境中南部，向西入内蒙古化德县。总长约215.5公里。丰宁金长城内侧有骆驼场边堡，康保金长城内侧有大土城、小兰城两座边堡。

河北境内的金长城由外壕、墙体、望台（马面）构成，墙体夯筑迹象不明显，坍塌严重，底宽 3.6—10 米，残高 0.5—3 米，望台间距 200—300 米。

八、明代长城

河北的明长城最初由蓟镇和宣府镇管辖，嘉靖中期后又分设昌镇和真保镇管理内长城事务。明长城由东向西、由北向南分布在河北省 8 市 39 县（区）的广大区域内，并穿插于北京、天津和山西的部分地区。

蓟镇管辖范围（略）。

昌镇管辖范围东起北京市怀柔区慕田峪，西至河北怀来县挂枝庵（今挂子庵），接真保镇沿河口城。长城长 230 公里，由黄花路、居庸路、横岭路 3 路管理。长城经过今北京市的怀柔区、延庆县和河北省的怀来县。

真保镇管辖范围北起沿河口（今北京市门头沟区沿河口），南至鹿路岭口（今山西省境内），延袤 390 公里，下设马水口路、紫荆关路、倒马关路、龙泉关路 4 路镇守。长城从北到南经过今北京市的门头沟区，河北省的涿鹿县、涞水县、涞源县、易县、唐县、阜平县、灵寿县、平山县、井陉县、元氏县、赞皇、内丘县、邢台县、沙河县、武安县，山西省的平定县、盂县、和顺县和左权县。

另从武安县摩天岭向南，沿太行山脊还有一条长城经过河北涉县入山西省黎城县。

宣府镇长城东起四海冶（今北京市延庆县四海），西至怀安马市口接大同镇，长约 740 公里，下设东路、下北路、上北路、中路、上西路、下西路、南路、南山路 8 路管辖。前 6 路为直接对外的北线长城，有连绵不绝的墙体，自东向西经过今北京市延庆县，张家口市赤城县、沽源县、崇礼县、宣化县、张家口市区、万全县、张北县、怀安县、尚义县等地。南路、南山路是位于北线长城内的南线，东起四海冶南边的海子口，西抵阳原县西部。其中南路长城没有城墙，依靠堡城、关隘和大路两旁的连续烽火台形成烽火传递和御敌系统。南山路东部有部分城墙和敌台、烽火台，西部则采用"连墩列戍"形式，基本不垒城墙，代之以连成一线的密集墩台。这两路长城经过今北京市延庆县，张家口市涿鹿县、怀来县、蔚县和阳原县。

河北境内明长城的直线距离长约 1650 公里，如加上复线及二边（外长城之内修筑的间断城墙），总长度约 2000 公里。

城墙是河北明长城的主体建筑，有夯土墙、石墙、砖墙、砖石混筑墙等类型，一些地段依山为险或将山体简单劈削，或在山上垒砌短墙及垛口。城墙顶上有马道，外侧砌垛口，内侧砌女墙，险要地段设障墙、战墙，还大量修建了屯兵作战的空心敌台，城墙内、外设有传递消息和报警的烽火台。长城沿线设立关口、水门，以利通行和泄水，并用于阻碍来敌。长城内还建有各种军堡、关城及军事重镇，驻扎军队和军事指挥机关。

河北境内的明长城以蓟镇、昌镇的修筑质量最高，多数地段墙体内为夯土，外包砖石，许多地段保存较好，底宽 3.5—10 米，高 4.5—8 米。沿城墙设空心敌台、墙台，两侧设烽火台。宣府镇长城的修筑质量明显低于蓟镇长城，大部分为毛石或夯土城墙，底宽 2—4 米，残高 0.5—7 米，现多数坍塌严重。真保镇长城除怀来、涿鹿、涞源等部分地段墙体保存较好外，许多地段是山险，不修城墙或仅筑间断墙体，墙体垒筑简单，保存情况较差。

（原载于《文物春秋》2006 年第 10 期）

李建丽，女，河北博物院原副院长，文博研究馆员。河北大学历史系毕业。发表《河北长城概况》《河北明长城建筑概说》《长城——燕赵文化的象征》等多篇学术论文，出版有《万里长城》《河北长城游》等书籍。

李文龙，男，1965 年生，河北大学博物馆副馆长，文博研究馆员。大学本科毕业。主要研究方向为考古学及出土文物研究。参与和主持了多次考古发掘工作，发表论文 30 余篇。撰写和参与编写出版有《河北省志·长城志》《长城资源调查工作文集》《中国文物地图集·河北分册》《五代王处直墓》等专著。

河北古代长城沿革考略（节选）

郑绍宗　郑立新

河北地处我国北部，东临渤海，西倚太行，南越漳、滏，北跨燕山，军都山屏蔽于西北，山地东南连华北平原，西北接内蒙古大草原，自然形势十分优越。战国时期的燕、赵、中山三足鼎立，建都于华北，隋、唐、五代的幽州称为北方重镇，辽、金、元、明、清五朝相继建都于北京，千余年来河北一直是北方的政治、经济、文化中心，地理位置十分重要。早在 2300 多年前，统治者就在此修筑了规模宏大的长城，从那时起，历代统治集团为了防御的需要，一直坚持不懈地修筑，中间只有部分朝代由于政治形势的变化而没有修筑，或修筑得很少，如唐、宋、元、清等。河北是历史上修筑长城最多的省份之一，燕、赵、中山、秦、汉、北魏、北齐、隋、金、明都在河北修筑了长城，特别是蓟镇明长城，是九镇长城中的精华所在。为了对河北的古代长城做一个粗略的梳理，现就河北古长城的历史发展与修筑，结合近几十年的考古调查情况，按编年顺序加以论述。

一、战国燕、赵长城

战国时期，我国北方的燕、赵、秦三国为了防止游牧民族对农耕地区的袭扰，都修筑了规模宏大的长城。从那时起，农牧民族争夺长城地带的矛盾和斗争就开始了。《史记·匈奴列传》："而赵武灵王亦变俗胡服，习骑射，北破林胡、楼烦。筑长城，自代并阴山下，至高阙为塞。而置云中、雁门、代郡。""其后……燕亦筑长城，自造阳至襄平。置上谷、渔阳、右北平、辽西、辽东郡以拒胡。"[1] 可知燕长城筑于赵武灵王长城之后，一般推其筑于燕昭王十二年至二十五年（前 300—前 287 年）之间。

燕长城分为南北两道，即燕南长城和燕北长城。燕北长城在河北属上谷（治造阳，今怀来大古城）、渔阳（今密云西南）、右北平（今宁城黑城）三郡之外，即今河北北部的围场、丰宁、沽源的坝头一线，长城走向明确。长城在当地叫"边墙""御路"或"长壕"，这些名称反映了长城结构之不同和时代之差异。"边墙"是最早的称谓，"长壕"是金代利用一部分边墙开凿为壕堑的称谓，"御路"则是指清代康熙、乾隆皇帝前往围场时所行经的路径，利用了燕秦长城高出地面而隆起的墙体。

（一）燕北长城

燕北长城呈东西走向，（燕北长城东段围场、丰宁境内略）西段止于沽源北境，具体止于何处，如何与西部的赵长城相接，目前还不清楚，不便妄推。

（二）燕南长城（略）

（三）赵长城

三家分晋以后，赵国居于北方，国土呈西北—东南走势，横跨太行山，其北御匈奴、楼烦，西抵强秦，东北屏燕，西南防齐、魏，史称五战之国，而中部又有心腹之患的中山，于是大修长城。赵长城大体也分南北两线。

北境长城：赵肃侯十七年（前 333 年）"围魏黄，不克。筑长城。《正义》刘伯庄云：'盖从云中以北至代。'按赵长城从蔚州北西至岚州北，尽赵界"[2]。《史记·匈奴列传》："而赵武灵王亦变俗胡服，习骑射，北破林胡、楼烦。筑长城，自代并阴山下，至高阙为塞。"《正义》引《括地志》云："赵武灵王长城在朔州善阳县北。案《水经》云，白道长城北山上有长垣，若颓毁焉。沿溪亘岭，东西无极，盖赵武灵王所筑也。"[3]《绥远通志稿》："战国赵长城在今归绥县北，延大青山自绥东起迤逦西行，至乌拉特旗之狼山口为止，遗迹颇有可寻者，惟甚少耳。"[4] 赵武灵王所筑之北界长城，除内蒙古呼和浩特、包头市北阴山山脉大青山南麓比较清楚外[5]，在东端一般认为起于张家口北，东与燕北长城相接才符合文献记载，是否为后世秦、汉长城所叠压，迄今未有明确的遗迹报道。

二、战国中山长城（略）

三、秦长城

公元前 221 年秦始皇统一中国后，北面与戎狄（匈奴）的矛盾并没有得到缓和，在短短的几十年中数次出兵征匈奴，派大将蒙恬和公子扶苏戍边，把秦、赵、燕三国北部的长城连接起来，西起甘肃临洮，东达辽东，有些地方的长城波动向北，完成了举世无双的万里长城。

秦长城也奠定了后世长城的位置和走向的基础。《史记·蒙恬列传》："秦已并天下，乃使蒙恬将三十万众北逐戎狄，收河南。筑长城，因地形，用制险塞，起临洮，至辽东，延袤万余里。于是渡河，据阳山，逶蛇而北。"[6] 这是万里长城之名首次见于文献中。又《史记·匈奴列传》："后秦灭六国，而始皇帝使蒙恬将十万众北击胡，悉收河南地。因河为塞，筑四十四县城临河，徙适戍以充之。而通直道，自九原至云阳，因边山险堑溪谷可缮者治之，起临洮至辽东万余里。又渡河据阳山北假中。"[7] 秦长城在河北北部袭燕、赵长城之旧东行，加以缮治，边墙内增筑城障。

秦长城东段从内蒙古赤峰二龙库后窝铺梁进入河北围场县，沿燕长城旧址西行入丰宁县，西止于沽源北境，长度与燕北长城同，边墙内障城出土燕国明刀币、秦始皇二十六年铁权、刻铭戈等。

秦长城之西段即张家口北之二道边墙，西起内蒙古兴和县之高庙子南山顶，向东进入河北省怀安县，从马市口马圈沟曹碾沟门东行，到万全北沙城大洋河口为 56.831 公里，从万全大（东）洋河口到张北之狼窝沟黑风口，墙体上出有秦汉时期的陶片，遗物很少，长为 95.155 公里。明长城大边利用马市口、黑风口段秦汉长城旧基加以改造利用，加宽加厚，筑土石墩台或少量砖墩。沿狼窝沟黑风口明长城大边南下，离开坝头到大境门，而黑风口以东仍为秦汉长城二道边，沿坝头东行到茂古天营长 57.793 公里，沿崇礼正沟北行（即战海水泉洼—崇礼清三营沙岭）长 41.239 公里，与张北县战海乡桦皮岭西侧二道边相连接。二道边从桦皮岭水泉洼东行，围绕赤城大边（明长城）北侧 5 公里左右向东北、北、东南行，经马连口西、北栅口北，东经沽源水厂、前坝头，南行到骆驼嵯坝，再南行可延伸到龙门所东，形成 180 度的一个半圆形圈，拱在大边之北。这一段二道边断续不接，或没于地下。明亦利用二道边加筑沟、堑或墩台，构成大边外之一边防线[8]。

二道边之长度，除张北水泉洼以西实测过外，以东未经实测。二道边，元人称为古长城，元学士陈益稷《送驾至上都望赤城回有作》诗云："控辔追随宝马群，古长城外送金根。仙踪缥缈鸾声远，客路崎岖燕尾分。"[9]诗中的古长城即指秦汉时期的二道边。

二道边的总长度，从怀安西洋河桃沟村马圈沟到赤城龙门所东的赵家庄，约为365.518公里。

四、汉长城

汉因秦制，一面用武力维护北部边境之安全，同时采取积极的防御政策，通过和亲等方式，武力、绥服并进。防御方面主要是修复故塞。《史记·高祖本纪》："二年……缮治河上塞。"[10]《史记·匈奴列传》："其明年（元朔二年，前127年），卫青复出云中以西至陇西，击胡之楼烦、白羊王于河南，得胡首虏数千，牛羊百余万。于是汉遂取河南地，筑朔方，复缮故秦时蒙恬所为塞，因河为固。汉亦弃上谷之什（斗）辟县造阳地以予胡。"元朔三年（前126年），"汉使光禄徐自为出五原塞数百里，远者千余里，筑城障列亭，至庐朐，而使游击将军韩说、长平侯卫伉屯其旁，使强弩都尉路博德筑居延泽上"[11]。烽火延至盐泽（今罗布泊）。汉初由于武力达不到上谷北部，所以"什（斗）辟县造阳地以予胡"，《正义》："曲幽辟县入匈奴界者造阳地弃与胡也。"即汉武帝元朔二年（前127年）时，造阳（今怀来）及今赤城以北已成为弃地，这是汉长城远离燕长城波动向南约200公里的一个重要原因。南部需另筑一段便可与造阳东西两端的秦汉长城相接，于是元狩四年（前119年），徙塞外乌桓于上谷、渔阳、右北平、辽西、辽东五郡塞外，为汉廷侦察匈奴动静，于幽州设护乌桓校卫以控。太初三年（前102年），徐自为筑五原塞外（阴山一线）列城，同时加强了辽西、右北平、渔阳、上谷、代诸郡北部的防御，以阻匈奴连岁入边。效筑外城设屯戍之制，在上述诸郡、长城一线广设城、障、亭、燧。《汉书·匈奴传》："至孝武世，出师征伐，斥夺此地，攘之于幕北。建塞徼、起亭隧、筑外城、设屯戍以守之，然后边境得用少安。"[12]其中就包括了右北平郡、辽西郡。经过武帝的频繁出击，匈奴远遁。上谷、渔阳两郡塞外基本利用秦塞垣之旧，沿坝上、坝下东行到右北平、辽西一线，广筑城、障、列燧，断断续续。沿今坝上、坝下相接的坝头处，西从怀安马市口—张北狼窝沟黑风口—赤城龙门所一线的二道边，从渔阳东行到今承德地区的西汉右北平、辽西一线，虽仍利用燕、秦长城之旧，到武帝以后，由于政治势力之变化，汉之防线已经南移了 100 公里左右，由原来的丰宁、围场北部向南波动，波动后之防线设屯戍，筑城、障，广建亭燧，在丰宁西部和南部，隆化、承德县的北部，内蒙古宁城、辽宁建平形成了一道既建土石墙体，又建列燧的长城，承德部分以筑列燧为主，分南北两道防线。

五、蔚县东汉长城

河北蔚县南山有一道时代较早的石砌长城，从涿鹿、蔚县交界的倒拉嘴山涧口山脊北侧西南行，经松枝口、边墙梁、侯家庄、苇子村、永宁寨、马头山、北辛庄、九宫口西行，过柳河口村、东寺、瓦窑子、水峪、北口，西行到东、西岭、马堂山、东庄头、笔头山、马峪到坡岩村入山西广灵县境后向西北发展。这条石边墙全长 37.5 公里[13]，系就地用石叠砌，一般墙宽 3 米，高 2.5—3 米，风化严重，墙体上不修墩台，偶见汉式陶片，这些都是年代早的象征。其时代有三说：一为战国赵肃侯所筑；二为赵武灵王所筑；三为东汉光武帝建武十二、十三年杜茂、王霸所筑治的飞狐道长城，以防乌桓和匈奴。《后汉书·王霸传》："是时（建武十三年），卢芳与匈奴、乌桓连兵，盗寇尤数，缘边愁苦。诏霸将弛刑徒六千余人，与杜茂治飞狐道，堆石布土，筑起亭障，自代至平城三百余里。"[14] 王霸在上谷 30 余年，习边事，蔚县至大同一线的石边可能即为霸所筑的飞狐道长城。其九宫口段曾为明代利用，增修、加筑马面。

又《后汉书·马成传》：建武十四年"屯常山、中山以备北边，并领建义大将军朱祐营。又代骠骑大将军杜茂缮治障塞，自西河至渭桥，河上至安邑，太原至井陉，中山至邺，皆筑堡壁，起烽燧，十里一候"[15]。马成、杜茂所治的太原至井陉为东西行、中山至邺为沿太行山南北一线的障塞，迄今尚无明确发现。

六、北魏长城

北魏本以少数民族鲜卑拓跋贵族立国而入主中原，尽有中国北部河山，政治势力扩展到黄河以南。他们采取与汉族豪门大户联姻的做法以巩固自己的政权，使本是游牧民族的鲜卑族接受中原高度发展的农业文明，逐步放弃了自己原本的生活习俗，加速了汉化进程。受北方游牧民族柔然、库莫奚、契丹的边境威胁，北魏也修起了长城。

北魏长城有的建在西汉长城以南，为了保卫初都平城（大同），建"畿上塞围"。在北面立怀朔、武川、抚冥、柔玄（尚义哈拉沟土城）、怀荒（今张北）、御夷（初治沽源大宏城子，后移至独石口猫峪）等六镇，筑东西行的六镇长城，以防柔然（蠕蠕）和契丹犯塞。北魏长城分为南北两道，南即"畿上塞围"，北道又分为西、中、东三段。西段由河北赤城至内蒙古五原（阴山一线），《魏书·太宗纪》：泰常八年"正月，丙辰……蠕蠕犯塞，二月戊辰，筑长城于长川之南，起自赤城，西至五原，延袤二千余里，备置戍卫。"[16]西段主要为缮治和利用汉长城，称为赤城—阴山长城。

中段即六镇长城，是孝文帝太和八年（484年）由高闾建议所筑。《资治通鉴·齐纪》（太和八年）高闾上表曰："六镇是分，倍众不斗，互相围通，难以制之。请依秦、汉故事，于六镇之北筑长城……计六镇东西不过千里，一夫一月之功可城三步之地，强弱相兼，不过用十万人，一月可就，虽有暂劳，可以永逸。"[17]六镇长城在河北省的丰宁、沽源、赤城北，内蒙古太仆寺旗、河北康保一线。今人调查沽源、康保一线之金界壕，有的地方曾利用北魏六镇长城之旧[18]。糜地沟长城东起沽源大宏城子（初置御夷镇）濡水（滦河）源之东侧，今糜地沟一带，与《资治通鉴》胡注"下云：六镇东西不过千里，则当自代都北塞而东至濡源耳"[19]的记载相吻合。从糜地沟五号村向西北到黑山头有16公里的一段（墙体南近燕、秦长城西端的三道洼，但二者的结构截然不同）保存较好，宽4—5米，存高1.2—2米，在地面形成一条"土龙"，墙外不挖壕堑，不筑马面，基本是汉魏以前的筑墙制度。从黑山头西行进入内蒙古，到骆驼厂西2公里处，晚期金代界壕叠压其上并行改造，又西行则以界壕形式出现，西过太仆寺旗（宝昌）又进入河北省贾家地村，向西穿过康保南部，西行到毛胡庆村，入内蒙古化德、土城子。康保境内的长城全长57公里，加上糜地沟段的16公里，共计73公里。

东段即北魏孝文帝所掘之广长堑。（略）

七、北齐长城

550 年高洋取代东魏而建立北齐王朝，拥有中原与北方大部，因西临西魏，北有蠕蠕、突厥和契丹，于是大修长城。北齐长城大体是从山西西部的汾阳北行到朔、代，东到灵丘，东北经河北蔚县入北京昌平、密云，过古北口再沿燕山山脊东至于渤海西岸。

北齐长城的修建情况：天保三年（552 年）起于黄栌岭（山西汾阳北 15 公里），北到社平成（山西五寨县北）400 里；天保五年（554 年）从社平成北达速岭起长城东北行；天保六年（555 年）发夫 180 万修幽州北夏口（居庸关下南口）西南行至恒州 900 里长城〔此恒州为侨治肆州的秀容郡城，原恒州（大同）、北魏六镇、代、朔已失陷〕，这样基本和达速岭相接；天保七年（556 年）完成自河西总秦成东至于海（山海关东北）的长城，东西长 3000 里。天统元年（565 年）又修自库堆成（地点不详）东拒于海 2000 里长城，实际上只有 200 里段落"斩山筑城，断谷起障"，和天保七年所修"东至于海"的长城为同一道，只是补修而已。那么可以这样说，北齐长城基本完成于天保时期[20]。

北齐长城在河北、北京的情况：在北京门头沟大村、昌平北西岭、延庆双界山、密云古北口、司马台等明代边墙内土石叠砌的"老边""旧边"多为北齐长城[21]。这道长城往西与怀来、涿鹿接近，往东则为隋、明代的长城叠压或平行。其残存于地面上的长城虽有报告，但没有测量过。

北周大象元年（579 年）也曾修过长城，《周书·宣帝纪》：大象元年"突厥寇并州……六月……发山东诸州民修长城"[22]。《周书·于翼传》："大象初，征拜大司徒，诏翼巡长城，立亭障，西自雁门（山西代县），东至碣石，创新改旧，咸得其要害云。"[23]北周短时间内修的长城只能是"创新改旧"，在北齐长城的基础上修修补补而已。天统三年和大象元年两次的工程量都不大。

八、隋长城（略）

九、金代界壕

起源于白山黑水之间的女真族灭辽后统一北方，为防止蒙古南下，大修界壕，亦称壕堑，界壕内同时筑了大量的边堡。《金史·世宗纪上》记：（大定）五年"正月……乙卯，诏泰州、临潢接境设边堡七十"[24]。又："大定二十一年三月，世宗以东北路招讨司十九堡在泰州之境，及临潢路旧设二十四堡障参差不齐，遣大理司直蒲察张家奴等往视其处置。于是东北自达里带石堡至鹤五河地分，临潢路自鹤五河堡子至撒里改，皆取直列置堡戍。"[25]《金史·完颜襄传》："因请就用步卒穿壕筑障，起临潢左界北京路以为阻塞……襄曰：'今兹之费虽百万贯，然功一成则边防固而戍兵可减半……'诏可。襄亲督视之，军民并役，又募饥民以备即事，五旬而罢。于是西北、西南路亦治塞如所请。"[26]《金史·章宗纪》：承安五年（1200 年）"九月……己未，尚书省奏'西北路招讨使独吉思忠言，各路边堡墙隍，西自坦舌，东至胡烈么，几六百里，向以起筑忽遽，并无女墙副堤。近令修完，计工七十五万，止役军戍，未尝动民，今已毕工，上赐诏奖谕'"[27]。这道壕堑分为南北两线，南线即明昌旧城，呈东北—西南走向，东北起自大兴安岭东南麓，沿嫩江西岸西南行，到科尔沁右翼前旗西之好仁、索伦一带分为双线：西线为二支线，东线为主干。东线又西南行，经林东（临潢路）庆州白塔子、林西、达赉诺尔、汉克拉，又分为两线，南线经河北围场、丰宁北、沽源、康保、商都到大庙，在河北保存了一大段，北线从汉克拉西南行，到化德与南线合。从大庙西南行，到武州、庙沟为止。从大庙东北行，到甘珠庙尚有一道复线。南线总长 6500 公里。

……

金界壕之北线……河北主要有北京路（今内蒙古大明城）和西北路（旧桓州）两个段落。界壕从临潢路（今内蒙古林西县）分南北两支，南支经赤峰松山区南下进入河北围场县（属金北京路），利用燕、秦长城旧垣西行，桃山以西以壕代墙，到滦河东岸中断，越滦河到滦河西岸丰宁骆驼厂又出现界壕，南有边堡一座。由此往西，属金西北路的旧桓州，再西经内蒙古多伦、太仆寺旗，复入河北省康保，内蒙古化德、商都，与林西西行的北支金界壕合。

金界壕围场县二龙库至桃山段长 192.5 公里，和燕、秦长城重叠。围场桃山西北至大滦河东岸长约 40 公里，利用了险要地势，断续不接，未筑。丰宁县段金界壕长 7.2 公里，康保段金界壕复修、重叠利用北魏六镇长城 57 公里。河北境内的金界壕总计长度为 296.7 公里，去掉重叠早期长城的段落，实际只有 47.2 公里为金代所筑。

金代修筑如此规模宏大的壕堑、边堡，因为他们深知蒙古骑兵的强悍，但从调查可知，金代界壕的质量不高，实难以抵挡蒙古骑兵的南下。自 12 世纪始，起源于朔漠的蒙古族强盛起来，成吉思汗灭金和西夏。1276 年南宋灭亡，元世祖忽必烈统一中国，建立了横跨欧亚的大帝国，他不需要再修长城了，所以元朝统一的近百年间未见有缮治长城的记载。

十、明长城

1368 年，朱元璋在南京即皇帝位，国号大明。当时的民族矛盾主要是明廷和残元（即北元）势力的斗争，明廷采用绥服和武力并进的手段，积极经营北部边防。永乐迁都北京后，三面近塞。正统以后边患日炽，为了保卫明政权，明朝逐步完成了九边的宏伟建设工程。河北地近京师，初设蓟、宣两镇，嘉靖三十年（1551 年）又从蓟镇分出昌镇（今属北京市），组成真保镇，合为两大镇、两小镇，对京师形成拱卫之势。

蓟镇（略）。

宣府镇简称宣镇，"永乐七年（1409 年）置镇守总兵官，佩镇朔将军印，驻镇城，自是始称宣府镇总兵""七年赐右都督章安镇守……为设置总兵之始""正统四年（1439 年）设置副总兵"[28]。宣镇下设东、北、中、西、南五路。据《宣府镇志》，宣镇塞垣"东自四海冶镇南墩接顺天府蓟州火焰墩界地，西至西阳河南土山墩接大同界牌墩界止，沿长 1865 里"。这个里数是指幅员、延袤的里数，而不是边墙的实际长度。据《翁万达修边墙疏》："宣府西起西路西阳河，逶迤而东，北历中、北二路，抵东路之永宁四海冶，实一千二十五里。"[29]此统计于嘉靖二十六年（1547 年）。又据《明史·翁万达传》为"千二十三里"，此统计于嘉靖二十三年（1544 年）[30]。二者仅二里之差。又据《宣府镇志·塞垣》为 1012 里，统计于嘉靖四十年（1561 年）。翁万达疏中的 1025 里为地方官上报给朝廷的数字，是官方的数字，也是至今仍在沿用的数字。

关于宣镇边墙的实际调查长度，1987—1991 年河北省长城考察队从东部赤城、延庆两县分界点的万水泉小川口主边起，西到怀安、尚义交界处的下马圈曹碾沟门主边（大边）止，共计调查墙体 552.526 公里，内包括主体边墙 493.778 公里，附边 23.825 公里，山险墙 49.923 公里。总之，明宣镇长城实际调查长度和文献记载中的数据是非常接近的。

由于永乐帝迁都北京，三面近塞，形成皇帝戍边，所以深知边防之重要。在永乐七年（1409 年）宣府称镇后，即提出宣、大边备之措施："自宣府迤西，迄山西，缘边皆峻垣、深壕，烽堠相望。"[31] 宣镇的重点是放在中西路的防御上。永乐十年（1412 年）"敕边将治壕垣，自长安岭迤西至洗马林，皆筑石垣，深壕堑，以固防御"[32]。长安岭又名枪杆岭，位于西、北路之间[33]，这样，西、北路塞垣因急需早筑。"成化间，兵部侍郎余子俊以宣镇虽称险阻亦置设备，请增墩、凿堑"，提出"二里一墩，墩对角为悬楼，二墩空凿堑"。当时主要是沿边筑墩、凿堑，局部或"依山为垣"[34]。嘉靖二十五年，"兵部侍郎翁万达请酌急缓修筑塞垣，从之"。当时主要是修筑"未经描画者"，有张家口到柴沟堡渡口一线，中路葛峪下，东路永宁四海冶等。嘉靖二十六年，"万达请修北路次冲墩、垣，从之"。至此宣府诸塞垣已全部完成，并连接起来，围成一道完备之边墙，只是大边内之墩、垣、腹里墩尚未完成[35]。嘉靖三十七年增各路墩台，当时主要是筑腹里墩，边墩、腹里墩相表里，加之镇、卫、所、堡塞，至此宣镇形成了一套完备的防御体系。如今在南路以东、西城一带尚存有大量的腹里墩。边墩基址虽存，但各墩之具体名称已难以确定。

昌镇（略）。

真保镇（略）。

河北省是我国长城段落较多的省份之一，因其地理位置之重要，一直是历代封建王朝修筑长城的重点地区，除去不同时代长城上下叠压的不做重复计算，列燧（墩）间分布长度和昌镇明长城（属今北京市）不做统计外，河北省实际调查各时代长城的长度共计 2393.8 公里，这也是 20 世纪 70—80 年代实有长城的数据。

2000 多年来，河北各时代长城发展总的趋势是北部长城线自北而南波动，燕、秦长城最北，明朝长城最南，远者相距约 400 公里，反映了各朝政治形势和统治势力之变化以及历史动荡之脉搏；时代复杂，燕、秦长城为金代界壕叠压，秦、汉、明代长城相叠压，北魏、金代叠压，北齐、隋、明代长城叠压，其叠压关系只有靠科学的考古方法，从地层学上进一步证实；结构方面具有历朝长城构造的特点，作为历史上的军事防御工程，很容易看出长城在时代方面的演变规律。战国、秦、汉、六朝长城多是单一的土边或石边，多障城，少见或不见马面、墩台之类的附属建筑，凡早期长城上出现马面及墩台的墙体，多是后期增补。隋以后，金界壕为土石结构，普建马面、壕堑、障城。明长城则砖、石、山险墙、壕堑具备，墙上敌台、附墙台、墩、炮台、战台、附边、关隘、口门、腹里门……镇、卫、关、营、堡塞齐全，庞大的防卫系统设置具备。作为一个时代的军事防御工程，明长城已经达到了登峰造极的地步。

最后要说明一点，本篇涉及的长城（边墙、界壕）数字的来源，一是笔者组织的调查，二是河北省长城考察队和部分市、县的调查。以 20 世纪 70—80 年代仍存于地面上的实有墙体或有遗迹可寻的墙体作为计算依据，不同时代的长城的重叠段落，不做重复计算；燕南长城大段没入地面以下的为约数；沽源、赤城大边北之秦、汉长城已湮没之旧迹为约数，未计在总数中；承德两汉以来的列燧（墩台）南、北两线分布长度和属于北京市的昌镇长城也未统计在总数中。真保镇因未做调查，资料来源于《四镇三关志》，这在文中都作了说明。

作为世界文化遗产，长城，特别是明长城的准确数据，是做好长城保护工作的重要基础，所以对长城全面普查，首先要把家底摸清。现在各段长城的数据基本是经过实地考古调查而得来的，很少部分是依据文献而来（如真保镇）。21 世纪初的调查可能又有变化，因为又会有一部分长城随着自然的侵蚀或受人为因素的影响等而不复存在。我们期望着全国性长城资源普查结束后，能公布出 21 世纪初长城现存情况的数据，为以后的长城保护、研究和利用提供可靠的依据。

注释：

[1]《史记·匈奴列传》，中华书局标点本。

[2]《史记·赵世家》，中华书局标点本。

[3]《史记·匈奴列传》，中华书局标点本。

[4]《绥远通志稿》古迹门长城条，内蒙古人民出版社，2007 年。

[5] 盖山林、陆思贤：《阴山南麓的赵长城》，载《中国长城遗迹调查报告集》，文物出版社，1981 年。

[6]《史记·蒙恬列传》，中华书局标点本。

[7]《史记·匈奴列传》，中华书局标点本。

[8] 李逸友：《中国北方长城考述》，《内蒙古文物考古》2001 年 1 期。

[9] [明] 孙世芳修《宣府镇志》卷 11《赤城》，成文出版有限公司影印本。

[10]《史记·高祖本纪》，中华书局标点本。

[11]《史记·匈奴列传》,中华书局标点本。

[12]《汉书·匈奴传》,中华书局标点本。

[13] 此段长城 1981 年笔者组织进行过调查。

[14]《后汉书·王霸传》,中华书局标点本。

[15]《后汉书·马成传》,中华书局标点本。

[16]《魏书·太宗纪》,中华书局标点本。

[17]《资治通鉴·齐纪》,中华书局,1955 年。

[18] 李逸友:《中国北方长城考述》,《内蒙古文物考古》2001 年 1 期。

[19]《资治通鉴·齐纪》,中华书局,1955 年。

[20] 李文信:《中国北部长城沿革考》,载《李文信考古文集》,辽宁人民出版社,1992 年,第 234 页。

[21] 唐晓峰、岳升阳:《北京北山区的古长城》,《文物》2007 年 2 期。

[22]《周书·宣帝纪》,中华书局标点本。

[23]《周书·于翼传》,中华书局标点本。

[24]《金史·世宗纪上》,中华书局标点本,1974 年。

[25]《金史·地理志》,中华书局标点本,1974 年。

[26]《金史·完颜襄传》,中华书局标点本,1974 年。

[27]《金史·章宗纪》,中华书局标点本,1974 年。

[28] [明] 孙世芳修《宣府镇志·诏命》,嘉靖四十年刊本,台北影印。

[29]《明经世文编》卷 224《翁东涯文集》二,中华书局,1962 年,第 2355 页。

[30]《明史·翁万达传》,中华书局标点本。

[31]《明史·兵志三》,中华书局标点本。

[32]《明会要》卷 63《兵六》。

[33]《宣府镇·山川考》,嘉靖四十年刊本,台北影印。

[34]《宣府镇志》卷 10 "亭障考",嘉靖四十年刊本,台北成文出版社有限公司影印。

[35] 同上。

（原载于《文物春秋》2009 年 6 月 /8 月刊）

附表

河北省各时代长城统计表

序号	名称（段落）	建筑类别	长度（公里）	小计（公里）	资料来源
1	围场燕北长城 二龙库—小卡拉	土筑	213.7		1979年笔者组织调查
2	丰宁燕北长城 小卡拉、五里坨、山嘴段	土筑	35.9		1980年组织调查
3	保定燕南长城 徐水、易县、容城、雄城、文安、大城东马村	土筑 大段湮没	约295		1977、1983年保定市调查。1988年省组织调查
4	保定中山长城 顺平神南—唐县大洋村	土石筑	68		保定市组织调查
				612.6	
5	围场秦、汉长城（利用燕北长城）	土筑	同前		
6	丰宁秦、汉长城（利用燕北长城）	土筑	同前		
7	怀安、万全二道边秦、汉长城 怀安马圈沟曹碾沟门—万全北沙城大（东）洋河口	土石合筑	56.831		1988年河北省长城考察队调查。1997年5月张家口市调查
8	万全、张北二道边秦、汉长城 万全大洋河口—张北狼窝沟黑风口	土石合筑	95.155		1989—1990年河北省长城考察队调查
9	张北、崇礼二道边秦汉长城 张北狼窝沟黑风口—崇礼茂古天营	土石合筑	57.793		1990年河北省长城考察队调查
10	张北战海水泉洼—崇礼清三营沙岭二道边秦汉长城	土石合筑	41.239		1990—1991年河北省长城考察队调查
				251.018	
11	沽源、赤城间二道边（双道边）、刀楞山、西湾、龙门所	土石合筑	约114.5		此段未实测，因系估算数，仅供参考，未计在总数中
12	承德县志云汉长城	土石合筑	6		1979年笔者调查
13	丰宁波尔脑—滦平安屯沟门汉长城	土石合筑	12.5		1980年8月笔者组织调查
14	隆化郭家屯二道营子汉长城	土石合筑	5		1996年承德市文物局调查
15	承德、隆化、丰宁北道列燧长城	土筑列燧	120		1979年笔者组织调查。未经实测，未计在总数中
16	承德、隆化、滦平南道列燧长城	土筑列燧	100		1980年笔者组织调查。1996年承德市调查。未经实测，未计在总数中
17	蔚县南山东汉长城 倒拉嘴—松岩	石筑	37.5		1981年笔者组织调查
				61	
18	沽源糜地沟北魏六镇长城 5号村—黑山头	土筑	16		1980年笔者组织调查。1997年内蒙古考古研究所（李逸友）调查

续表

序号	名称（段落）	建筑类别	长度（公里）	小计（公里）	资料来源
19	康保贾家地—毛胡庆北魏六镇长城	土筑	57		1988年河北省长城考察队调查。1997年内蒙古考古所（李逸友）调查
				73	
20	北京门头沟、昌平、密云金山岭、司马台北齐长城—老边	土石筑	不清		北京大学地理研究中心2007年调查，未发表长度数据
21	河北隋长城　古北口—山海关叠压在明长城之下	土石合筑	同明长城		未做实地调查，现状不清
22	抚宁上庄坨—石河西岸老龙台	土石合筑	9.5		秦皇岛市教育学院康群（1990年以前）调查
				9.5	
23	围场金界壕二龙库—桃山段与燕、秦长城叠压	土筑，利用燕、秦长城挖壕，部分筑墙	192.5		1979年笔者组织调查。因重叠未计在总数中
24	围场金界壕桃山西北—大滦东岸	壕沟断续，大部未筑	40		1979年调查
25	丰宁骆驼厂金界壕	土筑	7.2		
26	康保金界壕与北魏六镇长城叠压	土筑	57		1980年调查。因重叠未计在总数中
				47.2	
27	宣镇明长城　东城赤城万水泉小川口，西止怀安、尚义交界处下马圈曹碾沟门	土石合筑，部分砖包，其中曹碾沟门—北沙城大洋河口有56831米和秦、汉长城叠压	552.526（内主体墙493.778，附边23.825，山险墙34.923，除去重叠部分，实余495.695）		1988年3月至1991年河北省长城考察队调查
28	怀安马市口村南土边，不在主边上	土筑	10.69		1988年调查
29	蓟镇明长城　东起山海关老龙头，西止怀柔丌连口	砖包、石筑、山险墙	736.3742（内砖墙134.7362，石墙381.5312，山险墙220.1068）		1981年8月至1988年1月河北省长城考察队调查
				1242.7592	
30	真（定）、保（定）镇长城（内三关）	砖包、石砌	96.7264（明30227丈）		《四镇三关志·真保镇·形胜》明一丈=32米，调查很少
31	昌镇（属北京市，怀来南山少部分属河北省），包括黄花、居庸、横岭三路	砖包、石砌	135.12（明281.5里）		《四镇三关志·形胜》未计在河北长城总数中
				96.7264	
总计				2393.8036	实际调查数

郑绍宗，男，河北省文物研究所原所长，文博研究馆员。1931年生，曾在北京大学历史系学习，并参加了新中国第一届考古工作人员考古专业培训。多年来坚持田野考古，先后主持了河北及周围地区的多项重大考古调查和发掘工作。发表论文、报告百余篇，撰写出版了《河北古长城》《明蓟镇长城1981—1987年考古报告》《满城汉墓》《战国时期燕、赵、中山国都城的发现与研究》等多部学术专著。

张家口历代长城概说

王晓轩　程葆刚

　　长城始筑于我国战国时期。当时，正值我国历史上东周王朝的末期，周王室的权力与威望已极度衰微，基本上已无力控驭各诸侯国的行为，事实上只不过是各诸侯国名义上的共主而已。各诸侯国则割据争霸，相互兼并土地，掳掠人口，他们在拼命扩张自己势力的同时又要努力防止敌国对自己的进攻，于是就在自己的国土上大建长城，预作军事防御。长城，作为冷兵器时代的重要军事防御手段，就这样产生并扩张开来。这中间，作为中原农耕势力最北端的秦国、赵国、燕国，由于面临着北方草原游牧民族的不断袭扰，更是下大力量在自己领土的北方修筑起了规模宏大的长城。后来，在草原游牧民族政权之间，为了互相防御，也曾大筑长城。长城，不仅仅是指长长的城墙，而且也包括很多的关隘、戍堡、烽燧以及其他附属设施。当然，长城，就其绵长的防线、宽阔的纵深，作为一种古老的、重要的、庞大的军事防御体系而言，从产生到不断发展、不断完善，是有一个历史过程的。

一、战国赵和燕长城

　　赵国北界长城是张家口市境内最早修筑的长城，史称赵武灵王长城。

　　《史记·匈奴列传》载，赵武灵王推行胡服骑射，"北破林胡、楼烦""筑长城，自代并阴山下，至高阙为塞。而置云中、雁门、代郡"。代郡郡治，在今张家口市蔚县代王城镇，而其辖境相当于今张家口市西部广大地区。时间当在赵武灵王二十六年（公元前 300 年）。赵武灵王修筑长城的目的是防止林胡、楼烦南下。赵北长城的东起点在今张北县油篓沟乡黄花坪、狼窝沟一带，沿阴山余脉西南行，经过张北县和万全县交界、万全县和尚义县交界、尚义县和怀安县交界，在怀安县渡口堡乡桃沟出境，进入内蒙古兴和县，在张家口境内长约100公里。一般采用毛石垒筑、夯土版筑和土石混筑形式。

《史记·赵世家》记载，赵氏先祖为商朝、周朝王室御车者，养马、驾乘是其专长。周缪王时，因功封在赵城，从此以赵为氏族名称。周幽王荒淫无道，赵氏离开周室而去了晋国，在晋文侯手下做事。到晋文公时，赵氏一直追随并多有贡献，故赵氏开始帮助管理晋国国政。这以后，随着赵氏封地不断扩大，权势不断扩张，赵氏虽然名义上仍然是晋国的大臣，但实际上已然垄断了晋国的实权。至赵简子时，因为赵的封地地处中原，向南、向东、向西扩张都有阻力，遂决计向北，从代国方向开拓。简子的儿子是襄子。襄子的姐姐是代王的夫人。襄子在安葬了简子，还在服丧期间，就迫不及待地北上邀请代王宴会，却暗中让自己的厨师们在给代王与其随从上饭菜时，突然用铜勺打死了代王和他的随从，接着出兵占领了代国，使赵国的势力扩展到了北方草原边缘的无穷之门。后来，赵、魏、韩三家大夫干脆自立为侯，瓜分了晋国的土地，灭掉了晋国。赵国传至赵武灵王时，大胆改革，"胡服骑射，以教百姓"。由于改以步兵、战车为主的作战方式为骑兵作战方式，军队行动迅捷，机动性强，大大提高了其战斗能力。赵武灵王遂"北破林胡、楼烦"，空前地扩大了赵国的领地。

《史记·匈奴列传》又载，"燕亦筑长城，自造阳至襄平。置上谷、渔阳、右北平、辽西、辽东郡以拒胡"。造阳在今张家口市赤城县白河与沽源县闪电河分水岭一带。上谷郡治在今张家口市怀来县小南辛堡乡大古城，其辖境相当于今张家口市东部广大地区。燕北长城修筑时间当在燕昭王在位（公元前311—前279年）时期，故燕北长城又称燕昭王长城。其目的在于防止东胡的南下。燕北长城的西端起于张北县和崇礼县、赤城县交界处的桦皮岭一带，向东经沽源县丰元店乡的老掌沟南山进入承德市丰宁、围场县境内，东行一直到辽宁省东部地区。

燕国是西周最早分封的诸侯国之一，"周武王之灭纣，封召公于北燕"。召公是周初三公之一。但是燕国远离中原，地处北方，生产力低下，经济不发达，国力一直很弱。燕国西部、南部受到强大的晋国、齐国的挤压，北方又有游牧民族的逼迫，生存艰难。齐宣王时，齐国就趁燕国内乱，攻破过燕国。燕昭王正是在燕国被齐国攻破之后即位的。他立志发愤图强，洗雪耻辱。传说燕昭王设"黄金台"，放下国君的架子，用优厚的待遇来招贤纳士。于是乐毅从魏国来，邹衍从齐国来，剧辛从赵国来，一时贤能之士，争相投奔燕国。燕昭王在这些人的帮助下，整顿内政，发展经济，训练军队，国力逐渐强盛起来。也就在这时候，一直在东胡作人质的秦开回到了燕国。秦开在胡地多年，对胡地的情况非常熟悉，胡人也很信任他。燕国以秦开为将，率大军袭击东胡，迫使东胡人后撤了一千余里。燕国在新开拓的土地上设五郡，筑长城，国力大增，一时成为北方大国。

二、秦长城

公元前221年，秦始皇统一中国后，派大将蒙恬在北疆修筑了万里长城，后世称秦始皇长城，又称蒙恬长城。

《史记·蒙恬列传》载，"秦已并天下，乃使蒙恬将三十万众北逐戎狄，收河南。筑长城，因地形，用制险塞，起临洮，至辽东，延袤万余里"。

其实，在秦统一中国前，秦国也筑有自己的长城，被称作秦昭王长城。

《史记·匈奴列传》载，"义渠之戎筑城郭以自守，而秦稍蚕食，至于惠王，遂拔义渠二十五城……秦昭王时……宣太后诈而杀义渠王于甘泉，遂起兵伐残义渠。于是秦有陇西、北地、上郡，筑长城以拒胡"。秦国的西部是戎人统领的地方，这其中，义渠是诸戎中比较强大的一部，他们也能筑城自守。秦国从蚕食义渠之地开始，到攻占了义渠的二十五处城池，再到杀死义渠王，攻占义渠领地，建立陇西、北地、上郡三郡，是逐步完成的。秦昭王筑长城，是为了保护新开拓的土地，防止被义渠重新夺回去。

秦昭王长城起今甘肃临洮县，东北行经陇西、静宁到宁夏固原、环县，再到陕西吴起、靖边，止于无定河边。

秦并吞六国后，在北方主要面临的是匈奴和东胡的威胁，这两个游牧民族在秦统一中国的过程中也日益强大起来，不断向南压迫。所以秦始皇在统一中国后，马上派蒙恬率大军向北驱逐匈奴，并在整个秦帝国的北方建成了一道万里长城防线。除了个别地方新筑外，整条万里长城几乎都是在原有的秦昭王长城、赵武灵王长城和燕昭王长城的基础上修复加固、连接整合、延长完善而修筑起来的。

在张家口境内，秦长城主要是把赵北界长城和燕北界长城连接起来，沿线加以整修、拓展。从今张北县油篓沟乡狼窝沟、黄花坪赵北长城东端起，沿二道边、贾家村、小元山子、塞罕坝、黑脑包山东行，进入崇礼县沿山岔、庙湾、坝顶等地攀越到桦皮岭，与燕北长城西端相接。这段长城为秦始皇所新筑，长约 80 公里。

三、汉长城

西汉时期，张家口地域内的北部边防基本上利用了秦长城，但在沿线加修了许多城障和烽燧，进一步增强了其防御功能。

在汉高祖刘邦和项羽争霸中原的过程中，因为无暇对外用兵，匈奴又趁机活跃了起来。他们东破东胡，西逐大月氏，向南占据了河套，并经常南下抢掠。这时，匈奴的主力部队达到 30 余万人。

西汉建国之初，刘邦也曾想像秦始皇那样，横扫匈奴，解决北部边防的忧患。他亲自带领 32 万大军北进代地，征讨匈奴。匈奴人伪装败逃，引诱汉军追击，但暗中已把精锐部队埋伏起来，准备围歼汉军。汉军穷追不舍，刘邦只带少数人马首先到达了平城（今山西大同市），汉军大部队尚未跟上来。这时，40 万匈奴骑兵突然冒出来，将刘邦包围在了平城东北的白登山。一连七天，被包围的汉军得不到粮草供给，十分危急。于是刘邦用陈平之计，贿赂匈奴单于的夫人，并晓以利害，促使其说动了单于，解围放出了刘邦。这以后，刘邦认识到匈奴的势力还很强大，再加上汉朝内部急需休养生息，只好和匈奴议和，汉室嫁公主给匈奴，并每年赠给匈奴一定数量的丝绸和酒食，与匈奴约为兄弟之国。这样边界上稍微平静下来，但这个时期匈奴在战略上对汉朝一直处于优势，有时小股匈奴人还会越过长城，进入代郡、云中郡、上谷郡袭扰。

公元前 141 年，汉武帝刘彻即位后，国力逐步强大起来，遂决心解决北方匈奴的威胁问题。武帝元光二年（公元前 133 年），汉朝在雁门关外设伏，开始主动攻击匈奴人。元光六年（公元前 129 年），汉军以李广、公孙敖、卫青等四将军分四路出发，合击匈奴。卫青大军从上谷郡出征，奇袭龙城，尽管没有接触到匈奴的主力部队，却掏了匈奴的老窝。元朔二年（公元前 127 年），卫青率大军从云中至陇西一线出征，采用大迂回战术，反过来收复了黄河以南的土地，筑城设朔方郡，整修了长城要塞，依托黄河设防，取得了对匈奴作战的一大胜利，史称"漠南之役"。为了更有效地打击匈奴，汉武帝采取"断其右臂"的策略，在西线加强攻势，而在东线"弃上谷之斗辟县造阳地以予胡"，收缩力量，依靠长城抗击匈奴。元狩四年（公元前 119 年），卫青与霍去病率军分别从代地、定襄出发，相约横跨大漠，夹击匈奴。这次汉军杀死、俘虏匈奴 9 万余人，匈奴军主力被歼，匈奴单于和左贤王都只带少数人向西北逃走，史称"漠北之役"。之后，匈奴远遁，而"漠南无王庭"，匈奴在北部边防的威胁基本解除。汉朝的疆域又延伸到了匈奴内部，并屯田戍守，以固边防。自此，西汉一直对匈奴保持着战略优势。若干年后，匈奴内乱，"五单于并立"。汉宣帝甘露三年（公元前 51 年），呼韩邪单于降服于汉朝，汉朝北部的边防遂更加巩固。

公元 25 年，刘秀登基为帝，史称东汉。建国之始，不少地方还都没有完全安定下来，北部边防更为混乱。与汉朝长期对峙的匈奴，虽然在汉武帝时期连续军事打击下势力大衰，王庭被迫迁到漠北，但影响尚在。在匈奴势力向西北退缩的过程中，原依附于匈奴，在大兴安岭生活的乌桓人逐步向南向西发展，意在填补匈奴人留下的漠南空间，此时已经到达了辽东、辽西、右北平、渔阳、上谷塞外。王莽末期大起义中出现的一些地方割据势力远没有被统一，在北部边境上就有卢芳势力。卢芳是定安郡三水县人，在反对王莽称帝的大潮中，他假称自己是汉武帝的曾孙刘文伯，被三水县地方势力推举为西平王。他与匈奴相勾结，又被匈奴立为汉帝，在匈奴的支持下，掠取了五原、朔方、云中、定襄、雁门五个郡，宣布定都五原。"是时，卢芳与匈奴、乌桓连兵，寇盗尤数，缘边愁苦"（《后汉书·王霸传》），而官军几次与之作战也未能取胜，这使得光武帝刘秀对北部边防很是忧虑。于是先在建武七年（31 年），光武帝"诏茂引兵北屯田晋阳、广武，以备胡寇"，即让骠骑大将军杜茂带兵北上晋阳、广武，一边屯田一边防备匈奴、乌桓的攻掠。又在建武十三年（37 年），光武帝"诏霸将驰刑徒六千人，与杜茂治飞狐道，堆石布土，起亭障，自代至平城三百余里"，即让时任上谷郡太守的讨虏将军王霸和杜茂在原汉长城以内，卢芳所据地方西南，太行山北麓新筑一道长城，以防止卢芳和匈奴、乌桓势力相勾结，通过飞狐道进一步向南进犯。

这里，代即代郡，平城即今山西省大同市。这段长城在张家口境内主要分布在涿鹿县、蔚县南山一带，东从涿鹿县矾山镇东灵山起，过西灵山，再向西南沿小五台山金河口、松枝口、九宫口、飞狐口至下宫村乡西庄头，进入山西省广灵县境内，长约80公里。这段长城，也是后来北魏所筑"起上谷、西至于河"的长城与北齐所修"自幽州北夏口，西至恒州"的长城的前身。

四、南北朝北魏和北齐长城

《魏书·太宗纪》载，太宗明元帝拓跋嗣泰常八年（423年）正月，"蠕蠕犯塞。二月戊辰，筑长城于长川之南，起自赤城，西至五原，延袤二千余里，备置戍卫"。

蠕蠕，即草原民族柔然。赤城，即今赤城县。这道长城的东起点在今张家口市赤城县，具体走向是从赤城县后城镇小嵯村起，向北经龙门所镇红砂梁村、赵家庄、里东沟村，过东万口乡小京门、驼骆嵯村进入沽源县，汇入燕北长城。西行至桦皮岭折而沿赤城、崇礼交界南行，在大尖山转而沿宣化、崇礼县交界西行，至张家口市区再北上到张北县油篓沟乡黄花坪与赵北长城相接，最后西南行至怀安县渡口堡乡桃沟出境，进入内蒙古兴和县，长约250公里（另一说，北魏长城在桦皮岭继续沿秦汉长城、赵北长城西行，直到出境）。

《魏书·世祖纪》又载，世祖太武帝拓跋焘太平真君七年（446年）六月，"发司、幽、定、冀四州十万人，筑畿上塞围，起上谷，西至于河，广袤皆千里"。北魏时，上谷治地在今北京市延庆区。这道长城东端在今北京市延庆区八达岭一带，沿昌平区西部山区进入门头沟区西部，在东灵山出北京市境进入张家口市涿鹿县中部，经小五台山进入蔚县南部，然后从张家口市进入山西省灵丘县，止于保德县黄河边，在张家口市境内长约80公里。走向基本与东汉长城相一致。

与此同时，为了加强北部地区的防卫，北魏还在边境一线设立了六镇——沃野、怀朔、武川、抚冥、柔玄、怀荒，后来又设了御夷镇。这些镇既是驻军单位，也是一级地方政权，兼理军民政务。这其中柔玄镇（今尚义县）、怀荒镇（今张北县）、御夷镇（今赤城县）都在今张家口市境内。

公元550年，高洋废东魏孝静帝元善见，自立，改国号为齐，史称北齐。

北齐立国后，衰败下去的柔然和正在兴起的突厥、契丹都多次南下长城袭扰，致使高洋不得不几次北上征讨。天保五年（554年），高洋亲自北行视察山川险要，准备修建长城御北。

《北史·齐本纪》载，显祖文宣帝高洋天保六年（555年）"诏发夫一百八十万人筑长城，自幽州北夏口，西至恒州，九百余里"。幽州北夏口，即今北京市居庸关南口——南口镇。恒州，即今山西省大同市。这道长城自东而西，穿过河北北部涿鹿县、蔚县和山西北部大同等县，直抵大同市。基本上是利用了东汉王霸所筑飞狐道长城和北魏"畿上塞围"修缮而成。

五、唐长城

《新唐书》载："怀戎，妫水贯中，北九十里有长城，开元中张说筑。"

怀戎，即怀戎县，治所在今怀来县旧怀来城。张说于开元六年（718年）任右羽林将军，兼检校幽州都督；开元七年（719年）任检校并州大都督长史，兼天兵军大使；开元九年（721年）回京任兵部尚书；开元十年（722年）任朔方节度大使。这期间，唐北部边境与突厥和契丹接壤，虽大体平和，但也时有动乱。张说持节到各临近部落安抚，甚至夜间就留宿在他们的帐篷中，深得其心。为长远计，张说多次请求朝廷加强战备。开元中所筑长城，应该就是在这一时期完成的。

唐长城位于现赤城县南部雕鹗镇东西一线，与"北九十里有长城"相符。其走向为东起东卯镇古子坊村，西南行至后城镇四十里长嵯，改西行到雕鹗镇，然后西北行至龙关镇，长约70公里。雕鹗镇长城附近有唐广边军城堡遗址。明朝时，这段长城被作为宣府镇下北路内边长城修缮使用。

六、金长城

在康保县中部，有一条"大土埂"横贯全县东西。它西从内蒙古化德县土城子乡特布乌拉入境，在李家地镇毛胡庆村北平缓向东，经处长地乡、张纪镇、丹清河乡，直到阎油坊乡化稍营村出境，进入内蒙古太仆寺旗东井子乡贾家地村西北，全长65公里。这就是金长城。

金代，张家口境属西京路（今山西省大同市）管辖，而长城防务则属西北路招讨司（驻内蒙古正蓝旗）和西南路招讨司（驻内蒙古丰州）管辖。《金史·章宗本纪》载，金章宗承安五年（1200年），"尚书省奏：'西北路招讨使独吉思忠言，各路边堡墙隍，西自坦舌，东至胡烈么，几六百里，向以起筑匇遽，并无女墙副堤。近令修实，计工七十五万，止役戍军，未尝动民，今已毕工。'上赐诏奖谕"。由此可知金西北路长城是1200年由西北路招讨使独吉思忠最后完成的。《金史·独吉思忠传》载："初，大定间修筑西北屯戍，西自坦舌，东至胡烈么，凡六百里。中间堡障，工役促迫，虽有墙隍，无女墙副堤。思忠增缮，用工七十五万，止用屯戍军卒，役不及民。上嘉其劳，赐诏奖谕。"又可知，西北路长城是金世宗大定年间（1161—1188年）起筑的。康保县这段金长城是金西北路长城的岭南山北支线的一部分，所以可以推定，它是公元1161年至公元1200年间修筑完成的。

金长城以人工挖掘的壕沟为主，壕侧堆土为墙，平坦处几近等距离地布设墙台和戍堡，构造形式有别于其他历代长城，故金长城亦称金界壕。康保县这段金长城的地面遗存应为壕沟内墙，墙南现有小兰城、大土城、西土城、十大股城、土城子、兰城子、平原城七座金代城址。

金朝建立之初，蒙古各部大多是臣附于金的，但因为蒙古部落时叛时附，所以金对蒙古很不放心。金世宗时，为了削弱蒙古部族的势力，曾采取"灭丁"政策，即每三年出兵剿杀蒙古部族的成年男子，给蒙古人民造成世代难忘的苦难。然而，蒙古部族的势力非但没被金消灭，反而日益强大起来，这引起金的更大警惕。于是从金世宗大定年间开始，就在临潢府西北修建边堡防卫。金章宗承安年间，又在金的西北部沿着与蒙古族部落接壤地界，几次大规模地修筑壕堑，以抗御蒙古骑兵的南下。

金卫绍王大安二年（1210年），金修筑乌沙堡（今河北省张北县西北），准备先发进攻蒙古人。没想到却让蒙古军在成吉思汗的带领下，出其不意地袭破了乌沙堡。大安三年（1211年），成吉思汗率领蒙古军大举进攻野狐岭（张北县西南），以10万之众，组织敢死队猛烈攻击金仓促集结起来的40万大军，金军统帅完颜承裕（胡沙）抵挡不住，退至宣平（今张家口市区西），又连夜南逃，第二天被士气正盛的蒙古军追至会河堡（今万全县西南），一场血战，金军溃败。蒙古军乘胜追击，接连攻陷宣德（今河北宣化）、德兴府（今河北涿鹿）、居庸关，直抵金都中都城（今北京）城下。金中都戒严，蒙古军大肆掳掠后才向北退兵。

金朝40万大军几乎被成吉思汗的蒙古军全歼，使金军元气大伤，这是金由强到弱的转折点。23年之后，金就在蒙古的连续打击下灭亡了。金朝虽然在几十年里，几次大规模地修筑边壕，企图阻止蒙古的进攻，但由于采取了错误的民族政策，给自己树立了一个坚强的敌人。随着金自身政治的日趋腐败，内部勾心斗角，军队的战斗力已是大打折扣。没有了人的强大力量，物质的力量就发挥不了作用，金的灭亡也是必然的了。

七、明长城

明长城，是张家口境内现存最多的长城，总修筑长度达720公里。其中现存可视长城遗存为678公里，已消失段为42公里。人们现在看到的长城多是明长城。

明朝为加强边防，在长城沿线设置了九个军镇（辽东、宣府、大同、延绥、宁夏、甘肃、蓟州、山西、固原）分守，又称"九边"（后从蓟镇分出昌镇、真保镇二镇）。今张家口地域大部分属于宣府镇防区，少部分属于昌镇和真保镇防区。这里因紧临京城与皇陵，守边任务特别重，是明朝的边防重点。宣府镇长城防御分东、西、南、北、中五路管辖，嘉靖年后又分西路为上西路、下西路，分北路为上北路、下北路，并设南山路，从此宣府镇长城共分八路镇守。

昌镇长城在张家口主要分布在今怀来县南部，真保镇长城在张家口主要分布在今怀来县南部、涿鹿县东部，这两镇长城均属于内长城，用石条和城砖砌筑并置有敌楼，设计考究实用，是中国长城建筑的精品。

宣府镇城于洪武二十七年（1394年）在故元宣德府的基础上土筑，正统五年（1440年）包砖，隆庆二年（1568年）又加修。城高3丈5尺，周长24里，面积与西安城相当，却几乎是大同镇城的4倍。

《宣大山西三镇图说》评述宣府镇形势时说："紫荆控其南，长城枕其北，居庸左峙，云中右屏。内拱陵京，外制胡虏，盖屹然西北一重镇焉。"洪武三年（1370年），汤和、冯胜率明军攻占元顺宁府（故宣德府）。第二年，诏令废顺宁府，更名宣府。洪武二十六年（1393年），置宣府左卫、宣府右卫、宣府前卫，属后军都督府统领。洪武二十八年（1395年），谷王朱橞就藩于宣府，三卫改称谷王府左、右、前三护卫。永乐元年（1403年），成祖命"武安侯郑亨充总兵官，武城侯王聪充左副总兵，安平侯李远充右副总兵，率师驻守宣府备御"。总兵首驻宣府。永乐七年（1409年），成祖命后军都督府右都督章安"挂镇朔将军印充总兵官镇守宣府地方"，"都指挥以下俱听节制"。宣府正式设置镇守总兵官，正式设置宣府镇。宣德五年（1430年），设置万全都指挥使司于宣府，初领万全左卫、万全右卫、宣府左卫、宣府右卫、宣府前卫等14个卫和兴和、美峪2个守御千户所。后来，新设龙门卫，从山西行都司划入广昌守御千户所，又新设龙门、云州、长安岭、四海冶4个守御千户所。其时，万全都司共统15卫、7守御千户所，额定官军151452员名，马骡55274匹头。

宣府镇规模宏大，除了宣府镇为九边重镇，是防护都城北京和皇陵最后最重要的门户之外，也与谷王朱橞分封在此，谷王府就在镇城有一定关系。

（一）北路长城

宣府镇北路，又称独石路，参将驻独石口（今赤城县独石口镇）。防区东接潮河川（今承德市丰宁境），西到龙门关（今赤城县和宣化县交界），南至长安岭（今赤城县和怀来县交界），北踞毡帽山（今独石口北）。长城呈环状绕行今赤城县边界。北路长城是明朝在原北魏、唐长城的基础上修缮、新筑至完备的，全长345公里。万历十八年（1590年）后，将北路又分上北路、下北路管辖。下北路参将驻龙门守御千户所（今赤城县龙门所镇）。

宣府镇北路"乃上谷之咽喉"。"独石诸城，外为边境藩篱，内为京师屏蔽"，"独出塞外，三面受敌，于九边中，尤称冲要。"

一代名将——镇朔大将军、宣府镇总兵杨洪就是在北路的独石口防卫中成长起来的明朝将领，死后亦葬于赤城。

杨洪，字宗道，安徽六合人。善骑射，有韬略，以敢战著称。年轻时，即调到开平卫驻守。最初，跟从明成祖朱棣北征，打到斡难河，缴获人马而归，成祖封其千户之职。宣德四年（1429年），开始专领精锐骑兵，巡行塞外，侦察敌情。后来又戍守云州，并负责训练独石一带的骑兵部队。再以后就专门负责独石口的防卫。杨洪平时训练士兵要求极其严格，并经常激励将士们英勇杀敌，为国立功，因此部队士气很高。遇有战况，又身先士卒，勇突敌阵。在多年与兀良哈部的战斗中，因为部署机变敏捷，善于出奇捣虚，所以很少有失利的情况。守之，固若金汤，战则攻无不克。所以，边外的蒙古部落都很害怕杨洪，称呼他为"杨王"。杨洪也因防卫北路有功，不断得到升迁，由千户而为游击将军、都指挥佥事、都指挥同知、都指挥使、都督同知，正统十二年（1447年），出任宣府镇总兵。

在正统十四年（1449年）的"土木之变"中，明朝三十万大军溃灭，明英宗被俘，瓦剌军直攻到北京城下，造成明王朝的极大危机，但是杨洪却牢固地守住了宣府城。事后被封为昌平伯。在保卫北京城的战斗中，杨洪奉命率两万兵马驰援，并在霸州大败敌寇，追回了被掳掠的人和物资，为北京保卫战的胜利作出重要贡献。后论功行赏，杨洪被进封为昌平侯。战后，杨洪又被留在京城，帮助训练保卫北京的明朝军队。这期间，杨洪为明军的整顿、为加强明朝的边防提出了许多重要建议，都被朝廷采纳，并付诸施行。景泰二年（1451年），为加强边防，杨洪以七十高龄，佩镇朔大将军印，又回到宣府镇任总兵。后因病被朝廷召回北京休养。不久，病逝于北京。为此，景泰帝辍朝一日，并追赠杨洪颍国公，谥武襄。

《明史·杨洪传》说杨洪"久居宣府，御兵严肃，士马精强，为一时边将冠"。但杨洪也是一员儒将，他在守边时，重文兴学，乐善好施，帮助建设了不少学校，教育将士子女，也帮助兴立了不少庙宇，供边地父老参拜。为纪念杨洪的功德，独石口人为杨洪建有"杨昌平祠"。

杨洪的儿子杨俊，"初以舍人从军"，到明英宗时，已累官至都指挥佥事，总督独石、永宁等处的边防事务。景泰帝时，因在保卫居庸关的战斗中有功，进封都督佥事，不久又封右参将，协助朱谦镇守宣府。后被封为右都督。

杨洪的侄子杨能，跟从杨洪作战，善骑射，处事冷静，因功封为开平卫指挥使，进而封为都指挥佥事。景泰帝时为都指挥同知，以游击将军率部在北路边防巡逻。后封都督佥事，并进封左副总兵，协守宣府镇。英宗天顺初年，以左都督任宣府镇总兵官，后来因战功封为武强伯。

杨洪的侄子杨信，自幼就在杨洪的部队中长大。作战时，敌将刚要跃马冲出阵前，杨信就直接冲锋上前，把敌将擒拿了过来，因此闻名于军中，因功被封为指挥佥事。在"土木之变"后，因保卫北京有功，又被封为都指挥同知，后来累进都督佥事，并以左副总兵职协助守卫宣府镇。明英宗天顺初年，以都督同知镇守延绥镇，因战功封彰武伯，佩副将军印充总兵官，镇守延绥。延绥设总兵佩将军印，是从杨信开始的。后来又镇守大同镇。死后赠侯，谥武毅。

杨洪、杨俊、杨能、杨信，《明史》都有传。《明史》有言："洪父子兄弟皆佩将印，一门三侯伯。其时称名将者，推杨氏。"杨洪一门事迹，至今在张家口一带广为流传，受到人们的景仰。

（二）东路长城

宣府镇东路，防区东从北京市延庆县四海冶接蓟镇长城，西到怀来县西部鸡鸣山，北至怀来县、赤城县交界处的长安岭，南止于怀来县南山和涿鹿县南山以北。参将驻永宁城（今延庆县永宁镇）。

东路长城东从四海冶蓟镇、昌镇、宣府镇三镇长城交界处起，向西北延伸，至延庆县靖胡堡（今白河堡）与宣府镇北路长城相接，并向西一直延伸到长安岭东部。东路长城大部分利用山险为障，与间断的筑墙连接成防线，长约100公里。

东路的土木堡以"土木之变"闻名于世。

明英宗正统年间（1436—1449年），蒙古瓦剌部势力逐渐强盛起来。正统十年（1445年），瓦剌也先发兵攻打西部的哈密卫，明朝廷只顾云南麓川战事，对哈密卫忠顺王的求援置若罔闻，坐失西域要道哈密卫。正统十一年（1446年），也先又率兵攻打东部的兀良哈三卫，明朝廷也未发一兵一卒去救援。瓦剌在相继扫除了明朝西部和东部的屏蔽后，也了解了明廷的底细，接下来便毫不客气地从中部进攻明朝内地。正统十四年（1449年）七月，也先以向明朝贡马，明廷减少了赏赐为名，率部大举进攻明朝。瓦剌兵分三路，同时行动。东路，大汗脱脱不花联络兀良哈部攻辽东；西路，瓦剌别部攻甘州；中路又分两支，阿拉知院率部攻击宣府北路防线，也先亲率一部入寇大同。明朝长城全线遭遇前所未有的全面攻击。七月十一日，也先率部到达大同，明军右参将吴浩在猫儿庄迎战，兵败身亡。也先"兵锋甚锐，大同兵失利，塞外城堡，所至陷没"。形势危急，兵报每日数十进京师。司礼太监王振力劝明英宗统军亲征，兵部尚书邝埜、侍郎于谦等大臣"伏阙恳留"，英宗与王振执意不听。七月十五日，英宗下诏亲征，命皇弟郕王朱祁钰留守北京。十七日，也就是在决定亲征的第二天，英宗带领太监王振、英国公张辅和兵部尚书邝埜、户部尚书王佐等率三十万大军在几乎没有多少准备的情况下，匆匆忙忙向西北进发，亲征瓦剌也先。十八日，出居庸关，过怀来，到宣府。"连日风雨，人情汹汹""未至大同，兵士乏粮"。前方频频传来败报，"伏尸蔽野，众心为寒"。八月一日，英宗大军进至大同。也先北撤，欲诱明军深入，聚而歼之。邝埜、王佐见势不好，力劝英宗回师。王振却以为瓦剌畏惧英宗亲征而退兵，坚持要进兵北行。

后来太监郭敬将瓦剌实力密告王振，王振害怕起来，才下令班师。王振是蔚州人，开始准备经紫荆关回京，这样可以顺路请英宗驾幸他老家，光宗耀祖，后来又怕千军万马踏坏了他家的大片庄稼，所以大军走了四十里路又改道迂回经宣府回京。八月十日，明军退至宣府，瓦剌大批骑兵已追上来。十三日，英宗大军进至土木堡，离怀来卫城仅20里。大军想进入怀来卫城，一是土木堡处在一块台地上，缺少水源，人马又多，于作战不利，二是在防卫上也可以保护英宗的安全。王振以明军辎重没到为由，坚持留驻土木堡。十四日清晨，瓦剌军迫近明军，并抢占了水源。也先率主力从麻峪口方向向明军发动进攻，都指挥郭懋与瓦剌军激战一夜。十五日，也先佯装退却，并派使者要求与明军讲和。王振见使者来言和，信以为真，一方面答应和谈，一方面就命令部队移营就水。明军刚刚移动三四里地，也先带领的瓦剌骑兵就和刚刚赶到的阿拉知院带领的骑兵围攻了上来，"铁骑蹂阵而入，奋长刀以砍大军"。明军"相蹈藉死，蔽野塞川"。张辅、邝埜、王佐等五十余名大臣勇敢战死。护卫将军樊忠恨得用铁锤捶死了王振，自己也英勇战死。英宗在混战中突围不成，只好盘膝而坐，当了瓦剌的俘虏。

消息传到北京，八月十八日，明朝孙太后命留守北京的郕王监国。八月二十一日命于谦为兵部尚书，应对变局。九月六日，朱祁钰登基即位，是为景泰帝，遥尊英宗为太上皇。也先俘获英宗后，先是挟持着英宗在宣府、大同骗城、索财，被识破，未能得逞。后又重新组织力量进犯北京，瓦剌军在明叛降宦官喜宁的引领下，攻破了紫荆关。很快，也先就直抵北京城下。于谦在景泰帝支持下，组织动员北京全城军民保护北京城，并先后调遣几路大军支援北京。也先攻城五日不下，连吃败仗，又加之各地援军纷纷赶到，恐怕退路被断，只好率军北还，退出了长城。北京保卫战取得了胜利，明王朝度过了一次严重的危机。

"土木之变"，明英宗被俘，30万大军溃败，不但物质上损失极大，也严重打击了明王朝的士气，是明朝由前期向中期的转折，也是明王朝由强向弱的转折，以后对阵蒙古的局面，就没有了优势，也只能以防御为主了。

（三）中路长城

宣府镇中路，防区东接龙门关北路长城，西止于宣化县人头山，南至宣府镇城北，北到宣化县与崇礼县交界一线长城。

中路长城北从宣化县、赤城县交界的龙门关接北路长城，南行至赤城、宣化、崇礼三县交界处的大尖山转而西行，沿宣化县、崇礼县交界一线延伸至宣化县人头山破虏台，与宣府镇西路长城相接。大边长城内又有东西向、南北向两段内边辅助防御。中路长城长约100公里。参将初驻葛峪堡（今宣化县葛峪堡），万历十八年（1590年）后，移驻龙门卫城（今赤城县龙关镇）。这段长城主要修筑于永乐、嘉靖年间。

（四）西路长城

宣府镇西路，防区东从宣化县人头山接中路长城，西到熊耳山北，北止于万全县与张北县交界、怀安县与尚义县交界一线长城。参将驻万全右卫城（今万全县万全城镇）。嘉靖四十五年（1566年），将西路又分为上西路和下西路管辖。下西路参将驻柴沟堡（今怀安县柴沟堡镇）。

宣府镇西路长城从宣化县人头山西北行，到张北县油篓沟乡与战国赵北长城相接，沿赵北长城向西南行至出境，全长130余公里。赵国以后，这段长城先后被秦、汉、北魏所利用，至明已是第五个朝代在这里筑长城了。

对于宣府镇长城西路，最引人注目的要数张家口堡由武城到同时兼有商城功能的转变了。

张家口堡于宣德四年（1429年）建在张家口南5里、清水河西岸的一片台地上，是在明永乐帝五次亲征蒙古后，为加强宣府地区的防御而修筑的。张家口这处军堡，因为处在西路长城的极冲，一直很好地发挥着武城的极其重要的作用。

明王朝延续到嘉靖年间（1522—1566年），长城外与之对峙的蒙古正是俺答汗主政。俺答汗本是蒙古右翼的首领，其势力在蒙古很是强大，甚至蒙古大汗驻帐的察哈尔部都被赶到了辽东地区。为了发展自己，也为了蒙古的生计，嘉靖十三年（1534年），俺答汗向明廷提出"求贡"，表达了进行贸易、停止战争、建立和平民族关系的愿望。明朝对此很不理解，也没有回应。一是明廷此时正忙于南方浙江、福建一带对倭寇的斗争，二是俺答汗一方面一再提出"求贡"，而另一方面又一直没有停止对明朝边地的掠扰，这使得明朝怀疑俺答汗"求贡"的诚意。俺答汗"求贡"不成，就把入关抢掠作为他实现"求贡"的手段和筹码。随着战争频度的增加，双方更加对立。仅宣府镇，在不到10年时间里，就被蒙古进攻12次，最多一年3次。

嘉靖二十九年（1550年），岁在庚戌。连年"求贡"屡遭拒绝后，俺答汗率10万铁骑对明朝发动猛烈进攻，史称"庚戌之变"。八月，蒙古大军绕过重兵防守的大同镇和宣府镇，出其不意地从古北口进入长城。明军一战即溃，丢盔弃甲，到处逃窜。蒙古大军则是长驱直入，一路掳掠，直抵通州城下。明朝京师震恐。只是在明廷调动多路援军到达后，俺答汗大掠一顿，才退到长城边外。这年十二月，俺答汗再次派人到宣府镇投书，要求通市。这次慑于蒙古的军威，明朝不得不答应局部开放互市，以缓解与蒙古的矛盾。嘉靖三十年（1551年），明大同镇的镇羌堡和宣府镇的新开口堡同时开放马市。由于蒙古是以武力威胁出了开市，而明朝则是在被迫下不得不开市，双方并没有就开市的管理达成共识，再加上蒙古没有从根本上杜绝入寇和抢掠问题，"大同市，寇宣府。宣府市，寇大同。甚至朝市暮寇，币未出境，而警报随至"。所以，明朝很快宣布关闭大同马市，第二年春，又宣布关闭宣府马市。这以后，双方又进入了更加激烈的对抗。自此，宣府镇几乎年年有战事，甚至一年两三次。

1566年，明穆宗即位，是为隆庆帝。隆庆四年（1570年）十月，大同镇突然通报，俺答汗的孙子把汉那吉带着部属十余人投关请附。把汉那吉是俺答汗的爱孙，因为家庭纠纷，闹得不可开交，把汉那吉愤而脱离俺答汗，率部到了大同镇。俺答汗一时情急，匆忙准备调集部队向大同、宣府一带进发，声言要武力夺回把汉那吉。形势非常紧张，一旦处理失当，必然会引发大规模的战争，时任宣大总督的王崇古和大同巡抚方逢时却从中看出这正是解决蒙汉关系转折的极好机遇。他们迅速向朝廷建议，接纳把汉那吉，而且"给之宅舍，授之职衔"。如果俺答汗答应引渡明朝缉拿的被蒙古收留的要犯，释放被掠人口等，可以把汉那吉归还。明廷内阁首辅高拱和大臣张居正也清楚地看到了处理把汉那吉事件的玄机，力主和平解决。终于隆庆帝下诏，封赏把汉那吉，对俺答汗明确提出解决问题的条件，同时要求宣大总督王崇古、大同巡抚方逢时、宣府巡抚陈其学各自组织官军进入战争状态，使俺答汗无可乘之机。俺答汗得知孙儿把汉那吉不仅平安无事，还得到了明朝的封赏，便由激愤转为感激，说只要把汉那吉能平安回来，明朝的一切条件都可答应，史称"隆庆议和"。这样，把汉那吉事件不仅圆满解决了，还为进一步建立互利的蒙汉关系创造了条件。隆庆五年（1571年），隆庆帝下诏，封俺答汗为顺义王，并决定在大同、宣府、山西等镇的11处边口互市。宣府镇互市地点设在万全右卫张家口边外。这以后，明朝又允许在长城边口不定期地开办小市，方便长城两边老百姓的交易。俺答汗先后颁布了处理双方关系的《规矩条约》，明朝则下达了《市款五法》，规范了双方互市的权利和责任。

万历四十一年（1613年）明朝在张家口长城边内修筑了"来远堡"（张家口上堡），这一方面是加强长城防御的需要，同时也是为了适应日益发展的蒙汉互市的要求。蒙汉双方在来远堡互市贸易。后来张家口堡（下堡）管控着本边的安全，而来远堡却逐步地成为专门进行互市的场所，是一座名副其实的商城，人们叫它"市圈"。

"隆庆封贡"巩固了俺答汗在蒙古各部落中的霸主地位，所以他尽力维护和议互市的成果，一直到他去世都没有变化。

俺答汗的夫人"三娘子"在俺答汗死后掌握了右翼蒙古的实权，历经俺答汗的继承者黄台吉和扯力克，一直实际掌权近40年，也延续了俺答汗开创的与明朝和平互市事业。"自是边境休息……数千里军民乐业，不用兵革""六十年来塞上物阜民安，商贾辐辏，无异于中原"。也因此，三娘子两次被明廷封为"忠顺夫人"。内蒙古包头的美岱召和张家口来远堡都曾建有"三娘子庙"，这正是世人对她大力改善和维护蒙汉民族关系所作贡献的纪念。

张家口市口因为位置选得好，既有能保证大量贸易规模所需的场地，又有确保公平交易的严格管理，并且有着确保边境安全的设施和强大的驻守部队，所以开市以来，交易成果一向显著，每年交易的马就达二三万匹之多。张家口也是明代整个长城沿线互市交易最活跃、贸易量最大的市场。互市改变了张家口堡作为单一军事堡垒的性质，使它同时兼具了商城的功能，适应了时代发展的要求。

（五）南路长城

宣府镇南路，防区管辖宣府镇西南地区，包括今阳原、蔚县全境和宣化县南部、涿鹿县西部以及今保定市涞源县北部广大地区，是外长城与内长城间的缓冲地带。

"阻山带河，其险足恃"，因此防区内并不连筑长城，而是在山险与交通冲要之地多设关隘，并在东西一线修建了202座火路墩（烽火台），构成完善的报警通讯系统和军事防御体系。

南路参将驻顺圣川西城（今阳原县西城镇）。

（六）南山路长城

宣府镇南山路长城，东起延庆县四海冶东蓟镇、昌镇、宣府镇长城连接处，西抵怀来县合河口（永定河、妫水河汇流处），基本沿军都山和怀来县南山北麓逶迤而行。其东部在今延庆区境内，有断续的城墙存在。其西部在今怀来县境内，则少有城墙，而是以"联墩列戍"形式，即修筑密集的墩台并有序设置堡寨，使之成为一道连续的军事防御战线。南山路长城东西总长125公里（其中怀来境内41公里）。设大堡7座，小堡30余座，墩台790座。参将驻柳沟城（今延庆县柳沟）。

南山路长城设置于内长城与外长城之间，北可作外长城后盾，南可作内长城屏障，尤其对南山诸口防卫，作用独特，是明统治者加强整个长城防御体系的一重要举措。

（七）昌镇长城

昌镇长城是内三关（居庸关、紫荆关、倒马关）长城的一个重要段落。镇城在今北京市昌平区。它东接慕田峪蓟镇长城，西抵镇边城接真保镇长城，全长230公里，分黄花路、居庸路、横岭路三路镇守。怀来境内长城属横岭路管辖，东北接延庆区八达岭西南之石峡长城，从陈家堡村东山向西南走行，穿越东花园、瑞云观、小南辛堡两镇一乡，至水头村元城岭止。横岭路参将驻横岭城（今怀来县横岭）。

（八）真保镇长城

真保镇长城东自紫荆关沿河口连昌镇长城，西抵故关鹿路口接山西镇长城，长390公里，分为紫荆关、倒马关、龙泉关、故关等关口镇守，其镇城在今河北省保定。真保镇长城东起始段属紫荆关管辖。长城主体从北京市门头沟区沿河口起，沿北京市与怀来县官厅镇、孙庄子乡、涿鹿县矾山镇交界西南行，进入保定市涞水县，继续南行和倒马关长城相接。

八、清代长城

清廷实行政治"怀柔"和军事防备两手政策，维护其统治地位。一方面，他们肆意贬低长城作为重要的军事防御手段的作用，大力宣扬治理国家"在德不在险"，努力对汉族上层和蒙、藏贵族进行笼络。据清史料记载：康熙三十年（1691年）5月，古北口总兵官蔡元上疏说，古北口一带边墙倾塌甚多，请行修筑。工部等衙门拟议，应如所请。但是康熙皇帝却批复说："蔡元所奏，未谙事宜。帝王治天下自有本原，不专恃险阻。秦筑长城以来，汉、唐、宋亦常修理，其时岂无边患？明末，我太祖统大兵，长驱直入，诸路瓦解，皆莫能当。可见守国之道，唯在修德安民。民心悦，则邦本得，而边境自固。"康熙还在《蒙恬所筑长城》一诗中，讽刺秦始皇说："万里经营到海涯，纷纷调发逐浮夸。当时用尽生民力，天下何曾属尔家。"康熙朝工部尚书、文渊阁大学士陈世倌，在《张家口》一诗里也奉和说："地拱神皋右臂张，关前山后雉云黄。圣朝自有安边策，岂恃秦城万里长。"似乎一时舆论，清廷再也不会修用长城了。其实不然，这只不过是给人一种印象罢了。

而另一方面，他们在中原各战略要地和长城沿线驻重兵，以武力为后盾，积极防御汉族与其他民族的反抗，甚至是随其入关的蒙古王公的"叛盟"。在终其统治的二百余年里，一直坚持对长城进行维护、重修、扩建乃至部分新筑，以期最大限度地发挥长城在巩固其统治地位上的功能。

据史料记载：顺治元年（1644 年），开筑张家口长城大境门。顺治四年（1647 年），"诏置西、北、东三路台兵……"（《宣化府志》）；康熙九年（1670 年），"诏修独石口边垣……"（《宣化府志》）；雍正九年（1731 年），"上以古北口、宣化、大同沿边要地当增兵，独石口西至杀虎口当增兵，并修边墙……"（《清史稿·路振扬传》）；乾隆三年（1738 年），"修张家口来远堡水关。"（《宣化府志》）；直至光绪十一年（1885 年），还由驻军官兵和当地百姓共同出资修复了赤城县青平楼口关城（《重修青平楼口碑志》）。

（原载于《万里长城》2012 年第 3 期）

王晓轩，女，1962 年生，河北大学中文系毕业。张家口日报社主任编辑，主编有《张家口现存的古长城》一书，参与编辑出版了《张家口——历代长城博物馆》《张家口事典》《张家口史话》《晋察冀边区（张家口）文化研究》等书籍。

程葆刚，男，1946 年生，中国人民大学毕业。张家口市退休干部。退休后，参加到对地方史特别是对长城修筑史和长城作为整个军事防御体系的探究队伍中来。主编有大型外宣画册《张家口——历代长城博物馆》和《日军占领下的伪蒙疆政权》两书。

张家口长城调查资料汇综

高鸿宾

中国长城是世界上体量最为宏大、体系最为完整的古代军事防御工程。中国长城的建筑结构和构造形式，充分展现了古代农耕民族阻止游牧民族骑兵进扰的功能。中国历代修筑的长城，形式、结构、技术水平各有差异和特点，但其基本形式是由城墙、关隘、城堡、烽燧组成。明代长城是中国长城建筑的巅峰阶段。明长城壮观、科学、实战功能强，处处体现和洋溢着古代筑墙将士及劳动人民的聪明才智。

长城文化研究，是张家口历史文化研究中的重要课题，一直是市内外历史文化学者研究的重点。多年以来，众多专家学者从不同角度、不同层面对张家口长城文化展开研究，取得了很大进展，并通过撰写文章、摄影展览、出版著作、开辟论坛以及新闻媒体等多种形式进行宣传，为打造张家口"历代长城博物馆"的城市名片、发掘张家口长城文化内涵做出了努力。这些研究和宣传工作大大推动了张家口的长城文化研究进程，为营造张家口长城文化氛围、树立城市长城文化形象、夯实长城文化根基作出了贡献。

笔者作为文物考古部门的工作人员，因工作之需，曾对张家口20世纪80年代的长城调查资料进行研读，又曾有幸参加了由国家文物局、国家测绘局共同实施的长城资源调查工作，积累了一些张家口长城方面的资料，所以有必要将长城研究心得和所掌握的资料分享出来，为人们的研究提供一个相对比较准确的参考依据。同时，也阐述一下自己在长城学术研究中的一些观点，权与同仁探讨和沟通。

张家口是国内现存长城最多、时代跨度最大、建筑形制最全、分布最广的区域之一。根据文献记载，战国、秦、汉、北朝、唐、金和明代均在该区域内修筑过长城，累计修筑长达 1804 余千米。经长城资源调查证实，境内现存有战国赵北长城、燕北长城、秦长城、汉长城、北魏长城、北齐长城、唐长城、金长城（界壕）、明长城等长城遗迹达 1361.63 千米（注：原统计现存历代长城遗迹为 1303 余千米，早期长城遗迹 624.59 余千米，因又发现尚义境内赵长城遗迹 16.3 千米，早期长城遗迹 640.89 千米，加明代长城 720.74 千米，故长城遗迹总数为 1361.63 千米），其中 344 余千米存在叠压或复线关系，已消失段落 156 余千米。长城建筑形制有平顶型、尖顶型、圆顶型、斜坡顶型等，砌筑形式有土夯筑、毛石插筑、毛石浆砌、砖石砌筑、土石混筑等。长城军事防御体系包括城堡（镇城、路城、戍堡、关城）、敌台、烽燧（烽火台）、驿城（站）、仓廪、关隘等。全市遍布长城附属物，是名副其实的长城博物馆。

一、张家口历代长城分布状况

长城考古学中，一般将明代之前修筑的长城统称为"古长城"或"早期长城"。根据 2009 年长城资源调查对张家口地区古长城调查统计，张家口明代以前古长城现存 640.89 千米，消失段落 114.8515 千米，疑似叠压段落 344.6642 千米，分布在赤城县、沽源县、康保县、张北县、怀安县、尚义县、蔚县、崇礼区、宣化区、桥东区、桥西区、万全区等七县五区范围内。依据修筑时间，具体分布情况如下：

（一）战国长城

1. 赵北长城

公元前 475 年，赵襄子灭代国，将今张家口西部区域纳入赵氏领地范围。公元前 300 年，赵武灵王"略地北至燕、代，西至云中、九原，破林胡、楼烦，置云中、雁门、代郡。筑长城，自代并阴山下，至高阙为塞"。时张家口西部属代郡，大致范围包括今蔚县、阳原、怀安、万全县等地。

张家口境内赵长城，修筑于赵武灵王二十六年（公元前 300 年）至惠文王四年（公元前 295 年）。东起张北狼窝沟一带，向西经东营盘、台路沟，到大河乡南缘入尚义县甲石河乡鱼儿山，向西穿越尚义县境入内蒙古兴和县。该段长城大部分被后期长城所覆盖，或淹没于沙尘之下，仅在尚义县大柳沟村东北至县西南界附近的上白窑村之间存在墙体 16.3 千米，距兴和县境内的战国秦汉长城东端约30千米。据河北文研所调查，尚义县境内沿线分布有烽燧38座，障城4座，相关遗存2处。沿线发现有较典型的战国陶片，基本可确定为赵武灵王长城遗迹。

2. 战国燕北长城

公元前284—前279年，燕昭王用大将秦开"袭破走东胡，东胡却千余里，燕筑长城自造阳至襄平，置上谷、渔阳、右北平、辽西、辽东郡以拒胡"，将今河北张家口的东北部、内蒙古中南部、辽宁省的大部地区纳入燕国版图。根据专家考证，造阳在张家口市赤城县白河与沽源县闪电河分水岭一带，上谷郡治疑即今张家口市怀来县小南辛堡乡大古城，其辖境相当于张家口市东部广大地区。

战国燕北长城修筑于燕昭王三十三年（公元前279年）左右，燕北长城存有两段遗迹，其一是位于沽源县东北部，南北走向，北由内蒙古正蓝旗黑城子种畜场向南进入沽源县马点村，向南偏东经东糜地沟村出境，进入内蒙古多伦县境内，长约15千米，呈大土埂状，部分墙段已沦为大车道。有专家认为该段长城为金代所修界壕，有待进一步考证。其二东起沽源县丰元店乡老掌沟西北，经毡房营、椴木梁，折而西南，经长胜地、碾盘沟、马场，再向西登张北、崇礼两县交界的桦皮岭，然后折向南入崇礼，经清三营、沙岭到崇礼、赤城两县交界的野鸡山，向南则遗迹混于北魏、明代长城之中。该段长城除被后期长城利用段落，大部分已不成墙形，在桦皮岭一带远眺仅存浅浅的一线痕迹。

（二）秦长城

公元前215年，秦始皇嬴政命将军蒙恬率军30万，以太子扶苏为监军，北驱匈奴至河套以北，次年开始在原战国秦、赵、燕三国长城的基础上，修筑起西起甘肃临洮，东至辽东大海的万里长城。张家口境内秦长城利用了原赵、燕长城，并将其连接，使之成为横亘东西的完整防线。连接赵燕长城的秦长城，在张北县坝头一带，当地俗称"二道边"。遗迹最明显处，如张北黄花坪和崇礼坝顶等处有清晰的大土埂状。其走向西起张北县狼窝沟口与赵长城相接，向东经黄花坪、二道边、柳条坝、塞罕坝、黑脑包山，进入崇礼，经山岔、坝顶、登桦皮岭与燕北长城相接。

（三）汉代长城

张家口境内汉代长城分为两部分。其一，西汉长城，修缮时间约在汉武帝元光五年（前 130 年），"复缮故秦时蒙恬所为塞"，即修缮时利用了秦始皇连接赵、燕长城后的长城，并在沿线加修了许多城障和烽燧，进一步增强了防御能力。其二，东汉长城，修筑于东汉光武帝建武十三年（37 年），"诏霸将驰刑徒六千余人，与杜茂治飞狐道，堆石布土，筑起亭障，自代至平城三百余里"。代即代郡（今蔚县代王城），平城即今山西省大同市。这段长城在张家口境内主要分布在涿鹿县、蔚县南山一带，是东汉初因北境尚未稳固，为阻遏匈奴南下而利用险要地势修筑的以烽燧、列障为形式的长城。它东起于北京居庸关下口一带，向西进入河北张家口境内，经涿鹿县东灵山、西灵山、蔚县山涧口，向西南沿太行山脉小五台山麓，经金河口、九宫口、北口，至西庄头，向西进入山西省界，境内现存长 78.57 千米。

（四）北魏长城

有南北两条。其一，建于北魏泰常八年（423 年）的长川长城。北魏长城大部分沿用了西汉长城，只是东部起点于赤城县滴水崖北的小嵯，蜿蜒起伏于40 里长嵯之上，向北行经庄户、边墙梁、大坡墩、红沙梁、小庄科，登白草鞍梁，向北经赵家庄、里东沟，至松桦村东 3000 处向东北又出，经赤城小京门，骆驼嵯坝，向西进入沽源县，汇入燕北长城，西行，经盘道沟、椴木梁、砖墩山、长胜地、碾盘沟、马场，再向西南登桦皮岭，汇入秦汉长城走线，并沿用了西汉长城旧迹。该长城大部分被明代长城线路所沿用。其二，北魏南长城，即北魏太武帝太平真君七年（446 年）在东汉建武十三年（37 年）所治蔚县南山飞狐道要塞的基础上修筑而成的"畿上塞围"。关于这条长城的整体走向，明代尹耕在《九宫私记》中记载："大约自雁门抵应州，至蔚东山涧口。"长城学者、新华社记者成大林先生勘查证实："这条长城西起山西省吕梁山区，经山阴县、代县、应县、广灵，入河北蔚县、经南山小五台山区北麓进入涿鹿的西灵山，经李家堡、孔涧村向东进入与北京交界的东灵山。"

（五）北齐长城

北齐文宣帝六年（555 年）修缮利用北魏太平真君七年（446 年）所筑"畿上塞围"而成，其后又由后主高纬天统元年（565 年）进行了修补。整条长城多为碎石砌筑，保存较好地段如张家窑一带，高 4 米，顶宽 2—3 米，底宽3.5—4 米，片石干插而成。也有少量烽燧，多已倒塌呈堆状。

（六）唐长城

修筑于唐开元六至八年（719—721 年）张说任幽州节度使期间。据《新唐书·卷三十九》载："怀戎，妫水贯中，北九十里有长城，开元中张说筑。"根据文献所载地理位置，唐长城应该位于赤城县境内或与怀来县交界的区域，由于目前尚缺乏明确的实物证据，具体位置尚不能确定。有学者认为，唐代的遗迹西起龙关镇前所村西南，东经龙关镇、雕鹗镇、后城镇，东止于后城村东约 2 千米，其所在的长城线路在明代被修复利用，现存地面建筑大部为明代弘治、嘉靖年所筑长城，唐代长城遗迹极有可能被叠压在明长城之下。根据地面勘察和采集的文物标本，罗哲文先生认为康庄长城附近的古城堡遗址，极有可能是唐代广边军遗址。

（七）金长城（界壕）

金代，张家口属西京路（治大同），今境内分属奉圣州、宣德州、弘州、蔚州、抚州、昌州、恒州地，长城防务属西北路招讨司（驻内蒙古正蓝旗）和西南路招讨司（驻山西丰镇）。

张家口境内金长城（界壕），俗称"三道边"，始筑于金大定二十一年（1181 年），又经明昌三年至明昌七年（1192—1197 年）、承安三年（1198 年）两次增筑，最后完工于承安五年（1200 年），前后三次修筑，跨时 19 年。长城以外侧掘以深壕，内侧夯筑墙体，并附有密集的马面为形式。其走向，西由内蒙古化德县特布乌拉入康保县境内毛胡庆村北，平缓向东，横穿康保县全境，从二喇嘛村出境，入内蒙古太仆寺旗贾家地村西北。全长 58.685 千米。该段长城有专家认为是在北魏"六镇长城"基础上修筑而成，有待进一步考证。

2009 年长城资源调查张家口早期长城各县区分布情况：

赤城县：现存墙体 112.6073 千米，消失段 29.089 千米，叠压段长 131.4877 千米。

沽源县：现存墙体 118.155 千米，消失段 9.375 千米。

康保县：现存墙体 58.685 千米。

张北县：现存墙体 87.675 千米，消失段 19.055 千米，叠压段长 14.350 千米。

尚义县：现存墙体 16.3 千米。

崇礼区：现存墙体 154.718 千米，消失段 54.296 千米。

宣化区：现存墙体 11.9385 千米，消失段 1.3665 千米，叠压段长 74.693 千米。

万全区：现存墙体 0.3265 千米，叠压段长 70.3255 千米。

怀安县：现存墙体 1.916 千米，叠压段长 31.22 千米。

蔚县：现存墙体 78.56917 千米，消失段 1.670 千米。

市区（桥东、桥西）：现存墙体 22.588 千米，叠压段长 22.588 千米。

这里需要说明：1. 现存墙体是实际存在墙体相加之和；消失段为两段现存墙体之间消失的段落；叠压段为根据文献记载历史上该地曾修筑有长城，并疑似被明代长城叠压段落。2. 以上数据是根据 2009 年河北省长城资源调查 GPS 测量数据和以往对历代早期长城的分布分析所做的统计，因有数段长城属代存在疑问，故不具有绝对的准确性。3. 市区（桥东、桥西）所有的 22.588 千米叠压长城，其历史的真实属性，尚需进一步深入调查研究和考证，为避免重复计算，故未计算在早期长城之内。

（八）明代长城

张家口境内明长城在整个明代经多次修筑、增筑，分布也最为广泛，长城的城（墙）、烽（燧）、障（塞、戍堡）遍布全市各县区。长城的建筑结构和建筑形制在这里也最为丰富，既有土夯、石砌，也有土石混筑；有石条、城砖、灰浆精砌，也有毛石干垒、石片干插的粗糙者；有平顶、尖顶、圆顶、斜顶之分，有无马道、垛口之别；有九边重镇的镇城，也有守御一隅的亭障关塞。

根据长城资源调查数据统计，张家口市境内明长城全长 720.74 千米，其中人工砌筑墙体全长 687.546 千米，包砖墙体 0.067 千米（保存差），石墙 625.954 千米，土墙 61.525 千米，利用山险全长 31.464 千米，山险墙全长 1.73 千米，敌台 456 座，烽火台 2273 座，马面 111 座，关隘 5 处，城堡 131 座，其他相关遗存 14 处。涉及赤城县、沽源县、怀来县、宣化区、崇礼区、桥东区、桥西区、宣化区、下花园区、万全区、蔚县、怀安县、尚义县、涿鹿县、阳原县 15 个县、区。分属明代宣镇、昌镇、真保镇管辖。

1. 宣府镇长城

1368 年，朱元璋推翻元朝统治，建立明王朝。退守草原的北元势力不甘心失败，不断袭扰明北部边境。宣府镇即成为极冲地带，也是明王朝防守的前沿。故自明洪武至崇祯历朝，长城修筑累年不辍，使之延袤千里，纵横交错。张家口境内现存 1361.63 千米的历代长城遗迹，明长城占 720.74 千米，是河北省明代长城总数的 54%，其中有 344.6 千米存在历代叠压关系。

宣府镇长城东起四海冶（今北京市延庆区四海），西至怀安县马市口接大同镇。自东而西经过今北京市延庆区，张家口市赤城县、沽源县、崇礼区、宣化区、桥东区、桥西区、万全区、张北县、怀安县、尚义县等地。大致走向：东从北京市延庆区白河堡（明代称靖安堡）入赤城界，向北经后城、龙门所、镇安堡，转而西北行，经独石口入沽源县界，向西经三棵树、支锅石，沿赤城、崇礼交界南行，经野鸡山、镇宁堡、马驹沟，登大尖山，向西经赵川、葛峪堡、常峪口、羊房堡，登人头山向北行，经鱼儿山、东太平山、西太平山、卧龙山，至坝底，经张北黄花坪沿万全、张北交界，向西经狼窝沟口、膳房堡、新开口、新河口、洗马林、登万全、尚义、张北交界之鱼儿山，折而南行，至万全、怀安、尚义三县交界之东洋河北岸，转而西行，沿怀安、尚义交界，经渡口堡、西洋河，在桃沟向西进入山西省天镇县境。长约661.351千米。

宣府镇驻镇守总兵官，挂镇朔将军印，明正统年后（1450年后），宣府镇由卫所制分区管辖改为分路管辖，初分东、西、南、北、中五路，嘉靖三十五年（1556年）增设南山路，嘉靖四十五年（1566年）分西路为上西路和下西路，万历十八年（1590年）分北路为下北路、上北路，形成八路管辖的长城防御系统。各路委以分守参将统领，分管数量不等的戍城、营寨、边墙、边墩（敌台）和腹里墩（烽火台）。其中东路、上下北路、中路、上下西路为直接对外的北线长城，有连绵不绝的长城边墙。宣府镇外边长城很大一部分修缮利用了前朝旧墙，或依傍前朝旧墙的线路，重新修筑，使之历代长城叠压关系十分复杂。另外，在外线长城内，还有几条内边长城。其一，起于赤城县滴水崖四十里长嵯的南端，经红沙梁北抵小庄科北白草鞍梁汇入外大边的内边长城，是隆庆年以前在北魏长城基础上的修复利用。据《续宣镇志》载："隆庆二年（1568年）筑北路龙门所处边，起龙门所盘道墩，迄靖虏堡之大衙口。"这道长城的修筑使外边长城从延庆靖虏堡向北直抵小庄科北白草鞍梁，让原先在北魏长城基础上修复利用之城成为一条内边。其二，东起于万泉寺古子房，经上堡、雕鹗、名旺庄、三岔口、龙关至大尖山一带的东西走向内边，建于弘治八年（1495年），据《明孝宗实录·卷一百一》载："增筑宣府永宁、雕鹗二堡间石墙四十余里，墩台十七座，堡一座。"该道长城是在唐长城线路上修筑而成。其三，北起大尖山经宣化、赤城交界之锁阳关，向东南经赤城、怀来交界之长安岭经大海坨山，向东进入北京延庆区永宁一带的内边，修建于永乐、嘉靖年间。这条长城多利用山险，只在各山峡谷及山口处筑石墙立敌台，整条长城呈不连贯状；宣镇北线和内线长城部分修缮利用了前朝旧墙，或依傍前朝墙的线路，重新修筑，使之历代长城叠压关系十分复杂。其四：南路不设长城，而是依靠堡城、关隘和连续的烽火台形成烽火传递的御敌系统。南路长城主要分布在宣化区南部、阳原县和蔚县。其五：修建于明嘉靖三十五年（1556年）的南山路，以联墩列戍为屏障，守卫陵京。西起于怀来县官厅水库施庄，向东偏北经南窑、十八家、小山口、大山口、东湾、焦庄、榆林堡、羊儿岭进入北京延庆岔道城一带，境内沿长41千米。境内现存联墩遗址137座，平均间距300米，在大山口一带，还保存着一段近500米的关隘连接墙，附有马面11座。

宣镇长城墙体建筑可分为封顶型，包括：石垛梯形尖顶式、石砌梯形尖顶式、石垛梯形圆顶式、石边土心梯形斜坡顶式、夯土梯形圆顶式、夯土梯形斜坡顶式。

2. 昌镇、真保镇长城

昌镇、真保镇长城，是明王朝为拱卫京师而修筑的内边长城。根据史料记载，该段长城始建于明初洪武年间，由徐达、华云龙修筑。根据沿线现存敌楼台铭记载，大部修筑于嘉靖、隆庆、万历年间。其中主要完成于隆庆年间戚继光总理蓟州镇、昌镇、真保镇三镇防务以后。长城主体内以土夯，外用条石砌筑，上砌垛口、女墙，设有马道，现存墙高5—7米，形制分为石墙砖铺顶式和石墙石铺顶式两种。敌楼多为空心敌楼，俗称"九窑十八洞"式。在怀来陈家堡、庙巷、涿鹿县南山区马水口一带有保存较好的石砌长城和砖包敌楼。

张家口境内昌镇长城，属横岭路参将辖，位于怀来县境内，东由北京市延庆区四海冶向西支出，经八达岭、居庸关入怀来陈家堡，向西至大营盘转而西南，经横岭城、镇边城到水头村元城岭止，开始利用山险。全长46.293千米（按GPS测量结果），计17段；其中人工砌筑墙体全长45.987千米（石墙45.987千米：较好段4.844千米；一般段15.617千米；较差段13.884千米；差段11.544千米；消失段98米）。利用山险306米。敌台149座（其中保存较好7座，保存一般13座，保存较差26座，保存差103座）。烽火台209座（其中保存一般12座，保存较差20座，保存差177座。位于墙体上部2座，零散分布207座）。马面53座（其中保存基本较好1座，保存一般23座，保存较差7座，保存差22座）。关隘、城堡20座。怀来县庙巷一带长城，形制规整，民间有"样边"之称。

张家口境内真保镇长城，属大龙门路参将辖，位于涿鹿县境内，东由北京市沿河城迤西进入涿鹿县好蚜口一带，向西南经南部山区至天津沟入保定地区涞水一带。涿鹿县马水口一带有保存较好的长城和敌楼。由于特殊原因，未实地调查，根据 GPS 起止点测算全长 13.096 千米，计 7 段；其中人工砌筑墙体全长 9.836 千米，利用山险 3.260 千米。烽火台 19 座。关隘、城堡 4 座。挡马墙 1 段。

3. 张家口境内明长城沿线重要关口

自东向西依次为：塘子口、独石口、马莲口、野鸡山口、龙门关口、常峪口、青边口、大境口（门）、坝口、野狐岭口、新开、新河口、东洋河口、马市口等。这些关口在明代均为要塞极冲。内三关及腹内关隘有：大龙门峡、马水口关、隔河寨口、龙门峡口、锁阳关口、美峪关、斜阳关、飞狐口、黑石岭口、枳儿岭等。

4. 2008 年国家长城资源调查张家口明长城各县、区分布情况

赤城县：长城墙体全长约 313.3 千米，共计 168 段，其中石墙 117 段；土墙 9 段；山险 42 段。敌台 121 座；烽火台 1131 座；马面 50 座；城堡 61 座。

沽源县：长城墙体全长 65.05 千米，计 38 段，其中：人工墙体 28 段；山险墙 3 段；山险 7 段。烽火台 170 座；长城沿线发现各类遗址遗迹 2 处，分别为壕沟和采石场。

宣化区：长城墙体全长 74.803 千米，计 45 段，其中包砖墙体 67 米。石墙 71.859 千米，土墙 612 米，山险 2.265 千米；敌台 69 座；烽火台 156 座，其中位于墙体上部 10 座，零散分布 146 座。马面 2 座，关隘、城堡 10 座。砖瓦窑 1 处；碑碣、题记、摩崖石刻 27 通。

桥东区：烽火台 2 座；关隘、城堡 1 座。

桥西区：长城墙体全长（按 GPS 测量结果）22.588 千米，计 10 段，其中土墙 10.819 千米，石墙 11.570 千米，山险墙 167 米，山险 32 米；敌台 37 座，烽火台 39 座，关隘、城堡 3 座；居住址 1 处。

崇礼区：长城墙体全长（按 GPS 测量结果）51.252 千米，计 22 段；其中石墙 50.865 千米；山险墙 235 米；山险 152 米；敌台 49 座；烽火台 31 座。碑碣、题记、摩崖石刻 4 通。

万全区：长城墙体全长（按 GPS 测量结果）70.652 千米，计 32 段；其中石墙 65.026 千米；土墙 4.968 千米；山险 355 米；山险墙 303 米；敌台 24 座；烽火台 232 座，位于墙体上部 4 座，零散分布 228 座；马面 6 座；关隘、城堡 7 座。沿线挡马墙 6 段；居住址 1 处；砖窑 1 处；碑碣、题记、摩崖石刻 6 处。

怀安县：长城墙体全长 32.366 千米（按 GPS 测量结果）计 21 段；其中石墙 19.061 千米；土墙 11.796 千米；山险墙 355 米；山险全长 1154 米。敌台 7 座；烽火台 187 座；关隘、城堡 9 座。碑碣、题记、摩崖石刻 1 通。

尚义县：长城墙体实测长度 2.500 千米，计 1 段，均为石砌。

下花园区：烽火台 1 座。

阳原县：烽火台 46 座；关隘、城堡 16 座。

蔚县：烽火台 30 座；关隘、城堡 1 座；碑碣、题记、摩崖石刻 3 处。

5. 张家口历代长城长度数据统计问题

张家口历代长城长度统计数据，历史上曾出现过多种不同版本的表述，如 1250 千米、1400 千米、1470 千米等。这些数据最初源于历史文献记载，有些是根据调查统计，有些是研究新成果，体现了长城调查研究工作所具有的动态变化。

张家口长城长度数据在历史上有过四次变化，大致受四个时段的影响。第一时段：新中国成立至 1978 年底，张家口市对长城数据的阐述基本沿用明、清两代及民国方志的记载，由于这些方志编撰的年代不同，所以宣镇边墙的长度也不尽相同，导致对长度的表述众口不一。如有"宣府小边东西长七百三十三里"说（见嘉靖年刻本《皇明九边考》）；有"沿边一千八百六十五里五十九步，墩台九百八十四座"说（见明正德版《宣府镇志》）；有"沿长一千八百六十五里"说（见嘉靖版《宣府镇志》）；有"边长一千余里"说（见隆庆三年版《九边图说》）；有"一千四百二十九里有奇"说（宣镇各路累计边长，包括今属北京延庆区一部分，未包括南山路联墩列戍，见万历三十一年版《宣大山西三镇图说》）；有"边长一千二百余里"说（见明天启年刻本《武备志》）；有"延袤一千一百一十六里（万历年间数）"说（见清康熙年版《续宣镇志》）；有"沿长一千一十五里"说（附明制）以及"延袤共八百七十六里四十六步"说（清代核实数，见乾隆二十二年《宣化府志》）；有"边界长八百四十二里一百三十三步"说（见清同治、光绪年版《畿辅通志》）；等等。

第二时段：1978 年至 1984 年，河北省进行了第一次长城普查，通过普查基本摸清了张家口辖区内长城的总体分布与走向、结构与形制，对各时期的长城断代做了初步分析，留下了较为完整的长城调查资料。但由于当时地市分治，资料汇总不够完整，在张家口历代长城总长度的数据统计上，基本参考使用了旧《镇志》上的 1250 华里的大约数据。该数据收录于原张家口地区博物馆编辑的《张家口地区文物普查资料集》中，成为一个时期内的官方宣传数据。

第三时段：1995 年为编撰《河北省志·长城志》张家口部分的内容，我们对 1978—1984 年各县区长城普查资料进行了重新梳理和研究，取得了新的进展，使境内历代长城的分布脉络和时代属性逐步清晰，重新统计产生了 1476 公里的长度数据。此后，一直作为张家口市政府部门和文物部门对外宣传张家口历代长城的基本数据。

第四时段：2007—2009 年全国长城资源调查对张家口境内的早期长城（战国—金代）和明长城又进行了全面调查，该次调查利用 GPS 卫星定位仪、全站仪、激光测距仪等先进设备与传统的勘测手段相结合的方法，并通过航空遥感勘测数据合成，统计出了各段长城的分布走向、长度数据、周边环境和空间环境、保护状况、开发利用情况等信息。统计出张家口现存可辨各代长城遗迹长达 1361.63 千米，其中明代长城 720.74 千米。该数据已作为张家口长城的最新数据收录于中国长城学会主编出版的《万里长城》"张家口专刊"和河北省文物局编撰出版的《河北省长城资源调查报告》。

历代长城长度的统计确定，取决于对历代长城的属代认定。张家口历代长城叠压、重复利用情况复杂，使一些长城段落的历史属性一直在学术界存在争议，未能定论。如沽源东糜地沟一带南北走向的燕北长城遗址，有学者认为是金界壕遗址；康保金界壕遗址，有学者认为是在北魏六镇长城遗址上所建；沿沽源、赤城、宣化、崇礼、桥东、桥西一线的明长城下，是否存在北魏、北齐长城遗址？唐长城在张家口的准确修筑位置以及长城遗迹究竟在哪里等问题，均需进行深入调查研究去甄别考证，所以尚无法准确地对张家口境内的各代长城长度予以精准统计。

二、张家口部分长城的属代分析

如上所述，张家口历代长城分布存在多种版本的表述，其中不乏值得商榷之处，最典型的有二，其一：将蔚县南山长城视为"战国赵长城"；其二：将怀来县官厅水库南长城视为"战国燕北长城"。持上述观点者均以各地旧县志记载以及受其影响编撰的其他书籍记载（包括原张家口地区博物馆编辑的《张家口地区文物普查资料集》也沿用了该观点）为依据。

近年来，随着长城考古和学术研究的不断深入，上述两段古长城的属代已被国内多位长城专家考察论证：蔚县南山长城位于赵国代郡郡治以南，修筑长城却将郡治置于长城保护之外，且所在位置也不在《史记》记载的阴山山脉，视为赵北长城不合情理，地理位置也与史料记载不符。据考证，蔚县南山长城应是始建于东汉建武十三年（37年），继建于北魏太武帝太平真君七年（446年），最后完成于北齐天保六年（555年）的长城。将其视为战国赵长城的观点，其实在清乾隆二十二年编撰的《宣化府志》中已经遭到质疑。而怀来县官厅水库南长城除同样存在修筑方位上的不合情理外，更是在夯土中发现了不晚于明代的瓷片，根据早期建筑夯层中不可能存在晚期文化遗迹这一考古学原理，该长城不早于明代。据文献记载和实地调查考证，该段长城是明嘉靖三十五年二月由总督宣大侍郎江东奏请创修的宣府镇南山路联墩列戍长城。有关该条长城的修筑情况，在《明实录》和康熙五十一年编纂、光绪八年重修的《怀来县志》中均有明确的记载。但时至今日仍有学者固执地坚持错误的表述，究其根源有三：一是有些学者在阅读地方志时断章取义或唯文献为据，缺乏科学的分析判断，使一些旧县志及文献中原本的谬误沿用至今；二是有些学者对近年来长城考古研究的最新进展和最新成果关注不够，信息陈旧，未及时更新；三是有些人秉持错误的历史观，为迎合地方旅游经济宣传的需要，不惜编造历史，杜撰故事，误以为长城属代越早越好也越有价值。

张家口是中国历代长城修筑最集中的地区之一，除蔚县、怀来两段长城的属代已经基本论证明确外，虽然现存其他古长城的属代学术界也有分歧，有待进一步探讨论证，但大体走向、分布区域的意见已经比较集中。根据历代北方边塞郡县设置及其疆域范围情况，基本可以确定：赵北长城、燕北长城、秦长城、西汉长城、北魏长川长城，应该是坝头沿线和沽源县东北边缘的古长城遗迹；而东汉所修"飞狐塞"、北魏"畿上塞围"、北齐长城应是蔚县南山及涿鹿、怀来南部山区一线的古长城遗址；唐长城据史料记载应在赤城县中部或与怀来县交界一线；金界壕位于康保县中部。张家口境内明长城自有明以来至崇祯明末多次修筑、增筑,分布最为广泛,除主要分布于坝头沿线外,在腹里内地也有数段分布,长城的城(墙)、烽(燧)、障(塞、戍堡)遍布全市各县区。尤其众多的明代城堡早已成为各县区城乡、村落的滥觞。

结语:对长城防御体系内涵认识的一点心得

1.建筑内涵的认识

每言及长城,人们往往只着眼于长城的墙体,其实古代长城是一个庞大的军事防御系统工程,绝非只是线型墙体建筑的单薄存在形式,而是包含了长城墙体、敌台、烽燧、障塞(关隘)、戍城、屯堡、驿站(递铺)、马场、市城等设置,以及铲偏坡、壕堑、山险、品字窖等设施,是以长城墙体及偏坡、壕堑、山险为防线(非疆界),以敌台为守御哨位,以关隘为出塞、通商孔道,以烽燧(烟墩)为军情传递,以各级戍堡为应援支撑,以众多屯堡、马场为后勤保障基地,以驿站(递铺)为信息传送和物资转运的网状综合军事防御体系。所以,研究长城不能单纯着眼于长城墙体,而应放眼于长城防御体系的全部构成。研究、保护长城,也应该研究、保护长城防御体系的全部内容。

2.早期长城建筑形制与体量的认识

有些学者认为早期长城只有1米多厚,1米多高,只是一种象征性建筑。但笔者根据近年对古长城的实地考古发掘证明,这一论点也非绝对,我们从发掘的一些战国、汉代以及北魏时期的建筑遗址就可以了解到古人的建筑理念,其大气磅礴舒展浑厚的气势远非今人所能想象,受之建筑理念的影响,战国、汉代时期和北魏时期的夯筑城墙的底部基槽宽厚多在6米以上,墙体夯层细密,夯土纯净,夯筑质量较高,在冷兵器时代应该具有较好的实用防御功能。今天所能见到的早期长城遗迹,多为土埂状,甚至只残留浅浅的一线痕迹,那是因为年代久远,自然损毁和人为破坏,已非始建时的风采。

3.历代长城叠压关系的认识

历代长城的叠压关系,不仅指上下层位的叠压,也包含了分布走向线路的重复。一般后代长城建在早期长城的内侧,利用早期长城作为重城或挡马墙,这种现象在坝头沿线的山口地带尤为普遍,典型的如张北坝头东坊子一带在南北不超过5百米,甚至1百米的范围内存在着属于不同时代的数道长城。

4. 大境门段长城的修筑时间

据旧《万全县志》等文献记载，大境门段长城修筑在北魏、北齐长城的基础上，但根据近年对该段长城的考古调查，我认为这一观点仍值得商榷。其原因有二，其一从文献记载分析：根据北魏修筑长城时的疆域情况，北魏泰常八年（423 年）所修长川长城位置最南端应该在崇礼县与张北县交界的坝头沿线，所以经过张家口大境门一带的可能性不大；其二从该段长城坍塌的断面以及附近遗迹观察，并不存在早期长城叠压关系和复线关系。所以本人认为该段长城应该是始建于明代的长城。根据《明实录》记载，张家口段长城的石垣初创于明永乐十年（1412 年），其位置应该属于"自长安岭西至洗马林"所筑石垣中的一部分。成化二十一年（1485 年），总督大同宣府军务兵部尚书余子俊奏准修筑东自四海冶，西至黄河止长城，其间宣府段长城甃石。嘉靖二十五年（1546 年），总督宣大侍郎翁万达修筑宣府西路之西阳河、洗马林、张家口堡一带边墙 64 里，为敌台十，斩崖削坡 50 里。万历二十九年（1601 年），宣大山西总督杨时宁认为："本堡乃全镇互市之所，堡离边稍远，恐互市不便，乃砖垣于其口。"万历四十一年（1613 年）八月，总督宣大都御史涂宗浚请准"修筑张家口，甄城。添设防守一员，兵三百名"。同年，宣府巡抚汪道亨行阅边塞，观东西太平山天然隘口惊叹道："上谷延袤千三百里，未有若此山之扼要。"他认为在此天设之险，仅西面危垣半壁，而东畔河床形如坦道，是防御上的失误。于是他将长城向东延伸直抵山崖，河道上修筑了三券洞的水关，设置水闸，连接东、西太平山口，成为锁钥雄关（2008 年修缮大境门东段长城时，在 1 号马面中发现含有早期砖包马面，证实曾有过二次扩展增筑的经历）。2012 年在清理大境门西段长城坍塌处时，在包砖墙内填土下部发现了与西太平山上石筑长城相同形制的白灰浆砌圆顶毛石墙，证明了该段长城的建筑历史沿革。综上记载，大境门段长城的修筑、增筑应该均为明代完成。

5. 大境门的历史定位评价

近年来经常听到、看到"大境门与山海关、居庸关、嘉峪关为明长城四大名关"的宣传，甚至在开往或途经张家口的列车上也可以听到这样的介绍。其实，这样的评价既没有任何历史依据，也不符合历史真实情况。所谓名关，我认为至少需具备以下三个条件之一：一、具有相应的建筑规模，关隘建筑配置齐备，即建有一定规模的关城，附有瓮城、月城，配有翼城或罗城，设置有护城河或羊马墙等；二、设置相应的军事等级，即常设参将级以上将官镇守，如蓟镇设参将常驻山海关，昌镇设参将常驻八达岭居庸关，真保镇设参将常驻紫荆关，上述三关战事紧张时则由总兵或副总兵驻守（见《四镇三关志》），而大境口明代只设防守（见《明神宗实录》卷之五百十一），军阶等级相差甚远；三、发生过重大历史事件或重大军事冲突事件，而大境口在明代只是开设在长城上的一个普通关隘，军阶设置为防守，隶属于张家口堡守备管辖，在明代除开辟为对外互市边口，未发生过重大历史事件和重大军事冲突事件，显然不具备上述三个可以称之为"名关"的基本条件。

其实，大境门作为长城的重要隘口之一，特别是作为"蒙汉互市"的见证地，所蕴含的长城文化中民族交流、文化融合的和平载体作用，已足以为大境门承载起特定的历史地位和价值。而在近代史上，作为中国共产党所领导的人民军队两次解放张家口的入城见证，大境门被赋予了新的历史意义。所以，牵强附会再行拔高没有必要。

6. 客观开展长城历史研究和宣传

长城学术研究属于历史研究范畴，应该定位在客观、准确、严谨、实事求是的基础上，秉承尊重历史、正确诠释的原则，在学术上应区别于民俗文化研究和文学创作，应该以历代正史文献和现代文物考古调查、发掘研究成果为依据，以其他史料为参考，观点、论断要言之有据，不能凭空想象，主观臆造，更不能将坊间流言当作依据，以免以讹传讹，贻误后人。学术论文中属于民间民俗文化范畴的应该具体注明，不可与历史论断相混淆。历史研究的根本目的就是最大限度地揭示历史真相，研究的成果就是将已模糊的历史印记正确地诠释给后人。

历代长城文化宣传，要以严谨的科学态度，遵循文物考古和历史研究实事求是的原则，传递准确的历史信息，否则失之毫厘，谬以千里，事实与真相南辕北辙。应提倡回归真挚朴实，清醒理智，客观准确。要坚决杜绝没有历史依据的浮夸之词、主观臆想的凭空杜撰以及不负责任的随意传播，应该认识到过分夸大其词的褒扬无异于自嘲式的贬损。任何浮夸谬误的宣传，都会对我们打造"中国历代长城博物馆"的城市名片产生负面影响。

以上是笔者这些年来对张家口长城调查研究工作的一点心得体会，属于一些个人看法和想法。由于学识浅薄，积累有限，视野也不够开阔，所以会有一些观点和认识存在偏差或错误，权作抛砖引玉，希望得到专家学者们的批评指正，其中的一些观点欢迎大家共同探讨。

（原载于《张家口历史文化研究》2019 年刊）

高鸿宾，男，张家口市文物考古研究所副研究馆员（已退休），河北省博物馆学会、河北省考古学会会员。编著有《边塞古迹——张家口文物保护单位通览》《清实录·察哈尔卷》等，参与编写《张家口历史文化丛书》《可爱的张家口》《河北省长城志》等书籍。在省级以上报刊发表有关长城研究论文多篇。

张家口战国赵长城考

高鸿宾

赵长城是在张家口区域内修筑最早的战国长城。据《史记·匈奴列传》记载：公元前300年赵武灵王"略地北至燕、代，西至云中、九原，破林胡、楼烦，置云中、雁门、代郡"，将阴山以南地区划入赵国版图，"筑长城，自代并阴山下，至高阙为塞"。[1]赵武灵王以长城的形式确定了北部边界。此前175年，即公元前475年，作为晋国大夫的赵襄子利用父丧期间，邀姊丈代王于夏屋山，"阴令宰人各以枓击杀代王及从官，遂兴兵平代地"，并封侄儿周为代成君[2]，将原代国疆域纳入赵氏家族的管辖范围，此后，代地一直是赵氏重要属地。及至赵武灵王设置代郡时（治今蔚县代王城一带），其辖范围最北边缘可达内蒙古兴和县境内的阴山山脉[3]。

张家口赵长城的位置，一直被认为是蔚县南山一带长城[4]。这一观点的成因有三：其一，唐代张守节所著《史记正义》记载："赵长城从蔚州北西至岚州。"按唐代区域"蔚州"治今山西灵丘，居今蔚县南山长城之南[5]，"蔚州北"似乎就指这条长城而言；其二，后人在为《史记·赵世家》所作注释中，混淆了赵国南北两条长城的概念，如为"（肃侯）十七年，围魏黄，不克。筑长城"所做的注释为"赵长城，刘伯庄曰：'盖从云中以北至代'"[6]。他们错将对赵北长城位置的定论谬注于赵南长城记载之下，以致以讹传讹；其三，明代尹耕所著《九宫私记》记载："……燕昭所筑者，自造阳至襄平，武灵所筑者，自代并阴山至高阙，始皇所筑者，起临洮历九原、云中至辽东，皆非雁门、岢石、应蔚之迹也，及读史（周）显王二十六年（赵肃侯十七年）有赵肃侯筑长城事，乃悟盖是时三胡并强，楼烦未斥，赵之境守，东为蔚应，西则雁门，故肃侯所筑以之。"[7]受上述记载的影响，自清代以来地方史学界一直沿用赵长城在蔚县南山这一观点，《宣化府志》《蔚州志》中均按赵长城作了记载，由于没有深入考证，现代仍予以认同[8]，并标注在张家口市地图上[9]。

近几年来，笔者查阅史料，潜心研究，发现这一长城定代尚存诸多疑点，其一，纵观赵国历史，从公元前403年韩、赵、魏三家分晋到赵肃侯十七年（公元前333年）的70年中，赵国无筑长城的记载；其二，公元前475年，赵襄子作为晋国大夫杀代王，平代地，已将这条长城以北包括代王城在内的广大地区纳入赵氏家族范围，此后，均为赵氏所控制，所以没有将自己属地置于长城保护之外的道理；其三，赵肃侯十七年所筑长城为赵南长城，位于邯郸以南的漳河、滏阳河一带，是为防御魏国而筑，这一点在《史记·赵世家》中有过明确的记载，"（武灵王）十九年（公元前307年）召楼缓谋曰'我先王因世之变，以长南藩之地，属阻漳、滏之险，立长城……'"[10]；其四，赵武灵王所筑赵长城"自代并阴山下，至高阙为塞"，指明其长城位置为阴山山脉，其遗址早已被国内长城史学家所论证[11]，而蔚县南山属太行山脉北麓，在地理位置上与其南辕北辙，不相吻合；其五，如果蔚县南山长城建于赵襄子平代之前，则赵氏尚无立国，不能称其为"赵长城"，应称为晋国北长城或代国南长城，可惜史料没有晋、代两国筑长城的记载；其六，山西省文物工作委员会古建队编写的《山西省境内长城简况》认为："战国时，秦赵燕为防北方少数民族的袭扰，在各自疆域的北部筑起长城。山西北部当时为赵国的一部分，现在赵国长城的遗址均已无存。秦并天下，连接秦赵燕之北方长城，其位在阴山之西，与山西无干。"该作品否认了这条延伸到山西腹地的长城为战国赵长城。鉴于上述分析，将蔚县南山长城定为战国赵长城的观点缺乏依据而不能成立，所以有必要对其历史归属重新进行论证。

经勘查，蔚县南山长城起于北京居庸关下口一带，向西进入河北张家口境内，经涿鹿县东灵山、孔涧、李家堡北、登西灵山长城岭，到涿鹿县、蔚县交界之山涧口，向西南沿太行山脉小五台山麓经金河口、松枝口、九宫口、北口（即飞狐口）至西庄头，向西进入山西省界，境内长约80千米。整条长城多为碎石砌筑，保存较好地段如张家窑一带有100余米，高4米，顶宽2—3米，底宽3.5—4米，片石干插而成。也有少量烽燧，多已倒塌呈堆状。这条长城的整体走向，明·尹耕在《九宫私记》中写道："大约自雁门抵应州，至蔚东山涧

口。"[12] 而长城学者、新华社记者成大林先生经多年勘查也证实："这条长城西
起山西省吕梁山区，经山阴县、代县、应县、广灵，入河北蔚县、经南山小五
台山区北麓进入涿鹿的西灵山，经李家堡、孔涧村向东进入与北京交界的东灵
山。"[13]

有关这条长城的位置、走向及修筑形制与史料相符合的记载首见于《后
汉书·王霸传》。"是时（建武十三年，37 年），卢芳与匈奴、乌桓连兵，寇盗
尤数，缘边愁苦。诏霸将弛刑徒六千余人，与杜茂治飞狐道，堆石布土。筑
起亭障，自代至平城三百余里。"[14] "飞狐道"即今蔚县南山飞狐口（现称北
口），"代"为代郡，治今蔚县代王城，"平城"为今山西大同。这是史料中对
蔚县南修筑山长城的最早记载。其后，北魏太武帝太平真君七年（446 年），《魏
书·世祖本纪》："丙戌、发司、幽、定、冀四州十万人筑畿上塞围，起上谷，
西至于河，广袤皆千里。"[15] 北魏上谷郡，为今北京延庆区。又据寿鹏飞《历
代长城考》考证："其曰'畿上塞围'者，魏初都大同，大同之北已有泰常八
年之筑，此城更包大同之南，为畿辅固本之计。"按其所指长城整体走向，也
应与蔚县南山一线长城存在着承继关系。北齐时期有关长城修筑的记载具有明
确的连续性，如：《北齐书·文宣帝纪》载："文宣三年冬十月乙未，至黄栌岭
（今山西汾阳西北），仍起长城，北至社平戍（今山西五寨县）四百余里，立
三十六戍。"[16] "五年十二月庚申，帝北巡至达速岭（今山西五寨县北），览山
川险要，将起长城。"[17] "六年，发夫一百八十万人筑长城，自幽州北夏口至恒
州九百余里。"[18] 幽州北夏口乃今北京居庸关下口，黄栌岭至达速岭属吕梁山
脉，而达速岭所处雁门郡属恒州辖境。所以可以理解为，天保六年所筑长城是
对天保五年文宣帝于达速岭所作"将起长城"计划的实施，也是对天保三年所
筑黄栌岭至社平戍长城的向东延伸。再如《北齐书·斛律金传》载：后主高纬
天统元年（565 年）"羡以北虏屡犯边，须备不虞，自库堆戍（今山西朔州西南）
东拒于海，随山屈曲二千余里，其间二百里中凡有险要，或斩山筑城，或断谷
起障，并置立戍逻五十余所"[19]。其所记载的修筑方式、走向，与蔚县南山长
城也极为接近。另外，历年来的考古调查表明，到目前为止在蔚县南山长城以
北的张家口广大区域内无论地上或地下均没有发现属于北齐时期的遗迹。笔者
认为，这一现象绝非偶然，它与这条长城的存在有着直接的关系。所以综上分
析，该长城应是始建于东汉，继建于北魏，而最后完成于北齐的长城。

关于张家口战国赵北长城的位置，目前在长城学术界存在两种观点。其一，据《战国史》中引张维华《赵长城考》言："根据留存的遗迹来看，赵北长城大体上有前后两条，前条在今内蒙古乌加河以北，沿今狼山一带建筑；后一条从今内蒙古乌拉特前旗向东，经包头市北，沿乌拉山向东，沿大青山，经呼和浩特市北，卓资和集宁市南，一直到今河北省张北县以南。"[20] 其二，李逸友先生在《中国北方长城考述》中认为："可以肯定赵北长城的东端起点不在今河北省境内""而应在今（内蒙古）兴和县北部的大青山西麓地带"[21]。根据实地勘察，今张家口市张北县与万全县交界的坝头沿线，确有古长城遗迹存在，它东起张北黄花坪、狼窝沟一带，向西经东营盘、台路沟，到大河乡南缘入尚义县甲石河乡鱼儿山，折西南行，经万全、尚义、怀安交界转而向西，从怀安桃沟出境向北，入内蒙古兴和县，全长约100.68公里。这段长城在历史上曾先后为秦、汉、北魏及明代修缮利用，现明代遗迹最为明显，但古长城遗迹还随处可寻，曾采集到战国时期的夹砂红、灰陶片、釜足等。建筑形式有土石混筑、毛石干插、土夯筑及山险墙等。在20世纪60年代，修筑国防工程时，大量长城石料被搬用，造成严重破坏。除怀安存有部分夯土残墙外，土石混筑墙大部为土埂状，鱼儿山上有较完好的石插墙及石筑障城。长城整体走向为沿阴山山脉余支向西而行，与史料记载相符。笔者认为：该长城应存在战国赵北长城的可能性，虽然从现存的遗迹不能与兴和县北部大青山西麓的赵北长城相连接，但不能排除2000余年自然力损坏和人为破坏所造成的残缺，另外，赵国修筑长城似乎也没有将代郡北边形成大段空缺的道理。因此，有关这条长城的始建年代还有待进一步勘察考证。

张家口是国内长城分布最为广泛、长城内涵最为丰富的区域之一，历代长城分布广泛，纵横复杂，部分段落时弃时修，长城线路重复利用的现象十分普遍。尤其是建于早期的长城，在漫长的历史长河中，几被尘埃所湮没。除个别地段被明长城修缮利用，可从夯层的叠压变化中看出承继关系，余者几乎已成浅浅的一线痕迹，有的干脆被风沙掩埋，难觅踪迹，给辨认甄别工作带来相当的难度。但只要我们本着尊重历史记载、注重实地勘察的科学态度，并站在历史的角度进行综合分析考证，还是可以得出正确的结论。

通过对张家口赵长城位置的定位以及对蔚县南山长城属代的分析，不但使我们对张家口赵长城的位置有了清晰的概念，同时也让我们对东汉、北魏、北齐期间在张家口修筑长城的历史、沿革、分布等情况有了较为清晰的认识。以上是近几年参与撰写《河北省长城志》所产生的一些个人观点。由于学识所限，难免有谬误之处，权以管窥之见，抛砖引玉，望能得到专家、学者指正。

注释：

[1]《史记·匈奴列传》，天津古籍出版社，1997 年 7 月版。

[2][6][10]《史记·赵世家》，天津古籍出版社，1997 年 7 月版。

[3] 山西省文物工作委员会古建队，《山西省境内长城简况》，《中国长城遗迹调查报告集》，文物出版社，1981 年版。

[4] 张家口地区行署文化局、张家口地区博物馆：《张家口地区文物普查资料集》，1982 年 5 月出版。

[5]《中国历史地图集》，中华地图学社，1975 年第 1 版。

[7]《蔚州志·卷五·地理志下·古迹》，大清光绪丁丑年编纂。

[8] 河北省地方志编纂委员会：《河北市县概况》，1988 年版。

[9] 河北省测绘局、张家口市人民政府编制：《张家口市地图》，1994 年版。

[11] 盖山林、陆思贤：《阴山南麓的赵长城》，《中国长城遗址调查报告集》，文物出版社，1981 年版。

[12] 尹耕：《九宫私记》。

[13] 成大林：《长城考古新发现》，香港《明报》，1996 年。

[14]《后汉书·王霸传》，延边人民出版社，1996 年版。

[15]《魏书·世祖本纪》，中华书局，1974 年版。

[16][17][18]《北齐书·文宣帝纪》，中华书局，1974 年版。

[19]《北齐书·斛律金传》，中华书局，1974 年版。

[20] 杨宽：《战国史》，上海人民出版社，1980 年 7 月第 1 版。

[21] 李逸友：《中国北方长城考述》，《内蒙古文物考古》，2001 年第 1 期。

（原载于《文物春秋》2003 年第 6 期）

赵北长城东端考实

胡　明

赵长城始筑于我国战国时期，赵国北界长城是张北境内最早修筑的长城，史称赵武灵王长城。

《史记·匈奴列传》载，公元前300年，赵武灵王推行胡服骑射，"北破林胡、楼烦，筑长城，自代并阴山下，至高阙为塞。而置云中、雁门、代郡"。代郡郡治，在今张家口市蔚县代王城镇，而其辖境相当于今张家口市西北部广大地区。"武灵十九，北略中山地，至房子，遂至代，北至无穷。"这段史料说明无穷之门在代国的北部边界。赵武灵王修筑长城的目的是为防止林胡、楼烦南下。故赵北长城筑在北部边界、无穷之门，即坝头野狐岭主峰。经实地考察，赵北长城的东起点在今张石高速公路野狐岭二号隧道北口南侧，向西沿明长城两侧至大河乡大东沟村南出境。长城地表呈土石混杂埂状，宽2—3米，高于地表。

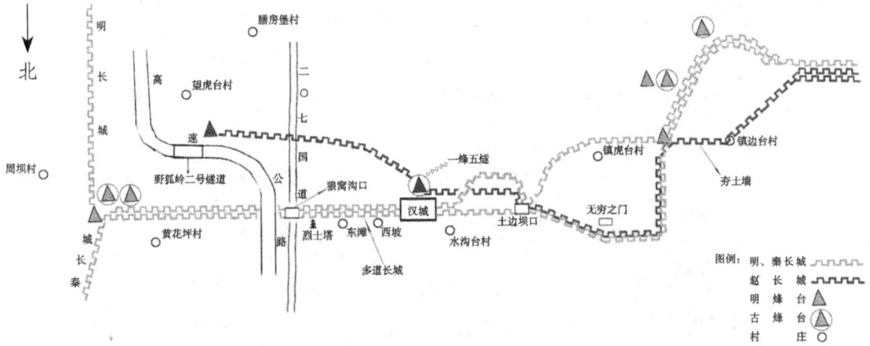

图 1　赵长城示意图

长城从大河乡大东沟村南入境后，出现二道或三道长城并行状。在正边台西山出现多道长城交叉状。

图 2　正边台西山多道长城交会

在西山顶分成两支，一支与明长城并行向南，这道古长城应该是秦、汉长城，因为这道长城边有汉长城的"一烽五燧"。一支向东到正边台村，从村中过后，越沟上正边台南山。上山后与和明长城并行的秦汉长城会合。在正边台村东南至沟沿，有一段 200 米长的夯土长城，残高 2 米，底宽 3 米，土埂状，表层与地表一样长满杂草，被雨水冲刷的断面处，暴露出似刀刻一样清晰的夯层，夯层 16—18 厘米。因这道长城在西山顶分成两道，也可能是赵与北魏叠压的长城。

图 3　正边台村东一道鲜为人知的夯土长城

从镇虎台西山，赵长城与秦汉长城叠压在一起。在红林台村南开始分支，向东南直上汉城。

图4　被汉城西南角压在下边的赵长城

汉城南峰顶一烽五燧的南面是山险墙，赵长城从山险墙的底部开始向坝下走去。

赵长城在坝腰位置地表呈断续土埂状，外侧有取土沟，底宽4米，残高0.6—0.8米，给人以十分久远的印象。

图5　二零七线公路西侧赵长城

赵长城经半坝向东至高速公路野狐岭二号隧道结束，向前是南北向的大沙河，沙河东是万全与崇礼交界的南北向大山，明长城在山顶峰。至此，地形、地貌、山势发生了很大变化，此地域因是赵国东北国界，此处是赵长城的东端。在张北境内的赵长城与桦皮岭的燕长城有一个共同的特点：建筑位置不在山脉峰顶部。

（原载于《中国长城博物馆》2011 年第 2 期）

胡明，男，1945 年生，张家口市张北县文化局原局长。中国长城学会会员，选入"中国长城专家数据库"。多篇学术论文在市、省、国家级报刊上发表，著有《张北长城》《元中都》两部学术专著。

论赵北长城的东部端点

韩金秋

东周时期，王室衰微，列国之间征伐不已。出于划分疆界、防御敌国的目的，齐国率先于春秋晚期修筑了长城。到战国时期，诸侯国之间展开了更大规模的兼并战争，各国普遍在边境上修筑长城，掀起了中国历史上第一次修筑长城的高潮。中原各诸侯国在相互杀伐的同时也向北扩张，逐渐与匈奴等游牧部族接触，秦、赵、燕三个国家在各自的北部边境修筑了长城。赵国、燕国在南境和北境都修筑了长城，为与南境的长城相区分，一般将两个国家北部的长城分别称为"赵北长城"和"燕北长城"（河北省北部在战国时期分属燕国、赵国）。赵北长城的东端和燕北长城的西端都在河北省境内，但对这两个具体位置所在则众说纷纭。本文的研究目的即在实地调查的基础上，结合考古、文献资料，探究赵北长城东部端点的地望。

一、赵北长城修建的历史背景

赵北长城修筑以前，赵国北与白狄建立的代国为邻。代国领地西起晋北东至北京延庆，北靠蒙古高原，南临恒山。代国在考古学上称为玉皇庙文化[1]，兴起于春秋中期，在文化面貌上与中原文化较为接近。代国贵族阶层仰慕中原礼制，墓葬中随葬有中原系统的青铜礼器。公元前476年，赵简子卒，赵襄子在服丧期间设计灭代。自此以后，代国，或者说玉皇庙文化基本退出了历史舞台，当地白狄人群逐渐融入中原文化。赵襄子灭代，是中原文化与戎狄文化关系史上的一件具有深远影响的大事，从此中原的农耕民族与北方的游牧民族直接为邻。在此以前，中原的史书中没有匈奴或者其他游牧人群的只言片语。这主要是因为距离过远，中间有戎狄人群相隔，没有文化交流。而此后，中原的史书上关于游牧人群的记载多了起来。中原人对不同族群也有了区分，胡、东胡、林胡、楼烦、匈奴等不同称呼开始出现。从长远看，这个事件开启了中国历史上 2000 多年的农耕民族与游牧民族对立、冲突、交流、融合的历史，也是中国北方持续近 2000 年长城修筑历程直接的导火索。由于农耕与游牧两种经济形态天然的差异性，农耕民族与游牧民族甫一接触，彼此的陌生和隔阂造成了二者的关系主要是冲突和对立。最初阶段，中原的诸侯国势力较强，在赵武灵王、燕昭王等有为君主的统领下，向北驱赶游牧人群，并在新占领土地上修筑长城。《史记·匈奴列传》中将秦、赵、燕三国修筑长城的史实一并叙述，正是基于此。《史记·赵世家》记载，赵武灵王二十六至二十七年（公元前299—前 298 年）屡破林胡、楼烦。《史记·匈奴列传》记载赵北长城修筑于破林胡、楼烦之后，相当于在公元前 298 年或稍晚。燕北长城的修筑时间应在燕昭王后期，即公元前 280—前 278 年 [2]。在通行的战国时代考古学文化分期中，燕赵两国修筑长城的时间相当于为战国晚期早段。

二、关于赵北长城东部端点的各种观点

据《史记·匈奴列传》：“赵武灵王亦变俗胡服，习骑射，北破林胡、楼烦，筑长城，自代并阴山下，至高阙为塞，置云中、雁门、代郡。”这段话的意思是，赵武灵王胡服骑射后，打败了北方的林胡、楼烦，在新占的土地上修筑了长城。东部从代开始。“并”，《史记·集解》，“驷案音傍，白浪反”，意为旁边、附近。“并阴山下”，为在阴山的山麓地带筑长城。西部的止点在高阙。在长城内侧新占土地上设置了云中、雁门、代等三个郡。从这段话可以知道，赵北长城的东部端点在代，即新设置的代郡。据《汉书·地理志》，代郡包含 18 个县，辖地大体包括河北张家口市西部和内蒙古和山西部分地区。《史记·匈奴列传》只是笼统地说长城起自这个大的区域内。正因为如此，学界对赵北长城的东部端点存在很多争论，尚未取得一致意见。概括起来，有如下几种观点。

（1）在内蒙古乌兰察布市兴和县。不少学者持这种观点，但具体到端点的准确位置则众说纷纭。一种观点认为，端点在兴和县北部，陈可畏认为在此与燕长城相接 [3]。赵化成认为，“东西两端的起止点尚有争论和疑问，已经调查过的地段由兴和县北部西行……” [4]。另一种观点认为，端点在兴和县二十号

村。1996—1997 年，内蒙古自治区文物考古研究所李逸友先生对赵北长城做了考察，在乌兰察布市兴和县东部二十七号村鸳鸯河断崖上发现了长城剖面，而未发现长城向东延伸，在张家口西部的长城附近仅发现秦汉时期遗物，没有见早于战国的遗物，据此认为赵北长城的东部端点就在二十七号村一带，并未进入张家口地区 [5]。郑绍宗在《河北古长城》一书中也认同这种观点 [6]。

（2）在蔚县。有的仅笼统说在蔚县 [7]，有的则指出了大体方位，如近代学者王国良依据《历代地理志韵编》等志书认为代在蔚县东北 [8]，赵北长城起自这里。更多学者认为在蔚县小五台山上，起自涿鹿县山涧口，沿蔚县南山向西，入山西境内，与雁门长城会合，最后入内蒙古境内。这种观点由来已久，唐代张守节在《史记正义》中首先提出，明清时期就已经广为流传，被《蔚州志》《宣化府志》《四镇三关志》等志书采用，到现代仍很有影响 [9]。高鸿宾对这个观点的形成过程进行了研究，并对其错误之处做了指正 [10]，本文赞同。实际上，蔚县长城在进入山西后，并未折向内蒙古，而是一直向西延伸到河曲一带，与《史记》记载的"自代并阴山下"相矛盾。

（3）在宣化境内，经尚义县，跨东洋河进入内蒙古，经兴和县境内 [11]。持这种观点的人不多。宣化境内目前已经发现的长城只有一道，自赤城县、崇礼区、宣化县三地交界的大尖山西行，沿崇礼、宣化分界线向西入张家口市。宣化在战国时期为燕国上谷郡辖地，赵北长城修到这里是不合情理的。

（4）在张家口西部的坝头上。长城沿坝头自东向西延伸，与明长城相伴而行，入内蒙古境内。持此类观点的学者对东部端点的具体位置有不同意见。一种观点认为是某个区域范围内，没有指出具体位置，如有的认为端点在万全、张北之间 [12]，有的认为在张北 [13]，有的认为在张北县南部 [14]。另一种观点则给出了具体地点，如有的认为在张北县的狼窝沟、黄花坪一带 [15]，有的具体指出在张石高速公路 2 号隧道出口南侧山顶 [16]，有的认为在张家口市张北、万全、崇礼交界处的黄花梁北麓 [17]。这一类观点的立论前提是，赵襄子修筑的无穷之门在张北县南部坝头上，这里被认为是赵国北境的重要关隘，赵北长城的东部端点起自无穷之门。

如果仅限于文献和史学的范畴，赵北长城的东段走向和端点很难形成一个明确的、广泛认可的结论。不同于其他的学术争论，长城的走向和位置的争论通常会因为新的长城发现而停息，而新的发现则只能从实地调查中获得。

三、近年赵北长城的新发现

长城是一条线形的古代遗迹，要探寻它的端点，从已知的另一端持续追索是一条便捷的途径。赵北长城在内蒙古境内的走向和位置是清楚的，因此可以将内蒙古的赵北长城作为基点，探索其向东延伸的路径。2014年秋，内蒙古自治区文物考古研究所在兴和县东部的友谊水库北岸发现了早期长城，并向东南延伸到尚义县境内[18]。随后，河北省文物研究所对尚义县早期发现的长城做了调查[19]。目前，尚义县新发现的长城资料尚未正式发表，只能从一些简要的报道中对这道长城的走向和特征作一了解。

（一）新发现赵北长城的走向

这道长城实际就是1996—1997年李逸友先生调查的那道长城向东延伸的部分。从内蒙古兴和县东部的二十七号村东南消失后，在友谊水库北岸出现，又越过友谊水库，自衙门号村东南越过省界，自西向东伸入河北省张家口市尚义县下马圈乡境内，沿上白窑村西北的大黑山北坡向东延伸，至一条南北向冲沟消失。在冲沟东侧的"边墙梁"上出现，拐为西南—东北向，在山体东坡消失。在下白窑村东北再度出现，至"脑包山"顶消失。在常胜湾村南，长城跨过银子河，开始沿银子河南岸山体修筑，断断续续大体连成一线。向东进入小蒜沟镇，经过王花窑村、洞上村、北槽碾村、乌良台村、下纳岭村、南营盘村、新庙村、小蒜沟村，在小蒜沟村南再次越过瑟尔基河，拐到河北岸，在小土台村南出现墙体，蜿蜒向东千余米消失。向东为甲石河乡，长城墙体仅存2段。数座烽火台位于侯达子沟、甲石河、上和梁、大柳沟等村落附近，自西向东分布，可以连成一线。在大柳沟村东北的山体上发现的墙体，沿鱼儿山的西坡向东北延伸，至顶峰后转向西坡，继而消失。

在长城的西端，上白窑村南，有西南—东北向的3座烽火台，向西与内蒙古境内的东汉列燧相连，向东大体与上白窑长城2段相连。从这些烽火台的走向分析，自上白窑长城2段起向东的赵北长城在汉代被沿用，上白窑长城1段则属于未被汉代利用的赵北长城。

（二）新发现赵北长城的功能

1. 划分疆域

一般认为长城是防御性的工程，但早期长城在防御方面的功能还不完善，划分疆域的作用更为显著。就赵北长城而言，内蒙古阴山一线，基本修筑在阴山南麓山脚下，墙体低矮，不足以阻止敌人进攻。到河北段，尚义县赵北长城虽然修筑在山体顶部，但墙体比较低矮，无法拦住人马。而且各个段落彼此均不相连，断断续续大体可成一线。与墙体高大、防御严密的明代长城差距很大。《史记》记载秦、赵、燕三国的长城都是在向北驱赶游牧族群后，在新占领土地上修筑的，所以很多学者认为战国长城具有巩固新占土地的作用，同时也是划分游牧民族和农耕民族的界线[20]。

2. 防御功能

自常胜湾村开始，长城越过银子河到河南岸，墙体均修筑于南岸山体上，直到小蒜沟村南。从常胜湾村过河，应是古人有意选择的结果。西来的银子河到常胜湾村南，河道由100余米陡然缩小到30余米，河水由缓慢变得湍急。地形至此也发生了变化，从低矮的丘陵变为高峻的山体。长城从这里过河，可以最大程度利用地形和河道来增加防御效果。第一，河道的狭窄处，也是最容易突破的地方，需要增加防卫。第二，南北两山夹河对峙，形成一个门状的通道，易守难攻。

从常胜湾村向东，长城均沿山体顶部边缘修筑，北临银子河（自乌良台村以东称为瑟尔基河）。这也是受地形影响所致。这一带的山体均为火山喷发形成的台塬形丘陵，四周为陡坡，顶部平坦，呈西—东走向。将长城修在山体顶部的北侧，可以利用山体的高度和坡度，同时也利用了河流作为护城河，增加了突袭的难度。台塬形丘陵中间多有南北向的峡谷。墙体通常修筑于峡谷的西侧或东侧，一般到山顶即消失，可能是依靠银子河和河南岸高峻的山体，因险制塞，防御的重点为南—北向可通行的峡谷，起到"当路塞"的作用。

（三）与内蒙古赵北长城的比较

2014—2015年的调查首次在河北境内发现证据确实的赵北长城。这道长城与内蒙古境内的赵北长城相连，是赵北长城的东段，与内蒙古地区的赵北长城在选址、墙体形制、附属遗物等方面相似处很多。

乌兰察布市卓资县的赵北长城墙体多依河流而建[21]，与尚义县长城建于银子河岸边相同。墙体的建筑方式、尺寸、保存情况等也非常相似。卓资县三道营古城中的板瓦，外饰绳纹、内饰菱形纹及麦穗状几何纹，与尚义县赵北长城烽火台、障城采集的陶片特征非常相近。从烽火台的形制特征和陶片看，长城的始建年代为战国，沿用到汉代，在汉代是外、中、内长城中的"内城"[22]。与内蒙古地区的赵北长城一样，尚义县赵北长城也被汉代沿用，烽火台和障城附近发现了大量汉代陶片，种类有罐、盆、瓮、瓦片等。

四、赵北长城的东部端点的确定

尚义县赵北长城在鱼儿山主峰西侧消失不见。我认为，尚义县赵北长城止于鱼儿山，鱼儿山就是赵北长城的东部端点。有以下三方面理由。

（一）地形上——鱼儿山适合做长城的端点

在尚义县、万全区、张北县三地交界区域，鱼儿山是海拔最高的一座山，其东、西、南面地势较低，均无高山，鱼儿山孤峰峭立，显得分外高峻，具有强烈的视觉冲击力。山体南坡陡峭，北坡较缓且与坝头相连，似从坝头伸出的桥头堡。将这里作为长城端点，有显著的标识作用。与赵北长城的西部端点高阙一样，都是较高的山体，在地理特征上有异曲同工之妙。

从鱼儿山向东直到狼窝沟的坝头上，存在着多道长城。不少学者认为其中就有赵北长城，东部端点在无穷之门。我认为赵北长城不会延伸到这里。原因在于，一是这里已经出了代郡的范围。二是无穷之门与赵北长城没有关系。在《战国策·赵二》"王破原阳"一章，赵武灵王在追溯先祖事迹的时候提到，"昔者，先君襄主与代交地，城境封之，名曰无穷之门，所以昭后期远也"。交，鲍彪曰交犹接，"交地"是土地交界、接壤。"城境封之"，鲍彪曰筑城境上为之封域[23]。理解这句话的关键是对"境"的认识，有人认为是赵与代的边境[24]，有人认为是灭代后赵与无穷的边境[25]。后者也正是赵北长城起自张北县坝头观点的依据。假使第二种理解正确，赵与无穷的边界很长，怎能肯定无穷之门就在张北县南部呢？况且无穷之门是一座址，张北县坝头地区尚未发现春秋战国之交的城址。若第一种理解正确，赵与代的边界应该在恒山一线[26]，距北面的赵北长城有上百千米之遥。因此，这两种理解都难以支持赵北长城的东端在张北县坝头地区的观点。司马迁明言赵北长城的东部端点在代地，没提到无穷之门。与西部端点为高阙这个确定的小地名不同，若无穷之门真是东部端点，如此重要的地名，司马迁为何没有记载下来呢？即便司马迁没提到，其他史书也应提到。事实上，无穷之门这个名词，除了《战国策》以外，其他史书上都未提及。可能在赵武灵王时期，无穷之门已经不存在了，史书中关于赵武灵王在代地和胡地的记载中，只有"无穷""遗遗之门"。所以，目前没有证据表明无穷之门在坝头上，也不能据此认为张北县的坝头是赵北长城的东部端点。

（二）历史地理上——鱼儿山是燕赵两国界线的北端

要找到赵北长城的东部端点，需搞清赵武灵王在北方设置三个郡中最东面的代郡的东界或者东部所在。因为长城具有标定领土范围和防御的功能，领土在哪里长城自然也会延伸到哪里，确定了领土的界限，也大体能确定长城的止点。另外，还需确定燕国上谷郡的西界的位置，上谷郡与代郡相邻，上谷郡的西界就是代郡的东界。这需要从历史文献和古文字材料中加以考证。

战国时期史书上没有记载代郡的属县。《汉书·地理志》中记载代郡的属县有 18 个，汉因秦制，秦因战国，从汉代代郡属县可推知战国时期的情况。结合《水经注·漯水》的内容可知，汉代延陵、且如、马城等三个县位于代郡东部。延陵即今兴和县沙河沟地古城 [27]，且如在今怀安县柴沟堡西 [28]，马城在今万全区北沙城，也有观点认为马城在怀安西大崖 [29]。三地除了延陵，其他两个都在今怀安县、万全区一带。郑绍宗先生据此将代郡的东部界线画在新河口、高庙、北沙城、西沙城一线，以西为代郡，以东为燕国上谷郡。

战国时期的货币面文为铸币的地名，通过货币面文和历史文献记载可以考证历史地理。在赵国的布币中，方足小布中的面文较多。据统计，目前三晋方足小布中能确定国别的有 57 种，其中赵国的有 22 种。有两种在张家口地区西部 [30]，一为安阳，在阳原县一带，此为东安阳。赵国还有西安阳，在内蒙古包头。二为刬（读作代），在蔚县东北，即代王城。三为孔布中也有面文为安阳的，是赵国于战国晚期太原地区被秦攻取后铸造的。两种面文货币的存在，证实阳原、蔚县一带确为战国时期代郡辖地。方足小布始铸于战国中期，至少是战国中期晚段 [31]，早于赵北长城的修筑年代。

上谷郡在燕国设置的五郡中位置最靠西，与代郡相邻。与代郡情形相同，上谷郡属县见于史籍也是到汉代。根据封泥、兵器等古文字资料，有学者考证出秦时上谷郡至少有 10 个县 [32]，其中在西部的有宁县，在今张家口市西北，汉时为西部都尉治所。还有广宁县，在今万全区附近。这两地均与代郡邻近，即在张家口市和万全区以西不远处就是两个郡的边界。这个研究结果与前揭对代郡东部界线的研究若合符节。

从以上论述可以推知，战国时期，燕国、赵国在张家口地区的分界南起小五台山，过怀安、万全之间，再向北延伸到万全、尚义交界的鱼儿山。赵北长城的东部端点在鱼儿山是符合当时燕赵疆域的分布形势的。

（三）考古学文化上——燕赵在鱼儿山至小五台山分界

赵灭代后，在代地设立封郡实行管理。不过赵并未把注意力放到经营代地上，对赵国来说，西部强秦的威胁更为急迫。此前久被代国压制的燕国，则趁机渗透到代地东部，将其势力推进到怀来盆地[33]。怀来盆地及附近的燕国文化遗存的出现时间，是在战国早期，与代国被灭的时间大体衔接。主要有如下一些考古发现。

（1）赤城半壁店墓葬[34]，为1991年群众挖土时发现，出土了一组仿铜陶礼器，有鼎3件、鬲2件、簋1件、高柄小壶2件、方壶1件，器表均有彩绘，形制与燕下都战国早期同类器相似。

（2）下花园墓葬[35]，为1986年基建施工时发现，均为竖穴土坑墓。陶器出自3座墓葬，均为泥质灰陶，器物组合以鼎、豆、壶为主，还有盘、匜、高柄小壶、带钩等。陶器形制与北京、廊坊等地燕国早期墓葬发现的同类器相似。

（3）张家口"第五类遗存"也属战国燕文化[36]，陶器多轮制的泥质灰陶，器类、形制都与中原战国陶器相同，有大量属于燕文化系统的夹砂云母红陶釜。可分为战国早期和战国中晚期两个时段。战国早期以北门外墓地第一类遗存为代表。西阳城采集的泥质灰陶器可纳入此时。豆、壶、罐等有战国早期特征。

上文分析燕国遗存向西分布到宣化一带，那么再向西应该是赵国的范围。赵国早在春秋战国之际就占有了代地，与张家口地区燕国丰富的墓葬考古资料相比，这里的赵国遗存多为调查资料[37]和少量简短的发掘报道，至今尚未见翔实的考古发掘资料。在已经调查的城址中，级别最高的是代王城，多认为是代郡郡治所在。蔚县博物馆做过专题调查，发表了调查报告[38]。报告结语中认为该城址是西汉初期所筑，文末却又说"在春秋时古城建筑已现端倪"。报告中发表的同心圆纹、乳丁瑞兽纹瓦当和勾连纹瓦当，分别见于内蒙古和林格尔土城子、卓资县城卜子古城遗址[39]、中山国灵寿城遗址[40]。这说明城址的始建年代至少要早到战国。

刘建华曾对张家口地区战国时期的城址做过全面研究[41]。她认为，蔚县、阳原、怀安属代郡属地，18个县中有8个在此。宣化、怀来、涿鹿、崇礼、万全为上谷郡属地，15县中有11个在此。燕国和赵国的这里修筑有不同级别的城址，有郡治、县治、军事城堡等。县城和军事城堡可构成军事防线，用于守卫不同的军事目标，防御不同方向的敌人。上谷郡有 4 道防线，其中第 3 道是防御赵国的，南北向城址包括宣化水泉、西阳城、付家堡、涿鹿朝阳寺等 11座，东与第 4 道防线相连。代郡设防则不明显，仅能看出两道防线，第 2 道是防御燕国的，沿洪塘河设怀安旧城、第五窑等城址，北接第 1 道防线的尖台寨，南连小五台山。该文立论的基础是对城址的实地调查，多数城址采集了陶片类遗物，因此对城址的文化属性的区分是有充分依据的，我赞同该文的观点。上谷郡设立的防御燕国的防线和代郡设立的防线相距很近，两个郡的边界必定就在两道防线中间的区域内。巧合的是，郑绍宗先生划定的代郡与上谷郡的边界大体与两道防线处在相同位置。两位学者从不同的角度得出的燕、赵在张家口地区的分界，说明这个结论是接近历史真实的。

一些简短的墓葬报道和零星的遗物，也揭示出赵文化在张家口西部存在的史实。2002 年河北省文物研究所发掘的蔚县北双涧大墓[42]，位于蔚县杨庄窠乡北双涧村南，为东西向的"中"字形大墓，东西长 55 米，墓底至封土高 13米。葬具为一棺一椁。早年被盗，出土随葬品有陶罐、豆、瓮、盆、金泡、坠饰、漆器、骨饰、贝币等。蒙发掘者慨允，笔者见到墓葬出土的部分陶器照片，陶罐、盆等有战国晚期特征。从墓葬规模分析，该墓应该是高级贵族墓。这里离代郡所在地一代王城很近，墓主身份很可能是代郡的最高首脑，即某一代代君。蔚县博物馆内展览了一件蔚县公安局移交的青铜鼎，形制特征与三晋同类器相似，从足部形制及其位置看，应为战国早中期。

考古学文化遗存是人类活动的遗留，最能展现当时人们在某个区域生存、发展的情景和历程。通过以上对张家口地区燕国、赵国考古学文化遗存的分析，我们可以知道，在战国早期燕国就进入了宣化怀来盆地。赵国遗存虽然发现的不多，但根据少量的线索也能够看出赵国对这里的经营。赵国修筑赵北长城在战国晚期早段，自然不会修筑到燕国已经占有的区域内，故可有把握说宣化以西不再是燕国的领土。

五、结语

赵北长城是河北省最早修建的长城，是河北历代长城的鼻祖，在河北省长城发展史上具有极其重要的地位。2014—2015 年的调查首次发现了证据确实的赵北长城，具有重要的学术意义，纠正了以往关于河北省境内赵北长城的走向和位置的观点，为早期长城的保护和研究提供了科学前提。本文以这次调查为基础，结合其他方面材料，提出了赵北长城的东部端点在张家口市尚义、万全交界的鱼儿山这一新的论断。长城是一项庞大、复杂、系统的古代工程，长城研究需要以田野工作为基础、发挥多学科研究的优势，才能有所创建、有所进步。由于人的认识具有阶段性、局限性，揭示、复原古代遗存本来面貌常常需要几代人不懈的努力才能达到，因而长城研究是与时俱进的、常新的课题。已有的认识会随着新发现而不断更新。同样，新的认识也需要以新的发现（包括田野考古的、古代文献等方面）加以检验。因此，在这个意义上说，我们的研究仍然是初步的、阶段性的。

注释：

[1] 杨建华. 再论玉皇庙文化 [A]. 边疆考古研究（第 2 辑）[C]. 科学出版社，2002。

[2] 陈平. 燕史纪事编年会按（下册）[M]. 北京：北京大学出版社，1995：211，212。

[3] 陈可畏. 论战国时期秦赵燕北部长城 [A]. 长城国际学术研讨会论文集 [C]. 长春：吉林人民出版社，1990。

[4] 赵化成. 中国早期长城的考古调查与研究 [A]. 长城国际学术研讨会论文集 [C]. 长春：吉林人民出版社，1990。

[5] 李逸友. 中国北方长城考述 [J]. 内蒙古文物考古，2001（1）。

[6] 郑绍宗. 河北古长城 [M]. 石家庄：河北教育出版社，2016。

[7] 盖山林，陆思贤. 阴山南麓的赵长城 [A]. 中国长城遗迹调查报告集 [C]. 北京：文物出版社，1981。

[8] 王国良. 中国长城沿革考 [M]. 北京：商务印书馆，1928：28。

[9] 张家口地区行署，张家口地区博物馆·张家口地区文物普查资料集（内部资料）[M].1982：43。

[10] 高鸿宾. 张家口战国赵长城考 [J]. 文物春秋，2003（6）。

[11] 白音查干. 战国时期燕赵秦长城新论 [J]. 内蒙古社会科学，1999（5）。

[12] 董耀会. 瓦合集 [M]. 北京：科学出版社，2004：160。

[13] 李文信 . 中国北部长城沿革考（上）[J]. 社科科学辑刊，1979（1）。

[14] 杨宽 . 战国史 [M]. 上海：上海人民出版社，1980。

[15] a. 高鸿宾 . 张家口战国赵长城考 [J]. 文物春秋，2003（6）。

b. 景爱 . 中国长城史 [M]. 上海：上海人民出版社，2006：128。

[16] 胡明 . 张北赵长城考实 [A] 张北长城 [C] 北京：解放军出版社，2009。

[17] a. 李建立，李文龙 . 河北长城概况 [J]. 文物春秋，2006（5）。

b. 李文龙 . 河北北部赵燕秦长城的调查与研究 [J]. 中国长城博物馆，2009（3）。

[18] 内蒙古自治区文物考古研究所 .2014 年内蒙古自治区文物考古研究所考古发现综述 [J]. 草原文物，2015（1）。

[19] 河北省文物研究所 . 尚义县早期长城资源调查 [A]. 中国考古学年鉴 2015 [C]. 北京：中国社会科学出版社，2016。

[20] 王绍东 . 从赵长城的修筑看战国秦汉长城的双重功能 [J]. 邯郸学院学报 2014，24（4）。

[21] 李兴盛，郝利平 . 乌盟卓资县战国赵长城调查 [J]. 内蒙古文物考古，1994（1）。

[22] 盖山林，陆思贤 . 内蒙古境内的战国秦汉长城遗迹 [M]. 长城国际学术研讨会论文集，长春：吉林人民出版社，1990。

[23] 诸祖耿 . 战国策集注汇考 [M]. 南京：凤凰出版集团、凤凰出版社，2000：998。

[24] 范祥雍 . 战国策笺证（下册）[M]. 上海：上海古籍出版社，2006：1081。

[25] 王扶汉，孟明 . 文白对照全译战国策 [M]. 北京：中央民族大学出版社，1994：515。

[26] 雁侠 . 先秦赵国疆域变化 [J]. 郑州大学学报，1991（1）。

[27] 李逸友 . 中国北方长城考述 [J]. 内蒙古文物考古，2001（1）。

[28] 郑绍宗 . 河北古长城 [M]. 石家庄：河北出版集团、河北教育出版社，2016：38。

[29] 常文鹏 . 代郡马城考 [J]. 北方文物，2015（1）。

[30] 吴良宝 . 中国东周时期金属货币研究 [M]. 北京：社科文献出版社，2005：198。

[31] 何琳仪 . 桥形布币考 [J]. 吉林大学学报（哲学社会科学版），1992（2）。

[32] 后晓荣.秦代燕地五郡置县考 [J].古代文明 2009（3）。

[33] 陶宗冶，王培生.对代国与燕、赵两国关系的探讨 [J].文物春秋，2016（6）。

[34] 李树涛.赤城县半壁店出土战国陶器 [J].文物春秋，2001（4）。

[35] 张家口市文管所.下花园区文教局.张家口市下花园发现战国墓 [J].考古，1988（12）。

[36] 陶宗冶.河北省张家口市考古调查简报 [J].考古与文物，1985（6）。

[37] a. 范秀英.河北怀安王虎屯、小高崖遗址调查 [J].文物春秋，1994（2）。

b. 范秀英.河北怀安县第五窑城址调查简报 [J].文物春秋，1993（2）。

c. 张家口地区博物馆.河北阳原桑干河南岸考古调查简报 [J].北方文物，1988（2）。

[38] 蔚县博物馆.代王城城址调查报告 [J].文物春秋，1997（3）。

[39] 内蒙古文物考古研究所.内蒙古出土瓦当 [M].北京：文物出版社，2003：113。

[40] 河北省文物研究所.战国中山国灵寿城——1975—1993 年考古发掘报告 [M].北京：文物出版社，2005：49—52。

[41] 刘建华.张家口地区战国时期古城址调查发现与研究 [J].文物春秋，1993（4）。

[42] 任雪岩，李捃.蔚县北双洞战国墓 [A].中国考古学年鉴 2003[C].北京：文物出版社，2004：123，124。

（原载于《北方民族考古》2019 年第 7 辑）

韩金秋，男，河北省文物考古研究院科技信息部主任，文博副研究馆员。1981 年生，博士研究生。研究方向为中国北方青铜时代考古、早期长城研究等。在《文物》《考古与文物》等刊物上发表论文 30 余篇，出版有《夏商西周中原的北方系青铜器研究》专著一部。

张家口战国燕长城辨析

高鸿宾

张家口战国燕长城，过去一直被误认为是怀来县大古城南以联墩列戍形式的长城，这一观点长期以来被广泛认同和采纳，并被记录在地方志中。[1] 其依据是《史记·匈奴列传》中有"燕亦筑长城，自造阳至襄平"的记载[2]，认为"造阳"是上谷郡治，而上谷郡治已经由专家考证，即今怀来县大古城遗址，该长城居大古城南 2 公里，属上谷之地，所以当是燕北长城。笔者根据几年的研究和实地勘察，又综合国内考古学者的长城研究成果，认为怀来燕长城之说是不能成立的，其疑点有四[3]：其一，按历史编年记载，燕筑北长城的时间当在秦开回归燕国之后，"是战国时期最后修的一道长城"[4]。此时燕"袭破走东胡，东胡却千余里，燕筑长城自造阳至襄平，置上谷、渔阳、右北平、辽西、辽东郡以拒胡"[5]。燕已将今河北张家口的东北部、内蒙古中南部、辽宁省的大部地区纳入自己的版图，并把其作为与中原诸侯抗衡的大后方[6]。所以，燕北长城只可能建于上谷郡辖区的极北边地，方能起到保护国土的作用。而怀来这条长城却位于上谷郡治大古城以南的军都山脚下，将大片的开拓疆土包括郡治都置于长城保护以外，这种于国土腹内起长城的做法，既不合情，更不合理，是不能令人信服的。其二，在该长城以北地区的赤城县境内，考古发现了多处具有明显燕国文化特征的遗址，出土了大量与燕下都出土物形制完全相同的陶器以及燕国刀币[7]。近年来在对该段长城的勘察中又在夯层里发现了明代青花瓷片，取得了否定战国长城可能性的重要依据。其三，关于"造阳"，史料存在二种解释，一说即上谷郡治沮阳的别称，或讹称；一说是上谷郡的地名之一，按历史常识从战国时期，边地逐渐繁荣，始在郡下设县，产生郡、县两级制，秦统一六国后，乃确立郡县制，县隶属于郡[8]。燕昭王置上谷郡（治今大古城）郡下是否设县，因没有记载不得而知，不过从其后的史料记载中找到了一些线索，如《汉书·匈奴传》记载："汉亦弃上谷斗辟县造阳地以予胡。"《匈奴传赞》记载："汉弃造阳之北九百里。"唐代颜师古注曰："造阳，上谷地；斗，绝也，县之斗曲入匈奴界者，其地造阳也。"清乾隆年编修的《宣化府志》记载："（赤城）县为郡界极北之地，形如角突出北边。所谓斗辟之造阳，地势大概想见。又汉上谷北境尽于女祁（县）。女祁之北不设县邑，故《汉书·匈奴传》谓之'弃'。"[9]又根据《史记正义》引《括地志》："上谷郡故城在妫州怀戎县东北百一十里，燕上谷，秦国不改，汉为沮阳县"及铸有"上谷"和"造阳"二地铭文的东周时期布币出土的事实，判断"上谷"和"造阳"似不应为一地。[10]综上记载推断，造阳位在汉所设女祁县（龙关）以北。根据地形分析，当在今独石口一带。所以，燕北长城以造阳属地为西起点，也应存在于独石口以北地区。其四，根据《怀来县志·艺文》收录的明代大量文献记载，这条位于怀来县妫水河南岸以联墩列戍形式存在的长城，是建于明代嘉靖年间的宣府镇南山路长城。如明代嘉靖年间时任怀隆道宪副的张镐在所撰《怀隆兵备道题名记》记载，嘉靖三十五年（1556年），"设险南山……即以所请帑银饬具程材。鸠工兴众，以岔道当居庸吭背，即堡为城，易土为石，崇其陴堞，高其闉闳，迤西抵龙爬山（今怀来龙宝山），迤东尽四海冶，皆联墩山立，共二堡之可创易者，（即岔道、榆林二堡可利用），凡筑墩四百六十有七，亘高垣墩，垣内外长壕限隔，品窖纵横……怀之联墩列戍视他加密"[11]。其后孙世芳所撰《南山志总论》[12]、秦霖所撰《宣镇东路舆图说》[13]及崇祯年间宣大总督卢象升在给朝廷的《确议修筑宣边疏》[14]中也详细记载了这条南山路长城："东接昌蓟自火焰山起，南分而西南竟合河口，中若四海、灰岭、柳沟、岔道、大山口垣长二百二十余里，隶之南山参戎焉。"[15]火焰山即今北京延庆区四海冶南之火焰山；合河口在永定河与妫水河合流处，今已被官厅水库淹没。上述记载之南山路长城的始建年代、起止走向、修筑形制非常明确，且完全与现存这条联墩列戍的长城相吻合。

该长城沿军都山及延怀盆地南部边缘的丘陵地带，依靠山险设隘，平川联墩列戍为边。境内现存联墩遗址 137 座，平均间距 300 米，在大山口一带，还保存着一段近 500 米的夯土筑墙，附有马面 11 座，其筑法及土质与东西相接的墩台一致，当是大山口关隘的连接墙，境内沿长41公里。在边南一侧距离不等，有土筑障寨城遗址11座，分别为羊儿岭寨城、焦庄南寨城、东湾东寨城、东湾西寨城、大山口西寨城、小山口寨城、十八家寨城、南窑东寨城、南窑西寨城、施庄南寨城、官厅大坝西亭障。过去在对张家口明代长城考察时，总把重点放在坝头沿线的外长城上，对腹里的几条内边长城重视不够，对燕国上谷郡辖境缺乏深入调查研究，所以错将这条本属明代的长城当作战国燕长城。

近年来，国内考古学家对燕北长城的研究证明："燕北长城存在内外两道，内长城大抵西起河北省张家口市赤城县的独石口，东北行，经沽源、围场，进入内蒙古自治区喀喇必旗、赤峰、越老哈河，东行入辽宁省建平县北部，再入内蒙古敖汉旗，入辽宁省北票，至阜新县，阜新县以东是否抵辽阳即燕的襄平，至今未查明。"张维华在《中国长城建置考》中记载："燕北界之长城，约而论之，西起于今宣化及张家口之北，东北行，经围场之北，东行，经赤峰之北，又东行，入敖汉旗。再东行跨今辽宁省北部，东南行，而至今辽阳以东之地。"所以，在远离边塞的妫水河（桑干河）南岸筑长城的做法，是不能成立的。综上分析，完全可以排除怀来县大古城南存在燕长城的可能性。

根据勘查，张家口燕国北长城存在两段，其一，位于沽源县东北部，南北走向。长城由内蒙古正蓝旗黑城子种畜场向南进入沽源县马点村北，向南偏东经西米地沟、东米地沟村北出境，进入内蒙古多伦县境内，长约15公里，呈大土埂状，由于风沙淤积，部分段落已不甚明显。其二，东起沽源县丰元店乡老掌沟西北经毡房营、椴木梁，折而西南，经长胜地、碾盘沟、马场，再向西登张北、崇礼两县交界的桦皮岭，然后折向南入崇礼，经清三营、沙岭到崇礼、赤城两县交界的野鸡山，向南则遗迹混于北魏、明代长城之中。沽源县境内的一段长城，由于风沙淤积已不明显，偶以土埂状出现，桦皮岭及崇礼、赤城交界之"野鸡山"一带，较为明显，宣化县青边口一带也有痕迹可寻，呈杂石土埂状，蜿蜒起状于山岭之上，与明长城时而并行，时而岔出，时而叠压被修复利用。全长约150公里。这条长城部分地段后曾被北魏、明代修缮利用。

通过对张家口燕长城位置的分析以及对怀来县大古城南长城属代的考证，不但澄清了我们过去对张家口燕长城位置的错误概念，而且也为张家口历代各时期长城分布的研究理清了思路。这将对张家口境内历代长城的甄别工作产生积极的影响，是十分必要和有益的。

注释：

[1]a. 河北省地方志编纂委员会．河北市县概况 [Z].1988。

b. 张家口地区行署文化局，张家口地区博物馆．张家口地区文物普查资料集 [M].1982。

[2][5]《史记·匈奴列传》[M]. 天津：天津古籍出版社，1997。

[3][10] 李维明，都志群，宋卫忠，张秀荣．河北省怀来县大古城遗址 1999 年调查简报 [M]. 北京：考古杂志社，2001。

[4] 华夏子，明长城考实 [M]. 北京：档案出版社，1988。

[6] 瓯燕．燕国开拓祖国北疆的历史功绩 [J]. 文物春秋，1999。

[7] 李树涛．赤城县半壁店出土战国陶器 [J]. 文物春秋，2001。

[8] 杨殿奎，夏文洲，林治金．古代文化常识 [M]. 济南，山东教育出版社，1983。

[9]《赤城县志·卷一，地理志·沿革》1997 年七月译注版。

[11][12][13][15] 许隆远，《怀来县志》[M]，席之重修版。

[14]《卢象升疏牍》卷八 [M]. 杭州：浙江古籍出版社，1984。

（原载于《中国长城年鉴》2006 年创刊号）

张家口地区战国时期古城址调查发现与研究

刘建华

1985 年、1986 年夏秋之季，张家口地区文化局组织各县区文物工作者，在全区境内进行了一次较大规模的文物普查、复查工作，共调查、发现战国时期的古遗存 300 余处，其中古城址 36 处。本文试就这一地区已调查、发现的战国时期的古城址作一初步研究，从中窥探燕、赵两国对其北境的上谷郡、代郡的开发与建设。

一、自然环境与历史概况

张家口地区位于河北省的西北部，北与内蒙古为邻，西与山西省毗连，东与河北承德、北京接壤，南与河北保定相连。全区以明代外长城为界，分为坝上、坝下两个截然不同的自然地理区域。坝上为内蒙古高原的南缘，地阔草绿，千里平川，地面多内陆湖淖、草坡、草滩。坝下地区山峦起伏，沟壑纵横，山地、丘陵、盆地相间分布。

境内河流多分布在坝下地区，主要有桑干河、洋河、壶流河、白河等。坝上地区只有闪电河。

考古发现证明：这一地区是我国远古文化的发源地之一，早在 100 万年以前的旧石器时代，桑干河一带就有人类活动的遗存。[1] 到新石器时代，桑干河、洋河、壶流河流域又成为古代先民定居活动比较稠密的地方。商代早期，商文化的影响已达到壶流河流域，[2] 但绝大部分地区从夏代起，就被夏家店下层文化的居民占据。西周至春秋时期，在这里活动的主要是戎、狄等游牧民族。

战国时期，在这一地区居住和活动的是燕国、赵国北境的上谷郡、代郡的定居民族和匈奴、东胡等游牧民族。上谷郡占据坝下东部地区，辖地大致包括现在的张家口市区及宣化、怀来、涿鹿、崇礼、万全等县；代郡占据坝下西部地区，辖地大致包括现在的蔚县、阳原、怀安等县。匈奴、东胡栖于坝上地区的广袤草原。

秦汉以后，这一地区仍是不同民族接触、混居的地带，也是军事割据的争战之地。

二、战国时期城址的分布与保存现状

城址主要分布在坝下地区的桑干河、洋河、红河、白河、壶流河流域及其附近地区。与城址同时期的遗址在上述地区有大量发现。坝上地区仅发现城址一座，同时期遗址很少。

现存城址多依山傍水，在城址内或附近多有历代遗址或现代村庄。由于自然和人为的破坏，大部分城址残缺不全，有的城址仅残存一两段较短的城墙，有的略高出地面，似一道土埂。城址内暴露的遗存，不仅有战国时期的，也有新石器时代的，还有商周、春秋、两汉、唐、辽、金、元、明、清等各时代的，其中以汉代的遗物最多。由此可见，有的城址是建筑在早期聚落址之上的，而相当数量的城址被后代所沿用，凡被后代延用的城址一般保存较好。城墙经多次加固修缮，保存最高处达 5.6 米，城墙轮廓基本完整。

所发现的城址均为土筑墙体，多经夯实，夯层一般厚 0.6—25 厘米。城的规模大小不一，在 36 座城址中，平面呈长方形的居多，呈正方形或近方形次之，椭圆形最少。

散见于城址内地面或墙体内的文化遗物，多为陶器残片。陶质为夹砂红、褐陶和泥质夹砂灰陶。夹砂红、褐陶，火候较小，质地疏松，纹饰多为绳纹，有的夹砂红陶中夹有云母颗粒和蚌屑。夹砂夹蚌红陶片一般器形较大，可辨认器形有瓮、釜、鼎、罐、盆等。泥质灰陶，质地细腻、火候较磊，可辨认器形有罐、豆、盆、壶和建筑构件（板瓦、筒瓦、瓦当）等。

在怀来县大古城、涿鹿三堡、怀安五窑等城址还发现过刀币、布币、半两钱、五铢钱等货币，在大古城曾采集到一块"小泉直一"的钱范[3]。现将城址现状及遗迹遗物扼要概括为一览表附后。

三、现存郡、县故城之位置

郡县制是中央集权制的重要构件。最初，在诸侯国之边地设置，具有国防作用。县最早出现在春秋早期，当时，秦、晋、楚常常把兼并得来的上地和灭亡的小国改设为县。到春秋后期，各国才把县制逐渐推行到内地，而在新得到的边远地区设郡。郡的辖区面积比县大，但因地广人稀，等级却比县低，所以，赵鞅（简子）曰："克敌者上大夫受县，下大夫受郡，士田十万……"（《左传·哀公二年》）战国时期，边地逐渐人多物博，才在郡下设县，当时的魏、韩、赵、燕、秦等国都普遍推行了郡县制，上谷、代郡即为燕、赵两国在其北境所设置的边郡之一。秦始皇统一六国后，分天下为三十六郡，上谷、代郡为其中之一。

西汉沿袭秦郡县制，汉武帝元封五年（公元前106年）将全国分为十三个行政区域，即十三刺史部。上谷郡属幽州，领县十五，在这一地区有十一县，即宁、广宁、茹、且居、涿鹿、沮阳、泉上、女祁、雊瞀、下洛、潘。代郡领有十八县，在这一地区有八县，即桑乾、阳原、代、当城、且茹、东安阳、马城、昌平。

郡县制自战国时期确定以来，秦汉时沿用原来的地名。那么，战国时期在这一地区设置的郡、县故城是否还有遗迹可寻？其地理位置是否还可以找到？根据文献记载的郡、县故城大致方位，结合考古调查的文化遗存情况，可以确定的郡、县故城址如下。

（一）上谷郡城址

位于怀来县东南二十里的大古城村北，官厅水库南岸。

《水经注》载："清夷水又西迳沮阳县故城北，秦上谷郡治此……"阚骃曰：涿鹿东北至上谷六十里。

《魏土地记》载："城北有清夷水，西流也，其水又屈迳其西南，流注于漯水……"《怀来县志》载："通志本古清夷水，今讹为妫河也。"官厅水库即古妫河，漯水即今永定河，大古城的位置恰在涿鹿故城东北50—60华里的古妫河之南，当为上谷郡治——沮阳。沮阳城建于何时？《史记·匈奴列传》载："燕有贤将秦开，为质于胡，胡甚信之，归而袭破走东胡，东胡却千里，与荆轲刺秦王秦舞阳者，开之孙也。燕亦筑长城，自造阳至襄平，置上谷、渔阳、右北平、辽西、辽东郡以拒胡。"秦舞阳生活在燕末王喜时代，其祖父秦开当生活于燕王哙至昭王时期。昭王之前，燕国软弱，北有东胡，南有齐、中山，无力抗敌。昭王在位 34 年，是燕国国力最强盛 的时期。其间，曾击退中山、齐国的进攻。昭王十七年（公元前 295 年）合赵灭中山，昭王十八年（公元前 296 年）使客卿乐毅为上将军，统燕、秦、楚、三晋伐齐，取 72 城。昭王之后，燕国国力渐趋衰落。因此，秦开破东胡当在昭王时，即：公元前 311—前 279 年。上谷郡建置与沮阳城建筑亦应在此时。故沮阳，战国时为燕国上谷郡郡治造阳，秦因不改，汉为沮阳（《汉书·地理志》）。大古城内暴露遗物多为战国、两汉时期的，没有较晚时期的遗物。这说明，大古城确建于战国时期。秦汉时代，城内相当繁荣，东汉末期废弃。废弃原因，可能与妫水河水灾有关。

（二）代郡城址

位于蔚县城东北约 20 里处的壶流河南岸，是这一地区规模最大，也是唯一的椭圆形城址。

《水经注》载：（代王城）"祁夷水又东北流，通代城西。"

《两镇三关志》载："蔚废代城，俗呼代王城，周二十五里，九门，遗址尚在，赵襄子所并之代是也。"祁夷水即今壶流河。代本为古代一小国，建国时间不详。"赵襄子以杓击杀代王及从官，遂兴兵平代地"（《史记·赵世家》），代始属赵国。后赵国在代地设郡。公元前 228 年秦攻破邯郸后，赵公子嘉奔代，自立为王，公元前 222 年秦破代，赵灭亡，在代地重建郡。

代王城是否在春秋时期或更早就有城墙建筑了，尚不敢确定。赵武灵王"破林胡、楼烦，置云中、雁门、代郡"（《史记·赵世家》）之后，代作为赵国在北方的一个重要军事基地，筑城就十分必要。秦汉时期，代郡郡治是否仍在代王城？目前有两种意见。一曰：秦汉代郡治仍在代王城。二曰：秦、汉时，代王城未曾为郡治。其理由是："汉志凡县名先书者必郡所治。"《地理志》："代郡领县十八，首桑干，次道人，代县最后。是西汉之郡，治桑干不治代。"《郡国志》："代郡领县十一，首高柳、次桑干，代县为殿，是东汉之郡，治高柳不治代。"

不论秦汉时代王城是否为郡治，自代属赵国后，一直有"王"立于此。最后一个代王是汉高祖刘邦之兄喜，"高祖六年（公元前 201 年）正月立兄喜为代王，七年为匈奴所攻，弃国自归废"（《史记·诸侯王表》）。

从代王城内暴露的大量汉代遗物和城外西部、南部大片汉代封土墓群看，秦、汉时期是代王城繁荣鼎盛时期，东汉之后，渐趋废弃。

（三）涿鹿县故城

城位于涿鹿县矾山乡三堡村北 50 米，俗称"黄帝城"。《水经注》载："涿水出涿鹿山，世谓张公泉，东北流通涿鹿县故城南。"《保安州志》载："涿鹿故城，通志：州南本黄帝所都，汉县后魏省。"涿水即张公泉（又称阪泉）。黄帝城在张公泉之北，城址内暴露遗物均为战国、汉时期。城外东南处曾发现过大量的瓮棺葬，城内北部出土过布币、刀币、半两、五铢钱等。此城址内既没有发现黄帝时期的遗物，也没有发现较晚的遗物。此城当为战国、汉时期的涿鹿县故城，东汉以后废弃。

（四）潘县故城

位于涿鹿县保岱镇内。《水经注》载："湿水又东迳潘城县北，东合协阳关水，水出协溪。《魏土地记》：下洛城西南九十里，有协阳关，关道西通代郡，其水东北流，历笄头山。阚骃曰：笄头山在潘城南，即是山也，又北迁潘县城故城，左会潘泉故渎，渎旧上承潘泉于潘城中，或云舜所都也。"湿水，即今桑干河。协阳关水，今称协列河，或岔道河。保岱城西南依釜山，东傍协列河，桑干河在其北。现城内仍有一汪清泉。城内采集文物有战国、汉、辽、金、元时期的陶片、瓷片，因此，保岱城当为汉时的潘县城，城创建于战国时期，沿用到元代。

（五）东安阳故城

位于阳原县揣骨疃乡所在地东北约 1000 米处。《水经注》载"湿水又东迳阳原县故城南"，《地理志》曰"代郡之属县也，北俗谓之北郦州城。湿水又东，阳水注之，水出县东北泽中，北俗谓之太拔回水，水自源东南流，注于湿水，又东迳安阳县故城北。赵惠文王三年，封长子章为代安阳君，此即章封邑，王莽之竞安也"。《地理风俗记》曰"五原有西安阳，故此加东也"。东安阳故城之位置，旧说在今曲长城。[4] 从上述记载看：湿水（即今桑干河）东流，经阳原县故城南，之后，阳水自东南流入，湿水又东便经过安阳县故城北。阳原县故城，一般推测在今阳原县城之南，桑干河之北。由此说来，曲长城在今阳原县西南，与桑干河先经阳原县，后经安阳县的记载不符。另外，在曲长城一带，考古调查尚未发现战、汉时期的城址或遗址。揣骨疃城址位于阳原县故城之东南，有一季节河自今阳原县城东向东南方向流去，在揣骨疃城址之西约2.5公里处，注入桑干河。这一现象与《水经注》中桑干河先经阳原县，阳水注入后再经东安阳的记载相符。

该城址内，地表面暴露遗物甚多，有大量战国、汉时期的泥质、夹砂灰陶片，也有一些辽、金时期的白釉、酱釉瓷片。当地村民介绍说，这里原来有一个很大的土城，1949年前，城墙还隐约可见。至今，当地仍叫"古城子"。据此，战国时期，章之封邑安阳故城，汉时的东安阳县治当为此城。

四、战国时期古城址所反映的几个问题

城址的地理环境、建筑规模，在一定程度上反映了当时城市建设的一般情况。城内暴露的文化遗存则是当时当地政治、军事、经济、文化发展的实物证明。

（一）城址的类别与作用

张家口地区已发现的36座战国时期的古城址可以分为三大类：

第一类为郡治故城。

这类城有两座，即代郡治故城、上谷郡治造阳故城。两座城均建于地势平坦、靠近水源的河川小盆地之中，是该地区同时期古城址中面积、规模最大的古城。郡治城当为一郡辖区内政治、军事、文化、经济的中心，在城内应设有地方行政管理和地方军事防务机构。从城内出土文物可以看出，城市规划已具雏形。城内规划出官邸区、商业区、平民居住区，城外规划出埋葬区。造阳城内还有铸币业。1950年，中国科学院考古所曾在河南辉县固围村的大型战国墓中发现了"上谷"铭文的布币[5]。在北京琉璃河亦发现过"造阳"铭文的布币。战国时期的布币常常铸刻铸币的地名，故这种"上谷布""造阳布"可能就是上谷郡铸造的。两座城址内，以秦、汉时期的遗物覆盖面大，暴露数量多，特别是建筑构件砖、瓦（板瓦、筒瓦、瓦当）较多，这说明到秦、汉时期，这两座城内居民增加，人丁兴旺，商业发达，经济繁荣。

第二类为县治故城。

县治故城因历代建置的变更，加之人为和自然的破坏、改建，有的早已荡然无存，有的被后代延用扩建，已非原貌。现在保存下来的，既与文献记载之地望基本吻合，又有同时期遗物为佐证的县治故城，仅仅可以确定三座。它们

虽为汉时所置之县，但其城内暴露遗物，却均以战国时期为多。因此，这三座城在战国时已具规模，东安阳故城作为赵王之子的封邑，在战国时是一座小有名气的城。秦、汉时，它们作为郡辖内政治、军事、经济的重要基地。

县治故城较之郡治故城，规模要小一些。它们建造在靠近水源、地势平坦的交通要道附近，城内文化遗物也不似郡治故城丰富。

城市规划不甚明显，只能区分出城内住人，城外为埋葬区。

第三类为军事城堡。

这类城是这一地区发现数量最多的城。它的建筑规模一般较小，多设在国界附近的交通要塞、山坡狭谷或山口地带，地势险要，易于防守。这类城具有军事堡垒或哨所的性质，军事防御功能较强。城内主要驻扎军队，平素放哨、巡逻，战时出击迎敌或坚守待援。宣化县水泉双城，两城相距数十米，却以北墙相连，便于互通情报，互为援助。这种形制的城址在其他地区尚未发现。涿鹿县协阳关城由三城组成，两城依山而建，一城独立山谷之中，形成三足鼎立之势，以逸待劳，易守难攻。三城相距很近，既可各自为战，又可相互救援。"协阳关，关道西通代郡"（《魏土地记》），战国时期，当为燕国防御赵国北进的重要关口。

（二）燕、赵两国在上谷、代郡的军事设防概况

从城址分布来看，上谷郡的军事城堡较多，代郡则较少。在上谷郡大致辖区内，以城堡布局构成四道军事防御线。

第一道防线在北边为东西向防线，由崇礼的红旗营、炭窑沟、东土城、赤城的猫峪城等四座城构成，用于防御匈奴南下。第二道防线，为南北向，由赤城的李家火、近北庄、大海陀、怀来的麻峪口、东八里、涿鹿的龙王塘等六座城构成，主要用于保卫郡治造阳城。在桑干河、洋河交汇处，南北并列两城，隔河相望，当为防御赵国沿桑干河谷进军燕国。第三道防线，为南北向。由宣化的水泉（双城）、西阳城、付家堡、涿鹿的朝阳寺、保岱、湘广、岔道、协阳关（三城）等十一座城构成，是西防赵国之用。第四道防线，为南北向，由涿鹿的三堡（涿鹿故城）、口前、吉庆、卧佛寺、小斜阳、佐卫等六座城构成。它北与第二道防线相接，西与第三道防线相连，在造阳城以西，形成防御赵国的第二道防线。沽源县大宏城暴露遗物为战国晚期至汉、辽、金时期的，该城与其他城相距甚远，似为燕在上谷郡的北边前沿哨所。

上谷郡的军事设防情况说明，燕国对赵国设防严密，对北边匈奴反而疏松。这是因为：赵国军事实力强大，燕相对弱小，赵对燕随时都有进攻的可能，如果赵国攻下上谷郡，则将其划属赵国，占地为牢；北方匈奴是游牧民族，打得赢就打，打不赢就跑，防不胜防，即便深入腹地，也是掠夺财物后便返回北方。

况且在上谷郡之北，还有辽西郡、辽东郡和长城为屏障，上谷郡对北边的防御自然比西防赵国疏松一些。

代郡辖区内共发现城址 8 座，设防情况不甚明显，如果加上文献记载中的县治故城，那么，代郡的设防情况大体如下：

北边沿洋河流域，由西向东设西大崖、且如、马城、尖台寨等 4 座城，作为第一道防线，以防匈奴。沿洪塘河向南设怀安旧城、东韩家屯、第五窑、陈家湾等 4 座城，北接第一道防线的尖台寨城，南连小五台山，构成第二道防线，以防燕。沿桑干河流域，设东安阳、昌平、桑干 3 县，作为第三道防线，以卫代王城。由此可见，尽管赵国在代郡的北边、东边也设防，但比起燕国的设防则少得多。特别是对燕的设防远不如燕对赵的设防。为什么赵对燕的设防较少呢？这里，除去自然破坏和上谷郡在这一地区的设县原本就比代郡多的因素之外，还有军事和政治的原因。从史籍记载的战国中、后期各国军事实力状况看，赵国的军事实力在七雄中处于第 3 位。它前面的两位，一是秦国，二是楚国。楚与赵不相邻，利害关系不大。齐国的力量与赵相当。燕、魏、韩三国皆弱于赵，它们虽与赵有利害关系，但均构不成对赵的致命威胁。赵最危险的敌人是秦。因此，赵在灭代、中山之后，军事防御和战略进攻侧重于秦、齐，而不是燕。

从政治上讲，赵奉行的是和燕政策，燕赵为唇齿相依的毗邻之邦。赵深知，以燕之兵力远不是赵的敌手，但若频频相扰，赵就不可能安心去征战中原强敌。赵惠文王后期，赵分别与秦、齐、魏等国多次交战，却不曾与燕交战，燕、赵共守同盟，友好相处。上谷、代郡的军事设防恰恰从一个侧面反映了燕、赵两国政治、军事实力的强弱。

（三）上谷、代郡郡县治故城规模较小的原因所在

上谷、代郡郡县治故城与平原地区相比，规模较小。比如：赵国邯郸故城周围的县治故城，面积都在五六十万平方米以上，[6] 而这里则小得多（详见附表）。当然，这里地处边陲，自然环境恶劣，人烟稀少，经济落后是很重要的因素，但也有其他原因。

从上谷、代郡郡县治故城的建造时间看，可能要比平原地区晚。因上谷、代原是北方游牧民族栖息之地，燕、赵两国是在巩固了中原腹地之后，才有条件向北扩张，占领了北方的广大土地，并在此筑城设防。当燕、赵两国在上谷、代郡刚刚站稳脚跟，尚未来得及很好地建设这些郡县，就又卷入频繁的战争之中。代郡属赵国后，还有一段特殊的历程。

赵国在代地仍实行分封制，赵襄子灭代国之后，"遂以代封伯鲁子周为代成君"。献侯时，襄子之弟桓子曾"自立于代"。赵武灵王还将长子章封为代安阳君，并有王章于代的打算。"故乱起，以至父子俱死。"（《史记·赵世家》）但这种分封制不同于周初的分封制，封君不世袭。

总之，上谷、代郡郡县治城建造时间晚，加之自然环境恶劣，经济落后，战事频繁等诸多原因，这一地区城镇建设速度缓慢。

注释：

[1] 尤玉柱. 河北小长梁旧石器遗址的新材料及其时代问题 [J]. 史前研究，1983（1）。

[2] 张家口考古队. 蔚县考古纪略 [J]. 考古与文物，1982（4）。

[3] 张家口地区行署文化局，张家口地区博物馆：《张家口地区文物普查资料集》，1982。

[4] 李泰棻. 阳原县志 [M]. 台北：成文出版社 1935。

[5] 安志敏. 河北怀来大古城村古城址调查记 [J]. 考古，1955（3）。

[6] 邯郸地区文化局：《邯郸地区文物普查资料汇编》，1978。

（原载于《文物春秋》1993 年第 4 期）

附表

张家口地区战国时期城址一览表

编号	名称	位置	地形	面积（平方米）	时代	形制与保存现状	遗迹遗物
1	西大崖城址	怀安县渡口堡乡良民沟村西南600米	南临西洋河，坐落在缓山坡上		战国	仅存一段长25米的夯土墙，夯层厚10厘米	夹砂、夹蚌红陶、泥质灰陶片。器形有盆、豆、罐等。纹饰以绳纹为主，素面次之
2	尖台寨城址（九王城）	怀安县左卫乡尖台寨村北50米	地势平坦，坐落在洪塘河、洋河交汇处。东距洪塘河300米，北距洋河500米	750000	战国、汉	长方形，东西1000米，南北750米。夯筑土墙，残高2米	夹砂红陶、泥质灰陶片，器形有：罐、盆、甑、鼎、豆、瓮等。纹饰有绳纹、弦纹。建筑构件有绳纹筒瓦。城外东约500米处有汉墓群
3	旧怀安城址	怀安县头百户乡旧怀安村北20米		51000	战国、汉	长方形，东西170米，南北300米，夯筑	夹蚌红陶、泥质灰陶片，器形有：豆、盆、罐、瓮、壶等。纹饰有绳纹、弦纹
4	东韩家屯城址	怀安县太平庄乡东韩家屯村西1000米	地势平坦，北临洪塘河	2650	战国、汉	长方形，南北53米，东西50米。夯筑	泥质灰陶绳纹陶片、绳纹砖等
5	五窑城址	怀安县第三堡乡第五窑村西100米		81000	战国、汉	长方形。南北270米，东西300米。残高0.5—1米，夯筑，夯层10厘米。东墙上可见成排的圆孔，当为筑城夹棍之痕迹	泥质灰陶、夹蚌红陶片，纹饰有绳纹、炫纹、间断绳纹。器形有：盆、罐、豆、釜、甑、壶等。建筑构件有：绳纹砖、卷云瓦当，"长乐未央"瓦当等。货币有：刀币、布币、半两钱、五铢钱。城外东侧断崖处发现瓮棺葬。南侧约200米处，有汉代封土墓3座
6	揣骨疃城址	阳原县揣骨疃乡村东北约1000米	地势平坦。北距桑干河1500米		战国	仅存北墙长200米，残高0.5米。夯筑	泥质灰陶为主，夹砂灰陶次之。纹饰以绳纹为多，素面次之。器形有：豆、罐、瓮、盆等。建筑构件有绳纹砖、筒瓦
7	代王城	蔚县代王城乡镇周围	地势平坦，西距壶流河4里		战国、汉	椭圆形城，周长约8000余米，夯筑，夯层厚20厘米。有的墙面上仍保留有成排的筑城夹棍之圆孔。墙残高1—5米	城址内，暴露大量的战国、汉时期的陶器残片，陶质为泥质、夹砂灰陶，纹饰多见绳纹。在城内北部发现了夏、商、西周时期的遗存。城外南部、西部有汉封土墓群，封土堆现存63座

续表

编号	名称	位置	地形	面积（平方米）	时代	形制与保存现状	遗迹遗物
8	水泉双城址	化县水泉乡、村北400米	坐落在黄土山顶之上。南临水泉河	东城40000西城16000	战国	皆为长方形，两城以北墙连接，隔沟壑而相望，夯筑、夯土厚6—12厘米。东城：东西400米，南北100米，残高3—3.5米。西城：东西200米，南北80米	墙体夯层内含仰韶、龙山、战国时期的陶片，战国时期的遗物有夹砂灰陶和泥质灰陶片。器形有：盆、罐、豆、瓮等。在城内断崖处可见到白灰居住面和灰坑、瓮棺葬。
9	西阳城址	宣化县马圈乡西阳城村北30米	南临水泉河	147000	战国	长方形城，东西420米，南北350米。墙残高5米。夯筑，夯层6—12厘米	夹砂红陶，泥质灰陶片。器形有豆、盆、罐等。城北有瓮棺葬。城内有灰坑，曾出土过刀币
10	付家堡城址	宣化县付家堡村南100米	建在黄土山坡上		战国、汉	仅存南墙长20米	夹砂红陶和泥质灰陶片。器形：豆、罐、盆等
11	陈家湾城址	蔚县祁家皂乡陈家湾村东			战国、	长方形	泥质灰陶片
12	东土城址	崇礼县狮子沟乡东土城村南1000米		31250		长方形，东两250米，南北165米。残高1—5米，夯筑	夹砂红陶和泥质灰陶片器形：盆、罐、壶等和夹蚌褐陶釜，布纹板瓦，筒瓦等
13	红旗营城址	崇礼县红旗营乡东红旗营村西南100米	地势平坦，西临正沟河	122500	战国、汉	正方形，边长350米。夯筑。残高2—4米	绳纹陶片
14	炭灰火城址	崇礼县西湾子乡炭灰火西北600米		40000	战国、汉	正方形，边长200米。夯筑。西墙残长30米，东墙残长150米	绳纹灰陶片
15	太子城址	崇礼县马丈子乡太子城村南50米			战国、汉	正方形、残存一段北墙，长200米，残高1米	绳纹灰陶片
16	朝阳寺城址	涿鹿县西二堡乡朝阳寺村北	西依山，南临桑干河	105000	战国、汉	近方形，东西300米，南北350米。夯筑	夹砂红陶和泥质灰陶片。城址外东侧有遗址，遗物同城内
17	龙王塘城址	涿鹿县温泉屯乡龙王塘村西北50米	地势平坦，北临桑干河	144400	战国、汉	正方形，边长约380米，夯筑，夯层14—16厘米，残高124米	夹砂红陶、泥质灰陶片。纹饰：绳纹、附加堆纹、方格纹。器形：盆、罐、瓮、豆等

续表

编号	名称	位置	地形	面积（平方米）	时代	形制与保存现状	遗迹遗物
18	保岱城址（潘县故城）	涿鹿县保岱乡镇内	地势平坦，南距桑干河15里	1960000	战国、汉	正方形城，边长约1400米，夯筑，残高2—6米，夯层厚8—16厘米	同上
19	湘广城址	涿鹿县辉耀乡湘广村西250米	坐落在北高南低的黄土坡上，西距岔道河约5公里，南临沙河		战国、汉	仅存北墙，长15米。夯筑	同上
20	岔道城址	涿鹿县辉耀乡岔道村北约500米	位于村北"小北山"上。西临岔道河		战国、汉	正方形，仅存东西两侧断续土墙，夯筑，残高0.5—1米	同上
21-1	协阳上关城址	涿鹿县大堡乡后沟村正南200米	位于两山之狭长山谷的左翼，北临岔道河	14400	战国、汉	正方形，边长120米。夯筑，残高1—3米	夹砂红陶和泥质灰陶片。多饰绳纹。器形有盆、罐、瓮等
21-2	协阳中关城址	涿鹿县大堡乡孙家寨村北	位于两山之狭长山谷的中央	140400	战国、汉	长方形，南北390米、东西360米。夯筑，夯层厚12—20厘米	同上
21-3	协阳下关城址	涿鹿县大堡乡后沟村西5米	在两山之间狭长山谷的右翼，与上关城对峙，两城相距400米	14400	战国、汉	正方形，边长120米，夯筑。残高1—3米	同上
22	佐卫城址	涿鹿县石门乡佐卫村	坐落在黄土地上。东南距小斜阳城址约500米	3600	战国、汉	正方形，边长60米，夯筑。残高1—4米	同上
23	小斜阳城址	涿鹿县石门小斜阳村东	坐落在黄土坡上		战国、汉	仅存东墙，残长120米	同上
24	卧佛寺城址	涿鹿县卧佛寺乡村北5米	坐落在黄土坡上		战国、汉	仅存几段城垣，残高0.5—4米	同上
25	吉庆堡城址	涿鹿县卧佛寺乡吉庆堡村东南500米	坐落在黄土坡上		战国、汉	仅存东墙，残长30米。夯筑，夯层厚12—20厘米	同上
26	口前城址	涿鹿县黑山寺乡口前村西南500米	坐落在黄土坡上	5625	战国、汉	正方形，边长75米。残高1—3米	同上
27	猫峪城址	赤城县猫峪乡村西南500米	西临白河	5000	战国	长方形，南北约50米、东西约100米，夯筑，残高0.5—1米	夹蚌、夹砂红陶片，泥质灰陶片。器形：盆、豆、罐等

续表

编号	名称	位置	地形	面积（平方米）	时代	形制与保存现状	遗迹遗物
28	李家火城址	赤城县龙关乡李家火村东南1500米	东距红河约400米	12100	战国、汉	正方形，边长110米。夯筑，残高0.5—1.5米	同上
29	近北庄城址	赤城县田家火乡近北庄村东北2400米	坐落在黄土坡上	10680	战国、汉	长方形，东西178米，南北60米，夯筑	同上
30	大海陀城址	赤城县大海陀乡村西1200米	位于三岔河谷交汇处的第二台地上。北距红河约15里	7000	战国、汉	长方形，南北70米，东西100米。夯筑，残高0.2—0.5米	夹砂红、褐陶、泥质灰、褐陶片，灰砖。器形：盆、罐、瓮、豆等。纹饰多见绳纹
31	麻峪口城址	怀来县王家楼乡，麻峪口村西北	北距茨儿山约600米	5000	战国、汉	长方形、南北50米、东西100米，夯筑，夯层厚6—9厘米	同上
32	东八里城址	怀来县东八里村北约500米	地势平坦，南距洋河约12公里	5000	战国、汉	长方形、东西约100米，南北50米，夯筑，残高0.1—0.5米	夹砂红陶片，多饰绳纹，泥质灰陶片，多饰弦纹。器形：鼎、豆、盆、罐、碗等
33	大古城址（沮阳故城）	怀来县小南辛堡乡大古城村北约600米	地势平坦，北临古妫河（官厅水库）	1500000	战国、汉	长方形，南北约1000米，东西约1500米。夯筑，夯层厚0.8—12厘米。北城墙被湖水淹没，南城墙坍塌严重，残高0.5—5米	夹砂红陶片和泥质灰陶片。纹饰：绳纹、方格纹、弦纹。器形：鼎、豆、壶、碗、罐、瓮、"鱼骨盆"。建筑构件有：板瓦、筒瓦（一面为绳纹、一面为方格纹或布纹）、几何纹砖、卷云瓦、当等。城内曾出土刀币、布币、五铢钱和一块钱文为"小泉直一"的钱范
34	"黄帝城"址（涿鹿县故城）	涿鹿县矾山乡三堡村北50米			战国、汉	不规则方形，东西450—500米，南北510—540米。夯筑，夯层厚10—14厘米，东墙被水库淹没。残高2—5米	夹砂红陶、泥质灰陶片，纹饰为绳纹、弦纹、附加堆纹、方格纹。器形：鼎、豆、罐、盆。建筑构件为绳纹板瓦、筒瓦、绳纹砖等。城址内北侧曾出土布币、刀币、半两钱、五铢钱。城外北部曾发现过大量瓮棺葬

续表

编号	名称	位置	地形	面积 (平方米)	时代	形制与 保存现状	遗迹遗物
35	大宏城城址	沽源县闪电河乡大宏城村西南750米	坐落在土岗上,城南500米是囫囵淖	23800	战国晚期至汉	长方形,南北140米,东西170米,残高1—2米	泥质灰陶。夹砂红、褐、灰陶片。纹饰有绳纹、弦纹。器形:盆、罐、瓮等。建筑构件有绳、纹板瓦、筒瓦等

刘建华,女,河北博物院原副院长,二级研究员。河北省文物鉴定委员会副主任委员,河北文物考古学会副会长。1955年生,吉林大学历史系本科毕业,北京大学考古学系历史学硕士。多年来致力于文物保护、考古、鉴定与研究工作,在国内外发表学术论文80余篇,出版学术专著一部。

代王城城址调查报告

蔚县博物馆

河北省蔚县代王城城址，系省级重点文物保护单位。为做好建立科学记录档案工作，在以前文物普查的基础上，1996年以来我们先后两次对此城址进行了为期6天的调查，发现了一些重要遗迹遗物，现将收获报告如下。

一、地理位置与自然环境

代王城古城址，位于蔚县城正东20华里处的代王城镇所在地周围，东经115°，北纬40°20′，海拔908米。古城址南40华里为东西横亘的恒山余脉，正南有著名的"飞狐关隘"。该关隘地势险要，成为古城的一道天然屏障。城址北为浅山丘陵区。壶流河由西南向东北绕城流过，古代城就建在壶流河盆地之中（图1）。城内有金波泉、密河二水，均由北流出城外，汇入壶流河。城西部为盐碱滩地，东部城墙内外均为耕地。代王城镇、马家寨、北门子、城墙碾四村则坐落在古城区遗址之上。

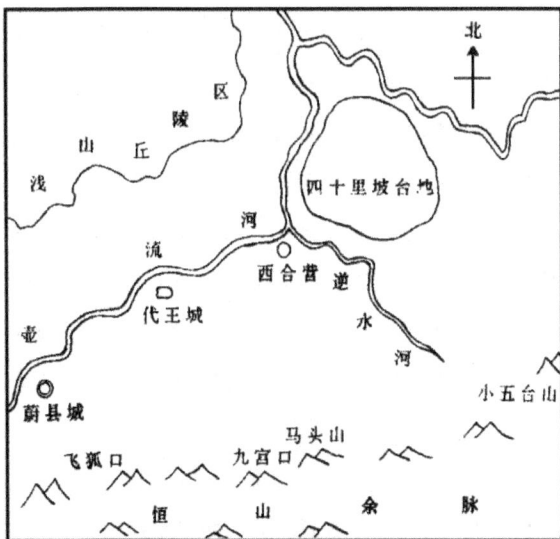

图1　代王城位置示意图

二、历史沿革

《史记·赵世家》记载："赵襄子北登夏屋山（今山西代县草垛山）诱代王，使厨人操铜枓以食代王及从者，行斟阴令宰人各以枓击代王及从官，遂兴兵平代地（蔚县一带）。封伯鲁（赵襄子兄）子为代成君。"《史记·秦始皇本纪》记载："秦王政十九年（公元前228年），赵公子嘉率宗族数百人奔代，自为代王。二十五年（公元前222年）王贲灭燕，还攻代，虏代王嘉。"汉高祖六年（公元前201年）正月以云中、雁门、代郡五十三县为诸侯国，立兄宜信侯刘喜为代王，国都在今代王城。汉高祖七年（公元前200年）匈奴攻代，代王喜弃国自归。汉高祖十年（公元前197年）代相国陈豨反，自立为代王，劫略代地，汉高祖十一年（公元前196年）破陈豨于当城（代王城东定安县村）。正如明代蔚县人尹耕在《代国考》中所述："山（常山）北之代，始于商汤，历代国之故。齐桓之所服，赵襄子所并，成安阳所封，公子嘉所奔，赵歇陈余之所。夏说之所守，刘喜之所弃，陈豨所监，皆是也，所谓蔚之废城也。"《汉书》载："代地居常山之北，与夷狄边，赵乃从山南有之，远，数有胡寇，难以为国。"同年，封刘恒为代王，徙都晋阳（太原）。武帝时代国再徙清河，这就是《蔚州志》所说的入汉以来代国三迁。至于山西《代县志》所说的代国八迁，则泛指有史以来代国之变迁。

公元前423年，赵武灵王始设代郡。秦始皇统一六国后将天下分为三十六郡，代为一郡，领县十八[1]。公元9年王莽篡位，改代郡曰厌狄。东汉复为代郡，属幽州，领县十一[2]，代县为其一，县治今代王城。《代国考》云："凡言代王、代相国，其在文帝以前者为吾土，而以后者否。凡言代郡、代守尉则上至赵秦，下终两汉，皆吾土也。"尹耕的《代郡考》亦云："代吾蔚也，为国则都蔚，为郡则治蔚。"即国都、郡治均是代王城。东晋后燕十三年（388年）废代郡。北魏以平城（山西大同）为代郡，蔚之代为东代郡。周宣帝大成元年（579年）置蔚州，大象二年（580年）始建蔚州城。作为历史上曾经繁荣的代国都邑、郡县治所，至此完全废弃，代无称矣。

三、城垣现状

代王城平面呈椭圆形，东西宽3400米，南北长2200米，全城周长9265米，与尹耕《两镇三关志》所记基本吻合。城墙现有大小缺口27个，从东墙北侧顺时针排列，编号为 H_1—H_{27}。缺口宽度不等，最窄处 1 米，最宽可达 800 米。墙垣共有内折钝角 8 个，正南、正西、正北三面墙垣分布较直，东墙内弧缓曲，东南、西南、西北、东北墙垣微弧内曲。正南、东南墙垣外部筑有马面 11 座，由东至西编号为 M_1—M_{11}。四周城垣保存基本完好，皆为土筑，夯层十分清晰，厚 3—16 厘米，但多为 7—8 厘米。现存城墙以文献记载及实地调查九门基址位置，可分八段（图 2）。为叙述方便，根据城墙折角、曲直走向，将墙垣分为东、南、西、北 4 个角 8 部分。

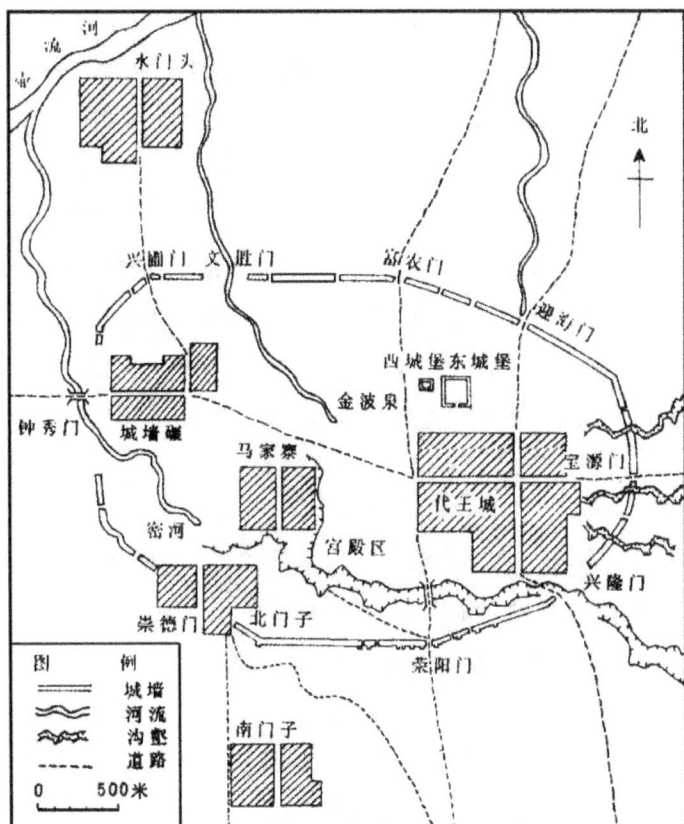

图 2　代王城古城平面图

1. 东墙：北起东北城垣拐角处，南止城垣东南拐角处，长 1147 米，高 3—5 米，底宽 38 米，上宽 2 米。缺口七道，由北至南为 H_1—H_7。H_1、H_5 为两条人工水渠，H_2、H_4、H_6 为 3 条东西向自然沟壑，H_3 位于东墙中部，宽 30 米，为进出代王城镇的公路。H_7 位于东墙南端，宽约 300 米，代王城连接下广线的油路从中经过。一条东西向河道由此进入城内，日久形成一条沟壑。缺口西城垣延至 20 米为城角处。

2. 东南墙：东起城垣东南拐角处，西止 M_4 马面处，长 743 米，高 59 米，下宽 28—33 米，顶宽 1.5 米。有缺口两道，编号 H_8、H_9。包括城角部，共有四座马面，间距不等。由东向西 400 米处为 M_1 马面，马面土筑向外凸出 1.5 米，宽 3.2 米，夯层清晰坚硬，厚 310 厘米，夯层间夹有河卵石。墙体外侧较陡，内部较缓，墙外部距顶 2 米有一排间距 1.22 米的半圆孔。孔呈 "◠" 形，剖面呈 "⊃"，底径 13 厘米，高 7 厘米，深为 1—3.2 米。个别孔内存有腐朽糟木，为筑城时加固墙垣结构所用木棍。M_2 马面位于西 100 米，马面及周围墙高 9 米，向外凸出 1.80 米，长 33 米。中间有向内凹回一段宽 3 米，将马面分为东西两部分，东段长 20 米，西段长 10 米，夯层厚 7—16 厘米。马面周围墙垣距顶 3.3 米处，有一排夹棍半圆孔，孔距 2—4 米，孔底径 30 厘米，高 25 厘米，深 3 米。马面西侧为一宽 2 米的人工缺口 H_8。墙两侧夹杂着绳纹灰陶残片，墙内夯层厚 13 厘米，但较外部松软。M_3 马面距 M_2 约 50 米，宽 8 米向外凸出 1.30 米，高 9 米，有四条竖向裂缝马面西 50 米处有一宽 2 米的缺口 H_9。M_4 面为城角，城垣由此向正西折去。M_4 距 $M_3$150 米，马面东西宽 15 米，向外凸出 2.20 米，有两排夹棍半圆孔，孔距 1.30 米。上排八孔距顶 1.20 米，下排三孔，交错分布，孔径 13 厘米，深 1.25 米。

3. 南墙：东起 M_4 马面，西止 M_1 马面，长 1105 米，高 6—12 厘米，下宽 28—32 米，顶宽 1 米。有三道缺口，H_{10}、H_{11}、H_{12}。包括西端角部七座马面为 M_5—M_{11}，4 折角西 10 米处有一宽 20 米的缺口 H_{10}，为一条通往城南的道路。墙基内侧夹杂着绳纹板瓦灰陶残片，板瓦顶部有 4 道凸弦纹，少量夹蚌红陶片。H_{10} 正西 50 米处为 M_5 马面，距 $M_4$80 米，长 27 米，高 12 米，向外凸出 3.2 米，夯层厚 7—8 厘米。马面东侧有一排七个筑墙夹棍半圆孔，孔径 1.30 米，深 1.2—3.5 米，M_6 马面距 $M_5$150 米，长 25 米，高 8 米，向外凸出 2 米，中部有 3 排半圆孔，孔径为 10—40 厘米，夯层 9 厘米。M_7 距 $M_6$120 米，马面长 6 米，高 7 米，向外凸出 2.5 米。M_8 位于 M_7 西 30 米，长 6 米，高 7 米，向外凸出 2 米。M_9 距 $M_8$200 米，长 8 米，高 8 米，向外凸出 2 米，夯层厚 10—12 厘米。马面有上、中、下三排夹棍半圆孔，孔距较远，底径 10—60 厘米，M_9 东侧有一宽 10 米的缺口 H_{11}，M_{10} 距 $M_9$100 米，东侧紧临一宽 15 米的缺口 H_{12}。M_{10} 长 16 米，高 8 米，向外凸出 2.5 米，夯层厚 8—12 厘米，中间夹河卵石。M_{11} 位于南墙西端角部,与 M_{10} 相距 400 米,马面长 5 米,高 6 米,向外凸出 2.5 米。

4. 西南墙:东起 M_{11},西止城垣西南拐角处,长 1220 米,高 1—5 米,底宽 6 米,顶宽 1 米。有两道缺口 H_{13}、H_{14}。自 M_{14} 折角,城垣向西北折去,延伸 200 米为断崖。墙体断崖处夹杂着很多汉代素面灰陶片,崖下为北门子村,该村将城墙切断,形成一个宽 600 米的大缺口 H_{13}。缺口西北墙体坍毁较重,向前延伸 100 米为一宽 30 米的缺口 H_{14}。H_{13} 西部墙垣顶部较平坦,宽 6—12 米,墙内侧地势较高,墙垣高出城外地面 4 米。墙垣由 H_{13} 向西北延伸 290 米为城角。

5. 西墙:南起西南拐角处,北止城垣西北拐角处,长 1213 米,高 2—6 米。有缺口 3 道,H_{15}、H_{16}、H_{17}。H_{15} 缺口南部为一条长 100 米、底宽 30 米、高 3 米左右的土埂,土埂上有一突兀耸起的土丘,高 15 米,底平面呈圆形,直径 30 米,顶宽 2 米,疑是一座瞭望台。城墙从 H_{15} 沿北偏西 15° 方向延伸 200 米处,有一条宽 800 米的缺口 H_{16},城墙碾村坐落在缺口内侧。缺口中有一条贯穿城内外的主要通道,密河从 H_{16} 处流出城外。H_{16} 北部城垣向北延伸 60 米处有一 20 米的缺口 H_{17},为近年村民取土所挖,墙向北再延伸 30 米,向东北折去。

6. 西北墙:南起城垣西北拐角,北止北城垣西拐角,长 480 米,高 4—7 米,底宽 20—25 米,顶宽 2—4 米,夯层厚 7 厘米。共有两道缺口 H_{18}、H_{19}。H_{18} 宽 1 米,由 H_{18} 向北延伸 120 米,接近西北角端处,有一宽 40 米的缺口 H_{19}。墙体两侧夹杂着绳纹灰陶、夹砂红陶片。H_{19} 为一条南北大道,道东垣顶部突起两个高两米的土丘,向前延伸 40 米为城折角。

7. 北墙:西起北城垣西拐角,北止北城垣东拐角,长 1530 米,墙高 4—13 米,底宽 22—25 米,顶宽 1 米。夯层厚 8 厘米,夯窝密集。墙内侧有少量稀疏夹棍半圆孔,孔径 13 厘米,个别孔内有槽木,共有四道缺口 H_{20}—H_{23}。墙最西端为 H_{20}。向东 350 米处有一宽 280 米的缺口 H_{21},金波泉水由此流出城外。H_{21} 东 120 米处有一宽 30 米的缺口 H_{22},H_{22} 向东延至 400 米为 H_{23},宽 30 米。H_{22}、H_{23} 均为两条便道,H_{23} 向东 300 米为城角处。

8. 东北墙:西起北城垣东拐角,东止城垣东北拐角,长 1504 米,高 8 米,底宽 25 米,顶宽 1 米。有 4 道缺口,H_{24}—H_{27},由西端城角向东延伸 50 米为 H_{24},宽 30 米。缺口下有一条废弃古道,被沙土淤积掩埋,但痕迹仍清晰可辨。向东 260 米为 H_{25},宽 8 米。由 H_{25} 向东 200 米为 H_{26},宽 6 米。H_{26} 向东 320

米为 H_{27}，H_{27} 宽 30 米，为代王城通往水北村大道。缺口外部，西墙脚下有一泉，俗名门转泉。由此向前再延伸 600 米，城垣终于东北城角。

四、城与九门遗址

《水经注》记载："祁夷水（今壶流河）又东北流经代城西。"卢植[3]言："初筑此城，板干一夜自移，于故代西南五十里大泽中，营城自护，结苇为九门，于是就以为治，城周匝而不方，周四十七里，开九门，更名其故城"，"逆水导源，将城东城在代郡东北十五里，疑即东代矣"。逆水河即今清水河，因河水由东向西注入壶流河，故名逆水河，在今蔚县西合营镇北。《两镇三关志》说："板干自移不经谓，当时（初筑城时），有识者见故墟形势不若，今潜移之，而托以神其说。"可见初筑代城时，并不在今代王城，而将城址确定在今代王城东 15 里的西合营镇北的四十里坡上。所谓四十里坡，就是高出壶流河盆地 20 余米的一级台地，方圆 40 华里，在此筑城，居高临下，但致命要害是缺乏水源。城址的地理环境极不理想，在筑城时，便假托以神说，建在现遗址之上。古代建城，多取方形，而此城呈椭圆形，以其自然走向所取。

关于城门，《两镇三关志》有这样的记载："蔚废代城，俗呼代王城，周二十五里，九门遗址尚存。"但调查中未发现与城门有关的遗迹。1982 年文物普查时，发现了一本民国二十六年杨震亚所绘的《蔚县新志参考图》[4]，图中绘制了代王城示意图，并注明九门名称，分别为宝源门、兴隆门、荥阳门、崇德门、钟秀门、兴圃门、文胜门、富农门、迎海门。这对进一步了解研究古城与门，有重要的参考价值。现结合实地调查，对九门的位置，略作探讨。

城址现有 27 个缺口，除 H_3、H_7、H_{10}、H_{13}、H_{16}、H_{19}、H_{21}、H_{24}、H_{27} 似九门遗址外，其余均为城废后自然形成的缺口和人为所致的通道及水渠。《蔚州志》记载："门转泉，源出古代城东门""密河出古代城南，西北流经城墙碾，代城之西门也""金波泉源出城（蔚县城）东二十里古代王城内，北流出故城北门"。根据杨震亚所绘示意图，门转泉在缺口 H_{27}，为"迎海门"旧址。城墙碾村在缺口 H_{16}，当为"钟秀门"旧址。金波泉北流出城处在缺口 H_{21}，当为"文胜门"旧址。另外缺口 H_{13} 南 500 米处有南门子村，村以城南门得名，H_{13} 应为"崇德门"旧址。至于后来建在古代城垣上的北门子村，则是以南门子村而取名的。东、南、西、北四门遗址确定后，那么，H_3 为"宝源门"，H_7 为

"兴隆门"，H$_{21}$ 为 "荥阳门"，H$_{19}$ 为 "兴圃门"，H$_{24}$ 为 "富农门"，其旧址位置均可确定。

五、遗迹与遗物

（一）遗迹

在城内东北部有两座坐北朝南的古城堡，相距 80 米。东城堡方形，边长 180 米，建在一座高约两米的土台上，南门外有瓮城。现仅存南门砖拱券墩基，拱券上嵌石匾，阴刻楷书"古代"二字，落款"正德十年原建，嘉靖二一年重修"。土台夯层疏松，厚 25 厘米，与廓垣夯层明显有别，不属战、汉高台建筑基址，城堡及土台应为明代所筑。西城堡方形，边长 40 米，高 8 米，黄土所筑，墙体内夹有多处辽代白釉、黑釉瓷片，表明此城为辽代以后所筑。两城堡与古代王城无涉。

在城郭内，地表多散落泥质灰陶片。H$_7$ 缺口处有一条东西向大沟壑，深 2.5 米，宽 50 余米。沟的北岸遗迹、遗物最为丰富，文化堆积厚两余米，遗物以建筑材料的筒、板瓦为主，日用陶器次之，也有一定数量的兽骨。

（二）遗物

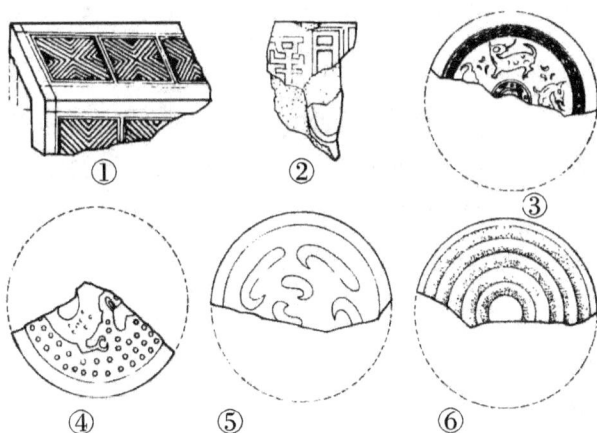

图 3　①印花砖；②铭文砖；③瑞兽纹瓦当；④瑞兽乳丁纹瓦当；⑤勾连纹瓦当；⑥同心圆瓦当（①为 1/5，其余均为 1/3）

1. 砖：分印花砖、铭文砖两种。

印花砖，红陶，呈"一"形，砖外面模印几何纹图案，遗留草秸痕迹。每面宽 15 厘米，残长 14 厘米，厚 3 厘米（图 3，①）。

铭文砖，灰陶，砖面饰阳文篆字，残长 11 厘米，厚 5 厘米（图 3，②）。

2. 瓦：有筒瓦、板瓦两种。

筒瓦，为泥质灰陶，子口。饰弦断粗细绳纹，有些表面饰绳纹，顶部饰数道凸弦纹，内饰小方格或素面。瓦长 37 厘米，直径 16 厘米，厚 1.5 厘米。唇长 2.4—2.6 厘米，厚 0.5—0.8 厘米。

板瓦，泥质灰陶，表面饰绳纹，内素面，宽 28 厘米，残长 35 厘米，厚 1.4 厘米。

3. 瓦当：共计 4 种，均为灰陶圆瓦当，瑞兽纹瓦当二式，勾连纹、同心圆各一式。

瑞兽纹瓦当：Ⅰ式，直径 14 厘米，边轮较平，宽 1 厘米，高出当面 0.7 厘米，边轮内侧为一周环链纹，宽 1 厘米。中圈较宽，有 3 厘米，饰凸起四瑞兽，侧身回首作奔跑状，嘴伸长舌，头长一曲角，尾长略向上卷。内圈直径 34 厘米，因残未能窥其全貌，似为植物花叶纹（图 3，③）。

Ⅱ式：瑞兽乳丁纹瓦当，夹砂灰陶，直径 15 厘米，外轮较平，宽 1 厘米，高出当面 0.5 厘米。当面微呈凸弧状，有凸出二瑞兽，兽身团曲，足为二尖爪，周围满饰小乳丁（图 3，④）。

勾连纹瓦当，直径 15 厘米，外轮较平，宽 1 厘米，高出当面 0.3 厘米。当面饰凸起的勾连纹，内外两圈（图 3，⑤）。

同心圆瓦当，直径 15 厘米，外轮较平，宽 1 厘米。当面为 5 周凸起的同心圆，中心凸起一圆珠心，瓦面饰数周凸弦纹（图 3，⑥）。

4. 陶器：以泥质灰陶为主，夹砂灰陶、夹蚌红陶次之。泥质灰陶以罐、盆、钵、豆为主，纹饰有细绳纹、弦纹、附加堆纹及素面。夹砂灰陶、夹蚌红陶多为盆，夹砂灰陶饰粗绳纹，夹蚌红陶以素面为主。

①罐，均为残片，可分 6 式。

Ⅰ式：泥质素面灰陶，高领，圆唇外卷，口径 10 厘米。

Ⅱ式：夹砂灰陶，侈口方唇，沿外折，短颈，圆腹，身饰粗绳纹，腹上部磨一道弦纹，口径 24 厘米。

Ⅲ式：泥质红陶，侈口方唇，沿外卷，肩上部素面，有四篆字戳印，下部饰斜细绳纹，口径 20 厘米。

Ⅳ式：泥质素面灰陶，侈口尖唇，束颈折肩，口径 22 厘米。

Ⅴ式：泥质灰陶，直口方唇，身饰绳纹后抹掉，腹上部有一圆孔，口径 52 厘米。

Ⅵ式：泥质灰陶，直口尖唇，沿外卷，短颈身饰斜细绳纹，中间磨一道弦纹，口径 26 厘米。

②盆，可分 5 式。

Ⅰ式：5 件，泥质灰陶，敞口微敛，宽沿外折方唇，身饰斜细绳纹，腹上部饰一周附加堆纹，口径 54 厘米。

Ⅱ式：泥质素面灰陶，敞口，宽沿外折，方唇斜直腹，平底。口径 24 厘米，底径 17 厘米，高 4.5 厘米。

Ⅲ式：夹蚌红陶炭炉，素面，敞口，平沿外折，方唇，壁内上部斜出一短鋬。

Ⅳ式：夹蚌红陶，直口，大平沿外折，厚唇，腹微鼓，口径 28 厘米。

Ⅴ式：素面灰陶，敞口，平沿方唇，平底，腹壁外弧，高 6 厘米，口径 18 厘米，底径 15 厘米。

③瓮 1 件。

泥质灰陶，敞口微敛，大平沿外折，直腹，饰竖细绳纹，后抹掉，上部饰一周附加堆纹，中部饰二道凸出附加尖弦纹，口径 34 厘米。

④钵 1 件。

素面泥质灰陶，直口尖唇，折腹，平底假圈足，高 5.8 厘米，口径 15 厘米，底径 6 厘米。

⑤豆 1 件。

素面泥质灰陶，浅盘，空柄，喇叭形圈足，14 厘米，底径 8.2 厘米。

小结

古代城作为代国都邑、代郡治所，为当时的政治、经济、军事、文化中心，古城建筑颇具规模。通过这次调查，为代王城的形制、官邸区、九门的考证工作，提供了重要资料。

《魏土地记》载："代城东南二十里有马头山，其侧有钟乳穴，赵襄子既害代王，迎其姊（代王夫人），代夫人曰，以弟慢夫非仁也，以夫怨弟非义也，磨笄自刺而死。"关于磨笄山，历来说法不一，一谓在代郡东南 25 里马头山，一谓在保安州东鸡鸣山，一谓在济南府长清县，一谓在代县夏屋山。尹耕曾对磨笄山有缜密的考辨，他指出，鸡鸣山在今河北怀来县，春秋时属上谷，在代壤之外，赵襄子灭代必无舍代而于燕地之理。代地离济南甚远，不能以济南长清县之马头山而定。赵襄子击杀代王在夏屋山，平代迎姊自刺在蔚州，夏屋、磨笄不可混淆。所以《魏土地记》曰："磨笄山在代郡东南二十五里，一名马头山。"《括地志》曰："磨笄山在飞狐县（河北涞源县）东北百五十里，以道里、方隅计之甚合，马头即磨笄。"今考之，马头山下有一条沙河，流向代王城，傍河边为一条大道，正是代王城兴隆门至马头山的一条古道。沿古道向南经飞狐口便达广昌（涞源）境内。

《蔚州志》记："所谓板亡自立者，汉筑城""蔚废城，代故记也""燕、代国土壤接，迎者相为救也必矣，燕报不至，喜出奔"，于是国为墟，城为废。今考县城东 20 里唯代王城，别无废城，根据发现的遗迹、遗物，综合记载推断，代王城当建于西汉初，大约为公元前 201 年，汉高祖为巩固北方势力范围、加强边塞防御体系所筑。

城内正南的马家寨村东，发现了许多春秋战国、汉代的砖瓦建筑材料，此处极有可能是当时的殿宇官邸区。现存于古代城东、南、西 1—10 华里处的 63 座汉墓[5]及大量的遗迹、遗物表明，在春秋时古城建筑初见端倪，秦汉时达到鼎盛时期，到东汉之后日趋衰落。

注释：

[1] 领县十八：代、灵邱、广昌、延陵、平舒、东安阳、马城、阳原、桑干、参合、高柳、且如、卤城、当城、道人、班氏、狋氏、平邑。

[2] 领县十一：高柳、桑干、道人、当城、马城、班氏、狋氏、北平邑、东安阳、平舒、代。

[3] 卢植：东汉涿郡人，历任博士，九江、庐江太守，后任尚书。

[4] 杨震亚：蔚县人，1934 年任蔚县县志编修馆馆长，费尽三年之力，绘制出《蔚县新志参考图》一册，因抗战爆发，未能付梓，1982 年发现该书原稿。

[5] 指代王城汉墓 26 座，台子梁汉墓 37 座，均系河北省重点文物保护单位。

（调查：韩立基、贾晓、陈善云；摄影：陈善云；绘图：贾晓；执笔：贾晓）

（原载于《文物春秋》1997 年第 3 期）

张北历代长城的分布及若干问题的探讨

李文龙

延绵起伏、气势雄伟的万里长城，东跨燕山山脉后，继续西延至冀北山地丘陵、围场——张北高原（即内蒙古高原的南缘部分）的交错带，成为中国古代封建王朝抵御游牧民族袭扰的一处重要屏障。特殊的地理位置、多元的经济文化形态、典型的农耕与游牧民族的对峙、古代战争的频繁性等因素，造就了张家口张家口境内时代众多、走向繁复的多条古代长城。在这条长城线上，地处坝首的张北境内古代长城在军事防御、农耕与游牧民族的对峙以及二者经济文化交流等方面的重要性是不言而喻的。本人在田野调查和史料分析的基础上，对张北境内的历代长城做一综述，并对若干问题进行探讨。不当之处，敬请各位专家斧正。

一、张北历代长城综述

张北地处河北省西北部，县境内地形呈高原丘陵景观，大致可分为东南坝头区、西部丘陵区和中部平原区三个类型。东北—西南走向的大马群山是燕山尾闾，大体呈东西走向的大青山、鱼儿山则属于阴山余脉，二者延伸至张北南境，与野狐岭、李太山相合，形成一道东西走向的山，习惯上称作"坝"。其中南部的坝头区海拔 1600—1800 米，扼南北交通的咽喉，自古以来就是兵家必争之地和农耕与游牧民族经济文化交流的重要通道。春秋时期，张北先为代地，战国时为赵国北境，秦汉时期为匈奴和乌桓的交界地，南北朝时期属鲜卑、柔然部。辽、金、元时期，先后称兴和城、抚州，元武宗建中都后，改称兴和路。明初先后置兴和府、兴和守御千户所，后废，张北成为蒙古部族游牧之地。民国初年，改厅设县，得名张北，号称"坝上首县"。

张北境内的古代长城开始修筑于战国时期。据《史记·匈奴列传》记载："赵武灵王亦变俗胡服、习骑射，北破林胡、楼烦，筑长城，自代并阴山下，至高阙为塞，置云中、雁门、代郡。"可知赵国北长城修筑于赵武灵王时期，当在其破林胡、楼烦之后，大体始建于赵武灵王二十六年（公元前 300 年）。赵国北长城当在云中、雁门、代郡三郡的北界，即今河北省、内蒙古自治区境内。张北境内的赵北长城位于县境南部，分布于油篓沟乡、台路沟乡、大河乡与万全交界处，俗称"坝头"的坝上高原南缘，基本呈东—西走向，东端起点位于黄花坪村西南约 2.5 公里海拔 1667 米的黄花梁北麓，沿山坡边缘向西北方向延伸约 3 公里后复转西行，至小狼窝沟南狼窝沟口（又名黑风口），长城过张北—宝昌公路（207 国道），西侧为明时的镇威台，现包砖已经全部拆除，只留有底部的石条，从现存的残台看，当时的镇威台高大、威武、壮观。由于此段长城正处于风口处，风蚀现象极为严重，所有墩台已经全部坍塌。长城在公路西侧山坡上继续西行，过小水泉东南的李太山，略向西偏南方向至大崖湾东，折向西南方向直至春垦村南，进入万全界内约 2.5 公里后，又入张北境，在镇虎台东南呈东—西走向，由正边台东北折向南—西南方向，经治儿山村东南的白龙洞、大东沟西南，向南由张北、万全、尚义交界处出境。长约 34 公里。墙体土石混砌，破坏严重，底宽 3—4 米，残高 0.5—3 米。烽燧约 66 座，土石混砌或石砌，保存较好，平面多数呈圆形，少量为方形，底径长约 10 米，残高 3—6 米。张北境内的赵北长城在秦、汉、北魏、北齐、明代多次被修缮利用，现大部分墙体、烽燧为明代增筑遗存。

秦代，为抵御匈奴族的南下，秦始皇派大将蒙恬北击匈奴，修建了自临洮至辽东的万里长城。据《史记·蒙恬列传》记载："秦已并天下，乃使蒙恬将三十万众北逐戎狄，收河南。筑长城，因地形，用制险塞，起临洮，至辽东，延袤万余里。"张北境内的秦长城属于东北段，除利用了赵北长城外，又根据新的防御需要，修筑了自二道边至桦皮岭的新线。西段自大东沟至黄花坪西南顺张北、万全交界沿用原赵国北长城。在黄花坪东南约 1.5 公里处新筑的秦始皇长城沿张北、崇礼交界北行，在二道边村东北转为西南—东北走向，过席家村东南、店门口东南的一座平顶山后又呈西—东走向，经小南洼村南、杨家营村南后顺山脊曲折蜿蜒，在姚家村西南离开两县交界，东北行经两奶尖山、边墙里村北，转南—北走向，从前、后柳条坝村西穿过，然后呈弧线至塞寒坝北，转东北走向复沿两县交界东北行，过水泉滩、胡神庙沟、南塘东南、高土洼沟口进入崇礼界，后在张北小三塔户东南的山梁上消失。长城在战海乡西南的和顺店新地梁上出现，继续沿两县交界的山梁转南行，过宝元岔、色带沟又转东北行，由大西山南坡向东南跨过崇礼—张北公路直插桦皮岭北坡，沿山坡呈南—北—东北走向在全胜阳村东的张北、崇礼、沽源交界处出境。全长约84公里，其中张北、万全交界约34公里，张北、崇礼交界约50公里。墙体土石混砌，底宽2—3米，残高0.3—1米，大部分地段呈土垄状，甚至夷为平地。烽燧13座，平面呈圆形或方形，底径长4—6米，残高2米，部分较大的烽燧有围墙、围壕环绕，底径长约14—20米，高3.5—6.5米。围墙直径约30米，宽约1米，残高0.5—1米。壕宽1—2米，残深0.3—0.5米。墙体及烽燧周围采集有少量夹砂灰陶绳纹陶片、泥质灰陶素面陶片等。可见汉代对这段长城又加以修缮利用。

西汉时期，匈奴仍然是中原最主要的威胁，防御和征讨匈奴是西汉王朝的重要任务。西汉前期的长城基本上是重修的秦长城，个别地段则直接修缮战国长城。汉初，河套以东的边塞仍以秦长城为限，"胡人数处转牧于塞下，或当燕、代"。李广、韩安国、程不识等名将依托长城屯守代郡、上谷郡、渔阳郡、右北平郡，多次击退匈奴的袭扰，尤其是李广，更为匈奴号曰"汉之飞将军"。这说明汉初仍沿用燕、秦长城。汉武帝时，随着社会经济的发展，汉代的财富与军事力量都有了很大的增长，在著名将领卫青、霍去病等的率领下，对匈奴展开了大规模的反击，特别是元朔二年（公元前127年）、元狩二年（公元前121年）、元狩四年（公元前119年）的3次大战，使百余年来匈奴对北方农耕区的威胁基本解除。与此同时，武帝对北方的长城进行了修缮和增筑，以后又经昭帝、宣帝的建设，形成了西起新疆罗布泊、中经阴山北侧、东至今朝鲜青川江畔，总长约"万一千五百余里"的长城线，汉代成为古代修筑长城最长的封建王朝。张北境内的汉长城沿用原赵国北长城、秦始皇长城。

386年，拓跋珪建国，北魏王朝建立，定都平城（今山西省大同市）。到439年，魏太武帝拓跋焘完成了黄河流域的统一。与此同时，继匈奴而起的蠕蠕（柔然）族在蒙古高原逐渐强盛起来，经常南下，威胁着京城和王朝的安全。北魏王朝为加快统一北方的步伐，进而与南朝刘宋政权争夺江淮之间的土地，急需确保京师的安全以巩固后方，因此北魏于泰常八年（423年）修筑了长城。据《魏书·太宗纪》记载："二月戊辰，筑长城于长川之南。起自赤城，西至五原，延袤二千余里，备设戍卫。"《魏书·天象志》亦记载："泰常八年春，筑长城，距五原二千余里，置守卒以备蠕蠕。"从而形成北边一道重要防线，同时这也是由少数民族建立的封建王朝中第一个开始修筑长城的。张北县境内的北魏长城，沿用了原战国赵北长城、秦汉长城。

北齐是北朝当中另一个较大规模修筑长城的王朝。文宣帝高洋在位期间，先后五次较大规模地修筑长城，其中天保六年（556年），"发夫一百八十万筑长城，自幽州北夏口西至恒州九百余里"。幽州北夏口，一说指昌平居庸关上，一说在密云古北口西侧的潮河峡谷；恒州一说在山西大同东北，一说寄置于北齐的秀容郡城（今山西忻州西北）。经过实地调查，这条长城东由北京延庆入张家口赤城县东南的金鸡梁，呈南北走向至白草鞍梁，此段后为明长城所利用。自此向西，利用了北魏的泰常八年长城，经赤城、沽源、崇礼、宣化、张家口市区、万全、张北、尚义、怀安进入内蒙古兴和县。但也有专家认为北齐长城沿用了北魏的"畿上塞围"，曾修缮利用为北齐的内线长城。

明代，张北境内的长城属于九镇之一的宣府镇上西路段，由张家口市区于崇礼、万全、张北一市三县交界处进入张北，大体呈南—北—西方向延伸，经过汉淖坝、周坝、黄花坪、苗菜梁、小狼窝沟口、李太山、西坡、大崖湾、春垦、镇虎台、正边台、鱼儿山、白龙洞、大东沟出张北界。明长城在张北境内或与前代长城平行，或沿用叠压前代长城。

二、张北多条长城修筑原因

张北所在的坝上高原，属内蒙古高原的南缘，是历史上中国农耕区和游牧区的界线。这条农牧交错带大致沿400毫米等降水量线分布。河北北部自平泉、丰宁至张北、怀安一线，是其东南界的一部分。这条农牧交错带从历史上讲，既是政治军事分界线，又是农耕民族和游牧民族的区域分界线，还是定居人口与逐水草而居的游牧人口的分界线；从气候上讲，是半干旱与半湿润气候的分界线；从土壤上讲，北侧以风沙土为主，南侧以黄土为主，是黄土和风沙土的分界线；从生产方式上讲，是农业与牧业的分界线。纵观坝上、坝下，是地形、气候、民族、经济、文化、风俗习惯迥异的两个区域，元代著名道士李志常《长春真人西游记》中对丘处机 1121 年北行谒见成吉思汗时过野狐岭的感叹也有生动的记载："登高南望，俯视太行诸山，晴岚可爱。北顾但黄沙衰草，中原之风自此隔绝矣。"《辽史·营卫志》中记载："长城以南，多雨多暑，其人耕稼以食，麻桑以衣，宫市以居，城郭以治；大漠之间，多寒多风，畜牧畋鱼以食，皮毛以衣，转从随时，车马为家。此天时地利所以限南北也。"一般说来，在那些既有山地险要可以凭恃，又有江河水道可以沟通的地方，容易形成战略要地。张北作为这条农牧交错带（又可称为"长城地带"），又是塞外草原通往内地农耕区的咽喉，历代王朝在此修筑长城，抵御北方游牧民族的袭扰也就成为必然的选择。

长城的具体形制、走向大体依据生态环境、政治形势、经济状况、民族关系、地理位置、地形地貌等特点而定，历代长城的修筑原则之一就是"因地形，用险制塞"。它是用人工筑墙的方法对既有战场进行改进和加强，是天然阵地与人工设防的巧妙结合。纵观古代长城所经过的区域，大部分是高原向平原过渡的丘陵、低山地区，长城选择在这种过渡地形，一方面是因为不十分高峻的山地在古代战争中历来被重视，另一方面，地形过渡带的特点往往是地势的绝对高度不一定很高，但相对高差较大，地形崎岖多变。胡明先生在《野狐岭是闻名中外的古战场》一文中指出："'野狐岭'踞于东西群山结合部的特殊地理位置。无论从东边的燕山山脉还是从西部的阴山山脉进入中原，都必须穿越几百里连绵不断的高山峡谷。而从野狐岭下坝不足十里，就从高原进入了平原地区的洋河流域。这里是蒙古高原和华北平原结合部山区距离最短的隘口。"所言甚有见地！

三、张北古长城若干问题辨析

（一）"无穷之门"与赵北长城东端起点

根据史料记载，赵国曾在东北边界设立过关隘——无穷之门。《战国策·赵策》记赵武灵王语："昔者先君襄主与代交地，城境封之，名曰无穷之门。"《史记·赵世家》记赵武灵王十九年，"王北略中山之地，至于房子，遂之代，北至无穷，西至河，登黄华之山……"据严宾先生在《地理风俗记》考证："燕语呼毛为无。"唐代李贤认为，"毛，无古可互训"。"毛"字的本义是五谷、桑麻或草木之属。"穷"字与"无"字的今义同为"没有"。"无穷"这一名称，是战国时期对北方荒漠不毛之地的专称，很可能是指一片布满沙漠和沼泽的平旷原野。《通鉴·周纪二》胡三省注云："自代北出塞外，大漠数千里，故曰无穷。"从目前的调查情况看，坝头地带有两个地点与"无穷之门"相近。一是小狼窝沟南的狼窝沟口自古以来就是坝上、坝下之间最重要的交通孔道，是冀北山地东西数百里之内最易大军通行的隘口，也是坝上、坝下天然的地理和气候分界线。杨宽先生在《战国史》《中国历史地名大辞典》中指出无穷之门在张北县南，《中国历史地图集》也将"无穷之门"标注于此。由坝下至此，岭南是陡峭险峻的山梁，北望顿为一望无际的荒漠地带，与"无穷"之意甚合。二是胡明先生通过史证及实地考察，从"镇虎台村"（哈叭气山口）向东延伸到"大崖湾村"是野狐岭。"土边坝"所在地理位置有野狐岭丰厚的历史文化，因此"土边坝"位置应是史书记载中的野狐岭。"无穷之门"应在野狐岭上。

关于赵北长城的东端起点，过去有许多专家学者认为在蔚县。然而"代"当是代郡这一广泛区域的称呼，不应是郡治所在的蔚县。经本人和其他同志调查，蔚县境内有一条长城，东北自涿鹿县入境，沿小五台山向西南经大南山，过北口（即历史上著名的飞狐口），向西进入山西省广灵县。过去所指的"赵长城"即为此条。实际上这条长城向东经涿鹿，又入北京市门头沟区西灵山，过大村、老峪沟，在禾子涧东的锅顶山与明长城相交。向西至山西省的吕梁山。大多数长城研究者都认为这是北魏修筑的"畿上塞围"。如果这是"赵长城"，其郡治代王城则位于长城之外，这既不合情理，更背离筑长城的目的。李逸友先生认为东端起点不在河北界内，应在内蒙古兴和县北的二十七号村北。对此本人有不同意见。古人修筑长城在地形选择上有几个基本特点："因地形，用制险塞""因边山险，因河为塞"。赵北长城既修筑于赵国北界，不可能离开其边界上的重要隘口——无穷之门。前已考证无穷之门或为张北县南之狼窝沟口，或为镇虎台至春垦的"土边坝"一带，经过这里的长城应当是赵北长城，赵北长城出河北界处的桃沟村，西北距兴和县二十七号村约三十公里，（2002年河北省文物研究所在怀安马市口配合丹拉高速公路建设解剖明长城墙体和烽火台时，本人参加了部分工作，曾抽时间步行从桃沟村至二十七号村进行了调查），其间东洋河支流银子河、后河、鸳鸯河大体呈东—西流向，为一片山前洼地，经两千多年的自然风雨侵蚀和人为破坏，长城墙体地表已无存，这毫不奇怪，许多早期长城都存在这种情况。如果将赵北长城东端起点定在兴和县二十七号村，那赵国北界的重要关隘无穷之门岂不成了一座孤立的关口？这不符合古代长城的设防和修筑原则。

（二）燕北长城与"造阳"

关于燕北长城的西端起点——造阳，有不同的说法。今张家口市怀来县大古城遗址据考古学界调查研究，普遍认为是燕国的上谷郡郡治沮阳，造阳与沮阳不是一城。据日本学者泷川资言《史记会注考证》引齐召南语："案造阳地，当在上谷最北。"根据本人调查，位于今内蒙古正蓝旗黑城子牧场南面的滦河上游闪电河东岸的骆驼山南麓，有一条长城向东南延伸，此即为燕北长城西端起点。造阳之地，《史记·匈奴列传·集解》引韦昭语："造阳，地名，在上谷。"《史记·匈奴列传》又记："（汉武帝元朔二年，前 127 年）汉亦弃上谷之什辟县造阳地以予胡。"由此知造阳地在上谷郡什辟县界内。《史记·索隐》引孟康语："县斗辟西近胡地也。什音斗，辟音僻。"《史记·匈奴列传·集解》又云："什音斗。"《史记会注考证》引齐召南之语："案造阳地，当在上谷最北。"后世如开平州、兴州等地疑为古之造阳。开平为元之上都置府，辖境相当于今内蒙古正蓝旗、多伦等地的滦河源头一带。明代改置为开平卫，后移治独石口。李逸友先生认为：此造阳地方的地理位置，史学界大都认为今河北省沽源县为造阳地。汉代桓宽在《盐铁论·卷第四·地广第十六》中言："先帝……一面而制敌，匈奴遁逃，因河、山以为防，去砂石咸卤不食之地。故割斗辟之县，弃造阳之地以予胡。省曲塞，守要害。"著名历史地理学家史念海先生在《论两周时期农牧业地区的分界线》一文中指出："燕长城所起的造阳在今河北省沽源县和内蒙古正蓝旗等处。"王育民先生在《中国历史地理概论》中写道："造阳在上谷北境，今河北省宣化北独石口到内蒙古正蓝旗滦河源一带。"李桂芝先生在《辽金简史》中论及契丹人可追溯到东胡部落联盟时写道："燕并筑长城东起辽东襄平西至造阳（今河北省沽源县与内蒙古正蓝旗闪电河上游一带）以御东胡。"从以上论述中可知，造阳"在上谷郡最北"既与史料记载、学者考证相合，又有实地长城遗迹佐证，应当是最有说服力的。

（三）北齐天保六年时长城是否经过张北

北齐文宣帝时，为平定北方柔然贵族的叛乱，于天保六年（555 年）"发夫一百八十万筑长城，自幽州北夏口至恒州，九百余里"。幽州北夏口，一说指昌平居庸关上，一说在密云古北口西侧的潮河峡谷；恒州在大同东北，一说寄治北齐的秀容郡城（今山西忻州西北）。

恒州：魏道武帝都平城，置司州。孝文帝迁洛阳，改置恒州，故治在大同东。后州陷，侨治肆州秀容郡城，即今忻州（《中国古代地名大词典》）。

恒州：1.北魏太和十七年（493年）以司州改名，治所在平城。孝昌中废。北齐文宣帝天保七年（565）复置。2.东魏天平二年（535年）置，寄治肆州秀容郡城（今忻州西北），北齐废（《中国历史地名词典》）。

我们从天保年间北齐文宣帝对柔然的多次征讨战争分析，晋阳是他立足的根基，平城是北魏前期的都城，为确保这一区域的安全，并确保这条长城修筑顺利，天保六年六月，文宣帝亲率大军北征柔然，七月追击至白道（今内蒙古呼和浩特市北），随后又追击至怀朔镇、沃野镇，大胜而还。因此，北齐才能顺利完成长城的修筑。天保七年，复置恒州，重新对代北地区进行有效的管理。因此，天保六年所修筑的长城应该将恒州护卫于内，才能巩固其统治。如是，则这条长城就应当东由北京延庆入张家口赤城县东南，自此向北向西，利用了北魏的泰常八年长城，经赤城、沽源、崇礼、宣化、张家口市区、万全、张北、尚义、怀安进入内蒙古兴和县、山西省天镇县，又西行经过内蒙古自治区境内，从而将恒州保护起来。

从目前所发表的山西北部长城分布图看，北线自河北省怀安县入境，沿山西、内蒙古交界西行，经过忻州偏关抵黄河东岸。内线长城一由河北省张家口蔚县进入山西省广灵县，西行经过忻州、朔州至吕梁市兴县；一由河北省涞源县西入山西省灵丘县，又西北行至偏关县与外长城相会合。如果天保六年修筑的是内线长城的话，在此地已经有北魏太武帝拓跋焘修筑京畿南侧的防线"畿上塞围"长城，如何需要再发夫180万修长城？因为工程浩大，民怨颇多，文宣帝还要"发寡妇以配军士筑长城"。再者，北齐内线长城起自离石黄栌关，东延至海，系分期分段修筑，艾冲先生已有论著，在此不赘言。总之，张北古长城应包括北齐外线长城。在此希望能与各位专家进一步商榷。

（原载于《中国张北长城论坛会议资料汇编》2009年7月）

张北长城

——在"中国·张北长城论坛"上的发言

胡 明

张北是一个神奇的地方，在这片土地上，可以寻觅到从新石器时期以来的历史足迹，它承载着丰厚的光辉灿烂的古代文化遗迹，展现出波澜壮阔的历史风云。从战国时期以来，我国北方历代长城在这里集结。

在蒙古高原与华北平原的结合部——河北省万全县、崇礼县与张北县交界处，有一道东西走向的山，曰"坝"。其间一段"坝"，名"野狐岭"。野狐岭西边是阴山山脉，东边是燕山山脉，从广袤的草原南行到这里，整个地形呈漏斗状。这种独特的地理形势，使其成为北连漠北、西通西域、南接中原的交通枢纽；同时也是军事重地，成为我国北方历代长城的必经之地。这里有赵、燕、秦、汉、北魏、明六代及尚待判明朝代的长城。在这里南北宽不足五百米的范围内，跌宕起伏地排列着六道长城。这里烽台林立、高矮不一、错落有序。这里有散落的古居遗迹、两墙相套的古城遗址。"无穷之门"周边，长城纵横交错、烽燧列队，传递着无穷的历史文化信息。在这里，立一墩则可纵览两千多年长城的立体画卷，走一段长城，会被古人用睿智营造的战争防御体系而震撼！会在饱经岁月沧桑的边塞氛围中感受到一种苍凉的凄美……这里是一座历史文化内涵极其丰富的长城博物馆。

一、张北长城的分布

1. 张北长城的地理位置

张北长城主要分布在桦皮岭和东部、南部坝头一带。桦皮岭从刀楞山至坝顶村长 15 公里，东部从侯英坝头至周坝村东山长 55.3 公里，南部从周坝村东山至鹿尾沟南山张北、尚义、万全三县交界处长 37.7 公里，有长城的地段总长 108 公里。其中，新发现 18 公里古长城。

（1）学界及有关地图将东部长城北端定为黑脑包是误判。

在黑脑包与赛汗坝中间，长城上东山，穿越南北方向的深涧，继续向东面高山顶上爬去。站在深涧西侧山上，给人的感觉如同站在坝头上，对面凸起的高山融入崇礼县崇山峻岭之中。对面的山仍在张北境内，属白庙滩乡大圪洞村南山。长城越两个山峰从侯英坝村中间通过后上东山顶峰，从东山顶峰烽台南转，经"二十里侯英坝"进入崇礼境内。从黑脑包经大圪洞村南、侯英坝村中、"二十里坝"至崇礼边境，这段长城长约 15 公里，应该属于张北境内古长城。

（2）学界及有关地图丢掉了五十家坝口至周坝的长城。

在二道边村东 600 米处长城分岔，一条长城向西至黄花坪村后继续向西行。向南的长城由于战备工程与开垦农田很长范围内地表已无痕迹，因此，过去多以分岔点作为东部古长城南端。实地调查发现，从分岔点向南有一条古长城。从分岔点向南至五十家坝口，地表遗迹为高出地表的土垅状。由此向南至周坝村西山，地表遗迹已不明显。至周坝村西山，古长城再次出现，这段长城长 3 公里。

以上是田野踏后在张北东部新发现的南北两段长城，长 18 公里。

2. 长城的分支

从沽源县刀楞山进入张北有 3 道长城，在桦皮岭北次山第二烽台，一道向南上桦皮岭主峰，而后向西行。两道向东，在桦皮岭东山北端叠压在一起，从清五营村进入崇礼县。古长城从侯营坝由崇礼县进入张北。由北至南，在店门口村东，即汗淖坝坝口南 200 米处，主长城继续南下，分出一支向西，经店门口村南山、沟里村南山、烈士塔北，进入东坊子村南，为"六道长城"北数第 4 道。第二道长城从二道边村东 200 米处分支，向西经二道边村与黄花坪村中间东西向山梁、茴菜梁村南、狼窝沟东山风电南坝沿，过 207 线后与明长城叠压。从二道边村东分支处，另一条长城向南在周坝村西山与明长城交会处转向西行。

3. 长城边上的古城遗址

在南部坝头一线的长城上，发现 5 座古城遗址：周坝村东山顶部、茴菜梁村南、东坊子南山、背儿梁南端、从战国早期的无穷之门一直沿用到人民解放战争时期的土边坝西侧古遗址。这些遗址城垣清晰，有的内、外城两道城垣相套。城内建筑遗址明显。在这些遗址采集到从新石器时期以来的磨光石杵、夹砂红陶片、夹砂红陶弹丸、灰陶片、黑皮灰陶、釜足、绳纹瓦块、布纹瓦块、器件完好的青铜带钩、折断的青铜矛尖、铸有精美花纹的"铁片"、明代完整的火铳等珍贵文物。

二、张北长城、烽燧的特点

1. 长城建筑的位置

从刀楞山入境的三道长城的中间一道，始终修筑在山脉的峰顶上，基本上是沿着坝沿走；左侧的一道长城从桦皮岭西进入农耕区，远离了坝头；右侧的一道长城与从西进入张北南坝头的一道长城有共同的特点，修筑在山腰或山底。明长城根据军事需要设计，没有刻意按地形地貌修筑。

2. 结构与建筑形制

张北长城主要是夯土长城、土石混杂长城、毛石干插长城三种类型。桦皮岭有在土石混杂长城的上边又续建了毛石干插墙的长城。桦皮岭尚保留未遭人为破坏的明以前古长城墙体，底宽2—3米，高1米左右。其他地域呈地表碎石或土埂状，略高于地表，宽2—4米。个别地段的夯土墙及土石混杂墙，底宽4—6米，高1.5—2米，顶宽2—3.5米，夯层14—16厘米，给人以高大宏伟的感觉。

3. 烽燧的类型与特点

张北境内的烽燧以夯土包砖高台敌楼、土石混杂堆积墩台、毛石干插墩台为主。特别引人注意的有4点。①大围坞土石堆积墩台：这种从桦皮岭到南坝头都有的烽台，围坞直径40多米，烽台高6米以上，尤以威远门守御台与周坝村西山台最为高大威猛。②首创于汉代的一烽五燧：这种烽燧在桦皮岭、背儿梁、正边台南山相距上百里的地方各有一座。"一烽五燧"的形制是：此台建在坝沿的高处，坝下十里左右都可找到一座接火墩。在大烽台的侧面，沿坝边缘一字形摆开五座毛石墩，有的书中解释说：白日放烟为号叫燧，夜间放火为号叫烽，合起称烽燧。对一烽五燧这样解释似乎不太准确，五燧应该是表示敌情数量的信号台，昼夜都应该适用。③土石混杂墩台上续建毛石干插空心楼：这种墩台均有大围坞，土石混杂墩台与毛石干插敌楼明显不是同一时期的建筑，它与墩台边通过的土石长城上续建毛石干插墙的造型完全一样。④体积较小的土石混杂墩台：桦皮岭三道并列长城的左侧，建有底宽不足4米、残高1.5米、土堆状的小烽台，这种烽台多建在长城上，这道长城被大长城叠压后，大长城从烽台顶部通过。

三、从一座古城址解析六道长城修筑年代

在东坊子背儿梁南端坝头处，有一座古城。东西208米，南北176米。城南墙有门一座，门道宽6米，门东城墙长64米，门西城墙长138米。城墙为夯土墙，夯层16厘米，底宽8.8米，顶宽3米，高4米。城内有明显的建筑遗迹，出土了灰色布纹瓦片。城内西北部及北墙外各有水井一口。城门南10米处是一座建在峰顶的烽燧，围坞直径42米，残高1米。烽台底部直径12米，高6米。残留墩台下部为土石混杂结构，上部则是夯土心包砖敌楼。烽台西南山峰的边缘处，有五堆石块堆积的残留点火墩（燧）。墩间距4米，底宽4米，残高40厘米。在此五燧北5米处，与该燧并排有八燧。八燧总长20.6米，具有秦（围坞）、汉（五燧）、明（砖楼）三代重复使用的特征。

根据城内出土的布纹瓦、汉代一烽五燧、西域汉城及城墙建筑形制、几道长城在此的叠压状况等综合分析，初步认定这是一座汉代障城。

根据史料记载及专家论证，这一地区有赵、秦、汉、北魏、明五代长城通过。东坊子并列长城与该城相接，从该城地表长城遗迹看出，一道长城为该城北城垣，两道长城被压在城下，两道长城从城上通过。

根据历史纪年顺序分析：城上通过的应该是北魏、明长城，压在城下的应该是赵、秦长城，城的北垣应该是汉长城。

从通过该城的五代长城向东踏查发现：东坊子并列六道长城，从北数第一道土石混杂长城则是汉城北垣，即汉长城。该长城经实地延伸踏查，在东坊子李太山顶峰与第二道夯土长城合而为一，这道长城是从桦皮岭而来的古长城。

压在城西南角下的长城应该是赵长城。此长城是东坊子从西坡而下的第六道长城。

城东墙外、北距汉长城33米，被压在城下的长城是东坊子第二道夯土长城，即秦长城。该长城经实地延伸踏查，在东坊子李太山顶峰与第一道土石混

杂长城合而为一。

北距秦长城 23.3 米，两道叠压，从城上通过的是东坊子第三道毛石干插长城，即明长城。明长城叠压下的土石混杂长城，则是东坊子第四道土石混杂长城，即北魏长城。该长城经实地延伸踏查，是从桦皮岭而来的，在店门口村东（汉淖坝口南侧）第一次向西分支的古长城。该长城从东部坝头长城分支后，远离南坝头，从农耕区通过。

从南山顶峰下来的东坊子第五道长城是何朝所建？黄花坪南山应有秦、汉长城，而出现三道并列古长城，还有待破解。

以上分析还有待于采取多种方式进一步论证。

四、赵长城与"无穷之门"考实

"无穷之门"这个大气磅礴、极具诱惑力的战国时期的地名，在地图上被标在张北县城的下方。"无穷之门"是战国时期赵国北部疆域上封守边界的城。经对南坝头一线反复踏查，初步认定，位于张北县春垦村南一公里、野狐岭西端坝顶、辽金元古道"土边坝"西侧、从新石器以来的古居落遗址，是"无穷之门"故址。在遗址内采集到战国时期的夹砂红陶、泥质红陶、灰陶片、青铜兵器等。赵长城等多代长城在城周边交叉汇聚，形成守御长城的关城配置，扼守着边关要塞"土边坝"（明代新开口关）。

赵国北界长城是张北境内最早修筑的长城，史称赵武灵王长城。已有多位专家对这段长城做过调查及论述，这次调查找到了赵北长城东端的准确位置。

经实地考察，赵北长城的东起点在今张石高速公路野狐岭二号隧道北口南侧，向西沿明长城两侧至大河乡大东沟村南出境。长城地表呈土石混杂埂状，宽 2—3 米，高于地表。

野狐岭二号隧道向东，是南北向的大沙河，沙河东是万全与崇礼交界的南北向大山，明长城在山顶峰。至此，地形、地貌、山势发生了很大变化，此地域因是赵国东北国界，向东应该属燕国国界。

长城由此向西横越 207 国道，在坝的腰部位置地表呈断续土埂状，外侧有取土沟，底宽 4 米，残高 0.6—0.8 米，给人以十分久远的印象。向西至东坊子西坡爬上坝顶（东坊子第六道长城），被汉城西南角压在下边。经汉城向西与明长城并行。在镇虎台北山，赵长城与秦汉长城叠压在一起。在西山顶分成两支，一支与明长城并行向南方向，这道古长城应该是秦、汉长城，因为这道长城边有汉长城的"一烽五燧"。另一支鲜为人知的长城向西北到正边台村，从村中过后，越沟上正边台西山。上山后与秦汉长城（和明长城并行）会合。在正边台村东南至沟沿，有一段200米长的夯土长城，残高2米，底宽3米，土埂状，表层与地表一样长满杂草，被雨水冲刷的断面处，暴露出似刀刻一样清晰的夯层，夯层16—18厘米。因这道长城在西山顶分成两道，也可能是赵与北魏或其他朝代所建的叠压的长城。从正边台西山向西，有时几道长城并行，有时叠压在一起，直到面草沟南山出境。令我十分欣慰的是，考察结果与卫星遥感图像显示的长城很吻合。

五、燕长城探析

根据卫星遥感图从宏观上分析，综观张北、崇礼、沽源三县地形、地貌及山势走向，张北东坝沿以东及桦皮岭地区应属燕国领土。《史记·匈奴列传》载，"燕亦筑长城，自造阳至襄平，置上谷、渔阳、右北平、辽西、辽东郡以拒胡"。上谷郡治在今张家口市怀来县小南辛堡乡大古城，辖下造阳。据《辞海》载："造阳，古地名，在今河北独石口附近。战国燕破东胡后筑长城，西起造阳，东至襄平（今辽宁辽阳市）。"造阳是上谷北部边界，燕国置造阳以阻御草原民族南下，及汉将北部千里放弃，均说明造阳应该在草原与中原分界线附近。独石口位于草原南端的山区，所以，"造阳，古地名，在今河北独石口附近"是有道理的。桦皮岭于独石口西约20公里，根据这里山势走向分析，燕长城西部起始点应该在张北桦皮岭，修筑时间当在燕昭王（公元前311—前279年）时期，故燕北长城又称燕昭王长城。

从沽源县刀楞山进入桦皮岭有并列的3条长城，中间一条叠压的长城有秦长城大围坞烽台及汉长城一烽五燧特点；相比之下这条长城宏伟大气，没有间断现象，始终沿着山脉顶峰修筑，大长城、大烽燧居高临下，无不展现着秦皇汉武的霸气。这条长城应该是秦汉长城从桦皮岭北山下来的中、西两道长城叠压后，经桦皮岭北次山从西向东第一台通过。东面一道向桦皮岭北次山山腰登上。

从第二台分支一道长城南下，上桦皮岭主峰峰顶。由峰顶向西沿草原畜牧区与农耕区的交界处修筑，基本上不过多受地形地貌的影响。在野狐岭的中部，这道长城在坝头多道长城以北 5 公里处；此长城被叠压在明长城下，从汉城上面通过。根据这条长城地表遗迹、修筑特点、修建年代（明长城前，汉长城后）分析，这条长城应是东端始建于沽源老掌沟的北魏长城。

从第二台向东并列两道长城。从第三台分支，秦汉叠压长城继续在山顶峰向东延伸到山东端转向南行。一道长城向南下到山腰，向东在桦皮岭东山与秦汉长城叠压。这道长城有 3 个特点：①长城一直都是在山腰部位修筑。②违背常规的长城修筑方法：内起土、外垒墙，沟墙倒置。③烽台小，建在长城上，3—5 里一座，被秦汉长城叠压。这道长城在桦皮岭东山秦汉一烽五燧西 50 米处，与秦汉长城相交后被叠压在下边，而被叠压的烽台清晰可见。最后一个被叠压的烽台在桦皮岭东山南端，即崇礼清五营村北山。此山东、南部是大沙河，对面是另外山系了。秦汉长城从山端东侧下山，穿过大沙河上了东山，被叠压的长城到东山顶端终止。综合分析，被叠压在秦汉长城下的古长城，应该是燕长城西部的起始点。

以上只是对张北历代长城的初步调查研究与探讨，调查的内容不一定全面、准确，认识与观点不一定正确，恳请专家斧正。张北是历史学、地理学、长城学、考古学、古建学、军事学等诸学界有志之士用武之地，张北历代长城深厚的历史文化内涵有待于深入地发掘，张北的长城之谜等待着国内外专家及长城爱好者来破解。

几年来，在对长城的调查研究中得到中国长城学会及长城研究界老师、专家、朋友们的大力支持，特别受到了张北县委、县政府领导的关爱与支持，我不会忘记与我一同走长城的朋友们，请让我借此机会，对你们表示真挚的谢意！

（原载于《张北长城》，解放军出版社，2012 年 7 月）

野狐岭秦长城考实

胡　明

在蒙古高原与华北平原的结合部——河北省万全县与张北县交界处，有一道东西走向的山，曰"坝"。坝："南由各沟渠上达其巅，过此虽属高原，愈趋愈下，故名曰坝，如防水坝之意。"[1] 其间一段"坝"，名"野狐岭"，又名也乎岭、隘狐岭、额狐岭、扼胡岭。《元朝秘史》称其"忽捏根答巴"，蒙语"山口"的意思。《张北旧志》记载："野狐岭：在第一区县城南五十里，长约五里，高约百丈，形势险要，为辽、金、元必争之地，山多石质，不能耕种""这野狐岭系西北要隘，势甚高峻，雁飞过此，遇风辄堕，俗称此岭隔天，只十八里。有一夫当关，万夫莫开的形势"[2]。元代诗人周伯琦作《野狐岭》诗："高岭出云表，白昼生虚寒。冰霜四时凛，星斗咫尺攀。其阴控朔部，其阳接燕关……"民国许闻诗作诗："野狐胜地古今传，路险山高云汉边。莫怪军家争此地，长驱之捣控幽燕。"野狐岭古今中外闻名，是辽、金、元时期的古驿道，是蒙、金战争的重要战场，也是明出征北元、开设"马市"、瓦剌鞑靼入明边的通道，具有丰厚的历史文化内涵。

七百多年前（辛未年，1211 年 8 月），在野狐岭上成吉思汗率蒙古军与金国军进行了一场以少胜多的惨烈战争，野狐岭由此引起无数军事家、史学家重视并被写入各种史册。遗憾的是，这些史料对野狐岭的地理位置，主战场地形地貌，辽、金古道即元朝西驿道等无一定论。为此，笔者从 2004 年开始收集有关野狐岭的资料，多次进行了实地调查。

在最初的调查中，发现在明长城外侧 50 米还有一道长城遗迹，当时认为是明长城的护墙。在寻找史书中记载元朝西驿道野狐岭上的孛落驿站时，发现在明长城新开口关西北 200 米处，一道长城遗址（地表遗存没有明长城突出）的南侧，烽燧旁有一片建筑遗址。遗址上散落着不少灰陶片，拾到一块绳纹板瓦片，却没有发现唐宋以来遗址中多见的瓷片。这处遗址在《张北县文物分布图》上标着"獾子窝古代建筑遗址"，这处遗址及长城显然比明长城的年代早得多了。当我完成了《野狐岭考》及《野狐岭考》补拾、《牛马来细路》两篇论文后，先后 3 次上野狐岭进行实地考察，东从 207 国道狼窝沟山口起，西到镇虎台野狐岭西端，沿明长城徒步考察了全程，又对重点位置、有疑点的地方进行了复查。初步查实：野狐岭上有一条长城，有时明长城在其上叠建，有时与明长城并行，有时远离了明长城后又回归；在岭的西端却分成南、西走向。查阅史料与实地考证，初步认定：这条长城是秦长城。

一、张北境内存在秦长城

秦始皇统一中国后，为了巩固帝国的安全和维护生产的安定，防御北方匈奴的袭扰，决定继续修筑长城。《史记·蒙恬列传》载："秦已并天下，乃使蒙恬将三十万众北逐戎狄，收河南。筑长城，因地形，用制险塞，起临洮，至辽东，延袤万余里。于是渡河，据阳山，逶蛇而北。暴师于外十余年。"《秦始皇长城》载："黄河以北的长城则由阴山山脉西段的狼山，向东直插大青山北麓，继续向东经内蒙古集宁、兴和至河北尚义县境。由尚义向东北经河北省张北、围场诸县，再向东经抚顺、本溪向东南，终止于朝鲜平壤西北部清川江入海处。"《张家口地区文物普查资料集》记载："秦长城自怀安县桃沟村以东，经张北县狼窝沟，向东经二道边村、小南洼、塞塞坝、小三塔户，崇礼县的坝顶、攀越桦皮岭，然后向东北入沽源县。"内蒙古文研所的李逸友先生于 1997年夏季至秋季到张家口市调查秦长城，他认为："秦汉长城自内蒙古兴和县至赤峰市松山区和宁城县地段，系横贯河北省北部，包括张家口地区的怀安县、尚义县、张北县、崇礼县、沽源县和赤城县。"他实地查看了一些地段，认为："一处位于尚义县与万全县交界的鱼儿山脊顶；又一处是在狼窝沟口的东约 2公里的二道边村东；再一处是在张北县东南边境的桦皮岭上，位于张北、崇礼、沽源三县交界处。"[3] 以上资料说明：①张北境内有秦长城；②野狐岭上的秦长城正是李逸友先生未考证的"鱼儿山（明朝时称虞台岭，东端与野狐岭西端相接）——狼窝沟口以东"的中间地段。历史资料记载中，张北境内仅有秦长城和明长城。在张北境内只在与万全县交界的坝边有长城，因此，野狐岭上新发现的长城遗迹应该是秦长城。《寻访秦长城的辽宁终点》载："据中国长城学会副秘书长张骥介绍，秦始皇长城是秦始皇在统一了六国后，在秦、赵、燕诸国长城的基础上，加以连接，筑起了西起临洮东至辽东的长城，这是中国历史上第一条万里长城。但由于风吹雨打、人为破坏等原因，秦始皇万里长城已经基本上被湮没了。目前，秦始皇万里长城的具体位置，只能根据史料记载推断出其大致的方位、分布与走向，而它真正存在的状况，却是长城学、历史学、考古学界有待解决的问题。"[4] 因此，对于野狐岭上的秦长城应该给予足够的重视。

二、秦长城的地表遗存情况

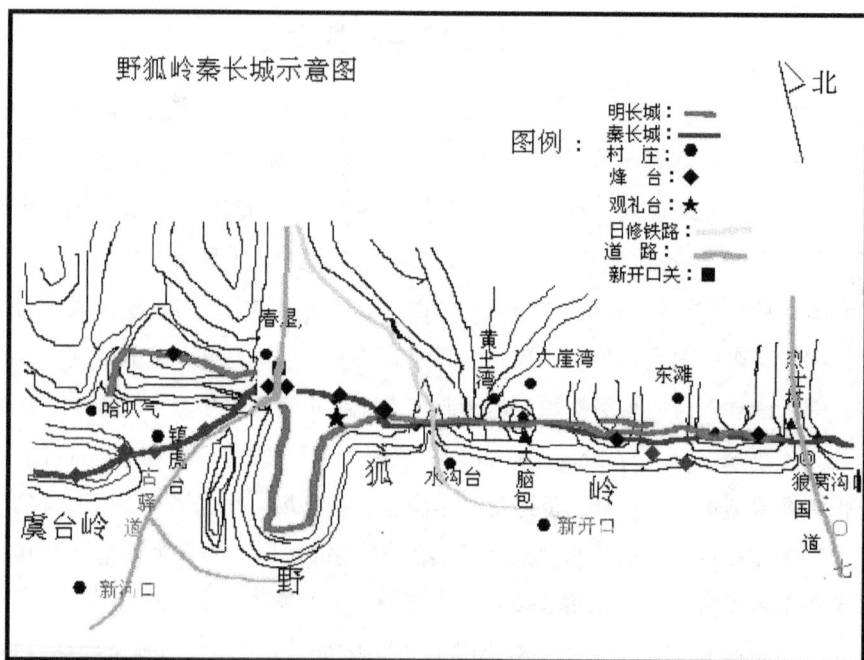

图 1　野狐岭秦长城示意图

狼窝沟口至哈叭气东山（野狐岭西端头）长 20 公里，海拔 1460—1650 米。由于多年来民间破坏及 20 世纪 70 年代初修战备工程用料，野狐岭上的明长城地表石料基本拆除，有的地方在墙基上挖出深坑取石料，整条长城受到严重破坏。

从狼窝沟口西烽台开始至东滩东山烽台，明长城基本叠建在秦长城上。从东滩东山烽台开始两条长城分开，到东滩西坡底，形成间距10—40米的并行状（图2）。从东坡底出现三道长城并行的奇观，越过坡顶。长城断面暴露出碎石基础。

图2　左△是秦长城，右△是明长城

从东滩西坡到大脑包山西侧，明长城叠建在秦长城上。从黄土圐圙南洼地到水沟台后山烽台，二长城呈并行状。从水沟台东山顶烽台起，秦长城沿坝头南下后转回到土边坝（明新开口关）口东烽台；明长城向西直抵土边坝东烽台。明长城从土边坝西烽台向南下坝后转西，过镇虎台后西上虞台岭。在西烽台北100米处山梁东端，另起秦长城向西沿坝边缘直达哈叭气东山（野狐岭西端头）下到坝底大沙河（西边接头暂时没有找到）。

秦长城区别于明长城的三个特点：

1. 秦长城有夯土长城。通过查阅史料及实地调查，宣镇西北部的明长城基本上是就地取材，以石块垒成墙状。有的随墙烽台是碎石夯土心、外包砖。没有在坝头筑夯土墙的实例。在东滩东坡底至西坡底，有一条东西长1000米的夯土墙，残留顶宽6米、底宽11米、高3米、夯层11厘米，距离南部的明长城40米。顶部形成乡间小路，两旁植的树客观上对长城起到保护作用。当地老乡一致说："这条路基是古时候修的城墙。"参考内蒙古固阳已列为国家级重点文物保护单位的秦长城："长城多数地段为石块错缝干砌，沟谷地段为夯筑土墙。"甘肃临洮县窑店驿秦长城长城口："夯土城墙残高2米，宽3.5米，夯土层厚6、7厘米，最厚的地方达10厘米。"两处秦长城都在沟谷地带筑有夯土长城，野狐岭上的这段夯土长城应该是秦长城。

2.秦长城沿坝缘修筑，远离了明长城。坝顶边缘从水沟台西坝顶向南延伸，形成了半岛状。水沟台西坝顶的烽台与新开口关西烽台正好是半岛的东、西根部。秦长城从东台南下，沿"半岛"边缘修筑，西边与新开口关西烽台相接。这段秦长城仅留下了地表遗迹。明长城把东、西两台直接连接起来，未沿着秦长城走。这段明长城的设计者可能是总结了蒙、金野狐岭大战的经验教训，长城直走有利于防御。这段明长城像壶底，两旁山像壶壁，正北面山口则是壶口，那壶口的地方则是蒙、金野狐岭大战的主战场獾儿咀。

3.秦、明长城的不同走向及秦长城上的古建遗址。明朝"景泰二年（1451年），户部左侍郎刘琏请于新开口置关一所，令使客出入。两旁筑二台，拨军守备，其余墙垣务筑立高厚坚完，俾人马不得往来"[5]。在今天土边坝口（新开口关）两侧依然矗立着两座距离30米的墩台。墩台底宽12米，高10米，呈土石堆积状。台周边有散碎的青砖，墩台顶部有2米多高的直立夯土（图3）。此二台为砂石夯土墩，外砌砖，顶部有楼橹的关口守御台。从西台向东至山沟，保存着一段砂石夯土墙，残高达5米之多，顶宽不足2米，两人可并行。

图3 新开口关东敌楼残留墩台，高10米，顶部有2米多的直立夯土

东来的明长城与南来的秦长城在东台相交。明长城从西台向南下坝。秦长城在西台北一百米处沿坝沿西行，断面为碎石堆积状。值得注意的是，明长城与秦长城在同一坝口留下通道，说明这一边关要塞早在辽金以前的秦汉时期已经是中原通往漠北的必经之路、交通锁钥了。

秦长城向西 150 米，坡上是地名为獾子窝的地方。这处遗址在《张北县文物分布图》上面标名"獾子窝古代建筑遗址"。该遗址位于长城与坝沿中间，西靠一座秦长城烽燧，面积有 300 平方米，地表有几个一米多深的坑。遗址上散落着不少灰陶片，拾到一块绳纹板瓦片，却没有发现唐、宋以来遗址中多见的瓷片。

元人周伯琦在《扈从北行后记》中记载："……过野狐岭，上为纳钵，地高风甚寒，东西盘折而下。""上"，即野狐岭上。元代陈学的诗："野鹊山头野草黄，野狐岭上月茫茫，五更但觉无风冷，帐顶青毡一寸霜。"说明他在野狐岭驿站上住的是蒙古人的青色毡帐。以上所提到的"上为纳钵"及野狐岭上住着毡帐，经考证正是元朝皇帝"两都巡幸"西归驿道上的蒙古人管理的草原第一站——孛落驿站，这个驿站的位置正在秦建筑遗址及东北坡下平坦的洼地上。

据当地老乡介绍，抗战时期这片遗址区驻扎过日军。

在野狐岭的山顶上，为什么从秦汉以来能够久居军民？除地理位置重要外，更重要的是这里具备人畜重要的生存条件——水源。在古建遗址南，半坝 30 米处有一眼清泉，四季喷涌不息。这眼清泉千百年来，不但供应了往返大漠人畜的用水，而且养育了镇虎台世代军民。同时，它还是万全县古城河的源头之一。

秦长城从獾子窝古建遗址沿着坝的边缘一直向西，在野狐岭山脉的西端、哈叭气村的东崖头处向山下走去，到山下后消失。与其相交的秦长城是在沟南的虞台岭上，还是在沟北的晾马台山上，有待实地考察。这一段长城，有的地段地表遗存不太明显，采石场采石时炸出的断崖中暴露出的长城切面，为这里秦长城的存在提供了铁证。从断层看，长城在地表下有 120 厘米的碎石基础坐落在原始岩层上。

我怀着激动而又沉重的心情写完了这篇《长城考察报告》，激动的是野狐岭秦长城的发现很可能会给对其保护带来机遇，沉重的是野狐岭上的明长城已被破坏得体无完肤了，而秦长城也面临着明长城的命运。秦长城在地表较完整的遗存已经不多了，野狐岭秦长城在史学、地理、军事诸学科都具有很高的研究价值，也为我们对长城的研究提供了一个实例。如果我们不把野狐岭秦长城——先人两千多年前留下的珍贵遗产，列入"国家级文物保护单位"，尽快实施抢救性保护，将会给后人留下永久的遗憾。我殷切地希望长城专家们到野狐岭实地考查，对这段长城作进一步确认。

注释：

[1]《张北县志·地貌》（1935 年版）。

[2] 蔡东藩.元史演义 [M].北京：知识出版社，2021。

[3] 李逸友.中国北方长城考述 [J].内蒙古文物考古，2001（01）。

[4] 寻访秦长城辽宁终点 [N].辽沈晚报，2006-01-05。

[5]《明史·英宗实录》。

（原载于《中国长城博物馆》，2006 年第 3 期）

北朝诸国长城新考（节选）

艾 冲

北朝长城是中国长城史上不可或缺的一页，具有重要的地位。本文拟对北朝诸国长城作较全面的讨论，祈请大家斧正。

一、北魏长城的起讫与走向

北魏王朝筑造的长城大体有两列，即魏北长城、魏南长城。目前对这两列长城的走向，分歧很大，容后再作列举。在此先论述笔者的认识。

1. 魏北长城由东、西两段组成。西段在时间上早于东段，始筑于泰常八年（423年）二月；东段则是在太和年间造就，时人称之为"长堑"。

北魏定都于平城（今山西大同东北）后，由于京城处在农业与牧业的交汇地带，游牧于北方的柔然诸部不时越过大漠南掠，影响着王朝心脏的安全，阻碍了统一北方的步伐。泰常七年（422年）十月，魏太宗拓跋嗣挥师南下，同南朝刘宋争夺青、兖、豫诸州。与此同时，为确保后方无虞，魏太宗命皇太子拓跋焘统率六军出镇北疆，预防柔然奔袭。泰常八年（423年）正月，"柔然犯塞"，皇太子拓跋焘为有效阻挡柔然南下，遂于同年二月督"筑长城于长川之南，起自赤城，西至五原，延袤二千余里，备置戍卫"（《魏书·太宗纪》）。这次工役系营造北长城的西段。

北长城西段的走向，可通过三地的实际位置来确定。一是赤城，即今河北省赤城县治，《水经注》对此有明确记载，毋庸赘言。神瑞二年（415年）夏四月，魏太宗东巡濡源（今河北沽源县境滦河上游），返回时取道赤城、石亭、上谷（今延庆），转向西经涿鹿（今涿鹿县东南）、桥山而回到平城。究实而论，今赤城北境的独石口，处在白河与滦河的分水岭上，是古今交通咽喉，长城东端起点应在独石口附近的山上。二是长川，位于今内蒙古兴和县西北、伊马图山中。这个地方曾经是拓跋部南迁后的活动舞台之一，其酋长拓跋力微于东汉末年徙居于此，325年代王拓跋贺左傉在长川筑立城池，迁都于此。若干年后才迁回盛乐。北魏定都平城后，长川是魏帝东巡的必经之地。据《水经注》，长川城位于柔玄镇驻地以西。三是五原，指汉代五原郡旧治，在今内蒙古包头市西孟家梁古城，北倚阴山（今大青山）。这一带是北魏前期的主要农业区。登国元年（394年），魏太祖拓跋珪"使东平公元仪屯田于河北五原，至于稒阳塞外"。五原是魏帝西巡的必经之地和目的地，屡见于史册。显而易见，这段长城的走向是：东端起自今河北赤城县独石口附近、白河与滦河的分水岭，循山西去，历经崇礼、张北、尚义诸县，内蒙古兴和、集宁、察右中旗、卓资、呼和浩特、包头诸市县，止于乌拉特前旗境乌加河东岸。除经过"九十九泉"北侧外，大部利用了战国赵长城旧迹。

学术界对这段长城现存3种说法。第一，由今河北赤城县境过东洋河上游抵陕西省神木县。此说由王国良于1931年提出，现在响应者无几。第二，由今河北赤城县独石口经内蒙古兴和县境而达内蒙古五原县境。此说系寿鹏飞于1941年提出，但他又说独市口至清水营大边墙是其东段，自相矛盾。赞成此说者目前较多。第三，自河北赤城县北独石口经张北至内蒙古固阳县北境，再伸往阴山。诸说对这段长城的东端所在地——赤城，认识基本一致，唯对"五原"的位置各抒己见……

北长城的东段建于魏孝文帝元宏太和年间（477—499年），时人称作"长堑"。太和八年（484年），大臣高闾奏请营造六镇长城，详举筑长城之利。孝文帝虽优诏答之，但是否起工，史无明文。六镇长城是指北长城的西段，当时已存在，高闾之请，充其量不过是重建而已。而施工的重点应是赤城以东的地段，即长堑工程。这一点在北魏郦道元《水经注》中有明确记载。

《水经注·沽水》云："沽水从塞外来。沽水出御夷镇西北九十里、丹花岭下，东南流，大谷水注之。大谷水发镇北大谷溪，西南流经独石北界，石孤生不因阿而自峙。又南九源水注之……其水南流至独石注大谷水。大谷水又南迳独石西，又南迳御夷镇城西，魏太和中置，以捍北狄也。沽水又南出峡，夹岸有二城，世谓之独固门，以其藉险凭固，易为依据，岩壁升耸，疏通若门，故得是名也……沽水又南迳赤城东……城在山阜之上，下枕深隍。"应注意以下几点：（1）"沽水自塞外来"指今白河源于长城之外，反言之，长城在今白河源头以南，即在"御夷镇西北九十里"和"独石北界"附近。（2）御夷镇城位于今赤城县北，建于魏太和年间。该镇的出现较六镇为晚，初期镇治在今沽源县城附近，继而南迁至今滦河源头西面，后南迁到今赤城县境。它的建立当然是为巩固今河北省北部的防务，故"长堑"之筑势在必行。

……

2. 魏南长城史称"畿上塞围"，意指捍卫京畿地区的军防工程。太平真君七年（446年），魏世祖拓跋焘部署平城以南的长城之役。"六月丙戌，发司、幽、定、冀四州十万人，筑畿上塞围，起上谷，西止于河，广袤皆千里。""九年二月，罢塞围作。"这列长城的施工时间很明确，历时一年九个月。上谷，郡名，故治乃今延庆县城。长城东端应在该县南的军都山八达岭上。河，乃黄河的简称（专称），指今山西省偏关县西境的河段。长城的走向是：自今延庆南境的八达岭趋向西南，跨越小五台山、蔚县和涞源两县间的黑石岭（飞狐陉）；入山西省，过灵丘县西境的沙河源头（天门关），转西循恒山过今浑源、应县之地，代县的雁门关（句注陉），转趋西北过宁武县阳方口（楼烦关）、神池、朔县诸地，沿偏关河而西止于黄河东岸。其平面布局略呈向南凸出的弧形，围护着魏朝京都的东、南、西三面，称作塞围，倒亦恰当。

魏朝构筑南长城，显然不是对付柔然诸部，因为防御方向不对，实际上是意在抵御起义民众进犯京畿。起筑塞围之前，今山西省中南部爆发山胡、吐京胡、河东蜀的反抗，今陕北也出现卢水胡、稽胡的反叛，今河北省南部则因灾荒而发生民变。一时间形势突变，风起云涌。面对这种危局，魏朝急忙营造塞围长城，预防南方反叛者的攻击（《魏书》卷4下《世祖纪》）。

有关魏南长城的走向，现有三说：第一，由山西省广灵县西部向北到天镇县附近，折向西直到黄河东岸。第二，自今昌平县境向西南经灵丘县到宁武县，转西北抵河曲县，并强调明代内边墙循其迹（王国良：《中国长城沿革考》；《历代长城考》）。多数研究者持此说。第三，环绕平城四面的说法。论者认为，"塞围"由居庸关向北，经河北、山西北境，入内蒙古兴和县，再经丰镇、凉城、和林格尔及清水河南境，抵黄河东岸；环绕平城南面的，也从居庸关向西南行，至山西灵丘后向西……再由宁武西北行至偏关，进而抵老营北丫角山接外塞。三说中以第二种说法较为妥当，理由是它符合当时向南防御的政治军事形势。当然，"塞围"长城实际起于今延庆和昌平交界的军都山八达岭，西达今偏关西境的黄河岸。

二、东魏、北齐长城的走向

本节将东魏王朝和北齐王朝的长城列为一个题目，主要理由是：它们都是由掌握统治权的高氏家族策划建造的，是同一个长城防御体系的两个组成部分，只是时间上有先后而已。

……

（二）北齐外线长城即西河总秦戍至海的长城，营造于天保五年至七年（554—556年），历时两年有余。它部分地利用了北魏北长城旧基。

天保四年冬天，柔然遭到突厥的攻击，"举国南奔"，归附齐朝。齐文宣帝自晋阳北行接迎柔然众部，打败突厥追兵。随后安置柔然军民于马邑川，并散发救济物资，"给其廪饩缯帛"。天保五年春天，柔然可汗庵罗辰发动叛乱，被齐军击溃。不久，柔然袭扰肆州，齐帝率军征讨，追北至恒州（治今大同市东北）。同年十二月，齐文宣帝"北巡至达速岭，览山川险要，将起长城"。此行是为营造长城做准备，皇帝亲赴实地考察线路，于此可见外线长城的重要性。达速岭，即今山西大同市西北、内蒙古凉城县南部的山岭，是外线长城必经之地（《北齐书》卷4；《读史方舆纪要》卷44；《北史卷》）。天保六年，齐朝调发众多的劳动者举办长城工役。《北齐书》称："是年，发夫一百八十万人筑长城，自幽州北夏口至恒州，九百余里。"夏口，当在今密云县古北口西侧的潮河峡谷，长城筑就后在此置库推成。这有事实为证（见后）。恒州，亦称北恒州，即今大同市。实际上长城西至达速岭。天保七年，长城工役进一步扩大，分别向东西延长。同年底全线告竣。《北齐书》对这项工程有一段总结性的文字："天保七年……十二月，西魏相宇文觉受魏禅。先是，自西河总秦戍筑长城，东至于海。前后所筑，东西凡三千里，率十里一戍。其要害置州镇，凡二十五所。"所谓"前后所筑"包括天保六年、七年的工役在内。因此，长城的西端所在是西河总秦戍。西河，指的是今内蒙古托克托县和陕西潼关县之间的一段黄河。这从齐朝皇族成员赵郡王高睿的任职得到证实，"（天保）八年，徵睿赴邺，仍除北朔州刺史，都督北燕、北蔚、北恒三州及库推以西、黄河以东长城诸镇军事。睿慰抚新迁，量置烽戍，内防外御，备有条法，大为兵民所安。"（《北齐书》卷13；《日下旧闻考》卷153）引文中的黄河乃外线长城西端所在，亦就是"西河"。总秦戍，作为长城的起始地，当然位于达速岭以西的黄河东岸，即今内蒙古清水河县西境。关于天保六年长城的东起点——幽州北方的夏口，实乃《高睿传》所说的库推戍。"夏口"是未筑长城堡戍以前地名，长城筑起后当然以堡戍名称为准了，遂称"库推戍"。库推，后音转为虎北（口），再音谐为古北，即今古北口。库推，或作"库堆"，"堆"乃推字误写或缺笔，应以库推为正。外线长城东端抵达的海，也就是北魏长城终止的渤海北岸——今辽宁台安县南方，因为营州北境的"长堑"仍被北齐利用着。

总起来说，北齐外线长城起自黄河东岸的总秦戍（今清水河县西北境的二道塔），循山岭东去，过达速岭（今凉城南境），至今兴和县境沿袭魏长城抵独石口，转趋东南抵库推戍（今密云古北口），再从此向东北伸至承德县境，仍因袭北魏长堑。东行跨阳师水（今北票县牤牛河），弯向东南抵辽水，顺河而下止于当时的海滨。它是齐朝抗御柔然、契丹、奚、突厥及高句丽的主要防线，沿长城每隔十里左右置一堡戍，要害之地则开设州镇。为此征发人力达180万，历时两年，可见齐朝几乎倾注了全力构筑这列长城，无疑是当时的巨大工程！

……

（三）北齐内线长城即黄栌岭至海的长城，系分期分段筑竣，始于天保三年，到天统元年（565年）毕役，由四段组成。

天保三年，黄栌岭至社干戍段长城开始兴建。有关黄栌岭的地望，现存两说，其一谓在今山西汾阳县西北，其二称在今山西离石县西北40公里处。应以第二说为正确。这有齐文宣帝西巡路线可资佐证。《北齐书》："天保三年九月辛卯，帝自并州幸离石。冬十月乙未，至黄栌岭，仍起长城，北至社干戍四百余里，立三十六戍。十二月壬子，帝还宫。戊午，帝如晋阳。"齐帝由今太原市来到今离石县，过了数日就亲临黄栌岭部署长城之役。逗留到十二月才返回离石行宫，五天后回到晋阳（今太原市一带）。途中并未在今汾阳停顿，故黄栌岭当在今离石县西北。社干戍，或误作社于戍、社平戍、社子戍，位于今山西五寨县治附近。社干戍距马陵戍不远，毋庸置疑，这段长城同高欢督筑的肆州北山长城相衔接，拱卫着齐朝陪都——并州的西翼。长城起首于今离石县西北 40 公里处，趋北偏东延亘于方山、临县、岚县、岢岚，抵五寨县北部。再向东则连着东魏长城，经宁武南部汾河源而抵原平县北境。

天保八年（557 年），又在外线长城以南筑长城。《北齐书》："是年，于长城内筑重城，自库洛拔而东，至于坞纥戍，凡四百余里。"库洛拔，或误作库洛枝。其地当在土隥戍以东，相当今代县与朔县交界。坞纥戍，位于今山西灵丘县西南境、平型关东北。这段"重城"实系重建一百年前的畿上塞围，西接肆州北山长城，循恒山山脉东达今灵丘境。

自坞纥戍而东北至库推戍地段，则沿用 12 前营造的定、幽、安三州北境的长城戍堡，即塞围长城东段。它循太行山脉蜿蜒于今河北省蔚县、涞源、易县、涞水，北京市门头沟区、昌平、怀柔和密云等县境，在古北口与外线长城汇合。

上述三段长城直到明代犹有大量遗迹。明人尹耕在《九宫私记》中写道："余尝至雁门（今代县境），抵岢（今岢岚县境）、石（今离石县境），见诸山往往有铲削处，逶迤而东，隐见不常。大约自雁门抵应州（今应县）、蔚州（今河北蔚县）、东山三涧口，诸处亦然。问之父老，则云古长城迹也。夫长城始于燕昭、赵武灵，而极于秦始皇。燕昭所筑自造阳至襄平，赵武灵所筑自代并阴山高阙，始皇所筑起临洮历九原、云中至辽东，皆非雁门、岢、石、应、蔚之迹也。"其实，这些地方的长城遗迹正是北齐王朝建造的内线长城，当然也含有北魏旧迹。不过，尹耕却把上述长城遗迹判定为战国赵肃侯长城，实误。赵肃侯筑造的长城分布在今河北省南境漳河北岸，文献上写得明白，不容混淆。

……

至此可知，北齐内线长城西南起自今山西离石县西北部，循吕梁山、恒山和太行山而抵今密云县古北口，在这里同外线长城汇合，复循燕山南缘屈曲东去，至于今辽宁绥中县南境的渤海边。分期分段逐步修筑，前后历时 14 年之久。

……

长城的兴筑和发展，无不反映着历史风云的变幻。北朝诸国长城的营建，持续了 134 年。其分布地域则退缩到秦汉长城以南，新的空间格局后被明朝借鉴，这是值得我们注意的。另外，它们是在鲜卑贵族当政的历史环境中出现的，无疑是历史上各族人民参与长城活动的实例之一，在长城史上占有重要位置。

（原载于《长城国际学术研讨会论文集》1994 年 9 月 1 日）

艾冲，男，陕西师范大学历史文化学院教授、博士生导师。1955 年生，硕士研究生毕业。研究方向是中国历史地理学、中国边疆史学、中国古代史等学术领域。为国家社会科学基金重大项目"中国古代长城的历史地理学研究"首席专家。出版有《明代陕西四镇长城》《中国的万里长城》《中国古长城新探》《河套高原战国秦汉政治地理研究》《唐代都督府研究》等多种专著。

河北境内北魏长城及镇戍遗址初探

李文龙

长城作为古代世界最宏伟的一项军事防御工程，自春秋战国时期至明代，在中国有着 2000 多年的修筑历史。其中北魏王朝修筑的长城，在中国长城史上有着重要的地位。其一，这是中国封建社会历史上第一次由非华夏民族所修筑的长城；其二，这是北方游牧民族入主中原后，仿效中原封建王朝军事防御制度，沿边境建立设防军事工程之始；其三，北魏长城无论是从长城墙体的修筑技术，还是从沿线镇戍的设置看，开后世长城分段管理、分段修筑之先河。

近年来，随着对北魏长城重要性认识的提高以及长城野外调查工作的开展，有关北魏长城的研究有了新的进展，艾冲、李逸友、朱大渭、鲍桐、张敏等先生分别从历史学、考古学、历史地理学、边疆史、政区疆域演变等方面较全面地探讨了北魏长城的设置背景、历史沿革、分布与走向等问题。笔者在拜读各位先生著述受益匪浅的同时，也深深感觉到各家在长城的走向与分布上歧义颇多，在诸如起点、终点等关键问题上各执一词。笔者始终认为，史料文献记载和实地调查相结合，是研究古代长城的唯一正确途径。自 2000 年来，根据河北省文物局的工作安排，笔者在教学之余，断断续续地对河北境内的古代长城进行了重点调查，今不揣陋见，根据近年来对北魏长城的一些调查成果和文献资料的研究作此拙文，求证于方家，以利推动北魏长城研究工作的深入。

一、河北境内北魏长城遗存

根据史料记载，北魏王朝建立后，为了防御北方游牧民族柔然的袭扰，先后三次修筑了长城。

柔然是我国古代北方少数民族之一，主要活动于 4 世纪末到 6 世纪中叶。拓跋鲜卑建立北魏王朝时期，正是柔然开始走向强盛的时期。拓跋鲜卑的"重心南向"，使得柔然族有可能尽占"匈奴故地"，获得大漠南北这一广阔的活动场所。402 年，柔然主社仑自称丘豆伐可汗（丘豆伐意即驾驭开张），在"匈奴故地"（即大漠南北）建立起一个奴隶制的国家政权。史称其控地"西则焉耆之地，东则朝鲜之地（《通典》卷一九六书作"东则朝鲜故地之西"），北则渡沙漠、穷瀚海，南则临大碛"。柔然从此成为北魏的劲敌。"冬则徙度漠南，夏则还居漠北"，畜牧业是柔然社会的基础，中原地区先进的封建经济文化吸引着柔然。掠夺在柔然人观念里是一种正常的谋生手段，故柔然经常南下入掠北魏。据史籍记载，柔然袭扰北魏边境凡 29 次，特别是在 429 年以前，几乎每年都对北魏边境发起攻击。"怎样对付柔然"就成为北魏统治者迫切需要解决的问题。

在北魏王朝初期，为了抵御柔然的南下袭扰，曾于明元帝泰常八年（423年）、孝文帝太和年间（477—499 年）修筑了长城。北魏泰常八年，"正月，蠕蠕犯塞。二月戊辰，筑长城于长川之南，起自赤城，西至五原，延袤二千余里，备置戍卫"。赤城即河北省赤城县治，长川在今内蒙古兴和县西北，五原在今内蒙古包头市附近。经过实地调查，这条长城位于张家口市的赤城、沽源、崇礼、宣化、张家口市区、万全、张北、尚义、怀安等县，部分地段沿用了原战国赵北长城、秦汉长城。

关于其东端起点，许多人认为在赤城县北部独石口一带，朱大渭先生认为在御夷镇正南约 10 公里处，这均与实际情况不符。经实地调查，这条长城起点在赤城东南部的后城乡小嵯村名为"四十里长嵯"的峭壁之上，北距独石口80 多公里，向北经红沙梁、白草鞍梁、青平楼口、北高山、红山咀、大小京门、骆驼砦嵯后，出赤城界进入沽源县，转西北行，绕独石口外之椴木梁，又转西南行，沿用一段秦汉长城后，过海拔 2000 余米的桦皮岭，南下经崇礼、宣化、张家口市区、张北、万全、怀安、尚义出河北省，沿内蒙古、山西交界西行。这条长城在河北境内总长约 452 公里。这条长城除部分地段是新建外，部分利用了战国赵北长城，部分利用了秦汉长城，有些地段在北齐、明代还得到修缮利用。北魏长城墙体为石砌或土石混砌，有少部分夯土墙体，保存较好的地段底宽4—5米，顶宽2—3米，收分明显，残高1—1.5米。大多数地段坍塌严重，已成为石堆状，基宽2—3米，残高不足1米。

从实地调查情况看，艾冲先生所言"大部分利用了战国赵长城旧基"是不确切的。朱大渭先生在未考证御夷镇早期在沽源境内大宏城，后迁至赤城北部的猫峪这一变化的情况下，得出其"东端起点赤城在稍后所建六镇最东御夷镇正南约10公里处"的结论，不仅没有任何长城遗迹为佐证，更是一种草率的空谈。

孝文帝太和年间修筑的长城是目前争议较多的。太和八年（484年），大臣高闾上表，奏请于六镇之北筑长城，"六镇势分，倍众不斗，互相逼围，难以制之……今宜依故于六镇之北筑长城，以御北虏。虽有暂劳之勤，乃有永逸之利"。他认为筑长城有五利："罢游防之其苦，其利一也；北部放牧，无抄掠之患，其利二也；登城观敌，以逸待劳，其利三也；省境防之虞，息无时之备，其利四也；岁常递运，永得不匮，其利五也。"孝文帝遂下诏："览表，具卿安边之策，比当与卿面论一二。"但是否修筑，史无明文。从北魏地理学家郦道元所著《水经注》中的"沽水""鲍邱水""濡水"的记载中，可知这条长城当时名为"长堑"，"太和中掘此以防北狄也"。李逸友先生指出这条长城西端起点在内蒙古武川县西乌兰不浪乡水泉村北，经达茂旗、四子王旗、察右中旗、察右后旗、商都县、化德县入河北省康保县，是为西段。东段起自太仆寺旗与正蓝旗交界的骆驼山下，向东经河北省沽源县、内蒙古多伦县、河北省丰宁县，止于丰宁县万盛永乡乌孙吐鲁坝西麓的滦河西岸。艾冲先生则认为此为魏北长城的东段，自今赤城和沽源两县交界的分水岭同西段衔接，循山岭东延于丰宁县北部，终滦平、隆化、承德县北部向东入内蒙古、辽宁境内，止于台安县古辽水入海口。艾冲先生的观点值得商榷。

1. 泰常八年（423年）长城和太和年间"长堑"，从实地调查情况看，二者并不衔接，南北相距约70公里，这一区域山高林密，人烟稀少，因此如果长城遗迹存在的话，被人类经济活动破坏的可能性很小，其目标应该是比较清楚的。

2. 这两条长城是北魏王朝在不同时期根据不同的防御形势而修筑的，"长堑"的修筑在六镇设立之后，它与六镇互为支撑，互为依托，使长城的军事防御功能得以充分发挥。泰常八年长城修筑在前，位于六镇之南，从军事防御角度看，缺陷十分明显，古人一定会加以弥补，这也是后来"长堑"修筑的原因之一。

3. 所谓东段"循山岭东延于丰宁县北部……"，没有实地调查资料支持，也与目前学术界认定的承德境内长城时代不符。本人曾多次到赤城、沽源、丰宁调查，三县交界的高山山势险峻，气候恶劣，人烟稀少，可能就是西汉武帝时所放弃的"上谷之斗辟县造阳地"的一部分。经多次调查，未发现向东延伸的"长堑"。其实，秦汉长城修筑到此处后，均绕过这一荒凉之地，在其东侧的围场、丰宁另筑新线。艾冲先生所指丰宁、隆化、滦平、承德县内的"长堑"，实则是以"列燧"形式修筑的汉长城，这已为长城学界所公认，"列燧"和"长堑"在形制上完全不同。

4. 止于台安县古辽水入海口之说，除了在这一区域未见长城遗迹外，从北魏王朝的疆域分析，在迁都洛阳前，拓跋鲜卑始终将以平城（今山西大同）为中心的代北地区作为其根据地，在城池修筑、屯垦移民等方面都以平城为中心，其对周围游牧民族的军事行动也无一不以确保平城安全为宗旨。而辽西、辽东则是慕容鲜卑故地，北魏平定后燕、北燕后，虽设平州、营州以管理此地，但正如已故著名考古学家李文信先生指出的那样，辽河流域当时还不是拓跋氏的势力范围，故长堑的规模也不算大。

综合以上几点，我基本同意李逸友先生的看法，2007 年春季，我曾由内蒙古正蓝旗黑城子牧场的骆驼山下，沿长堑遗迹南行至沽源、丰宁、多伦，确认此长城应是战国时期的燕北长城，北魏时改造为长堑。在沽源县糜地沟村东的一段特征明显，内侧为宽 4—5 米、残高 0.5—1 米的夯筑墙体，外有宽约 3 米、残深 0.5—1 米的壕堑，十分符合长堑的特征。

北魏王朝修筑的第三条长城是为了保护都城平城南部的安全，史称"畿上塞围"。北魏统一北方后，不仅对汉族人民，而且对当时其他的少数民族也实行严峻的军事统治，采取迫害和歧视的政策。当时的少数民族依惯例，通称杂胡，他们有不同的名称：山胡、稽胡、屠各、吐京胡、卢水胡等。这些胡人，曾被匈奴征服，后迁居在陕西、山西、甘肃等地，北魏建立后，又被迁徙到京师平城附近，从事农耕和畜牧业，或被迫为营户，在军队中服劳役。面对北魏统治者的压迫，各族人民进行了激烈的反抗。北魏太平真君六年（445 年）九月，卢水胡人盖吴在杏城镇（今陕西黄陵县西南）率众起义，后起义群众发展到 10 万人，盖吴自称天台王。十一月，河东（今山西西南部）的蜀族领袖薛永宗也起兵反魏。一时间各民族的起义风起云涌，北魏王朝的统治面临极大的威胁。太武帝拓跋焘一方面派大军镇压起义群众，另一方面在京师平城南修筑了这条"畿上塞围"，以防止起义群众向平城的进攻。魏太武帝拓跋焘于太平真君七年（446年），"六月丙戌，发司、幽、定、冀四州十万人，筑畿上塞围，起上谷，西止于河，广袤皆千里……九年二月，罢塞围作"。历时一年九个月。关于这条长城的走向与分布，朱大渭先生著文指出，从东向西为起上谷居庸关（今北京市延庆县），向西经燕州广宁郡（治今河北涿鹿），沿于延水支流（今张家口市宣化县南洋河），再向西北经大宁郡（今河北怀安县），北至参合陂（今内蒙古凉城县东），绕京畿北部，向西北紧围盛乐旧京（今内蒙古和林格尔），再折向黄河河套东侧，沿黄河向南，至离石镇（今山西离石县）。此说错谬颇多，艾冲先生曾撰文详以辨析，此不赘述。经调查，这条长城起自北京市门头沟区的禾子涧一带，向西南延伸，经大村、了思台，由门头沟区东灵山进入河北省张家口市涿鹿县界，复西转西南经蔚县南部入山西省广灵县，经浑源、应县、山阴、代县、原平、宁武、五寨、岢岚，止于兴县魏家滩镇西坡村村南。这条长城在河北境内全长约119公里。墙体石砌或土石混砌，保存较好的地段底宽约3.5米，顶宽约2.5米，残高2~3米，顶部略呈拱形。其他地段坍塌严重，残高0.5—1米，呈石垅状。

补充说明的是，从目前长城小站网友公布的调查材料看，这条长城由北京市昌平区禾子涧村东的锅顶山向北，呈南北走向，过黄龙院口后与东西走向的明长城相接，是否向东北方向延伸到居庸关或八达岭上，尚不能确指，或许此段长城被明长城叠压或利用。另外，长城自河北省涿鹿县、蔚县的小五台山北麓西行，蜿蜒于蔚县大南山之上，过北口（即历史上著名的飞狐口），再向西进入山西省广灵县，而非艾冲先生所言过蔚县和涞源两县间的黑石岭。黑石岭位于飞狐道南端，虽然是这条古道上的要隘，但却是建于明代的宣府镇南路长城的军堡之一。

二、北魏六镇中的怀荒镇、柔玄镇、御夷镇在河北境内的设立

如前所述，北魏在对柔然征讨的同时，明元帝、太武帝、孝文帝曾三次大规模修筑长城。然而对于以游牧为主的柔然骑兵而言，长城作为一条单一的防线，无法长期阻挡柔然的袭扰，必须依托于军镇、屯戍点，才能构成严密的

防御体系。北魏自道武帝开始在北部东西千里的边境设置军镇，当时通称"北镇"，又称"六镇"，但有的镇始置时还没有固定治所。关于六镇始置时间，从396年至433年，史学界有多种不同的说法，综合史料可知，六镇的设置当在筑长城之后，用以填补长城防御体系的不足。道武帝时期设置的军镇，尚无六镇之称。太和十八年（494年）七月，孝文帝巡视怀朔、武川、抚冥、柔玄四镇，下诏六镇及御夷城人，年满80以上而无子孙兄弟，终身给其廪粟。70以上家贫者，赐粟十斛。"六镇"之称，始见于记载。

六镇的地理方位与分布，异说甚多，学者们有不同意见。由王仲荦、刘统撰写的《中国大百科全书·历史卷》"六镇"条目中由西向东记为沃野镇、怀朔镇、武川镇、抚冥镇、柔玄镇、怀荒镇，其中柔玄镇位于今内蒙古兴和县西北，怀荒镇位于今河北省张北县境内。翦伯赞《中国史纲要》亦持此说。《资治通鉴》胡三省注："魏世祖破蠕蠕，列置降人于漠南，东至濡源，西及五原阴山，竟三千里，分为六镇，今武川、抚冥、怀朔、怀荒、柔玄、御夷也。"唐李吉甫在《元和郡县志》记六镇，从西至东沃野镇为第一镇，怀朔镇为第二镇，武川镇为第三镇，抚冥镇为第四镇，怀荒镇为第五镇，柔玄镇为第六镇。程应镠在《南北朝史话》中则记"最东的是怀荒镇（现内蒙古集宁市东北）"。李逸友在《中国北方长城考述》中指出，怀荒镇位于内蒙古察右后旗白音查干镇东部（集宁市东北），柔玄镇可能是河北省尚义县哈拉沟土城遗址。总之，尚无比较统一的意见。

从当时的长城防御体系分析，六镇由西向东设置，大体在同一纬度上，城址规模应相近。柔玄镇位于长川故城之东已被学术界所公认，今长川故城已由内蒙古文物考古界定为兴和县西北15公里的土城子村，柔玄镇则可能在兴和东北与河北省尚义县交界处。1985年调查的尚义县哈拉沟乡土城子城址正处于这个位置上。土城子地处冀蒙交界，其西、东与内蒙古兴和县接壤。遗址北垣约20米有二龙河，蜿蜒西北流去，过沙河庙汇入五台河（部分河段为冀内蒙界河），最后注入冀内蒙界湖察汗淖（五台海子）。土城子城址建于高台地上，地上建筑已荡然无存。城垣呈不规则五边形，东西长约1100米，南北宽约1006米，面积约1050000平方米，墙体用褐土、沙土夯筑，基宽约13米，残高0.5—1米。城内北部有一小城，南北约100米，东西宽50米，城垣夯土筑成，残高0.5米。城垣外壁筑有圆形马面8座，直径25—30米，突出墙体3—5米。

采集遗物有泥质灰陶壶、罐、筒瓦、板瓦、莲瓣纹瓦当和白釉、黑釉瓷碗、罐等残片，另有铁犁、铁刀和石雕建筑残件等遗物。城址规模略小于内蒙古固阳县城库伦古城（怀朔镇遗址）。遗址内许多地点还发现了具有典型北魏特征的莲花纹瓦当、布纹板瓦、子母扣筒瓦、泥质灰陶水波与凹弦纹陶片。莲花瓦当模制，直径 12—13 厘米，纹饰有复瓣双层、复瓣单层等多种样式，与洛阳汉魏故城出土北魏瓦当纹饰极为相似。从地望、史料记载、出土文物等，初步认定此即柔玄镇城址。领导六镇流民起义的杜洛周即为柔玄镇兵。此城辽、金时期又被利用。

怀荒镇的位置至今无法确认。依《元和郡县志》与《资治通鉴》胡三省注的记载，怀荒镇位于柔玄镇之西。今柔玄镇初定为尚义县哈拉沟乡土城子，怀荒镇则应在内蒙古境内。原来认为怀荒镇在张北境内的观点值得商榷。今张北县境内共发现大小城址 5 座，除元中都外，其他城址规模偏小，长 170—300 米，宽 50—300 米，多见辽、金时期陶瓷片，未见北魏时期遗物。从长城的走向与分布看，北魏长城自张北东端的桦皮岭向南延伸，呈"U"字形至古代坝上、坝下重要的交通孔道狼窝沟口，未利用原秦、汉长城。因此初步排除怀荒镇在张北境内的可能性。李逸友在《中国北方长城考述》中指出，怀荒镇位于内蒙古察右后旗白音查干镇东部（集宁市东北），从地望上分析，应该更符合实际。

御夷镇不在六镇之列，但也是北魏主要军镇之一，其地位与六镇相同。据洛阳出土《元怿墓志铭》记载：（六镇起义造成）"四方愤惋，所在兵兴，七镇继倾，二秦覆没。"说明也有"七镇"之说。御夷镇位于六镇之东，初名御夷城，位于今沽源县北。《水经注·濡水》记："濡水出御夷镇东南，其水二源双引，夹山西北流，出山合成一川，又西北迳御夷故城东，镇北百四十里；北流，在道则连泉水注之，出故城东，西北流，迳故城南。"濡水即今之滦河，其上游为发源于坝上草原的闪电河。从实地调查情况看，沽源县大宏城古城址与之相符。大宏城遗址位于闪电河乡大宏城子村西南 750 米的高岗上，城南500 米为一湖泊——囫囵淖。城址平面呈长方形，东西长 130—177 米，南北宽约 146 米，面积约 25000 平方米。城垣夯土筑成，残高 2 米。东墙有城门遗迹。采集遗物有泥质、夹砂灰陶绳纹、布纹板瓦、筒瓦、泥质灰陶暗纹罐、夹砂红陶盆等残片，时代属北魏时期。郭郛先生、李逸友先生认定大宏城为御夷故城，筑于北魏初期（郭郛：《元察罕淖儿行宫实地考辨》，《文物春秋》1993

年 2 期；李逸友：《中国北方长城考述》,《内蒙古文物考古》2001 年 1 期）。

北魏孝文帝太和年间御夷城置镇，南迁于赤城县西北。经省、市考古工作者及长城学家成大林先生调查，赤城县西北的猫峪村发现的古城址位置与御夷镇相对应，应是御夷镇城址。猫峪城址位于猫峪乡猫峪村西南 500 米处的白河（北魏时称沽水）东岸。城址平面呈长方形，由上下两城组成，南北长 1200—1300 米，东西宽约 700 米，总面积约 90 万平方米。上下城南北相连，北侧的上城稍大，西北角已毁。城垣夯土筑成，宽 3—4 米，残高 0.4—1.5 米。东墙、南墙有城门遗迹，东门外残存高台基建筑基址，南门外残存夯土台基。采集遗物有夹砂灰陶板瓦、莲花纹瓦当、泥质黑灰陶盘口瓶、水波纹陶片、"开元通宝"铜钱、白瓷碗等残片，其时代从北魏延续至唐代、辽金。

总之，北魏长城及镇戍遗址在修筑初期，对防御柔然的袭扰起到了一定作用，也带动了长城沿线屯田垦殖活动的发展，促进了北方农业生产水平的提高。北魏前期、中期对六镇极为重视，置镇都大将及僚属，镇下置戍，镇兵巡行防戍。六镇将领全由鲜卑贵族担任，镇兵主要是鲜卑人，也有来自中原的"强宗子弟"。高车族内附后，其数十万人、百万牛马也被安置在六镇地区。文成帝以后又不断发配因犯戍边。随着柔然的衰落，其对北魏北方边境的威胁已大为减少，特别是太和十八年（494 年），孝文帝迁都洛阳后，北魏政治经济中心南移，六镇失去军事上的重要地位。在汉化的大趋势下，六镇仍保持着鲜卑化倾向，镇民被称为"府户"，属于军府，世袭为兵，不得迁移。从此镇民的地位日益下降。北魏后期，六镇镇民中贫富差别加重，镇将、豪强等因不能升迁至中原政权机构中而不满，镇民遭受镇将、豪强的欺凌，土地被剥夺，承担着繁重的官、私力役。这些矛盾不断激化，终至爆发了六镇起义。自此之后，六镇遂废弃。

参考文献：

[1] 艾冲：《北朝拓跋魏—高齐—宇文周诸国长城再探》,《社会科学评论》2007 年第 3 期。

[2] 李逸友：《中国北方长城考述》,《内蒙古文物考古》2001 年第 1 期。

[3] 朱大渭：《北朝历代建置长城及其军事战略地位》,《中国史研究》2006 年第 2 期。

[4] 鲍桐:《北魏北疆几个历史地理问题的探索》,《中国历史地理论丛》1993 年第 3 期。

[5] 张敏:《论北魏长城—军镇防御体系的建设》,《中国边疆史地研究》2003 年第 2 期。

（原载于《中国长城博物馆》2014 年第 3 期）

北魏柔玄镇地望考述

魏隽如　张智海

六镇是北魏建都平城（山西大同）后，为防范柔然人袭扰和羁縻高车人而沿着长城一线，在西起内蒙古五原，东到今张家口的 1000 公里边界上设置的六大军事重镇。六镇的地名和范围，自北宋以来，聚讼纷纭，而以清代学者沈垚《六镇释》考证最有力，为后来学界所公认，即自西向东依次为沃野、怀朔、武川、抚冥、柔玄、怀荒六镇[1]。本文的研究对象柔玄镇就是其中之一。柔玄镇究竟在哪里？多年来，学术界莫衷一是。一种观点认为在内蒙古兴和县境[2]，但具体在兴和县什么地方，则有兴和西北[3]、兴和北[4]、兴和台基庙东北[5]等不同说法。另一种观点认为在内蒙古自治区[6]，其中有的则推定在内蒙古察右后旗白音察干古城[7]。还有一种观点主张在河北尚义县西[8]。有的则认为在河北张北县北[9]。谭其骧先生主编的《中国历史地图集》第四册中将柔玄镇标在兴和县石湾子乡榆树营一带，地处今河北尚义与内蒙古兴和交界处，东距尚义县城南壕堑镇约 12 公里[10]。

作为距平城最近的北方重镇柔玄镇，曾因孝昌年间（525 年）杜洛周在上谷（河北怀来）发动的"河北起义"而名震天下，追随他起事的柔玄镇兵后又成为高欢父子取代北魏建立东魏、北齐的军事工具。由此，柔玄镇的重要性便不言而喻。正如康乐先生指出的："北魏怀荒镇民的暴动掀开了'六镇之乱'的序幕，并间接敲响了北魏帝国的丧钟。北魏的军镇与镇人也因此成为后世史家注意的焦点。"[11]但史籍对柔玄镇几近失载，近现代史学家对此也少有专文论述，即使有所涉及也极为简略，且多与六镇一并提出，或只是征引文献。至于有关柔玄镇地望考证的专门文章，笔者至今亦尚未见到公开发表。因而本文以历史文献、实地考察与考古资料相互参照、相互印证，就柔玄镇的地望与兴废沿革进行了分析与考证，以求正于方家。

一、以历史文献及实地考察资料相互印证考述柔玄镇的地望

柔玄镇史料缺乏是不争的事实，究其原因主要有：

1. 柔玄镇地处北边，北魏迁都洛阳后其战略地位急剧下降，尤其是六镇起义后，这一地区长期处于失控状态，后世修史的资料便难以收集。

2. 记载南北朝史实的《北史》《南史》《北齐书》《周书》等正史中无志，《魏书》虽然有志但显疏略，《魏书·地形志》中又缺乏柔玄镇任何有参考价值的史料。《南史》根本没有提及柔玄镇，而其他正史对柔玄镇的记载，都散于本纪和列传中，描述简略，难以佐证。

3. 唐代的重要志书中，《元和郡县图志》只记载了六镇的位序，并未涉及柔玄镇的地望；《通典》中有关柔玄镇的记载及地望的考证几乎没有任何参考价值。

4. 五代以后，北魏柔玄镇之地相继陷于辽、金、元，这一时期的志书均未提及该地。《大清一统志》古迹条下则载柔玄镇城在蒙古察哈尔旗东南。

现存历史典籍中关于柔玄镇地望的记载，只有郦道元《水经注》的记载最为详尽。《魏书·郦道元传》中有关于柔玄镇的一段描述："肃宗以沃野、怀朔、薄骨律、武川、抚冥、柔玄、怀荒、御夷诸镇并改为州，其郡县成名令准古城邑。诏道元持节兼黄门侍郎，与都督李崇筹宜置立，裁减去留，储兵积粟，以为边备。"[12] 这段史料是说，北魏末年，随着北边诸镇的扩大加上其地理位置的重要，肃宗（即北魏孝明帝元诩）准备将柔玄等镇合并为州，任命郦道元为参加诸镇调整计划的大使[13]。这项工作后来因"六镇起义"半途而废，但肩负着国家使命并立志作《水经注》的郦道元到过距平城最近的柔玄镇是不言而喻的。所以他在《水经注》中对柔玄镇的描述应是真实可靠的，因而是笔者考证柔玄镇地望最为可据的文献资料。

郦道元《水经注·㶟水》记载："㶟水又东，左得于延水口，水出塞外柔玄镇西长川城南小山。《山海经》曰：梁渠之山，无草木，多金玉，修水出焉。东南流泾且如县故城南……于延水出县北塞外，即修水也。"[14]

《水经注》为我们提供了"于延水""塞""长川城""梁渠山"等与柔玄镇

地望息息相关的几个地理标志，因而欲考察其地望则必须先确定这些地理标志的具体位置。

"于延水"为㶟水（今桑干河）的支流，《水经注》记载其发源于柔玄镇西长川城南小山，因而首先得确定"于延水"源头的位置。《大同府志》载"于延水即今东洋河也"，《中国历史地图集》第四册标注今东洋河的源头在今内蒙古兴和县北部，东南流至河北怀安县境与南支流银子河汇合，现称为后河或后沙河[15]。

《水经注》说于延水出自塞外，关于"塞"的概念古代是不断变化的，早期是指边界险要形势之地，汉代的塞则多指长城，北魏因袭汉代之用法。

《魏书·太宗纪》载：泰常"八年正月丙辰……蠕蠕犯塞。二月戊辰，筑长城于长川之南，起自赤城，西至五原，延袤二千余里，备置戍卫"[16]。这里的"塞"，指的是北魏明元帝拓跋嗣泰常八年（423年）第一次修筑的长城。

《魏书·世祖纪下》载：太平真君七年六月"丙戌，发司、幽、定、冀四州十万人筑畿上塞围，起上谷，西至于河，广袤皆千里"[17]。这里的"塞"指的是北魏太武帝拓跋焘太平真君七年（446年）第二次修筑的长城，艾冲先生称其为"魏南长城"[18]。

太和八年（484年）中书令高闾又上表奏请："今宜依故于六镇之北筑长城，以御北房。"[19]孝文帝虽曾"优诏答之"，却未明确记载是否兴筑。而《水经注·鲍丘水》记载："大榆河又东南出峡，迳安州旧渔阳郡之滑盐县南，左合县之北溪水，水出县北广长堑南，太和中，掘此以防北狄，其水南流经滑盐县故城东。"[20]此段史料说明北魏孝文帝元宏太和年间确曾第三次兴筑长城。

《水经注》记载的于延水出塞外之"塞"，李逸友先生实地考察后认为是泰常八年"北魏王朝第一次修筑的长城，是将赤城至五原间的秦汉长城加以修葺而成。其东起自河北省赤城县独石口北的大山上，西行经崇礼与沽源之间的山岭，再经张北县南、尚义县南、怀安县西北角而入内蒙古"[21]。

高鸿宾先生持相似观点，他根据实地勘察，认为"今张家口市张北县与万全县交界的坝头沿线，确有古长城遗迹存在。它东起张北黄花坪、狼窝沟一带，向西经东营盘、台路沟，到大河乡南缘入尚义县甲石河乡鱼儿山，折西南行，经万全、尚义、怀安交界转而向西，从怀安桃沟出境向北，入内蒙古兴和县，全长约100公里。这段长城在历史上曾先后为秦、汉、北魏及明代修缮利用，其中明代遗迹最为明显，但早期长城遗迹还随处可寻，曾采集到战国时期的夹砂红、灰陶片及釜足等"。[22]《张家口地区文物普查资料集》记载："经调查和核对有关地方志后，发现此段长城（北魏泰常八年所修）大部被明长城复缮利用了。"[23]

根据以上史料及实地考察分析，《水经注》中"水出塞外柔玄镇西长川城南小山"的"塞"当指北魏泰常八年在秦汉长城基础上修缮利用后经明代复缮叠压的今蜿蜒于河北尚义县南境与万全、怀安交界处而入内蒙古兴和县的长城。

确定长川城南小山的地望，对于考证柔玄镇故址的确切地点更为重要。内蒙古兴和县的常谦先生曾多次到土城滩实地考察，认为长川城南小山，即土城滩元山子。他说："古代的土城滩，有季节性内陆湖（汗海子），面积大约2500平方米……经研究分析，古于延水是从这一内陆湖溢出的溢水河，于延水的称谓可能与之有关。不知什么时候，河槽冲深，内陆湖水随之而去，形成了原来的土城子沼泽地带……土城滩又称元山子滩，元山子位于滩的中南部，离土城子故城5里。元山子平地而起，特别明显。而郦道元随同孝文帝北巡时在《水经注》中所描述的长川城南小山，即土城滩元山子。古于延水发源处则为元山子……从考查结果看，既然于延水的发源地是元山子滩（南小山），那么，内蒙古乌盟兴和县土城子遗址则是北魏长川城确定无疑了。土城村南5里的元山子就是郦道元所指的'长川城南小山'。"[24]

长川城遗址位于今兴和县西北15公里处的土城子村。东距集兴公路2公里，东南距大青山8公里，东北距团结乡政府2.5公里，西北距大五号行政村1公里，西8公里是台基庙村。

常谦先生通过进一步考证，认为《水经注》中的"梁渠山"即今日南北向耸立于河北尚义县与内蒙古兴和县交界处但大部分在尚义县的大青山。他说："经考查发现了多处古人采水晶、脉金、蓝宝石、矿洞遗迹，并发现北魏早期摩崖石碑。碑文所指（大青山）即当时七宝山，并指出七宝洞的位置，这和《山海经》没树少草、有金矿、有宝石的描写是一致的。同时又发现了卜沟鲜卑墓群。这充分证实了今大青山即战国梁渠山、修水发源地，北魏长川城拓跋鲜卑族墓地就建在本县大青山下。"

大青山属阴山支脉大马群山，东汉时称弹汗山，北魏时呼东木根山。这一地区在历史上曾经是鲜卑民族活动的广阔历史舞台。东汉桓帝时，鲜卑著名首领檀石槐统一了各部，"乃立庭于弹汗山歠仇水（即于延水）上，去高柳（今山西阳高西北）北三百余里"[25]。这里也曾是鲜卑拓跋部走出高山深谷、历经"九难八阻"而步入文明国家征途中的"龙兴之地"。史载"惠皇帝讳贺傉立，桓帝之中子也……四年（325 年），帝始临朝。以诸部人情未悉欸顺，乃筑城于东木根山，徙都之"[26]，即是明证。

通过以上对文献的分析并结合历史的变迁，可以大体上确定柔玄镇所在的地理范围，即在北魏泰常八年所筑的位于今河北省尚义县南境与万全县、怀安县交界处而入内蒙古兴和县的长城之北，其故址地处于今兴和县团结乡土城子村的北魏长川城的东部。

二、以考古资料进一步考定柔玄镇的地望

李逸友先生认为："北方镇戍遗址中遗物与沽源县大宏城相同，大宏城为北魏御夷城遗址，因此亦疑尚义县哈拉沟古城乃是柔玄镇遗址，有待于河北省文物部门证实。"这使我们深受启发。

哈拉沟古城即今河北省尚义县三工地镇土城子城址，究竟是不是北魏柔玄镇遗址？为此我们沿着北魏长川城遗址的东部寻觅，在兴和境内并未发现北魏镇戍遗址存在的任何蛛丝马迹。这充分说明，柔玄镇遗址并不在兴和县境。那么它在哪里？河北尚义县位于内蒙古兴和县的东边，其境内的三工地镇土城子城址距北魏长川古城遗址东约 25 公里。土城子城址是不是柔玄镇址？带着这一疑惑，我们数次深入该地点实地考察。2003 年 8 月笔者还陪同河北省文物研究所一行 6 人对土城子城址进行了为期一天的勘探，在城内多处地点采集到具有典型北魏特征的遗物。我们初步认定土城子城址为北魏北边的军事重镇，极有可能就是湮灭近 1500 年的北魏柔玄镇故址。同年 10 月，省文物研究所又派考古队对该遗址周边自然地理环境、城垣的现状与遗址内高出地面的建筑基址进行了翔实的勘察，并在遗址内探明了文化层的北魏属性，笔者随同并作了详细的考古探查记录，结果从考古学角度也进一步证实了土城子城址确为北魏柔玄镇址。

土城子城址位于河北省尚义县三工地镇土城子村，地处冀蒙交界，其西、东与内蒙古兴和县接壤。纬度跨 N41° 73' 14" —N41° 74' 16"，经度跨

E114°47′75″—E114°48′85″，平均海拔 1381 米。距遗址北垣约 20 米有二龙河，蜿蜒向西北流去，过沙河庙汇入五台河（部分河段为冀内蒙界河）而注入冀内蒙界湖察汗淖（五台海子）[27]。遗址南部约 30 公里处有巍峨的大青山，海拔 1919 米。古城内有通往沙河庙与哈拉沟的乡间公路，东向与尚义一大青沟公路接通，城址东距尚大公路约 8 公里，北距东号一商都公路约 12 公里。

土城子城址，位于二龙河阴隆起的台地上，地上建筑已荡然无存。城垣呈"⬠"形，城墙残高 0.5—1.5 米，夯筑。古城呈东西向布局，东西长约 1100 米，南北宽约 1006 米，城池面积约 105 万平方米。从军事防御角度来看，古城紧扼二龙河阴，居高临下，据有重要军事战略地位。

土城子城址的建筑布局符合北魏风格，与内蒙古已考定为六镇之一的怀朔镇的遗址布局极其相似，如子城、角台与马面。遗址城垣平而呈现不规则的六边形，也颇类似于怀朔镇遗址的城垣形状。城垣面积及规模也仅次于怀朔镇遗址[28]。原因是柔玄镇与怀朔镇在北魏后期均是防御柔然的主要军镇。柔玄镇将领一般都兼统抚冥、怀荒、武川镇三镇诸军事。如苟恺"累迁冠军将军，柔玄、怀荒、武川镇大将"[29]；江阳王元继"加平北将军"。高祖时，除使持节、安北将军、抚冥镇都大将，转都督柔玄、抚冥、怀荒三镇诸军事、镇北将军、柔玄镇大将[30]。遗址所处纬度与其他被考定的六镇遗址纬度也基本一致，大致在北纬 41°南北，且处于北魏太和年间兴筑的长城 50 公里之内。内蒙古四子王旗乌兰花土城子古城早在 20 世纪 70 年代就被认定为抚冥镇遗址[31]，多年来学界多沿用此说。虽然缺乏文物考古的证据，但学者们仍据文献并结合交通地理位置推断怀荒镇的地望就在张北县城内，这得到了学术界的普遍认同。柔玄镇将兼督抚冥、怀荒等镇，说明这三镇必相毗邻，且正以柔玄镇居中，兼督东西两邻镇。

土城子城址恰处于抚冥镇遗址与怀荒镇之间，这符合六镇中抚冥、柔玄、怀荒镇自西向东的顺序。遗址南一墙之隔的谢家村农田中经常有青铜镞出土，笔者也曾在遗址东北约 7 公里处的西水泉村的小山包上采集到一些青铜镞与残青铜剑首。这类发现无疑证明了土城子城址的军事用途，它是北魏北边的一座军事重镇。

土城子村就建在遗址内，遗址内出土的建筑构件与生活遗物，也具有鲜明的北朝时代特征。村落内经常见到被流水冲刷出的泥质灰瓦当、瓦片与灰陶片等遗物，由此可知，村落是直接建于原毁弃的建筑之上的。村落后的农田上有一大型建筑台基遗迹，东西约100米，南北约50米，疑为子城。为探明其文化与年代属性，河北省考古队曾在此建筑遗迹上打3个探孔，经测量T1文化层厚75厘米，T2厚63厘米，T3厚78厘米。东垣墙体呈北偏东15度，宽7.2—8米。观察该墙体上近代废弃窖穴断面有明显夯层分布，厚8—10厘米，有直径约3厘米的夯窝。东垣墙体遭严重破坏，残高约1.5米。墙内采集到一瓷片，疑为原始青瓷残片。东垣北段内折与北垣接壤处呈弧形，弧形处向外突出一高于地面的建筑基址，应该是角台遗迹。北垣破坏严重，残高约1米，护城河二龙河距墙体约20米，沿墙内侧有一略高出地面的建筑台基，周围散落着大量筒瓦与板瓦残片。西垣与南垣也破坏严重，残高0.5—0.8米。西垣正中有一豁口，可能为门址所在。西南角有一略高出地面的台地，周围分布着大量瓦片等建筑构件，可以断定该处是一角台建筑遗迹。20世纪60年代因修扬水站南门址遭到破坏，但仍依稀可辨。遗址墙基有均匀分布的8处土墩子，疑为马面遗迹。城内中部偏西建筑遗迹上发现一些带划刻文字的瓦片，年代可能晚于北魏，疑为后代沿用营造的建筑构件。城内农田中曾出土铁犁铧、马具、青铜镞与铁镞，还有一些年代属于北宋与金代的货币，如金正隆、大定通宝等。铁犁铧所处时代最终被认定为金代，这充分说明遗址最晚曾在金代被沿用。

遗址地表散落有大量泥质灰陶布纹瓦残片、红陶瓦残片和少量夹砂黑陶残片遗物，具有明显的北魏特征。遗址内许多地点还发现了具有典型北魏特征的莲花纹瓦当、布纹板瓦、子母扣筒瓦、水波纹与凹弦纹夹砂泥质灰陶片。莲花瓦当纹饰有复瓣双层、复瓣单层等多种样式，共3件，淡灰色泥胎，模制。其中一件为"复瓣双层莲花纹残瓦当"，直径约13.2厘米、厚1.7厘米，其纹饰颇类似于汉魏洛阳故城出土的一件，当中为一高凸的圆心，周围再饰一圈连珠纹共同组成花蕊，外周环绕双层复瓣莲花纹（图1）。一件为"复瓣三层莲花纹瓦当"，直径13厘米、边轮宽0.9厘米、厚1.5厘米，当中为一高凸的乳丁纹纽，周围再饰一圈极小的连珠纹共同组成花蕊，外周环绕三层复瓣莲花纹九瓣，莲瓣之间有凸起的花尊纹饰，整体构图丰满，表现出极强的装饰效果（图2）。另一件为"复瓣单层莲花纹瓦当"，直径约12厘米、边轮宽约1厘米、厚

1.5 厘米，花蕊纹为圆心纽外饰连珠纹的图案，外周环绕单层复瓣莲花纹，莲瓣略显短肥，外缘饰一周连珠纹（图 3）。

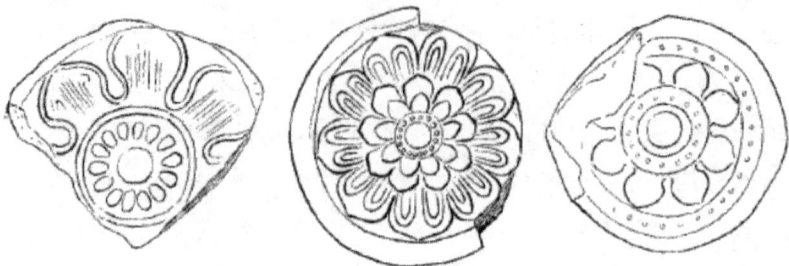

图 1　复瓣双层莲花纹瓦当　　　图 2　复瓣三层莲花纹瓦当　　　图 3　复瓣单层莲花纹瓦当

　　莲瓣形状雕饰为佛教之象征。梁思成《中国建筑史》中言："佛教传入中国，在建筑上最显著而久远之影响，不在建筑之基本结构，而在雕饰……莲花为佛教圣花，其源虽出于印度，但其莲花瓣形之雕饰，则无疑采自希腊之'卵箭式'（egg—and—dart）。因莲瓣之带有象征意义，遂普传至今。"[32] 在柔玄镇遗址中征集到的"首尾团连双狮"石质器物座，也说明了这种成对的动物图案或几种动物分组对称排列的处理形式具有佛教与祆教的鲜明特色。佛教从汉代传入中国，至晋而普传，北魏极度崇佛，曾呈现出一派"京邑帝号，佛法丰盛，神图妙塔，桀峙相望，法轮东转，兹为上矣"恢宏的佛界气象。佛教观念渗透到社会生活的各个方面，建筑材料中莲花纹瓦当的广泛运用就是一个具体反映。这些文物的装饰或造型，与佛教昌盛密切相关，这进一步证实了土城子城址的北魏属性。在当地还征集到一件完整的敞口束颈瓜棱灰陶罐，高 20.3 厘米、口径 9 厘米、底径 7.6 厘米，底部饰一圈绳纹，属于北魏的标准器物，即喇叭口状器物。它无疑也证明了土城子城址的北魏文化属性。

　　土城子城址所在的坝上高原，是古代农牧两种文明碰撞、交融的过渡带。这样的地缘性，决定了它长期成为古代北方游牧民族进出中原的走廊。1984年，沉睡在地下千余年的"晋鲜卑率善佰长"印在尚义县大青沟镇安家梁村重见天日，这方印是西晋中央政府授予鲜卑的官印，青铜质，印体呈正方形，边长 2.1 厘米、通高 2.1 厘米、重 24.5 克，兽纽，阴文篆书[33]。它的出土更有力地证明尚义县所在区域早在西晋就已经成为鲜卑诸部活跃的历史舞台。遗址南部的大青山区更是拓跋鲜卑的"龙兴之地",在鲜卑民族史上具有举足轻重的地位。这样的历史注定了古代尚义有理由成为北魏建国初期历代帝王苦心经营的区域,柔玄镇城建置于此也就不足为奇了。

通过以上对土城子城址的建筑布局、形制与规模,城内外出土的遗物以及其所处的相对地理位置等探讨、考证,结合历史文献、实地考察资料的分析,2004年10月我们完成了此文的初稿,认为北魏柔玄镇的地望在河北省张家口市尚义县三工地镇土城子村,土城子城址就是北魏柔玄镇故址所在。我们的观点得到省文物研究所有关专家的认同。2006年5月"土城子城址"(编号Ⅰ–13)被国务院公布为第六批全国重点文物保护单位,时代为南北朝,但未确定是北魏柔玄镇故址。同年10月,景爱先生根据李逸友《中国北方长城考述》提供的资料进行推断:土城子古城"规模比较大,城内多北魏遗物,作为柔玄镇址是没有什么问题的"[34],却并未作论证。因而我们就柔玄镇的地望与兴废沿革,以历史文献、实地考察与考古资料相互参照进行了分析与考证,希望由此可以丰富北朝历史地理的研究内容,并以此为突破口推动北朝边镇系列研究向纵深层面发展。

注释:

[1] 沈垚著、张穆编:《六镇释》,《落骕楼文稿》卷1,转引自谭其骧主编《清人义集·地理类Ⅰ编》第1册,浙江人民出版社1986年,第676页。

[2] 吕思勉:《两晋南北朝史》,上海古籍出版社1983年,第564页。

[3] 王仲荦:《魏晋南北朝史》,上海人民出版社2003年,第528页;程应镠:《南北朝史话》,北京出版社1979年,第91页;朱大渭:《魏晋南北朝社会史》,中国社会科学出版社1998年,第5页。

[4] 韩国磐:《魏晋南北朝史纲》,人民出版社1983年,第484页。

[5] 张传玺:《中国通史讲稿》,北京大学出版社1982年,第309页,注①;沈起炜:《细说两晋南北朝》,上海人民出版社2002年,第361页。

[6] 白寿彝:《中国通史纲要》,上海人民出版社1980年,第173页。

[7] 内蒙古文物工作队、包头市文物管理所:《内蒙古白灵淖城圐圙北魏古城遗址调查与试掘》,《考古》1984年第2期;李逸友:《内蒙古历史名城》,内

蒙古人民出版社 1993 年；鲍桐：《北魏北疆几个历史地理问题的探索》，《中国历史地理论丛》1999 年第 3 期。

[8] 何德章：《中国魏晋南北朝政治史》，人民出版社 1994 年，第 193 页；张文强：《中国魏晋南北朝军事史》，人民出版社 1994 年，第 216 页；严耕望：《唐代交通图考》第 5 卷篇 53 "则柔玄镇当在今兴和县或稍北，约 E113° 22′ N41° "，中央研究院历史语言所专刊之八十三，1986 年，第 1778 页。

[9] 尚钺：《中国历史纲要》，人民出版社 1955 年，第 120 页，注①；何兹全：《魏晋南北朝史略》，上海人民出版社 1958 年，第 162 页。

[10] 中国历史地图集编辑组：《中国历史地图集》第 4 册，中华地图学社 1975 年，下同，第 44—45 页；谭其骧主编：《中国历史地图集》第 4 册，中国地图出版社 1985 年；谭其骧主编：《简明中国历史地图集》，中国地图出版社 1991 年，第 31—32 页。

[11] 康乐：《从西郊到南郊——国家祭典与北魏政治》，台北稻禾出版社 1995 年，第 88 页。

[12]《魏书》卷 89《郦道元传》，中华书局 1974 年，第 1925 页。

[13] 史念海：《论西北地区诸长城的分布及其历史军事地理（上篇）》，《中国历史地理论丛》1994 年第 2 期。

[14][北魏] 郦道元著，杨守敬、熊会贞疏：《水经注疏》卷 13，江苏古籍出版社 1989 年，第 1175 页。

[15]《中国历史地图集》第 4 册，第 44—45 页；严耕望：《唐代交通图考》第 5 卷篇 53，第 1778 页 [又于延水即今洋河，据民国四年参谋部百万分之一图及 ONC—F—8，洋河有东西两源，东源出兴和县北，西源出兴和、平地泉（集宁）之间以北地区]。

[16]《魏书》卷 3《太宗纪》，第 63 页。

[17]《魏书》卷 4 下《世祖纪下》，第 101 页。

[18] 艾冲：《北朝诸国长城新考》，中国长城学会编《长城国际学术研讨会论文集》，吉林人民出版社 1995 年，第 144 页。

[19]《魏书》卷 54《高闾传》，第 1201 页。

[20]《水经注疏》卷 14，第 1220 页。

[21] 李逸友：《中国北方长城考述》，《内蒙古文物考古》2001 年第 1 期。

[22] 高鸿宾：《张家口赵长城考》，《文物春秋》2003 年第 6 期。

[23] 张家口地区行署文化局、张家口地区博物馆：《张家口地区文物普查资料集》（内部资料），1982 年，第 43 页。

[24] 常谦：《北魏长川古城遗址考略》，《内蒙古文物考古》总 18 期，1998 年，第 24—25 页。

[25]《后汉书》卷 90《乌桓鲜卑列传》，中华书局简体字本 1999 年，第 2022 页。

[26]《魏书》卷 1《序纪》，第 10 页。

[27] 鲍桐先生在《北魏北疆几个历史地理问题的探索》中认为太祖拓跋珪天赐三年（406 年）"考察的漠南盐池只能是商都县东南察汗淖"。

[28]《内蒙古白灵淖城圐圙北魏古城遗址调查与试掘》。

[29]《魏书》卷 44《苟颓传》，第 994 页。

[30]《魏书》卷 16《道武七王》，第 401 页。

[31] 内蒙古大学蒙古史研究所：《内蒙古文物古迹简述》，内蒙古人民出版社 1977 年，第 43 页。

[32] 梁思成：《中国建筑史》，百花文艺出版社 1998 年，第 92 页。

[33] 吴万发、庞瑞祥、王桂岐：《河北尚义县出土西晋铜印》，《考古与文物》1987 年第 3 期。

[34] 景爱：《中国长城史》，上海人民出版社 2006 年，第 222 页。

（原载于《北方文物》2009 年第 2 期）

魏隽如，女，河北省保定学院历史系原系主任，教授。1955 年生，河北大学历史系毕业，获华中师大中国古代史硕士学位，北京大学访问学者。研究方向：河北历史地理。发表相关论文 30 余篇，出版专著 10 余部。

张智海，男，张家口市尚义县第一中学高级教师。1974 年生，先后毕业于张家口师专政史系，河北师大历史文化学院。研究方向：北魏区域历史地理和察哈尔地域晚清民国文献整理。发表相关论文 10 余篇，主编或参与编写相关论著 3 部。

北齐长城考（节选）

尚　珩

南北朝时期群雄逐鹿，中原鼎沸。"北齐天保元年夏五月，高洋称皇帝，废东魏主为中山王，东魏亡。夏五月，即帝位于南郊，改武定八年为天保元年，国号齐，是为北齐。"[1] 北齐建都邺城（今河北临漳县），历六帝，共28年（550—577年）。

北齐是一个地方性政权，承东魏之后，其行政区划基本上是由北魏、东魏沿袭而来。《北史·齐本纪》魏征总论曰："有齐全盛，控带遏阻，西包汾晋，南极江淮，东尽海隅，北渐沙漠。"即南方以长江与梁为界；北方则与东魏时相同，大致以怀朔六镇为界；西北方沿黄河与北周对峙，西南方则以洛阳、襄城、郢州与北周分界；东方则至大海。天保三年（552年）以后，齐文宣帝高洋北败库莫奚，东北逐契丹，西北破柔然，西平山胡（属匈奴族）。他在位时北齐国力达到鼎盛期，在与梁、北周鼎立的三国中最为富庶。但是北齐王朝也有来自各个方面的威胁，蠕蠕（即柔然）寇其北，北周伺其西，稍微不慎便有国破家亡之患。处在这种环境中，想要争霸中原，耀威华夏，不先巩固边防、断绝后忧是不可能的，所以北齐不惜巨资，屡兴长城之役，北筑以拒胡，西筑以防周、山胡，先后兴工7次，修筑了5道长城，纵横数千里，工程之大，在秦汉之后、明以前应推此为第一。

同时，北齐也是北朝时期构建长城次数最多、调动人力最众、长城分布最复杂、长度最长的王朝。但由于年代久远、地名变更、行政区划混乱等原因，也为后世考证其长城的分布增加了许多困难。

一、北齐西段长城（略）

二、北齐外线西段长城

北齐文宣帝高洋时，先前北方的失地又渐次收复，如天保三年（552年），高洋亲讨库莫奚于代郡，大破之；天保四年（553年）冬，柔然遭到突厥的攻击，"举国南奔"归附北齐，高洋自晋阳北行接迎柔然众部，并亲追突厥于朔州，突厥请降，随后安置柔然降民于马邑川（今朔州马邑）；天保五年（554年）春，柔然可汗庵罗辰发动叛乱，被齐军击溃，不久柔然又袭扰肆州，齐帝率军征讨，北追至恒州（今大同市东北）；天保六年（555年）高洋再讨柔然，及于怀朔镇，至沃野，柔然俟利率部人数百降。在此一系列军事事件的促使下，天保六年（555年）"是岁，高丽、库莫奚并遣使朝贡，诏发夫一百八十万人筑长城，自幽州北夏口，西至恒州，九百余里"[2]。兴工之前，首先勘察了地形，天保五年"十二月庚申，车驾北巡，至达速岭，亲览山川险要，将起长城"[3]。此行是为营造长城做准备，皇帝亲赴实地考察线路，可见外线长城的重要性。达速岭，在今山西朔州市平鲁区西北，《嘉庆重修一统志·朔平府》："达速岭，在平鲁县西北。"[4]此地距大同并不远[5]。需要说明的是，古往今来任何大型工程的实施，都离不开勘察规划步骤，此次考察正是为第二年修建长城做准备。

幽州，北魏、北齐均设有幽州，治在蓟城（今北京）。幽州西北方的军都山有"太行八陉"的第八陉——军都陉，又称关沟，自古便是兵家必争之地。关沟全长约20公里，其北端称北口，亦称上口，即今八达岭长城所在地；其南端称南口，亦称下口，即今南口镇。居庸下口这个地名见于《魏书·常景传》，北魏孝昌元年（525年）八月，柔玄镇人杜洛周率众于上谷郡（今河北省怀来县）起义，孝明帝命尚书行台常景、幽州都督元谭御敌，称"都督元谭据居庸下口"，以防止杜洛周通过居庸关攻打幽州[6]。此"下口"即北齐时的"夏口"，因其地处幽州之北，故称北夏口[7]。

恒州，有恒州和北恒州之分。《魏书·地形志》云：恒州，天兴中治司州，治代都平城，太和中改为恒州。孝昌中陷，天平二年又置，寄治肆州秀容郡城……高齐文宣帝天保七年置恒安镇，徙豪杰三千家以实之，今名东州城，其年废镇，又置恒州……此恒州当即置于后魏之平城，北齐之恒安镇，《元和郡县志》云：今名东州城，则此恒安镇当在唐云州东，即今山西大同市东也，因东魏尝侨置恒州于秀容郡城及云中城，彼处位置在南，此恒安镇所立恒州在北，故又称北恒州也。"[8] 因此，文献所提到长城的西端应该是指恒州。

这条长城东起北京昌平南口附近的山岭，顺山势西北而去，经过北京延庆，张家口赤城、崇礼、张北、康保等地，进入内蒙古乌兰察布盟化德、商都、察哈尔右翼后旗、察哈尔右翼中旗、四子王旗、包头市达尔罕茂明安联合旗、呼和浩特武川县等地区[9]，大体上沿用了北魏泰常八年（423 年）修筑的赤城到五原的长城，以及太和八年时高闾修筑的"六镇长城"的旧基[10]。这条长城在天保六年动工兴建，经过一年的创建、补修，到天保七年完工，并置恒州以镇守。此地为北齐的西北部边界[11]，加之又有前朝旧基，在此修建长城是顺理成章的，不过至今在北京、河北西北部地区还没有发现早期长城的遗址，只是在内蒙古有所发现。为了保障修筑这条长城工役的顺利进行，天保六年"三月戊戌，帝临昭阳殿决狱，十月，发寡妇以配军士筑长城"[12]，以此来鼓舞士气，增加劳力，支持修建长城。北齐修建此段长城是为了保卫之前作战的成果，事实上也达到了此目的，《北史》云："天保初……（天保四年）时初筑长城，镇戍未立，诏景安与诸将缘塞以备守……"[13]，同时也巩固了都城西北部的防御。

三、北齐内线长城

为了进一步加强陪都晋阳北部的防御，天保七年"先是，自西河总秦戍筑长城东至海，前后所筑，东西凡三千余里，六十里一戍，其要害置州镇，凡二十五所"[14]。此段长城也是在天保五年皇帝勘察完"山川险要"之后兴工修建的，根据上述史籍中"前后所筑，东西凡三千余里"可知，这段长城并不是一次修建完毕，而是分时、分段修筑的。

"西河总秦戍"是这段长城的西端起点，对其地望争论很多。艾冲先生认为，西河指的是今内蒙古托克托县和陕西潼关县之间的黄河河段，总秦戍作为长城的起始地，当然位于达速岭西方的黄河东岸，即今内蒙古清水河县王桂窑乡二道塔村黄河东岸[15]。笔者则不以为然。首先，史籍原文说得十分明白，是"西河总秦戍"，这里是采取大地名加小地名的称法，而不是所谓的"今内蒙古托克托县和陕西潼关县之间的黄河河段"。其次，总秦戍为一城堡名，艾先生说其在"今内蒙古清水河县王桂窑乡二道塔村黄河东岸"，定位如此精确，但并没有给出相关的文献和考古依据，实在让人难以信服。为此笔者翻阅了《内蒙古自治区地图集》《中国历史地图集》和《中国文物地图集·内蒙古分册》，发现"清水河县王桂窑乡二道塔村"在清水河县西北隅，早已出西河郡的范围，并且周围地区不仅没有北朝时期的城址，就连一般性的北朝遗址都没有，更不用说北朝时期的长城了。

北朝时期的"西河"有三：其一，《魏书·地形志》云："西河郡，汉武帝置，晋乱罢。太和八年复，治兹氏城。"《元和郡县志》云："汾州，春秋时为晋地，后属魏，谓之西河……秦属太原郡。汉武帝元朔四年置西河郡……后汉徙理离石，即今石州离石县也……后魏孝文帝太和八年复于兹氏旧城置西河郡，属吐京镇。按吐京镇，今隰州西北九十里石楼县是也。十二年，改吐京镇为汾州，西河郡仍属焉。"又《隋书·地理志》云："隰城，旧治西河郡，开皇初郡废。"则此西河郡直至隋初始废，郡治为隰城县也。隰城县，即今山西汾阳县[16]。其二，《魏书·地形志》云："西河郡，旧汾州西河民，孝昌二年为胡贼所破，遂居平阳界，还置郡。"据此，西河郡乃孝昌中侨置。《隋书·地理志》云："有东魏西河郡，开皇初郡废。"即此侨置平阳之西河郡及所领永安县也。《读史方舆纪要》云："西河废县，在洪洞县西南三十里。后魏孝昌三年侨置西河郡，治永安县。"永安县，今山西洪洞县西南[17]。其三，《魏书·地形志》云："西河，孝昌中置。"王仲荦《北周地理志》云："有旧置西河县，在今山西沁水县西，北齐废入永宁县。"[18]

笔者按："西河总秦戍"一词中，"总秦戍"为一城堡名，其具体地望单凭文献已不可考[19]，关键在于对"西河"之理解，因其处北朝时期，故西河国一词应为其以后定名之根源。"西河国"，西晋置，惠帝末年陷废，故治在今汾阳市；北魏建"西河郡"，西河一词应为沿用此名；北齐因之，并且晋阳为高齐之陪都，恰黄河在其西，故"西河"之字面解释恰当。但西河又有西河县与西河郡之分，且西河郡又有两地之别，因此有人在论及长城时常常出错，便是源于对此地望之误解。然详加对比，辅之以图，晓其当时形势当不会错。所以笔者以为，总秦戍应在西河郡之内，此"西河"当属今山西汾阳之"西河"无疑，而"东至海"之海则是渤海湾。

前文已述，这道长城并不是一次修建完成的，天保七年修建的长城只是完成了其中约三分之一。其首先利用了北魏时"畿上塞围"的西段，即太平真君七年"六月……丙戌，发司、幽、定、冀四州十万人筑畿上塞围，起上谷，西至于河，广袤皆千里"[20]；之后又利用了东魏的长城，即"武定元年……八月……是月，神武命于肆州北山筑城，西自马陵戍，东至土，四十日毕"[21]。马陵戍，在今五寨县东部山上[22]。"土"现为土寨，故地在今原平市崞阳镇北12.5公里的土屯寨，《宋史·地理志》："崞县有土寨。"[23] 这次修建的长城，主要是今原平、宁武、五寨、岢岚境内的长城。到天保八年，"是岁……初于长城内筑重城，库洛拔而东，至于坞纥戍。凡四百余里"[24]。库洛拔、坞纥戍两城堡已失考，不知其具体位置[25]，但是"重城"却引人深思。何谓"重城"？是为双重城墙，即在此城之外又有一城，且时代略早一些，方可称此城为"重城"。结合文献并辅之以历史地图可发现，天保六年修建的幽州北夏口至恒州间的长城基本位于西北部边疆，是为西北边境线。故所谓的"重城"应是相对此段长城而言，即在这段长城的南部又修建了一条大致东西走向的长城，并且此段长城也应是天保七年西河总秦戍至海这段长城的一部分，这恰好符合文献中"前后所筑"的说法。这条长城应该是沿用北魏时"畿上塞围"的东段，即今代县、山阴、应县、浑源、广灵境内的长城，恰好这些地区正位于大同以南，与"重城"相吻合。同时再次利用了东魏长城，即武定三年"十月丁卯，神武上言，幽、安、定三州北接奚、蠕蠕，请于险要修立城戍以防之，躬自临履，莫不严固"[26]，并且出于对防御设施完整性的要求，这道长城应该与天保六年的北夏口至恒州的长城相接方才完备[27]。由于有"旧基"可用，这条长城的修建速度很快，竣工后也发挥了作用。皇建元年"冬十一月……是月，帝亲戎北讨库莫奚，出长城，虏奔遁，分兵至讨，大获牛马"[28]。北齐正是以新建的长城为依托，出师北伐并取得了胜利。

直到明代，北齐的这条内线长城还有大量遗迹。尹耕在《九宫私记》中云："余尝至雁门（今山西代县），抵岢（今山西岢岚县）、石（今山西离石），见诸山往往有铲削处，逶迤而东，隐见不常。大约自雁门抵应州（今山西应县）至蔚（今河北蔚县）东山三涧口，诸处亦然。问之父老，则云古长城迹也。夫长城始于燕昭、赵武灵，而极于秦始皇。燕昭所筑自造阳至襄平，赵武灵所筑自代并阴山高阙，始皇所筑起临洮历九原、云中至辽东，皆非雁门、岢、石、应、蔚之迹也。"[29] 这些地方的长城遗迹正是北齐修建的内线长城，其中也包含有北魏"畿上塞围"的旧基，不过尹耕却把上述长城判定为战国赵肃侯长城，实误。

文物部门经过实地调查，发现了北齐内线长城。此长城西起山西兴县的魏家滩，沿着吕梁山、云中山北麓、恒山主脉进入河北省后，又沿着太行山、军都山向东北方向延伸进入北京，沿途经过山西的岢岚、五寨、宁武、原平、山阴、代县、应县、浑源、广灵，进入河北省的蔚县、涿鹿县，最后进入北京门头沟、昌平地区。上述山西地区的地形十分适合修建长城，这些县的长城基本上都修建在高耸的山脊上，其北是地势平坦的高原，其南便是忻定盆地和太原盆地，从而形成天然的防御屏障。现存的长城墙体比较连贯，残高1—3米，底宽1—12米，顶宽0.4—7米，大部分为片石垒砌，个别地段为黄土夯筑，夯层厚0.07—0.10米[30]。通过长城的分布，我们也可大致推断出总秦戍的位置，即在山西兴县西北、保德县西南附近的黄河岸边。首先，实地调查显示，长城在兴县北部中央的魏家滩还有遗迹，此地距黄河已不太远。其次，据清乾隆《保德州志·形胜·古迹》云："长城，在州南偏桥村，西抵黄河，南接兴县八十里。"偏桥村位于保德县南境与兴县交界处，其东南便是兴县的魏家滩镇，两者距离十分接近，因此长城完全可以与兴县长城接上，再西去黄河，到达总秦戍。

长城进入河北蔚县后，又沿着县南面的大山逶迤而东，到达飞狐陉的北口。飞狐陉为"太行八陉"之一，北起蔚县，南至涞源，陉北为平坦的高原，南为华北平原，两者之间太行山拔地而起，自古为南北交通要道，在这附近修建长城，其作用是不言而喻的。长城入河北涿鹿，过西灵山、东灵山后，进入北京地界，在北京门头沟、昌平地区都发现了北齐长城和戍所的遗迹[31]。这条长城应与先前修建的"幽州北夏口至恒州"的长城相接，从而构成完整的防线。

四、北齐南线长城（略）

五、北齐外线东段长城（略）

至此，北齐的长城全线竣工。北齐立国仅28年便为北周所灭，修建长城却贯穿始终。作为一个地方性割据政权，北齐的人力、物力、财力均有限，并且这 28 年也不太平，处于三面作战的不利境地，因此不借助前朝已有的设施，而想完成如此巨大的军事工程是很难的。本文开篇已说过，北齐的疆域大致与北魏、东魏相当，其与周边敌对国、少数民族军事集团之间的形势与前朝相比也大致相同，并且与前朝相隔的时间也不很久，原先的军事要塞、重镇此时仍为重点地区。鉴于上述原因，北齐统治者完全有必要，也可以利用前朝的防御设施进行重修、加固和再利用。此后，北齐的内线、外线长城也被后世的北周、隋朝所利用，到了明朝，在修建蓟镇、宣府镇、大同镇、山西镇的长城时也有所利用。

注释：

[1] [清] 康基田：《晋乘搜略》，山西古籍出版社，2006 年，第 955 页。

[2][3]《北史》卷 6《齐本纪中》，中华书局，2003 年，第 253、252 页。

[4]《嘉庆重修一统志》，第 9 册上海书店，1984 年。

[5]a. 艾冲：《北朝诸国长城新考》，载《长城国际学术研讨会论文集》，1994 年。

b. 艾冲：《北朝拓跋、高齐、宇文 周诸国长城再探索——兼与朱大谓先生商榷》，《社会科学评论》2007 年第 3 期。

[6] 景爱：《中国长城史》，上海人民出版社，2006 年。

[7] 同 [5]。

[8] 施和金：《北齐地理志》，中华书局，2008 年，第 178 页。

[9] 国家文物局主编：《中国文物地图集·内蒙古分册》上册，西安地图出版社，2003 年。

[10] 景爱先生对此有不同的认识："这道长城自东而西穿过了河北北部的涿鹿县、蔚县、阳原县，山西北部的大同县，抵达大同市。"见 [6]，第 226 页。

[11] 谭其骧主编：《简明中国历史地图集》，中国地图出版社，1996 年。

[12] 同 [2]，第 252、253 页。

[13] 同 [2]，卷 53《列传第四十一·元景安》，第 1928 页。

[14] 同 [2]，第 252、253 页。

[15] 同 [5]b。

[16][17] 同 [8]，第 221、241、253 页。

[18] 王仲荦：《北周地理志》，中华书局，1990 年。

[19] 同 [6]，第 227 页。景爱认为："西河总秦成应在汾阳境内，距汾阳城不会太远。汾阳西北有黄栌岭，疑总秦成应在汾阳境内。"

[20]《魏书》卷 4《世祖纪》，中华书局，2003 年，第 101 页。

[21]《北齐书》卷 2《帝纪第二·神武下》，中华书局，1983 年，第 56 页。

[22] 同 [5]a。

[23] 刘纬毅：《山西历史地名词典》，山西古籍出版社，2004 年，第 10 页。

[24] 同 [2]，第 254 页。

[25] 同 [5]a，艾冲认为："库洛拔，或误作库洛枝。其地当在土隥成以东，相当今代县与朔县交界。坞纥戍，位于今山西灵丘县西南境、平型关东北。"由于其并没有给出相关依据，令人难以信服。

[26] 同 [21]。

[27] 同 [5]a，艾冲认为："这道长城在古北口与外线长城汇合。"

[28] 同 [2]，第 270 页。

[29] 清光绪王充撰《蔚州志》，蔚县人民政府办公室印，1986 年。

[30] 国家文物局主编：《中国文物地图集·山西分册》上册，中国地图出版社，2007 年。

[31] 唐晓峰：《北京北部山区的古长城遗址》，《文物》2007 年 2 期。

（原载于《文物春秋》2012 年第 1 期）

尚珩，男，北京市文物研究所副研究员。1984 年生，硕士研究生。主要研究方向：长城考古学研究。发表有《火路墩考》《北齐长城考》等多篇论文，出版有《〈延绥东路地理图本〉研究》《美国哈佛大学藏〈边城御虏图说〉研究》等专著，并多次主持（参加）北京、山西地区长城调查和考古发掘工作。

河北省金代长城

刘建华

金代长城，又称"界壕""壕堑"，是金王朝为防御北方各部反抗、进攻而修筑的军事防线。河北省境内的金代长城分布在康保、沽源、丰宁三县境内，俗称"三道边"，有的地图上标有"成吉思汗长城"，也有认为是秦汉长城的 [1]。1982 年和 1998 年，有关地、县文物工作者曾对金代长城进行过实地调查，基本上查清了河北省境内金代长城的分布、走向、构筑特点，并采集、征集了许多文物标本，为研究金代长城的军事防御工程提供了实物资料。

一、长城走向与构筑特点

金代长城横贯康保县中部，穿过沽源县东北部和丰宁县北部，全长约 88 公里。其走向为：西由内蒙古化德县特布乌拉入康保县境内胡毛庆村北，平缓向东，经二彦村、姚家湾、清洪、民善、大青沟、三老汉、西坡、小兰城、郭油坊、陈小铺、大土城、二喇嘛村出境，入内蒙古太仆寺旗贾家地村西北，长约 65 公里；后由黑城子牧场向南进入沽源县马点村北，又向南偏东经西米地沟、东米地沟村北出境，进入内蒙多伦县境内，长约 15 公里；后在丰宁县骆驼场村北复见，至东边墙沟出境，仍入内蒙古多伦县境内，长约 8 公里。

长城由墙体、壕堑、马面三部分组成。墙体：大部分被埋在沙土之下，现存墙体多略高出地面，似一道土埂。一般残高 1 米左右，最高处为 2 米。底宽 4—10 米，顶宽 2—7 米（图 1：3）。在康保县大青沟村东南约 2000 米处，因修水渠将长城挖去一段，从横断面上可看到夯土层，每层厚 20 厘米左右，残存 12 层。

从大青沟村向东至太仆寺旗贾家地这段，多有大车道或公路建在长城墙体之上。

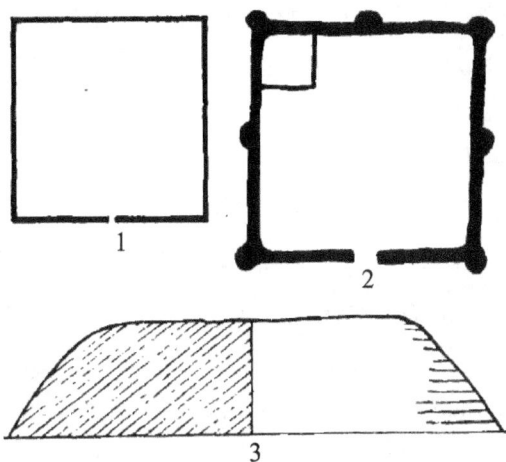

图1　1.大土城址（康保县阎油坊乡大土城村西南）

　　　2.骆驼场城址（丰宁县草原乡骆驼场村南）

　　　3.长城墙体剖面（康保县段）

壕堑：因筑城均在城墙外侧取土，故墙体外侧自然形成一道壕堑。但因日久年长，多被沙土填平，仅在个别地方仍可见取土后留下的凹痕。

马面：与墙体连筑，为一次施工而筑成，宽5—6米，北面突出墙体约2米，间距为250米左右。有的马面高出墙体1米，疑为烽火台。

二、戍堡与边堡

1.戍堡：建筑在长城内侧，靠近长城，统称城址，计3座。

（1）小兰城址：位于康保县郝车馆乡小兰城村西10米。平面呈正方形，边长20米。城的东、西、南3面有城门的迹象。城墙为夯土筑成，夯层厚10—12厘米。城墙残高0.5—1米，底宽5米，顶宽0.5米，城东侧为敖包山，西为小圆山，北距长城约50米。暴露遗物有白瓷片、泥质灰陶片。可辨器形有：罐、碗、瓶、盘、瓮等。曾征集到白瓷碗、绿釉罐、六耳铁锅等文物。

（2）大土城址：位于康保县阎油坊乡大土城村西南约50米，北距长城约100米，为正方形，边长200米。城门在南面中央。城墙残高1—1.5米，下宽6米，顶宽1米（图1：1）。暴露遗物与小兰城址内遗物相同。

（3）骆驼场城址：位于丰宁县草原乡东0.5公里处，北距长城约20米。为正方形，边长 196.4 米。夯土筑成，夯层厚 14—40 厘米。城四隅均有角楼遗址。四面城墙中部各设 1 个马面。城内西北角有 1 个小城，边长 40 米（图 1：2）。采集标本有：白瓷片、鸡腿瓶、皇宋通宝、铁犁铧、铁镞等。

2. 边堡：多建于避风朝阳、地势平坦、水源丰富的交通要道和山河险要处。共有 9 座（康保县段 5 座，沽源县段 4 座），皆为夯土筑成，多有角楼、马面等设施。

城址内多有建筑基址、灰坑、遗物。部分边堡为辽代所筑，金代稍加修整继续使用，并沿用到元代。遗物有辽、宋、金、元 4 个时代的陶瓷、铁器残片和货币。

（1）西土城址：位于康保县二号卜乡西城子村周围。城址一面呈拱形，东西最宽处为 500 米，南北最长处为 1100 米。从掘土断面可见，城墙约有 2 米被埋于沙土中，暴露于地面部分高约 1.5 米。夯土层厚 13 厘米。在城墙外侧四周设有半圆形马面 30 个，马面间距为 60—80 米。南北城墙中部为城门（图 2：2）。城内有建筑基址和灰坑，地表暴露有大量的白瓷片、泥质灰陶片、兽面圆瓦当、滴水等。曾出土铁刀、铁斧、铁犁铧、酱釉陶香炉、白釉瓷瓮和北宋铜钱等。

（2）十大股城址：位于康保县赵家营乡十大股村西南 1500 米，城址西南约 20 米处有一水淖，名曰"小盐淖"。该城为正方形，边长 150 米，城墙残高 0.4 米，夯土层厚 13 厘米。遗物有泥质灰陶罐、盆，筒瓦残片和白瓷碗、盘、盆、瓮的残片。并发现黑红色的矿渣。

（3）土城址：位于康保县土城子乡土城子村，呈正方形，边长 200 米，城墙残高 0.5—0.8 米，城址四隅有突出墙体的角楼基址。遗物有泥质灰陶片和白瓷片。

（4）兰城址：位于康保县兰城子乡兰城子村南，呈长方形。东西长 250 米、南北长 150 米、城墙残 4 高 0.3—1.5 米，夯上层厚 10 厘米。南墙中央设 1 门，宽 4 米。遗物有：泥质灰陶片、白瓷片、政和通宝、咸丰元宝等。在城址内东、西两侧曾出土过大量矿渣，厚约 1 米。

（5）平原城址：位于康保县丹清河乡平原村西北 500 米处，呈正方形，边长 150 米，城墙残高 0.9—1.2 米，下宽 5 米，上宽 1 米。遗物有泥质灰陶片、白瓷片和石磨盘 1 件。

（6）九连城：位于沽源县九连城乡九连城村东南约 1000 米的平坦草原上，呈长方形，东西长 760 米，南北长 920 米，城墙残高 1—3 米。城墙四周残存圆形马面 28 个，间距 80—100 米不等。城四角有角楼基址。城东、西、南三面有门，门宽 13 米。城内南北对称各有高台基址一座，呈椭圆形，长 52 米，宽 26 米（图 2：1）。遗物有泥质灰陶片、白瓷片、三彩器残片等。在城东约 50 米处有一水淖，称之"九连城淖"。水淖东西宽约 1 公里，南北长约 7.5 公里。

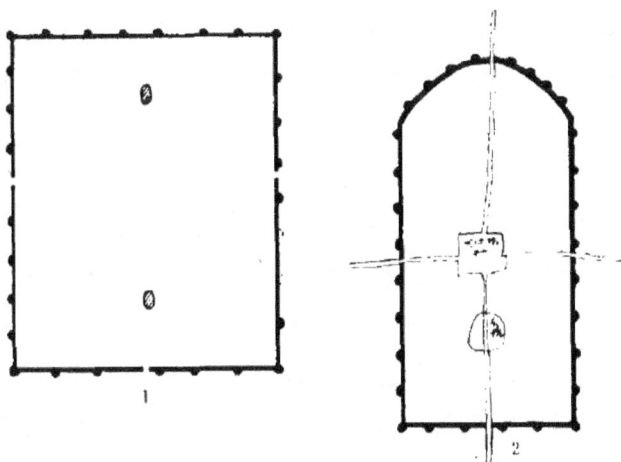

图 2 1. 九连城址（沽源县九连城村东南）

2. 西土城址（康保县二号卜乡西城子村）

据《察哈尔省通志·卷四》载："九连城，在县西南，距城六十五里，方形，高三丈，四面各长四百五十步……内有残碑一块，洗净露出元致和元年兴和路宝昌州字样。"又载："大盐诺尔，在县西南，距城六十里，半属宝昌，半属蒙古。宽约二里，长约十余里。"张德辉《塞北纪行》中载，昌州旁有狗泺，因其形似狗而名，金章宗明昌七年于狗泺置昌州，隶抚州，后改属西京路[2]。狗泺是金朝重要的盐场。大定十一年置盐使司以掌之，二十五年改为西京盐司[3]。据此，九连城当为金元时期的昌州城。昌州在金代与桓、抚两州同列为西北三重镇。

（7）李大美城址：位于沽源县红圪塄乡李大美村西北 750 米，平面呈长方形，东西长 250 米，南北长 400 米。城墙残高 0.2—0.4 米。暴露有泥质灰陶片和白瓷片。

（8）小城址：位于沽源县牧场小城子村西 50 米处，东距长城 5 公里。其平面近方形，南北长 177 米，东西长 170 米。城墙残高 0.2—0.5 米，遗物同上。

（9）马神庙城址：位于沽源县闪电河乡马神庙村内，东距长城 7.5 公里。该城是方形，边长 200 米，城墙残高 2.5 米。南墙中部有门。遗物有泥质灰陶片、白瓷片。

三、长城的修筑年代

金代长城在河北省行经路线不长，不若秦汉长城那样古老，也不似明长城那样雄伟，但它却是我国继拓跋魏之后的女真族当政时期修筑的规模浩大的军事防御工程的一部分。

女真族是我国北方的一支古老的民族，秦汉前称"肃慎"，南北朝时称"勿吉"，隋唐时称"靺鞨"，辽时称"女真"。金太宗天会三年（1125 年）灭辽，天会五年（1127 年）灭北宋。12 世纪末，备受金政权压迫的蒙古族迅速兴起于大漠南北，成为金王朝的劲敌。其实早在天会年间，蒙古族就和金王朝不断发生军事冲突[4]，即使是在女真族发迹的故乡，也常有各部落反叛不服的事件发生。金政权为了稳定局势，镇压北方各属部的反抗，防御蒙古族的进攻，便在北方边地修筑长城、边堡，屯驻兵马，以防不测。

金代长城始建于何时，在文献中没有明确记载，据有关资料推测，在天会年间至天眷元年之前就已经在东北路泰州境内修筑长城了，而大规模地筑城修堡是在大定二十一年至承安五年（1181—1200 年）间进行的。在这 70 余年中，金政权花费了巨大的人力、物力和财力，在东起嫩江，西至河套西曲之北的边疆沿线，修筑了长达万里的军事防御工程——长城。金长城基本上分北、中、南 3 条主干线。在长城沿线设西南、西北、临潢、东北诸路招讨司管辖。河北境内的长城当为金代长城的南线，归属西北路招讨司管辖。其修筑年代，《金史》中记载："初，大定间修筑西北屯戍，西自坦舌，东至胡烈糺，凡六百里。中间堡障，工役促迫，虽有墙隍，无女墙副堤"[5]，"初，明昌间，有司建议，自西南、西北路，沿临潢达泰州，开筑壕堑以备大兵，役者三万人，连年未就。御史台言：'所开旋为风沙所平，无益于御侮，而徒劳民。'上因旱灾，问万公所由致。万公对以'劳民之久，恐伤和气，宜从御史台所言，罢之为便。'后丞相襄师还，卒为开筑，民甚苦之"[6]。

据此推测，河北境内的金代长城最初修筑于大定年间，至明昌初年，尚未完工，且已筑毕的长城（壕堑）亦被风沙所平。几经朝廷议事，先罢后复，修筑工程继续进行[7]。承安初年，西北路招讨使独吉思忠以"各路边堡墙隍，向以起筑忽遽，并无女墙副堤"为由，要求增补，并于承安五年完工，计"用工七十五万，止役戍军，未尝动民，今已毕功。上赐诏奖谕"[8]。文献记载中的女墙副堤，当指"副壕副墙"而言，亦谓"双壕双墙"。以外壕、副墙、内壕、主墙的顺序连续排列。这种长城布局实体在东北路、临潢路所辖区内均有发现。但我们在实地调查中，并没有发现"女墙副堤"。是日久年长被风沙完全埋没了呢，还是在承安年间的增补工程中，对这段长城根本就未修什么"女墙副堤"？这个谜尚有待于今后考古发掘去揭开。

四、长城构筑的改革与创新

金代长城的设计者和施工者，总结以往历代修筑长城的经验与教训，吸取其优点，弥补其不足，在建筑设计、布局、设施和配套防御等方面都进行了大胆的改革与创新。

1. 就近取土筑墙，取土后形成的壕堑，可作为长城外侧的一道防线"限戎马之足"。既省工、省料，又省时、实用，真可谓一举数得。

2. 长城墙体建成梯形平顶式，改变了过去那种墙体顶部窄小，守卫将士不能登墙顶的状况，并在长城墙体上附建马面，守卫将士平时可在墙体之上回巡隙望，战时，又可在墙体之上运动作战，还可以马面为"拳头"，三面击敌，灵活、快速、攻守自如，提高了防御功能，开辟了明代长城平顶式墙体和附建墙台的先河。

3. 在长城内侧纵横修筑边堡，有助于传递军情，互相联系，就近增援。亦有利于应急之变，调兵遣将。

五、关于长城的称谓问题

金代长城，历被称为"界壕""壕堑"，主要是因为《金史》中这样称谓。近现代学者、研究者亦多沿用此称，其实这种称谓既不确切、也不妥当。

界："竟也。"引申为凡边境之称。界之言介也，介者，画也，画者，介也，象田四界。壕："沟也，绕城水也。"金代长城和历代长城一样，不是疆界，而只是靠近边疆的一道军事防线。这道防线有壕有墙，以墙为主，以壕为辅。而"壕堑""界壕"之称，却给人造成一种错觉，似乎金代长城就是一道壕沟、界沟。因此，这种称谓不妥。

历代长城，之所以称之为长城，原因是其墙体的长、宽、高均超过了一般城郭的墙体，又绕边界延长，将一列国或一王朝的版图大致围起来，形成一个大"城郭"。金代长城的长、宽、高和防御工程体系均优于历代长城。我国保存下来的金代长城遗迹，仅以单线计程，其长度已近万里，称之为长城名副其实。

金代长城墙、壕并用，堡、城呼应，布局严谨合理，在北方边陲内侧，构成了四道军事防线。它的修筑，对于巩固加强金政权的统治，稳定边疆局势，防御抵制北部各族的反抗、进攻，非常有力。但是，万里长城绝无永固之能，无论怎样强大坚固的军事防御工程也不能保证统治者的长治久安。金政权实行暴政和民族压迫的政策，迫使各族人民揭竿而起，奋勇反抗，金王朝最终还是被蒙古族灭亡。

注释：

[1]《承德地区文物普查资料汇编》。

[2]《金史·地理志》。

[3]《金史·食货志》。

[4]《金史·婆卢火传》；《元史》卷118、155；《金史·地理志》。

[5][6][7]《金史·独吉思忠传》。

[8]《金史·本纪十一》。

（原载于《北方文物》1990年第4期）

康保境内的金代长城

李殿光

金代长城，又称"金界壕""壕堑"，康保当地居民称"边墙""三道边"，是金朝为防御蒙古族各部的袭扰，在其沿边地区浚筑的壕堑、墙垣。康保金长城位于县境内中部，东西走向横跨 7 个乡镇、35 个村，长达 65 公里，属于金代军事防御工程的一部分。

一、修筑背景、时间与属地主管

女真族是我国北方的一支古老民族。女真族的历史可以追溯到远古，秦汉前称"肃慎"，南北朝称"勿吉"，隋唐时称"靺鞨"，辽时称"女真"[刘建华《河北省金长城》，转引自孙文政、王永成主编《金长城研究论集（上册）》，吉林文史出版社，2009 年 4 月第 1 版]。1115 年，我国东北一支女真族建立了金王朝，并在短时间内相继灭了辽国、北宋，占据了北方大部分地区。金统治者依靠其强大的军事实力，对各民族进行了残酷的剥削和压迫，一方面弥补其庞大的军事开支，另一方面满足其奢侈的贵族生活需求。对蒙古族和契丹族人民剥削尤重，每年要求他们向其进贡大批牛羊，进一步加深了相互间的矛盾。金世宗时期，是金朝的鼎盛阶段，也是金王朝由盛而衰之始。随之，蒙古族日益强大起来，逐步与金廷形成抗衡之势。特别是蒙古族不断对金朝北部袭扰，给金的统治造成了严重威胁。《蒙鞑备录》中载："金虏大定间，燕京及契丹地有谣言云：'鞑靼来，鞑靼去，赶得官家没去处'"[庞志国：《金东北路、临潢路吉林省段界壕边堡调查》，转引自《金长城研究论集（上册）》，吉林文史出版社，2009 年 4 月第 1 版]。金廷为了巩固其统治地位，防御蒙古族的进攻，决定修筑边堡、浚筑界壕、屯驻兵马，加强北部边防。后期，金统治者为了对抗蒙古族铁骑的大规模袭扰，不惜民力、财力修筑工程浩大的防御工事，阻挡勇猛剽悍的蒙古族骑兵南下。

金廷在何年修筑长城，历史文献中没有明确记载。据《金史·独吉思忠传》（卷九十三）记载："初，大定间修筑西北屯戍，西自坦舌，东至胡烈乣，凡六百里。中间堡障，工役促迫，虽有城隍，无女墙副堤。思忠增缮，用工七十五万，止用屯戍军卒，役不及民。上嘉其劳……赐银五百两、重币十端。入为签枢密院事，转吏部尚书，拜参知政事。"又《金史·章宗纪》记载：明昌五年（1194年）"己未，尚书省奏：'西北路招讨使独吉思忠言，各路边堡墙隍，西自坦舌，东至胡烈乣，凡六百里，向以起筑匆遽，并无女墙副堤。近令修完，计工七十五万，止役戍军，未尝动民，今已毕功。'上赐诏奖谕"。

这些记载提供了三个重要的历史信息，一是大定年间与明昌年间，即金世宗与金章宗执政时期，最迟至明昌五年（1194年）"修筑西北屯戍""今已毕功"。二是"西自坦舌，东至胡烈乣，凡六百里，向以起筑匆遽，并无女墙副堤"。修筑的长城属西北路界壕一部分。据学者李逸友考证，《金史·章宗纪》记述西北路界壕，"'西自坦舌，东至胡烈乣，凡六百里。'胡烈乣又译作胡里乣，胡里乣在明昌元年时曾叛乱，占据临潢、北京之间，右丞相襄遣使招降。因此，完颜襄在挖掘界壕时，便设置在胡烈乣的北境。西北路兴筑的界壕，东端也就在胡烈乣，即东至滦河边，如以自丰宁县森克图以西算起，至商都县冯家村南，总占地长度约300公里，大致与'凡六百里'相符"[《金界壕南线遗迹之考察》，转引自孙文政、王永成主编《金长城研究论集（上册）》，吉林文史出版社，2009年4月第1版。]金界壕有的设附壕，即两道壕、两道堤，主堤高于附堤，属早期的模式；只有一道壕和一道堤的，属晚期的模式。康保境内的金长城"无女墙副堤"，指"无副壕副墙"，属晚期模式，与上述记载吻合。三是此段长城是由西北路招讨使独吉思忠主持浚筑的。据学者刘建华考证，"大规模的筑城修堡是在大定二十一年至承安五年间进行的。在这70余年中，金政权花费了巨大的人力、物力和财力，在东起嫩江，西至河套西曲之北的边疆沿线，修筑了长达万里的军事防御工程——长城"[刘建华《河北省金长城》，转引自孙文政、王永成主编《金长城研究论集（上册）》，吉林文史出版社，2009年4月第1版]。"金长城基本上分北、中、南 3 条主干线，沿线设西南、西北、临潢、东北诸路招讨司管辖。河北境内的长城当为金代长城的南线，归属西北路招讨司管辖［刘建华《河北省金长城》，转引自孙文政、王永成主编《金长城研究论集（上册）》，吉林文史出版社，2009 年 4 月第 1 版］。由此可以证实，康保县境内的金长城属金代长城的南线，归属西北路招讨司管辖。

二、金长城的走向与构筑特点

康保县境内的金长城从内蒙古自治区太仆寺旗东井子乡贾家地村向西于二喇嘛营子东 2 公里处进入县境，向西经闫油坊乡二喇嘛营子南侧，大土城村北侧，秦国安村南 2.7 公里处，闫油坊村北 1.3 公里处，贺旺村北 0.4 公里处；再向西入康保镇境，经扎龙图村南 1 公里处；向西经丹清河乡境的陈小铺村北 0.5 公里处，经康家洼村北 2 公里处，闫活营村南 1.4 公里处，郭油坊村北 1 公里处，梁家营北 1.5 公里处，小兰城村北 0.5 公里处；向西再入康保镇境，经赵家村南 0.9 公里处；再向西入张纪镇境，经哈呅嘎村北 1.6 公里处，李生宝村南侧，满意村南侧，西坡村北侧；再向西入处长地乡境，经脑包图村南 1.1 公里处，三老汉村北 0.7 公里处，兰家卜村南侧，开地坊村北 1.3 公里处，处长地村南侧，边墙渠村北侧，新城子村南 1.3 公里处，康家地村南 0.7 公里处；再向西进入李家地镇境，经化林沟村北 2 公里处，民善村北 1.6 公里处，后二马坊村北 1.8 公里处，康福柱村北 1.6 公里处，姚家滩村北 1.6 公里处，三进沟村南 0.5 公里处，二彦村北 1 公里处，孙家营村北 1.3 公里处；再向西入芦家营乡境（此段长城南侧为李家地镇毛胡庆村地界，北侧为芦家营乡统领地村地界），经统领地村西南 1.6 公里处出境。再向西入内蒙古自治区化德县土城子乡李七卜村境。金长城在康保县境内横跨 7 个乡镇、35 个村，长达 65 公里。

长城是古代战争的防御产物，它从早期的墙垣与城堡，逐步发展为由堡、墙、关、烽火台等组成的防御体系。金代长城承袭了前代长城的建造特色，其建筑方法、形制和功能都较前代长城有所改进。"金长城墙的外侧很多地方都有等距离的马面，以加强壕堑的防御能力，与秦汉长城相比是一大进步。壕墙内侧分布着一些屯兵的边堡，加强防御的纵深。这两种设置被后来明朝修筑长城继承下来，对明长城产生了较大的影响。"［董耀会《金长城研究论集·序（上册）》，吉林文史出版社，2009 年 4 月第 1 版。］金长城的直接用途是"界壕者，掘地为壕堑，以限戎马之足"。所以，史籍中有以壕土筑墙和外壕内墙防御工事的记述。康保境内的金长城沿袭了历代修建长城因地制宜，就地取材的方法，掘地为堑，叠土为壁，所筑堤上隔一定距离附有马面，即此段长城由墙体、壕堑、马面三部分组成。

墙体：用挖壕堑的土夯筑的墙垣。现存墙体略高出地面，似一道大土埂。"大青沟村（误，时为大青沟公社，公社驻地处长地村，应为处长地村）东南约 2000 米处，因修水渠将长城挖去一段，从横断面上可看到夯土层，每层厚 20 厘米左右，残存 12 层。"〔刘建华《河北省金长城》，转引自孙文政、王永成主编《金长城研究论集（上册）》，吉林文史出版社，2009 年 4 月第 1 版〕张纪镇、阎油坊乡境内金长城墙体上建有大车道或公路。李家地镇、芦家营乡境内长城墙体人为毁坏较少，保存较好。据有关人士推测，这段墙体建成时，呈梯形平顶式，并以墙外开壕相辅。修筑长城处，多为黄沙土，黏结力差，由于风吹雨淋，加之人为破坏，迄今，金长城已全部坍塌成一条宽 4—7 米，高出地面约 1 米的大土埂。

壕堑：因在墙体外侧取土，故墙体外侧自然形成一道壕堑，可作为长城外侧的一道防线，"以限戎马之足"，是金代防御设施主体工程之一。迄今，壕沟已多被风沙填平，仅在个别地方仍可见取土后留下的凹痕。

马面：又称望台。此段长城隔一定距离（实地踏查，分段设置马面的间距不等，基本为 50 米、100 米、200 米左右）附有马面，马面与墙体连筑，主要作为兵丁观望之用，也可固牢墙体，"战时，又可在墙体之上运动作战，还可以马面为'拳头'，三面击敌，灵活、快速、攻守自如，提高了防御功能"〔刘建华《河北省金长城》，转引自孙文政、王永成主编《金长城研究论集（上册）》，吉林文史出版社，2009 年 4 月第 1 版〕。迄今，由于风吹雨淋，马面均塌为大土堆。个别马面较一般马面高大，疑为戍楼。"有的马面高出墙体 1 米，疑为烽火台"〔刘建华《河北省金长城》，转引自孙文政、王永成主编《金长城研究论集》（上册），吉林文史出版社，2009 年 4 月第 1 版〕。

三、戍堡与边堡

戍堡，也称障，是紧临金界壕沿线的山谷、草地上建筑的军事城堡。它是金长城防御设施的重要组成部分和屯军前沿阵地。据有关资料介绍，金长城沿线的戍堡多建在山口、渡口等重要关隘上。堡内设哨台，屯聚兵马，以备战时之用。康保境内的戍堡建在长城内侧靠近长城处。现发现 2 个戍堡遗址，从东向西依次为阎油坊乡大土城子古城堡遗址和丹清河镇小兰城古城堡遗址。

阎油坊乡大土城子古城堡遗址，位于大土城子村落北 500 米处，北距金长城约 1000 米，城垣遗址呈正方形，边长约 200 米，夯土筑，面积达 40000 平方米。城门在城址南面的中央。城址现仅存墙基，城墙下宽 6 米，上宽 1 米，夯层厚 0.12 米。据学者刘建华考证，该遗址属金长城防御体系中的戍堡。

丹清河镇小兰城古城堡遗址，紧临小兰城村庄西侧，北距金长城 500 米左右，城垣遗址呈正方形，边长 200 米，面积达 40000 平方米。城址的东、西、南三面有城门的迹象。现墙基大部分被毁，北部墙基较完整，墙基高 0.5—1 米，底宽 5 米，上宽 0.5 米，城墙夯土筑成，夯层厚 0.1 米。据学者刘建华考证，该城址属金长城防御体系中的戍堡。

"'边堡'为沿边军事要隘屯兵戍守之堡垒。"［李文信《金临潢路界壕边堡址》，转引自孙文政、王永成主编《金长城研究论集（上册）》，吉林文史出版社，2009 年 4 月第 1 版］。边堡是金长城整个军事防御设施的重要组成部分。"界壕利在径直，而边堡则参差不齐，不必尽在界壕线上。"（王国维《金界壕考》，转引自《观堂集林》卷十五）据《金史》记载，金朝设置边堡早于界壕。"金代西北边境先设边堡，屯种戍守，惟以土地形势之宜，必生参差疏密之失，以故难防侵轶。其后，浚筑界壕，取直列置，虽拆卤不毛之地，亦不少避；故界壕边堡遗址亦有略不一致处。至于边堡与界壕浚筑后是否并存使用，史无明文，不得详知；惟由今日边堡遗址皆位于壕内一点观之，似有并存仍用可能。"［李文信《金临潢路界壕边堡址》，转引自孙文政、王永成主编《金长城研究论集（上册）》，吉林文史出版社，2009 年 4 月第 1 版］康保境内发现的边堡，均位于金长城南部开阔的草原上，选择的地形与当时的战争形势、防御与进攻手段有关。康保境内的边堡基本建在避风朝阳，地势平坦，水源丰富，土质肥沃，既有利于畜牧，也利于戍守的地方，并呈不规则分布。由此推测康保境内的边堡也可能建于浚筑界壕之前，后随着战事的需要，又浚筑界壕。这些边堡屯驻兵马，有利于传递军情，调兵遣将，与戍守界壕之兵相互增援，以利防守。经初步考证，县境内沿金长城由东向西分布 7 个边堡，具体为：

哈必嘎乡兰城子古城堡遗址，位于金长城南直线距离 18 公里处的兰城子村庄内。城垣遗址呈长方形，东西长 250 米，南北长 150 米，面积达 37500 平方米。城墙残高 0.4—0.5 米，宽约 5 米，夯层厚 0.1 米，文化层厚 0.9 米。据学者刘建华考证，该城址属金长城防御体系的边堡。

丹清河镇平原古城堡遗址，位于金长城南直线距离 8.1 公里处，平原村西北约 500 米的地方。城堡遗址呈正方形，边长 150 米，城墙残高 0.9—1.2 米，下宽 5 米，顶宽 1 米。据学者刘建华考证，该城址属金长城边堡遗址。

张纪镇宇家营古城遗址位于金长城南直线距离 13.5 公里处，在宇家营村东 500 米处。古城址平面呈长方形，东西长 270 米，南北长 190 米。2009 年全国第三次文物普查时发现该遗址，初步考证该城址属辽金时期的城址，属于临近金长城的中小型城堡。

土城子镇土城子城堡遗址，位于金长城南直线距离 26.8 公里处的土城子村庄内。城堡遗址呈正方形，边长 200 米，城墙残高 0.5—0.8 米，城址四隅有角楼基址。据学者刘建华考证，该遗址属金长城防御体系的边堡。

张纪镇西骨头淖城堡遗址，位于金长城南直线距离 16 公里处，西骨头淖村西北约 800 米的地方。城堡遗址呈长方形，东西长 280 米、南北长 180 米，面积达 50000 余平方米。地面上的墙垣基本被夷平，但隐约可见墙垣痕迹，高出周围地表 0.3—0.4 米，四角隆起。2009 年第三次全国文物普查时发现该遗址。据采集到的文物标本初步推测考证，该城址属辽金时期的城址。从城址的规模大小和性质分析，该城址可能属于邻近金界壕的中小型城堡。

张纪镇十大股古城堡遗址，位于金长城南直线距离 20.9 公里处，十大股村西南 1500 米的地方。城堡遗址呈正方形，边长 150 米，城墙残高 0.4 米左右，夯土层厚 0.13 米。据采集到的文物标本初步推测考证，该城址属辽金时期的城址。从城址的规模大小和性质分析，该城址可能属于邻近金界壕的中小型城堡。

二号卜乡西土城古城遗址位于金长城南直线距离 22.7 公里处的西土城子村庄内。城址保存现状良好，城墙大多清晰可见。城址平面大致呈长方形，南北长约 1100 米，东西宽约 660 米。东南、西南和东北角各有一角台遗址，西北角台已毁。东墙有 10 个马面，北墙有 7 个马面，南墙有 6 个马面，均较明显；西墙南段现存马面 4 个。2013 年 7—8 月，河北师范大学历史文化学院考古系和康保县文物保护管理所联合对西土城子城堡遗址进行了专题考查。经考证，该土城遗址城墙为土夯筑而成，城内有建筑基址和灰坑。据出土文物考证，初步证明该遗址主体年代为金代古城遗址。考古人员初步认定，从城址的规模、布局和地表遗物的丰富程度看，土城遗址可能是当时一个较大的地方政治，经济中心，还可能是与盐业生产有关的一座生产、贸易性城市。另据学者刘建华考证，西土城子古城遗址属金长城防御体系的边堡。

这些古城堡遗址经学者们考证属边堡，其规模、布局、结构多有不同，但与金长城构成了一个相互配合严密的防御体系。这为进一步研究金代中小型城堡的分布特点、规模、布局及建筑方法提供了实物资料。

四、出土文物

陶片，这些戍堡、边堡遗址地表多散见陶残片。陶片为泥质灰陶，大多数器物表面为素面，部分器物表面饰暗弦纹，可辨器形有陶缸、陶盆、陶罐等。部分陶片为泥质灰陶，多数器皿残片表面为素面，部分饰暗弦纹，个别饰篦纹，可辨器形有盆、罐等。

瓷片，这些戍堡、边堡遗址地表多散见瓷残片，有白釉碗、白釉盆、白釉罐、黑釉罐、双色釉盆、酱釉鸡腿瓶等残片，多数碗底有支钉痕。西土城子古城址采集到的"尚食局"铭龙纹盘，可定为金代早期的定窑产品。小兰城子古城遗址曾出土白瓷碗。

石器，小兰城子古城遗址曾出土石臼（加工粮食的工具）。平原古城堡遗址曾出土石磨盘一件。宇家营古城遗址曾出土石磨。

铁器，西土城子古城址曾出土铁犁铧、铁斧等，说明当时军卒戍守方式应是战时上阵杀敌，平时从事畜牧或农耕生产。小兰城子古城遗址曾出土六耳铁锅。宇家营古城遗址曾出土铁锅等生活用具。

建筑物件，宇家营古城遗址出土有灰青色的布纹瓦、砖，说明当时城堡内建筑物也相当气派。西土城子古城址采集到砖、瓦等建筑构件均具有金代特征。

其他出土文物，兰城子古城遗址曾出土并征集到一枚铜印，刻有"司马别部"四字。西土城子古城址采集到的钱币以北宋铜钱为主，还采集到数枚"正隆元宝""大定通宝"等金代钱币；采集到与山西省大同市和内蒙古赤峰市巴林右旗原辽庆州城曾出土相类似的"西京"澄泥砚；地表采集到的瓷器皿、瓷骰、瓷棋子、瓷动物模型及陶器皿、陶人、陶范，均具有金代特征。兰城子古城堡遗址，在城址东西两侧，曾出土大量矿渣，厚约 1 米。

这些出土文物大多数为生活用具，从文物标本判断，康保境内发现的古城堡遗址，可推测为金时期的戍堡、边堡。众所周知，守边戍军昼夜瞭望、远事哨探，极为劳苦，出土的生活用品从一个方面反映了军卒当时的生活状况。这些文物标本文化内涵丰富，为研究金代军事防御工程提供了宝贵的实物资料，对研究金代的政治对峙与军事对抗及蒙古灭金等历史有重要意义。

五、结论

从前人对金长城和戍堡、边堡的文献考证和实地踏查情况看，工程浩大的金长城体现了当时的军事形势、防御进攻的手段等，是反映金朝政治、军事状况的物证史料。首先，金代长城长达万里，其规模之大，超过了秦汉以后至金的各代长城，是历史上引人注目的军事工程，在金朝的政治、军事上有着重要的历史地位。"金之壤地封疆，东极吉里迷兀的改诸野人之境，北自蒲与路之北三千余里，火鲁火疃谋克地为边，右旋入泰州婆卢火所浚界壕而西，经临潢、金山、跨庆、桓、抚、昌、净州之北，出天山外，包东胜，接西夏，逾黄河……"［《金史·地理志（卷二十四）》］金代长城共分为四路：东北路、临潢路、西北路、西南路长城。据学者贾州杰考证，"西北路西起坦舌，东至胡烈劜，包括桓、抚、昌三州，大约相当今正蓝旗以西经太仆寺旗、化德县地"，说明康保县境内的金长城属西北路。此段长城是从达里诺尔西岸入锡盟正蓝旗境，又分成南北两支线：北线向西，经旗北部，入正镶白旗、镶黄旗境，至乌盟商都县，与南线会合。南线向南，出桓州（今正蓝旗府北）和旧桓州（今黑城子）外，西入太仆寺旗，西向经河北省康保县、乌兰察布市化德县境至商都县境内，与北线会合。所以，康保县境内的金长城属南线，是金长城的重要组成部分。

其次，金长城不是一个国家的疆界，是金统治者在其辖境内按照军事防御的需要，战争的发展趋势，以及双方兵力的强弱与布局，自行设计的防御工程，是金朝势力范围内的军事防线。金朝中后期，随着北疆危机的加重，西北路招讨司辖区逐渐成为整个防御体系的核心区。康保县境内的金界壕属南线，又与紧邻县境的正镶白旗、镶黄旗境内的金界壕，形成南北两条防御线。这些边堡的存在，与金界壕共同构成了一个军事防御体系，说明康保县域当时是重要的军事防御区。

最后，边堡与界壕、戍堡相互配合防御，将长城防御纵深化，形成较强的防御能力。从目前考证的资料看，康保境内的长城防御体系是由壕、墙、马面、戍堡、边堡五部分组成的军事防御工程。界壕与边堡的用途是"界壕者，掘地为沟堑，以限戎马之足；边堡者，于要害处筑城堡以居戍人"（王国维《金界壕考》，转引自《观堂集林》卷十五）。金长城墙、壕并用，并与堡城相呼应，对于稳定边疆局势，防御抵制北部蒙古族的反抗、进攻，巩固金政权的统治，在一段时间内起了应有的作用。但是，万里长城仅是个防御工程，不可能永保统治者的长治久安。金廷实行民族歧视和压迫政策，加深了各民族间的矛盾，各族人民奋起反抗其残暴的统治，金政权最终被蒙古族所灭。

迄今，金长城似一条巨蟒匍匐在康保县域中部，显得苍凉而凝重，饱含着过去岁月的信息，见证着康保历史的沧桑巨变。为了更好地保护这一文物。1956年9月7日，河北省人民委员会将康保境内的金长城公布为省重点文物保护单位。1982年，康保县人民政府在金长城遗址上竖立了5块保护标志牌。2003年，文物部门又在金长城遗址上竖立了15块文物保护标志牌。金长城成为中国长城历史文化的瑰宝，为人们研究金代历史和长城的分布与走向，以及相关问题提供了实物依据，其学术价值无疑是很重要的。

（原载于《张家口历史文化研究》2019年刊）

李殿光，男，1960年生，研究生学历，现任张家口历史文化研究会常务副会长兼秘书长，主要研究方向为地方历史文化、地方学。在《地方学研究》等刊物上发表论文30余篇。曾出版专著《康保地名溯源》，参与编写出版了《张家口传统村落》《名人笔下的张家口》等书籍。

论河北明代长城（节选）

郑绍宗

万里长城是我国古代劳动人民创造的雄伟建筑工程，是中华民族的象征，也是世界文明史上的伟大奇迹。在人类文明发展史上，中国的长城，埃及的金字塔，都占据着相当重要的地位，凝结着千百万劳动人民的血汗。我国历史上春秋、战国、秦、汉、北魏、北齐、隋、金一直到明，都修过长城，各朝所修长城总长度加在一起，在十万里以上（《中国长城遗迹调查报告集》第1页）。这样大的工程实体，在世界建筑工程史上是独一无二的。

明代是我国长城建筑发展史上最后修筑长城的一个封建王朝，修建时间长达百余年，工程量之大，建造艺术水平和科学水平之高，都超越了以往各代。明朝之所以花费巨大的人力和物力修筑长城，和当时民族斗争形势的发展和需要分不开，有其一定的客观因素和政治背景，特别是与明廷和蒙古的斗争，明末和东北建州女真的斗争形势密不可分。下面，就明朝关于"九镇"防御体系的设立、河北省的明代长城以及长城的结构和设施等有关问题，结合实际勘查进行一些必要的叙述和探讨。

一、明朝"九镇"的设立

1368年，朱元璋在南京即皇帝位，国号大明。八月，徐达入元大都，元朝宣告灭亡，同时明廷改元大都为北平府。元朝虽然败灭，但以惠帝妥懽帖睦尔为代表的蒙古贵族退回蒙古草原，史称北元，后分裂为鞑靼、瓦剌和兀良哈三大部分，成为明的边患。

当时民族矛盾主要表现在明廷和蒙古各部贵族、农牧封建主的斗争上。鉴于历史的经验，明廷在消灭中原蒙古势力之后，对于北退蒙古草原诸部，基本上采取了恩威并施的政策。一方面利用宣抚或绥服的手段，争取蒙古各部首领降服明廷，赏赐、封爵，给于优惠待遇；另一方面则是采取了积极的防御政策，洪武初年采取的是进攻和高压的手段，永乐以后，基本上由进攻转为防御。所以《明史》说："终明之世，边防甚严。东起鸭绿，西抵嘉峪，绵亘万里，分地设守。"这就是所谓"九镇"的设立，附属于九镇的边墙称为"九边"，即万里长城。九镇是明朝在北方为防止蒙古和东北女真的南下所采取的一项重要措施，是古今中外绝无仅有的庞大的防御体系，在维护明朝统治方面，起着重要的作用。

明廷和蒙古诸部的斗争，以瓦剌为甚。正统四年（1439年），瓦剌部长也先统一了蒙古各部。正统十四年（1449年），也先拥兵数十万挟兀良哈三部，从辽东、蓟、宣、大同向南发动了全面进攻。七月，明太监王振挟明英宗朱祁镇亲征，被也先围于怀来土木堡，明数十名将领战死，数十万大军溃败，英宗也为也先所俘，这就是历史上有名的"土木之变"。

兀良哈三卫（朵颜、福余、泰宁）明初受封，仁宗以后强盛，明廷开古北口为贡道以通使者。但三卫叛服不常，宣宗时掠永平、山海关，正统以后犯辽东、大同、延绥、独石口；成化时三卫兵入辽河，弘治初掠古北口、开原、广宁、宁远诸卫；正德十年（1515年）掠鲶鱼关、马兰峪；嘉靖时期掠冷口、擦崖子口、喜峰口、慕田峪等；万历以后屡寇辽东、刘家口、独石口、义院口、山海关等边。几乎都是大规模的内犯，战火连年不绝，危及明廷。

明初设立辽东指挥使司，永乐七年（1409年）又在东北地区设立努儿干都司，这时东北地区已有184个卫所。万历四十四年（1616年），努尔哈赤在建州卫赫图阿拉（辽宁新宾）建立后金政权。从此以后，东北地区主要是后金和明的斗争。由于女真的兴起，明廷加强辽东防务势在必行。

由上举可以看出，明廷和蒙古的斗争焦点是争夺长城地带，如果明廷保存着东起鸭绿江西达嘉峪关这一条防线，也就能够巩固和维护明政权，反之，政权就有重新归入蒙古贵族手中的可能。在这种北部强敌掣肘之下，明廷也就自始至终把"九镇"防御体系的建设作为一项重要国策。

（一）明长城的修筑经过

明朝长城大体是沿历史上燕、赵、秦长城的以南一线建立起来的。因为燕、赵、秦长城在明以前的许多朝代都曾经被视为中原和北方各兄弟民族居住不同的区域界线，往往是民族矛盾斗争激烈时，长城内外的斗争也就随之激烈起来。从自然地理位置上，长城以北，古为畜牧之地，广阔的草原从来就是游牧民族休养生息之所。自东而西雄峙着医巫闾山、燕山、军都山、太行山，河套以北阴山、贺兰山、祁连山形成一道天然屏障，明长城正是沿着这条屏障建立起来的。历史上北方各族，无不通过突破这一条线而入主中原。所以说，长城是民族斗争和阶级斗争的产物。

永乐时期，明都从南京迁往北平。从地理位置上看，北平的东北、正北和西北三面近塞，成犄角之势，正统以后，蒙古各部屡屡犯边。边防成为明廷的当务之急。先从东北部起设辽东、宣府、大同、延绥四镇，继而又设立宁夏、甘肃、蓟州三镇，当时的太原总兵治偏头，三边制府驻固原，亦称二镇，合为九镇。九镇皆设于北部边墙之内，分段设守边务，是为"九边"。

从明初洪武元年（1368年）即开始修筑边墙，沿边设卫，屯兵戍守，但当时边墙、关隘并进，而且也没有完全联结起来。所谓"分地戍守"是分段负责。据记载，一直到明嘉靖九年（1530年）前后，经过了162年的时间才完成了这举世闻名的万里长城。此间，明廷由于和蒙古、女真族斗争的需要，修筑长城可谓历年不辍。

据《明史》记载，洪武六年（1373年）大将徐达备山西、北平边，从淮安候华云龙言，自永平、蓟州、密云迤西二千余里筑关隘一百廿九。山西雁门太和岭、武、朔诸州筑关隘七十三。于古北口、居庸关、喜峰口、松亭关设烽堠一百九十余处；大同—山海关段边墙也大体完备。为了防御的需要，从洪武十七年开始设辽东、定辽等九卫，大宁（内蒙古宁城大名城）设北平行都司，营州五屯卫，大宁、喜峰口一线设新城、富峪、会州、宽河诸卫；古北口外设兴州五卫和北平联络，又在元上都设开平卫、兴和（张北）守御千户所，东连大宁、西接独石；又于内蒙古设东胜城（呼市以东），受降城之东设十六卫。这样从远距关外的辽西、大宁、开平（元上都）、大同、青城（今呼市）形成了远距边墙五百至一千华里，长四五千里的位于漠北草原南面的一道防线。这就是辽东、蓟镇、宣府、大同、延绥五镇地段。永乐初年，大宁都司给予兀良哈三卫，东西联络中断，所以又加强了城墙内外障塞的建设，墙上加筑空心敌台，远处设烽堠、烟墩等设施以伺联络。按当时的要求，凡是通车骑的边口设百户，通樵牧者设甲士十人守之。至于烟墩远离边墙要求更严："上贮五个月粮食、柴薪、药弩、墩旁开井，外加高墙。"

（二）"九镇"概况

各镇设置的年代记载不一，大体是从洪武到嘉靖时期逐渐完备的。关于各镇的起讫、年代如下所示：

辽东镇：总兵驻辽阳（洪武—成化时期）东起凤凰城西止山海关，全长1950华里。

宣府镇：总兵驻宣化（洪武—成化时期）东起居庸关四海冶西止西洋河，全长1023华里。

蓟州镇：总兵驻迁西县三屯营（嘉靖二十七年）东起山海关西达居庸关灰岭口，全长1200多华里。

大同镇：总兵驻大同（洪武—成化时期）东起镇口台西至丫角山，全长647华里。

山西（太原）镇：总兵驻偏头（即偏关；弘治时期）东起黄榆岭西达保德，全长1600多华里。

延绥镇：总兵驻陕西榆林（洪武—成化时期）东起内蒙古清水河西至花马池（今宁夏盐池），全长1770华里。

宁夏镇：总兵驻宁夏银川（嘉靖时期）东起大盐池西至靖远，全长2000余华里。

固原镇：总兵驻宁夏固原（弘治十四年）东起陕西靖边西达皋兰，全长940华里。

甘肃镇：总兵驻甘肃张掖（嘉靖时期）东起兰州西抵嘉峪关，全长1600华里。

到了嘉靖时期，长城边墙基本连接起来，东起鸭绿江西到嘉峪关，12700余里。但各地的修筑方法不一致，各边的段落长短也不一致。如辽东镇一般广设卫所联络，有砖石土边墙，一般多修筑柳条边。蓟、宣包括内三关主要用砖石，以石条铺底，外包砖皮，内实以三合土，最为坚固，特别是蓟镇，是明长城精华所在。大同以西有石有土，甘肃一带则用红柳条叠压黄土夯筑。总之，就地取材，因地制宜。

明代边墙也并非一道，如张家口、晋北大同、偏关一带有称为头边、二边、三边、四边者，这是为了加强防御而设的不同防线。

关于边务的镇守，明廷有着严格的规定，所谓"边政严明，军官皆有定制"。各镇将领包括职务范围，官级品阶概括所设有：镇守（总兵）、协守（副总兵）、分守（参将）、游击（游击将军）、统领（为游击将军）、领班、坐营官（中军）、守备、把总、提调官等。

关于各镇地段，总兵驻地，管辖长城、城（障）、堡、卫所和镇戍官兵情况，在《明史》《武备志》《方舆纪要》，特别是各地方志记载较全，而各家记载又多互有出入。现据《武备志》粗略统计，长城上总计城、堡、塞2980座，空心敌台12294座，墩台（战台）12158座，九镇兵额626617人。这大体是嘉靖前后的情况。

下面我们重点谈一谈属于河北境内蓟州镇（内三关）和宣府镇的明代长城情况。

二、河北省的明代长城

河北省的明代长城大体可以分为三部分。从管理上分，包括蓟州镇边、蓟州镇属下的内三关和宣府镇。

河北明长城的划定依据是什么？史无明文记载，根据有关文献和实际调查材料，明长城可能和北朝时期魏齐长城的走向密切相关。据《魏书·太宗纪》，泰常八年"二月戊辰，筑长城于长川之南，起自赤城，西至五原，延袤二千余里，备置戍卫"。由此可见，河北赤城以西有北魏长城。又《北齐书·文宣帝纪》载，天保六年"发夫一百八十万人筑长城，自幽州北夏口至恒州九百余里"（夏口即居庸关下口）。又《北史·斛律羡传》"自庸堆戍东距于海，二千余里"。其经山西、朔县、武州、大同，河北赤城、居庸关，又转向东而达山海关，可以看出北朝魏齐长城和明长城走向是一致的。《续资治通鉴长编》卷七十九行王曾行程录"出幽州北门过古长城"。又路振《乘招录》载，"自幽州（今北京）北行三十五里过长城"。在山海关到古北口段明长城之外，有多处古长城遗迹，据载：界岭口外有星星边城，青山口、桃林口外有总墙，白羊峪口外有东长城、老长城，榆木关外有古城岭，潘家口外有长城岭（《天下郡国利病书》引《夷中地图》）。近年在长城考察中有关于实地遗迹的发现。在滦平古城川发现的古长城，分析属于北齐长城。所以明长城中蓟、宣两镇长城线的划定应是以北朝魏齐长城线走向为底本的。

明长城内三关即真保镇长城，是沿太行山脊筑造的，历史上战国赵成侯六年（公元前369年），"中山筑长城"（《史记·赵世家》），目的在于防赵，据考证其也是沿太行山脊南北修筑，和明长城的情况有些雷同，可为我们进行研究提供借鉴。

关于长城的长度，过去没有做过仔细的丈量，近年来有的县在普查中做了一些工作，但那只是局部的，而总的长度还得要靠过去的记载。只有在进行全面的勘察之后才能得出正确的答案，这里谈的还是记载中的情况。

（一）蓟州镇：（略）

（二）宣镇（今宣化）

位今北京以西，东西横贯军都山脉。

《武备志》形容这里的地理位置时说："东有大宁，西有独石，以犄角之势北接开平，地处极为险要""自大宁徙、兴和废，开平孤立难守，宣德中弃地三百里，移守独石"。独石挺出山后是蒙古南下必经之路，乃宣之北门，宣府因此为重镇。明穆宗隆庆间，梁梦龙、戚继光总蓟镇，翁万达总宣大。宣镇的大体防御设施是在世宗嘉靖—穆宗隆庆间完成的。

1.宣镇机构、总兵以下辖副总兵一、参将七（驻独石、怀来、万全右卫、顺圣、蔚、广、葛峪、柴沟堡、南山）、游击三、中军二、守备十一。

2.宣镇城墙长度，各书记载不一，一般沿用1200华里之说。

《武备志》记载："宣镇东起永宁，西至西洋河堡天城界，边长1200余里。"《天下郡国利病书》记载："东自四海治南新墩，西至西洋河南土山天城界止，沿边共远1865里又59步（包括复线）。"

3.宣镇长城上的关隘、堡、墩、兵额记载也多不一致。

《读史方舆纪要》记载："城4、卫11、所3、关堡29。"《武备志》记载："现存城堡71、兵马151450员。"《畿辅通志》载："宣镇关隘36，边内侧楼台143。"《天下郡国利病书》载："墩台984、腹里台19、镇城腹里墩23。"

（三）重要关口的建筑年代（节选）

张家口宣德四年（1429年）筑、嘉靖十二年（1533年）、万历二年（1574年）增修。（《读史方舆纪要》）

独石口洪武初戍守，宣德中移开平卫于此。正统末陷于也先，景泰三年

（1452 年）恢复，万历十年（1582 年）筑城。（《读史方舆纪要》）

三、明代长城的结构和设施（节选）

明代长城大体分为两大部分。

主体工程：长城体、关门、卫所等。

附属工程：敌楼（空心台）、战台、烽火台（烟墩）、水门等。

长城的构造：宣镇以西长城构造和东面又有不同，一般在关门附近用条石、青砖，如张家口，远处则多为毛石包墙或石块包皮，内实夯土。砌筑要求也不规则，有的地方干脆用石块叠起，大同以西到延绥有石筑也有土筑。

长城上的关隘、卫所及附属建筑：独石口布局和喜峰口相近，正关门在北栅，白河从其中通过，关门位于河西岸。如今这里有障城、烽台遗址。卫所城在独石口，距北栅 8 华里，是一座规模相当宏伟的大城，宣德中放弃开平、移开平卫于独石后，独石口成为防备鞑靼南下的天险，现在这座雄关仍屹立无恙。《赤城县志》载："独石城筑于宣德五年（原为土筑）、万历十年包砖，周六里一十三步，门三（东、西、南）、城四角有楼、铺八座。"现在这座城的南部砖包城壁尚存，高 8 米，上宽 8 米，下宽 8.5 米，非常坚固。

其他如张家口大境门内有上关、下关。墙子路口有上关城和卫所城，其布局也大体与上举数例相仿。

（原载于《河北学刊》1988 年 8 月刊）

张家口地区明代长城调查综述与分析

刘建华

张家口地区位于冀之西北，军都山、燕山、阴山山脉环其南、东、西三面，北邻内蒙古高原，是华北平原通往内蒙古高原的交通要冲，为历代兵家必争之地。据史料记载，在这一地区计有战国（燕、赵）、秦、汉、北魏、北齐、金、明等7个时期构筑的长城，长达数千里。1982年，为做好长城保护"四有"工作，由地区文化局统一部署，对境内长城现状进行了专题调查，本文试在调查的基础上，运用考古类型学基本原理，对明代长城的建筑用材、结构形式，作以分析，就教于同仁。

一、长城分布与走向

张家口地区明代长城，有内长城和外长城之分，两条长城，横贯全区。

内长城分布在怀来、涿鹿县境内，其走向为：东由北京市延庆县石峡村入怀来县董庄子乡陈家堡村东北，南经黄台子村后，向西经板达峪至大营盘，转而西南，经庙港、外井沟，到水头村西南的广沱山霎止，东南在北京市境内沿河城一带复现。西南在涿鹿县蚜蚄口东灵山一带复现，向南经白家口、南将石、岔河，再向西经九针台、刘家沟、王家台，又向东南经城沟、狼烟、马水、南山出境，入保定地区涞水县境内，全长20余华里。

在怀来县境内的董庄子、东花园、大山口、小南辛堡、外井沟、官厅一带，由89座敌台构成一条以台代墙的长城。敌台间距为100—200米，与内长城相距2—4公里，和内长城并行不悖，长达32公里。

外长城构筑在内蒙古高原的南缘头，为"坝上""坝下"的分界线。其走向为：东由延庆县白河堡进入赤城县后城乡马道梁向北经大边、姚家湾、拦马道、龙门所、东沟、长梁至独石口转而西南经北栅子、镇宁堡至崇礼县的马驹沟蜿蜒西行，经宣化县常峪口、羊坊堡、张家口市、万全县膳房堡、洗马林至怀安县马市口后出境，入山西省境内，全长近900华里。

在赤城县东南部还有一条石筑长城，起于后城乡滴水崖堡，向北至龙门所乡小庄科村后与主体长城相会，全长80余华里。

二、长城建筑分类与保存现状

长城由墙体、墩台、敌台、烽火台、墙台、水口关等建筑构成。现分述如下：

墙体：墙体采取因地制宜、就地取材的办法修筑，山上采石垒筑，平地夯土筑墙，关口要塞砖石砌筑。许多地段利用悬崖峭壁作天然屏障。根据现存墙体的用材和建筑形式的不同，可分为3种类型8种形式。

（一）平顶型：顶部平坦、宽敞，可行人走马。这类墙体有两种结构形式

1. 石墙砖铺顶式

墙体剖面呈梯形，上窄下宽，基底宽5—6米，顶部宽4—4.5米，通高5—6米。墙身两侧用5—11层石条砌筑，灰浆灌缝。墙体内部用三合土、河卵石、碎砖块填充、夯实。墙顶部用一层方砖铺墁。墙顶内侧砖砌宇墙，高1米。外侧砖砌垛口，垛宽1.75—1.80米，高1.5米。垛墙内设有排水沟，墙外每隔一段设有吐水（图1）。墙体内侧每隔100米左右设一券门，门高2米，宽1.2—1.5米，门内用砖或石条砌筑单向或双向慢坡台阶通往墙顶。守台将士由此上下城墙。这种墙体修筑在怀来县陈家堡、黄台子、大营盘和涿鹿县赵家蓬、马水口一带。保存较好的地段为狼烟山至马水口一带。

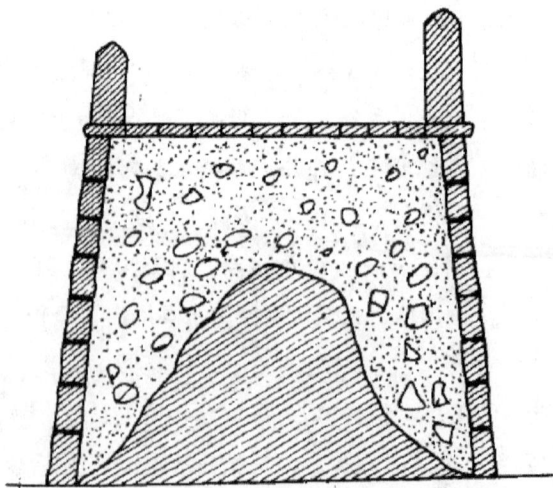

图1 石墙砖铺顶式（1:100cm）

2. 石墙石顶式

形制与前者相同。墙体用石块砌筑，内外两侧用较大而平整的毛石砌成，灰浆灌缝，内填充碎石和三合土。基底宽3—4米，顶宽1.3—2米，高4—5米。顶面铺石。垛口、宇墙均为石砌（图2）。

图 2 石墙石顶式（1:100cm）

（二）封顶型：墙体顶部窄小，不可行人走马。可分为六种形式

1. 石垛梯形尖顶式

墙体全部用石块垛垒而成。剖面呈锥形或梯形。一般底宽4米、顶宽0.4—0.8米，残高2—4米。保存较好的墙体，底宽4—5米，顶宽0.8米，高5—7米（图3）。这种墙体分布在赤城独石口、镇安堡、君子堡、三棵树、万全、怀安东洋河一带。

2. 石砌梯形尖顶式

形制同前者，唯墙体两外侧用灰浆勾缝，高6米，底宽4.2米、顶宽0.6米。保存较好的地段在张家口市大境门一带。

3. 石垛梯形圆顶式

形制与1式相近。唯顶部为漫圆形，顶宽1.3—2米，底宽4—4.5米，高6米（图4）。这种墙体见于怀来庙港至水头一带。

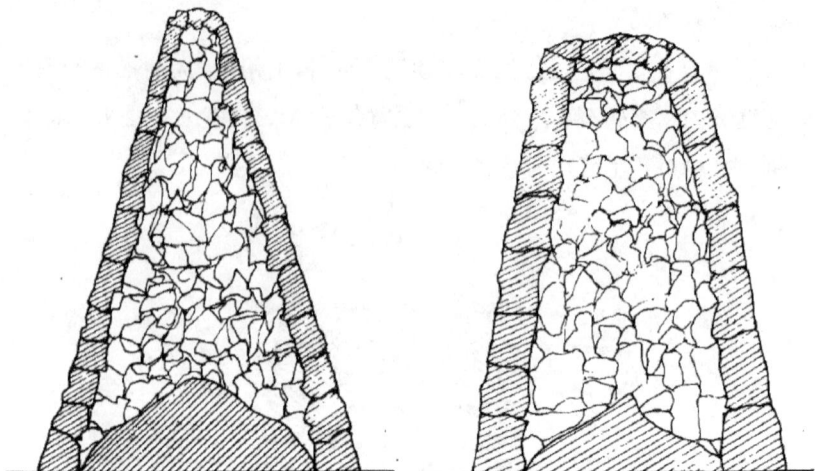

图3　石垛梯形尖顶式（1:100cm）　　图4　石垛梯形圆顶式（1:80cm）

4. 石边土心梯形斜坡顶式

墙体用略加修整的石块砌边，黄黏土和碎石填充墙心（碎石一层土一层），顶部为北高南低的斜坡面。保存较好的顶宽3—3.5米，底宽4—5米，北残高4米、南残高2米（图5）。这种墙体分布在怀安县境内，数量很少。

5. 夯土梯形圆顶式

为板筑夯土墙，夯层厚15—30厘米，一般底宽4—5米，残高0.5—2米，保存较好的底宽5米，顶宽2米，残高2—3米。墙体多建在地势平缓的山谷、平川。主要分布在赤城里界、鹰窝沟、张家口市菜市村、红旗营和怀安县桃沟以西一带（图6）。

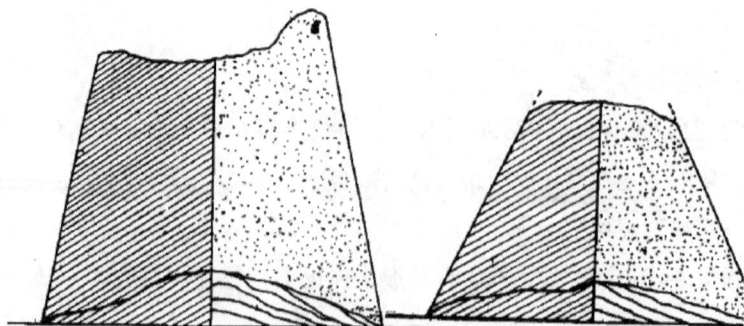

图5　夯土梯形斜坡顶式（1:100cm）　图6　夯土梯形圆顶式（1:100cm）

6. 夯土梯形斜坡顶式

形制与图4相同，保存较好的底宽4.7—5米。顶宽2.7—3.5米，北残高4—4.5

米，南残高 1.5—3.7 米。这种墙体见于怀安县马市口一带（图 7）。

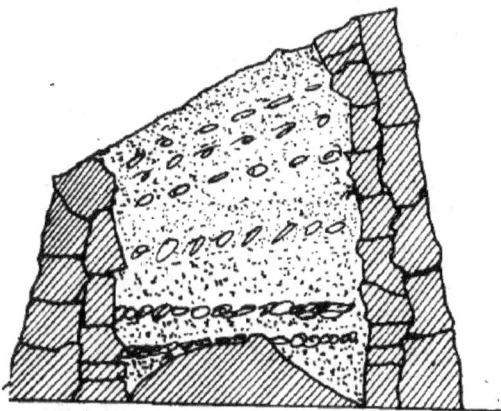

图 7　石边土心梯形斜坡顶式（1:80cm）

尚有大量的石垛墙体坍塌严重，形制不清。

（三）劈山、山险型：利用山势的峭壁，稍加劈削或修整，即为山墙，或以山代墙，以其险峻为屏障

这种类型数量较多，在内外长城沿线均可见到。例如：在涿鹿县东灵山至白家口、南将石一带的山区，近百里未筑墙，仅在一些可通步骑之处，设一两座敌台。

墩台：在调查中，共发现墩台（包括敌台、烽火台）及基址 860 多座。保存较好的寥寥无几。墩台外观形状均为梯形和圆形。砖筑墩台梯形为多，石筑、土筑墩台圆形多见。

敌台：可分为四种建筑形式。

1. 空心楼阁式

砖石结构，条石砌基，灰砖砌墙。分上、下两层。建于内长城墙体之上，两侧凸出墙体之外，敌台间距为 300—1000 米。梯形敌台一般边长 8—10 米，残高 6—12 米。敌台下层：地面与长城墙体顶部平。东西两壁设瞭望孔、射孔、箭窗和吐水，南北两壁设券门和箭窗。中央为券室。四周砖砌回廊。在回廊的一隅有台阶通上层。有的敌台下层中央为三个并列的小券室，券室之间有门相通，四周无回廊。上层：四周有垛口，中为平台多已坍塌（图 8）。敌台内散落有筒瓦、兽形瓦当、滴水、门枕、石础等遗物。

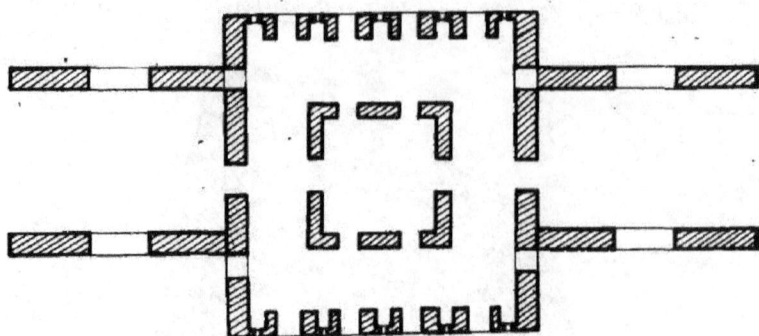

图 8　空心楼阁式敌台下层平面图（1:200cm）

（涿鹿县马水口村长城上"马字玖号"敌台）

2. 空心高台式

夯土筑，外包砖，条石砌基。分上、下层，下层南侧中部设券门。

这类敌台均建在外长城沿线，多在长城内侧20—60米处，倚墙体而建者甚少。

梯形敌台一般残高8—13米，底边长8—12米，多为两层，三层极少。下层：南面中央或偏东方向设门，门高1.4—2米。宽0.9—1.4米。门内有方形或长方形竖井式通道直通上层。通道以外皆用夯土填实。故下层不能住人。上层四周有垛口，射孔，中央是否有木构建筑，无迹可觅（图9）。如怀安段，12号敌台，位于渡口堡乡赵家窑村北15华里的山峰上，又称"右卫楼""九窑十八洞"，为三层敌台。此台外观浑然一体，看不出三层之分界，只能看到中层的箭窗和射孔。底边长10米，残高10米。

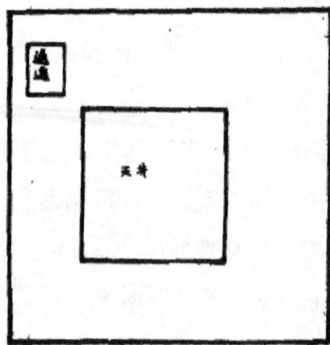

图 9　顶层平面图（1:200cm）

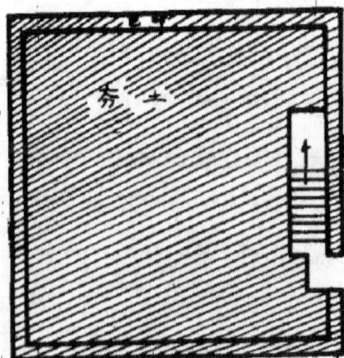

图 10　下层平面图（1:200cm）

下层：东壁偏南有一券门，距地表 0.9 米。为两券两伏，门宽 1 米，高 1.8 米，门内东侧有石条台阶通中层。台阶宽 1.04 米，总长 4 米（图 10）。

中层：四壁有箭窗、射孔、吐水。箭窗居壁之中央，射孔在箭窗两侧。中间为砖砌方形"天井"，直通顶层，边长 4 米。天井四周为回廊，回廊外侧设小券室，内侧有门通天井，南面中央有一间券室，券室南壁有箭窗；北面有三个面积相等的小券室，西侧有竖井式通道直通台顶；东面亦有三个小券室，中央券室东壁有一箭窗，两侧券室东壁有瞭望孔。西面中部有两个面积相等的小券室（图 11）。

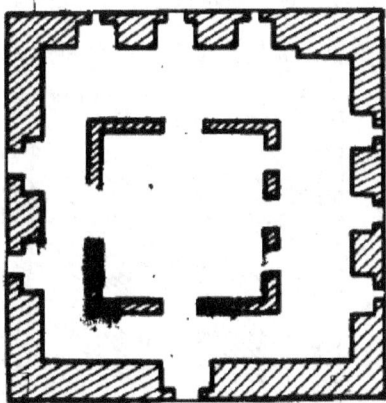

图 11　中层平面图（1:200cm）

顶层：为平台。中央仍为边长 4 米的"天井"。四周原有垛口（图 9）。

圆形敌台，一般周长 34—50 米，残高 3—8 米。内部结构同梯形。

3. 实心高台式

夯土筑，砖包墙，条石砌基。台高 6 米以下为夯土实体，无门窗。此类敌台均建在外长城南侧 20—100 米处。

梯形敌台，一般底宽 8—10 米，残高 6—12 米，距地表 6—8 米以上的台体南侧或西侧中央设券门，门高 1.2—2 米，宽 0.8—1.5 米。门枕两侧下端有吐水石。门两侧有箭窗，其余三面也有箭窗和射孔。顶平，四周有垛口。如尚义段 13 号敌台：位于下马圈乡南草碾村南 4750 米处。底边长 10 米，残高 12 米，距地表高 6 米处，东西两壁中央有券门，券门下两端有吐水石。券门上方有射孔 4 个，南北两侧也有 4 个射孔。台顶已塌，四周可见残留垛口（图 12、图 13、图 14）。

201

图 12　实心高台式敌台侧视图（尚义县 13 号敌台）（1:200cm）

圆形敌台：坍塌严重，无较完整者，一般周长 20—30 米，残高 3—8 米。

图 13　空心高台式敌台下层平面图（尚义县 43 号敌台）（1:200cm）

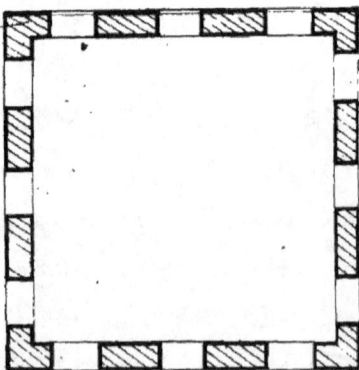

图 14　俯视图（尚义县 13 号敌台）（1:200cm）

4. 堡子式敌台

堡子为方形或圆形，多石砌或夯土筑，边长 35—40 米，周长 60—90 米。

堡内为空心高台式敌台，这类敌台只见于外长城，多设在交通要道或距长城较远的险峰之上。如怀安段 4 号台，位于西洋河村西 2000 米处的长城内侧。堡为夯土筑成，方形，边长 39 米，残高 2.3—2.8 米，堡内为圆形空心高台式敌台。周长 25，残高 6 米，台东面塌毁，南面残存长方形通道通台顶。通道东西 1.1 米，南北 1 米。

烽火台：建于高山之巅或翼城的末端，间距为 500—3000 米。形为梯形和圆形。内长城烽火台多为砖筑，梯形多见，圆形较少，边长 5—8 米，残高 4—7 米。外长城烽火台多为石筑、夯土筑，圆形为多，梯形较少。石筑圆台直径为 10—15 米。夯土台残高 2—6 米。

墙台：台与墙体连筑，台外侧筑垛口。墙台只见于内长城。间距为 500—800 米。

水口关：发现两处，一处在涿鹿马水口村西南，一处在怀来水头村南。水头村水口关门建在山谷中，似"水中桥"，"桥"体长 40 米、宽 12 米、高 6 米。"桥"上原有一座空心楼阁式圆形敌台和炮台。"桥"下中央为券门洞，原安装两扇大铁门，平素白天开门，以通车骑，方便商贾。夜里关门以保安全。雨季还可用于疏通山洪。

三、城堡

张家口地区现存各类城堡 300 多座，其中保存较好的有近百座。

（一）卫所州城

计有卫城 7 座、所城 3 座、州城两座。现存较好的有万全右卫、蔚州、宣府镇等城。

万全右卫城：位于张家口市西北 14 公里的万全镇。"明洪武二十六年筑，正统三年砖包，万历三十六年重修"[1]，"周长六里十三步、高三丈六尺，开二门，南曰：迎恩门，北曰：得胜门[2]"。永乐二年（1404 年）设万全右卫于此，城呈方形，实测周长 3565.60 米，城墙底宽 10.9 米、顶宽 3.5 米、残高 9 米。南北城门宽 4.3 米、高 5.6 米。南瓮城长 45.8 米、宽 3.7 米、残高 7.9 米。北瓮城长 41.5 米、宽 33.25 米、残高 9 米。东西城墙无门（图 15）。南瓮城外有小土城一座。呈方形，边长 334.8 米，底宽 3.4 米，残高 6.7 米。

图 15　万全城平面示意图

宣府镇城：位于张家口市宣化区。据建城碑[3]记载：明洪武四年设卫，洪武二十七年在原城基址上扩筑土城。城为方形，周长 24 华里，辟七门。

南三门曰：昌平、宣德、承安。北二门曰：广灵、高远。东一门曰：定安。西一门曰：泰新。昌平门外筑一关，方形，边长 4 里。建文三年，堵塞承安、宣德、高远三门，城四面各留一门。永乐二十年筑 4 城楼、4 角楼及悬楼护城台。城四周修壕堑，正统五年砖甃，十一年竣工。现城墙大部分已毁，仅北面、西部尚存几段残墙。墙底宽 14 米，顶宽 5.4 米，残高 10 米。

蔚州城：即现在的蔚县城。城为不规则"凸"字形。"明洪武五年建土城，洪武十年甃砖石。""周七里十三步，下阔四丈、上阔二丈五尺，高三丈五尺，垛阔六尺，门楼三，角楼四。""城外池深三丈三尺、阔七尺，每门各建石桥跨其上，与关厢衔接。"现城墙仅保存北面和东北，西北面的一少部分墙体。城墙底宽 12 米、顶宽 8 米、残高 10 米。南城门及城外石桥保存完整，城门洞长 30.5 米、底宽 17.5 米，顶宽 13.4 米，残高 12 米，此城曾被誉为"铁城"。

（二）关城

张家口地区有关城 50 多座。保存较好的有鸡鸣驿、洗马林、土木、君子、雕鹗、滴水、羊坊、常峪口、新河口、青边口、膳房、马营、松树等城堡。

鸡鸣驿城：位于怀来鸡鸣山脚下，为明代宣府镇进京的第一驿站。鸡鸣驿城建于永乐十八年（1420 年），成化七年（1471 年）创建土垣，嘉靖四十二年（1563 年）秋为"寇"攻毁，隆庆四年（1570 年）防镇守指挥王懋赏督役砖修城墙，设东西两门。实测城为方形，周长 1864 米，城墙底宽 9—10 米，顶宽

1.2—2 米，高 10 米，保存完好。

独石口城："城筑于明宣德五年，万历七年始包砖，周六里十三步，城楼四，角楼四，铺八、门三，东曰：常胜；西曰：常宁；南曰：永安。建文元年开平卫徙于独石"[4]，城南 1 里有 1 独石。独石北十里，有北栅子口，为外长城隘口。实测城为正方形，边长 500 米，残高 10 米，南墙、西墙保存较好。

马水口城：位于涿鹿河东乡马水村。城设在南北两山之狭谷中，长方形，东西 4 里，南北 2 里，由一城两关四门组成。城西 4 里有明代烧窑址，城北山上有兵械储存库，20 世纪 50 年代曾发现过刀、枪、剑、铜、钩镰、炮等各种兵械。城南长城敌台内，也曾发现过十几门铜、铁炮。城西南山谷中设水口关门，门两侧墙体连接长城，水门上原有水闸。城东关外北山鞍中设"铁荆林"，"绊马索"等防御设施。现城墙、两关均毁，仅存西关门券和水门。

（三）堡寨

数量很多，一般较小，多为方形、长方形，周长 2—6 华里，设一或二门，有城门楼。墙薄、矮，夯土墙多，砖墙很少。多无马面、角楼、瓮城、护城河（壕堑）等设施。现存堡寨以蔚县最多，保存亦较完整。一些小堡不仅城墙、城门楼保存较好，就连木质、铁皮、包钉的城门也保存完好。

四、附属文物

（一）长城碑刻

张家口地区的长城碑刻多在 20 世纪六七十年代被砸、被毁，或铺桥垫路，或垒坝筑堤，保存下来的很少，调查中只发现五通，均无碑首、碑座，碑阴无字，碑阳阴刻楷字或隶书。

在怀来县镇边城发现隆庆三年碑。碑长 67 厘米，厚 10 厘米。四周阴刻卷草纹，内阴刻楷字 23 行，行 10 至 1 字。碑文见附录 1。

崇礼县上南窑村长城碑，呈拱形，碑高 47 厘米，宽 27 厘米，厚 11 厘米，刻不规整楷字 4 行。碑文见附录 2。

赤城县君子边长城碑，呈拱形，碑高 59 厘米，宽 37 厘米，厚 12 厘米，刻不规整楷书 7 行。碑文见附录 3。

清三营朝阳村长城碑，仅存碑身下部，残高 41 厘米，宽 36 厘米，厚 12 厘米．碑文见附录 4。

赤城县窑湾段长城以南发现长城石刻，镌于石壁之上。线刻出碑首、碑身。碑首为半圆形，题额横书"永镇"，正文见附录5永镇碑。

（二）兵器

1978年，在宣化常峪口长城之上发现三门铜炮、二门铁炮。铜炮长4厘米，炮身有三道箍，并铸刻制造年代和编号。编号分别为"胜字壹万肆仟贰拾贰号""功音壹万贰仟伍佰陆拾陆号""音壹万贰仟伍佰玖拾叁号"。铁炮身长39厘米，亦有三道箍，编号为"历字陆佰肆拾陆号"，"历字玖佰伍拾肆号"。铜、铁炮均为"永乐拾叁年九月造"。

1979年，在宣化常峪口南门旧址上发现两门铜炮，炮身铸刻"常峪口南门防御轰雷大将军重贰佰贰拾斤"。

1979年，在万全县膳房堡城西南隅坍塌的城墙中发现一门铁炮，炮身长3米，身有六道箍。亦铸铭文，因锈蚀严重，无法辨认。重千斤有余。

1985年，在怀来县水头村东南，长城以南的"营盘"遗址中发现一门铁炮，长两米，炮口向外。

1986年，赤城县独石口驻军某部在营建中发现两门铜炮，炮长29.5厘米，口径2.6厘米，重3.5公斤，炮身铸刻"明嘉靖□年造流星炮"。

1986年，在崇礼县清三营龙门沟长城附近，发现"偻墩神枪"两支，每支重2公斤，枪身铸刻铭文分别为"大明永乐拾贰年造""大明正统玖年造"。

1984年6月，在柴沟堡镇一次出土十一枚瓷蒺藜（亦称"瓷雷"），为椭圆形，小口、圆腹，周身布满锥形尖刺，挂半釉，釉为酱黑色。胎壁较厚，大小不一。这种瓷蒺藜在张家口市、宣化县、阳原县等地均有发现。

（三）其他

窑址：位于尚义县外一长城北侧，下马圈乡南朝碾村东南的忽洞沟河北岸，窑址坐落在黄土山顶上。面积为1650平方米。残存12座窑门。编号为Y1—Y12，其中Y4—Y5靠崖处残留烟道痕迹，Y9、Y10较完整。窑口间距为1.5—3米，窑壁厚15—20厘米。窑呈圆形。窑址内暴露有灰砖块，灰陶片和木炭。在窑址东南面有一处遗址，地表暴露有红烧土块、灰陶片、白瓷片和木炭等。

石臼：在一些敌台附近有石臼，为自然山石凿成。当为守台将士舂米之用。另在许多墩台内和长城附近发现不少生活用具的残瓷片。

五、几点认识

（一）长城的防御功能与特点

这一地区的明代长城以内、外两条单线边墙为主体，附建敌台、卫所州城、关口塞堡。两条长城，遥相呼应，与纵横交错的附建构成了庞大的长城军事防御体系和军事通讯网络。

内长城属蓟镇管辖，靠近京师，防御设施完备。墙体高大、坚固，倚墙体建敌台、墙台、重要沟壑设水口关门、铁锁链等。关口或重要地段的墙体顺山势延伸，形成翼墙，或沿山势蜿蜒盘旋，形成环状双层，重层墙体。进可攻，退可守，军事防御功能较强。

内长城墙体有平顶型，劈山、山险型，封顶型三种。其中平顶型墙体约占内长城总长度的50%，劈山、山险型约占40%，封顶型约占10%。敌台均为空心楼阁式，这种敌台形式与蓟镇双层敌楼形制接近。

外长城属宣府镇管辖。墙体建筑较粗糙，简单，墙体内侧敌台关隘甚多，城堡密集，重要关口设三四排敌台，形成重重防线。

外长城墙体均为封顶型，劈山、山险型。封顶型墙体中以石垛梯形尖顶式最多，夯土梯形圆顶式次之，石边土心斜坡顶式和夯土梯形斜坡顶式较少。敌台则以实心高台式为主，空心高台式次之。实心高台式敌台，攀梯而上下，随时撤去软梯，可攻可守。这种敌台，在张家口、大同等地的外长城沿线均有发现。

烽火台以传递军情为主，兼有护屯田、检商贾，就近增援等防务。

（二）长城修筑时间

内、外长城从明初至明末，修建工程断断续续一直未停。

内长城筑后，增筑连年不断。蓟镇建置较晚，"蓟之称镇，自（嘉靖）二十七年始"[5]，而蓟镇长城防务早在洪武初年（1368年）就开始了[6]。弘治十一年（1498年），蓟辽巡抚洪钟"整饬蓟州边备，建议增筑塞垣，自山海关西北至密云古北口、黄花镇直抵居庸，延亘千里，缮复城堡二百七十所"[7]。"自嘉靖以来，边墙虽修，墩台未建。"[8]隆庆三年（1569年），戚继光出任蓟镇总兵之后，增建敌台，对敌台的建筑方法、形制、间距、用途等都做了详细的规定[9]。《天下郡国利病书》中所载的空心敌台，均标为隆庆三年至万历元年（1572年）所建。

怀来段长城脚下的横岭城，镇边城分别筑于弘治十八年（1505年）和正德十五年（1520年）[10]，是蓟镇巡抚洪钟"整饬蓟州边备，建议增筑塞垣"之后修筑的。

外长城墙体一部分是否利用了原有长城基址的问题，还要经过认真发掘研究才能确定。宣府镇长城的记载较多。洪武四年（1371年）"发动蔚、忻、山东三处民工和士兵协力修整长城"[11]，永乐十年（1412年）"敕边将治壕垣，自长安岭迄西至洗马林皆筑石垣"[12]。嘉靖二十五年（1546年）二月，"修大同东路阳和口至宣府西路西阳河边墙"[13]。嘉靖二十六年（1547年）"修大同西路、宣府东路边墙"[14]。嘉靖二十八年（1549年），宣大总督翁万达"又请自东路新宁墩，北历雕鹗、长安岭、龙门卫至六台子，别为内垣一百六十九里有奇，堑如之。敌台三百有八，铺屋如之，暗门十有九，以重守京师，控带北路。又请补筑东路，镇南墩与火焰山中空，由镇南而北，西历永宁至新墩，塞垣以成全险，俱从之"[15]。据此推测，外长城的修筑工程主要经历了三个大的阶段：明初，洪武至永乐年间，曾对外长城进行过修整和补筑，但数量不多；较大规模的修筑工程主要是在嘉靖年间完成的；从现存长城碑记和台标题记中可知，在万历四十年（1612年）左右，对已毁坏，坍塌的长城墙体曾再次进行大规模的修缮与补筑，同时修建和重建的还有大量敌台。

在怀安桃沟、马市口一带的长城内侧分布着较多的战国、汉时期的遗址、城址、墓群。长城墙体多为封顶型梯形圆顶式、斜坡顶式和石边土心斜坡顶式墙体。因此，这三种墙体可能是利用早期墙体稍加修整或包石后继续使用。

赤城独石口，君子堡一带保存较好的封顶型石垛梯形尖顶式墙体为万历四十年（1612年）以后修筑，这种墙体当为明代较晚修筑的墙体。

空心高台式和实心高台式敌台，亦多建于万历年间，因此，这两种敌台当为明代较晚修筑的敌台。

注释：

[1][2] 见中华民国二十二年重修《万全县志·卷七》。

[3]《宣府新城之记》碑，碑现存宣化区镇朔楼内；《宣化县新志》。

[4]《倍中三路志》。

[5]《明史·兵志》。

[6] 同 [5]。

[7]《明史·洪钟列传》。

[8]《明史·戚继光列传》。

[9] 戚继光《练兵实纪杂集》。

[10]《宣化府志》(清乾隆八年刻本)。

[11]《明会要·边防》。

[12] 翦伯赞主编的《中外历史年表》,《宣化府志》卷 14。

[13] 同 [12]。

[14]《宣化府志》卷 14。

[15]《蔚县志》。

（原载于《文物春秋》1990 年第 1 期）

附录

1. 怀来镇边城隆庆三年长城纪事碑

"大明隆庆三年夏孟之吉／总督蓟辽保定等处军务兼／理粮饷兵部左侍郎兼都察／院右佥都御史黄宣谭整／饬蓟州等处备兼巡抚顺／天等府地方都察院右佥都／御史潍县刘应节巡按直隶／监察御史 崇阳饶仁侃陈留／崔廷试整饬昌平等处兵备／山东提引按察司佥事长治／宋守约镇守庸居昌平等处／地方总分官中军都督府署／都督佥事辽阳四畏总都／军门中军官大宁都司置都／指挥佥事潞州暴以平分守／横岭城等处地方参将置都指挥佥事翼城扬镗白羊口／游击将军考邑刘勘通判丹／徒法 经历会稽范世光吏／月馀姚张榜中军官刘承恩／哨总指挥 佥事陈得功把总／百户李官张汝为石匠杨什／口匠史信木匠朱付鼎建。"

2. 崇礼南窑村明万历四十年长城纪事碑

"万历四十年四月分修完／本边三十八丈四尺七寸五分／底阔一丈六尺平高一丈七尺收顶三尺／委官温仲文修立。"

3. 赤城君子边明万历四十年长城纪事碑

"此东系万历肆拾年玖月分马／营堡军夫修完韩家梁墩西／空土墙捌丈玖

尺贰寸底阔壹／丈陆尺顶阔捌尺平高壹丈柒／尺上加鱼脊叁尺通高贰丈／管修委官陈营郭臣竖立。"

4. 崇礼清三营朝阳村万历四十二年长城纪事碑（残）

"……万历四十二年五月初四日起至九月／……堡修完选练军夫焦觅揽头／……修完安静墩西至边墙二十八丈五／底阔一丈二尺顶阔七尺平高一丈七／……脊三尺通高二丈／管修委□□等竖立揽头守志。"

5. 赤城窑湾明成化二年长城纪事碑

"成化元年四月十有六日颜彪张瑀张选恩／业盛滦都冲辉江山孟瑄年食历过全典／成化二年四月十有六日彪示重修至此。"

明宣镇长城

郑绍宗　郑立新

　　明宣府镇简称"宣镇"，是明九边重镇之一，与大同、山西合称"塞上三镇（边）"，朝廷均设重臣以总督三边防务，而宣镇由于密迩京师，防务更重于他镇。霍冀的《九边图说》载："宣府自东徂西，边长一千余里，雄踞上谷，藩屏陵东，譬则身之肩背，室之门户也。肩背实则腹心安，门户严则堂奥固，其关涉岂细细哉！"[1]这段话道出了宣府镇的地理位置，及在保卫京师、屏蔽陵寝方面的重要性。宣镇自永乐七年（1409年）置镇守，总兵官配镇朔将军印，驻镇城（宣化），始称宣府镇总兵，之后开始了宣镇边防的经营。永乐八年（1410年）北征残元后，加强了宣镇沿坝上、坝下一线的边备建设，以御北元。

一、明宣镇长城的建设

　　明宣镇塞垣的经营，大体可分为四个阶段。经营的重心是边墙。

　　第一阶段：在修旧和利用中西部前朝塞垣的基础上，以建墩台为主。

　　宣镇旧有前朝塞垣（边墙）。明朝初年，由于数年北伐北元，国力消耗大，尚无力拿出大量财力去修筑塞垣，只好修缮和利用旧塞垣，治墩台。从文献记载，我们可以了解其情况：

　　1. 永乐七年（1409年）六月，设山后诸卫，宣化、居庸、怀来等卫[2]。

　　2. 永乐十年（1412年），总兵郑享巡视关隘、屯堡、冲要处，叠石砌[3]。

　　3. 永乐十年（1412年），长安岭（今北京怀柔长安岭堡）迄洗马林筑石垣，深壕堑[4]。

　　4. 永乐十一年（1413年），规划烟墩之制，是为永乐大墩[5]。

5. 永乐二十一年（1423 年），怀来、万全、怀安筑塞，及大烟墩、小烟墩[6]。

6. 宣德五年（1430 年），西阳河至永宁四海冶山口 44 处，39 处立堡[7]。

7. 景泰元年（1450 年），各边隘口设棚栅，挖掘壕堑[8]。

8. 天顺六年（1462 年），修各墙垣、屯堡、墩台、壕堑[9]。

综上，从永乐十年（1412 年）起，经洪熙、宣德、正统、景泰至天顺初年，虽经 50 余年的经营，但由于明廷投入少，兵部主事不力，只能是分段进行边墙的修筑，墩台、堡寨赢弱简陋，均未达到防御要求。仅天顺六年（1462 年）那一次修筑规模较大，是明九边统一行动，但是各边镇都没有有力的规划和措施，虽下令快，但行动缓，成效甚微。正统十四年（1449 年）的"土木之变"也证实，蒙古瓦剌军南下时，面对大部分利用旧垣修修补补的宣镇边墙如走坦途，小窄而低薄的边墙一冲即垮，全面崩溃。50 多年的边墙经营说明，这种利用旧墙、小打小闹的经营边务成绩不大，难以防御敌人的进攻。总之，第一阶段宣镇边墙的修筑是不成功的，这和主持边务的兵部无能有关。

第二阶段：宣镇边墙的建设和创新阶段。主要是在成化时期。成化十三年（1477 年），余子俊为兵部尚书，总督宣大，沿用其之前在延绥治边的经验，大修边墙。

1. 成化十三年（1477 年），万全右卫西起虞台岭，东至黄土坡，修土墙一道[10]。

2. 成化二十年（1484 年），余子俊提出筑墩之制[11]。

3. 成化二十一年（1485 年），大规模修边墙，东自四海冶，西至黄河，修筑塞垣长 660 公里，增墩 440 座，其中宣府 269 座。"以石，耗银百五十万（两）。"[12]

4. 弘治七年（1494 年），始修腹里墩[13]。

5. 嘉靖六年（1527 年），提出窖之规制，沿边墙修窖诱虏[14]。

成化十三年（1477 年）到嘉靖六年（1527 年）的 50 年间，主要是余子俊主兵部、总宣大时期，边墙的建设有了新的起色。首先提出边墙建设的规划，得到了宪宗（成化皇帝）和孝宗（弘治皇帝）两朝的支持，得以在边防建设上大显身手，作出详细的规划，提出各种规制，在原先多治墩、少治垣的基础上，改为治垣为主，垣墩并举，加强了塞垣的连接，提出挖崖筑墙、掘堑其下、连绵不绝的筑垣措施。每二三里置台、砦备警。旧塞垣仍以加高、加固为主，属平头薄墙。而墩台之制又出新样，台顶加悬楼，以备军士夜宿。同时加大墩台尺寸和数量，一批就增加 440 座，所投入的人力、物力前所未有。弘治初年，又提出增建腹里墩，为大墩、小台，在边城和军堡之间设墩以联络。

前两个阶段虽经近百年的经营，当时的宣镇西部边墙仍是利用前朝旧垣、修旧为主，而且是平头薄墙。墩设于垣内，遇兵燹、雨淋、水冲，很易败毁，可谓无岁不修，亦无岁不倾，虽修大于倾，但千余里的塞垣工程太大，防御上仍不成格局。如赤城上北路、下北路的大段边墙还未修，防御上只靠沽源一线的前朝二道边，内则靠长安岭到龙关一线长城。已修者又极不完固。

第三阶段：宣镇边墙、边备防务总体完成阶段。嘉靖初年，边墙建设仍在进行，至嘉靖二十三年（1544 年）翁万达总宣大、山西边务之后，从边墙、墩台、卫所、堡寨的建设，到防御体系的七路及将士、兵员的配备，逐渐完成，达到了前所未有的完备程度。这主要从嘉靖二十三年（1544 年）边墙大修和各工程创新开始。

1. 嘉靖二十三年（1544 年），修宣府北路龙门至新开河口、洗马林，新举措是边墙上列（垛墙），列护墩 [15]。

2. 嘉靖二十五年（1546 年），修宣府西洋河至张家口一线 30 余公里，斩崖削坡 [16]。

3. 嘉靖二十五年（1546 年），翁万达"请急修、缓修塞垣"，上西路张家口、洗马林、西阳为冲；下西路柴沟堡、渡口，中路葛峪、常峪、青边、羊房、赵川，东路永宁、四海冶次冲。东西一线长城全面启动，提出垣、堑（分内堑、外堑）、敌台之规制 [17]。

4. 嘉靖二十六年（1547 年），宣府"中西路既完，北路举役"，修北起独石兔儿墩，南至赤城野鸡山，计 43 公里 [18]。

5. 嘉靖二十六年（1547 年），翁万达议，宣镇大边西起西路西阳河，东到永宁四海冶的长度测出，《明史·翁万达传》记为"一千二十三里"，《翁万达修边墙疏》称"实一千二十五里"，两组数据有二里之差 [19]。

6. 嘉靖二十六年（1547 年），"户、兵二部议发银三十七万修筑宣、大边墙"，"宣府中、北、东三路盖量地冲缓先后举行，原未重修者" [20]。

7. 翁万达奏疏，"宣府西、中二路旧墙可因，亦有十之七八，数月之内可完" [21]。旧墙应即前朝旧垣。

8.翁万达《宣大山西外边墙长图说》，三镇"外边（指大边）已连为一道"，"增旧为新"[22]。

9.嘉靖二十八年（1549年），"宣府镇西、中二路先所急，北、东二路限于财力，间多未举。北路起滴水崖，南至龙门为界。七百里北路外边修补创新务期完成。又自永宁墩、长安岭、六台子创新一道为近边，东路边墙一道，北路内外墙各一道"[23]。

10.嘉靖二十九年（1550年），"庚戌之变"后边墙多毁坏，又行大修补，加固、增加墩台。

11.嘉靖三十年（1551年），"修补边墙，西路为急；敌台，东路为急"，"四海冶至西阳河，筑台五百座"[24]。

12.嘉靖三十三年（1554年），议将墩台改筑墙外，"三百步一座"[25]。

13.嘉靖三十五年（1556年），兵部侍郎江东疏修筑南山联墩，从之[26]。

14.嘉靖三十七年（1558年），兵部尚书"请增筑腹里汉罗大墩"，并提出规制[27]。

15.嘉靖三十八年（1559年），总督、尚书杨博上经略，"宣府怀、隆、永、南山"一带已修筑"大墙三百余丈，未完者续修"[28]。

以上为宣镇边墙修筑的第三阶段，先完成东起龙门所、大小白阳、新开口，西至洗马林、西阳河首冲段的边墙，改进余子俊的平头薄墙为垛口墙，提出边墙规制；次完成中路葛峪到赵川一段次冲边墙，及东路四海冶一段边墙；再完成北路独石至赤城段西部野鸡山段边墙、北路滴水崖至龙门段边墙、东自永宁墩西至龙门卫六台子内段边墙，完善赤城北部大边、二边和龙门所东的二边之墩台；最后新创怀来南山联墩。凡成化时期余子俊主宣大时所修筑的窄小平头薄墙和前朝旧墙，嘉靖时期用20多年的时间先后进行了改造，墙体全部加高加固，上列即筑垛，宇墙可行人，可攻可守；提出各种规制，包括墙体的高阔、收顶，墙的外堑、内堑的深阔、收底，敌台的高、阔尺寸等，并由兵部下令，命沿边依照式样修筑。嘉靖时期宣府塞垣的全面修筑，大大巩固了京都山后的防御，至此，宣府镇的边务，包括主体边墙、次边、壕堑、墩台（包括腹里"汉罗大墩"）、关隘、卫所堡寨一系列配套的防御工程大体完成。这时宣镇、大同、山西三镇的外边（大边）基本连为一道，嘉靖二十六年（1547年）二月，测出宣镇边墙准确长度，"宣府起西阳河，逶迤而东北，历中、北二路，抵东路永宁四海冶，实一千二十五里"[29]。宣大边墙的主体工程全部完工，虽有一部分压尾的工程仍在进行，但已无大的工程项目。

第四阶段：为边墙全部完成、边务相对稳定阶段。隆庆五年（1571年），明王朝和蒙古俺答汗等上层贵族举行和议，通贡道，开马市，成为年例定制，史称"隆庆和议"。由于俺答汗夫人三娘子的努力，蒙古部落和明王朝和解罢兵，化干戈为玉帛，边墙内外一家，边鄙无警，累三世，长达30余年。但从万历初年起，宣大一线边备及防御设施仍连年修筑，以防不测。主要是边墙的结尾工程。

1.万历元年（1573年），诏续修北路边墙滴水崖、雕鹗堡龙门卫段[30]。

2.万历元年（1573年）九月，户部复修边支费修墙及北路宁远等包砌墩台[31]。

3.万历二年（1574年）六月，"以宣府修完边墙、城堡、墩台等项，赏原任总督王崇古、总督侍郎方逢时……各银两……"[32]。

4.万历二年（1574年），"宣镇修边墙、崖壕八万九千八百二十三丈"，"城堡、墩台、瓮城等工（程）五百二十九处"[33]。

5.万历三年（1575年），宣府"北路外十三家边垣工竣"[34]。

6.万历十四年（1586年），宣府"各路应修紧要台堡"[35]。

上引说明，到万历二年（1574年）六月，宣府镇边墙、城堡、墩台才最后完成，但已是尾工。一直到万历十四年（1586年），随着岁月流逝，因自然损坏，墙体、城堡、墩台等仍然需要维修。宣大延绥一线，因近30年无大的边警，武备松弛，边墙内外汉蒙一家，和平共处，长久相安，明廷放松了边墙工程，投入财力、人力相对减少，兵员调离，所以文献上在万历十五年（1587年）以后宣镇大修边墙之事也少见记载了，只是维护自然倒毁的墙体、墩台、堡塞而已。

二、宣镇八路边防体系的形成

大明定鼎幽燕，北面迫近蒙古，乃用险据胜，设九边，封疆万里，以屏蔽北方。宣镇之地理形势，"紫荆控其南，长城枕其北，居庸左峙，云中右屏，内拱京陵，外制胡虏，盖屹然西北一重镇焉"[36]。永乐七年（1409年）设镇后，根据边警发展需要，初设西路、北路、中路、东路、南路共五路，分别设防。由于西、北二路边警频发，嘉靖以后，又分西路为上西路、下西路，北路为上北路、下北路，嘉靖晚期又增设南山路，合为八路。各路设置先后不一。

表1　宣镇八路塞垣、墩（台）、属堡统计表

路属	垣长（里）	边墩（座）	火路墩（座）	属堡（卫、所、堡寨）
上西路（大边），成化十二年设，驻万全右卫	124	152	186	万全右卫、张家口堡、膳房堡、新开口堡、新河口堡、万全左卫城、宁远站堡、来远堡、永丰堡
下西路（大边），嘉靖二十五年设，驻柴沟堡	115	184	255	柴沟堡、洗马林、渡口堡、西阳河堡、李信屯堡、怀安城堡、马市口堡
南路，成化二十年设，驻顺圣西城				顺圣西城、顺圣东城、蔚州城、桃花堡、深井堡、陀店堡、黑石岭堡、广昌城
上北路，驻独石，宣德五年移旧开平于此	514（大边）186（二边）	630（边腹合计）		独石城（开平）、青泉堡、猫儿峪、君子堡、松树堡、镇安堡、马营堡、仓上堡、镇宁堡、云州堡、赤城、伴壁店
下北路，万历十八年设，驻龙门所	160（大边）91（二边）	146	270	龙门、牧马堡、样田堡、雕鹗堡、长伸地堡、宁远堡（上堡）、滴水崖堡、长安岭城、宁疆（下堡）
中路，驻葛峪	131（大边）	147	212	葛峪堡、常峪口堡、青边口堡、羊房堡、大白杨堡、小白杨堡、赵川堡、龙门关堡、龙门城、三岔口、金家庄
东路，成化五年设，驻永宁（今北京延庆）	108（大边）	152	168	永宁城、四海冶堡、周四沟堡、黑汉岭堡、靖胡堡、刘斌堡、延庆州城（以上属北京市）、土木驿堡、沙城堡、良田屯堡、东八里堡、保安新城、西八里、麻峪口、保安旧城、矾山堡、怀来城
南山路，驻柳沟，嘉靖二十九年设联墩，四十五年设参将	250（土边）	160（敌台）	266（敌台）	柳沟、岔道、榆林堡
总计	1679（包括大边1152，二道边277，南山土边250）	1571（包括敌台160）	1357（包括敌台266）	

三、明宣镇边墙的长度

明宣镇边墙的建筑时间，前文四个阶段已经清楚地表明了其逐步发展和形成过程，起初是分段进行，最后联而为一。

关于旧塞垣的问题，一是文献上有相关记载，二是有实际存在。《水经注》："漯水又东，左得于延水口，水出塞外柔玄镇西长川城南小山。……于延水出县北塞外，即修水也。"[37]于延水，今东洋河（大洋河）上游，称银子河、后河，源于北魏柔玄镇（今河北尚义哈拉沟土城）西的长川城（今内蒙古兴和土城子）南小山，塞即指今东洋河口，原有旧垣，即秦汉旧塞垣，有明长城叠压通过。赤城之白河，即沽河。《水经注》："沽河，从塞外来，水出御夷镇西北九十里丹花岭下。"[38] 今沽源西南，水出塞外，即秦汉旧塞垣之北，应即今赤城外之二道边，南行入明长城北栅到独石。又成书于清乾隆二十三年（1758年）的《口北三厅志》："羊川楼，独石口北明沙滩有前朝外边一道，山上有楼，砖为之。盖所筑侯台也。"这里的"前朝外边"非指明，而应是更早期以前的旧边，即今之二道边，元人所称之"古长城"，元学士陈益稷《送驾至上都过关口而回》诗云："控辔追随宝马群，古长城外送金根。仙踪飘缈鸾声远，客路崎岖燕尾分。"[39] 上引这些文献说明宣府镇修筑大边以前就有旧塞垣存在。前引《翁万达修边墙疏》中也一再提到"旧墙可因，亦有十之七八，再加工力"和"增旧为新"之语，可以看出，明大边墙有一部分是利用了旧有边墙，且数量不少，特别是中、西部二路，即张家口市以西段的边墙。张家口市以东，赤城以北、以东的上北路、下北路，利用旧垣作为外线，俗称二道边（双道边）。就是说，明宣镇大边是以前朝之旧边为底线的。这条东起四海冶、西迄西阳河的千里大边有一部分是利用旧边，或增旧为新，即加高、加厚、加固后修起来的，并经一而再、再而三的反复重修，直到余子俊和翁万达主兵部、总宣大时期才进行了全面修筑，这在前面引文中已看得很清楚。那么，这旧有边墙是何时所建？经多次实地调查，我们认为是秦汉或北魏泰常八年（423年）长城，也有人认为可早到燕赵时期（关于此点将另文讨论）。在中路部分有可能重叠了一部分唐张说所筑妫川长城，这还需要进一步调查证实。总之，明长城利用二道边（秦汉长城），不论从文献记载还是实际调查都得到了证实。

关于宣镇边墙长度，一是文献记载的长度，另一个是实际调查的长度。文献记载的长度是边墙修筑完成后的官方数据，据《翁万达修边墙疏》："宣府西起西阳河，逶迤而东，北历中、北二路，抵东路之永宁四海冶，实一千二十五里"，此数据统计于嘉靖二十六年（1547年）[40]。另《明史·翁万达传》记为"千二十三里"，此统计于嘉靖二十三年（1544年），二者仅二里之差。又据成书于嘉靖四十年（1561年）的《宣府镇志·塞垣》统计为"一千一十二里"。另据杨时宁《宣大山西三镇图说》，大边（主边）长度为"一千七十七里"，统计于万历三十一年（1603年），时较晚出，多不被人们注意。上述诸数字中，翁万达的"一千二十五里"为上报给朝廷的数字，也是迄今延用较多的数字。

宣镇明长城（边墙）包括大边（即主边）、近边（散墩）、马市口土边、怀柔南山土边，实际调查情况如下：

1. 宣镇大边，据 20 世纪 80 年代河北长城考察队的调查，东起赤城万水泉小川口，西止怀安、尚义交界处下马圈曹碾沟门，全长 423641.5 米（含主体墙、附边、山险墙）。加上宣镇东路北京延庆段的 67200 米，总长 490841.5 米。以 1 明里合 480 米推算，约合 1022.58 明里，和文献记载中的"一千二十五里"非常接近。这是第一次经过实际调查得出的宣镇大边的准确数字。

2. 近边，西起大尖山，东止长安岭，全长 47164.5 米（内含主体墙，列燧）。

3. 马市口土边，全长 10867 米。

4. 怀来南山土边，全长 31437 米（含山险墙）。

总括上述四项，共计 580310 米，合 1208.979 明里。这个数字只是 20 世纪 80 年代的调查数字，随着今后工作的深入，当会有更多新的发现。

四、明宣镇边墙的建筑结构

从建筑结构上讲，明宣镇边墙包括自然石块干插缝石墙、夹心石墙（内心夹夯土、沙石）、土墙（夯筑）、砖墙。以干插缝砌石墙和夹心石墙为主，量比较大。有的地方土墙和石墙混合使用，因地制宜，以就地取材方便为主，如墙体沿坝头走山路或山脊，则以石边为主，平漫之地则以土边为主，或土石混杂砌筑。砖墙占极少量，主要用于口门两侧。墙体内外的附属设施有一墙一堑（挑挖内壕堑培土为墙）和一墙两堑（墙体内外挑挖壕堑）两种。

宣镇大边沿坝头、高山及分水岭行走，在上西路、下西路（即万全、怀安一带），因有"旧墙可因，亦有十之七八，再加工力"[41]，或增旧为新，所以见到的是前朝旧塞在外，墩台修在塞垣内 5—15 米。实地调查时发现，旧塞垣经过 2000 多年的风雨侵蚀和人为摧残，石边墙低矮窄小，一般高出地面仅0.6—1 米，宽仅 1—2.5 米，顶宽 0.3—0.5 米。夯筑土墙的夯层仅 10—15 厘米，有的几乎与地面平，仅在地面形成一道土石埂。墙上墩台少，且多被改造。这种低矮窄小的边墙和明成化时期余子俊主宣大时修筑的平头薄墙——在旧垣上增筑加高，墙内筑石墩，加厚的边墙——形成鲜明的对比。特别是明嘉靖时期翁万达主宣大时所修大墩或砖台，有的墩台筑在旧墙的顶上，叠压层次明显，其高大的墩台和前代低矮小窄的旧边根本不成比例，形成强烈的反差。

赤城北部即宣镇北路大边，主要修筑于嘉靖二十五至二十八年（1546—1549年）间。之所以修筑较晚，主要是因为其北原有早期的二道边和列燧（墩）作为防御，赤城大边为新创，修成后形成内外两道防线。按照嘉靖二十五年（1546年）翁万达《请酌急、缓修塞垣疏》提出的塞垣规制，"垣高阔以二丈，顶收以九尺。外堑深、阔以一丈五尺，底收以一丈。内堑深阔以一丈，底收以五尺"。"垣高阔以二丈"，合今制6.4米；"顶收以九尺"，合今制2.8米。以赤城长沟门至老虎沟一段位于高山上的石边墙为例，墩154—墩155之间的石墙体底阔4米，高5米，收顶1.5—2米，上列，较之前成化间余子俊所修的平头薄墙进步多了。而墩168号的石墙底阔4米，高5米，收顶则3米，说明新修筑的边墙虽仍有许多达不到要求的工程或偷工减料之处，但较前举怀安到万全一带大边利用前朝旧边改造的边墙已雄壮、坚固多了。

又如赤城南线即中路长城，基本是按翁万达边墙规制修筑的，为土、石边墙间作。康庄以西保存较好。如上堡台19号土边底阔5—6米，收顶3米，高6—7米；上堡台72—73号石墙底阔4.5米，收顶3.5米，存高4米。这是在平漫之地修筑的土石边墙，应该是按照翁万达的规制修建的。口门两侧的边墙保存较好，如张家口市西的砖边墙，一般底阔4—4.6米，存高2.5—3.5米，收顶2.8—3.2米。上举一些例子主要说明西部的明边墙利用前朝旧垣，仍保存着原始状况，初时以墩台为主，对旧边进行加固，嘉靖时期翁万达主宣大时对宣镇边墙进行了创新和全面补齐，特别是石边和一部分土边（中路）都已达到高大、宽厚、坚固、耐久、便于利用和进行防御的程度，同时墩台、敌台、壕堑、口门、卫所、堡寨等工程也全部完成。

关于宣镇边墙内外的壕堑问题，前引文献多处提到，其形制如蓟镇之拦马墙（或称挡马墙），在宣镇则称为挑掘（壕）堑。景泰元年（1450年）最早提出"挑掘堑"[42]，至天顺六年（1462年）"墙垣、屯堡、墩台、壕堑"并提[43]，但当时还不普遍，初用于大墩的外墙周围。墙外挑壕如永乐时期规划的"永乐大墩"和兵部尚书杨博规划的"汉罗大墩"即是。成化二十一年（1485年），兵部尚书余子俊提出宣镇边墙全面修筑，"削山筑城，凿崖筑墙，掘堑其下"，建墩挑堑前所未有，墙、墩、堑成为筑边之制[44]，而且明确提出壕堑的尺寸。

到嘉靖六年（1527年），又提出沿边要路挖窖（形同蓟镇的品字坑）以陷虏马。如今在边墙上的（壕）堑多为风沙所埋没，大部分没有保存下来。在怀安、万全以及赤城的大边原来可能都有外堑，现在尚能看出墙、堑并行的痕迹，崇礼、张北二道边的有些地方则保存明显。从张北的刀楞山向南到崇礼的清三营南北行的边墙内外皆有堑，而且是一墙内外两堑或一墙一堑，墙堑之间隔60—100米[45]。特别是二道边和赤城北双道边外均挖有壕堑，如从张北战海乡二道边石磜1号向西南后，向南方向有一道石边墙，是从赤城北双道边延续下来的，一直到桦皮岭东，又南至清三营，这道边墙的内外皆有壕堑，多为一墙两堑（即内堑和外堑，称为东、西边壕，或南、北边壕），也有部分是一墙一壕，是依当地土质按墙体规制人工挖成的。嘉靖二十五年（1546年）翁万达制定的壕堑之制为"外堑深阔一丈五尺，底收以一丈；内堑深阔一丈，底收以五尺"，合今制，外堑口宽、深4.8米，底收3.2米，内堑口宽、深3.2米，底收1.6米。证以调查中现存的壕堑情况，内外堑尺寸基本相同，约为口宽13米，深0.6米，底宽仅2米。由于多年风沙的湮没，基本都已失去了原来的尺寸。不论是外堑还是内堑，基本是拦劫骑兵用的一种防御性措施，现虽多颓废，但痕迹清楚、明显。这道石边从刀楞山到清三营沙岭子长20多公里。

明边墙的内外挑掘内外堑，不仅施于大边，也施于二道边。边墙内外凿堑，形成墙内外的又一道边防线，提高了主体墙的防御能力。

注释：

[1] 霍冀：《九边图说》，载《明代蒙古汉籍史料汇编》第二辑，内蒙古大学出版社，2000年，第34页。

[2]《明太宗永乐实录》卷64，梁鸿志影印江苏国学图书馆藏本（简称梁本），第3页。

[3] 同[2]，卷85，第3页。

[4]《明史·成祖本纪》卷6，中华书局，1974年，第90页。

[5] 徐日久：《五边典则》卷5《宣大总》，载《明代蒙古汉籍史料汇编》第五辑，内蒙古大学出版社，2009年，第130页。

[6] 同[2]，卷126，第6页。

[7]《明宣宗宣德实录》卷66，梁鸿志影印江苏国学图书馆藏本（简称梁

本），第 2 页。

[8][42] 同 [5]，第 143 页。

[9][43]《明英宗天顺实录》卷 343，梁鸿志影印江苏国学图书馆藏本（简称梁本），第 1 页。

[10] 同 [5]，第 161 页。

[11] 同 [5]，卷 6，第 173 页。

[12][44] 同 [11]，第 178 页。

[13]《明孝宗弘治实录》卷 94，梁鸿志影印江苏国学图书馆藏本（简称梁本），第 11 页。

[14][15] 孙世芳：《宣府镇志》卷 10《亭障考》，（台北）成文出版有限公司影印本，1968 年，第 79 页。

[16] 同 [5]，卷 8，第 254 页。

[17][18] 同 [14]，第 76 页。

[19]a. 同 [16]，第 259 页；b.《翁万达修边墙疏》，载《明经世文编》卷 224《翁东涯文集》，中华书局，1962 年，第 2355 页。

[20] 同 [16]，第 266 页。

[21][22] 同 [19]b，第 2358 页。

[23] 同 [5]，卷 9，第 274 页。

[24] 同 [23]，第 280 页。

[25] 同 [23]，第 293 页。

[26] 同 [14]，第 80 页。

[27] 同 [14]，第 76 页。

[28] 同 [23]，第 307 页。

[29][40][41] 同 [19]b。

[30]《明神宗实录》卷 11，梁鸿志影印江苏国学图书馆藏本（简称梁本），第 2 页。

[31] 同 [30]，卷 18，第 3 页。

[32] 同 [30]，卷 26，第 6 页。

[33] 同 [30]，卷 31，第 1 页。

[34] 同 [30]，卷 34，第 7 页。

[35] 同 [30]，卷 17，第 7 页。

[36] 杨时宁：《宣大山西三镇图说》，载同 [1]，第 276 页。

[37]《水经注·㶟水》，岳麓书社，1995 年，第 201 页。

[38] 同 [37]，《沽河》，第 208 页。

[39] 同 [14]，卷 11《赤城》，第 92 页。

[45] 一些调查者把内外堑作为不同时代的并行边墙，恐不确。

（原载于《文物春秋》2015 年第 6 期）

南山联墩岔西考

洪 峰

引言

有明一代，自洪武肇基至崇祯失国，凡二百七十六年，无时不与北方游牧民族相抗。

明边防守，尽极能事，非止于边墙。为阻敌深入腹里，官军沿边挖品窖、植树木、削崖壁、铲偏坡、掘壕堑、设栅栏、布蒺藜、置火器、建车营、立墩堡、筑炮台等不一而足。

嘉靖"三十五年（1556年），兵部侍郎江东疏请修筑南山联墩，从之"[1]。自此，京师北门居庸之外出现新型防守模式。

南山联墩者，乃于宣府东路南山一带，相间筑以密集墩台，置兵士其上，墩墩相望，堡堡间立，遇警既可接续传报，又可以火器联守墩台间隙，使敌不可逾越联墩防线，以达防守居庸内口、护卫陵寝、京师之目的。

联墩今仍矗于北京延庆县至河北怀来县南部山下慢坡处，虽历沧桑，却仍显壮观。

江东于疏中，以岔道城为中心，将联墩分为东、西两段。东段"自岔道东抵四海冶镇南墩止"；西段"自岔道西抵龙爬山止"。

当今联墩较少为人关注，笔者因就此文。

联墩东段持续经营至明末，已然超出联墩形制，今暂议西段。

一、宣府镇东路南山

（一）宣府镇

明宣府镇（常简称为宣府、宣镇）所辖外边，以明万历年宣大山西总督杨时宁撰《宣大山西三镇图说》为参照："东自昌镇界火焰山起，西至大同镇平远堡界止。"[2]其所辖地域大致相当于河北张家口地区、北京延庆县。

根据自然地势，宣府辖区分为东、南、西、北、中五路设防。

（二）宣府镇东路

宣府东路所辖边墙，仍以《宣大山西三镇图说》为参照："自四海治至靖胡堡。"

以明孙世芳所著《东路志总论》为参照："自火焰山至靖安堡。"[3]其所辖地域大致相当于现今北京延庆、河北怀来二县。

嘉靖三十六年，始设怀隆兵备道。宣府东路革属之。怀即怀来县，隆即隆庆州，今延庆县。

《明实录》载："嘉靖三十六年（1557年）七月丙辰总督宣大、山西侍郎杨顺……复言宣府防守事宜：……宣府分有五路……而隆永新设兵备，宜即以东路革属之。兵部议覆报允。"[4]

永即永宁县，今延庆县永宁镇。

火焰山即今北京延庆县四海镇东南、怀柔县西栅子村以北，九眼楼坐落之山。

清改靖胡堡为靖安堡，俗称白河堡，今淹没于延庆白河水库。

（三）宣府镇东路南山

南山位于宣府东路。明杜齐名《南山志总论》云："南山者，东路之南也。东路之南则腹里矣，乃亦联城列成以为边者，以其一带之边，为防护山陵耳。夫各路不守而后急东路，东路失据而后急南山，南山急则本城何为哉？据边东起四海治之火焰山，西抵怀来南之合河口。"[5]

《宣大山西三镇图说》云："南山内拱京陵，为藩篱重地。……东起火焰山，西抵合河口，蜿蜒一带，势若龙盘。"

妫水河于延庆而西，桑干河于怀来而东，两河至怀来之南相合，形成合河口。二水合一南流，名永定河，穿山经北京门头沟区沿河城至卢沟桥，在京形成弧线由天津海河入大海。

合河口因修建官厅水库而被淹没，其大致位置在怀来县官厅镇东北，周边陆地尚有墩台遗迹。

火焰墩与镇南墩之关系。宣大总督翁万达于嘉靖二十八年（1549 年）四月奏："臣往来相度，拟于东路镇南墩与蓟州所属火焰墩接界，塞其中空，筑墙谨三余里。[6]"

火焰墩在火焰山，即今九眼楼。上文表明，当年火焰墩尚为蓟州镇所属，与宣府镇四海冶堡所属镇南墩相接，两墩仅相距三余里。而后火焰墩又为宣镇所属，已不在本文讨论范围之内。

由上得知，宣府东路南山防线，东自火焰山起，西至合河口止。

自宣德始，大明官军懦弱，宣府以北"盖弃地三百余里"[7]。

"庚戌之变"（嘉靖二十九年，1550 年）后，为防护陵寝、京城，宣府又作"护关缩守之计"[8]，集中力量加强居庸外围防守。于此出现南山防线，实属无奈之举。

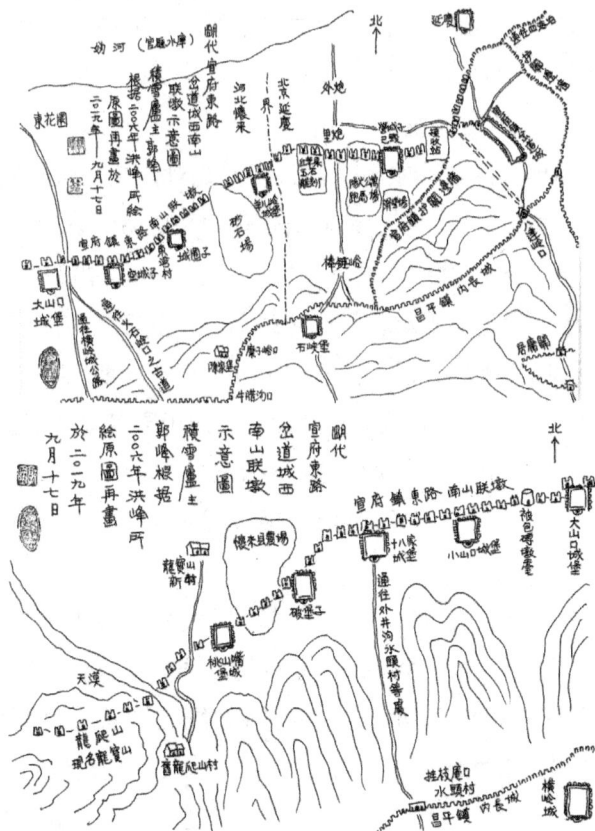

南山联墩图

二、南山联墩修筑起因

宣德间，宣宗弃兴和（今张北）而退守龙门，敌骑越万全外之野狐岭东渐宣府。开平（今内蒙古正蓝旗）遂孤悬于北，失援难守。

宣宗由是再弃开平，退三百余里而守独石。宣府遂成为居庸之外直接护卫陵寝、京师之要冲。

南山联墩属东路南山防线重要部分，其位于延庆与怀来平川之南、军都山之北缓坡地带。南部山脊之上即为蓟镇（后细化为昌镇）长城。关沟贯穿南北，居庸坐落其间，八达岭口封挡其前。宣镇岔道城与蓟镇八达岭口毗邻，踞其外仅二里许。

长城内侧，便为明陵、京城。若居庸失守，虏骑可于半日抵京城，其间没有任何障碍。

嘉靖二十九年（1550年），蒙古俺答汗领七八万骑由古北口入，至通州白河与官军对垒，先锋七百余骑竟突至东直门外，此"庚戌之变"震惊朝野。

自此，朝廷开始大规模筑边防守。

南山联墩为兵部侍郎江东疏请修筑，其疏对修筑联墩有明确阐释。"夫向自开平失手，兴和内徙之后，而宣府遂失门户之防，以故胡马长驱，延及堂室，难于备御。况猾虏自嘉靖二十九年（1550年）内犯，自镇边城溃墙而出，愈知我中国地里之险易，兵马之强弱，时遣奸细入探道路，以窥伺内陆。""修筑南山以安畿辅，诚经国安边大计，宣府目前急务莫有过于此者。""先任总督尚书许论与臣交代之时，亦拳拳以南山隘口逼近京畿，极系紧要，早宜修筑为言。""南山一带，实为居庸一带内口屏蔽。"

联墩西段总长，"居庸东北，自岔道西抵龙爬山止，共隘口一十八处，长亘一百零三里五十步"。

联墩计划"每百五十步筑墩一座，每二十座空内筑小堡一座"。"通内地隘口，应该设卒守把，以防奸细者"。"令墩军取便携家及邻近农家欲居者"。"其隘口应添大石墙或虎尾小墙者，各宜量势修筑"。东、西两段墩台、小堡总数量："总计墩七百九座、墩房七百九间、小堡三十余座、大堡七座、岔道城一座。"所耗银两："共该用银：一十万五千七百五十一两九钱三分五厘。"官职设置为"岔道城议设守备、兵马并仓场、官攒"。物资方面："应用钱粮早赐斛给，合用火器、盔甲亦宜预拨。[9]"

《明实录》亦载："嘉靖三十五年（1556 年）三月乙丑总督宣大侍郎江东言：怀来南山隘口逼近京师，请修筑墩台御房，添设守备一员于岔道城，而以口北道参议张镐升兵备副使，无事则屯隆庆，防秋则移驻岔道，提调守备官军。兵部复奏，报可。"[10]

三十五年（1556 年）江东疏请筑墩，并提请升任张镐为兵备副使。

三十六年（1557 年）世宗根据兵部奏报，"赐山西按察副使张镐兵备怀隆"，以督理、整饬南山边务。

敕谕内容："敕山西按察司副使张镐：近该宣大督抚官题称，修筑边防事体重大，乞要添设兵备官督理、整饬等因，合允所请。今特命尔前去宣府南山一带地方，计处钱粮，召选军士，查给器械，修盖营房，拨什屯田，受理词讼，禁革奸弊。无事则驻扎怀来，防秋则移守岔道。有警则公同该路参将率守备等官，严令在墩官军施放火器，力道于外。其余官军往来策应，协力战守。仍与居庸兵备互相传报，共为掎角，务期保护陵寝，奠安畿辅。所属卫、所、有司，悉听节制。尔仍听总督巡抚官节制。凡应行事宜，须呈督抚衙门会奏处置。尔素以才力被荐，朝廷特兹委用，宜殚精心力，督处停当，以固边防而安内地。斯称任使如或修筑不固，整饬不密，虚费误事，责有所归。尔其慎之慎之！故敕。"

该敕谕谆谆教诲，将兵备官的责任、分工、协调、隶属关系等交代清晰。

怀隆兵备道为各地兵备道初始之设，后世沿用。

《山西宣大三镇图说·南山总图说》云：嘉靖"四十五年（1566 年）设参将一员驻扎柳沟，……参将所在地辖岔道一守备"。

由上文得知，南山联墩于岔道城设守备一员，由兵备副使提调。嘉靖四十五年又添设参将于柳沟城，联墩守备听命于南山参将，南山参将由怀隆兵备道提调。怀隆兵备使直接听命于宣大总督。

综合上述线索，可有如下判断：为防护陵寝、京师，屏蔽居庸等内口，兵部侍郎江东疏请于嘉靖三十五年（1556 年）筑南山联墩于蓟镇长城之北、宣府东路之南。联墩西段自岔道城延长至龙爬山，属居庸外围、宣府后身防线。联墩于岔道城设守备一员，往来指挥。

三、南山联墩之防守

南山联墩以岔道城为中心，东、西展开。其东为柳沟城所统，其西为岔道城所统。

（一）施以火器

众人虽知联墩间隙应以火器防守，然江东于疏中未曾明确提到，只间接提到"宜预拨"火器。

成化间兵部侍郎余子俊于《增墩凿壕疏》中便有议论："墩以十人守之，非但瞭望得责，火石亦可以四击。夫火石所及不下四百步余，今以两墩共击一空，无不至之理也。"[11]

嘉靖三十六年（1557年），世宗于怀隆兵备张镐敕谕中亦曰："严令在墩官军施放火器，力道于外。"

兵部尚书、宣大总督杨博于嘉靖三十七年（1558年）《请增筑各路墩台疏》中明确道："联墩空内宽者三十丈，多者四五十丈，必须摆守之军人人能用火器。"[12]

以火器防守墩台间隙，各处均在施行："嘉靖三十九年（1560年）八月甲寅总督蓟辽尚书许论言：方今御虏之策，无过守险，守险之要，当于各口关城外虏所入道，对筑战台两座，或地形不均，仍相地所宜，增筑一二座。台之去墙二十步而近，每台置军十人，轮月戍守，设火器于上，贼至，以火器夹击之。"[13]

笔者以为，此应为除许多关隘墙体之外，墩台、敌楼对筑之因。火器种类繁多，如长铳、手铳、三眼铳、虎蹲炮、竹节炮、佛郎机、大将军等，则不在本文讨论之列。

（二）垒筑墙体

嘉靖三十五年（1556年）筑墩之时，兵部侍郎江东于疏中道："其隘口应添大石墙或虎尾小墙者，各宜量势修筑。"

既然联墩各隘口墙体"各宜量势修筑"，各处难免高低薄厚不一，非隘口处是否修筑墙体，亦尚未可知。

虎尾小墙之制，今人只见遗迹，未见全貌。然望文生义，再结合现场探查之情形，笔者以为亦可称其为拦墙。

其墙较之正规大墙，相对低矮疏薄，墙上无法驻足巡逻战守，因此不能阻敌攻墙，只能阻挡马队冲击、迟滞敌方攻城，及时以火器夹击之。

宣大总督杨博于嘉靖三十七年（1558 年）《请增筑各路墩台疏》中提议道：
"臣近日亲诣阅视各墩，空内已有虎尾短墙。若使推广其制，筑为大墙，则一
劳永逸，为利不浅……于本年八月十二日兴工。……今年不完明年接修，明
年不完后年接修。工完之日，听巡按御史阅视，明白具奏"，世宗"从之"[14]。
嘉靖三十七年（1558 年）杨博言"空内已有虎尾短墙"，此语同嘉靖三十五年
（1556 年）江东所言"应添大石墙或虎尾小墙"相合。

关于修筑大墙，《明实录》载："嘉靖三十八年（1559 年）六月癸亥总督尚
书杨博条上经略宣大八事。……宣府怀、隆、永宁南山一带，西自合河口，东
至横岭止，计长一百四十三里，修筑大墙，已完三百余丈，未完者，宜责令摆
边军士分工修筑。"[15]文中未明确具体的修筑地段。

上文所说横岭，非昌镇横岭城之横岭，乃四海冶南部之横岭，与火焰山相
邻。清《畿辅通志·舆地略》地图中标为南横岭。

《延庆州志卷十·艺文志·碑碣》载："明南横岭界石碑在州东南，弘治元
年立石。"可见此地于弘治年间便立碑称为横岭。

《宣府镇志·卷十·形势考·都御史许论防守要害论》云："而四海冶上通开
平大路，下连横岭，又要地矣。"上为北，下为南。

四海冶堡（现四海镇）处于谷地中，向南过海字口村上到山脊，此处大山
东西横亘，其上有宽大的石墙在幽暗的密林中自西而东连绵不断，沿山脊线奔
往火焰山明代营城。

火焰山营城向东里许便为火焰山墩（九眼楼），向西山势陡峭，林木茂盛，
边墙虽不甚宽大，然一些地段石墙顶部竟然以城砖为女墙。

根据古籍描述，四海冶南部之山当为横岭，与火焰山相连，其上有南山石
墙覆压。

"隆庆二年（1568 年）二月辛卯总督宣大山西都御史陈其学条上南山事宜。
其略言：……岔道以东，自青石顶至四海冶火焰山，宜乘春修筑墩台于柳沟等
处……大山口迤东一道，为暗门者六。咫尺居庸，宜严加稽察。……兵部上其
议，上皆允行之。"[16]

青石顶北部山下，便为岔道城、西拨子村一带，乃岔西联墩起始段。

上文说明，嘉靖三十五年（1556 年）修筑联墩时，部分隘口地段已有"虎
尾短墙"。嘉靖三十七年（1558 年）始增大墙。

笔者于岔西段现场，只看到大山口有里许离的"大墙"，与隆庆二年（1568年）都御史陈其学所说"大山口迤东一道"相合。

其他地段大部无墙。倘墙体偶尔出现，也矮小窄薄，或因地形改变，无法判断。虽不排除后人拆毁之可能，但岔道以东墙体遗迹高大连贯，极为明显，与岔西有显著之不同。

此说明联墩最初形态在岔东已有所改变。岔东距居庸、陵寝极近，其地位更胜岔西一筹。

现场证据表明，大墙或虎尾小墙集中于东段。其意图极为明显：更小范围遮蔽居庸、陵寝之内口。

如今众人所见岔道城—小张家口—柳沟城—二司—头司—营城—韩家口（笔者注：当地村民方言称韩讲口）一带边墙，便为当时之作。隆庆年间，兵部尚书赵炳然《题为经理南山未备事》一疏，可为笔者观点作证。

其疏略曰："……今之联墩，曾有如岔道迤东高墙深壕、斩堑峻口、迭窖连栅矣乎？边军戍守，火器如电、将领如云矣乎？恐未及此。今安得不亟备之哉？臣等今议非敢远举，惟欲宣镇以备岔道迤东，量为西备之规。联墩拦墙，加增高厚，外壕外窖，加浚深广……"[17]

赵炳然认为岔东"高墙深壕"，岔西有所不及，冀宣镇按岔东标准经营岔西联墩。

据《卢象升疏牍·南山修筑墩台疏》，至崇祯年间南山墩台依然持续修筑。

崇祯年间，兵部尚书卢象升于该疏中亦描述岔西土墙："谨查南山一边，岔道迤西十五里，沿边倚有土墙……臣观岔道而西，合河而东，原有土筑台墙旧存遗址，近墙壕堑亦隐隐在焉。……想亦因工费之多，汲道之远，墩军难于存扎，边墙难于落成，遂中辍耳。"

个别学者认为岔东边墙为嘉靖二十二年（1543年）都御史王仪所筑。王仪此时非在此任，所引证据也未查到出处。

如若已筑墙体，日后至多对其修缮，嘉靖三十五年（1556年）江东不会于此修筑联墩，杨博更不会于三嘉靖十七年（1558年）上疏请将南山联墩之虎尾短墙"推广其制，筑为大墙"。

《明实录》载："嘉靖二十二年（1543年）五月甲子命修筑永宁大小红门并柳沟口。"[18]

上文说明，当年只有修筑该段隘口记录，并无修筑边墙记录。岔东通往火焰山的边墙非嘉靖二十二年（1543 年）王仪所筑。

（三）挖以品窖、壕堑

蒙古军除大举进攻外，多以小股人马偷袭诱伏，杀戮明朝官军，劫掠财物人口。

为设险防守，官军多于边墙、隘口处挖掘壕堑和品字形窖坑，以阻敌深入。南山联墩亦如是。

关于窖坑形制与作用，笔者查到嘉靖元年（1522 年）"兵部臣请于沿边要路劙窖"。其略言曰："有形之险易，无形之险难。有形之险墩垣是也，无形之险暗窖是也。其法于沿边要路分为两途，一加识别，以备我出；一为暗窖，以待虏入。窖深长八尺，阔大半，之中置木稚，上覆土茅，马践必仆，可坐收斩也。"[19]

无论其功效如何，南山联墩一线实际采用其法。

张镐于《怀隆兵备道题名记》中道：联墩"垣内外长壕限隔，品窖纵横"。[20]

隆庆年间，兵部尚书赵炳然亦称"岔道迤东高墙深壕、斩堑峻口、迭窖连栅"。

由于年代久远，又处于黄土平川地带，品窖、壕堑基本湮没，很难找到。

笔者于延庆永宁镇东灰岭村至营城村之间的南山边墙外，看到紧邻墙体的壕堑遗迹。据当地老乡介绍，二十多年前，这里的壕堑仍然有五六米宽，两米多深。

（四）建筑土堡

军卒屯驻于堡而守瞭于墩，墩堡相济而寓于其中。

江东所请"每百五十步筑墩一座，每二十座空内筑小堡一座"，此设想并非江东首倡，只是由其具体实现于南山而已。

成化年间大学士丘濬便有议论："及于众墩之间要害处立为一堡，使之统其诸墩。有事则相为援应。墩统于堡，堡统于城，如臂指之相使，如气脉之间流于外[21]。"

经笔者现场探查，岔西联墩一线有空堡或正在使用的土堡共计九座，相间于联墩各处。

依当地村民称呼，自东而西分别为：营城子（已毁）、羊儿岭（仍在使用）、城圈子（东湾村东，空堡）、空城子（大山口村东，空堡）、大山口（仍在使用）、小山口（仍在使用）、十八家（仍在使用）、破堡（空堡）、桃三嘴（空堡）（《畿辅通志》称为桃山嘴）。

也许尚有小堡未曾寻到，可能存在的地点为里炮、桃三嘴西南。

笔者怀疑龙爬山旧村应当有小堡，但其地形复杂，无法确定。墩台沿此线路外侧修筑至龙爬山。

羊儿岭、十八家土堡目前存有包砖门洞，大山口土堡墙体有一小段包砖残存。

小堡由于规模较小，一般只于内侧面南开设堡门。如此即可降低敌方攻城风险，亦可降低筑堡费用。被当地村民称为"破堡"的小堡为例外，其北墙另有豁口，笔者无法判断当年是否为堡门。

这些土堡的堡墙均高大厚重，且有包砖痕迹。其内部面积大小不等，较小的土堡约一亩见方。

笔者于岔道城西门沿联墩向西测量至龙爬山最西端墩台，距离共计30公里。九座土堡平均间隔为3.3公里。

（五）立以墩台

南山联墩，须立于墩台之上防守。

墩台尺寸、筑台所需工期，笔者未查到原始出处。

建筑墩台与建筑正规边墙、敌楼相较，省工省时。建筑墩台采用版筑法，于内夯土，经久耐用，费用较低。版筑法在尧时便已出现，沿用至今。

嘉靖三十七年（1558年），杨博《请增筑各路墩台疏》中曾记载一种"汉罗大墩"的尺寸及工期。笔者感觉此墩虽比联墩墩台稍大，但形制、工期大致相同，在此可作参考。

疏略曰："其墩名为汉罗大墩，体制与空心无异，工价比空心少减。每座一面底阔五丈，顶收三丈五尺，身高三丈，上加女墙五尺，下半截实心，平高一丈五尺，收顶四丈。每面五丈，周围二十丈。以军夫二百名筭（通算），每名日修一寸，一日修二丈，十日可完。"[22]

笔者曾测量保存较好的联墩墩台夯土实心部分，每面底阔近三丈，周十二丈，上方收顶，有女墙。若墩体包砖或石砌，会更宽些。

明代墩台、堡城墙体高度均在三丈五尺，卫城、镇城墙体会更高。若低于三丈五尺，极利于敌方攻城。在各类古籍中，极少看到三丈之墙体。

倘若每座联墩墩台比照上文"以军夫二百名筹",六七日可完工。

四、南山联墩之效果

筑联墩于南山,初始设想虽好,然与实际效果相较有差距。其表现为:

因地形之故,墩台间隙长短不一,以火器防守实际操作困难;武备不修;南山一带缺水严重;地势平坦无险可守。

(一)火器防守困难

嘉靖三十七年(1558年),仅距兵部侍郎江东疏请筑墩两年,兵部尚书杨博便对联墩效果持以否定态度。

杨博《请增筑各路墩台疏》中明确道:"先年守臣建议设立联墩似为得策,但联墩空内宽者三十丈,多者四五十丈,必须摆守之军人人能用火器,方保无虞。但有一、二庸懦参乎其间,至虏突入,为害甚重。惩前虑后,终非万全之计。"[23]

杨博所虑者,为墩军素质"庸懦参乎其间"。

南山联墩"抽怀、永、蔚、延余丁守之"[24]。守墩军人称为墩军,平日只负责守瞭与屯田。

大明军队实行军户制,军户是官军的储备和来源。父亲当兵退伍后由长子接替,家中其余男丁称为军余、余丁,虽属军户,然并非在册的正规官军。

嘉靖三十五年(1556年),江东上疏"令墩军取便携家及邻近农家欲居者",此言可理解为:墩军或邻近农家愿守墩者,可携家眷守墩屯田。

大明官军屯田戍守,乃明太祖、明成祖定制,欲恢复春秋时期齐国管子制定的军队模式。[25]

民夫于墩台守瞭,洪武年间便有惯例。

《明实录北京史料》载:"宣德五年(1430年)十一月戊午监察御史刘敬奏:山海、隆庆缘山关口,皆置官军防守,而所在烟墩,又令有司添设民夫守瞭,或七八人,或五六人,实劳民力,乞革去为便。"[26]

"闰十二月辛丑镇守山海等处都督金事陈敬奏:腹里烟墩,用民夫守瞭,乃洪武间所设,昨皆放遣归农,请如旧制为便。"[27]

如上可见,原先使用民夫守瞭,只为传警之用。每台或七八人,或五六人。而南山联墩除守瞭外,还须参与战守、听候号令、施放火器。

（二）武备不修

南山联墩总量，依嘉靖三十五年（1556年）江东所言："总计墩七百九座、墩房七百九间、小堡三十余座、大堡七座、岔道城一座。"

嘉靖三十六年（1557年），张镐升任兵备副使，在其《怀隆兵备道题名记》中言："迤西抵龙爬山，迤东尽四海冶，皆联墩山立，……凡筑墩四百六十有七。"[28]

虽筑墩实际数目较预先计划要少，然总量依旧可观。

若以隆庆、万历间蓟镇总兵戚继光"每墩设军五名"为标准[29]，需三千余人守瞭，可延伸理解为三千余户。以每户四人计，共万余人。

若以成化年间兵部侍郎余子俊"墩以十人守之"，和嘉靖三十九年（1560年）总督蓟辽尚书许论"每台置军十人，轮月戍守"为标准，联墩一带墩军民夫及家眷可达两三万人。

而据《宣府镇志·卷十·亭障考》载，东路墩台"守瞭官军共一千八百八十八员名"。南山防线，只为东路一部分，人员会更少。

大明自朝廷至官军上下腐败，武备不修，兵员不补，贪占饷额，私自抽调官军往他处役工的现象普遍存在。

郑芸《议处隘口以重屏蔽疏》中曾描述南山一带武备不修之情形：

"八达、岔道势相连属。八达则军人全备，营房城垣无不可守；岔道则城坍军少全不足恃。至于火石岭等口，军止三四名，器械无一件……不但岔道、火石岭等处坍坏如是，白羊口山外怀来卫地方，原有瑞云观、棒椎峪、东棒椎峪、西羊儿岭、大山、小山及火石岭凡七口，居庸关东路山外永宁卫地方，原有大红门、小红门、柳沟、塔儿峪、西灰岭、东灰岭、火烧岭、井泉、韩家庄、谎袍沟、张家口凡十一口，俱各大坏尽坍。先年白羊等处失事根因，实在于彼。臣不胜惊骇。"[30]

此疏作于嘉靖二十一年（1542年），虽联墩未立，然南山防线脉络已较为清晰。

"器械无一件"，仅此一点便可说明上下腐败，军无战心，从意志和物质上均放弃防守。此现象亦令笔者震惊。

（三）南山一带缺水严重

兵士携带家眷于南山屯田防守，而南山一带缺水严重。

张镐于《怀隆兵备道题名记》中道："又惧守墩垣者逼于山麓，艰得井泉，俾之远汲舍外，非计也。爰命工凿井五，皆穿至二、三百尺，水潆出，戍者、居者咸赖之。"[31]

二三百尺，相当于现今64—96米。

南山联墩除"远汲"外，需凿井至二三百尺方可出水，"戍者、居者咸赖之"，只"凿井五"，杯水车薪也。

崇祯十年（1637年），兵部尚书卢象升于《南山修筑墩台疏》中，谈及南山缺水时道："谨查南山一边……时至今日，边墙既不能筑，倘无壕以阻骑，又无水以资军，终非全策。臣已檄行该道厅急急为浚沟凿井之计……至于凿井供军，亦是目前急务……但山原高燥，募夫浚凿，深至三十余丈，始见水泉，每眼约费三四十金……"

三十丈相当于现今98米。

从上文可知，南山一眼井，深挖百余米"始见水泉"，我们似乎无法相信，然确与八十年前（嘉靖三十六年，1557年）张镐所说"二、三百尺方可出水"同。笔者于联墩西段沿途看到，因隘口形成的村落，地势相对较低，可自给水源。而大部墩台建于地势较高之缓坡处，周边竟无一户农家居住，四周空旷荒凉。个别隘口村落由于缺水，由政府出资集体外迁，只留下空堡。

龙爬山一带现今已成为沙漠，由于地势较高，素以"天漠"著称，怀来县在此有景区和滑沙场。

大明官军由高层至兵士，对于蒙古马队在旷野平地冲锋普遍无计可施，只有以火器守城方可保全。

笔者以为，当年联墩设计者只考虑筑墩踞高防守，忽视水源问题，致使军未临敌便先自处险地，此兵家之忌也。

（四）地势平漫无险可守

南山联墩修筑于怀隆南部山下平川处，或慢坡，或平地。而蓟镇边墙则修筑于联墩背后南山山脊之上。双方对比，宣镇南山无险。

隆庆元年（1567年），因南山无险可守，又缺水，宣大总督提出南山兵士上山助蓟镇防守之建议。蓟镇总督并不认可，双方出现摩擦，后由兵部出面调解。

"隆庆元年（1567年）正月壬午先是，宣大总督王之诰奏：南山自青石顶至合河口，一切山险皆属蓟镇，而宣镇皆断岗平麓，无复险阻，虽设联墩备瞭望，不可恃以为固。且其地无水，戍者苦之。请以步卒千人助蓟镇守边垣，使蓟镇得兵，宣府之兵得险，于计为便。"

王之诰认为"一切山险皆属蓟镇",而宣镇南山处于平麓,既无险又缺水,于是提出步卒千人上山助蓟镇守边。

蓟镇总督刘焘自然不允,认为"本镇兵马部署已定,不必增兵""联墩乃宣镇已成之业,不当辄弃。惟各守分地,庶功罪无所推诿",明显不认可宣大总督提议。

兵部出面调停,同意蓟镇意见,道:"南山为陵京藩篱,关系甚重,设有虏警,则令昌平总兵、南山参将互相策应,辅车相倚,则于各守之中,寓协守之意。"

兵部调解双方关系,又为宣镇增加马匹:"蓟镇多险,利用步,宜给马三百匹;宣镇无墙,利用骑马,宜倍给。"[32]

南山"步卒千人"未曾上山"助蓟镇守边垣",却得马六百匹。

"宣镇无墙"一句,意为南山无墙,说明南山隘口墙体此时尚未连接形成规模,或以虎尾小墙居多。

而总督王之诰所言"虽设联墩备瞭望,不可恃以为固"一句,说明联墩修筑在无险地段,非成功范例,其效果没有令人满意。

五、探访南山联墩

实地探访联墩,将史料与实地考察情况相结合,既可验证当年修筑情形,又可了解联墩当前保存状况。笔者分三次对岔西联墩进行徒步探查。

(一)寻找龙爬山

当年江东言,联墩"自岔道西抵龙爬山止"。

岔道,即今延庆县八达岭三里外之岔道城。

而龙爬山何在?

遍阅较为详尽的延庆、怀来二县地图,均未获得龙爬山的地名信息。

翻阅《畿辅通志》,该书载有怀来县地图。笔者于该书地图中发现,在怀来县十八家村以西偏南,标有"龙扒山"地名[33]。

此与"龙爬山"音同字不同。古籍中同音字经常混用,并不足奇。

对照现代地图,得知此地现名"龙宝山"。

笔者认为,若联墩抵达龙宝山,便可证明此地与明之"龙爬山"为同一地点。之所以称为"龙宝山",只不过因年代久远,地名发生变化而已。

笔者到达现场发现,龙宝山村实际位置在联墩防线之外(北)。联墩于其南数里处东西通过，此与古籍记载不合，与情理亦不合。

笔者存惑进村询问，方知此地称为龙宝山新村。龙宝山旧村则坐落于联墩之内、龙宝山山口以南山洼处，联墩于山口外侧向西攀上龙爬山。

人们于旧村中可以直接看到上山墩台。该村因缺水，几年前村民全部北迁至新村，现只三户农家居此放羊。当地村民咬定此山称作龙宝山。

经四处询问，终于搞清了原因。新村一位七十余岁的老者介绍道："四清"时上面干部们感觉龙爬山的爬字不好听，群众也觉得难听，于是就改名叫龙宝山了。

农村的"四清"运动发生在 1963 年。也就是说，此地于四十三年前便已更名。

上述证明，龙宝山便为龙爬山。

（二）岔西土边

于岔西实地探查，有土边一道（似有包砖痕迹）自岔道城西北山头（当地称为羊头山）断续向西南行至西拨子村南，再向西南沿山脊蜿蜒上山，至海拔1239 米清水顶（明称为青石顶），与蓟镇（后分化为昌镇）边墙会合。

笔者以为，此墙受"护关缩守之计"之影响，于嘉靖三十八年（1559 年）后陆续修筑而成，至万历年间仍在修建。此非明前长城，亦非嘉靖前修筑。

关于墩台间墙体，笔者看到，大部墩台间隙被庄稼地充满，或成为田埂。土边痕迹于此间似有似无。墩台周边有些地段已被推土机铲平。

一些地段被水冲刷，水土流失形成沟壑，酷似黄土高原地貌，使笔者无从判断当年地貌。

许多墩台间有较高的田埂，高度一两米、宽度三四米不等，疑为当年"虎尾矮墙"的痕迹。

此遗迹于大山口、小山口、十八家之间较为明显。

大山口一带有大墙遗迹，当与通往昌镇火石岭口要路有关。入火石岭口，便可抵达横岭、镇边二城。

曾经"虏自嘉靖二十九年内犯，自镇边城溃墙而出"，联墩于此重点加强防守，亦在情理之中。

（三）岔西墩台

笔者实地目击联墩，总体感觉延庆、怀来二县对墩台保护较好。

笔者对照比例尺 1∶50000 的地图（总参测绘局 1970 年版）认为，除 1970年之前已有所缺失的墩台之外，20 世纪 70 年代之后墩台虽有零星损坏，但数量并无减少。

大山口至小山口之间，有一墩台被包红砖并刷上灰漆，应当认定该墩包砖属破坏文物范畴。从情理上分析，此举属于好心办坏事，当事者的文物保护意识有待提高。

一些地段，如采砂场、营城子西、杨儿岭西等处的墩台遗迹有间断。

墩台全部为夯土砌筑。一些墩台夯土层中有砂石层相间。通过访问村民及现场观察，可发现墩台间隔有包砖痕迹，台下散落残砖碎瓦。

延庆段一些墩台坐落于小区、部队等大院内，无法判断数量和损毁情况，目测感觉保护较好。

于西拨子上山的边墙，与西向第一座起始墩台相距560米。其间空缺墩台，或被毁，或因夏季此地为水口通道，未筑墩。

墩台夯土实心根部，每面约宽8米。最高一座测得高度为10米。

墩台由东向西修筑，逐渐偏南，曲线行至十八家村西南的"破堡"处，开始彻底南行，于龙爬山山根大沙河处上山。

（四）岔西联墩距离

嘉靖三十五年（1556年）江东曾于疏中介绍道："怀来南山一带地方，居庸东北，自岔道西抵龙爬山止，共隘口一十八处，长亘一百零三里五十步，自岔道东抵四海冶镇南墩止，共隘口一十二处，长亘一百三十里零四十步，东西共计二百五十里。"

镇南墩在火焰山墩（既今九眼楼）以东偏北的黑坨山顶，相距五六里。笔者于岔道城西门沿联墩向西测量至龙爬山最西端墩台，距离共计30公里。现代1里等于500米。明代1里等于180丈，2步等于1丈。

明代测量距离的尺寸，1丈等于现今的3.27米，1里等于588.6米。

按照江东"长亘一百零三里五十步"计算，103里50步等于现在121里，约60公里，与30公里相差极大。

岔道城在居庸关西北约10公里处。上文言"居庸东北"，当在岔道城以东，因此无法判断从何位置开始计算距离。岔道城应当会管辖城东的一段边墙，也可能包括东西两侧环形上山连接昌镇的边墙。

嘉靖三十七年（1568年）兵部尚书杨博在《请增筑各路墩台疏》中言："怀隆永宁南山一带，自怀来合河口起，至四海冶南横岭止，东西一百四十三里，内与京师、陵寝仅有一山之隔。"

江东言 250 里，杨博言 143 里，完全不知所云，只能判断为起始点不同。毕竟横岭距火焰山墩和镇南墩尚有一段距离。143 里约等于现今 170 里，笔者以为与实际距离相差不多。

因此，江东所说岔西"长亘一百零三里五十步"不能当作岔西墩台距离的标准。

按蓟镇总督刘焘所说，"两步为一丈，每三百六十步为一里"。（见《明经世文编·刘带川边防议·修边》）

（五）墩台空当间距

笔者择不曾缺失墩台的地段，测量墩台间距共 28 空，大部分墩台间距为 160—190 米。测得数据为：

最窄者间距：140 米。

最宽者间距：210 米。

二者平均间距：179 米。

明代营造尺寸 3.27 米 = 1 丈。

最窄者间距 140 米 = 42.8 丈。

最宽者间距 210 米 = 64.2 丈。

共平均间距 179 米 = 54.7 丈。

上述数据表明，墩台间距因地形不同，宽窄亦有所不同。

当年江东称"每百五十步筑墩一座"，大致换算为 245 米。

杨博称"联墩空内宽者三十丈，多者四五十丈"，换算为 100—165 米。如此看来，墩台间空当较宽处似乎曾补筑墩台。

联墩自西拨子至龙爬山下，平地海拔基本处于 530 米至 590 米之间。

过"桃三嘴"小堡之后，地势逐步升高。接近龙爬山的几座墩台海拔在 630 米上下。

联墩以北三四公里处的官厅水库，海拔约为 420 米，与联墩落差在 100 米左右。而该水库于明代尚未出现，怀来卫旧城、合河口等处被淹没于水库之下，可见当年上下落差更大。

（六）龙爬山墩台

龙爬山向西上山墩台共 6 座，山上视野开阔，可向北放眼怀来、延庆川地。因受山上地形限制，墩台间距与山下不同，在此自东向西介绍如下：

第一座：海拔 694 米，距山下墩台 250 米。

第二座：海拔 725 米，距前墩 120 米。

第三座：海拔 791 米，距前墩 200 米。

第四座：海拔 859 米，距前墩 210 米。

第五座：海拔 894 米，距前墩 250 米。

第六座：海拔 929 米，距前墩 200 米。

第七座疑似烽燧：海拔 936 米，在第六座墩台以西 260 米的最高点，为一较大烽燧遗迹，与夯土墩台形制完全不同。其利用了自然山尖。该烽燧石砌，已坍塌散落，无夯土痕迹。此烽燧西部视野开阔，可直接瞭望宣府方向。

第六座墩台向西的视野被此山尖遮挡。笔者认为，此烽燧应早于联墩出现，作为瞭望山下川地之用。联墩须将此烽燧加以利用，方可视野四顾。

宣镇外捍胡虏，内拱京畿，实为藩篱重地。南山隘口逼近陵寝、京师，兵部侍郎江东奏修南山联墩，意图屏蔽居庸一带内口。而联墩效果最终不尽如人意，此非万全之策，以致逐渐成为负担，不得已在联墩空当内持续筑墙，后任官员皆有弃守之心。

以联墩形式防守，前世不曾出现过。江东于任内付诸实践，乃是对新式防守的大胆尝试，此种防守形式在实践后虽发现有所不妥，然而不能因此过于责难。江东其心可赞，其情可宥。

南山联墩现仍矗立在南山缓坡下，等待着后人继续研究并保护。

注释：

[1]《宣府镇志·卷十·亭障考》。

[2]《明代蒙古汉籍史料汇编》第二辑第 279 页。

[3]清光绪《延庆州志·卷一·城堡》。

[4]《明实录北京史料》第三册第 488 页

[5]清光绪《延庆州志·卷一·城堡》。

[6]《明实录北京史料》第三册第 389 页。

[7]《畿辅通志·卷七十》周宏祖之《宣府论》。

[8]《山西宣大三镇图说·南山总图说》。

[9]《宣府镇志·卷十·亭障考·兵部侍郎江东疏请修筑南山联墩》。

[10]《明实录北京史料》第三册第 476 页。

[11]《宣府镇志·卷十·亭障考》。

[12]《宣府镇志·卷十·亭障考》。

[13]《明实录北京史料》第三册第 518 页。

[14]《宣府镇志·卷十·亭障考》。

[15]《明实录北京史料》第三册第 509 页。

[16]《明实录北京史料》第三册第 599 页。

[17]《明经世文编第四册·赵恭襄文集二》第 2661 页。

[18]《明实录北京史料》第三册第 342 页。

[19]《宣府镇志·卷十·亭障考》。

[20]《延庆县志·卷九》。

[21]《宣镇府志卷九·亭障考》。

[22]《宣府镇志·卷十·亭障考》。

[23]《宣府镇志·卷十·亭障考》。

[24]《山西宣大三镇图说·南山总图说》。

[25]此说引自《明经世文编》第三册第 2628 页魏焕《论边墙》，非原文。

[26]《明实录北京史料》第一册第 498 页。

[27]《明实录北京史料》第一册第 501 页。

[28]《延庆县志·卷九》。

[29]戚继光《纪效新书·卷之十三·守哨篇》。

[30]《延庆州志·舆地·关隘城堡》。

[31]《延庆县志·卷九》。

[32]引自《明实录北京史料》第三册隆庆元年。

[33]《畿辅通志·舆地略七·疆域图说七》第七册第 538 页。

（原载于《中国长城博物馆》2006 年第 3 期）

洪峰，男，北京市公安局海淀分局副调研员，中国长城学会专家学术委员会委员。出生于 1961 年，研究生学历。酷爱传统文化，长年游走和研究长城，撰写了几十篇研究长城的文章，并在多种刊物上发表。

独石路长城

贾全富

长城的建筑始于战国之末，系各国割据设防的产物。当时的齐、楚、燕、赵、魏、秦和中山国都有长城。公元前 221 年秦始皇统一中国后，把原来秦、燕、赵北面的城墙联结起来，并增筑新的城墙，西起临洮，东至辽东，这就是历史上著名的万里长城。秦以后，又经许多朝代的重修和增筑，形成西起嘉峪关，中经宁夏、陕西、山西、内蒙古、北京，东到河北山海关，长达 13 400 多里的我国古代最伟大的建筑。它是我国古代劳动人民血汗与智慧的结晶，反映了我国古代建筑艺术的高度成就。

独石路的长城，便是这一伟大建筑工程中占有重要地位的一部分。

独石路长城之修筑

为了防御蒙古地方统治者的袭扰，明朝政府在东起鸭绿江、西到嘉峪关这一线上先后设置辽东、宣府、大同、榆林（延绥）、宁夏、甘肃、蓟州、太原（在偏关）、固原九个要镇，称为"九边"，派驻重兵。明朝政府遵循太祖朱元璋"高筑墙"的立国之策，又以"九边"为重心，相度地势，堑山堙谷，自永乐初至成化末（1403—1487 年）的 80 余年间，修缮、增筑长城 18 次之多，以上万里的边墙和数以千百计的营堡、关隘、墩台，筑成纵横交错、互相联络和支援的庞大防御网络。

独石路的长城，始筑于北魏和北齐，而复缮、新筑至完备则在明朝的后期。

《北史·魏本纪》载：北魏泰常八年（423 年）蠕蠕犯塞，二月筑长城于长川之南，起自赤城、西至五原，延袤 2000 余里。今赤城县境内后城镇滴水崖，向西至大尖山的一段，即为北魏长城。

《北史·齐本纪》又载：北齐天宝六年（555年），诏发夫180万筑长城，自幽州北夏口，西至恒州，900余里。今赤城县境内南自东万口一带起，向北至沽源县骆驼嵯坝头一段石筑长城，即为北齐长城。

独石路的长城，只是复缮利用了北魏时期所筑个别地段的旧址，基本为明代所筑，故称独石路的长城为明代长城。

独石路的长城修筑，自正统年间始有动议，历经108年三起三落，至嘉靖年间方筑成。

首先，修独石长城的主张是正统元年（1436年）的兵部给事中朱纯提出来的。为防北部瓦剌的袭扰，他疏请修筑独石塞垣。

成化初年，鞑靼诸部势炽塞外，屡屡袭扰于内。成化九年（1473年），在右副都御史、延绥巡抚余子俊屡屡疏请之下，动工修成了东起清水营（在陕西省东北部黄河西岸，过河即山西境），西抵花马池（宁夏盐池），凿崖筑墙，掘堑其下，连绵不绝的1770里的边墙。之后，又奏请以"依山形，随地势，或铲削，或垒筑，或挑堑，绵引相接，以成边为墙"之延绥边墙法行于大同、宣府两镇。当年，因年景歉收、国库不支而未行。

十一年后（1484年），时任户部尚书的余子俊，又受命兼左副都御史，总督大同、宣府军务。他上任伊始，即锐意实现筑墙之初衷，认为修边筑墙为最急务，乃上奏曰："东起四海冶，西抵黄河，延袤千三百余里，旧有墩台百七十，应增筑四百四十，墩高广皆三丈，计役夫八万六千，数月可成。""宣府以独石为首，以柴沟为尾而垣工。"皇帝下诏，次年四月动工。然因太监韦敬等暗中诬告子俊"假修边名侵耗，又劾子俊私恩怨，易将帅"而再次搁置。（《明史·余子俊列传》）

嘉靖二十三年（1544年），兵部右侍郎翁万达任宣大、山西、保定军务总督。鉴于俺答四十年来几乎年年犯边，造成巨大损失，危及京师安全的教训，万达认为"驰击者彼所长，守险者我所便"，而"山川之险，险与彼共，垣堑之险，险为我专，百人之堡，非千人不能攻，以有垣堑可凭也，修边之役，必当再举"，屡疏请修筑边墙。皇帝倚重万达，其主张很快得到允准，之后万达"精心计，善钩校，墙堞近远，壕堑深广，曲尽其宜"。先后筑成西起山西黄河岸，东至大同府东阳河镇口台和西自宣府西洋河，历中、北二路，东抵永宁四海冶，共计 1924 里的长城。

这段长城，自张家口大境门东行入今宣化、崇礼、赤城三县交界处大尖山，便是独石路长城的起点。由此沿崇礼、赤城二县交界处北行，到独石口向东复南下，经镇安堡、龙门所，到后城镇马道梁入北京市延庆县永宁四海冶，总计长 462 里。此即为独石路西、北、东三面之边际也，亦称之为外边。

其后，俺答诸部自独石、马营大边入犯减少，专从龙门、龙门所两腋抄近路入内为多。嘉靖二十七年（1548 年）和二十八年（1549 年）俺达两次入犯，就是绕过独石之后，由镇安堡斜坡岭和滴水崖边口闯入直下延庆、永宁一带的。一则，宣镇北路溪谷为僻仄之域，贫瘠之区，道路险远，无所于利；二则，俺答之辈谋掠财物，必然志在内地，威胁京师。鉴于此，翁万达上奏《请城北路内塞疏》："外边以捍北路，内险以捍京师""外边兼理堡塞，进可以逐北，退可以致入；内险专事提防，近以翼蔽隆永，远以系籍关南，缓急相资，战守并用"。于是翁万达又于嘉靖二十八年（1549 年），主持修筑了隆永之北、独石路南缘之间的一段长城。这段长城起自今赤城境内后城镇滴水崖，向西与雕鹗、三岔口、龙门关、前所，至大尖山与北行新筑之墙连而为一。它是在北魏长城的旧址上修筑的，共长 169 里，亦属独石路长城之一部，谓为内边（险）。此段长城，雕鹗以西长 25 公里为土筑，一段残高 3 米，底宽 3.5 米为石筑，仅存 1 米左右之埂状遗迹。

独石路的长城，皆沿山势而行，其走向及其险恶的形势，清朝年间翰林储大文在其《独石长城形制》一文中，作了详尽的描写。山上多以条石垒筑，平地则以土夯筑，个别地段砖砌。明都督佥事尹耕著《两镇三关志》中，有这样一段介绍：自西洋河镇西界台起，至龙门所灭狐墩止，不仅垒筑长城 179 里，同时建筑敌台、铺屋各 719 座、暗门 60 个、水口 9 个。所需人力，有民有军，并有严格的进度要求：民夫日以 5 寸计，军夫日以 3.5 寸计，防守军日以 3 寸计。工程之浩大，施工之艰巨，确为惊世之举。

因长年风雨侵蚀，独石长城亦多已塌毁。现仅存位于独石口城西沟常宁山上 5 公里长的一段基本完好的石筑长城，高 5—7 米，上宽 1 米，下宽 4 米。尚存一座雄伟壮观、轮廓基本完好的砖砌敌楼矗立于巅峰之上。

独石路城堡群及其形势

明代，在修筑长城的前后，还在其内侧的险关隘口修筑众多城堡，以屯兵驻守。今张家口市范围内建有城堡 50 多个，独石路即占 20 多个。

关于独石路城堡的建筑及其形势，《宣化府志》《赤城县志》都有较详细的记载。清朝年间翰林储大文所著《独石长城形制》篇，更是娓娓道来数千言，不但对边城山川了如指掌，且自辽、元、明以来记述条分缕析，灿然可观。

独石城：大边东至镇安堡边镇界墩，西至马营堡马家门墩，沿亘 108 里；二边东至镇安堡边镇堡墩，西至马家门墩，沿亘 103 里余。次冲则平夷墩等 12 处，山俱险峻。极冲若镇安门等 12 处，地势平漫，有警则没伏于护口墩、护冲墩、北栅子、西栅子剿劫堵御，云州、马营相去 30 里可以应援，半壁相去 20 里可以邀击，而清泉堡相去 40 里可以击尾矣。

赤城堡：城周 3 里 184 步，高 3 丈，顶宽 1.5 丈，底 3 丈。城楼 4。门 2：东曰崇宁，南称大定。明朝宣德五年（1430 年），阳武侯薛禄建。赤城北控独石、马营、云州，东拒雕鹗所，南下隆永之路，为独石路的适中地。

马营堡：东至独石城 30 里，西至松树堡 15 里，南至云州堡 30 里，北至君子堡 20 里。旧名震州，又名西猫峪。城方 6 里 50 步，高 3.5 丈。堡楼 4，角楼 4，铺 24。堡门 4：东曰宝文，西曰昭武，南曰广义，北曰恒仁。明宣德七年（1432 年）建。

君子堡：东至独石城 30 里，西至松树堡 15 里，南至马营 20 里，北至边 5 里。旧堡残毁，明嘉靖二十五年（1546 年）总督翁万达复筑之，万历八年（1580 年）砖包。周 1 里 350 步，高 3.5 丈。楼 2，铺 1，门 1 座。"君子堡当为马营正北之冲，北距马营冲隘仅 5 里。若敌人从此入犯，径逼马营，则本堡首先受困。此堡虽小，乃马营之唇齿，唇亡齿寒最称要地焉。新镇楼口川原平坦，一望内外，毫无阻隔，尤为极冲。"

松树堡：东至马营堡 15 里，西至边 5 里，南至云州堡 45 里，北至君子堡 15 里。城方 2 里，高 3.5 丈，堡楼 2，角楼 5，门 1 座。由明嘉靖二十五年（1546 年）总督翁万达所筑。"本堡在马营正西，与君子堡相为犄角，盖马营屏翰也。次冲如光葫崖梁等 4 处，极冲如总望墩，平漫可通大举，真危地也。堡西黄家岗可伏兵。"

镇宁堡：东至云州 30 里，西至金家庄 30 里，南至赤城 30 里，北至马营 40 里。明弘治十一年（1498 年）筑成，万历十五年（1587 年）砖筑。周 2 里 57 步，高 3.5 丈，堡、角楼共 6 个，门 1 座。

清泉堡：位于独石城东 40 里，云州东北 17 里处。明景泰四年（1453 年）筑堡，隆庆五年（1571 年）加修，万历十五年（1587 年）包砖。

镇安堡：东至两河口 7 里，西至云州堡 30 里，南至龙门所 45 里，北至清泉堡 30 里。明成化八年（1472 年）筑城，正德六年（1511 年）加修，万历十五年（1587 年）包砖。周 2 里 66 步 3 尺，高 3.5 丈。城楼 4，铺 1，门 1 座。

半壁店：位于独石城南 20 里处。明嘉靖三十七年（1558 年）筑城，隆庆元年（1567 年）加修，万历十一年（1583 年）包砖。周 1 里 34 步，高 3.5 丈。堡楼 1，角楼 4，门 1 座。

猫峪堡：位于独石城南 40 里，因与西猫峪相对，历史上又称东猫峪。其城创筑、加修与半壁店同。周 1 里 227 步，堡楼 2，角楼 4，门 1 座。

云州堡：北至独石城 60 里，南至赤城 30 里，有"三路咽喉""朔方屏障"之称。城周 3 里 158 步，门 2：东称镇清，南称景和。又开关厢，置南北 2 门。有城楼 3 座、角楼 4 座。明宣德五年（1430 年）筑城，景泰五年（1454 年）加修甃砖。

龙门所：东至边 10 里，西至赤城 30 里，南至长伸地 40 里，北至镇安堡 45 里。原名李家庄，又名东庄。明宣德六年（1431 年）筑城。

隆庆元年（1567 年）重修。城方 4 里。

滴水崖堡：即今后城，旧名大屯，在河之南。弘治八年（1495 年）移此。东至边 15 里，西至雕鹗堡 30 里，南至靖安堡（今延庆白河堡）30 里，北至长伸地 30 里。明弘治九年（1496 年）筑城，隆庆三年（1569 年）砖砌，城方 3 里。

金家庄堡：明成化二年（1466 年）筑。

羊坊堡：明天启元年（1621 年）筑。

仓上堡：明万历十六年（1588 年）筑。

样田堡：明嘉靖三十七年（1558 年）筑。

牧马堡：明弘治十年（1497 年）筑。

雕鹗堡：明宣德五年（1430 年）筑。

三岔口：明嘉靖三十五年（1556 年）筑。

独石路长城沿线的关隘和墩台

为了将长城各隘口、城堡的设防联络为一体，在长城之上和各城堡之间，修筑许多敌楼和墩台。

敌楼：亦称敌台，即空心碉堡。建在冲要之处，以资守险。每台高 3 丈，台上一般筑三阶层楼，宿兵储器，柴米油盐，预给一月，水瓮水柜注水满足，每台驻兵 50 人。敌台"可以远哨望，运矢石，势有建瓴之便，士无露宿之虞，以逸待劳，为不可胜，乃策之最得者"。（《张太兵文集》）

墩台：是为传递军情信息之用，亦称烟墩。建筑在墙体中的烟墩称墙垛，建在城堡与城堡之间的烟墩，又称腹里接火路墩。墩台多见方柱梯形，一般高 5—7 米。长城上的敌楼和墙垛多为砖石结构，腹里接火路墩则以土夯砖包为多。现今砖多已损毁，有的已仅存状似窝头的土墩。独石口的北山墩、董家洞沟口南侧坡岭上的墩台，即属腹里接火路墩。

明景泰年间独石军务参政叶盛，在其《水东日记》中有这样的记载：永乐十年七月十二日巳时，总兵武安侯钦奉敕书："各处烟墩务要增筑高厚，于烟墩上收贮五个月粮食柴薪，并置药弩于上。"有警，则守台兵举烟为号。寇至百人者"挂一席，鸣一炮；至三百人者，挂二席，鸣二炮；至五百人者，挂三席，鸣三炮；至千人者，挂五席，鸣五炮；至万人者，挂七席，鸣连炮，以此传递军情"。墙台之配置，清刘效祖《四镇三关志》则曰："汉冲者，一垛二三人；稍缓者，一垛一人""墙垛冲处，每垛干柴一束，重百斤；干草五把；蔺石大小备足；器械各随所执；火器火药于台取用……遇警，以所备柴薪，预积墙外，燃火通明，城上不露虚实。凡起止号令，俱听千把百总约束"。

据储大文《独石长城形制》载：明末清初时，在 400 里的独石长城上，共有墩台 240 余座。其中，自马营北的四望墩，长城折而东行，经北三岔口入独石城界，依次建有南兔儿墩—镇西墩—昭庆墩—境安墩—宁塞墩—保安栅子墩—西兔儿墩—镇安墩—得胜墩（北对灭虎墩）—关东南墩—东安墩—镇塞墩—总镇墩—北栅子敌台 2—北栅予墩—旧庄墩—四望墩—宁朔墩—山泉墩—永安墩—砖墩—镇冲墩 3（北面即古大沙洼、鸳鸯泊，今沽源县丰元店之东境）—白塔儿墩—护冲墩—镇冲墩—青山墩—平夷墩—总高山墩—团山平尖墩—马梁墩（在独石城东北方向），长城复折而南下建总高墩—镇宁墩—隆昌墩—镇石墩—护安墩—崇宁墩，由此而入云州界。

自南兔儿墩至崇宁墩计长 121 里，建墩台 41 座。

由于时移代迁之故，不同朝代对于长城的沿长、墩台之数目记载各异。明

《北中三路志》曰：塞垣长 522 里，其中独石城界内 120 里；墩台 178 座，其中独石城界内 74 座。清《宣化府志》载：边长 376 里，其中独石城界内 69 里；所管边口台讯57 座，其中独石城界内 11 座；墩台 561 座，其中独石城界内62 座。关于墩讯（即烽火台），据《宣化府志》载：明朝时，管边路墩 415 座，其中独石城界内 70 座；腹地接火路墩 340 座，其中独石城界内 50 座。清朝，赤城县境腹地边讯 49 处，独石境内列有头堡子、双庙儿、马营沟 3 座。

（原载于《赤城文史资料》第 4 期）

贾全富，男，河北省张家口市宣化工程机械厂退休干部，高级政工师。出生于 1937 年，中国人民大学工业经济专修科毕业。热爱地方文史研究，曾在省、市级报刊上发表多篇论文，主编有《古镇独石口》一书。

河北明长城军事管理体制及兵力配置

李建丽

明代初年，在全国确立了都司卫所军事管理制度，同时在北部边防实行带有临时差遣性质的镇守制。至明中期，由于边患日紧，镇守制在边防中愈益重要，遂作为北方长城地区的军事管理体制固定下来，并逐步取代了都司卫所制。河北北部长城外即是兀良哈三卫及蒙古俺答、也先、瓦剌的居住地，这些游牧民族经常袭扰长城以内；永乐迁都北京后，河北又成为京畿之地，因此，河北地区在明代是长城防御的重中之重，由明初仅设宣府一镇，到明中期发展成蓟、昌、真保和宣府四镇。其中，蓟、宣二镇直接面对北方游牧民族，而昌镇、真保镇则负责内长城防务。明朝在河北地区配备 30 余万军队，作为保卫京师和皇陵的重要军事力量，河北是全国驻军最多的省份。

一、都司卫所制的建立与变革

朱元璋建立明王朝后，在全国实行都司卫所军事制度。洪武三年（1370年），始设都卫。洪武八年（1375年），将在京外的都卫改为 13 个都指挥使司。洪武十三年（1380年），在中央设立中军、左军、右军、前军、后军五军都督府，分领在京的各卫所和各省及边防的都司卫所。都督府设左、右都督，都督同知，都督佥事以及经历、都事等官。洪武二十六年（1393年），定天下都司17 个，留守司 1 个，内外卫 329 个，守御千户所 65 个。后根据情况增改为都司 21 个，留守司 2 个，内外卫 493 个，守御屯田群牧千户所 359 个，仪卫司33 个，宣慰使司 2 个，招讨使司 2 个，宣抚司 6 个，安抚司 16 个，长官司 70个，番边都司卫所 470 个。明朝在各省和战略要地设都指挥使司，简称都司，是地方军事管理的总机构，统领各卫所。都司设都指挥使 1 人，都指挥同知 2 人，都指挥佥事 4 人。都指挥使与布政使、按察使并称"三司"。都司下属经历司和断事司，经历司设经历、都事，断事司设断事、副断事等职。洪武初年定卫所制度。卫即卫指挥使司，受都司统领，设卫指挥使、卫指挥同知、卫指挥佥事等职。下属的镇抚司设镇抚，经历司设经历、都事等，并设仓大使、副使等职。每卫 5600 人，设前、后、左、中、右 5 个千户所，每千户所 1120 人，设正千户、副千户、镇抚等职。每千户所统领百户所 10 个。每百户所 112 人，设总旗 2 人，小旗 10 人。北平都指挥使司是洪武八年（1375 年）首批设立的京外都司之一，明初，今河北境内的卫所主要由北平都指挥使司管辖。永乐元年（1403 年）罢北平都司，河北境内的卫所改由北直隶、大宁都司和万全都司管理。……万全都指挥使司设于宣德五年（1430 年），所辖卫所原来分属于直隶和山西都司，主要管辖今河北西北部及北京西北部地区。属于今河北地区的卫所有：万全左卫、万全右卫、宣府前卫、宣府左卫、宣府右卫、怀安卫、开平卫、龙门卫、保安卫、保安右卫、蔚州卫、怀来卫和美峪千户所、广昌千户所、长安千户所、云州千户所、龙门千户所等。由于长城沿线一些地区不设府、州、县等地方行政机构，这些地方的都司卫所则兼理民政，成为地方行政制度的一部分，属于实土卫所。万全都司管辖的今张家口地区，大部分即为实土卫所……

万全都司的职官无考。为了加强长城沿线的防御，明王朝在实行都司卫所制的同时，又在北部边防推行镇守制度，后逐渐形成有别于都司卫所制的另一套军事管理体系。总兵官逐渐取代了都指挥使的位置，成为名副其实的地方军事统帅。正德四年（1509 年），朝廷令地方布政司、按察司的公文直接报镇守总兵官，不再经都司转呈，表明都司制已让位于镇守制。

二、长城诸镇的建立

明初，在全国建立都司卫所制军事管理体系的同时，明王朝在北部边防实行镇守制。在长城沿线设立镇，按区域划定防守范围，由镇守总兵官出任该区域的最高军事首领。《明史·兵志》记载："元人北归，屡谋兴复。永乐迁都北平，三面近塞。正统以后，敌患日多。故终明之世，边防甚重。东起鸭绿，西抵嘉峪，绵亘万里，分地守御。初设辽东、宣府、大同、延绥四镇，继设宁夏、甘肃、蓟州三镇，而太原总兵治偏头，三边制府驻固原，亦称二镇，是为九边。"至嘉靖年间，又将昌镇、真保镇从蓟镇中分出，管理京畿的内长城防务，形成明王朝北部边防的"九边十一镇"。其中宣府镇全部和昌镇的一部分在今张家口市境内，蓟镇大部分在今秦皇岛、唐山和承德市境内，真保镇的绝大部分在今保定、石家庄、邢台和邯郸市境内。……昌镇设立于嘉靖三十九年（1560年）。昌镇所辖长城，东自慕田峪接蓟镇石塘岭路，西至居庸路镇边城挂枝庵（今河北怀来挂子庵），接真保镇沿河口（今北京市门头沟区沿河口），延袤230公里。下设黄花路、居庸路和横岭路镇守。镇治设在今北京昌平。长城经过今北京市的怀柔区、延庆县和张家口市的怀来县。昌镇所辖长城在长城诸镇中最短，但由于其屏蔽京师，地理位置极其重要，因此备受明王朝重视，在长城修建的投入上倍于其他各镇。著名的慕田峪长城、八达岭长城及自古被称为"绝险"的居庸关均在昌镇。真保镇总兵设于嘉靖三十二年（1553年），驻保定，万历元年（1573年）令春秋两防移驻浮图峪。所辖长城东自沿河口连昌镇，西至故关鹿路口（今山西平定县境内），延袤390公里。镇治设在今河北保定。真保镇下设马水口路、紫荆关路、倒马关路、龙泉关路等几路镇守。长城从北至南经过今北京市的门头沟区，河北省的怀来县、涿鹿县、涞水县、涞源县、易县、唐县、阜平县、灵寿县、平山县、井陉县、元氏县、赞皇县、内丘县、邢台县、沙河县、武安县，山西省的平定县、盂县、和顺县、左权县等地。真保镇长城位于中国腹地，大多修筑于崇山峻岭之间，许多地段以山险为障，不修城墙，但关隘众多，300个关口构成一条南北连贯的防线，仍能起到很强的防御作用。其中紫荆关、倒马关与昌镇的居庸关合称为内三关，地势险要，建筑奇特，颇具特色。宣府镇，明嘉靖《宣府镇志》记载："永乐七年（1409年），置镇守总兵官，佩镇朔将军印，驻镇城，自是始称宣府镇总兵。"镇治在宣府镇城（今张家口市宣化区）。宣府镇所辖长城分南、北两线。北线长城东起四海冶（今北京延庆县四海）连蓟镇，西至西洋河马市口（今张家口市怀安县马市口）接大同镇，长620余公里，属外长城，又称大边。大边之内，在一些地势险要处修有间断的长城，称为二边。南线长城东起四海冶南的海子口，西抵阳原西部，多数地段没有城墙，以连续不断的烽火台（又称火路墩、大路接火墩、腹里墩）构成一条烽火传递路线。宣府镇在明嘉靖以前设东、西、南、北、中五路分别管辖。嘉靖二十五年（1546年）分西路为上西路、下西路，嘉靖四十五年（1566年）设南山路，万历十八年（1590年）分北路为上北路、下北路，至此时宣府镇长城共分八路镇守。其中东路、下北路、上北路、中路、上西路和下西路为北线，有连绵不绝的石砌、砖砌和土筑城墙，自东向西经过今北京市的延庆县，张家口市的赤城县、沽源县、崇礼县、宣化县、张家口市区、万全县、张北县、尚义县和怀安县等地。南山路、南路长城在南线。南山路东部长城与真保镇相似，即少数平缓地带筑连续城墙，深山峻岭处仅用敌台、烽火台连成防线；西部则采用"连墩列成"形式，基本不垒城墙，代之以连成一线的密集墩台。南路长城也不垒墙，依靠堡城、关隘和大路两旁烽烟可见的连续烽火台，形成严密的烽火传递和御敌系统。这两路长城经过今北京市的延庆县，张家口市的怀来县、涿鹿县、蔚县、阳原县。

三、河北长城诸镇的驻军

在长城诸镇中，镇守总兵官是一镇的最高武官。明初，总兵官并不是常设官职，遇有战事时遣将为总兵官，挂将印出征，事毕则解任。后由于边境防务紧要，总兵官往往统兵长驻在外，长城诸镇更是须臾不能放松，遂演变为总领一镇的军事统帅。但总兵官及下属官吏并未完全脱去临时差遣性质，均无品级、无定员，一般同时带有都司卫所品阶的武官头衔，如戚继光曾任总理练兵事务，兼镇守蓟州、永平、山海关等处地方总兵官，中军都督府左都督。长城诸镇的武官副统帅为副总兵，与总兵官同守一城的称协守副总兵，独自镇守一路或数路的称分守副总兵。参将和游击将军是总兵官的下属官员。参将分守各路或重要关隘城堡，游击将军带3000名游兵，遇敌入袭时往来策应。其下又有守备、提调、千总、把总等中低级军官：守备负责一城一堡的防卫；各关口派提调把守；提调下十台设一千总，五台设一把总；每个敌台设百总一名，专管调度攻打，设台头、台副二名，专管台内辎重，两旁有兵士三五十名不等。此外，明朝在长城沿线还设有文官。数镇之上派总督、巡抚，作为该地区的最高地方官员。如在蓟、辽、昌、真保四镇之上派总督蓟辽昌保军务，宣府、大同镇之上派宣大总督。各镇还派巡按、巡官御史，各地设户部分司、兵部分司、兵备、管粮通判等官。蓟镇（略）……昌镇：昌镇原属蓟镇，初设副总兵，又设有提督，负责蓟镇居庸、紫荆等处防务。嘉靖三十八年（1559年）裁副总兵，改为镇守总兵。总兵官下设若干坐营官、参将、游击、守备、提调等官职，计有：永安营坐营1名，标兵营、游兵营、巩华营游击各1名，居庸、黄花、横岭三路各设参将1名，昌平、怀柔、涿州城及黄花、石硖峪、八达岭、白羊口、镇边城等总口各设守备1名，渤海所和长峪城两个总口各设提调1名。……横岭路额兵3305名，夜不收365名。……真保镇：真保镇原无统属。《四镇三关志》记载："弘治十六年（1503年）设守备一员，专管保定五卫官军，防御紫荆等关。正德元年（1506年）推都督充分守副总兵，四年（1509年）改分守参将。九年（1514年）复改为副总兵于三关。""嘉靖二十年（1541年）抚案会题紫荆、倒马、故关各添设参将一员，议将保定分守副总兵改升镇守副总兵，统摄三关参将及大宁都司卫所，俱听节制。三十二年（1553年）改镇守总兵官。"真保镇下所设四路各设分守参将1人，为紫荆关参将、马水口参将、倒马关参将和龙固关参将。……真保镇军队配置：据《四镇三关志·军旅》记载……主兵配置：马水口路2270名……客兵配置为：马水口下675名……但客兵兵源主要是真保镇所属军队各卫、营官兵，轮换在各地防守，实际人数较少……宣府镇：宣府镇永乐七年（1409年）置镇守总兵官。设总兵官1人，协守副总兵官1人。初分为东、北、中、西、南五路，各设参将1人。后分西路为上、下西路，分北路为上、下北路，并设置南山路，陆续增置参将3人。至万历年间有参将8人，分别驻守在永宁城、龙门所、独石口、葛峪堡、万全右卫城、柴沟堡、顺圣川西城和柳沟城。嘉靖四十年（1561年），宣府镇中下层军官数额为：游击将军2人，坐营官6人，守备官28人，操守官10人，把总198人，管队官1035人。据《宣府镇志》记载，洪武二十五年（1392年）宣府镇军队配置为126395名。嘉靖四十年（1561年）存籍官军90346名，包括操备官军55195名，杂差官军35151名。具体兵力配置如下：镇城存籍官军23274名。东路存籍官军，《宣府镇志》记载有16461名，包括永宁城8880名，怀来城1889名，保安卫城3005名，保安州城367名，隆庆州城1259名，四海冶堡1061名，鸡鸣驿城328名。按上述数字实际计算数额为16789名。北路存籍官军，《宣府镇志》记载有25508名，包括开平卫城8830名，龙门卫城3588名，龙门所城2333名，云州所城1790名，长安所城1166名，赤城堡1597名，马营堡3273名，雕鹗堡659名，滴水崖堡513名，金家庄堡412名，青泉堡257名，牧马堡212名，镇宁堡429名，镇安堡212

名。按上述数字实际计算数额为 25271 名。中路存籍官军 2698 名，其中葛峪堡 816 名，大白阳堡 272 名，小白阳堡 246 名，青边口堡 375 名，羊房堡 341 名，常峪堡 354 名，赵川堡 207 名，隆门关 87 名。西路存籍官军，《宣府镇志》记载有 16195 名，其中万全左卫 1897 名，万全右卫 3802 名，怀安城 1959 名，柴沟堡 1904 名，洗马林堡 1462 名，新开口堡 669 名，新河口堡 934 名，张家口堡 1199 名，渡口堡 680 名，膳房堡 677 名，西阳河堡 1904 名，李信屯 743 名，宁远堡 36 名。按上述数字实际计算数额为 17866 名。南路存籍官军，《宣府镇志》记载有 6210 名，其中顺圣川西城 1498 名，顺圣川东城 1119 名，蔚州城 2163 名，广昌所城 1040 名，深井堡 390 名，黑石岭 126 名，鸳鸯站 28 名。按上述数字实际计算数额为 6364 名。此外，在隆庆州和保安州还有民兵千余名。至隆庆初年，随着边境局势的紧张，宣府镇兵力达到 151452 名。万历中期，宣府镇兵力设置情况又有所变化，共存官兵 81383 名，其中东路实有官军 8856 名，参将援兵 1339 名；下北路实有官军 5966 名，内援兵 1652 名；上北路实有官军 11232 名，内援兵 1900 名；中路实有官军 5305 名，参将援兵 1394 名；上西路实有官军 7658 名，内援兵 1552 名；下西路实有官军 8343 名，内援兵 2600 名；南路实有官军 4816 名，内援兵 1192 名；南山路额兵 7000 名，援兵旗军 3318 名。

主要参考文献：

[1]《明史》卷 90、91《兵志二》《兵志三》，卷 76《职官志五》，中华书局，1974 年。

[2]［明］刘效祖：《四镇三关志》"军旅""职官"，全国图书馆文献缩微复制中心 1991 年影印版。

[3]《宣府镇志》巳册，明嘉靖四十年刻本。

[4]《宣大山西三镇图说》，明万历三十一年刻本。

[5]《宣化府志》卷 15、16《兵制》，清乾隆二十二年订补重刊本。

（原载于《文物春秋》2008 年第 6 期）

明代万全都司仓储建设与管理初探

郝园林

民以食为天，在以农为本的中国传统社会，仓储的兴建与管理成为重要议题。仓储历史悠久，事关重大，被认为是"天下之大命"。在延续了汉代常平仓、隋代义仓和宋代社仓等备荒仓储制度的基础之上，明代还设置了诸如京仓、水次仓、王府仓、军仓等名目繁多的仓储类型。《明会典》"仓庾"条开宗明义讲道"国家设仓庾储粟以赡军赈民，两京直隶、各布政司、府州县、各都司卫所，以及王府莫不备具。其收贮有时，支给有数，注销有册，各有通例"[1]（卷21《户部八·仓庾一》，P348）。目前除军仓外，其余仓储类型均有学者做过专门研究。例如，唐文基《明代粮食仓储制度》[2]（P331—351）以明代分级储粮的多仓制为线索，分别介绍了国家粮仓、地方粮仓和王府粮仓，陈关龙《论明代的备荒仓储制度》[3]（P117—122）就明代备荒仓储制度的演变、管理及功能等问题作了论述，崔赟《明代的备荒仓储》[4]（P117—122）论述了备荒仓的仓储制度、资金来源、日常管理和作用；但目前关于明代军仓的研究仍较少，关注的人不多。通过对卫所制度这一明代特有军制的仓储兴建与管理的细致研究，可以进一步丰富我们对明代军制和储粮制度的认识。卫所城不仅设有军仓，部分还设置了备荒仓，体现了卫所地区仓储的多样性和特殊性。因此有必要进行较为详细的研究。

万全都司由于其直面蒙古部落，实乃京城西北大门。其所辖地区"前望京都，后控沙漠。左扼居庸之险，右拥云中之固。飞狐紫荆控其南，长城独石枕其北。群山环抱于东北，洋河萦绕于西南。居道里之中，为要会之地"[5]（卷39《史部·地理类·宣化府·形势》，P552）。该地也与永乐北征、土木堡之变、隆庆议

和等大小事件密切相关。故终明一朝，明廷一直在对该地区城址进行营建，对其
设置和管理均有典型意义。本文通过对万全都司仓储的研究，想为探索明代军仓
仓储制度的建设和管理等问题提供一个新的视角。不当之处，敬请各专家指教。

一、万全都司仓储体系的建设

万全都司设于宣德五年（1430 年），《明史》载，其"分直隶及山西等处卫
所添设：万全左卫、万全右卫、宣府前卫、宣府左卫、宣府右卫、怀安卫、开
平卫、延庆左卫、延庆右卫、保安卫、龙门卫、保安右卫、蔚州卫、永宁卫、
怀来卫、兴和千户所、美峪千户所、广昌千户所、四海冶千户所、长安千户
所、云川千户所、龙门千户所"[6]（卷 90《志第十六·兵二》，P2220）。除上述
卫所城外，另有属堡如洗马林堡、新开口堡、新河口堡、膳房堡、张家口堡、
柴沟堡、西洋河堡等。万全都司卫所城及属堡基本建于洪武、永乐年间，目前
保存尚可，仓储一般在卫所城及属堡建成后数年内完成了营建，属堡多为宣德
后建起来的（表 1）。

表 1　万全都司卫所城仓储营建情况

卫所	治所	城建时间	仓名	建仓时间	仓储位置	备荒仓建设时间	备荒仓位置
宣府前卫	宣府镇城	洪武二十六年	宣德仓	洪武二十六年	城东北	弘治十年	各卫所内
宣府前卫			宣政仓	永乐二年	城东北		
宣府右卫			宣化仓	宣德二年	城西北		
兴和千户所							
万全左卫	万全左卫城	洪武二十六年	广积仓	永乐二年	城西北	不详	卫治内
万全右卫	万全右卫城	洪武二十六年	广运仓	永乐三年	城东南	成化七年	南关
怀安卫	怀安卫城	洪武二十六年	广备仓	永乐二十年	城西北	成化二年	城西南
延庆左卫	永宁城	永乐十四年	永宁仓	宣德六年	城东北	无	无
延庆右卫	怀来城	洪武三十年	广阜仓	永乐五年	城东南	不详	卫治
开平卫	开平城	洪武二年	广积仓	不详	城西北	不详	卫治内
保安卫	保安卫城	永乐十二年	新兴仓	景泰五年	城东北	不详	卫治内
龙门卫	龙门城	宣德六年	广盈仓	宣德五年	城西南	成化年间	卫后
保安右卫	怀安卫城	洪武二十六年	广备仓	永乐二十年	城西北	成化二年	城西南
蔚州卫	蔚州卫城	洪武七年	蔚州卫仓	永乐元年	城东北	不详	城东北
永宁卫	永宁城	永乐十四年	永宁仓	宣德六年	城东北	无	无
怀来卫	怀来城	元代	广阜仓	永乐五年	城东南	不详	卫治
美峪千户所	保安卫城	永乐十二年	新兴仓	景泰五年	城东北	不详	卫治内

续表

卫所	治所	城建时间	仓名	建仓时间	仓储位置	备荒仓建设时间	备荒仓位置
广昌千户所	广昌所城	洪武十二年	广昌所仓	不详	城东北	常平仓永乐二年建	南门内
四海冶千户所	四海冶堡	天顺八年	无	无	无	无	无
长安千户所	长安所城	弘治三年	长安仓	景泰二年	城西北	不详	城乾隅
云州千户所	云州城	景泰四年	云州堡仓	宣德五年	城西北	不详	所治内
龙门千户所	龙门所城	宣德六年	龙门仓	宣德七年	城东北	成化七年	所治内

笔者曾对万全右卫城及附近属堡做过个案研究，发现古城的内部结构有一定分布规律。古城多由十字形街分成四个部分，也有少量的丁字形街道。衙署多分布于古城的东北和西南，真武庙、关帝庙等分布在西北和东北，粮仓则集中分布在东南部[7]（P65）。若将视野放在整个万全都司，可以发现粮仓一般放在西北、东北、东南，其中西北和东南较多。备荒仓一般在治所衙署里。

各仓储在建设好之后，由于边事初定，百废待兴，同时明成祖并不满足于现状，一直筹划收复故地，多次兴兵北征，所以此时粮仓制度尚未完善，粮仓、粮运等管理事宜便由军将兼领，这就方便了仓粮的及时调动，更好地服务于军事需要。万全都司卫所城在新建时军饷粮运等便由后军都督佥事章安统领，"（章安）定宣府，缮筑城堡，完固兵备，升后军都督佥事，仍守宣府，总督怀安、万全诸卫军饷，同时有张远者……与安同督运粮饷"[8]（卷二百五十永乐二十年六月乙未）。进入宣德年间情况并没有好转，"怀来等卫收贮粮料，专给边军，俱无仓官，止令镇抚千百户掌管"[9]（卷二十二宣德元年十月庚午），由军将统领粮仓弊端明显，"武人不谙文墨，出纳不明，难以稽考"[9]（卷二十二宣德元年十月庚午），实乃权宜之计，后来军队卫所粮食仓储管理体制逐渐发展成熟，体制日渐完善，开始设仓大役、仓副使、攒典、斗级、库子、仓脚夫、余丁等职役，比如宣德元年在怀来卫、怀安卫、蔚州卫、保安卫、保安右卫、万全左右卫等地仓储各设副使、攒典各一名。而且也设立了监察司等完善卫所仓的监察管理事宜，"户部言万全、辽东二都司仓粮俱军卫管辖，奸弊日滋，乞添设山西、山东布按二司官各一员，分督边储"[10]（卷二百十四景泰三年二月戊戌）。部分仓储也经过重修，比如宣府右卫之宣化仓，弘治十三年曾由郎中姚衍重修。由此，万全都司仓储体系才逐渐完善起来。

二、万全都司仓储粮的来源

明廷对于粮仓的积粮数额有固定的标准,例如弘治三年规定:"有司每十里以下,务要积粮一万五千石,军卫每一千户所,积粮一万五千石,每一百户所三百石。"[1](卷22《户部九·仓庾二》,P384)而要落实储粮的标准,得保持收粮通道的正常运转。万全都司收粮通道包括屯田子粒、中央拨付、中纳、纳米赎罪等。

屯田子粒 都司卫所体制下,军屯是仓粮的重要来源之一。屯军从事耕种,须把其收获的粮食交给卫所屯仓。这项贡纳叫作"屯田子粒",也被称为"子粒""屯粮""税粮"等。万全都司屯田设置早在洪武二十六年(1393年)设立万全、宣府等卫时便开始了,"置……万全左右、宣府左右十卫于大同之东……皆筑城,置兵屯守"[11](卷二百二十五洪武二十六年二月辛巳)。在宣德五年(1430年)设立都司后,屯田区域逐渐扩大。"万全都司……云州至雕鹗皆可田之地,官军私种获利,请分调宣府见操官军三千三百余人于云州、赤城、雕鹗诸堡,与原调官军通六千六百人,半以巡哨,半以屯田,军与田一顷,官给牛具种子,令对名供给,一岁之后住其月粮,开平龙门卫所官军亦用是法,倘遇缓急则下屯之士亦可调用……今欲分调宣府官军请仍留一千操备,而以一千人于云州诸堡与旧军相兼屯守,千三百人于宣府各卫屯种输纳子粒,乞敕兵部后有法当充军者,皆发云州诸堡屯守。上谕行在兵部尚书王骥曰:赤城诸堡既是极边,宜以蔚州诸卫军士之在宣府者千五百人益之,留千三百人宣府屯种,云州诸堡增军,一如所言。"[9](卷一百十五宣德九年十二月丙午)屯田亩地不断扩大,一般原则是选择较肥沃的土地给屯军,并且尽可能给他们附近或附郭土地,万全都司也是如此:"万全都司属卫地方广阔,乞从公踏勘丈量。除冈硗薄地听官舍军民开耕,其附郭高腴地派与屯田军余耕种,上纳子粒。"[10](卷二百四十六景泰五年十月乙未)

万全都司屯粮经常会因为歉收而免征。例如,"万全都司保安卫今年旱涝相仍,屯田一十四顷,禾苗尽损无收,该征子粒乞与全免,余田三百七十五顷薄收,乞免十分之四,从之"[10](卷六十二正统四年十二月),这次因为旱涝灾害全免了部分屯田子粒,减免了部分子粒。全免的事例如:"免万全都司卫所屯田子粒五千八百四十一石有奇,草一万三千八束,以冰雹水旱之灾也"[12]

（卷四十六成化三年九月辛巳），"以灾伤免万全都司及宣府等卫所屯粮有差"[13]（卷八十一嘉靖六年十月乙卯）。相似例子很多，不胜枚举。屯田子粒作为万全都司仓粮的重要来源，因歉收而免征在一定程度上给仓储的屯粮带来负面影响，因此有时会通过补缴的方式来弥补损失，"万全都司宣府前等卫所军余去年屯种子粒，被灾无收；将应征赈济并买牛银价等项令臣酌酌征收，如果不能办纳，停候次年"[10]（卷二百四十一景泰五年五月甲戌）。

京仓调运　京仓作为京师设置的专供军、政人员的粮料，也成为万全都司粮料的重要来源之一。永乐十二年成祖亲征瓦剌时，便开始筹备粮饷事宜，"命成安侯郭亮等督运粮车赴万全"[8]（卷一百四十九永乐十二年三月乙未）。设立万全都司后，光靠屯田不足以供应新添设机构人员的需求，从京仓调运成为重要补充。"万全都司所属卫所添设人马，岁费米豆七十余万石，今赤城、独石、云州、雕鹗、哨马营五城米豆俱缺，上命贤督官军运京仓米豆三万石给之。"[10]（卷十宣德十年十月庚申）京仓调运并非常例，但事体重大，一般由屯田兵运送，也会专门委派官员监督。"敕谕丰城侯李贤、镇远侯顾兴祖、兵部左侍郎郑辰、都察院右佥都御史丁璿曰：今命户部于通州官仓支领粮料二百万石，分贮宣府、大同以实边储，特命尔等往来提督。仍令宣府大同总兵镇守官量遣见操及屯守官军接运。"[10]（卷五十一正统四年二月庚戌）由此史料可以看出明廷对京仓调运的重视，不仅安排三位官员督运，而且命令万全都司官兵做好接应，调运行程也已安排好。然而正是因为如此，京仓调运给万全都司的兵力安排带来较大压力，"万全都司奏：近奉敕旨于宣府大同蓄积粮料二百万石，摘拨旗军，摆堡攒运。窃惟守边军士正当养其锐气，不可以他事劳其力，且大同运粮军余共一万六千人以攒运之，故添支口粮月计四千八百石，所得不偿所费，况沿边军士全仰余丁屯种养赡，近又辏补攒运，设有乘虚窥伺，一时无以制驭，乞停止运粮，仍旧屯守。"[10]（卷五十三正统四年三月壬申）这次中央精心筹划的运粮事宜在万全都司地方官的反对下搁置了。

京仓调运更多的是一种权宜之计，因此会根据实际情况临时调整。比如曾有原定送至万全都司粮料改运大同的例子："原定起运万全等卫粮料内改拨六万石赴大同府仓收纳备用。"[10]（卷四十一正统三年四月壬申）也有征调官员军民家里的车辆来辅助调运的事例："万全都司卫所见储粮料不足支给，欲如永乐间营造例，将在京及通州漷县等州县文武官员军民之家车辆取勘见数，支与口粮，令于通州并在京仓每车关粮二十石，运赴少粮卫所交收。"[10]（卷六十正统四年十月壬午）还有命僧道运送的情况发生："命礼部凡僧道请给度牒者，于通州运米二十石赴口外万全等处官仓，交收以备军用。"[10]（卷二百四十景泰五年四月癸巳）因此，京仓调运多发生在正统年间及之前，往后则无事例。作为屯田子粒的重要补充，开中盐粮这一较为成熟的制度日渐取代了京仓调运。

开中盐粮 明朝开中制度规定，商人运粮到指定粮仓，报中纳粮，换取盐引。万全都司卫所城从永乐十年起开中盐粮："宣府、万全左、右、怀安、兴和五卫所，官军俸粮岁往大同关给，道里辽远，往复艰难。今山西商民于顺天府中纳盐粮，宜令顺涂就各卫输纳为便。"[9]（卷一百二十八永乐十年五月乙酉）此时万全都司开中盐粮仅为临时措施，尚无定制。其后宣德二年正式确定万全左、右二卫中纳的则例标准："至是请于万全左、右二卫开中淮浙盐，每引纳米三斗，不拘次支给。"[9]（卷三十三宣德二年十一月甲辰）此后，万全都司人员规模不断扩大，内部开中存储仓也做了些许调整："万全左右卫粮料数少，官军支用数多，乞将开平、马营二处见中盐，课内该纳米豆六万石有奇，转拨前来。"[10]（卷一百十正统八年十一月癸丑）随后万全卫所所定开中则例每引纳米三斗为辽东镇卫所城所效仿："近召商于辽东广宁卫中纳盐粮……请如万全右卫例，每引纳米三斗。"[9]（卷三十四宣德二年十二月丁丑）

万全都司各粮仓开中标准后来随着情况的变化做了数次调整，如"定万全等处中盐例，淮浙长芦盐共一十八万引，召商于万全广盈仓及柴沟堡仓中盐者每引米豆四斗五升，浙盐三斗五升，长芦盐二斗五升，怀安广备仓中纳者递减三升"[10]（卷二百三十二景泰四年八月戊戌），每引较之原来提高了一斗五升至四斗五升，后来又提高至五斗："召商于万全等处中纳盐粮。其于万全广积仓并赤城广备仓中淮盐者每引米豆五斗、浙盐三斗、长芦盐二斗……柴沟堡仓中淮盐者每引米豆四斗八升，浙盐二斗八升，长芦盐一斗八升。共开中淮浙长芦盐二十四万六千一百六十六引。"[10]（卷二百三十七景泰五年正月丙子）中间又历经多次调整，如成化年间提高至六斗左右："定宣府沿边开中成化十三年引盐则例：……云州堡、赤城、龙门所、龙门卫两淮盐三万引，引米豆六斗一升，河东盐八万引，引米豆一斗六升；万全右卫、洗马林、永宁、四海

冶两淮盐三万引，引米豆六斗五升，河东盐八万引，引米一斗七升。"[12]（卷一百九十二成化十五年七月丁丑）

纳米赎罪　据《明会典》，洪武二十三年（1390年）开始，杂犯死罪及以下，均可纳米赎罪。永乐三年（1405年）开始有详细规定，比如杂犯死罪纳米110石，流罪三等纳米80石，徒罪三年纳米60石，杖罪纳米90石，最低的笞罪纳米10石，就可以免于罪罚[1]（卷176《刑部十八·五刑赎罪》，P144）。纳米赎罪成为万全都司仓粮的主要来源之一。宣德年间，万全都司对纳米赎罪做了详细规定，涉及纳米的数额和地点等："万全都司近边，粮饷为重，请如云川诸卫，令罪囚纳米赎罪。上命三法司与户部议，今后万全都司及属卫所，问罪囚，除真犯外，其文职官吏犯赃者，皆如律，若非犯赃，其轻重罪囚，有力纳米者，以近就近，运赴独石等卫仓纳完，俱如运赎例各还职役，死罪一十二石，流罪十石，徒八石，杖五石，笞三石，宣府、隆庆、永宁、怀来、开平、保安、诸卫兴和千户所有犯运赴独石仓，怀安万全保安右卫美峪广昌二千户所有犯运赴宣府仓。"[9]（卷八十二宣德六年八月丙午）景泰四年（1453年）四月，降低了纳米赎罪标准：杂犯死罪纳米60石，三流并徒三年者纳米40石，其他罪也相应递减。同时也对赎罪粮交纳地点做了调整："巡按直隶御史并万全都司等处所问罪人，令隆庆卫仓支米运龙门所，运多寡数目各因其罪之轻重而等第焉。"[10]（卷二百二十八景泰四年四月丙午）

三、万全都司仓储的功能与废弛

明代仓储的功能简单来说是"赡军赈民"，具体来说则包括供给俸禄米、救灾、平粜、调剂各地粮仓的供应余缺等。作为军仓的万全都司仓储除具有上述的部分功能外，更多表现出为备战或战事服务的特征，包括供给军饷、备战调运等。仓储在管理上的漏洞则对其功能的发挥带来诸多阻碍。

（一）仓储的功能

供给军饷是万全都司仓储最主要的功能，直接体现了其为边地屯军服务的特征。从永乐至宣德年间为该功能不断完善的过程，永乐年间，制度尚未完善："永乐间运粮口外，止供开平官军及备大军支用，近来不依旧例樽节，一概放支，以致连年攒运不息。"[9]（卷九十宣德七年五月丙戌）进入宣德年间做了相应的调整：首先是万全都司下辖的如洗马林、长安岭、黑峪口等地和宣府神机营官军的月粮，就由本地仓储支取，不许擅自离开；然后是开平卫官军的粮料就由独石仓支取，开平卫旗军的家小的粮料由长安岭怀来仓支取，万全左卫等地由宣府仓支取；再者是蔚州、保安、隆庆、永宁等州县所征收豆料秋粮存于独石仓；最后万全都司所属怀来、永宁、隆庆左右等卫旗军家小的月粮由京仓及通州仓支取[9]（卷九十宣德七年五月丙戌），这样使得供给军饷这一功能更为完善。到弘治年间，兵部尚书马文升认为"各卫仓廪充实，红腐相因，而军士无乏粮之虞"[14]（卷63，P519），侧面体现了都司仓储体系对于兵备的重要价值。

调运余缺是万全都司仓储的另一重要功能。一方面可以为备战做好后勤供应，如永乐十年（1412年），"命北京行后军都督府，北京行部量拨军夫于宣府万全卫仓运粟二万石往开平备军饷"[8]（卷一百二十九永乐十年六月戊寅），便是为朱棣北征瓦剌做准备。另一方面在特殊时期可以缓解某一地区的粮草紧缺，比直接从京仓调运效率高。如"总兵官都督谭广言：阳武侯薛禄巡边军马众多，而万全右卫粮储不足，宣府草亦缺用，宜增益之，请以宣府仓粮暂给万全右卫，以怀来、保安、鸡鸣山所积草给宣府军用，仍从薛禄谭广酌量支给"[9]（卷十二洪熙元年十二月庚寅），再如"怀来、保安右及万全左、右四卫俱缺粮料，乞以长安岭仓所贮者分给，上命分八万石给之"[9]（卷二十一宣德元年九月甲辰），还有"万全都司各卫所、宣府各卫所军马岁用粮料六十四万六千七百余石，本处支用不给，乞召商出备车辆于宣德仓，有粮之处运三万石输之赤城，三万石输之哨马营，一万石输之独石为便，上命该部议行"[10]（卷十二宣德十年十二月己亥），"怀来、保安二城俱系屯聚军马之处，见积草少，欲将万全都司所属卫所并各处调来官军及空闲军余候接送使臣，毕日尽数起拨，给与行粮"[10]（卷二百二十五景泰四年正月戊寅）。这种调运余缺的功能有效地解决了边地某一地区存在的粮料紧张问题，对边防的稳定起到了一定的积极作用。

（二）仓储的废弛

万全都司仓储的建设为边防的稳定提供了坚实的基础，但一些管理漏洞造成的损耗也为仓储的废弛埋下了种子。主要表现是管粮官以公谋私，如"万全都指挥同知杨文督官车送，使臣因以运私米"[10]（卷二百十四景泰三年二月庚戌），还有官员盗卖粮仓粮食，事发后竟然公然不补所盗粮，管理疏漏竟至此：

"万全右卫指挥使王祥、怀安卫指挥使楚祯盗卖仓粮各万余石，法司论罪当斩，追粮还官。广以边务紧急，朦胧奏保，以为事官备边，至是遇赦复职，又夤缘托故回卫管事，不输所盗米。"[10]（卷六十正统四年十月己亥）还有克扣俸粮的行为发生："万全都司屯田粮旧有定数，今管屯都指挥或于军余名下科徵，或扣月粮，皆无定数，以致军士不得食用，逃亡者众。"[10]（卷十七正统元年五月己巳）尽管上述漏洞被及时纠正，但由此也可见仓储管理的松弛。进入成化、弘治年间，万全都司粮仓管理漏洞更多，陷入顾此失彼的境地，主要表现为官员侵占侵吞粮仓所贮官草，利用以银易粮的漏洞冒领银两，守城守备官同粮仓官私吞粮食，还有的侵占庄田等[12]（卷二百二十三成化十八年正月丙戌）。这时的问题已经涉及粮仓管理的各方面，明代仓储制度已经漏洞百出了。

四、结语

万全都司仓储从建设，到其仓储粮的来源，再到其发挥的功能和废弛都是一个较为独立完整的生命链，它们共同构成了万全都司仓储制度这一有机整体。该整体也直接体现了明代军仓为军事斗争服务的特点，其与明代的军屯、对蒙关系等热点问题有直接的联系。万全都司仓储，虽然是明代仓储体系很小的一部分，但却是一把关键的钥匙，值得进一步探索。

注释：

[1] [明] 明会典 [M]. 续修四库全书本 . 上海：上海古籍出版社，2002。

[2] 唐文基 . 明代粮食仓储制度 [M]. 明史研究论丛，2004。

[3] 陈关龙 . 论明代的备荒仓储制度 [J]. 求索，1991，（1）。

[4] 崔赟 . 明代的备荒仓储 [J]. 北方论丛，2004，（5）。

[5] [清] 大清一统志 [M]. 四部丛刊续编本 . 上海：上海古籍出版社，2008。

[6] [清] 明史 [M]. 北京：中华书局，1974。

[7] 魏坚，郝园林 . 京畿雄关——明万全右卫军事防御体系研究 [M]. 北京：科学出版社，2016。

[8] 明太宗实录 [M]. 台北："中央研究院"历史语言研究所，1965。

[9] 明宣宗实录 [M]. 台北："中央研究院"历史语言研究所，1965。

[10] 明英宗实录 [M]. 台北："中央研究院"历史语言研究所，1965。

[11] 明太祖实录 [M]. 台北："中央研究院"历史语言研究所，1965。

[12] 明宪宗实录 [M]. 台北："中央研究院"历史语言研究所，1965。

[13] 明世宗实录 [M]. 台北："中央研究院"历史语言研究所，1965。

[14] 明经世文编 [M]. 北京：中华书局，1962。

（原载于《农业考古》2017 年第 1 期）

郝园林，男，天津师范大学历史文化学院讲师。出生于 1988 年，中国人民大学博士研究生。研究方向：城市考古，元明清考古。发表有《秦汉九原——五原郡治的考古学观察》《张家口明代卫所城调查与研究》等多篇学术论文，并出版专著一部。

明代河北军事堡寨体系探微

谭立峰

堡寨作为军事防御的重要设施，各朝代都有兴建。在明代，为了加强北方防御，明政府开始大规模重修长城，沿线设"九边重镇"以及卫、所、营、寨等防御单位，并推行募民屯田、且战且守、以军隶卫、以屯养兵的政策，河北从此出现大量按照军事建制要求分布的城堡。

一、河北军事堡寨体系产生和发展的社会文化因素

堡寨聚落的演进发展受地形地貌、气候、水文、经济、人口、社会文化等诸多因素的影响，其中社会文化的影响是军事堡寨产生和发展的重要因素。

（一）文化因素

燕赵文化是中国文化的有机组成部分，并具有自身的地域特点。从地理环境和生产方式上看，燕赵文化是一种混合型文化，它包含了平原文化、农业文化和旱地农耕文化。从民族上看，它是一种以汉民族为主体的多民族文化。燕赵文化的上述特点奠定了河北堡寨聚落产生的基础。

燕赵之地从总体上讲，在阴山以南、燕山以北，也就是内蒙古高原向华北平原的过渡地带，在古代属草原游牧区，是北方游牧民族的主要活动区域；燕山以南、太行山以东、黄河以北的海河流域以及东北辽河流域是平原农耕区，主要是汉族的活动区域。早在新石器时代，燕赵地区就形成了两种文化的交会。到战国时期，燕赵之地形成了不同的社会发展模式。燕山以南，由于广泛使用铁器，耕地面积不断扩大，成为以华夏族为主体的农耕区，社会发展已进入封建社会。燕山以北的广大地区，则人烟稀少，土地空旷，为游牧民族的活

动区域，社会发展还处于原始社会部落联盟阶段，尚未建立起国家。燕赵农耕区实行封建制，小农经济成为整个社会的基本经济模式，农耕区丰富优良的农副产品和手工业产品奠定了同畜牧区进行经济、文化交流的物质基础。随着经济的发展，农耕区的居住模式从原始居民点、聚落、村落，发展到里、乡、县城，形成若干城市。从早期的城市发展到出现若干具有政治、经济、文化中心特征的中心城市。

燕赵之地是汉族与北方游牧民族相互融合的重要地区。燕赵畜牧区的经济文化、社会结构大都是生产组织与军事组织相结合。从早期的戎狄、林胡、楼烦、东胡，到匈奴、乌桓、鲜卑，再到后来的契丹、女真、蒙古等，直至满族兴起之初，一直处于原始社会末期，实行部落联盟制。畜牧区各民族的社会经济以畜牧为主，兼以狩猎。牧民平时为生产者，战时则为骑兵，女真的"猛安谋克"制、蒙古族的"户分封"制、满族的"八旗"制等，都具有代表性。

北方游牧经济具有脆弱性、单一性和不稳定性。一遇重大天灾，牲畜便会大量死亡，牧区经济萎缩，人口骤减，部落的整体实力急剧下降。游牧经济又具有高度的分散性和流动性，反映在政治上便是各部势力往往各据一方，各自独立。因此，历史上当北方游牧民族崛起时，在其内部总有一个兼并、统一的过程。

农、牧两大经济文化区之间存在着互补的关系。畜牧区提供农耕区所需的畜力、皮毛等各种畜产品以及珍贵药材等。而农耕区则为畜牧区提供粮食、绢帛、布匹、铁器、陶瓷等农产品和手工业制品。这便形成了相互交往、相互依存的关系。

历史上两种经济文化的交融、交会是通过多种形式和途径实现的，既有激烈的战争，也有和平的交往。在战争中，既有游牧民族统治者的南下侵掠，又有汉族统治者的出塞远征。和平交往时，既有朝贡、赏赐、外迁、内附，也有互市贸易；既有经济交往，也有文化交流。

燕赵地处北方，北方游牧民族崛起后南下中原，首先进入幽蓟，再扩展到河北平原。因此，自古以来，燕赵即为汉族和北方游牧民族的融合之地。

（二）明清的屯田制与堡寨聚落

明代是军事堡寨聚落发展的繁荣期。明朝政府为巩固边防和加强内部统治，在各地要冲设立卫所等军事堡寨，同时，屯田也为了补给军饷。洪武元年（1368年），明政府下令在和州、滁州、庐州、凤阳等地屯田，开创屯田区。到洪武四年（1372年），河南、山东、北京、陕西、山西及淮安府等也建置了屯田。洪武六年（1374年），襄州重庆卫，辽东定辽诸卫、大同都卫，碛北、西宁设置屯堡，组织屯种。洪武十一年（1379年）以后，继续扩大军屯区，在贵州、宁夏、湖广、两浙、福建、云南部分地区屯种。

建文元年（1399年）发生"靖难之役"后，北京成为全国的政治中心，驻军甚多，费用浩大。为此，拨3万京军，在北京附近下屯。永乐二年（1404年），在水陆要冲的天津设置卫所，利用海口一带之沃土屯田。明代军屯区分布极其广泛，除了在边防重地建立屯堡外，在内地各省及东北、西北、云贵高原、五岭以南等边远地区也组织屯种。

二、河北军事堡寨分布体系

明代，河北大部分地区属宣府镇。宣府镇辖区"东至京师顺天府界（北京），西至山西大同府界，南至直隶易州界（易县），北至沙沟，广490里，轮660里"[1]，基本相当于今赤城、万全、怀安、阳原、蔚县、涿鹿、怀来、宣化、延庆、涞源的10个县地和张家口市的桥东、桥西、宣化、下花园的4个区域。

（一）宣府镇长城防御体系形成

宣府镇长城，东起今延庆四海北四里处，向西沿燕山山脉直至西洋河西北15里与山西省交界处，长约1100里，基本为明代所筑。自明惠帝建文年间（1399—1402年）至嘉靖二十八年（1549年）形成全线，历经近150年。嘉靖以后，隆庆和万历年间，皆对宣府镇长城进行过多次修复。

永乐年间，由于迁都北京和对蒙古战略思想的转变，设宣府为长城边镇。正统十四年（1449年）土木堡之变后，曾整修沿边的关隘。成化年间筹建宣府镇边墙，由于战事连年和军费吃紧，实际成绩不大。

嘉靖年间，北边有鞑靼骚扰，东南有倭寇进犯，农民起义不断发生。据《四镇三关志》记载，宣大总督翁万达于1546—1549年间，全面修复宣府镇长城。补城垣、削山崖、起敌台、通暗门、疏水道[2]。这段长城主要用于防鞑靼。因为在嘉靖年间，每逢秋熟马肥季节，北方部族皆由今赤城县西长城入境劫掠，骚扰百姓。

据《宣化府志》记载，嘉靖以后，隆庆和万历年间，皆对宣府镇长城进行过修复。

明末，朝廷仍十分重视宣府镇长城的修筑。但因费用高昂，明王朝已无力承担，只是对宣府镇长城个别地段做了修补。

（二）宣府镇军事机构设置

都指挥使司，又称"都司"，是明代的省级军事单位。宣德五年，明政府在宣府设立万全都司（兼管行政）。万全都司的辖属，各时期不同，据史书记载，都司所辖15个卫比较固定（表1），而直接隶属于都司的所、堡等却变动较大。另辖2个县级州为隆庆州（今延庆县）和保安州（今涿鹿县），还曾直辖5个堡、两个城，即长安岭堡、雕鹗堡、赤城堡、云州堡、马营堡；顺圣川东城、顺圣川西城（即今阳原县东城、西城）。纵观万全都司诸卫、所之布局，构成了以京师（北京）为轴心的扇形防御地带，形成了纵深梯次配置的防御部署。

表1　万全都司机构设置

机构名称	驻地	机构名称	驻地
宣府左、右、前三卫兴和守御千户所	宣府城	保安卫、美峪守御千户所	保安卫城
		怀来卫、隆庆右卫	怀来卫城
开平卫	独石口城	四海冶守御千户所	四海冶堡
龙门卫	龙门卫城	万全右卫	万全右卫城
云州守御千户所	云州城	万全左卫	万全左卫城
龙门守御千户所	龙门所城	怀安卫、保安右卫	怀安卫城
长安岭守御千户所	长安岭城	蔚州卫	蔚州卫城
永宁卫、隆庆左卫	永宁卫城	广昌守御千户所	广昌城
共计		15个卫、7个守御千户所	

注：倪晶整理。

到明朝中期，为加强北方防御，明政府逐步改变了防御作战的战略及与之相适应的军事机构，由初期都司、卫、所的设防机构，演变为中后期镇、路、参、守的设防机构。从仁宗朱高炽起，朝廷设总兵于宣府，统领全军。原万全都司的都指挥使，也直接隶属于总兵。宣府设总兵后，原都司、卫、所取消。在设防上，把原来的卫、所分为北、中、西、南、东五路（西、北、中三路通称左路；东、南二路称为右路）来镇守，每路各设镇守参将一名。

在五路所辖城堡中，路城有参将，大堡有守备，中堡有防守，小堡有操守，有的州县（如隆庆、保安二州和永宁县）还有民兵。全镇极冲守备19处，次冲守备9处，操守21处，使防守设置基本体系化（表2）。

表 2　1566 年前宣府镇机构设置

	分守情况	驻地	人数	所辖城堡	范围
宣府镇	东路	永宁城	9100多名	7个	东距燕山，西接鸡鸣山，南距居庸关，北距龙安山，广250里，轮190里
	西路	万全城	15500多名	13个	东距清水河，西距枳儿岭，南距兴宁口，北距野狐岭，广130里，轮110里
	北路	独石口	15000多名	14个	东接潮河川，西距金阁山，南距长安岭，北距毡帽山，广60里，轮180里
	中路	葛峪堡	2600多名	8个	东接龙门关，西距张家口，南连镇城，北距沙漠，广130里，轮35里
	南路	顺圣西城	5600多名	7个	东接黄峪关，西尽顺圣川（即今马坊川），北距盘崖山（即今深井南十八盘），南接紫荆关，广140里，轮390里

嘉靖四十五年（1566 年）后，至万历十八年（1590 年）又把全镇 5 路划为 7 路（其中把北路和西路各分为上北路、下北路、上西路、下西路），守卫的城堡不断增加，戍守任务也更加具体。

总之，由于地处京畿重地，是朝廷的门户，宣府镇军事机构非常完备。在设镇制之初，边政严明，官军皆有定职。营堡、墩台层级分明，防御体系可谓层层设防。

（三）军堡的兴建与分布

明代宣府镇军堡的兴建大体经历了三个高峰期。首先是洪武年间（1368—1398 年）以建立卫城为主的兴建高峰，修筑了怀来卫城、蔚州卫城、怀安卫城、万全左卫城、万全右卫城、宣府城等大量卫城。之后的永乐年间建堡数量不多，仅有宁远站堡、长安岭所城、保安州城、鸡鸣驿等兴建。其次是宣德年间（1426—1435 年），形成卫城、所城、堡城同时兴建的高峰。宣德五年（1430 年），宣府设立万全都司，同年，开平卫内移治于独石口城，为配合边地的防守，宣府修筑了独石口城、马营堡、葛峪堡、洗马林堡等共 20 个屯兵堡城。正统至正德年间，每代皆有筑城，此 80 多年间共陆续修筑柴沟堡、西阳河堡、膳房堡等共 18 个屯兵堡城。至正德十六年（1521 年），宣府镇全线堡寨体系基本形成。最后是嘉靖年间（1522—1566 年），随着宣府镇长城的形成，在一些虚弱之处陆续又增筑了 16 个堡城，戍守任务也更加具体。

宣府镇军堡的兴建经历了近 230 年，多数堡寨筑于嘉靖及嘉靖之前并早于宣府镇长城的建造时间。其中大部分卫、所城的筑城时间处于明初的 60 多年间，早于其所辖小堡的筑城时间，这种卫、所建置在前小堡在后的筑城顺序是和明初的都司、卫所制度相适应的。

军堡的设置及其选址受到诸多因素的影响。作为我国历朝历代国防的主要手段之一，它呈现出与普通堡寨聚落不同的分布规律。

（1）重点设防，集中与分散布置相结合。明代九边防御并不能面面俱到，而是重点设防。其设防的主要方向是在九边的偏东，即蓟镇、宣府镇、大同镇和太原镇。而宣府镇重点设防地区则是中央偏东的位置，即东路、上下北路、中路。除镇城外，该镇全部68个城堡中的47个为此四路所辖。而南路防区处于内外长城之间腹里的位置，防守任务比之沿边几路缓和，因此防区内城堡的分布也较其他几路分散。军堡的设立是根据防御地区的地理位置、地形的险要程度和战略、战术价值而定的。在长城内侧，明政府按防御体系和兵制的要求配置了许多卫城、所城和堡城。在有战术价值的地区设置所，如龙门所、四海冶所、云州所等。在具有战略价值的重要地区则设置卫。如开平卫、万全右卫等。另外，军堡的分布疏密有秩。堡城的间距30—40里，堡城至长城的距离一般不超过20里，以便来敌进犯时，军队可迅速登城。卫、所之间相距百余里，与堡城相间布置，以利有效控制所管辖的堡城，并且地势平缓、便于屯垦。

（2）据险设堡、保证水源、控制要害。"走分水地带，易守御而节戍卒之效，便施工而收城塞之用"[3]是城堡选址的基本原则。宣府长城的选址，主要是依山岭、河流等险要地形修筑，一个防区有一条或多条水系的上游支流、发源地（包括少量的干流）贯穿。宣府镇境内有洋河、桑干河、白河三大水系。长城作为军事防御工程体系，必须遵循"制高以御下"的原则。宣府地区水系多从坝上发源，以垂直于长城的走向，由北向南流入镇内。相对于北方的敌人进攻方向，控制水系的上游就相当于"制高"，可以更好地控制敌人到达下游平原地区的道路，顺应水系的走向也便于人员换防和物资运输，对长城的建设也是重大的工程节约。而且，"水"是人类生存的基本物质之一，是军事行动中必须确保的、最重要的后勤补给品。同时，选址靠近水源也是人们日常生活、屯田耕作的必要条件。

（3）拱卫京师，层层设防。"昌镇拥九陵而护神京，蓟镇在左腋之间，绵亘二千里、带甲十万，文武将吏，画地而守。垣而外三卫牧其中，向背靡测。"[4]京师以北宣府镇本身就是层级防御体系，卫城、所城、堡城以京师为中心向长城辐射，并且越来越密集，成为有效保护京师的屏障。此外，以京师自身为主，向南到保定的防御体系也非常完整。根据《河北通志稿旧志源流关隘考》仅北京市就有 346 个关隘，天津有 89 个，保定有 212 个。就分布来看，北京市的主要防御重点是其北侧，如昌平区和密云县就分别有 133 个和 109 个关隘。而保定市的防御重心亦在北部，并靠近京师，如涞源县、易县、涞水县等。可见，对京师的防御是一种辐射式的层级防御体系。

三、军堡的规模特征

军堡的规模与之所处的军事等级密切相关。等级越高，军堡的人口与规模也就越大。宣府镇镇城设在今宣化，其下有路城 7 个，卫城 9 个，守御千户所城 5 个，堡 51 个。这些卫、所、堡，是宣府镇陆路屯兵系统最主要的防御力量，它们反映了当时城建的规模和建筑水平。

（一）镇城——宣府镇

宣府城始建于唐天宝年间（742—755 年），元为宣德府治。洪武三年（1370 年），汤和攻占宣德府，改称宣府镇，洪武二十二年（1389 年）置宣府左、右、前三卫，洪武二十四年（1391 年）朱元璋封其子朱橞为谷王于宣府，在城内筑王府，二十七年（1394 年）扩建城墙。永乐七年（1409 年）在此置镇守总兵官，佩镇朔将军印，又置巡抚都御史管理屯垦。

宣府镇城内街道的设置，以各城门为中轴形成井字形干道，将城内划分为东、西、北三区。镇城的最高领导机关都察院、都司，都设置于城的中区；总兵府设在东区；各卫治分别设置于中枢区的周围。明代北部多为军户居住，《宣化县志》记载，北门西城街又东至李镇抚街，南至朝元观、观音寺、马神庙后，皆系宣府左卫地方，其内街巷房屋皆有兽脊，半属故明左卫指挥千百户所居。明末因饥荒，城内房屋多被拆除，改作菜园，直至新中国成立初期。城内实际只有东半部沿昌平门至广灵门的南北大街较为繁华，在此街上有建于明正统五年（1440 年）的镇朔楼（鼓楼）和建于成化十八年（1482 年）的清远楼（钟楼），与南北二门形成一条轴线。

（二）路城——葛峪堡

葛峪堡始建于唐代前期，安史之乱以前，安禄山曾在此建雄武军城，派兵驻守。明朝建立之后，燕王朱棣奉命北伐，重建城池，从而使葛峪堡成为宣府镇中路参将的驻地。

葛峪堡地势北高南低，平面呈正方形，边长约 620 米，堡内主街道路呈十字形，另有两条南北小巷和五条东西小巷互相贯通，构成堡内居民俗称的"三街六巷"。沿堡内最北院落均为一进，院落后到北城墙全为空地。堡内没有水源，居民吃水需到堡西挑泉水。城南偏西有一座明代戏台，精巧别致，主体结构无损，前檐上部分坍塌。据《宣化府志》记载，原城内有巡按察院，参将府、河间行府、守备官厅等军事衙门。另外，城东南角有神机库，东北角有葛峪仓，西北角有草场[5]。堡内原来庙宇禅寺林立，经历了几百年的风剥雨蚀，衙门寺庙现已荡然无存（图 1）。

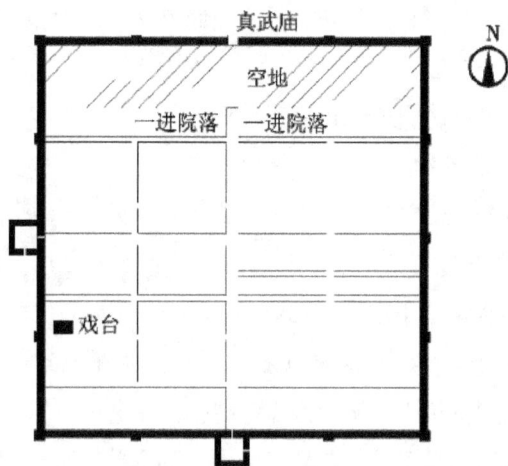

图 1　葛峪堡平面图

注：倪晶绘制

（三）卫城——万全右卫城

明洪武二十六年（1393 年）二月，宣府镇置万全右卫与万全左卫，万全右卫曾历次归属于山西行都司（今大同），洪武三十五年（1402 年）改徙蔚州，次年又改徙通州，隶属后军都督府，同年在得胜口南 1.5 公里处筑万全右卫城。永乐二年（1404 年）将万全右卫治所移置右卫城（今万全城），左、右卫城呈一条直线南北相对，相距约 25 公里，并在得胜口南建得胜驿及五处驿传站铺，以备传递信息。从此，万全左、右卫一直到明末清初，始终作为宣府镇西部的战略支撑而派重兵扼守（图 2）。

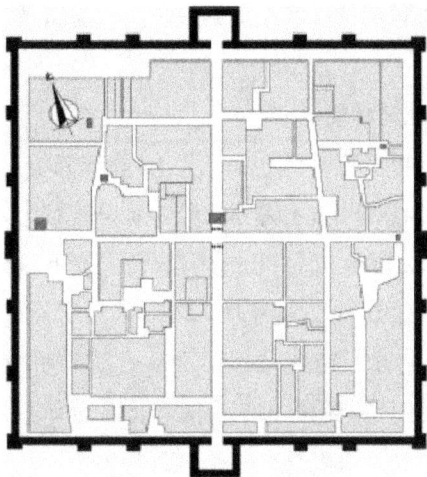

图 2　万全卫城民国时期平面图

注：根据民国《万全县志》绘制。

万全古城平面呈方形，以南、北门和东、西翼城为轴形成长度各约880米的两条主轴线。两条主轴线形成的十字大街以宣仁、正德、安礼、昭武大市坊（牌楼）为起点，向四方延伸，将城区划分成大小基本相同的方块，然后再按方块确定次级街巷，以街巷确定民居及其他建筑。此外，与纵向主轴线并行的东桥大街贯穿南北，而西面与主轴线并行的街道却很不规则。

（四）所城——龙门所城

明宣德六年（1431年）筑龙门所城，同年置龙门守御千户所，隆庆元年（1567年）重修。龙门所地势东北高西南低，城的道路系统基本保留明清时期的原貌，主街十字街，南北大街长约1000米（含南关），东西街长约500米，东西向街道除主街外，从南至北还有五条次街。城内庙宇众多，南门附近有马神庙街，街北建马神庙，西为社神庙街，街北建有文庙，社神庙街西端坐南面北建有千佛寺。千佛寺占地十余亩，寺院山门、正殿、东西配殿、厢房、跨院、经阁不下百间。寺院前后四进院落。南北主街有两座跨街牌坊，南为"进士"，北为"文明"，为清朝所立。牌坊东为衙门街，坐北面南建有衙门府第，三进院落。街东端建有庵庙。牌坊西为五道庙街（即文庙后街），街西端坐西面东建有五道庙。牌坊向北，有明正统十一年（1446年）兴建的鼓楼。鼓楼坐落在全城中央十字街心，楼墩青砖砌成，门洞四开，通南北东西大街，鼓楼高三层，上供魁星，故又叫魁星楼。鼓楼东街建有武庙，供奉姜子牙。鼓楼西为城隍庙街。街中建有官赐景氏家族贞妇牌坊。城隍庙坐北面南建在街北，街南正对庙门建有戏台。

（五）堡城——洗马林堡

洗马林城始建于明宣德十年（1435年），隆庆五年（公元1571年）增修砖包，清乾隆六年（1741年）知县左承又修。洗马林城为方城，边长520米，高为11米，厚14.3米，墩台长15米、宽7.5米，分布四面，城角处各一个，每边城角之间3个，共计16个。城有西、北、南三门，三门均设有瓮城。南城门外还设有关城，方100米，墙高11米，全系土石堆砌而成。城内主要道路为丁字街，南北主街自南门始至城中央玉皇阁前止，另有横贯东西，连接东门的另一条主街，玉皇阁后隔一进院落有一条东西向次街，另外，自北门迄南墙根有一道南北向次街，其余便是宅间小巷（见图3）。

据详细统计，在全镇不足0.5平方公里的地面上，有大小庙宇寺院30座。道光甲午年县志记载，仅在顺治十八年（1661年）就修缮过前明朝始建的玉皇阁、地藏寺、关帝庙、城隍庙、观音寺、灵官庙、三贤庙、白衣庵等8座寺庙。寺庙大多数在城里，少数在城外，也有几座建在城头上。

城内除寺庙外，还设有官厅、守备厅、公馆、神机库、洗马林仓和备荒仓共6处衙署以及仓储建筑。

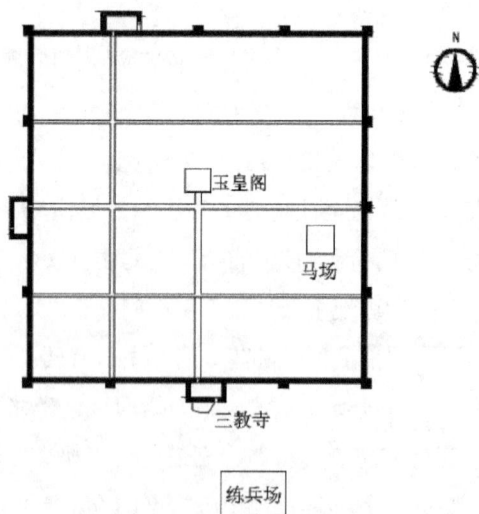

图3　洗马林堡平面图

注：倪晶绘制。

四、河北军事堡寨体系特征

军堡的形态特点包含了平面形态，以及堡寨各组成部分之间的结构关系。明代军事体系对堡寨聚落形态的作用明显，从堡寨聚落外围到内部布局都产生了巨大的影响。

（一）严格的等级划分

军堡的等级制，不仅包括了行政上的划分，而且还包括规模上的划分。军堡有严格的军事级别和组织关系，每个军镇、卫、所都有其辖区范围，管辖一定数量的堡寨关隘。同时，由于驻扎人数的不同，每一级别的军堡规模也不尽相同。镇城是本镇军事和行政指挥中枢，宣府镇城的规模达到24里，驻军23000多人；在镇城级别以下的卫城，如万全卫城规模为6里，驻军1400多人；卫城所辖的堡寨，如膳房堡的规模2里有余，驻军620多人。这些等级分明的堡寨构成了严密的防御体系，御敌时互相支援，共同作战，层层守卫。

（二）因地制宜的平面布局

军堡一般都是由朝廷出资，依照中国古代筑城之制的基本模式进行有规划的建造。堡筑成后，城防设施完善，并迁内地军民来此屯守。因受古代战争作战距离的限制，军事辖区内，军堡之间的距离往往仅30里或40里。同时，由于边疆地形复杂，多为山地、河流等地貌，因此经常有军堡建在山头上或河谷里。从总体上看，大型军堡的平面形态比较规整，如镇城、卫城等。小型军堡的平面形态则相对灵活，有的因地制宜、结合山势，有的地势平坦，规划方整，如所城、堡城等。

据险设堡是中国历代长城及长城军事堡寨选址与建设的基本原则。因此，军堡的选址首先考虑的是军事需要。宣府镇属丘陵地区，地形复杂，防守较难。作为据点的重要关隘城堡，往往因势就利规划城池，城的平面不一定规整。例如，怀来镇边城，明正德十五年（1520年）筑，东西跨山，设守御千户所，后又增筑一城于其西，曰镇边新城，清顺治初参将驻守，后改都司，今旧城已废。现在的镇边新城，即镇边城，石筑城墙，现存城高约3米，东部城墙北偏西18度，东城中间有一个5米宽的砖拱城门，北城中间和南城中间对称距离处各有1个城门和3个城门都是对扇木门，南北城门原都有瓮城。城中有一座鼓楼，城西北角、西南角和东门对称的西城墙处有3个角楼，西城全部和南、北城的大部分均建在西山上。

另外，九边重镇多数城堡是边境地区的中心，除军事防御功能外，同时也具有较强的政治、经济功能。因此，一般镇城的规模都相对较大，修建在地势平坦的交通要道上，平面呈方形或长方形，周长在 12 里以上，宣府城由于是防御元朝残余势力入掠的重镇，更是达到了周长 24 里的规模。镇城的城门数量最少为 4 门，即每边各开 1 门，道路系统呈十字形，如大同城。宣化、榆林开 7 门，道路系统呈井字形。镇城的道路可分为干道、一般街道、巷三级，形成垂直相交的类似棋盘式的道路网。城中重要的衙署、军事指挥建筑分布在主干道两侧；在干道、街道的交会处形成店铺林立的商业区，两侧还分布着城内的主要庙宇寺院。卫、所城经济职能相对较弱，城堡规模不大。一般根据地形而设 1 门到 4 门不等。

卫所城道路结构布局多为十字街，堡城大则十字街，小则一字街，道路分为街及巷二级。街巷整齐平直，通往堡门的主街宽阔畅达，并且多依古制在城墙内侧设环城马道，作为兵营时房舍行列式排列、形象单一，后来演变为村落。小堡通常不开北门，而在北门的位置建真武庙。

（三）军屯与聚落形态

明代在地方实行卫所制度，卫所士兵开垦府、州、县管辖以外的荒地，实行屯垦，称为军屯。《大明会典·户部·屯田》记载："边地卫所军，以三分守城，七分开屯耕种；内地卫所军，以二分守城，八分开屯耕种。每个军士受田 50 亩为一份，发给耕牛、农具、粮种等，3 年后交纳赋税，每亩一斗。……所征之粮贮于屯仓，由本军自行支配，余粮为本卫官军俸粮。……屯军以公事妨农事者，免征子粒，且禁卫所差拨。"

明代军屯的生产组织是以"屯"为基本单位，一屯有若干人或若干户。一般而言，屯的基层组织是"屯所"，即"屯田百户所"。在边地为防御敌人的入掠，往往合几个"屯"或"屯所"建立一个"屯堡"。屯田百户所之上有千户所。屯所的设立，意味着守御军和屯种军在管理上的分离。军队通过屯田，有效地保障了军队的粮食供应，也使边境地区的荒芜土地得到开发。

在空间上，屯堡与防御为主的军堡形成了中心辐射式网状结构。由于军堡一般管辖若干屯堡，所以这就形成了以军堡为中心的网状辐射结构，从而确保军堡的正常运转。如开元的威远堡之下就有雷其屯、塔儿山屯等 7 个屯堡，军事级别更高的宣府镇，则下辖屯堡 703 个。

另一方面，为抵御长时间的进攻，粮仓和草场是军堡所必备的场地。所谓"仓场者，广储蓄、备旱涝，为军民寄命者也。至于预备常平，尤为吃紧，而草所转输，百倍艰难"[6]。在实地调研中可见，宣府镇内大到镇城小到边堡都备有粮仓和草场。另外，很多堡城中还有专门负责军器的宫宇——军器局和"专收火器"的神机库、火药局等。

五、结语

军堡是河北地区现存堡寨聚落的主要形态之一，主要分布于河北省北部张家口地区。它形成于明代，属于宣府镇长城防御体系的重要组成部分。堡寨体系的机构设置及等级划分非常明确，规模也相应不同，分为镇城、路城、卫城、堡城以及驿堡等。

就军堡的规模特征而言，镇城是最高一级的军堡单位。在宣府镇，镇城内设镇守总兵官，佩镇朔将军印，又置巡抚都御史管理屯垦。另外，镇城的人口和规模在军堡中也是最大的。路城、卫城、堡城都属于防区中心城堡，它们的人口及规模等级随指挥权限的缩小而降低。驿堡则与上述军堡有所不同，它自成体系，亦有相应的规模等级划分。

河北军堡的 3 个形态特点是：严格的等级划分；因地制宜的平面布局；防御与耕种双重功能的屯堡。

目前的长城军事聚落研究仅仅是长城学体系的一个附属分支，尚未引起学术界的足够重视；对长城军事防御体系层次的研究也显不足，这方面的成果虽然较多，但从建筑学、聚落史的角度跨地区、跨学科地对防御体系中的聚落层次与形态进行剖析仍是一个缺环。这对乡村聚落史和中国建筑史来说也是一种缺失。这是本课题研究的意义所在。

注释：

[1] [明] 孙世芳，乐尚约 . 宣府镇志（影印）[M]. 中国台北：成文出版社，1970。

[2] [明] 刘效祖 . 四镇三关志（影印）[M]. 中国台北：成文出版社，1970。

[3] [清] 吴廷华纂修 . 卷十四塞垣考：宣化府志（影印）[M]. 中国台北：

成文出版社，1968。

[4] [明] 蒋一葵. 长安客话 [M]. 北京：北京古籍出版社。

[5]] [清] 吴廷华纂修. 卷十公署志：宣化府志（影印）[M]. 中国台北：成文出版社，1968。

[6] [清] 吴廷华纂修. 卷十六军储考：宣化府志（影印）[M]. 中国台北：成文出版社，1968。

（原载于《天津大学学报（社会科学版）》2010 年第 6 期）

谭立峰，男，天津大学建筑学院副教授，博士生导师。1975 年生，天津大学建筑设计及其理论专业博士。主要科研方向：聚落变迁与海防军事聚落、中国海洋文化遗产。发表《我国堡寨聚落的发展与繁荣——秦至明清传统堡寨聚落发展沿革研究》《蔚县古村堡探析》等学术论文 20 余篇，出版学术专著 5 部。

明宣府镇城的建置及其演变

王琳峰　张玉坤

明长城沿线的"九边"重镇，从军事层面上看，是"九边"重镇的设置及各镇的层级组织机构；从物质层面上看，是具有严密层级的依托长城及其沿线聚落的军事防御工程设施。长城沿线军事聚落在北边资源供给、兵力调配上的作用和重要性远大于长城墙体。从整体角度来看，没有长城沿线军事聚落的建设，长城只是一道墙，并不具备强大的防御能力，因此，研究长城必须对其沿线的军事聚落进行深入研究。

对于长城防御体系，历史学界主要关注军事制度、军屯边垦、互市贸易、人口变迁、文化演变等方面；[1] 地理学界的研究集中在以长城沿线生态环境为主的自然地理和以地理空间与历史事件关系为主的人文地理两个方面；[2] 考古学界在以往的考古报告中，详细记载了对长城及沿线古城址所进行的勘测与挖掘结果，并对其演变和社会意义等相关问题进行了探讨。[3] 随着对长城防御体系认知的深入，建筑史学界对长城军事聚落的研究也逐步展开。早在新中国成立初期，罗哲文的《长城》《失去的建筑》[4] 等成为对长城及其沿线古迹调查研究的开始。20 世纪 80 年代，同济大学对雁北边防城堡进行了调查；20 世纪 90 年代出版的《中国军事史》"兵垒卷"[5] 介绍了北京城、西安城和重要关城，但没有长城防御体系中镇城、路城、卫城、所城或堡城等其他类屯兵城的全面介绍；21 世纪初，陆续出现了一批针对明长城军事防御性聚落体系的整体性研究。[6] 这些研究，使学术界对长城的关注已经从对城墙墙体、敌台本身和重要关隘建筑等逐步扩大到基于"九边"防御体系的完整性和层级性而进行的对长城沿线军事防御性聚落的研究，但针对整个体系中最高级别的防御设施——镇城的研究还未深入。如《明长城"九边"重镇军事防御性聚落研究》和《明宣府镇长城军事堡寨聚落研究》两篇论文，分别针对长城"九边"全线和宣府镇区段的军事防御性堡寨聚落的空间分布及其变迁规律进行了整体性分析，重在描述不同级别、不同类型堡寨之间的关系，并没有针对某一类型的屯堡空间进行深入分析。军事重镇是古代一种特殊类型的城市，在建置、空间形态和内部结构等方面有着独特的军事、地理、经济、文化特征，反映了特殊的社会历史背景，值得进行深入解析。本文以明长城"九边"中的宣府镇镇城为例，从整体角度分析长城防御体系中最高级别军事聚落的建置及其演变情况。

一、明长城防御体系中的宣府镇

明初，蒙古分裂为鞑靼、瓦剌和兀良哈三部，诸部不断南下骚扰抢掠。为加强防御，明朝划定北方边防沿大兴安岭、燕山、太行山、吕梁山口，经陕北高原沿祁连山北麓向西延伸至嘉峪关一线陆续修建"边墙"（即明长城），并沿此"边墙"划分了九个防区，从东到西设置有辽东镇、蓟镇、宣府镇、大同镇、山西镇（太原镇）、延绥镇（榆林镇）、宁夏镇、固原镇、甘肃镇等九个军镇，时称"九边"。各镇负责本地段长城、烽火墩台、各等级屯兵城的防御工作，既统一布防，又相对独立。宣府镇坐落在京师的右后方，位于蓟镇与大同镇之间，是京师的右膀。由于其重要的战略地位，宣府一直是明朝北边防御系统的重中之重。

宣府镇内部也是一个完整的层级防御体系。据《宣大山西三镇图说》[7]记载，宣府镇1个镇城，下辖7个路城和1个驿城，即东路永宁城、上西路万全右卫、下西路柴沟堡、上北路独石城、下北路龙门所城、中路葛峪堡、南路顺圣川西城和鸡鸣驿。7个路城又下辖60个卫所堡城。战略空间上的层级控制与实体空间上的交叉渗透相结合。树状发散的宣府镇防御层级体系（图1）以不同级别的边镇城堡为载体，形成了该镇的军事聚落空间分布。

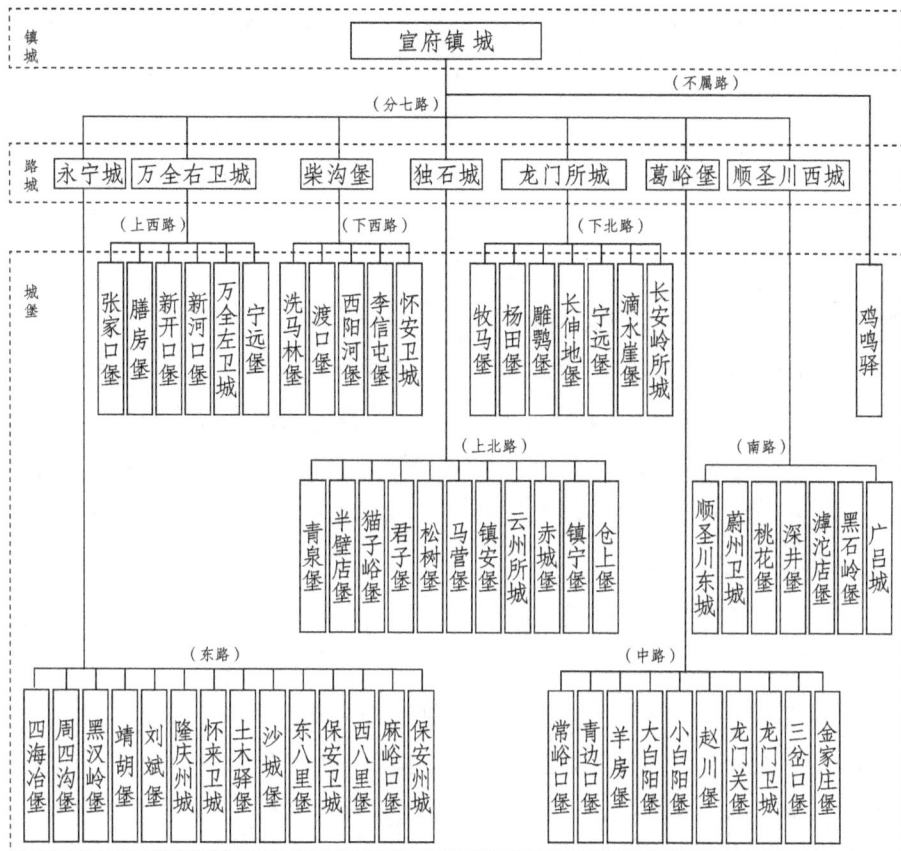

图 1　宣府镇防御体系层级示意图

长城沿线屯堡的级别是由驻扎在其中的军事长官的级别决定的，镇城是全镇最高军事长官镇守总兵的驻地。《大明会典》载："凡天下要害地方，皆设官统兵镇戍。其总镇一方者曰镇守。"[8] 因此，镇城为一镇之中等级最高的城池，是一"边"之中心。镇城在作为军事防御之用的同时，也是经济、文化功能的综合体，分析镇城空间，需要从其建置、功能构成和演变以及精神层面的防御意象等方面进行综合考察。

二、宣府镇城的建置

（一）建置沿革

宣府镇城的建置是随着宣府镇的设置而发展的，其建置、发展、衰落见证了明朝北边政策的变迁。以往学者将宣府镇长城防务的建成与发展划分为四个阶段：一是洪武至宣德年间（1368—1435年），明政府势力强盛，以宣府镇城的大规模建设和张家口堡的兴起为代表，建成长城边墙与堡塞结合的防务体系。二是正统至正德年间（1436—1521年），蒙古瓦剌部强盛，宣府镇屡遭袭扰，长城防务事实上在削弱。尤其是1449年土木堡之变，明英宗被俘，蒙古军队直逼北京城下，迫使明政府加强长城防务。三是嘉靖至隆庆年间（1522—1572年），蒙汉冲突激化，宣府镇长城防务空前加强。1571年，明政府决定封贡，封俺答汗为顺义王，其子弟封为都督等职，允许在宣府镇张家口堡等地互市。从此，化干戈为玉帛，边境和平。四是万历、天启、崇祯年间（1573—1644年），此间长城无战事，张库大道成为民族间经济文化交流的纽带，宣府镇经济空前发展。后期满洲（女真族）兴起，关内农民起义风起云涌。1644年，李自成起义军占领宣府，为明朝的宣府长城防务画上了句号。[9]

与宣府镇长城防御体系建设相一致，宣府镇城的建置经历了如下几个主要过程：

洪武三年（1370年），明大将汤和至宣德，因宣德距离蒙古甚近，徙其民至居庸关，并更其名为宣府，且遣将兵守之；洪武二十七年（1394年）二月，明太祖发北平军士筑宣府城；洪武二十八年三月，明太祖第十九子朱橞受封谷王，就藩宣府，展筑城垣。至此，在明初藩王守边的政策下，宣府成为边防重地。[10]

永乐五年（1407年），明成祖下令正式营建北京宫殿；永乐七年(1409年)，在宣府置镇守总兵官，佩镇朔将军印，驻宣府，专总兵事，仍领宣府三卫，隶属北平都指挥使司。时"九边"重镇以设置镇守总兵官、佩镇朔将军印为建镇的标志，可知总兵镇守制度下的宣府镇始于永乐七年。永乐十九年（1421年），明成祖迁都北京，宣府镇与北京城"譬则身之肩背，室之门户也，肩背实则腹心安，门户严则堂奥固"[11]。洪熙元年（1425年），明政府"命永宁伯谭广佩镇朔将军印，充总兵官来镇"，宣府总兵改为常设。谭广此次来镇主要是进行城防建设。正统五年（1440年），都御史罗亨信出使塞北，目睹宣府城土不坚，奏请砖甃；正统十一年（1446年）砖甃工竣。正统十四年（1449年）六月，瓦剌部答儿不花王犯宣府，总兵官朱谦大败瓦剌部，命自怀来筑烟墩，直至京师，遇事举火以报。景泰二年（1451年）六月，明代宗命昌平侯杨洪镇守宣府，洪久居宣府，御军严肃，士兵精壮。成化十四年（1478年），宣府城修建完成。[12]显然，宣府镇的设置和镇城的修建与北京城的营建以及明成祖迁都北京之举息息相关。

宣府从"内地"一跃成为"前线"是在"靖难之役"以后。先是明朝将长城外三卫之一的大宁卫（内蒙古宁城西）让给兀良哈部，将兴和（张北）守御所内迁至宣化城，弃地200余里；正统年间，开平卫内移到独石口，又失去了300里的疆土。[13]明朝不仅失去了蒙古高原南部大片的疆土，更重要的是失去了北御蒙古的一道防线。这样，"去京师不足四百里"的宣府镇成为"锁钥所寄"的要害之地。因此，明廷对宣府镇的建设非常重视，不仅明成祖朱棣从永乐八年到二十二年（1410—1424年）曾三次北伐亲征，驾巡镇城，而且该镇"分屯建将倍于他镇""气势完固，号称易守"。[14]大规模修筑宣府城和皇帝亲巡，反映出明朝边防形势的变化，宣府成为防御蒙古骑兵南下的要害之地。

（二）选址战略（略）

三、宣府镇城的功能变迁

（一）功能构成

迄今为止，宣府镇城的功能构成与空间关系尚未廓清。在明嘉靖年间孙世芳所修《宣府镇志》、万历年间杨时宁所修《宣大山西三镇图说》中皆有"宣镇城堡图"和相关的文字记载，但没有详细的城池平面图，使我们无法对其文字中所描述的"城堡""亭障""宫宇""祠祀"等具体落位。在清乾隆年间陈坦所修《宣化县志》[15]中，虽然第一次出现了较为详细的"宣化府县城图"，但是由于清代之前的古代城池图还没有精确的比例和街道构架的概念，城池图中所标示的寺庙、宫宇等空间仅代表相对位置关系，同时由于绘图者的价值取向，往往仅把其认为重要的空间标示在图上，因此"宣化府县城图"并不能真实地反映宣府镇城的空间构成。

直至民国十一年（1922年）陈继曾等修纂《宣化县新志》[16]时，其"宣化县城郭图"中才出现了比例较为准确的城池平面图，图中第一次标示出宣府城的街道构架、街道名称和重要建筑。尽管如此，仍不能从中直接得知明代作为军事重镇的宣府镇城的空间构成情况。

根据2009年现场考察和"宣化古城现存景点分布图"[17]，我们发现，随着城市建设的进行，目前宣化的古迹遗存仅剩下十字街主体构架和部分支路、东南西部分城墙墙体、拱极楼和泰新门城楼、清远楼、镇朔楼、钟鼓楼、立化寺塔、居士林、文庙、武庙和清真寺等遗址。而这些现存遗址并非全为明代所建，如西城墙和泰新门城楼为2006年申报全国重点文物保护单位时新修。因此，廓清明代宣府镇城空间构成的前提是基于上述文字记载和图纸推测出宣府镇城空间功能构成图。

据初步考证，明代至民国年间，宣府城的城墙围合及主街构架无大的变化。由于未曾找到明代宣府镇有比例尺和街道构架的城池图，我们只能基于民国《宣化县新志》中的"宣化县城郭图"，结合明代《宣府镇志》和《宣大山西三镇图说》中的相关文字记载，参考清代《宣化县志》之"宣化府县城图"中的相对位置关系，对比现有遗存如街道、街道名称、重要建筑遗存等加以综合，以揭示在相对准确比例与街道构架之下各功能空间的相对位置，再现明代宣府镇城的功能构成。

在宣化城，城门、钟鼓楼、牌楼形成南北、东西两条主要轴线；衙署空间分为政务衙署（户部官厅等）和军事衙署（总兵府等），主要沿两条轴线布局；仓储空间分为生活仓储（宣政仓等）和战备仓储（神枪库等），分布在交通干道和城门入口附近；寺庙、祭祀建筑、草场（东、西草场）、水井、湖水等空间散点式地分布在城中、瓮城、关城及城外里许等处。

作为屯兵备战之首的宣府镇城，军户多居住在城的北部，同时城中还建有神枪库、军器局、宣府驿等一系列军事战备场所。"备边在足食，足食在屯田"，明廷对边疆屯兵、屯田非常重视。明代军事屯田的生产组织是以"屯"为基本单位的。"屯所"即"屯田百户所"是北边生产防御的组织单位，驻扎在各级城池中。其主要目的是屯兵防守，因便屯田。[18] 当时宣府镇"阔七门以通耕牧"[19]。平日，军士进行屯田；若有敌人进犯，便携带粮食等物资通过七座城门收缩入城，固守以待援兵。屯田制度保证了边区的粮食供给和作战的独立性。

宣府镇不同级别的城堡（镇城、路城、卫城、所城、堡城），其城池规模与屯兵、屯田数量存在对应关系。对比表1中的数据，宣府镇城周二十四里（合12000米），永宁路城周六里一十三步（合3021.67米），保安卫城周七里有奇（合3500米），龙门所城周四里有奇（合2000米），周四沟堡周二里九十四步（合1123.33米）。根据表1中的数据，宣府镇城周长是路城、卫城的3.5—4倍，是所城、一般堡城的8—10倍；宣府镇城屯官军20348名，所屯官军数量是路城、卫城的16—20倍，是所城、一般堡城的25—40倍；宣府镇城屯马骡驼13318匹头，其数量是路城、卫城的60—75倍，是所城、一般堡城的90—530倍。全镇超过四分之一的官军和三分之一的马匹都屯集在镇城当中。可见，一般情况下，级别越高的城池，规模越大，屯兵、屯马骡驼的数量也就越多。宣府镇城为一镇"要会"，统领各路的屯兵、屯田、援救等事务，其城池规制和屯兵、屯马规模均为本镇之首（表1）。

表1　宣府镇不同级别城池的等级、规模与屯兵屯马数量列举

城池名称	城池等级	周长	城高	屯官军	屯马骡驼
宣府镇	镇城	二十四里（12 000 米）	三丈五尺（11.67 米）	20348 名	13318 匹头
永宁	路城	六里一十三步（3021.67 米）	三丈五尺（11.67 米）	1097 名	196 匹头
保安	卫城	七里有奇（3500 米）	三丈五尺（11.67 米）	819 名	201 匹头
龙门	所城	四里有奇（2000 米）	三丈五尺（1167 米）	1065 名	145 匹头
周四沟堡	堡城	二里九十四步（1123.33 米）	三丈五尺（1167 米）	496 名	25 匹头

据1993年所修《宣化县志》记载，永乐十六年（1418年）置宣府驿（在今宣化南关），有马夫、轿夫186人，马76匹，为邮政车马传递馆铺。[20]随着人口和经济的发展，市的规模与内涵不断扩大。洪熙年间，建"铺宇百七十二间"；景泰年间，设立仁、义、礼、智、信五所规模宏大的官店；嘉靖四十年（1561年）宣化城内已有"米市、骡马店、猪羊店、盐麻行、鞭杖行、鲜菜行、鲜果行、皮袄行、煤砟行、柴草行、斗解行、水磨行"[21]等10多个行业。可见，城市经济功能日趋丰富和完善。作为全镇的指挥之所，镇守总兵、副总兵、卫所的都指挥、巡抚、镇守太监等中央派员均驻在宣府镇城，镇城相应出现了一系列不同等级的衙署建筑。《宣府镇志·宫宇考》中记载有23个官府驻地，如谷王府、镇国府、万全都指挥使司、总督府、巡抚都察院、巡按察院、旧游击将军署、新游击将军署、宣府前卫指挥使司、宣府左卫指挥使司、宣府右卫指挥使司、兴和守御千户所、副总兵府、分守藩司、分巡臬司、安乐堂、镇朔府、户部行司、刑部行司、户部官厅、真定行府等。其中既有军事防御机构，又有行政管理机构，既有隶属于中央的治所，又有地方性的治所，可见宣府镇城兼有复合功能，既是军事中心，又是行政治所。从其防御级别设置到城

市功能构成，从屯兵备战到军政机构分布，无不显示了镇城在战略功能上作为"一方之轴""门户之枢"的地位和作用。

（二）形态演变

街道构架是镇城防御空间的基础。宣府镇街道构架图在洪武与永乐时期有着很大的不同。

洪武年间的宣府依照王城规制而建，辟七门，三纵一横的"卅"字形主要干道格局，同时与次级街巷构成"卅"字形路网。整座城池被分为 15 个区，形成以谷王府为核心的对称布局。洪武年间的街道布局反映了明初太祖朱元璋对唐、宋等汉族王朝规制的延续，城市规划严格恪守"帝九王七"的等级制度。

永乐年间的宣府则表现出典型的军镇格局：东（定安）、西（泰新）、南（昌平）、北（高远）各留一门，城南昌平门外修关城，由此保留了一横一纵的"十"字形主要干道，同时与次级街巷构成"田字格"路网，整座城池被分为 16 个区，形成以镇国府[22]为核心的非对称布局。

城墙作为防御的边界是镇城空间形态的又一具体表现。在中国历史上，明朝以前的城墙大多是夯土或山石筑成。明朝中期后，烧造技术发展，大量使用烧制的青砖。洪熙元年（1425 年），宣府总兵谭广"修营垒，缮甲兵，严斥堠，复命工甃围四门，创建城楼、角楼各四座，以谨候望"，并在"四门之外各环以瓮城，甃砌如正城之法，瓮城之外又筑墙作门，设钓[吊]桥，预警则起，以绝奸路。隍堑浅狭，尚有待于浚涤"。正统五年（1440 年），都御史罗亨信巡抚宣府时，疏请用砖石包城，四门外加瓮城。正统十一年（1446 年）工竣。包砖后，"其城厚四丈五尺，址甃石三层，余用砖砌，至垛口高二丈八尺，雉堞崇七尺，通高三丈有五尺，面阔则减基之一丈七尺"。[23]由于城市军事设防级别提高，城门数量由七门减为三门，城墙的连续性增加，防御性增强。城墙、城门、瓮城、角楼、吊桥、隍堑等共同构成非常完备的边界防御工事。

城墙的防御性随着城门数量的减少而得到加强，"十"字形街道构架打破了"卅"字形街道的对称布局，位于正中的谷王府被位于偏西北的镇国府取代，两种空间形态表现出城市功能及性质上的差异。

宣府城空间形态的演变是城市从王城到军城功能演变的反映。宣府成为军事重镇以后，承担了组织管理、缮兵屯田等一系列防御任务，空间形态的变化实是为应对战争的需要。

四、精神层面的宣府镇城

防御不仅是基于物质的，还包括精神层面，即人之精神的、象征性的行为，以祈求心理的慰藉。

祭奠祈福自古作为求胜保平的精神寄托，是一种精神防御的体现。古代地图描绘了基于当时价值判断的人们心中的军镇城市意象。

据"明代宣府宫宇分布图"[24]可以发现：明代保留至清代的寺庙、祭祀建筑（图中填实的部分代表寺庙、祭祀建筑）共42座，图中共有建筑92座，祭祀建筑的比例约占46%。这两个数据也许并不代表当时确切的建筑数量，但据此可以肯定祭祀建筑在宣府镇城空间中的重要性。宣府镇所建庙宇主要分为两类：一类是地方常见的保佑五谷丰登、人丁兴旺的庙宇，如城隍庙、观音庙、龙王庙、社稷坛、八蜡庙等；另一类是弘扬忠义、勇武精神，因战而设的庙宇，如旗纛庙、马神庙、真武庙、褒忠祠等，[25]他们或者祭祀武神，或者纪念忠臣烈士。寺庙建筑在军事重镇空间所占比例之大影响了军镇的空间和景观形态，反映了生活在军镇的人们对宗教、祭祀的依赖。

同时，具有军事防御寓意的文字题名广泛应用于各个层面的军镇防御空间当中。如整体层面的宣府镇城的命名，"宣府"，据《说文解字》云，"宣，天子宣室。从宀，亘声"，段注云，"盖为大室"；在防御边界层面的城门的命名：东曰"定安"，西曰"泰新"，南曰"昌平""宣德""承安"，北曰"广灵""高远"；节点层面的钟鼓楼的命名，有"镇朔""神京屏翰""镇靖边气""声通天籁"等；区域边界层面的牌坊的命名：祠庙坊曰"德配天地""道贯古今""昭德""褒忠"，大市坊曰"承恩""宣武""同泰""永安"，公署坊曰"演武""栢台""霜凛榆塞""藩宣"。[26]以上做法，是借助文字题名这一特定信息的表达，营造了具有安全感的场所意境，产生一种心理暗示，使居住者得到支持和慰藉，使入掠者产生恐惧和怯懦。

可见，军镇空间另一个突出特征就是其精神防御意象的普遍存在。军镇空间中的寺庙、牌坊、文字题名等都寄托了人们的追求与文化取向，是当时文化观念因素的物化表现。

五、空间防御性的影响因素

（一）影响因素

宣府镇防御性空间的形成受到了自然条件、军事防御需要、经济生活需要、礼法与社会观念等因素的共同影响。

（1）军镇空间表现出军事职能影响下的防御层级。军镇的防御职能无疑奠定了镇城的基本空间形态，在不同的空间层面上都存在着防御的行为与构成。从镇城选址、城池规模、建置级别与规制、功能分区布局到空间节点，共同构成军事重镇的防御层级体系，其中涵纳五个层级：区域防御层级—城池防御层级—边界防御层级—街坊防御层级—家庭防御层级。

（2）军镇空间成为经济生活影响下的市场聚落。军镇兼具防御与生活两大基本功能。据明史记载推断，当时宣府镇军费开支约占全国财政总支出的1/50。随着人口增加和边疆贸易的发展，军镇的经济性质突破以往。明永乐年间，宣府镇城的税收达2400多两白银，涉及布缕、马骡、猪羊、米、菜果、皮袄、煤、柴等13个行业，[27] 表明宣府镇城已初具消费型经济的框架。军镇空间中出现官店、市坊，军镇周边出现市堡、市口，都是经济生活职能需求的物化。经济发展推动军镇成为市场聚落，但市的形态仍遵循军事城池的建置，开市时间和地点甚至参与交易的人员、人数、货品均受到严格规定，带有明显的军事、边疆色彩。

（3）军镇空间表达了礼法与文化影响下的意象。深受儒家思想影响的封建礼制和等级观念支配着中国古代聚落的规划与设计。军镇在这种历史背景与礼法文化的影响下，应作战用兵的需要而规划，其空间形态随着边疆军事形势而演变。这个过程是作为建设者的"有意识力"和居住其中者的"自发性力"共同作用的结果。《宣府镇志》云："予惟城池者，古今保民之藩屏也，粤自周公营洛邑，其制乃备，后世因之以基太平之治。"[28] 人类自古就有安全防御的意识与愿望，生活于边镇的居民更是如此。建设者希望把城池建成国家的安全藩屏、居民的保护之所、后代子孙的太平之基。他们必须创造一种空间作为"安全的领域"，找到一种载体成为"安全的精神寄托"。

（二）防御效果

历史上，北方蒙古诸部曾多次袭扰明朝北边，有学者统计，自宣德至万历

190 余年间共进行了 396 次袭扰活动，其中发生在宣府镇的有 59 次。瓦剌诸部从正统十四年（1449 年）起频繁袭扰宣府、大同二镇。鞑靼诸部的袭扰地区在成化十年至十八年（1474—1482 年）移向宣府、大同一带，以小王子为酋领的鞑靼从成化十九年（1483 年）开始对明朝发动了数十次袭扰活动，主要的袭扰地点在大同、宣府二镇，两镇至少各被袭扰 12 次以上。[29] 正德九年（1514 年）八月，连营数十里犯宣府、大同。[30] 可见北边遭到袭扰最多的是宣府镇。宣府镇在诸次防御中达到了护卫京师的防御效果。宣府镇城作为全镇的指挥中心，其本身的防御性功不可没。

正统十四年（1449 年）七月，瓦剌首领也先纠集蒙古各部举兵南下。在中官王振的劝说下，英宗不顾群臣反对，仓促集军，御驾亲征。大军于居庸关外的土木堡遭瓦剌部包围，明军大败，英宗被俘，史称"土木之变"。在土木之变中，宣府镇城辖下城堡独石、马营等要塞失守，宣府镇形势危急。宣府军民同仇敌忾，凭借镇城的坚固城防体系顽强抗战，宣府镇城在土木之变中经受住了战争的考验。[31] 明廷因此进一步认识到了宣府镇城在捍卫边疆和拱卫京师中的重要作用，更加重视宣府镇的军事设施和防御体系建设。

崇祯十七年（1644 年）三月，闯王李自成率领 50 万大军攻打宣府镇城。崇祯帝派得力干将朱之冯、监视内臣杜勋、总兵王承允等人率精兵 8 万余人镇守。李自成利用杜勋、王承允两内奸，以调虎离山之计，最终攻占了宣府。[32] 可见，宣府镇城的防御性实质上并没有设计中的那么固若金汤。这种防御性空间的设计更多地寄托了规划者和设计者的一种愿望。物质空间和精神意象都只是历史因素的一个方面，在一定时期满足特定的需求，产生特定的影响。但是从防御效果来看，固若金汤依靠的不仅仅是防御体系的设置和防御设施的构筑，还受到军事实力、防御战略、人心向背等诸多因素的影响。正如《神机制敌太白阴经》所言，"兵因地而强，地因兵而固"[33]。"兵强"和"地固"是相互影响、相互制约的关系，两者缺一都不可能达到"强固"的防御效果。

本文通过考察宣府镇现存遗迹、解析古代地图、分析历史记载，还原了明代宣府镇城的空间构成。从建置、功能构成、形态演变、精神意象等多个角度对镇城空间进行解析，并进一步分析镇城空间构成演变的影响因素和防御效果。宣府镇只是明长城"九边"重镇之一，军事镇城亦只是长城沿线诸多等级中的军事防御性聚落城池之一，对于长城防御体系和军事聚落的研究任重道远。没有对长城历史和相关文化背景进行深入的研究而实施的长城保护和规划是苍白无力的，甚至会走向反面。"充分认知"是"有利保护"的必要前提和基础，对长城体系中不同层级、不同类型的防御性聚落进行更加深入、更多视角的认知，将为保护长城的历史真实性与完整性提供决策层面的支持。

注释：

[1] 以明长城为主的军事制度类论述，主要有谭其骧的《释明代都司卫所制度》（《禹贡》1935 年 7 月第 3 卷第 10 期，收入《长水集》，人民出版社 1994 年版）、南炳文的《明初军制初探》（《南开史学》1983 年第 1、2 期）、马楚坚的《明清边政与治乱》（天津人民出版社 1984 年版）、〔日〕山崎清一的《明代兵制的研究》（《历史学研究》94 号，1941 年）、华夏子的《明长城考实》（档案出版社 1988 年版）、余同元的《明代九边论述》（《安徽师范大学学报》1989 年第 2 期）、李荣庆的《明代武职袭替制度述论》（《郑州大学学报》1990 年第 1 期）、李长弓的《明代驿传役研究》（博士学位论文）（厦门大学人文学院历史学系 1991 年）、罗东阳的《明代兵备初探》（《东北师大学报》1994 年第 1 期）、靳润成的《明朝总督巡抚辖区研究》（天津古籍出版社 1996 年版）、肖立军的《明代中后期九边兵制研究》（吉林人民出版社 2001 年版）、董耀会的《瓦合集——长城研究文论》（科学出版社 2004 年版）、郭红和于翠艳的《明代都司卫所制度与军管型政区》（《军事历史研究》2004 年第 4 期）、于墨颖的《明蒙关系研究——以明蒙双边政策及明朝对蒙古的防御为中心》（博士学位论文）（内蒙古大学民族学与社会学学院 2004 年）、赵现海的《明代九边军镇体制研究》（博士学位论文）（东北师范大学明清史研究所 2005 年）等。军屯边垦和互市贸易类文章，主要有朱庆永的《明代九边军饷》（《大公报》，1935 年 9 月 8 日）、李龙潜的《明代军屯制度的组织形式》（《历史教学》1962 年第 12 期）、王毓铨的《明代的军屯》（中华书局 1965 年版）、全汉昇的《明代北边米粮价格的变动》（香港《新亚学报》1970 年第 9 卷第 2 期）、李三谋的《明代边防与边垦》（《中国边疆史地研究》1995 年第 4 期）、张萍的《明代陕北蒙汉边界区军事城镇的商业化》（《民族研究》2003 年第 6 期）等。人口变迁与文化演变类

文章，主要有余同元的《明代长城文化带形成与演变》(《烟台大学学报》1990年第 3 期)、郭红的《明代卫所移民与地域文化的变迁》(《中国历史地理论丛》2003 年第 2 期)等。

[2] 自然地理类的论述，主要有顾琳的《明清时期榆林城遭受流沙侵袭的历史记录及其原因的初步分析》(《中国历史地理论丛》2003 年第 4 期)等。人文地理方面的论述主要有史念海的《西北地区诸长城的分布及其历史军事地理》(《中国历史地理论丛》1994 年第 3 辑)等。

[3] 长城及设防聚落的研究成果，多集中于对远古时期的研究，如严文明的《中国环壕聚落的演变》(《国学研究》第 2 卷，北京大学出版社 1994 年版)、刘辉的《史前聚落与考古遗址》(《东南文化》2000 年第 5 期)、钱耀鹏的《中国史前防御设施的社会意义考察》(《华夏考古》2003 年第 3 期)等。

[4] 罗哲文:《长城》，北京出版社 1982 年版;《失去的建筑》，中国建筑工业出版社 2002 年版。

[5]《中国军事史》编写组:《中国军事史》第 6 卷《兵垒》，解放军出版社1991 年版。

[6] 长城军事聚落研究的相关论文，主要有李严的《榆林地区明长城军事堡寨聚落研究》(硕士学位论文)(天津大学建筑学院 2004 年)、李哲的《山西省雁北地区明代军事防御性聚落探析》(硕士学位论文)(天津大学建筑学院2005 年)、倪晶的《明宣府镇长城军事堡寨聚落研究》(硕士学位论文)(天津大学建筑学院 2005 年)、张曦沐的《明长城居庸关研究》(硕士学位论文)(天津大学建筑学院 2005 年)、李贞娥的《长城山西镇段沿线明代城堡建筑研究》(硕士学位论文)(清华大学建筑学院 2005 年)、李严的《明长城"九边"重镇军事防御性聚落研究》(博士学位论文)(天津大学建筑学院 2007 年)、薛原的《资源、经济角度下明代长城沿线军事聚落变迁研究》(硕士学位论文)(天津大学建筑学院 2007 年)、吴晶晶的《陕西高家堡古镇空间形态演进及其用地结构研究》(硕士学位论文)(西安建筑科技大学建筑学院 2008 年)以及陈喆、董明晋、戴俭的《北京地区长城沿线戍边城堡形态特征与保护策略探析》(《建筑学报》2008 年第 3 期)等。

[7] 杨时宁编:《宣大山西三镇图说》，玄览堂丛书本，江苏广陵古籍刻印社 1986 年版。

[8] 申时行、赵用贤等纂修：《大明会典》卷一二六《镇戍一》，明万历十五年修，全国图书馆文献缩微中心，2001 年。

[9] 杨润平：《明宣府镇的长城防务》，《张家口职业技术学院学报》2000 年第 11 期。

[10] 宣化县地方志编撰委员会：《宣化县志》，河北人民出版社 1993 年版。

[11] 霍冀：《九边图说》，见于默颖、薄音湖：《明代蒙古汉籍史料汇编》第 2 辑，内蒙古大学出版社 2007 年版，第 35 页。

[12] 同 [10]。

[13] 陈韶旭、薛志清：《明朝中前期宣府镇在北部边疆的重要地位和作用》，《河北北方学院学报》2006 年第 5 期。

[14] 程道生：《九边图考·宣府》，民国八年石印本。

[15] 陈坦纂修：《宣化县志》，清康熙五十年刻本，全国图书馆文献缩微中心，1990 年。

[16] 陈继曾、陈时隽、郭维城修纂：《宣化县新志》，民国十一年铅印本，台北，学生书局 1967 年影印。

[17]2009 年 1 月，作者于宣化古城调研时，绘制"宣化古城现存景点分布图"。

[18] 王毓铨：《明代的军屯》，中华书局 2009 年版，第 186—187 页。

[19] 孙世芳纂修：《宣府镇志》，第 75 页。

[20] 宣化县地方志编撰委员会：《宣化县志》，第 12 页。

[21] 狄志惠：《京西第一府——宣化》，《城乡建设》2007 年第 4 期。

[22] 镇国府位置的确定，参考了张连仲《宣化皇城溯源》一文。

[23] 孙世芳纂修：《宣府镇志》，第 89 页。

[24] 清代《宣化府志》中载有"宣府城郭图"。

[25] 孙世芳纂修：《宣府镇志》，第 108、166 页。

[26] 陈韶旭、薛志清：《明朝中前期宣府镇在北部边疆的重要地位和作用》，《河北北方学院学报》2006 年第 5 期。

[27] 陈韶旭、王凯东、冶治江：《明朝政府对宣府地方经济的扶植政策及影响》，《张家口师专学报》2003 年第 5 期。

[28] 孙世芳纂修：《宣府镇志》，第 89 页。

[29] 刘景纯：《宣德至万历年间蒙古诸部侵扰九边的时间分布与地域变

迁》,《中国边疆史地研究》2009 年第 6 期。

[30]《明武宗实录》卷一一四,正德九年七月乙丑,台北,"中央研究院"历史语言研究所 1962 年影校本。

[31]《明英宗实录》卷一八一,正统十四年八月庚戌,台北,"中央研究院"历史语言研究所 1962 年影校本。

[32] 古城春晓:《李自成智取宣府》,《张家口晚报》,2008 年 10 月 27 日,第 A16 版。

[33] 李筌:《神机制敌太白阴经》卷二《人谋下·地势篇第十九》,丛书集成初编本。

（原载于《史学月刊》2010 年第 11 期）

王琳峰,女,1982 年生,天津大学建筑设计及其理论专业博士。中国建筑设计研究院副研究员,注册城乡规划师。主要研究方向:长城防御体系与军事聚落、文化遗产研究与保护。参与《长城保护总体规划》等规划编制和重大文化遗产研究与保护项目 40 余项,发表学术论文 20 余篇,出版学术专著 3 部。

张玉坤,男,天津大学建筑学院教授,博士生导师。1956 年生,天津大学建筑设计及其理论专业工学博士。主要研究方向:聚落变迁与长城军事聚落、人居环境与生产性城市设计形态理论。发表学术论文 200 余篇,主编《中国长城志卷四:边镇、堡寨、关隘》《六合文稿:长城—聚落》等学术专著。

明代宣府镇城

颜　诚

"宣府古幽州属地，秦上谷郡，元宣德府，星野当析木之次，入尾一度，壤土沃衍，四山明秀，洋河经其南，柳川出其北，古今斯为巨镇，恒宿重兵以控御北狄。"这是竖立在宣化镇朔楼（鼓楼）之侧，明代监察院都御史罗亨信撰写的《宣府新城之记》碑文中对宣化古城历史、地理、环境、规模及形势的概述。

宣化地处华北平原向蒙古高原过渡的山地地带，历史上是北方游牧民族和中原农耕民族交融之地，是北方通往中原的交通要道。古城建在山间盆地（宣化盆地）之中，北靠阴山山脉东端大马群山南侧，南临永定河上游支流洋河北岸。京包铁路从城南经过，京藏高速与北城墙平行。古城墙绵延数里，城郭雄伟，城楼高耸。1992 年宣化古城被河北省人民政府公布为省级历史文化名城。2006 年宣化古城列入全国重点文物保护单位。

宣化城垣规模较大，保存较完整。

一、边陲重镇历史久远

宣化历代均为北方军事重镇，明代尤为突出。盘踞在漠北的蒙古部落连年袭扰，不得已，明王朝在北方边境驻扎重兵，重修长城，设置"九镇"。"九镇"镇城是整个万里长城中重要的防御体系，是各镇总兵官的驻地，是各镇长城防御的指挥所。仅宣府镇就所辖 15 个卫，7 个千户所，城内设有宣府左卫、宣府右卫、宣府前卫和兴和千户所，驻军达到 5600 人之多。

朱元璋建立大明王朝以后，宣府、大同两镇距蒙古最近，特别是明成祖朱棣迁都北京以后，宣府一线的防御地位陡然上升，加筑内外长城，派重兵重重防御。宣府镇城池是"九镇"之中规模最大的，驻军最多的。据明代《九边图说》统计，宣府镇驻军151000多人，马匹55000匹。镇守总兵挂"镇朔将军"印，官居二品。除此之外，朱元璋还将多位皇子封王，派往边关"九镇"驻防。皇十九子朱橞驻守宣府镇，因宣府是上谷之地，被封为谷王。宣府镇可谓明朝北边防御的重中之重，有"九边要冲数宣府"之说。

宣府镇城是在元代宣德府城基础上扩建而成，已有600多年的历史。明代《宣府新城之记》碑记载："洪武初岁，发兵营屯。二十五年壬申（1392年），始立宣府左、右、前三卫，遣将率兵镇之。癸酉（1393年），又命谷王来治焉，捍外卫内之意益严矣。旧城狭隘，不足以居士卒。甲戌（1394年），展筑土城，方二十有四里，辟七门以通耕牧。"这次扩展筑城奠定了宣化城垣的建制和规模。

宣府镇"其城二十四里有奇，雄阔甲于他郡"。这样一座相当规模城池的兴建，与其重要的地理位置和历史作用是分不开的。明代宣化城东南距都城北京350里，西北距万里长城要冲张家口60里。清高宗乾隆皇帝北巡时题写的"神京屏翰"巨匾，至今高悬于镇朔楼之上。《宣府镇志》以"全镇，飞狐（关）、紫荆（关）控其南，长城、独石（口）枕其北，居庸（关）迄险于左，云中（大同）结固于右，群山叠嶂，盘踞峙列，足以拱卫京师，而弹压边徼，诚北边重镇也"来描述宣化的地理位置和险要形势。

宣化古城的历史，岂止屈指可数的600多年。《宣府镇志》有云，"（汉）武帝元封元年（前110年），上谷郡分置十五县，下洛，今镇城（宣化）"，这是有关宣化建置最早的文献记载。而考古发现证实早在战国时期宣化就已有城堡。近十几年来，宣化周边陆续发现了上百座战国时期的古代墓葬，数量较多，规模等级较高，多有兵器随葬。结合战国中期燕昭王修筑北界长城，设置北方五郡的历史推测，那时的宣化已是长城边塞的重要军事城堡。

近年来，张家口考古专家陶宗冶先生发表了一篇题为《对战国时期上谷郡郡治所在地的一点看法》的论文。他从历史文献、考古资料等多方面进行了研究和考证，提出了"宣化有可能才是真正的燕国上谷郡郡治所在"的观点。在此之前，笔者也和陶宗冶先生多次探讨过此事，笔者非常赞同陶宗冶先生的观点。战国始建的上谷郡很有可能就在宣化，历经秦、汉繁盛不衰，三国时期分裂战乱，北方部族又袭扰不断，上谷郡被迫迁至怀来县大古城，延续到北魏时期。

汉、唐以后宣化城池的位置、规模变化不大，但作为地域中心多为州、府、郡、县治所，城池也屡有扩展修筑。

清代直隶总督方观承题写的《宣郡修城碑记》有载："京都北出居庸二百余里，为宣郡。……视诸边为尤重。汉隶上谷郡，唐立文德县，有城。"

历史上宣化城曾两次展扩。我国著名的考古专家、北京大学教授宿白先生，1996年10月到宣化考察并撰文《宣化考古三题》。据宿白先生考证，宣化城第一次展扩在金代晚期。金大安年间，蒙古军队不断南下，金兵聚于宣德州御北，因城小列营城外，所以仓促扩建。1997年发现了数段此次扩建时的夯土城墙遗址。第二次展扩在罗亨信《宣化新城之记》中有明确记载："甲戌，展筑土城，方二十有四里，辟七门。"

二、城池坚固建制完备

宣化建城后，在漫长的岁月里，进行过多次修筑。据文献记载，仅明、清两代较大规模的修筑便有14次。

宣化城池周长12.3公里，与明代的西安城、太原城规模相当，是当时大同城的3.6倍，为长城"九镇"中城池最大，驻军最多的城堡。"城厚四丈五尺，高二丈八尺，通高三丈五尺。"其平均厚度超过高度，稳固程度可想而知。城身为原土夯筑，内侧加筑三尺三合土，外侧包砌大城砖，底部砌基石三层，这就加强了城体的坚固程度。城顶外侧有雉堞，高七尺，为战时掩护、瞭望、射击之用。

城门和城角内侧均设置登城马道，战时，军队、车、马可快速登城，迅速布防，扼守城池。另外，还有凸出于外侧的敌台，又叫马面墙或炮台，起着以点控线的作用。敌台之间距离三十丈（100米），在武器有效射程之内，城墙与敌台相互作用，可以消灭城下死角。凸出于城体内侧的铺宇台，距离在四十五丈（150米），台上建有铺房，又叫更铺，是守城士兵的哨所。

城门是城防要害，其建筑形制森严而威武。初建时宣化城开设七门"以通耕牧"，南有昌平、宣德、承安三门；北有广灵、高远二门；东有定安、西有泰新各一门。明建文元年（1399年），镇守北京的燕王朱棣以"靖难"为名举兵南下，镇守宣府（宣化）的谷王朱橞在弃城逃往南京之前下令，将宣德、承安、高远三门封堵，自此以后宣化城只留四门"以图固守"。

四门之外筑有瓮城，瓮城设一侧门，置千斤闸。攻城者进入瓮城，则会四面受敌，如入瓮中难于藏身。瓮城之外还建有月城，也称罗城。月城呈弧形，似弯月。月城城门方向与瓮城城门相错，使攻城者不能长驱直入。城外还有护城河环绕。南城门外又有一关城，周长四里。另外，四城角外约百米处各筑有高台一座，台上建有悬楼，城外四周数里内筑有护城台22座，均有兵卒守卫，与守城军士遥相呼应，构成了一个完整的军事防御体系，这种建制较为特殊。

宣化古城城墙高大厚实，城门雄伟壮观，街道曲折幽深，建筑精美绝伦。可惜由于历史的久远，加之战争及人为的破坏，城楼、角楼、铺房、悬楼、瓮城、月城、关城、护城台多已拆毁，大部分城砖也被拆去，只有土垣依旧，注视着人间的沧桑变迁。

作为历史文化遗产，从20世纪80年代以来宣化古城墙得到了保护和维修。1988年重修了昌平门及拱极楼。2006年以来，修复了北城墙、西城墙，重建了大新门、高远门、城楼、角楼。修复城墙达到了6000多米，超过总长度的一半。

宣化城是我国古代劳动人民智慧和汗水的结晶，是祖先留给后世子孙引以为荣的骄傲，是研究我国古代城池建造、发展、功能及作用的实物资料，是进行爱国主义教育的生动教材。它和现存的许多文物古迹一起，正日益焕发出新的光彩。

（原载于《张家口历史文化研究》2019年刊）

颜诚，男，张家口市宣化博物馆副研究馆员，高级古建工程师，中国文物学会会员。1951年生，1988年10月—1990年10月在河北师范学院文博专修班学习，从事文物保护工作40多年。撰写发表学术论文百余篇，出版《京师北门宣府镇》《宣化府志导读》等专著。参与宣化辽墓考古发掘工程，参与主持清远楼、镇朔楼、大新门等10余项大型古建维修工程。

宣府、万全及长城九边重镇

杨润平

新近出版的《张家口市志》在"大事记·洪武二十六年（1393）"写道：

> 二月，置宣府左卫、宣府右卫，属山西都司，在辛南庄东建城
> （今怀安县左卫镇）……时封谷王，命宣府镇城展筑之。时称宣府镇
> 为"九边"之一。（《张家口市志》中国对外翻译出版公司，1998年）

语多不详，与我读过的明史及地方志多有不符。本文无意纠错，只想谈一些研究地方史的心得及与"九边重镇"相关的史实，请教于专家和读者们。

一、宣化为什么称宣府？

古人选城址有许多实用的说法和经验。依山傍水，土地肥美，且据军事要塞的宣化，是理想的建城之所。现在宣化城一带建城的历史至少可以上溯到东汉。郦道元《水经注》追寻于延水（洋河）畔的宁城旧址，有一处当在今宣化城附近。较早的明确记载是唐朝在这里设置武州及文德县。辽改其为归化州。金曾定名宣化州领宣德县。元称宣德府，这时，它已经是北方的著名城市。（《张家口地区地名志》）

1368年，明朝建立，攻占大都（北京）和上都（开平），结束元朝统治。宣德仍被元军控制。因为它连接中原与蒙古草原，所以引起了新王朝决策者们的高度重视。洪武三年（1370年），明军占领了宣德府后，"徙其民如居庸关，诸郡县废。特遣将卒番守"（孙世芳《宣府镇志》），把当地完全变成屯军

之地。

洪武二十六年（1393年），明政府"置宣府前、左、右三卫于宣德（初拟置五卫，以重迁罢）"（孙世芳《宣府镇志》）。从此宣府逐渐替代了宣德旧名。宣府似乎是宣德府的简称，但宣府又确实不是府。这也许要从文字学上去考量。《说文解字》："宣，天子宣室。从宀，亘声。"段注"盖为大室"。宣也是侈大，《诗·小雅·鸿雁》："彼维愚人谓我宣骄。"（《辞海》）因是中央直接控制的大城，在宣府发生的一系列事情才显得合理。

二、谷王府和镇国府

宣化有"皇城"，在今城圈中心。皇城桥大街，即因府前的大石桥而得名。不是首都，哪来的"皇城"？原来"皇城"即王城，是当年谷王朱橞的府第。

洪武二十四年（1391年），朱元璋续封皇子十人为藩王，封第十九子朱橞为谷王。4年后谷王就藩。据历史记载，朱橞在藩王中无任何特殊身份和才干，实际在藩仅5年，在军事上受制于燕王朱棣和晋王朱棡。朱元璋曾有诏令："除燕王宫殿仍原旧，诸王营造不得引为式。"（谷应泰《明史纪事本来·燕王起兵》）谷王府规模应如其他城市的明王城。

建文元年（1399年），燕王朱棣发起"靖难之役"，很快夺取了宣府，谷王朱橞逃至南京。朱棣当皇帝后，称永乐年号。朱橞改封长沙，从此，再无藩王驻宣府，谷王府就闲置起来。

正德十二年（1512年），近乎无赖的明武宗在宠臣江彬的怂恿下出巡宣府。祖籍宣府的江彬专门为武宗建造府第，称镇国府。明武宗从当年九月一直待到第二年正月，以后又去宣府暂住过。他对外称镇国公朱寿，镇国府实际上是皇帝的行宫。由于明武宗太不检点，对于他的作为在当时历史记载中就很多含糊和隐讳。镇国府在哪里？嘉靖年间《宣府镇志》故意没讲清位置。皇家住宅是很有讲究的，"天子居中"。若要很短时间内建成镇国府，还要位置恰当、规模宏伟，最可行的做法是改建原谷王府。门前是东门至西门间的繁华大街，与各级官衙保持一段距离，离最繁华的商业区又不远。既然明武宗以宣府的谷王府为家，那么谷王府也实际上是一个小小的皇城了。《明武宗外记》讲：

（武宗）既幸宣府，遂建镇国府第……每夜行，见高屋大房即驰
入，或索炊或搜其妇女，居民苦之……至毁民房以供爨，市肆萧然，
白昼闭户。

但是在民间却演义出一些颇有人情色彩的故事。京剧《游龙戏凤》、香港
电视剧《江山美人》最初情节都来自这里。

三、镇朔将军任总兵官

明朝对兵权控制极严，"征伐则命将充总兵官，调卫所兵领之。既旋则将
上所佩印，官军各回卫所"。在一些军事防区，总兵"有警佩印来镇，无警还
京"（《明史》卷89《兵志》）成为规矩。向宣府派镇守总兵始于永乐七年（1409
年），授权"镇守宣府地方，整饬兵备，申严号令，练抚军士……督屯田、粮
草……遇有贼寇，相机战守……宁靖地方"，宣府镇守总兵实际上是全权在握
的军政长官。宣府各卫、所的官员听总兵管辖调遣。（《镇志·城堡考》）宣府镇
总兵挂镇朔将军印，多由勋戚中的公、侯、伯担任。

洪熙元年（1425年），明政府"命永宁伯谭广佩镇朔将军印，充总兵官来
镇"，宣府总兵改为常设。谭广早在永乐年间就任过宣府总兵。此次来镇，主
要任务是城防建设，"修营垒，缮甲兵，严斥堠，复命工甃围四门，创建城楼、
角楼各四座，以谨候望。铺宇百七十二间，以严巡徼"。（《镇志·城堡考》）"宣
化城南门楼昌平门，虽经清代重建，基本上保留当年风貌，是明代城楼建筑中
的精品。

谭广的后任，郭玹、朱谦、纪广等相继大规模修筑城墙，石砌为基础，砖
包墙面，上起雉堞，形成宣化古城雄伟坚固的姿容。我粗算了一下，光土方量
就超过150万立方米。在完全凭手工劳动的明代，得花费多少周边地区士兵和
民工艰苦的劳动。

大规模修宣府城，反映出明朝边防战略的变化。"靖难之役"后，朱棣称
帝，迁都北京，宣府自然成为北京的西部和北部屏障。朱棣一再兴兵扫北打
击蒙古势力，却轻易地将大宁（今内蒙古宁城）防区让与蒙古兀良哈三卫。这
样，大宁、兴和（今张北）、开平（今正蓝旗）直至东胜（今托克托）一线防
地不得不相继放弃。宣府即由二线成为至关重要的前线。当时人们分析："飞

狐（在今蔚县）、紫荆控其南，长城独石（在今赤城）枕其北，居庸屹险于左，云中（指大同镇）结于右，群山叠嶂，盘踞错峙，足以拱卫京师而弹压胡虏，诚北边重镇也。"（《镇志·形势考》）

在宣府周围有无数惨烈的民族间战争。为捍卫北京、保护人民正常的生产与生活，宣府将士中涌现出许多英雄人物。其中在民间口碑最好的是杨洪和马芳。

杨洪从最基层军官百户起步，在赤城、宣府一带浴血奋战 40 余年。正统十四年（1449 年），土木堡之变，杨洪正在镇朔将军、宣府总兵任上。他面对皇帝被俘，大军溃败的危难形势，沉着守卫宣府城，进而奉命驰援北京，成为于谦守北京的得力助手，后来被封为昌平侯。杨洪威震敌胆，被称为"杨王"。他的墓地在今赤城县。马芳，蔚州人，是从士兵中成长起来的将领。敢战敢胜，身先士卒，善于以少胜多。嘉靖三十九年（1560 年）任宣府镇总兵，数年之间二十余次胜仗，在边镇中传为美谈。60 岁以后，再次任宣府总兵。有诗誉之"威名万里马将军，白发丹心天下闻"（《蔚州史话》）。

总兵是一镇最高军事长官，其下有副总兵、游击将军、分守参将、提督守备、把总等各级军官。其上有总督或巡抚，时常是宣府、大同共设 1 人，驻宣府。还有镇守太监作为督军。宣府镇总兵下辖士兵主要来自万全都指挥使司，最多时超过 10 万人。镇城内守军有总兵直辖正兵营 5000 人，副总兵统领奇兵营 3000 人，游兵营、抚标营、兵机营等可多达 12000 人，总计超过 2 万。（《市志·军事》）若加上其他军事辅助人员，人数还要多一些。宣府镇城是个大兵营，周围设防的堡寨有 1100 多座。（《镇东·城堡考》）

四、万全都指挥使司

洪武二十六年（1393 年）设置宣府前、左、右卫时，"置万全左、右卫于宣平"。宣平不是宣府，而是万全县的宣平堡。后来，左卫建城于今左卫。右卫移德胜堡，即今万全城。张家口堡是万全右卫宣德四年（1429 年）始修的屯兵城堡。宣府三卫隶属北平都司，万全二卫隶属于山西都司。明成祖朱棣迁都北京，撤北平都司，宣府镇直属京师。（《张家口地名志》）

当年修宣化城的谭广，从养兵和调遣方便考虑，建议明政府重新规划防区，在宣府设立都指挥使司。宣德五年（1430 年），明政府置万全都指挥使司于宣府。有些人以为万全都司就是以前的万全二卫，其实不然。明朝以卫所为军事组织，"大率五千六百人为卫，千一百二十人为千户所，百二十人为百户所"，其上为都指挥使司。(《明史·兵志》) 万全都指挥使司下属宣府左卫、宣府右卫、宣府前卫、万全左卫、万全右卫、怀安卫、保安右卫、怀来卫、延庆右卫、开平卫、龙门卫、蔚州卫、延庆左卫、永宁卫、保安卫等15卫，另6个守御千户所，总计卫所下辖正军约11万人，还有几倍于正军的余丁及家属。开平卫原在开平，因弃守开平而迁独石。蔚州地仍属山西布政使司。延庆州、永宁县、保安州配属宣府。

明朝的布政使司是相当于省的地方行政机构，一般另设掌司法的按察使司和掌军事的都指挥使司。三司互不统属，彼此制约。单独设都指挥使司的只有宣府、辽东和大宁（弃守后迁保定）。单从官职看，都指挥使司的主官都指挥为正二品，下有经历司、断事司、司狱司和吏户礼兵刑工六房机构，俨然一级政府。但没有获准的统兵之权，军事上听中央任命的总兵调遣，政治上受总兵、巡抚、总督制约。只有当皇帝授以副总兵或其他职，才有相应的指挥权。万全都司范围相当于今张家口市坝下各区县及北京市的延庆县，境内长城700多里长。(《皇明九边考》)

明朝规定："分军以立电……三分守城，七分屯种。"(《明史·食货》) 万全都指挥使司下辖各卫所士兵不一定全在宣府镇编制内。后期军屯逐渐破坏，农民中有些民户，士兵中也有招募而来的。万全都指挥使司的官兵是这一带的主要开发者、建设者和保卫者。宣府在经济发展和商业贸易方面也成为全国的重要地区。因为设立了万全都指挥使司，宣府镇也叫万全镇。万全取意万无一失，图吉祥之意。

五、宣府何时称九边重镇

长城九边形成有个过程。制约因素一是蒙汉间军事斗争激化，二是长城防线巩固，形成了九大防区。"正统以后，敌患日多……（长城）东起鸭绿，西抵嘉峪，绵亘万里，分地防御，初设辽东、宣府、大同、延绥四镇，继设宁夏、甘肃、蓟州三镇。而太原总兵治偏头，三边制固原。亦称二镇。是为九边。"(《明史·兵制》) 九边也是长城的代称。

明初就开始修长城，成就最大的是成化年间（1465—1487 年）的余子俊和嘉靖年间（1522—1566年）的翁万达。后期谭纶、戚继光修葺镇边墙，使长城防务成为古代最完备的军事防御体系。

我对九边的初步考查发现：明史记载九边最早的是嘉靖三十一年（1552年），庚戌之变罪魁仇鸾通敌受贿罪发，被戮尸，传首九边。也就在这前后，一些以九边为题的军事论著刊行，如魏焕《皇明九边考》。因此，可以初步认定，宣府被称为九边重镇是嘉靖年间的事。此前，多是两镇、三镇、四镇并称，说明还没有形成九镇各为防区的军事布局。

（原载于《张家口职业技术学院学报》2000年第13卷第1期）

杨润平，男，张家口一中特级教师，曾任张家口历史学会会长，中国历史教学研究会学术委员会委员。1950年生，河北师范学院历史系毕业，长期致力于张家口地方历史研究。发表有《张家口开埠和城市近代化的起步》等多篇论文，为《张家口历史》（乡土教材）执笔，《京师北门宣府镇》第一作者，并写有专著《中华造纸2000年》。

明代宣府的设防

张连仲

"宣府"，狭义的理解即为宣化城（城内）或城区。据《宣府镇志》记述，明代城区范围："镇城东距鸡鸣山，西距洋河，南距深井，北距东望山，广一百二十里，轮一百一十五里。"明代也叫"镇城"；广义的理解则为万全都司（不含都司初期长城以北的三个卫），辖区"东至京师顺天府界（北京），西至山西大同府界，南至直隶易州界（易县），北至沙沟，广四百九十里，轮六百六十里"，基本相当于今赤城、万全、怀安、阳原、蔚县、涿鹿、怀来、宣化、延庆九县地和张家口市的桥东、桥西、宣化、下花园4区，明代也称"宣府镇""宣镇"或"宣府边"，本文所述均指广义而言。

一、军事地理形势

宣府历史悠久，源远流长。"五帝开天，轩辕为盛，稽自阪泉，营于涿鹿，勋德翔浃，万国合符，维兹上谷，固神灵之奥宅，而赤县之首区也。"（《宣府镇志》）故有中华历史起于涿鹿之说。

宣府自古是多民族聚居地，"自昔周道既衰，戎狄猾夏城筑于秦（说明在秦代时就有少数民族在宣化筑城了），亡降于汉，和好于唐……沿历于宋元"（引自《宣府镇志》），朝代的更替，民族的兴衰，都离不开频繁的掠夺和战争。在汉民族几千年的防御史上，北方历代为患，"夏曰獯鬻，周曰俨狁，秦、汉曰匈奴，汉末曰乌桓，晋曰鲜卑，南北朝曰蠕蠕，隋、唐曰突厥，宋曰契丹，及女真衰而蒙古起焉"。因为宣府是内地通往蒙古的交通要道，所以，这里就成了"北陲第一镇""自古为戎马驰驱之地"。据志书记载概略统计，仅汉、唐、宋、明四个朝代，北方部族经宣府南犯的较大战争就达 70 多次。明代尤甚，蒙古诸部经宣府南犯骚扰竟达 50 多次。所以，汉民族的每个朝代，都非常重视北部边防。特别在明王朝 276 年的历史上，外患虽然来自几个方向，但威胁最大的还是蒙古的鞑靼、瓦剌和兀良哈诸部。所以，宣府成了明王朝生死攸关的边防重镇。

从朱元璋起，明王朝便对蒙古诸部采取军事打击与政治招抚交错运用的手段。同时动用了大量人力、物力，由洪武至万历年间，近 200 年，先后 18 次增筑和葺修长城，并在东起辽东鸭绿江西至嘉峪关长城沿线，先后建立了辽东、蓟州、宣府、大同、延绥、宁夏、甘肃、太原、固原等九个边防重镇，称为"九边"。宣府在这九边中，是连接东南，牵制左右，捍卫京师的重要一"边"。在长城以北，还建了大宁卫（内蒙古宁城西）、开平卫（内蒙古多伦县）、东胜卫（呼和浩特市西南托克托）三个外围军事重镇，增大了明王朝以长城为防线的防御纵深，起到了缓冲的作用。其声势相连，互为掎角，边防巩固。明成祖朱棣在"靖难之役"借助兀良哈的蒙古骑兵后，就把大宁卫送给兀良哈作为酬谢。大宁一弃，开平和东胜两卫便失去了声援，后来不得不内迁。这样，九边中的宣府、大同、蓟州便首当其冲，直接暴露在蒙古的威胁之下了。蒙古诸部不时南犯，伺机入塞劫掠。其袭扰进犯出发基地，大多在阴山、河套和燕山及其以北地区。入掠方向主要有三：一是集宁、大同方向；二是张宣、独石方向；三是燕山蓟边方向。而宣府则是前两个方向的要冲之地。这一带地形险要，崇山峻岭，沟壑纵横，巨峰如林，气势雄伟，绵亘不断，"其地山川纠纷，号称险塞"。又宣府"去京师不四百里"，"南屏京师，后控沙漠，左扼居庸之险，右拥云中（大同）之固"，于辽金后而言，"金人由此以逼燕云"，蒙古先攻宣德（宣化城），因而得以"蚕食山北，遂并山南"，故"万全（指万全都司）不守，则藩垣单外，而蓟门之祸，所不免也"。明朝兵部尚书于谦认为："永宁（延庆县境）、怀来、宣府直抵大同，皆京师藩篱，当益兵积粮，选将固守，彼固则京师自安。"可见当时这个方向的防卫是非常重要的。综上所述，宣府不愧为京师的"锁钥"和"屏障"。

二、军事机构设置

明代的省级军事单位——都指挥使司，简称"都司"，长官为"都指挥使",掌管一地的军事,等级虽与省级行政级单位——布政司和司法单位——按察司相似,但列衔却在其上。宣德年间,开始在宣府设立万全都司(兼管行政)。据《明史》记载:"宣德五年(1430年)分直隶及山西等处卫所添设。"都司治所在宣府城,当时隶属于朝廷后军部都督府。

都司以下设卫、所,全体军士都被编入卫、所之中。每个都司设多少卫、所(指都司直属所)不等,根据设防任务和便于管理的实际情况而定。每卫下设前、后、中、左、右5个千户所,每个千户所统10个百户所,每个百户所辖两个总旗,每个总旗领5个小旗,每个小旗率军卒10人。每个百户所编112人,每个千户所编1120人,每卫编5600人。卫、所以下军官分别称为卫指挥使、千户、百户、总旗和小旗。自卫指挥以下,其官多世袭,其军士亦父子相继,为一代定制。

万全都司的辖属,各时期不同,据不同年代的史书记载,都司所辖十五个卫比较固定,而直接隶属于都司的所、堡等却变动较大。所辖15个卫为:宣府右卫、左卫、前卫(三卫均在城内),万全右卫(含今张家口市桥东、桥西区,治所在万全县城),万全左卫(治所在今怀安县左卫镇),怀安卫(治所在今怀安城),开平卫(洪武二年置卫多伦,宣德五年徙卫治独石口),隆庆右卫(即延庆右卫,明隆庆元年,为避皇帝忌讳,改"隆庆"为"延庆",治徙在今延庆县城),隆庆左卫(延庆县境,治所在永宁镇),龙门卫(治徙今赤城龙关),保安卫(治所今涿鹿县城,一说在怀来县新保安),保安右卫(治所今阳原县城,永乐十五年置卫,十七年徙治所于怀安县西沙城,二十年又徙治所于怀安城内),蔚州卫(治所蔚县城内),永宁卫(延庆县境,治所在该县永宁镇),怀来卫(治所旧怀来县城)。都司还曾辖七个守御千户所,即:兴和千户所(洪武三十年置改张七,永乐二十年徙治宣化城内)、美峪千户所(新保安)、四海冶千户所(今延庆县四海镇)、龙门千户所(今赤城县龙门所)、云州千户所(今赤城云州)、长安岭千户所(今赤城长安岭)和广昌千户所。另辖两个县级州为隆庆州(今延庆县)和保安州(今涿鹿县)。还曾直辖五个堡、两个城即:长安岭堡、雕鹗堡、赤城堡、云州堡、马营堡,顺圣川东城、顺圣川西城(即今阳原县东城、西城)。纵观万全都司诸卫、所之布局,构成了一个以京师(北京)为轴心的扇形防御地带,形成了一个纵深梯次配置的防御部署。

随着北方部族袭扰的逐步升级和明王朝对宣府方向防守的实践，从明朝中期起，便逐步改变了防御作战的战略，及与其相适应的军事机构，由初期都司、卫、所的设防机构，演变为中、后期镇、路、参、守的设防机构。从仁宗朱高炽起，朝廷开始向宣府派遣级别高于都指挥使的武官——挂"镇朔将军"印的总兵来镇守（以前是"有警佩印来镇，无警还京"的临时差遣官）。原万全都司的最高长官，正二品大员都指挥使，也直接隶属于总兵指挥调遣。隆庆年间，巡抚方逢时的《训练疏》中，对此论述较为明确："国初三镇（指宣府、大同、延绥）之兵，隶之卫所，统于行都司，都司之官即主帅也；卫、所之官即偏裨也。唯有最大征讨，则命大将挂印总兵而行。事宁则归京师，兵还卫所，将无专擅，兵无久劳，法莫善焉。洪、永（洪武、永乐）以后，边患日棘，大将之设，遂成常员。镇守权重，都统权轻，卫所精锐悉从抽选。于是正、奇、参、守之官设，而卫、所徒存老家之名。"全国共有总兵 62 名，但总兵挂印称将军者仅有 8 名，宣府的镇朔将军就是其中之一。宣府自设总制以来，原都司、卫、所之设也就徒有虚名了（在称谓上，也逐渐以"宣府镇"代替了"万全都司"）。代之而设的则如《宣化府志》所言："专制者称镇守总兵；协守者称协守总兵（即副总兵）；一路者称镇守参将，后来分守分驻；各路往来策应者称游击将军；守一城一堡者曰守备，曰操守，曰防守，屡有更易。"以上诸官的实际作用，基本取代了原都司、卫、所官职的职能，多数则一身兼二任，为明代中后期的实际统兵之官。在设防上，把原来的卫、所分为北、中、西、南、东五路（西、北、中三路通称左路；东、南二路称为右路）来镇守，每路各设镇守参将一名。

北路参将率官军 15000 多名，驻守独石口（驻守各路参将的城堡也叫"路城"），镇守范围"东接潮河川，西距金阁山，南距长安岭，北距毡帽山，广六十里，轮一百八十里"，基本相当于今赤城县地，共分戍城堡 14 个：开平卫城（独石口）、龙门卫城（龙关）、龙门所城、云州所城、长安所城、赤城堡、马营堡、牧马堡、镇守堡、镇安堡、雕鹗堡、滴水崖堡、金家庄堡、青泉堡等。

中路参将率官兵 2600 多名，驻守葛峪堡，镇守范围"东接龙门关，西距张家口，南连镇城，北距沙漠，广一百三十里，轮三十五里"，基本相当于今宣化县北部地区。共分戍城堡 8 个：葛峪堡、大白阳堡、小白阳堡、青边口堡、羊房堡、常峪口堡、赵川堡、龙门关等。

西路参将率官军 15500 多名，驻守万全城，镇守范围"东距清水河，西距枳儿岭，南距兴宁口，北距野狐岭，广一百三十里，轮一百一十里"，基本相当于今万全县与张家口市桥东、桥西区，以及怀安县地区。共分成城堡 13 个：万全右卫、万全左卫、怀安城、柴沟堡、洗马林堡、新开口堡、新河口堡、张家口堡、渡口堡、膳房堡、西洋河堡、李信屯、宁远堡等。

南路参将率官军 5600 多名，驻守顺圣城，镇守范围"东接嘉峪关，西尽顺圣川（即今马坊川），北距盘崖山（即今深井南十八盘），南接紫荆关，广一百四十里，轮三百九十里"，相当今阳原、蔚县及宣化南部地区。共分成城堡 7 个：顺圣西城、顺圣东城、蔚州城、广昌新城、深井堡、黑石岭、鸳鸯站等。

东路参将率官军 9100 多名，驻守永宁城，镇守范围"东距黑山，西接鸡鸣山，南距居庸关，北距龙安山，广二百五十里，轮一百九十里"，基本相当于延庆、怀来、涿鹿三县地。共分成城堡 7 个：永宁城、怀来城、保安卫城、保安州城、延庆州城、四海冶堡、鸡鸣驿等。

在五路新辖城堡中，路城有参将，大堡有守备，中堡有防守，小堡有操守，有的州县（如延庆、保安二州和永宁县）还有民兵。全镇极冲守备 19 处，次冲守备处，操守 21 处，使防守基本体系化。

嘉靖四十五年（1566 年）至万历十八年（1590 年），又把全镇五路划为七路（其中把北路和西路各分为上北路、下北路、上西路、下西路），守卫的城堡不断增加，戍守任务也更加具体。

全镇除分"路"设防外，对宣村城区的警备也是相当严密的。先是设正、奇、游三营兵马，后又增一个新游兵营，为四营（弘治年间情况）。正兵营由镇守总兵官直接统辖，有官军 5000 名，内马军 3500 名，步军 1500 名；奇（骑）兵营由副总兵统领，有马官军 3000 名；旧游兵营由左游击将军统领，有马官军 3000 名；新游兵营由右游击将军统领，有马官军三千名。嘉靖至万历年间，镇城守军在原四营基础上，又增抚标营和兵机营，变为六营。到明末崇祯年间，镇城守军增加到九营（兵员实际未增加）。其中有抚标营、镇标中权营、镇标左、右二翼营，以上四营均为战兵。还有兵机营，城东、城南、城北、城西四营，各由游击将军一名统领，以上五营皆为守兵。

总之，在设镇制初，边政严明，官军皆有定职。总兵官为正兵，副总兵分领 3000 名奇兵，游击分领 3000 名往来防御的游兵，参将分守各路东西策应为援兵。营堡、墩台分极冲、次冲，决定设兵多少，可谓层层设防。直到明朝末年，李自成农民起义军风起云涌，后金在东北虎视眈眈，使得明王朝危如累卵，便无暇顾及宣府的设防了。

三、戍守驻屯军队

洪武初，朱元璋和军师刘伯温精心研究了历代兵制，经切磋琢磨，取长补短，创立了明代特有的卫所兵制。军人列入军籍，世代沿袭，儿孙代代当兵。军籍和民籍、匠籍一样，同为明代户籍中的一种。军籍归都督府掌管，军人不受地方行政官吏管辖。军队耕战结合，平时既要屯田，又要进行军事训练，担负保卫边疆和镇守地方的任务，是一种武装和生产相结合的队伍。

从洪武元年（1368 年）起，朝廷就命令"天下卫所、一律屯田"，规定边地军士三分守城，七分屯耕；内地军士，二分守城，八分屯耕。明初军队的口粮，绝大部分出自军屯。

为了加强边地的开垦，自洪武年间起，朝廷多次从内地移民或征调内卫军队来宣府驻屯。如"洪武二年诏徙吏民于内部""洪武二十四年春，征山东骑士来屯"（《宣府镇志》），"洪武二十八年正月，命周王啸发河南属卫军，晋王枫发山西属卫军往塞北筑城屯田"（《明史》），"洪武三十年夏，征诸路边兵来屯"（《宣府镇志》）。直至明朝末年，城内人口绝大多数为在籍军户。如嘉靖年间的《宣府镇志》记载当时宣化城内人口情况是：军户 124797 人，官户 4551 人，民户仅 2035 人。由此可见，宣府镇城是一座名副其实的"军城"。它是在军屯中发展起来的，尽管因天灾兵祸，曾有过几度兴衰起落，但其繁荣昌盛的年代，无不跟军屯有着密切的关系。《宣化县新志》记述明代初期的宣化城"虽曰战争地，亦称繁盛区，人才之荟萃者此时，财政之富饶者亦此时"。从城区建设上看，"明重边防，宣称雄镇，经营缔造，焕然与都会比隆焉"；从城区人口密度上看，"明初，镇城人烟凑集，里宅栉比，不独四门通衢为然，虽西北、西南两隅僻街小巷亦无隙地"。官军、绅衿、市民、商贾与四方工役杂处其中，尤不可数计，"气象郁葱，真名区也"；从工商市场看，"土木工自山西来，巾帽工自江西来，他匠出自外方者甚多……""先年大市中贾鳞比，各有名称。如云南京纱罗缎铺，苏杭罗绫铺，潞州（今山西长治地区），绸铺，泽州（今山西东南部地区）帕铺之类，沿长四五里"。由此可见，军屯为宣化镇城带来了繁华景象。都司中，有的下属卫城或营堡，完全是根据设防的需要布局，筹划建城（堡）于前，移民开拓于后。如《宣府镇志》载："永乐十二年（1414年），礼部尚书赵羾（gòng）迁民。时，隆庆（延庆）、保安（涿鹿）、永宁州、县虽命创置，尚无编户。至是，始迁内地民实之。乃命羾来安辑。羾至，披荆棘，立坊市，画田亩，布约束，二、三载遂为都会之区。"

到了明朝中后期，由于政治腐败，达官显贵对土地贪得无厌的兼并，加之严重的自然灾害，以及频繁的战争，官军经常被调往外地作战，致使军屯逐渐废弛，经济日渐萧条。全镇的驻屯军队，亦随着军屯的兴衰而增减。驻屯军队最多时期是隆庆初年，全镇新旧官军达151452人；最少为弘治后期，全镇只有官军66979人。宣府镇城官军最多时是洪武年间56152人，最少是崇祯年间18100人。除镇城本地的驻军外，明朝国制，每年还派遣河南都指挥使二员，分春秋两季，分率官军四千余名，轮流来宣驻防。直到嘉靖三十三年（1554年）春，宣府闹饥荒，"饥军卒逃回"。宣镇都御史刘廷臣命士卒把河南行都司的469间营房全部拆毁它用。

除正规军队外，延庆、保安二州还有民兵1244人。这些民兵有警则给以口粮、武器出战，有功照例升赏。事后，收回器械，各返家乡务农。

驻屯军队的素质情况：明朝初年，官军士气高涨，战斗力较强；自明朝中期以后，随着统治者的政治腐败，军队士气低落，战斗力每况愈下。军队中开小差、逃亡的人很多。如隆庆年间，宣大巡抚方逢时在给皇帝的《训练疏》中说："历年既久，大将或不得其人，训练无法纪律……奸谬士马之死亡者不补，逃散者不复，户籍徒存，部曲虚耗。"景泰年间，兵部尚书于谦的《边务疏》中也提到"今宣府之兵六万，而骑兵精勇者仅一万余"，可见，当时军队战斗力之差。

四、防御屏障——塞垣

"塞垣"，即险要地方的城墙，也就是长城，明代叫作"边墙"。"塞垣始于战国之末"，它实际上也是延伸的城堡。回顾历史，不仅汉民族统治集团修筑长城，各少数民族统治者也修筑长城。在古代，主要以刀枪、弓弩、戈矛等武器作战，利用高墙深池、关隘要塞，据以自守，确能起到保卫领土的重要作用。所以历代统治者在北部边防中，都注重发挥长城的防御作用。

宣府边所辖这段长城，东起今延庆四海北四里处，向西到延庆县永宁北十五里处转折向北，沿山脊入赤城；经白河堡、龙门所、牧马堡、镇安堡及青泉堡东，直至独石口北栅子；再回头向南，沿赤、崇县界，经马营、镇宁堡西至龙关西二十五里赤、崇、宣交界处，急转西行；依次再过大白阳、葛峪堡、常峪口、青边口与羊房堡北，直趋张家口大境门；到万全城东十里处，北上狼窝沟后，沿坝头逶迤西行，途经新开口、新河口北，又趋西南；经洗马林西、柴沟堡西北、渡口堡北，向西直至西洋河西北十五里和山西省交界处。这段长城长约 1100 里，是万里长城的一部分。据《临榆县志》载：“《史记》燕筑长城，自造阳至襄平，置上谷、渔阳、右北平、辽东、辽西郡以拒胡。秦始皇使蒙恬筑长城，起临洮，至辽东万余里”，以后又经历代多次修筑，直至明朝，长城的修筑规模及完善程度达到了顶峰。其工程之浩大，历史之悠久，世所罕见。明代《两镇三关志》的作者，蔚州人尹耕曾作《修边谣》云：“去年修边君莫喜，血作边墙墙下水。今年修边君莫忧，石作边墙墙上头。边墙上头多冻雀，侵晓霜明星渐落。人生谁不念妻孥，畏此营门双画角。”生动而真实地反映了当时为修筑长城，劳动人民为戍边付出了极大的代价。

这段长城作为防御屏障的主要工程有：

关城（堡）。它是长城线上重要的防守据点，往往设在高山峻岭与深沟峡谷之中，以控制险冲，用极少的兵力，抵挡较多敌人，达到“一夫当关，万夫难开”的效果。关城（堡）自身也是一个防御工程，如张家口、独石口等。

城墙。宣府边这段长城全部蜿蜒于崇山峻岭之间，修筑在悬崖陡壁之上，均为就地取材，以石垒筑，灰浆勾缝而成。在万全县洗马林附近则有“削壁为垣二十二里”。在东路延庆段城墙内、外还挖有深壕。“城墙高阔两丈，顶宽九尺；外壕深阔一丈五尺，底收一丈；内堑深阔一丈，底收五尺。”为增强防御稳固性，宣大总督翁万达又于嘉靖二十八年（1549 年）督修了“东起新宁墩而北，经雕鹗、长安岭、龙门卫至六台子”的 169 里的内长城，即今之赤城县境内东起东兴堡北，向西经雕鹗堡、上虎村、三岔口、前所，直至赤、崇、宣三县交界处的马驹沟村东侧一段东西走向的长城。这段长城主要用于防秋。因为嘉靖年间，每逢秋熟马肥季节，北方部族皆由今赤城县西长城入境劫掠，骚扰百姓。

敌台。也称空心台，或叫敌楼（指上下两层的），多为砖石结构。台基为长条石垒筑，上部为砖砌。它是在边墙基础上再加宽 2 丈，加高 5 尺，间隔500—1000 米。有的二拱、四拱或六拱，下成券室，有的四壁开有箭窗。券室内储备草粮、军械、火药等，并供士兵居住。上边有防守瞭望的垛口，并驻有守兵巡更、敲梆、举燧、昼望等。如今怀安县境还有一座"九窑十八洞式"的敌台，内筑砖炕，炕下有灶，还设有瞭望口和排水通道。大的敌台一般间隔一至二公里，多设在峰巅、隘口或河谷两岸。

烽火台。又叫墩堠、烟墩、边墩、墩台或狼烟台（相传烧烟常用狼粪。据说狼粪烧成的烟是灰白色，升腾很高，能见度较远），多设在长城沿线内侧或镇守长城城堡的外围便于观察报警的高地之上（如今之宣化县东望山、西望山村附近的山头上，就曾设过负责向东、西长城沿线瞭望、报警的墩台。墩下之村因以名之东、西望山）。长城线上的墩台实际也是大烽火台，它是守边戍卒专用烽燧报警而建筑的高土台（个别也有用青砖包砌的）。台间距离，在较为平缓开阔之地则为"五里一墩，十里一台"，或是更近些。据《宣府镇志》载："成化年间，兵部侍郎余子俊以宣镇重要增墩凿堑。每二里筑一墩，墩高阔二丈；墩的对角为悬楼，长阔六尺；两墩之间凿堑，深阔一丈五尺。"有的则根据具体情况设置。如《宣府镇志》又载："凡边防山川城堡疏远空阔处，俱筑烟墩，高五丈有奇，四围墙高一丈五尺，上设悬楼橹木，下设壕堑吊桥……上置水柜，暖月盛水，寒月盛冰。"可见，这是一种远离城堡设专人守瞭的较大烽火台。为统一这种较大烽火台的式样，当时在镇城东西两侧各建一座标准烽火台，名曰东样台（在今侯家庙乡二台子村西）和西样台（在今河子西乡样台村附近），并由此扩展到全镇边远地区。全镇共筑有墩台 1948 座，其中长城沿线 1071 座，有 6435 名官军守瞭。无论大小，台上都备有柴草、硫磺、硝石等引火物。一有敌情，白天举烟，夜间点火，邻台得报，依次传递，千里防线，迅速传遍。

附防设施——暗窖。在全镇 1100 里长城沿线，共有冲口 190 多个，其中重要冲口有 20 多处。据记载，对这些冲口的防守是："隘口通车骑者百户守之，通樵牧者甲士十人守之。"嘉靖年间，还有一些重要的冲口要在路上构筑"暗窖"，方法是：表面修两条路，一条真路作识别记号，供守军出入；另一条路构设暗窖，以待敌偷袭入掠时陷之。窖深八尺，阔与路同，置木锥于坑中，上覆盖土草，并踏上马蹄印、以待敌至，坐等斩之（这种暗窖也俗称为"陷马坑"）。

遇有敌情的通信方法及有关规定是：沿边墩台，每墩设军人五名，夜间不回。其中两名军人专管瞭望，昼夜值班，走报声息。每数墩设立管墩百户一员，每十余墩设立提调指挥一员，内地墩台，冲要处所，依照边墩办法，每墩设军人七名，险固处所只用三人，夜间值班两名。每年分两班，上班从 2 月 1 日起，至 7 月底止；下半班从 8 月初一日起，至次年正月底止。凡瞭见敌人由境外经过，发榔一次；近边发榔两次；越墙放炮一个，烧柴一垛；入境放炮两个，烧柴两垛；声息紧急，则依次渐加，并照记号举旗，竖立草人。敌人少时，则派人走报；敌人多时，则邻墩差人走报。夜晚，每更一人，轮流探听。越墙有声，随即举火放炮，次日早，轮流一名，下墩于通敌处所巡视，马路如无踪迹，举无事旗一面，各堡方可开门，放人出城放牧、生产。每一城堡又有夜间值班十人，分为两班出边哨探，叫作长哨，并备有空闲马十匹，听候各墩传报紧急情况之用，称为架炮马。成化二年（1466 年）朝廷还特别重申边墩之令，规定："边墩举放烽炮，若见虏一二百人，二烽二炮；千人以上，三烽三炮；五千以上，四烽四炮；万人以上，五烽五炮。传报得宜，至克敌者，准奇功；违者处以军法"等。

这样，从长城的整体防御作用上看，构成了一个从镇守（总兵或总督）到各路参将、各城守备，直到最基层的军事单位及守墩戍卒的完整防御体系。边防一旦遇有敌情，便可通过镇城、路城、卫城、关堡、城墙、敌台、烟墩等不同等级、不同形式所组成的防御工程体系，以呼喊、传递、放炮或烽火等形式，经由各级军事组织，把敌情传递到城堡守备、各路军校首领、镇守总兵，一直传报到朝廷。正是："貔貅十万阵堂堂，自古安危系朔方。东下鼓鼙连碣石，西来亭障带河湟。"

五、军需后勤保障

俗话说"兵马末到，粮草先行"。它充分说明了军队后勤供应工作的重要性。明代的宣府，长年驻扎十万军队，这就需要大量的武器装备及军马、粮秣、军饷等后勤保障，为此每年都要耗费大量人力、物力和财力。

明代重视宣府边防，各种军器充分保障，据《宣府镇志》记载：洪武四年（1371 年）命武库官以脚蹬弩输给将士；洪武二十年（1387 年）都司、卫所开始置局造兵器；永乐元年（1403年）朝廷统一军器式样；宣德四年（1429年）朝廷命内府兵器局向宣府颁发火器；正统六年（1441年），总兵杨洪开始在宣府建立神铳局；景泰五年（1454年）令沿边守备官制铳、箭、火药；天顺八年（1464年）朝廷令工部造战车给边；成化二年（1466年）颁发战车式（每车载九人，二人推挽，放铳七人，行则为阵，止则为营，空处张挂布围，画作狮头牌面，又于营外每车添设木桩二根，绊马索一条，每车使布幕二扇，俱用旗枪张挂，小车的后头挂生铁铃铛）；正德十二年（1517年），朝廷根据宣镇巡抚奏请，由京师武库发给宣府各种武器装备；嘉靖十三年（1534年），因大同镇士兵叛杀主帅，命宣镇同京营、保定、辽阳、陕西等处兵马镇压时，发京师火器给宣镇军队。至嘉靖年间，全镇共存储炮位、军器、器械十万余件。

明朝的火器是从朱棣平交趾（今越南北半部）得神机炮法开始有的。在这些火器中，威力不同，用途各异。如正统年间造的两头铜铳，各藏炮弹十枚，可于阵前突然袭击敌人；嘉靖年间造的"佛郎机"铜铳，长五六尺，大者重千余斤，巨腹长胫，有修孔以子铳五枚，储药其腹，一发百余丈外，叫作"大将军"。后又有十眼铳，大弹可射七百步远，小弹可射百步远。重火器主要用于守，轻火器主要用于攻，小火器则用于阵战。据《明史·本纪》载，永乐年间，自开平、怀来、宣府、万全诸山都设置了炮位。如近年来，在宣化县常峪口北山长城上就发现铁炮二门，铜铳二门，铭文刻有"功音壹万贰仟伍佰陆拾陆号""永乐拾叁年九月造""重贰佰肆拾斤"，是明代火器的一种。

另外，全镇还编有军马（含驿马等）39900多匹（其中镇城12800多匹）。

全镇人员、武器、马匹等的消耗是相当大的。据《宣化县志》载，明万历年间，本镇官军79900多名，年支折色银77000多两，赏赐冬衣布花银97000多两，内菜银8000余两。仅宣化城官军每年支折色银就有169000两。

大量军需的来源与供应，初期主要来自军屯。《宣化县新志》载，"初，永乐明常操军一十九万，以屯军四万供之，而受供者又得自耕，边外军无月粮，以是边饷足用"。宣德后，屯政日废；正德后，大量军饷主要依赖官仓，朝廷从全国各地调运。

军饷的筹集与运输也是一项巨大的耗费，通过千万人的推、拉、挽、拽，千里迢迢运输到边关。如嘉靖年间，宣府所需军饷，分别从顺天府（今北京市）、保定府、真定府（河北正定县）、大名府（河北大名县）、河间府（河北河间县）、顺德府（邢台市）、广平府（河北鸡泽东南）、山东布政司、河南布政司、山西布政司、河东盐运司（山西永济蒲州镇）、淮芦盐运司往宣府发运。这种运输军需的任务是非常艰苦的。如明翰林学士倪岳的《边务疏》中说："今沿边兵马屯聚，刍粟之费，日赖资给。乃以内郡之民任，飞刍挽粟之役，仰关而出，徒步千里，夫运而妻供，父挽而子荷，幸而至也，束刍百钱，斗粟倍值，不幸遇贼，身已虏矣。"若遇大的征讨，其后勤保障临时耗费的人力、物力、财力就更大。如永乐年间，明成祖朱棣曾 6 次派兵深入漠北征讨鞑靼、瓦剌，其中永乐十二年（1414 年）的征讨，朱棣下令调山东、山西、河南、安徽等地民夫 15 万人运粮到宣府屯聚，再转运北上，耗费之巨，运输之苦可想而知。

人们辛辛苦苦运到边关的军粮，经层层克扣，轮到军士时粮食所剩已寥寥无几。据《宣府镇志》记述"边防军士月粮，多被该管粮官，假以公用为名，扣除克减，以致军士不得全支，及各仓、场收粮官……掺和沙土糠秕虚出"，更有甚者"边防官军月粮有经年累月不得支者"。这搞得军心动摇，军队战斗力极差，军士或冒生命危险开小差，逃离边关，直接削弱了边关防御力量。

六、兵戈大事纪要

明代宣府的军事地位之所以非常重要，其根本原因就是北方蒙古部族绝大部分聚居在宣府的北面和西北面。他们要进犯明王朝，实现其复辟企图，宣府方向路程最近，对明朝威胁最大，进退都比较方便。所以，纵贯整个明朝，这里战事频繁，烽火不断，北方部族经常由宣府进犯骚扰明王朝疆界，动摇其统治，仅就《宣府镇志》和《宣化县新志》所记载的，发生在这里或途经这里较大的兵戈就达五十多次。仅辑录部分于下：

洪武十四年（1351 年）夏，北虏寇开平（多伦），指挥使丁忠击败之。

洪武二十三年（1390 年）春，颍国公付友德出塞击北虏，败之。上（指朱元璋）欲诸王知军旅之事，文皇帝时为燕王（朱棣），命率颍国公付友德等北征沙漠至迤都山（独石口北），擒虏将乃儿不花而还。

永乐八年（1410 年）夏，车驾（指明成祖朱棣）北征，大败虏于干滩河。朱棣亲率五十万大军，三月至兴和（张北城）出塞，五月至干滩河（今蒙古鄂嫩河，元太祖始兴地），本雅失里（鞑靼可汗）弃辎重牲畜遁去。六月班师至清虏镇，阿鲁台（鞑靼太师）来战，上（皇上）率精骑经冲虏阵，大呼奋击，阿鲁台败遁。明军亦因天热缺粮、缺水而撤军。七月二日入开平，十七日返京师。

永乐十二年（1414 年）夏，车驾北征，大败虏于土剌河。六月，车驾幸兴和出塞。进次（到达）撒里哈儿之地，马哈木及太平把秃孛罗等帅众逆，明军发神机铳炮击败之，虏死者数百人。追至土剌河，复大败之，杀其酋长十余人，及擒斩虏无数，马哈木等乘夜北遁。七月，明军由张家口、宣府回京师。

永乐二十年（1422 年）春，北虏入寇，车驾征之，虏大败。三月阿鲁台寇兴和，杀守将都指挥王焕。上决意亲征。驾次鸡鸣山，虏闻之夜遁。四月次龙门、云州、五月次独石，七月至杀胡原，前锋获谍者，言阿鲁台闻车驾亲征，尽弃辎畜辎重于阔滦海之侧，与其家属远遁，乃发兵收辎畜，焚辎重还师，谕诸将曰："诱阿鲁台为逆者，兀良哈之寇也！"遂简步骑，分五道疾进。至屈列儿河，斩虏首数百余级，众溃走，追奔数十里，斩酋长数十人，尽收人畜十余万而还。

正统十四年（1449 年）七月，瓦剌寇独石。马营守备杨俊弃城遁。瓦剌寇云州、永宁卫，守备孙刚、左少监谷春来援，与瓦战不利，入城自缢死，北路入城皆陷（据《宣府镇志》）。同年，瓦剌也先亦犯大同境，太监王振劝上亲征，出居庸，历怀来、宣府，至大同，兵氛正恶，乃班师。大同帅郭登请上（皇帝）从紫荆关入，振不听，还至宣府，敌自后追袭，遣将拒战，皆败没。次（到达）土木，人马疲惫，而铁骑四合，死伤无算，上（皇帝）为也先所得，遂携塞外，京师震骇（据《读史方舆纪要》）。

十月朔，也先以送上皇进京为名，与其可汗脱脱不花由野狐岭入寇紫荆关。

弘治九年（1496 年）秋，北虏入寇。总兵官庄鉴、副总兵官阮兴御却之。镇城北有羊房堡去塞垣近。虏毁垣而南，遂至镇城下，分兵抄掠。鉴、兴出师对敌，于龙王堂斩首七十余，夺回人口、头畜甚众。

弘治十八年（1505 年）秋，北虏由新开口入，至虞台岭，副总兵白玉、游击将军张雄、参将李稽和大同兵御之。虏纵数千骑……白玉置营上阜，虏望见，笑曰："彼自落干地，可立伺其败也"。乃合兵围官军数重，绝汲道，止留隘地一隅。时，总兵官张俊别营在外，不知其计，以兵来援。因兴、至合营，虏复断隘道，于是内外不相闻，粮水俱绝。诸军营中掘井深十余丈不得泉，遂大困，争饮马溲。至七日，天大雨雹，贼乃鲜去。士卒死者八千人，马畜甲仗尽为虏有。

嘉靖三年（1524年），虏有许家冲入寇。守备龙门都指挥马骥以兵不敢战，度虏必由旧路出，乃率兵断其后路。路在两山间，骥潜濠深二丈许，虏闻之大惊，以精甲拒后，绳牵蚁渡而去。

嘉靖九年（1530年）夏，北虏以三万骑入马营，参将被围。守备赤城都指挥刘传闻传炮（烽火台报警的炮声），即率所部才百数十骑赴援，中途遇虏，直前搏战。虏围之数重，传令士皆下马步斗，引满四射，箭无空发。最后射杀其酋长，虏咬指引去。刘传身中矢如猬毛，其中髀者透骨比，撤围，血满靴袜甲裳，亦赤卧疮月余卒。

嘉靖十七年（1538年）冬，虏寇深井堡，杀掠甚众。回至清水河，总兵官江桓将镇兵及所调大同游击营列河上两万余。时河水新合，滑不可渡，虏望见大俱，弃所掠物如丘。诸将共议，乘半渡击之。桓方以隆庆之役获罪无战情，令诸军曰："但望壁，毋战。"游击章镇、参将李彬等喧于帐下，固请以家丁出。桓拔刀曰："诸君不怜某将，重某罪耶？某死于诸君何功？"镇、彬等嗟嗟而退。虏见我壁不动，分劲骑掠桓营，营角动。诸军方议援之，虏已鱼贯而渡毕，引去。被虏被驱男妇千余人，见官军，自盼得生，及渡，皆南向痛哭，声闻数十里。

嘉靖二十九年（1550年）秋，北虏入寇。总兵官赵国忠率师入卫京师。八月，虏聚众三十万由古北口入，凡蓟、通、顺、密及都城迤北皆胡骑，所经居人大被杀掠，于是国忠率镇兵入卫半月。虏则由白羊口（北京西）出，过怀来、保安，抵镇城下。时，城内已无兵，皆官兵家眷及部分老弱守城。见所掠关南人口行，竟日不绝，号泣之声震动山谷，力不能救。是夜，虏营于西门外二三里间，城中无一兵出劫其营。次日，虏至万全右卫，由野狐岭出塞去。

嘉靖三十三年五月，虏由马营盘道墩入塞，寇云州、赤城等处，攻毁属堡二十余座，杀掠人畜殆尽。八月，复由云州两河口静宁墩入寇雕鹗、永宁、怀来，攻毁杀掠比夏过之。守军时因年饥逃亡且半，将领亦畏虏，不敢经当其锋，遥望数日，引军而归，虏洋洋得意去。

嘉靖三十八年（1559年）秋七月，北虏寇怀来、保安，八月寇顺圣东西川及蔚州。所过村堡俱破，十丧八九，人畜杀掠数万计。边人近年虏患莫此为大且惨。官军竞避其锋，不与相值云。

隆庆四年（1570年）夏四月，俺答分部入寇，宣府诸将御却之。十月俺答孙把汉那吉来降，甲子俺答辛爱（即黄台吉）犯宣府，总兵赵岢御之。十一月，俺答约降。十二月，俺答执叛人赵全等献，遣把汉那吉北归，厚赐之。

崇祯五年（1632年），清兵入宣府，巡抚沈棨与阅视太监王坤遣使议和，馈金帛酒牢诸物，大军即还。

崇祯七年（1634年）乙酉，清兵入宣府、张家口，又入膳房堡，焚龙门关。壬辰，兵入怀来。癸巳，兵驻膳房堡、沙岭。丁酉围宣府不下，回师屯深井。戊戌略永宁，破保安州，知州阎生斗死之。八月大兵围蔚州。闰八月攻万全右卫破之，守备常如松、指挥杜诗、秦之英抗战死。庚寅，清兵出塞归。

崇祯十一年（1638年）三月，清兵攻膳房堡。

崇祯十七年（1644年）三月，农民起义军李自成至宣府。监视太监杜勋、宣府总兵王承允迎降。巡抚朱之冯自缢而死。"城中人结络焚香以迎（闯王）"。

七、结束语

从宣府设防情况可以看出，明代，除洪武、永乐50多年的时间外，其余220余年的边防中，几乎都是被动挨打式的消极防御。整个明代，随着长城工程修筑的体系化，其消极防御的思想也体系化了。从各种志书对明朝防御情况的记载看，大多是"修城""筑堡""浚濠"之事，即便记载一些战迹，也多是"官军御却""寇不敢入"等。后来就连这样的记载也少得可怜，而是敌人想来就来，想走就走，到处劫掠、杀戮，犹入无人之境，"官军竞避其锋""虏洋洋得意去"。明朝官军分兵把口，处处设防，消极防御，则是其不能发挥长城应有设防作用的主要原因。这就必然导致军事上的失败，"土木之变"就是其消极防御的恶果。在这次战役中，开始是军事保守主义，继而又出现军事冒险主义，最后，则发展到军事逃跑主义（土木溃败，弄得五十万大军被歼，皇帝被俘），教训是十分深刻的。

明代大学士王鏊在"御方略疏"中，对于集中兵力打歼灭战的见解也是很有见地的，同时，明确指出了分兵把口的弊端。他说："匈奴之兵不过汉一大县，夫天下之大而加一县，亦无不破者。待其云散鸟集，备西则击东，备东则击西，彼之所攻者一，而我之所备者众，此我兵之所以常寡也。善用兵者，善以我兵之少为多，亦善以敌兵之多为少。今边军招募可得数万，选其勇敢，分而为三或为五，日加练习。虏来入寇，则以一军当其前，一军继其后，又一军冲其中，又以一军袭击其老家。如此，则我之所攻者专，彼之所备者众，不患其不胜矣。"可惜他这一积极防御思想，及其分割围歼、扰其后方、各个击破的战略思想，未被朝廷采纳。历史的经验证明，避免消极防御，实行积极防御，关键在于从指导思想和部署战法上，切实赋予防御这一被动的作战形式以完全积极的内容。如设防和诱敌、防御和反击、守备和机动、机动和集中、集中和歼敌等诸多方面的关系。所有这一切的核心，就是要放在积极防御的基点上，具体地说，就是要打歼灭战，而不只是"御却"和摆出处处被动挨打、御敌于国门之外的架势。这就是明朝在北方特别是在宣府设防的主要弊端。

当然，明朝中、后期宣府镇防御的削弱，原因是多方面的，昏君、权阉、佞臣、悍将当道，政治腐败、民不聊生是根本的，但就军事上的原因而言，不得不归咎其根深蒂固的消极防御的军事思想。

参考资料：

[1] 明朝嘉靖年间编撰的《宣府镇志》。

[2] 清康熙年间编撰的《宣化县志》。

[3] 清乾隆年间编撰的《宣化府志》。

[4] 民国十一年编撰的《宣化县新志》。

[5] 民国二十四年编撰的《察哈尔通志》。

[6] 清代编撰的《明史》。

[7] 明末清初编撰的《读史方舆纪要》等。

（原载于《张家口文史资料》第 21 期）

张连仲，男，1944 年生，曾任张家口市宣化区政协宣教科长，为中国近现代史史料学会会员。自 1982 年开始，研究宣化地方史志。先后在多种报刊发表文史文章，长期主持编辑《宣化文史资料》，主编有《宣化文史集粹》，出版有《辽金元时期的张家口》《古城千年知见录》两部专著。

明宣府镇的长城防务

杨润平

长城是中国古代建筑和军事防备体系的典范。春秋战国至明朝的 2000 多年间，王朝或地方政权一再修复长城。明长城跨越辽宁、河北、北京、山西、内蒙古、陕西、宁夏、甘肃等 8 个省市自治区，总长 12700 多公里。[1] 明长城设九大防区，称"九边"。宣府镇辖区包括今张家口市坝下各区县，军事影响直抵坝上乃至更广阔的地区，在明政府与蒙古族的战与和问题上起过重要作用。本文仅就宣府镇长城的修建和城堡在防务中的地位谈一些看法。

一

明宣府长城防务的建成与发展变化可分为四个时期。一是洪武至宣德年间（1368—1435 年），明政府势力强盛，初步完善宣府镇的长城防务。1370 年起，徙民废县，以为屯军之地。1409 年始派总兵，成为长城一镇。以宣府镇城的大规模建设和张家口堡的兴起为代表，建成长城边墙与堡寨结合的防务体系，设置万全都司。[2] 当时，明军处于攻势，一再兴兵讨伐残元势力，虽然放弃了大宁、兴和、开平防线，但宣府基本上平安无事。

二是正统至正德年间（1436—1521 年），蒙古瓦剌部强盛，宣府镇屡遭袭扰，长城防务事实上在削弱。1449 年土木堡之变，明英宗被俘，蒙古军队直逼北京城下，迫使明政府加强长城防务。同时，在屯田、募兵、筹饷和军事方面进行了一系列改革。由于明政府的腐败，当时在募兵、清丈屯田、保障供应等方面的改革成效甚微。[3] 又出现过被蒙古骑兵攻破城堡二十，全线告急的危险局面。

三是嘉靖至隆庆年间（1522—1572 年），蒙汉冲突激化，宣府镇长城防务空前加强。蒙古鞑靼部主动请和。1571 年，明政府决议封贡，封俺答汗为顺义王，其子弟封为都督等职，允许在宣府镇张家口堡等地互市。[4] 从此，化干戈为玉昂，边境和平。

四是万历、天启、崇祯年间（1573—1644 年），前段长城无战事，宣府镇经济空前发展，张库大道成为民族间经济文化交流的纽带。后期满洲（女真）兴起，征服长城以北的蒙古民族，成为明朝新的敌手。1634 年，清军入膳房堡，急攻宣府、张家口、蔚州，攻破保安州等多处。由于农民起义风起云涌，明政府已无力加强长城防务，还不得不抽调军队镇压起义。1644 年，李自成起义军占领宣府，事实上为明朝的宣府长城防务画上了句号。

二

明朝宣府镇的边墙总长 1300 余里（不同时期防务范围有波动）。明王朝在270 多年间一直没有中断过修筑工程。最早的记载是洪武四年（1371 年），大将徐达下令征蔚州等地的民工和士兵修长城。

到了永乐年间，由于迁都北京和对蒙古战略思想的转变，设宣府为长城边镇，"赦边将自长安岭西迄洗马林筑石垣，深壕堑"。由于工程艰巨，一直持续到宣德年间。[5]

正统至正德年间，修长城的动议有多次。土木堡之变后，在于谦主持下"修沿边关隘"。成化年间余子俊筹建宣府镇边墙，亲自踏勘过 733 里的地段。[6] 由于战事连年和军费吃紧，实际成绩不大。

嘉靖年间，北边有鞑靼骚扰，东南有倭寇进犯，农民起义不断发生。与巩固长城防务相关的著作很多，如魏焕《九边考》、尹耕《两镇三关通志》、张家口市范围内现存最早的方志《宣府镇志》。宣大总督翁万达于 1546—1549 年间，全面修复宣府镇长城。补城垣，削山崖，起敌台，通暗门、水道，号称"塞垣已成全险"。[7] 在这一时期，社会矛盾激化。诗人尹耕作《修边谣》云："去年修边君莫喜，血作边墙墙下水。今年修边君莫忧，石作边墙墙上头。"发生过滴水崖士兵叛乱和河南士兵集体逃亡等事件。虽然军队战斗力打了折扣，但防务最强、驻军最多的还是这一时期。

最后一位修长城的是崇祯年间的宣大总督卢象升。他面对被清军破坏的长

城，提出耗资 160 万两以上白银的庞大计划。[8] 事实上只得到兵部 1.5 万两的
拨款，对个别地段做小修补。

明长城是在前代长城的基础上修复改建而成的。宣府镇战略地位重要，号
称京师锁钥。这里地形地貌复杂，几乎包括了长城的各种特殊地段，石垒、砖
砌、土筑以及削崖为墙等，应有尽有。在长城沿边有众多城堡。城墙上有墩台
（墙台、敌台，有些还是烽火台）。据《宣府镇志》统计，沿边墙的墩台 1071
座。如果加上腹里、镇城和新添墩台，总计 2000 多座。[9]

三

在长城防务体系中，城堡是屯兵和守防的中心。在宣府镇辖区，有镇城、
路城、卫城、州县城和堡城的区别。

镇城就是宣府城。宣府镇总兵及其副手，万全都司的都指挥、巡抚、镇守
太监等中央派员，都驻在宣府。它是由方 24 里的镇城与南关、演武厅、龙神
祠等附属城堡组成的北方特大军城。

路城是随战事发展而逐步形成的防区中心城堡。东路永宁（今北京市延庆
永宁镇）、西路万全右卫（今万全县万全城）、南路顺圣西城（今阳原县城）、北
路开平（即独石，今赤城县独石口）、中路葛峪堡（在宣化县，属西望山乡）。
隆庆年间，另增下西路柴沟堡（在怀安县）和下北路龙门所（在赤城县）。路
城的最高军事长官是参将。

卫和所是屯兵的机构。宣府镇明初 8 卫，常属 15 卫，最多时达 19 卫。不
驻镇、路、州、县的卫单有堡城，如万全左卫（今属怀安县）、怀来卫等。除
镇城下派的守将外，掌管练兵和屯田的是卫指挥及其衙署。宣府镇下辖隆庆和
保安二州。另有蔚州属山西布政司，但划归宣府镇防区。州的特点是以民户为
主要居民。在实际格局中，州也有屯田的卫。卫城与州城是同等规格。

堡城最复杂。重要的就是路城一级，如葛峪堡和龙门所。中等的设有守备
官率军把守，著名的如张家口和赤城。再低一级有防守和操守。宣府镇在明中
期是驻军城堡 38 座，在《明史》《宣府镇志》和《九边考》中记载基本一致。
随着战争升级，增扩至 69 城和 18 座关隘。城堡之下有属堡或属寨，少量由官
军把守，其余由卫所的余丁或民兵守卫。据《宣府镇志》，当时是 1050 属堡和
93 座属寨。在嘉靖后期至隆庆年间，数量又有增加。[10]

在明朝的长城防务体系中，每一个城堡都是屯兵养兵的军事单元。依一定秩序构成可守可攻的纵深防线。宣府镇是居庸关以东的重要防御区，号称北京的"锁钥所寄"。在宣府镇的千座城堡和长城边墙，最多时驻官军151452员，最少时是58062员。[11]另外有相当数量的余丁和士兵。[12]就军事机构讲，除总兵挂帅的官军外，万全都司下属卫所兼有守御职责。在各城堡驻有数量不等的军队，负责守备相关的边墙地段和所在城堡。宣府镇城、张家口堡城由于防守得当，城垣坚固，从未被攻陷。

城堡又是养兵之所。万全都司下属各卫所屯驻在宣府镇周围地区。卫所屯田原额1.9万顷。到万历十年（1582年）已增加到6.3万顷，大约可缴均派粮19.5万石。每户屯田30亩、50亩，甚至100多亩。屯田的收获不仅养育了预备兵源，也成为军费支出的重要来源。[13]土地与家园维系于城堡的安危，因此士兵在战争中有较强烈的守卫意识。

城堡之间构成一个防御的大体系。国家的长城防线有九边分区防御。镇下有路或卫城，其下有堡城，再往下的是属堡和属寨。在不足3万平方公里的土地上（张家口市坝下各区县总面积约2.5万平方公里）有大大小小1000多座城堡，数量大约是现有行政村的一半。几乎是城堡相望，联合防御。在明朝历史上，蒙古进入长城，损失往往不大。只有攻克城堡才造成真正的威胁。1449年土木堡之变明军惨败，前因是北路的独石、马营等各城堡的失陷。1634年后金军队入关，也是攻陷保安州、万全右卫等堡，才造成数年难以恢复的巨大损失。

各城堡间的联系，除正常的驿站通道外，在特殊情况下有长城的烽火台传递。在边墙上的墩台是"每二里筑一墩，墩高阔二丈，墩对角为悬楼，长阔六尺；两墩之间凿堑，深阔一丈五尺"。边墙内的烽火台设在"边防山川城堡疏远空阔处……高五丈有奇，四围墙高一丈五尺，上设悬楼楅木，下设壕堑吊桥……上置水柜，暖月盛水，寒月盛冰。"[14]很像近代军事防御中的碉堡。遇有敌情，夜里燃干柴，以火光为信号，叫作"烽"。白天燃烟为信号，叫作"燧"。燃烟时还放炮；依照明政府成化二年（1466年）的规定，敌人在100人左右，举放一烟一炮；500人举放二烟二炮；1000人以上举放三烟三炮；5000人以上举放四烟四炮。万人以上举放五烟五炮。[15]"这样，不仅使后方迅速获悉敌人来犯的消息，并且从燃烟和放炮的多少，知道较详细的敌情。在当时看，这确实是迅速传递军事情报的好办法。

综上所述，宣府镇的长城防务是以边墙为界，以城堡为依托，城堡各自为战又互相配合，以烽火台传递信息并配合作战的有机联合的防御工程体系。代表古代军事防御作战的最高水平。虽然长城防务不可能从根本上安定边境，时常有蒙古骑兵深入边墙内，攻略堡寨。但在总体上军事优势和战争主动权在明政府。长城为保卫北方汉族人民的生产与生活，作出了巨大的贡献。

附：宣府镇驻军屯卫战斗序列

宣府镇
- （直辖）正、奇、游兵营
- 路城（东）永宁—隆庆等 6 城
- （南）顺圣西城—蔚州等 5 城
- （西）万全右卫—柴沟堡等 12 城
- （北）独石—龙门所等 8 城
- （中）葛峪堡—青边口等 7 城
- 其他：倒马关、紫荆关、浮图峪
- 万全都司—卫—千户所—百户所
- （直辖）所

注：百户所 112 人。千户所 1120 人。卫 5600 人。万全都司辖 15 卫（最多时 19 卫），另 26 所（另说 7 所或 2 所）。

注释：

[1] 王育民. 中国历史地理概论 [M]. 北京：人民教育出版社，1988。

[2] 河北社科院地方史编写组. 河北古代历史编年 [M]. 石家庄：河北教育出版社，1985。

[3] 河北社科院地方史编写组. 河北简史 [M]. 石家庄：河北人民出版社，1990。

[4]《明史》卷 222《王崇古传》，卷 327《鞑靼传》。

[5][6]《明史》。转引华夏子《明长城考实·宣府镇》。

[7] 魏焕《皇明九边考》卷 4《宣府镇》。

[8]《宣化府志》卷 14《塞垣》，转引尹耕《两镇三关通志》。

[9] 卢象升《确议修筑宣边疏》、《南山修筑墩台疏》。

[10] 孙世芳《宣府镇志·亭障考、城堡考》。

[11] 张连仲《明代宣府的设防》，载于《张家口文史资料》第 21 辑（社会卷上），《张家口市志》第 22 编《军事》。

[12]《张家口市志》第 22 编《军事》。

[13] 余丁又称贴军，是军户家庭的非"正军"男丁，相当于预备役军人。士兵也称民兵，是民户中选精壮者组织的武装，保护地方安全。

[14] 屯田数字转引自《河北简史》。明初曾基本实现军粮自给。后来驻军增加，官僚地主兼并土地，自给率下降。

[15]《宣化府志》卷 14《塞垣》。

（原载于《张家口职业技术学院学报》2000 年第 13 卷第 4 期）

宣化考古三题

——宣化古建筑·宣化城沿革·下八里辽墓群

宿　白

　　1996 年 10 月，应河北省文物研究所之邀，有宣化二日游。既瞻市容，又览古迹。归来据已刊论著，特别是河北省文物研究所和宣化区文物保管所诸同志惠赠之各种资料，勉成札记三篇。浅闻拙见推测尤多，甚盼直接参加有关工作的同志诸多匡正。

宣化古建筑

　　宣化古建筑首推清远、镇朔二楼。清远建自明成化十八年（1482 年），镇朔创建早于清远四十二年，即明正统五年（1440 年）。二楼俱建于宣化城内主要的南北大街上，并于 1986 年、1996 年先后经国务院批准，被列为全国重点文物保护单位。

　　镇朔楼俗称鼓楼，楼下设墩台，台中部券拱洞，直宣化南（昌平）、北（广灵）两门。明都御史罗亨信《宣府镇城记》记此楼云：

　　　　今上改元正统之五年（1440 年）……特命都指挥使马昇督属分兵伐石陶甓……复即城东偏之中，筑重台，建高楼七间，崇四丈七尺余五寸，深（五间）四丈五尺，广则加深二丈五尺五寸焉。上置鼓角漏刻，以司晓昏昼夜十二时之节……其檐二级，南扁曰镇朔，北曰丽谯[1]。

　　按鼓楼即古代望敌而设之谯之遗制；宋元以来，多以设司晓昏之鼓漏为主，故常置衙、市之间。镇朔左右为府、县署，前临商市所在的四牌楼，其位置应是依据当时城市设计之规制，故与北京、西安等地的鼓楼位置大体相似[2]。

清远楼俗称钟楼，位镇朔之北，下设十字券拱，直宣化四门通衢。《嘉靖宣府镇志》卷十二《宫宇考》记其创建云："成化壬寅，都御史秦纮建……制极精致完固，上置钟以司昏晓。嘉靖十六年（1537年）都御史郭登庸镕钟益金千斤，甚巨，今用之。"

宣化文物保管所李敬斋、王晓民撰《河北宣化清远楼》记述该楼建置云："外观三层实为二层……立体建筑面阔五间，进深三间，前后明间出抱厦，建筑四周为有围廊的明代常用的亚字形平面布局。通面阔19.7米，通进深12.35米……"[3]钟楼建于四面通衢之上，似为明代定制。洪武十七年（1384年）所建西安钟楼即位于东西大街与南北广济街之交，嘉靖五年（1528年）巡抚王荩又移建于四门通衢的十字路口，是现存与此钟楼位置对比的最佳实例。同为边镇的甘肃张掖，于正德二年（1507年）创建的靖远钟楼，虽同建于四门通衢，但钟、鼓并置楼内，当是鼓钟二楼设施之简化形式。钟楼位鼓楼之北，应是仿自京师，而京都之制据《日下旧闻考》卷54引元人熊自得《析津志》所云："……齐政楼（鼓楼）也，更鼓谯楼。楼之正北乃钟楼也。"

钟楼，京师北省东，鼓楼北，至元中建。阁四阿，檐三重，悬钟于上，声远愈闻之。又系上沿元大都之旧也。

镇朔楼西北，有残破的时恩寺大殿一座。《康熙宣化县志》卷13《祠祀志》记：时恩寺在今府署东。

康熙时府署即民国县署所在，亦即今部队家属院位置。自康熙以来的方志均仅记该寺位置，未录建筑年代。近期宣化文物保管所实测大殿，始于大殿明间脊檩下皮发现创建时题记："钦差镇守宣府等处建寺大檀越信官太监总兵官乃胜、张进、颜彪、黄瑄，大明成化六年（1470年）七月十二日午时建完。清泉、时恩二寺开山第一代比丘净澄。"

由题记知此殿之建恰在镇朔、清远二楼之间。又从题记所记创建寺施主的职衔，可以推测此寺系正统十四年（1449年）土木之役后，明廷重整北边，在要镇宣化兴建的重要寺院。唯寺荒废已久，仅存之大殿亦倾颓特甚。大殿四注顶，面阔五间，进深三间，进深末间已被拆除，中心间前接之卷棚抱厦系清代增建。

上述二楼一殿俱经清以来屡次重修，特别是镇朔、清远二楼，乾隆年间和20世纪80年代的两次大修，更换了不少大小构件，尽管如此，二楼一殿仍保存了明代甚至15世纪明前期的大木规则。值得注意的是，个别做法似乎还早于15世纪。其例如平身科斗拱尚未缩小，中心间最多四朵；两朵斗拱之间距尚以间为单位，斗畝有幽；假昂下皮装饰曲线开始于其上十八斗底的中线附近；额枋出头处饰霸王拳曲线者，其上端垂直线条极为短促；不用或少用雀替；彩画不施地仗等，此皆明式建制。柱头科上方伸出的梁头扁窄，与耍头同宽；假昂昂面几无凤凰台；清远楼角科尚用附角斗，三层内檐使用了45°斜拱；时恩大殿厢拱长于瓜拱、万拱，其假昂下皮曲线有的竟开始于其上十八斗底中线之前者，清远楼平板枋出头处有的杀两角，额枋出头处的在垂直截线下斫成斜面，时恩大殿平板枋出头处饰以海棠曲线，额枋出头霸王拳曲线中部雕饰一独立的圆球状等，似皆为15世纪以前流行的做法。此外，镇朔楼角科平盘斗上出象头雕饰；时恩大殿、清远楼脊槫两侧用细叉手，三架梁上脊瓜柱下用方形角背；清远楼厢拱、瓜拱、万拱两端皆截作斜面，置于上述诸拱两端的三才升亦相应截作斜方形体等，虽属自雁北以东的地方手法，但其出现有的似亦在15世纪之前。以上推测如无大误，则宣化古建筑当有其本地的更早的来源。

《嘉靖宣府镇志》卷17《祠祀考》著录：宣德八年（1433年）敕修弥陀寺大学士杨士奇记云："寺有胜国时断碣，仅存其半，所可考者，曰都功德主金紫光禄大夫中书右丞相安童建寺，既毁于元季之兵，仅存弥陀殿已敝，都督（谭）公至，乃修其敝、廓其规，而一新之……寺中为三世佛殿，殿之东观音殿，次为宝光堂，西为地藏殿，次为普庵堂。三世殿之北为弥陀殿，殿前四隅为四坛场。东西序为僧寮，西序之西为禅堂。弥陀殿之北为毗卢殿，藏经附庋毗卢殿中，殿前左右为东西方丈，殿后为法堂。三世之南为天王殿，殿之前东为清源堂，次为钟楼，西为崇宁堂，次为大悲阁。又前为三门。庖廪宾客之位咸备。寺成于宣德八年……"

此弥陀寺，《乾隆宣化府志》卷13《典祀志》附寺观亦有记录："弥陀寺，《旧志》明宣德八年镇帅永宁伯谭广修，大学士杨士奇有记……为镇城第一古刹。康熙元年（1662年）修。"

《民国十一年宣化县新志》卷2《建置志》记该寺当时情况云："弥陀寺在城内虎溪桥……元丞相安童建，见杨士奇记……民国初零落，仅剩残址，会第五师范成立，因就寺址建筑校舍。"

第五师范即今宣化东门内大东街路北的宣化师范。因知宣化城内果有元代较大的寺院建筑。其实，不仅有元代佛寺，即在重建弥陀寺同时，谭广还重修了一座旧有的道观——朝玄观。《嘉靖宣府镇志》卷17《祠祀考》著录，大学士杨荣于宣德九年（1434年）所撰《敕修朝玄观记》云："城之北，旧有朝玄观，毁于元季，荒废有年矣……中军都督府左都督谭公广……惟内地郡邑皆有浮屠老子之宫，为祝厘之所……而兹境乃阙焉。遂因农暇，以士卒余力，具群材，即观之故址，中建三清殿，左右翼以廊庑，而龙虎台、玉皇阁展其后，缭以周垣，树以重门，高卑位次，各得其所，金碧辉煌，规度伟壮，像设、鼓钟、方丈、庖廪莫不毕具。经始于岁辛亥（宣德六年、1431年）之七月，毕工于癸丑（宣德八年、1433年）之九月。"

此朝玄观，清避圣祖玄烨讳，改作朝元观，观址位今朝元观街北侧。此外，1985年宣化文物保管所在前述时恩寺西南不远处的花儿巷，还清理了一座大约是辽代中期的舍利塔地宫，内出舍利石棺一具[4]。宣化城内的古代建筑渊源久远，明代楼、殿有其本地更早的特色，亦是可以理解的事[5]。

宣化城沿革

明初御边所建宣府镇城，《嘉靖宣府镇志》卷1《城堡考》引罗亨信《（宣府镇）城记》记其兴废情况云：宣府古幽州属地，秦上谷郡，元宣德府，星野当析木之次，入尾一度，壤土沃衍，四山明秀，洋河经其南，柳川出其北，古今斯为巨镇，恒宿重兵以控御北狄。我太祖高皇帝诞膺景命，电扫妖氛，遂掩有华夷，残虏遁迹。地既入于职方，谓濒朔漠，则尽徙其民入居内郡，乃为旷墟。洪武初岁，发兵营屯[6]。二十五年壬申（1392年），始立宣府前、左、右三卫，遣将率兵镇之。癸酉（1393年），又命谷王来治焉，捍外卫内之意益严矣。旧城狭隘，不足以居士卒。甲戌（1394年），展筑土城，方二十有四里，辟七门以通耕牧，东曰安定，西曰泰新，南曰昌平、曰宣德、曰承安，北曰广灵、曰高远。岁次己卯（建文元年、1399年），太宗文皇帝举靖难之师，（谷）王遗城还京，时止留四门，其宣德、承安、高远并窒之，以慎所守[7]。永乐甲辰（1424年）秋，仁宗昭皇帝嗣大历服诏曰：西北二虏狼子野心，未易以恩信结，宜谨为备。于是，分遣将臣大饬边防，命永宁伯谭公广佩镇朔将军印，充总兵官，来镇于斯，修营垒，缮甲兵，严斥堠，复命工甃围四门，创建城楼、角楼各四座，以谨候望，铺宇百七十二间以严巡檄，二十年间边燧不兴，兵民安于无事。宣宗章皇帝履祚五年庚戌（宣德五年、1430年），立万全都指挥使司，统摄宣府、万全、怀来、蔚州、保安、怀安、永宁、龙门、开平等十九卫所，控地东西千余里。今上改元正统之五年（1440年）……（上）特命都指挥使马昇督属分兵伐石陶甓，炼石为灰，以包砌之……四门之外，各环以瓮城……正统五年马昇就洪武甲戌展筑之土城包砌砖石，此砖城即解放后拆除之宣化城。至于谷王还京时封塞之三门位置，见录于《康熙宣化县志》卷首所附《宣化府县城图》。兹以《民国宣化县新志》卷首所附《宣化县城郭图》比对，知南壁之宣德门址位在丹儿巷南端，距南关城西壁与宣化城南壁相接处不远；南壁之承安门址位宣德门之西，至青菜园街南端；北壁之广远门与承安门相接，在龙王庙北。

明宣府镇城系就元宣德府城展筑。《嘉靖宣府镇志》卷11《城堡考》记："元宣德县城，在今镇城内……寻为府治。"又记："皇明宣府镇城，本元宣德府城。洪武二十七年（1394年），上谷王命所司展筑，方二十四里有奇[8]。是洪武甲戌展筑前之旧土城即元宣德府城。元宣德府因袭金宣德州和有一代宣德府的变动，见《元史·地理志》：顺宁府……金为宣德州。元初为宣宁府，太宗七年（1235年）改山（西）东路总管府。中统四年（1263年）改宣德府，隶上都路。仍至元三年（1337年）以地震改顺宁府。元时宣德府——顺宁府有铁冶和银冶[9]，设织染司和八鲁局[10]，置鹰房猎户[11]和管匠官[12]，备站赤[13]立万户府[14]。至大四年（1311年）、至顺元年（1338年）先后封帖木儿不花[15]、乃马台[16]为宣宁郡王于此。故欧阳玄谓顺宁为"燕代巨镇"[17]。

元宣德府——顺宁府上沿金宣德州。金宣德州则因袭辽归化州，《金史·地理志》上西京路记其沿革云：宣德州，下，刺史。辽改晋武州为归化州雄武军。大定七年（1167年）更为宣化州，八年（1168年）复更为宣德。宣德近中都，完颜亮迁燕后，宗室下迁常贬于此，故金晚期，州"多皇族巨室"[18]，加之屯兵御北，城已嫌小，《金史·赵秉文传》云：大安初[19]，北兵南向，召秉文与待制赵资道论备边策。秉文言："今我军聚于宣德，城小列营其外，涉暑雨，器械弛败，人且病，俟秋敌至，将不利矣"……其秋，宣德果以败闻。

按嫌小之城，是指洪武甲戌展筑以前的旧城。亦即展筑后在"镇城内"的旧城。此旧城址的方位：西壁目前尚不清楚；在今宣化城东壁外约70米处的石油公司院内，发现有大定通宝的金火葬墓，可见旧城东壁在该墓之西，疑即在今宣化城东壁的位置；今宣化城南壁外，邻近洋河，地势低下，估计旧城南壁约亦为明宣化城南壁所因袭；北壁似在安定门内大东街以北，该地段有几处遗迹应予重视。①前引在今宣化城内中部偏北的弥陀寺遗址和朝玄观遗址，前者系元初丞相安童创建（寺前直抵大东街的驰道遗迹尚存），后者亦系元时旧观，此一寺一观当时俱应建于金亡前的宣德州城内。②皇城桥东以北、相国庙街北侧曾发现出土有政和通宝的金末货币窖藏，货币窖藏不宜埋在城外。③上述弥陀寺北约450米处和朝玄观北约300米处，即自窑子头向西一线，新发现夯土墙残段数处，该墙的夯层无规律，在10.5至20余厘米之间。颇似仓促兴建者[20]，揆之历史形势，此东西延长的夯墙疑即与上引《金史·赵秉文传》所记大安初加强北防有关。尽管《金史·赵秉文传》未记扩城事，但前线情急，帅兵者驱戍卒急就为之，亦非不可能也。金灭辽后，大定间改辽归化州为宣德州。辽归化州上沿晚唐五代武州，《辽史·地理志》五西京道记其经过云：归化雄武军，上，刺史，本汉下洛县，元魏改文德县。唐升武州，僖宗改毅州，后唐太祖复武州，明宗又为毅州，潞王仍为武州。晋高祖割献于辽，改今名……统县一，文德县……

武州正式入辽在辽太宗会同元年（938年），见《辽史·太宗纪》下：（会同元年十一月）晋复遣赵莹奉表来贺，以幽、蓟、瀛、漠、涿、檀、顺、妫、儒、新、武、云、应、朔、寰、蔚十六州并图籍来献。于是，诏……改新州为奉圣州，武州为归化州，升……刺史为节度使[21]。

此后，终辽一代，契丹皇室在归化州境内设行宫[22]障鹰猎鹿[23]，统和中（983—1012年），曾任"善调鹰隼"的耶律制心为归化州刺史[24]，耶律制心系耶律隆远即韩德让之侄，祖籍蓟州玉田，其祖匡嗣"得亲（辽）太祖……总知汉儿司事"[25]，制心亦当因此出身而刺归化也。辽天庆四年（1114年），女真酋长阿骨打起兵南下，次年称帝，建金国，天辅六年（1122年）陷归化。保大五年（1125年）天祚帝被俘，辽亡。

据《辽志》谓唐立武州最迟应在僖宗之世[26]。武州有城，《通鉴考异》卷28高行珪使弟行周为质于晋军条引张昭《周太祖实录》记武州刺史高行珪守城事："（燕主刘守光大将元）行钦部下诸将……请行钦为燕帅，称留后……行钦以（武州刺史高）行珪在武州，虑为后患，乃令人于怀戎掠得其子，絷之自随，至武州……行珪城守月余，城中食尽……行珪呼谓行钦曰：与公俱事刘家，我为刘家守城，尔则僭称留后，谁之过也……[27]

武州建州之前，其地为雄武军驻地，置雄武军使。任斯职者，会昌初（841年）有张仲武[28]，大历年间（766—775年）有刘怦[29]。雄武筑城，两唐书俱谓始于安禄山，《旧唐书·安禄山传》："禄山阴有逆谋，于范阳北筑雄武城，外示御寇，内贮兵器，积谷为保守之计，战马万五千匹，牛羊称是。"

《新唐书·逆臣·安禄山传》："时太平久，人忘战，帝春秋高，嬖艳钳固，李林甫、杨国忠更持权，纲纪大乱。禄山计天下可取，逆谋日炽……更筑垒范阳北，号雄武城，峙兵积谷。"

自天宝三载（744年）三月，安禄山代裴宽为范阳节度、河北采访使，十四载（755年）十一月，禄山反于范阳，是雄武建城即在此阶段。雄武城应即武州城，亦即辽归化州城、金末以前的宣德州城，故宣化西北下八里辽金墓地所出墓志尚记其地名为雄武：

　　葬于雄武本郡之西北。【大安九年（1092年）《张匡正墓志》】
　　先祖考世居雄武人也……弥渐于雄武私第。【天庆年（1111年）《韩师训墓志》】
　　先祖世居雄武人也。【天庆七年（1117年）《张世古墓志》。】
　　公讳子行，字敏之，雄武人也。【明昌元年（1190年）《张子行墓志》】

由上可知，金末以前的宣德州城即辽归化州城，亦是因袭唐雄武——武州城，《嘉靖宣府镇志》卷1《制置考》更举出实物论据：

武州唐置……今镇城。正统间（1456—1449年），葛峪[30]。人穴地得遗碣，谓为武川（州）是也。

现在需要进一步明确的是，明宣化城中，唐下落县城在今镇城之东，其制少隘。（《嘉靖宣府镇志》卷11《城堡考》）。

唐下落县系沿前引《辽志》所记之汉下洛县，唐武州即此县所升置，是此云县城亦即武州——雄武军城，其地"在今镇城之东"者，即指在镇城之东部。现据此线索再检讨一下历年宣化发现的晚唐五代迄辽墓的位置。因为唐辽时期在一般情况下，墓地是不会选在人们集居的城内的，但也不能离人们集居的城市太远。承宣化市文物保管所同志见告，宣化城除濒临洋河地势较低的南面外，其他三个方向皆有发现，唯分布在东面者最多，且都在明宣化城东壁外约 650 米，即一市里有余的方位。

根据发现的晚唐五代迄辽墓位置，即可大体将辽归化州城、五代晚唐武州城的方位估定在以下范围之内：其东壁可推测与东距 a、b、c 三座晚唐五代迄辽墓一市里余的明宣化城东壁一线接近。这个推测如果可以成立，即可进一步参考唐代中原北方州县城多方形或接近方形，开四门，门内设十字街，东西两横街长度相近，南北两竖街长度相近和州县衙署多位东西横街北侧等一般规律 [31]，来考虑雄武军——武州城的具体方位和它的主要内部布局：

a. 主要衙署位置历代相沿，明清宣化州（府）县级衙署及其附属机构多分布在小东门大街向西直迄米市街一带。此东西横街适在商业繁盛地点的四牌楼处与南北竖街相交，构成宣化城内的主要十字街 [32]。

b. 从四牌楼中心至宣化城东壁的长度，约为 740 米，自四牌楼中心向西，与 740 米长度接近的方位，是皇城桥南街与新开路一线，其长度约为 760 米。自四牌楼中心向南抵明宣化城南壁的长度，约为 590 米，此长度虽较东、西向两线为短，但据传宣化城南壁内外原是一自然界限，城外近洋河，下临低洼，只是由于明建南关城和近年拆城修路，逐渐填平垫高，原来高低的地貌已有改变。看来，明城南壁很可能是沿袭了旧城基址。故以此为准，自四牌楼中心向北，与南向略同的长度约 610 米处，即接近清远楼亦即大东街一线……

以上考虑复原的辽归化州城亦即唐雄武军——武州城：南北壁各长约 1500 米，东西壁各长约 1200 米，周长约 5400 米，是一座东西略长于南北，内设十字街的横方形城堡。明洪武二十七年（甲戌、1394 年）展筑的宣府镇城，是自此唐武州城东壁北端向北延展约 1740 米（亦即自可能是金末北扩的宣德州城北壁又向北延展了约 550 米），自南壁西端向西展延约 1600 米，即南北两壁各总长约 2940 米，东西两壁各总长 3100 米。加起来，明城的周长约 12080 米，合 24.16 市里，与前引《嘉靖宣府镇志》卷 11《城堡考》所记"洪武二十七年（甲戌、1394 年）上谷王命所司展筑，方二十四里有畸"，大体符合。

下八里辽墓群（略）

注释：

[1] 引自《嘉靖宣府镇志》卷 11《城堡考》。《康熙宣化县志》卷 26《艺文志》亦录此记，题"明都御史罗亨信宣府镇城记"。自康熙志起，清代有关宣化志书对罗文多有窜改。

[2] 北京鼓楼创建于永乐十八年（1420 年），西安鼓楼创建于洪武十三年（1380 年）。两楼原皆位于当时的商业区并近地方街署。

[3] 李敬斋、王晓民：《河北宣化清远楼》，《文物》1996 年第 9 期。

[4] 此舍利塔地宫所出石棺与 1972 年山东惠民发现的五代北宋时期定光佛舍利石棺不仅形制相似，棺外壁线雕四神的题材亦同，棺内遗物主要也是铜钱（常叙政等《山东省惠民县出土定光佛舍利棺》刊于《文物》1987 年第 3 期），因而估计宣化城内出土的舍利石棺，原亦瘗于一佛寺的佛塔地宫之中，其时代约在辽前中期。

[5] 宣化地区明代建筑多异于官式。

1997 年 7 月过宣化西北的怀安又获一例。怀安县城西大街昭化寺，据曾撰《宣府镇城记》的罗亨信于正统十年（1445 年）所撰《昭化寺碑》，知寺"始于正统改元丙辰（1436 年）二月，落成于癸亥（正统八年、1443 年）春二月"（该碑现存寺大雄宝殿内，《民国怀安县志》卷 9《艺文志》有录文）。按该寺中轴线上的山门、天王殿、大雄宝殿、三大士殿四座正统原建，现尚存在（天王殿脊仿有墨书"大明正统肆年……重修"一行）。山门庑殿顶，未施斗拱。天王殿歇山顶，用单昂斗拱。大雄宝殿歇山顶，用单翘重昂斗拱（翘头出跳短促，颇为特殊），此殿与天王殿厢拱两端皆所出抹斜面，大雄宝殿最惹人注目处是纵向构架的梁柱结构。三大士殿悬山顶，斗拱用斗口跳。以上四座建筑平板枋出头俱作出海棠曲线，额枋出头皆垂直截去。上述情况，似可说明山后州县在建筑规制上，至少在明代前期仍保有浓厚的地区特点，而建筑物本身的等级标志，清晰明确，尤为难得的佳例。

[6]《嘉靖宣府镇志》卷 1《制置考》："（洪武）三年（1370 年）命平章汤和取宣德……诸郡县皆附，因徙其民如居庸关，诸郡县废。特遣将卒番守之，名宣德曰宣府。因宣德府旧名称之，实非府也。"

[7]《嘉靖宣府镇志》卷 1《制置考》："文皇帝永乐七年（1409 年）置镇守总兵官，佩镇朔将军印，驻镇城。自是始称宣府。"

[8] 洪武末期为抗外卫内建宣镇三卫，并封谷王镇宣时以旧城狭隘，扩展城垣，此后军民凑集。《乾隆宣化府志》卷41《杂志》据《续宣镇志》引清初胡东瓯追记当日宣镇之盛况云："明初镇城人烟凑集，里宅栉比，不独四门通衢为然，虽西北、西南两隅僻街小巷亦无隙地。盖驻防官军既不下二万，而宣府前左右三卫、兴和一所自指挥以下，官八百余员，合计官军户口不下三万有余，而绅衿士民商贾杂处其中，尤不可数计。迨至隆万以后，人烟里宅渐非昔比；至启祯时师旅频出，饥馑洊臻，流离死徙之余，遂至西北半城几同旷野，于是，居人稍稍耕作其间，历年久远渐成湮没，然当时各街祠庙碑碣及附近官宦姓名尚有可考而知者……"

[9] 铁冶见《元史·秦长卿传》。银冶见《元史·世祖纪》二中统三年（1262年）。

[10]《元史·百官志》一工部。

[11]《元史·兵志》四鹰房捕猎。

[12]《元史·百官志》六大都留守司。

[13]《元史·兵志》四站赤。

[14]《元史·郝和尚拔都传》。

[15]《元史·诸王表》。

[16]《元史·文宗纪》。

[17] 引自欧阳玄《鸡鸣山永宁寺记》，该文见录于《康熙宣化县志》卷十八《艺文志》。

[18] 引自《金史·循吏·张特立传》。

[19] 应是大安三年（1211年），参看《金史·卫绍王纪》《元史·太祖纪》。

[20] 张家口地区行署文化局、张家口地区博物馆1982年编辑的《张家口地区文物普查资料集》所收《张家口地区古长城调查主要收获》记河北境内的金界壕云："康保大专沟村东南200米处，因修水渠将界壕切开近20米，从剖面看到夯层，每层厚20厘米。"与此夯土墙残段夯层的较厚部分颇为近似。盖两者皆仓促修筑，故其工程质量亦相互接近。

[21] 辽会同元年即晋天福三年。《五代史记·晋本纪》记："天福元年（936年）……以幽、涿、蓟、檀、顺、瀛、漠、蔚、朔、云、应、新、妫、儒、武、寰州入于契丹"，并未交割。又契丹于辽神册元年（梁贞明二年、916年）即曾攻陷蔚、新、武、妫、儒五州，见《辽史·太祖纪》上、《兵卫志》下，五年

后即辽天赞元年（梁龙德二年、921 年）又为晋代州刺史李嗣肱所收复，参见《通鉴·后梁纪》六。

[22]《辽史·太宗纪》下："（会同）五年（942 年）春正月丙辰朔，上在归化州御行殿，受群臣朝。"又同书《世宗纪》："（大同）五年（951 年）九月……壬戌次归化州祥古山。癸亥，祭让国皇帝于行宫……"

[23]《辽史·游幸表》："太宗会同三年（940 年）七月猎于炭山……一七年（944 年）七月障鹰于炭山……景宗乾亨四年（982 年）九月猎于炭山……圣宗统和四年（986 年）五月如炭山清署……八月障鹰于炭山，猎于炭山……六年（988 年）七月观鹿于炭山……九年（991 年）八月猎于炭山……十二年（994 年）四月如炭山清署……兴宗重熙五年（1036 年）八月猎于炭山之侧。"炭山位宣化西北。《辽史·地理志》五西京道："归化州……（有）炭山，又谓之陉头，有凉殿，（圣宗母）承天皇后纳凉于此。山东北三十里有新凉殿，景宗纳凉于此。"《乾隆宣化府志》卷 5《山川志》上记，炭山在万全县西南四十里。按宣化位万全东南七十里，依此推之，炭山当在宣化西北约三十里的方位。

[24] 引自《辽史·耶律隆运传附偓制心传》。

[25] 参看《独乐寺观音阁与蓟州玉田韩家》，刊于《文物》，1985 年第 7 期。

[26]《乾隆宣化府志》卷 2《地理志》引马端临《通考》谓武州置于唐末："唐初复置北燕州，后改妫州妫川郡，末分置武州文德县、新兴永兴县……《唐书地理志》：'武州阙，领县一，文德。'新州阙，领县四，永兴、攀山、龙门、怀安。其阙者，《资治通鉴注》所谓史失其建置之始是也。然考《唐书纪传》，武德以后无新武二州之名，至昭宗龙纪（889 年）后，李克用掠地始见新武二州，则新武置工于此时。若宣、僖以前则惟有妫州，据《唐书·北狄传》奚徙冷陉，直妫州西北，后别部内附，保妫州北山为西奚。要知武州在伪州之北，若宣、僖以前有武州，则应曰直武州矣。乃不言武而言妫，则其时第有妫州，无武州可知。马贵与谓唐末置武州，良有据耳。"案马氏说见《文献通考》卷 316《舆地考》二古冀州。

[27]《通鉴·后梁纪》三记此事云："乾化三年（913 年）三月……燕主（刘）守光命大将元行钦将骑七千，牧马于山北，募山北兵以应契丹，又以骑将高行珪为武州刺史以为外援。晋李嗣源分兵徇山后八军，皆下之……李嗣源进攻武州，高行珪以城降。元行钦闻之，引兵攻行珪，行珪使其弟行周质于晋

军以求救。李嗣源引兵救之，行钦解围去。嗣源与行周追至广边军，凡八战，行钦力屈而降。"

[28]《新唐书·武宗纪》："会昌元年（841年）十月，幽州卢龙军逐（张）绛，雄武军使张仲武入于幽州……二年（842年）九月，幽州卢龙军节度使张仲武为东面招抚使。"

[29]《新唐书·藩镇卢龙·刘坪传》："刘坪，幽州昌平人。少为范阳裨将……朱滔时（772—785年）积功至雄武军使，广垦田，节用度，以办治称。"

[30]《嘉靖宣府镇志》卷十一《城堡考》记葛峪为镇城东侧中路第一站，有堡，"方三里三百步……宣德五年（1430年）筑……屯戍之所。"《康熙宣化县志》卷七《城堡志》记："下葛峪，城正东三十里……"葛峪西界宣化城东郊区。

[31]宿白：《隋唐城址类型初探（提纲）》，《北京大学考古系·纪念北京大学考古专业三十周年论文集》，文物出版社，1990。

[32]宣化城内十字街口原树四牌楼，《嘉靖宣府镇志》卷12《宫宇考》："大市坊，城中通衢四坊，南曰承恩，北曰宣武，东曰同泰，西曰永安。"此四坊解放后拆除。明代沿用旧州县城，多于中心十字街树四坊，山西大同沿用辽金西京城，亦如此布置。

（原载于《文物》1998年第1期）

宿白，男，1922年生，北京大学考古系原系主任，教授，考古学家，曾任中国考古学会名誉理事长。研究方向为三国—唐宋考古，著有《白沙宋墓》《中国石窟寺研究》《藏传佛教寺院考古》等专著。

明朝中前期中央政府对宣府镇巡抚的选配特点

陈韶旭

宣府镇是明朝的九边重镇之一，所以明朝中央政府对宣府镇的巡抚配备非常重视。《宣府镇志》记载：宣府镇设巡抚始于明正统元年，以后渐成定制。从正统元年（1436 年）到嘉靖四十一年（1562 年），宣府镇共设巡抚 61 位，历经正统、景泰、天顺、成化、弘治、正德、嘉靖 7 朝，历时 116 年。明朝中央政府选配宣府镇巡抚的主要特点是：

一、进士出身、监察官员经历

61 位巡抚都是科举出身，都有进士功名。在明朝科举制度中，进士录取率很低，所以，进士出身的人绝大多数都比较优秀，社会地位都比较高。由于天子门生的缘故，他们绝大多数都怀着强烈的忠君报国的责任感和使命感，勤劳王事，尽职地方。

61 位巡抚都是以都察院副都御史或者佥都御史的身份担任巡抚职务，他们都属于言官和风宪官的范畴。明朝的言官和风宪官品秩虽然不高，但是有"风闻奏事"的特权，可以直接向皇帝上奏章，他们所纠弹的对象不论职务品级高低必须停职待查，待事实查清后再履行职责或者接受处理。而宣府镇巡抚中，相当部分从获得进士功名开始走进官僚体系中就从事纠弹违规违法工作，后来担任了位置极为重要的六科给事中和十三道御史。李介，曾任御史，负责巡视两浙盐务和河南。任职期间，以敢言著称，"遇事不可，辄率同列论奏，忤帝意，两挞于庭"（《明史·列传七十三》），仍然坚守德操风节如故。担任宣府巡抚 9 年的罗亨信，曾经长期担任位置极为重要的吏科给事中和御史。首任巡抚

338

李仪，面对下属的诬告，"自负其直，词颇激，遂被劾下吏瘐死"（《明史·列传四十七》），耿直如此。所以，给巡抚加上这样的头衔，或者任用这类人为巡抚，目的在于加重他们的权威，赋予他们监督地方总兵的特权。所以，巡抚的进士功名、监察官员的头衔和经历以及对皇帝和朝廷的高度忠诚，使他们在边疆军镇中能够较为顺利地行使管理民政的职权，并且受到皇帝的信任，进而使得督抚之间配合得较好。即使军队和行政机构之间发生了矛盾，皇帝也大多相信并且支持巡抚。《宣府镇志》中记载的巡抚与总兵不和的事例不多，但是总是级别低于总兵官的文职参倒了军镇中地位极为重要的军职。《明史·刘源清传》提到"总兵官永虐下，源清劾罢之"（《明史·列传七十三》）；马中锡"劾罢贪蠹总兵官马仪，革镇守以下私役军士，使隶尺籍"（《明史·列传七十五》）。由此可见，最后斗争的结果是巡抚胜利，这说明巡抚对总兵有着较大的牵制作用。

二、任期较短、总体升迁较快

从 61 位巡抚的任职时间来看，除去武宗正德 16 年间换了 15 位巡抚和其他几朝 5 位任职超过 4 年的巡抚外，基本上 2—3 年者居多，成为定例，很有规律。但是各朝情况又有所不同：正统年间，任期长短不一，最长者 9 年，最短者 1 年；景泰后，任职比较有规律。任职较短的原因一是从北京来宣府镇镀金或者接受锻炼，为进一步提升提供些戍边资本；二是确实发现其人是能员干吏，被提拔重用。61 位巡抚中，日后升迁者有 40 多位，其中基本上升为六部尚书、侍郎和都察院副都御史、左右都御史。成化年间，在职升迁比例较大，7 位巡抚中有 4 位直接升任京官，3 位担任六部尚书，4 位担任户部右侍郎。弘治朝升迁最慢，18 年间只升迁一位。但是，总体来看，宣府镇巡抚任期较短，升迁较快，并且进入中央六部的概率很大，这表明，明朝中央政府对宣府镇巡抚配备是重视的，宣府镇在明朝政府和皇帝心目中是有分量的。

三、名臣较多、任期长者功业较大

61 位巡抚中，明史有传者 28 位。国史有专传，是崇高的荣誉，也表明他们在任时做出了较大成绩，当然他们的功绩可能不全是在宣府镇所建，但是至少可以说艰苦复杂的边塞生活锻炼了他们的精神，丰富了他们的阅历，这么高的入国史比例，在九大北方边镇中首屈一指。

而在《宣府镇志》中留有德政的，有的可能没有宣付史馆，但是的确为当地百姓所永远铭记，代代相传。他们有一个共同的特点，就是在宣府镇任职时间较长，甚至可以说是扎根塞外一辈子。正统年间的罗亨信，在镇9年，熟知民风民情，"练士卒，积粮草，清刑狱，修城隍，边人畏服"（《明史·列传六十》）。土木之变明朝军队大败后，边城大多陷落，宣府镇城孤危，城中百姓人心惶惶，准备外出逃难避祸。这时候，罗亨信仗剑横于城门，说："敢有出城者首斩徇众"（《明史·列传六十》），通过努力，稳定了当时一触即溃的危急形势。"外御强寇，内屏京师，洪既入卫，又与未谦共守，牢绩甚著，着兜鍪处，颠发尽秃"（《明史·列传计》）。叶盛，虽然担任巡抚4年，但是他在任巡抚前长期在宣府镇工作，督饷理财，协赞独石、马营军务。担任巡抚以前，"招抚流亡，修举废坠，择劲卒守要害，置暖铺，蓄医药，建乡校，设义冢，自此边境安宁"（《龙关县新志》卷51，叶盛）。担任巡抚后，一如过去敬业守职，重点开展了军民屯田，垦田益广，收粮更多，名利九边之首。巡抚余子俊，主持维修了宣府镇城，历时6年，使宣府镇城砖石包砌，坚固雄伟，一方军事重镇的位置更加突出，并且影响一直延续到今天，可谓功莫大焉。

（原载于《张家口历史文化研究》2008年第6期）

陈韶旭，男，河北北方学院档案馆馆长，副研究员，高级政工师，张家口历史文化研究会会长。1972年生，张家口师专中文系毕业。主要从事张家口地域历史文化教学与研究。在《人民日报》《光明日报》等报刊发表文章50余篇，主编有《张家口百年史话》《张家口历史文化六十讲》《魏象枢研究》等多部书籍，并出版有学术专著《张家口风物人物论》。

论明朝宣府镇边镇文化主流特色与另类特点

陈韶旭

笔者认为，所谓边镇文化，是指产生于边疆地区，具有边疆地域特色的文化。它反映着边疆地域军民的价值观和精神状态，指导着边疆军民的思维方式和行为方式，传承着边疆地区的文化精髓，影响着边疆地区后世军民的价值取向和士风民风乃至文风。这种文化一般在边疆地区的中心——镇城中最具代表性，故谓之边镇文化。宣府镇是明朝北部边疆九大边镇之一，是明朝北部边疆防御体系的重要组成部分。其辖区包括现在的张家口地区，镇城设在宣化古城。宣府镇从明永乐七年（1409年）置总兵官，始称宣府镇，到清康熙三十二年（1693年）撤销宣府镇，改称宣化府，历时284年，横跨明清两个朝代。明朝时九边总兵力近百万，宣府镇驻军最多时达到15万，占九边总兵力的1/6多。由此可见，宣府镇从诞生之日起，就以服务于明王朝政治军事使命为专责，承担着屏捍帝国北疆的重任。这里时而战事频仍，时而互市重开，出发点和落脚点都是为了巩固大明王朝的北部边疆。宣府镇在战争与和平之间，孕育出了特色鲜明的宣府镇边镇文化，对张家口地区政风、士风和民风也产生了深远影响。

一、爱国精神及其影响

张家口地区自古为兵家必争之地，杀伐不息，大事不断。尤其在明朝，影响王朝命运的大事件在此屡有发生，历经蒙古进犯、俺答封贡、土木之变、闯王进京、满洲进攻等大变局。在这些大的事件中，宣府镇军民均能以国家民族大义为重，或维护国家统一，或顺应历史潮流，以忠诚和热血高扬着爱国主义的旗帜。

中国封建社会，君国一体，爱国主义精神经常表现为忠君。当君国一体时，宣府镇军民秉承忠君爱国的理念，保卫皇权捍卫国家。当特殊时期君国分离时，宣府镇军民则将国家利益放在首位，秉承国先君后的理念。在土木之变中，后者表现得最为突出。土木之变是中国历史上的著名事件，明朝英宗皇帝被俘，66位朝廷大臣殒命疆场，50万明军覆没，明王朝以此为转折由盛转衰。土木之变时宣府镇的形势是：皇帝被俘，新君未立，蒙古军队兵强威盛，宣化以东各守将弃城逃跑。当明英宗被蒙古军队裹胁着来到宣化城下，传旨要求宣化开城投降的时候，宣府镇巡抚罗亨信登上城楼，义正词严地说："奉命守城，不敢擅启"，拒绝了皇帝命令。明英宗又要求和守城总兵官杨洪对话，颇有心计的杨洪也以生病为托词拒不相见。因为宣府镇军民的坚守，宣化城固若金汤，不仅捍卫了明朝的北部边疆，并且使兵临北京城下的蒙古军队担忧归路被阻乃至包抄围攻，提振了军民保家卫国的信心，成为北京保卫战胜利的前奏。

顺应天下大势，顺应民意，也是宣府镇军民爱国主义精神的特点。明成祖永乐大帝由宣府镇出塞五征蒙古，捍卫了明朝北部防线，保卫了长城之内人民的安居乐业。李自成起义军兵临宣化城下，宣化军民出城30里迎接闯王大军，起义军兵不血刃占领宣化城，由此长驱直入北京城，结束了明朝衰败的统治。在明王朝已经腐朽透顶的情况下，顺应历史潮流反戈一击促其速亡，表明宣府镇军民已经突破了为一朝一君而愚忠到底的狭隘的爱国主义。

明朝以后，这种爱国主义精神，经过时代的淬炼，深刻地浸润在张家口地区军民的思想深处，成为地域文化的传统基因。九一八事变发生一年多后的1933年，爱国将领冯玉祥在张家口组建了察哈尔抗日同盟军，举起了抗日御倭的大旗，察哈尔抗日同盟军虽然存在不足百天，但是将日寇驱逐出了察省全境，成为中国军队自九一八事变之后第一次收复失地，书写了驱寇安边可歌可泣的壮举。在此期间，张家口人民给了抗日同盟军巨大的物质支持和精神鼓励，使这些抗日志士从中感受到了国人的期待和民心所向。以尚义人张砺生为军长的察哈尔民军八千坝上子弟，参加了抗日同盟军，浴血沙场，保家卫国。解放战争时期，张家口人民为新中国的成立付出了巨大的牺牲，著名的新保安战役，拉开了平津战役的序幕，为解放战争立下了不朽功勋。新中国成立后，国家进入和平建设时期，张家口人以豪迈的精神投入社会主义建设。修建了著名的官厅水库、云州水库等水利工程；用很短的时间，全区总动员，修建了展览馆；响应国家号召，栽种了三北防护林。这些工程至今仍然发挥着作用。时至今日，张家口已经发展成为首都北京的"护城河""防护林""水源地""后花园"。尤其是中共十八大之后，张家口在京津冀协同发展、京张办冬奥、国家可再生能源示范区、首都生态涵养区等战略和定位中，对首都北京的贡献更加重要、更加全面，作用越来越大。这些都是张家口地区爱国主义精神在不同历史时期的表现形式。

二、英雄品质及其影响

边疆重地，战事频仍，培育了宣府镇军民的英雄主义品质。英雄主义表现在面临强敌英勇无畏，保家卫国出生入死，冲锋陷阵一往无前。明朝时在宣府镇这块热土上，产生了一系列威名赫赫的百战将星，至今为后人称颂。杨洪戍守宣府镇数十年，率军参加北京保卫战，使敌人望而却步，不敢南犯，蒙古人称其为"杨王"。因为他的贡献，明朝晋封其为昌平侯，并升任后军都督府左都督。朝廷和军民还在宣府镇各地为杨洪建立了多所生祠，铭记他的功绩，表达对他的敬意。青山忠骨，壮怀激烈。明朝名将，蔚县人马芳与马林、马圹祖孙三代总兵，功勋卓著，满门忠烈。马芳大小百十战，身受数十伤，以少击众，多次大捷，威名震边陲，为一时将帅之冠。马林镇守辽东，马圹镇守甘肃，冲锋陷阵，浴血奋战，都在总兵任上战死沙场，以身殉国。

宣府镇军队训练有素，战斗力很强，经常是战无不胜，攻无不克。土木之变后期，时任镇朔将军、宣府镇总兵的杨洪紧急率领 20000 军兵奉调进京勤王，在于谦的领导下，为北京保卫战的胜利立下了赫赫战功。

在英雄品质的滋养下，明朝以后张家口地域涌现出了一批在全国叫得响的著名英雄人物。比如：天津卫的首任总兵官赤城人倪尚忠；与袁崇焕一起在北京抗击皇太极进攻而壮烈殉国的山海关总兵宣化人满桂；宁远大捷中血战身亡的宁远总兵宣化人金国凤；清朝时多次在东南沿海击败郑成功的二等侯宣化人田雄；同治时武状元、头等御前侍卫，为巩固广东海防作出贡献的怀安人黄大元；官至直隶提督、与太平军和捻军血战有名的宣化人郑魁士；抗日战争中，与日寇血战殉国的国民革命军九十八军军长怀安人武士敏；狼牙山五壮士中的班长蔚县人马宝玉；解放战争中，舍身炸碉堡的怀来人董存瑞；等等。

三、文化品格及其影响

边关尚武，情理之中，但是宣府镇不仅尚武，而且崇文。宣府镇边镇文化品格的形成与发展得益于外来文化的滋养和军政官员的倡导。一是高素质官员的倡导。明朝宣府镇的主要官员有宣大总督、巡抚和总兵。宣大总督和巡抚是清一色的进士出身。明朝的进士很难考中。据学者考证，明朝读书人中有30%能够考上秀才，秀才中有10%能够考上举人，举人中有10%能够考上进士。进士都是饱读诗书，通过严格的科举考试脱颖而出的一时才俊。不管他们从政能力如何，就文化素质而言，在当时绝对是一流的文化精英。有文化就爱文化，所以，他们在主政宣府镇期间，基本上都尽其所能地宣扬教化，兴办学校，培养人才。比如明朝著名学者和官员叶盛，几乎在宣府镇工作了半辈子，他任职期间"立社学"，办教育，为当地文化传播、教育昌明作出了巨大贡献。宣府巡抚罗亨信以砖包宣化城，兴建镇朔楼，是宣化城市发展史上的重要转折点，为它后来成为一方政治经济文化中心奠定了重要基础，为文化繁荣提供了稳定的环境。秦纮、李岳、李介等三任巡抚历时4年修建了钟楼，巡抚郭登庸放置了镇城巨钟，使宣化城晨钟暮鼓，声通天籁，三楼耸峙，气象恢宏。宣府镇总兵挂镇朔将军印，可以专折奏事，不受宣大总督节制，与其他总兵相比，具有很大的自主权。虽然是武职，但是也钟情于文化和教育事业。明史记载："杨洪颇好文学，尝请建学宣府，教诸将子弟。"宣府镇军政官员群体用自己的权力和影响积极推动当地文化建设，为培养当地人才作出了巨大贡献。二是高水平京都文化的辐射。历朝历代，首都都是文化中心，京都文化都是各种高水平文化的综合体。宣府镇当时直接受北京五府六部领导，与其关系极其密切。宣府镇不少的官员，都是从京师北京到此任职，他们把京都文化带到了这里，根植在宣府镇的文化土壤中。三是发达的江浙文化的影响。明朝官员任职，实行的是原籍回避制，经常是南人北任，跨省交流。即使是跨省任职，也实行500里回避制度。宣府镇一些官员原籍在江浙一带，那里是中国文化较为发达的地方。他们在入仕以前，长期在原籍学习生活，深受先进文化的滋养。明清两代，官员都有自己的幕僚，也称师爷。师爷中又以浙江师爷最为著名。宣府镇官员中有一些带着浙江师爷到此任职。他们经常是当地行政管理的实际操作者，同时还参与编写县志、府志，将先进地区的文化带到了宣化。四是各地文化的参与。宣府镇是军事重镇，驻军基本以外地为主，尤其河南军队在此长期驻守。他们把中原文化和各自家乡的文化带到了这里，形成了宣府镇多元文化。

宣府镇雄奇瑰丽的大好河山、交汇融合的民族风情、金戈铁马的战斗生活，使来到这里的文化人士焕发了创作激情。复杂诡谲的官场争斗，给在这里任职的军政官员以刻骨铭心的体验。不同经历、不同角色的文化精英，在宣府镇书写着不同的文字心声，为宣府镇留下了丰富多彩的文化成果。这些成果有的誉满文坛，有的对张家口地区的文化形成产生了深远影响。

东郭先生和狼的故事家喻户晓，它来源于散文名篇《中山狼传》，文章的作者是明朝人马中锡。马中锡曾经在宣化担任巡抚三年。马中锡是宣化历史上的一位好官，《明史》评价马中锡在宣府镇的所作所为时说"公私皆便"。马中锡在宣化工作出色，受到朝廷正直大臣和宣化老百姓的高度评价。但是他的兴利除弊触动了一些当权者的既得利益，后来以有病需要休养的借口被免职，赋闲长达6年之久。《中山狼传》就创作于他从宣化卸任赋闲期间。他还编纂了张家口地区第一本志书——明朝正德版的《宣府镇志》。

历史上著名的书画大家徐渭，曾经在宣化当了两年多的巡抚师爷，走遍了这里雄奇的山水，为这里留下了数十篇文采斐然的诗文。他为宣府巡抚衙门题的对联流传颇广：开关市，通贸迁，东道往来，任数千里赤子龙蛇之寄；拱宸京，控沙漠，北门锁钥，当第一重青天剑戟之雄。徐渭在宣府见到了蒙古族奇女子、来远互市的关键人物三娘子。他目睹了健美聪慧、飒爽干练的三娘子英姿后，心潮澎湃，一下子写了六首边词，细致生动地描绘了这位少数民族女中豪杰的风采。后世人们对三娘子的了解，多半得益于徐渭的诗作。徐渭南归临行前，以《答谢上谷诸公》表达他依依惜别的心情：一客宣城镇，真多地主良，停车松树下，投辖井中央；红烛筹枚满，苍毛尘话长，别来知几日，柳色满红墙。

《西游记》的作者吴承恩曾为宣化人、时任翰林院编修孙世芳的英年早逝撰写祭文。吴承恩在祭文中称孙世芳为"渊源之学、经济之才"，称其去世为"未收时英，翻丧国宝"。孙世芳对当地文化建设上的贡献主要表现在编纂了《宣府镇志》，被称为张家口地区重要的历史文化源头之一。叶盛曾长期在宣府镇为官，他非常爱好学习，手不释卷，他身边总是带着几个专门抄书的人，长年为他抄书。每抄成一书，他认真校阅，并且钤上他的官印为记。叶盛晚年，藏书居江苏之首，成为江南著名的藏书大家。

这种文化上的培育与影响，使张家口地区的文化底蕴日益深厚，文化教育日益繁盛，人才日益涌现。清朝时，宣化的柳川书院与保定的莲池书院并称，人文鼎盛一时。明清两代，张家口地区因科举而成名者可圈可点，他们不仅登上了政治舞台，还留下了精神财富。一代名臣、理学名家魏象枢官至刑部尚书，其廉洁操守和从政才能为康熙皇帝赞叹褒奖，并著有《大学管窥》《寒松堂集》等十多种著作行世。民国著名史学家、阳原人李泰棻与陈垣并称，有在当时史学界有"南陈北李"之誉，他还是革命先烈李大钊先生的收尸治丧人。张家口是晋剧的第二故乡，从这里走出了一批晋剧名家，活跃在全国的艺术舞台上。梨园奇才、万全人侯俊山，艺名十三旦，"艳噪京都"，长期在清朝宫廷升平署供职，鲁迅先生曾经说："老十三旦七十岁了，一登台，满座还是喝彩。"张家口光复后，大批文化界知名人士云集张家口地区，丁玲以涿鹿温泉屯为原型创作了名著《太阳照在桑干河上》。另外还有许多本土文化人士创作了大量反映本地火热生活的文化成果，如著名笛子大师冯子存被誉为中国北派笛乐的创始人。时至今日，张家口地区尤其是宣化古城仍然文风繁盛，书卷飘香。

回顾张家口地区明朝以来的历史发展进程，我们看到明朝宣府镇时期是中央政府对张家口地区空前重视的时期，也是张家口地域文化精神形成的关键时期。这一时期凝聚成形的宣府镇边镇文化精髓一直是后世张家口地域精神的主流和内核，成为张家口地区在明朝以后各个时期的重要精神力量。

四、宣府镇边镇文化的另类特点

宣府镇滋养出崇文尚武的边镇文化品格，使爱国主义、英雄主义和文化品格成为边镇文化的主流。但是，任何事物都具有两面性，明朝宣府镇主流文化之外，也表现出了另类特点。这些另类特点，影响了人们，尤其是从这里走出去的高级官员的行为方式，我们不能忽视。

笔者认为，明期时中国政治舞台上有一个宣府镇现象。主要表现在出了一些大人物，他们上升得很快，爬得很高，摔得很惨，而且历史上的名声很坏。如：蔚州人王振是开启明朝宦官专权第一人，30多岁就进入明朝核心决策层，但是最终因诱导皇帝亲征瓦剌，酿成土木之变，自己也殒命疆场。虽然王振之死有被瓦剌士兵杀死说、被大将樊忠用大锤砸死说、有疆场自杀说，但无论哪种死法，都是不得善终。虽然明英宗因土木之变落难后非但不记恨反而在自己复位后感念封赠王振，但是王振反面人物的形象已经成为定论。江彬从宣化边镇军中被正德皇帝赏识提拔，一度权倾朝野，但是在武宗死后不久即被捕杀。这两个典型的案例，都发生在明朝宣府镇出身的达官显贵身上，不禁让人思索，让人疑惑，这种现象是否与边镇另类文化影响下的行为方式息息相关？

笔者认为，宣府镇另类文化的产生也有其原因。一是这里缺少世家大族。明朝到宣府镇任职的高级官员基本上都是外来人员，他们在这里任职时间或长或短，卸任后都要回到原籍或者京师北京。因此，虽然宣化曾经一度高官云集，但是并没有形成真正的世家大族。二是宣府镇官员骤然升迁的可能性较大。宣府镇作为重要的边镇，与中央政府的关系密切。所以，宣府镇官员容易受朝廷或者皇帝的赏识，容易青云直上。

我认为宣府镇高官失败也有其原因。一是身份为当时所不容。俗话说名不正则言不顺，身份很重要，历来如此，尤其是和平时期。明朝高官队伍主要由两部分构成，一是世家，主要集中在军界；二是科举，通过考进士、考举人当了官。而王振、江彬既没有家族背景，也没有科举功名，只是依靠得到皇帝一个人重视而得到升迁通达。历朝历代，人们对宦官都是鄙视的，从鄙视他的身份，到鄙视他的思想，而王振的身份是宦官，自然受到正途和正统官员的鄙视。明朝儒家正统，重文轻武，而江彬更是基层军官出身。心里嫉妒和鄙视他们的同僚待皇帝去世后马上就会落井下石，甚至置之于死地。二是冒险主义倾向。军事重镇，尚武风气，生活在这种环境里的人，骨子里都会有冒险的成分。王振通过自宫进宫，之后一点点地积累资本，可以说是冒着生命危险，冒着一生的危险，更无论政治风险。江彬本身是行伍出身，本人很能打仗，算是从死人堆里爬出来的，冒险更是本性。所以，他们选择的上升通道经常是通过更大的冒险建立更大的功绩，或者是取得上层的继续赏识。冒险导致过于操切，急于求成，乃至不择手段，甚至不惜身败名裂，害了自己也害了别人。如王振一边是皇帝的宠信，一边是官员心底里的不齿和藐视。于是，他继续冒险，希望建立功绩以堵塞众臣之口，增加自己的权重。但是，急于求成导致了土木之变，自己不仅丢了性命成为千古罪人，更影响了大明国运，由盛而衰。再如江彬，通过战场上勇敢崭露头角，通过虚报军功获得了皇帝的赏识。他为了巩固自己的地位，把皇帝游说到了宣化，打击同僚不择手段，最终积怨过深，在皇帝死后被捕杀。

由什么发迹，还会沿着什么路途走下去。我们常说，从哪里跌倒从哪里爬起来。其实，经常还会出现从哪里爬起来再从哪里跌倒的现象。所以明朝宣府镇官员升迁后，还按照边镇逻辑和自己发迹的途径继续发展，他们把军事上的勇敢和冒险运用到官场，运用到生活。而官场规则和军事规则有很大的不同，京城生活毕竟与边疆生活大不相同。在边疆，军事上勇敢或者冒险是优点和长处，而在官场中讲究的是圆通和稳妥。升迁过快容易遭嫉，军事生涯向文人仕途转型需要过程，而这个过程需要的是盘根错节的根基作支撑和清醒的文化自觉作指导。而宣府镇官员缺少的恰恰是这些。所以，宣府镇官员大起者有，大落者也不少。宣府镇官员也知道缺少士家大族的支持是致命的缺点，而这种缺点一时又难以弥补。于是建功立业的渴望演化为急于求成的软肋，急于求成导致了只顾眼前的人身依附和一味地攀龙附凤愚忠愚行。在风云诡谲的王朝政治中，官职越高，翻车落马的可能性越大，全身而退的可能越小。所以，宣府镇边镇文化的另类特点是地域文化精神的基因，可以成为我们解读一些人另类人生的别致角度，更是生于斯长于斯的，在当地和走出去的各色人等应该认真思考的问题。

（原载于《张家口风物人物论》，中国言实出版社，2017 年）

明代长城军堡形制与演变研究

——以张家口堡为例

杨申茂　张萍　张玉坤

明代长城军事防御体系由城垣、关隘、城堡等共同组成。长城"东起鸭绿（江）西抵嘉峪（关），绵亘万里，分地守御。初设辽东、宣府、大同、延绥四镇……"宣府镇恰在北京西北门户，当时就是公认的九边"第一重镇"[1]，宣府镇张家口堡选址清水河畔，北倚明长城"外边"，正北是野狐岭天险，东南屏卫宣府镇城及居庸关，历来是兵家必争的"重险"[2]之地。

长城军堡百千数，其中一部分由军堡而成为市镇甚至商业都会，这是中国古代城市发展演变的一个重要类型。宣府镇的张家口堡就是这样演变和发展的。清代，它是北方最大的商埠之一，专营对蒙古各地及俄罗斯贸易。民国以来张家口成为主要工商业城市，曾经作为察哈尔省省会。本文以张家口为例，探讨明长城军堡演变发展的轨迹。

一、建置沿革

明永乐皇帝迁都北京，国内政治中心北移，由此建立起"天子守边"的制度，加强对北方蒙古族势力防御的军事体系。修筑长城，设置军镇，驻军屯守。永乐七年（1409年）正式设置宣府镇，镇城在今张家口市宣化区。宣德四年（1429年），万全右卫指挥张文于宣府镇城西北修筑张家口堡。张家口堡建成之后，大约以50年为周期进行拓展或修葺，主要工程集中在成化、嘉靖和万历3朝。万历二年（1574年）给城墙包砖，可看作城堡大规模建设完成的标志。

　　隆庆五年（1571 年）蒙汉和议后，张家口被定为大市所在。张家口堡建设重点集中于城堡改造，修城堞楼阁、建普渡桥、设关帝庙等，透露出城堡功能转变，居民成分变化的信息。万历四十一年（1613 年）在张家口堡北的市口建成来（徕）远堡，形成双城结构，应是其功能转变的重要拐点。原军事政治功能保留在下堡张家口堡，增长中的经济贸易功能主要在上堡来远堡，比较恰当地处理了功能转变过程中的矛盾。下堡商业区武城街与上堡遥遥相望，形成当年绵延数里的商业纽带，把军堡与商城两种功能用市场联系到一起（图1，表 1）。

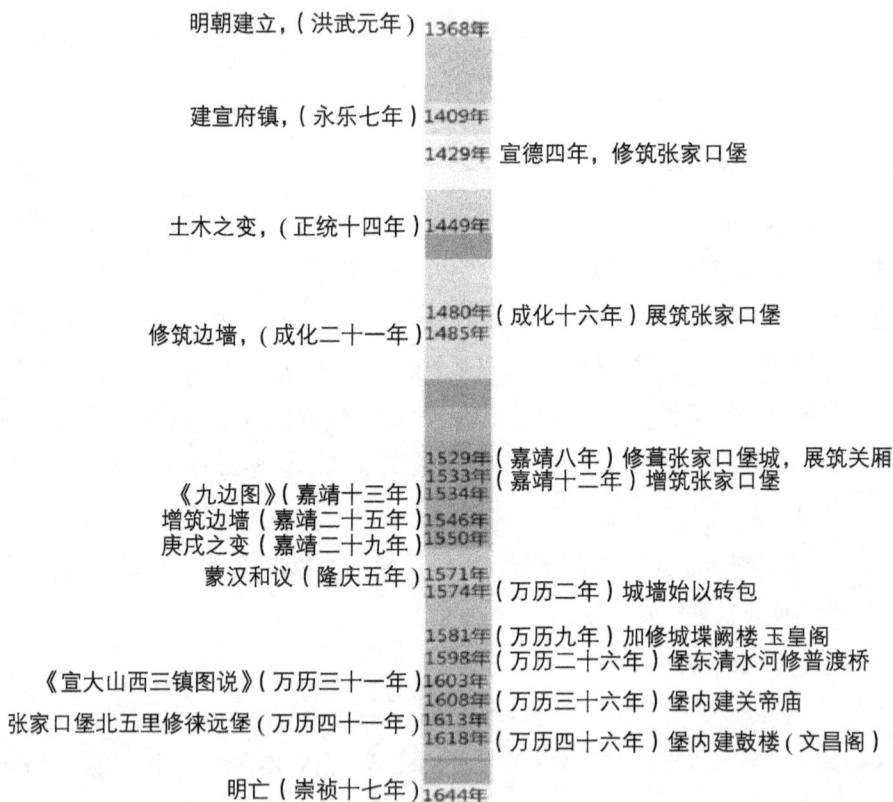

明朝建立，（洪武元年）1368年

建宣府镇，（永乐七年）1409年

1429年 宣德四年，修筑张家口堡

土木之变，（正统十四年）1449年

1480年（成化十六年）展筑张家口堡
修筑边墙，（成化二十一年）1485年

1529年（嘉靖八年）修葺张家口堡城，展筑关厢
《九边图》（嘉靖十三年）1533年
1534年（嘉靖十二年）增筑张家口堡
增筑边墙（嘉靖二十五年）1546年
庚戌之变（嘉靖二十九年）1550年
蒙汉和议（隆庆五年）1571年
1574年（万历二年）城墙始以砖包

1581年（万历九年）加修城堞阙楼 玉皇阁
1598年（万历二十六年）堡东清水河修普渡桥
《宣大山西三镇图说》（万历三十一年）1603年
1608年（万历三十六年）堡内建关帝庙
张家口堡北五里修徕远堡（万历四十一年）1613年
1618年（万历四十六年）堡内建鼓楼（文昌阁）

明亡（崇祯十七年）1644年

图 1　张家口堡兴筑大事年表

表 1 史料中有关张家口堡修建的记载

年号	史料	修建记载
正德	《宣府镇志》	张家口堡，高二丈五尺，周围三里一十步，城铺十，东、南二门。宣德四年筑，成化十六年展筑
嘉靖	《宣府镇志》	宣德四年指挥张文筑，高二丈五尺，方四里有奇，城铺十，东、南二门。成化十六年展筑。关厢一，高二丈，方五里，嘉靖八年指挥张珍筑
万历	《续宣镇志》	万历二年砖包
万历	《宣大山西三镇图说》	本堡筑于宣德四年，嘉靖间展修之，万历年始包以砖，周四里，高三丈五尺
康熙	《读史方舆纪要》	宣德四年筑，嘉靖十二年、万历二年增筑。堡周四里
光绪	《畿辅通志》	嘉靖中改筑，只三里有奇。城外有地，天崇间为互市之所

二、城池选址与军事地位

（一）基于区域防御的战略部署

宣府镇一带所处的山间河谷盆地，是蒙古高原通华北平原的主要战略道路。作为京师北京的西北门户，宣府镇西路原有万全左、右卫的拱卫屏护。但随着边境后撤，开平（内蒙古蓝旗南）、兴和（河北省张北县）等地的放弃，战守形势发生改变。坝头成为最前线，鞑靼势力进至长城沿线，经常越过长城对边关一带进行袭扰。蒙古骑兵往往从镇口台、膳房堡一线突破，绕过万全左、右卫，直逼宣府镇腹地。当时，宣府镇提出普适性的战略方针。郑亨提出："数堡中间择一堡，为高城深池。""各堡并力坚守。"时任镇守总兵官谭广，提出"扼要害"量力战守与"精锐巡塞"相结合的积极防御战略。

明代边关隘口根据其在军事上的重要性分为极冲、次冲、又次冲3个级别，张家口乃是"极冲要"[3]。修建张家口堡的直接原因也正是完善宣府镇西路防守，提高防御的密度和纵深性。张家口堡的修建将防线由宁远站堡北推了20里，距边墙仅5里。同时各堡之间的距离适中，既能各守一段，也便于援驰，在军事防御上可互为掎角。

明帝国在长城沿线的一些关口设有官市，用于和平时期在这里同北方游牧民族进行茶马交易，也是明帝国补充军马的重要渠道。张家口堡北5里的市圈便是重要的官市之一。特别是隆庆议和后，张家口被开辟为宣府镇的官马市，因靠近北京，成为明朝九边中规模最大，最为稳定的马市，其经济政治地位逐步提升。而张家口堡距离市圈最近，故日常还需负责对市圈的贸易进行监控，保证茶马交易的正常进行，防止匪寇和间谍混入关内（图2）。

图2 《宣大山西三镇图说·卷一·张家口堡》

（二）防御为主的城池选址

作为一座边关戍堡，张家口堡的选址在满足传统城市选址方式之外，很多方面都体现出军事防御的考虑。正德《宣府镇志》描述："东高山、西高山、水泉山，俱在张家口堡北四里；平顶山，张家口堡东北六里[4]；大尖山、小尖山，俱在张家口堡西北十里；黑山张家口西北二十里；红崖，张家口堡东北十里；清水河，张家口堡东三里，南流入洋河。"城堡建在清水河畔的一个平坦的高台上，周边的高山成为军事屏障，清水河则提供了日常的生活用水，且河畔土地开阔，灌溉方便，适合军事屯田自养。选择河边高地建筑城堡，居高临下，易守难攻，扼守要道河口，是明代军堡中"谷中盆地，水路并重"的典型模式。

（三）军事地位

张家口堡为宣府镇上西路所辖，"初设操守，后改守备"[5]。守备任用须朝廷备案，最低也是武职四品。操守任用则简单些，更低等级的还有委守、防守等。其军事级别在镇城、路城、卫所城之下，属于下级城堡。但张家口堡战略地位比较重要，有"张家隘口关，堡北五里通境外"[6]，是"极冲要"。西北连德胜口和野狐岭口，扼守宣府镇西部大门。此外，张家口堡的马市是明朝九边中规模最大，最为稳定的。所以，张家口堡虽为下级军堡，但其战略军事地位在整个宣府镇中是相当重要的。张家口堡也成为《宣大山西三镇图说》中在《三镇总图》和《宣府镇总图》被标示出的路城以下，不设分巡、分守、兵备道的唯一下级军堡。

张家口堡的驻军最初仅五六百，后逐步增加。正德年间加强军备，官军就已达千余人，嘉靖朝还有增加。张家口堡堡城周长近4里，这在同等级军堡中较少见（表2）。张家口堡所管辖边墙"东自东高山台起，西至野狐岭止，地远五十四里五十三步"，沿城"三十一里有奇"[7]。沿边有"边墩五十八座，火路墩三十一座，内灭房表台等极冲"。周边布设十几个村堡或营寨，是城堡防卫的补充，也是军户屯田居住的家园。

表2 宣府镇辖驻军千人以上的城堡

城堡	辖属	官员	驻扎卫所	周长	驻军	马匹	所辖边墙
永宁城	宣府怀隆道辖东路	参将驻地	永宁卫	6里13步	1097	196	
柴沟堡	宣府守道辖下西路	参将驻地		7里13步	1105	434	34里有奇
龙门所城	宣府巡道辖下北路	参将驻地	龙门守御千户所	4里有奇	1065	145	大边85里，二边53里
万全右卫城	宣府守道辖上西路	参将驻地	万全右卫	6里30步	1404	245	31里
独石城	宣府巡道辖上北路	参将驻地	开平卫	6里20步	2972	503	163里
怀来城	宣府怀隆道辖东路	怀隆道驻	隆庆右卫怀来卫	8里337步2尺	1323	227	
龙门城	宣府巡道分辖中路		龙门卫	4里56步	1151	126	29里3分
蔚州城	宣府守道分辖南路		蔚州卫	7里12步	1176	131	
万全左卫城	宣府守道辖上西路		万全左卫	9里13步	1195	499	
怀安城	宣府守道辖下西路		保安右卫	9里13步	1430	626	
君子堡	宣府巡道辖上北路			6里53步	1525	原缺	170里
张家口堡	宣府守道辖上西路			4里	1295	450	31里
洗马林堡	宣府守道辖下西路			4里6丈	1213	445	43里有奇
西阳河堡	宣府守道辖下西路			4里80步	1003	473	25里

三、城堡的形制与演变

（一）城堡的形制

张家口堡为宣府镇西路万全右卫所辖，"初设操守，后改设守备"，为宣府镇辖区内的第3级小城。嘉靖以后的各种资料记载张家口堡多是周四里有奇，这在下级军堡中是规模较大的。根据万历《宣大山西三镇图说》统计，宣府全镇各城堡的周长，以4里为界，4里以上的城堡有15座，只有3座下级军堡。其余下级军堡周长以2里左右的为最多，而宣府镇同级别城堡中最小的黑石岭堡不足1里。今人对张家口堡城墙遗址考证并测量，东西长590米，南北长327米，周长1850米，城池是偏西20°的长方形。这比较接近正德《宣府镇志》记载的周长"三里一十步"的记载。后来所说周4里，大约是把拓展的关厢也包括在内。

城墙最初是夯土而建，直至万历二年（1574年）才全部包砌砖墙。城墙取土主要来自城西，现在的西夹道便是当时取土所挖的壕沟。而周边的赐儿山沟、西沙河、清水河也被利用为护城壕堑。正德和嘉靖《宣府镇志》均记载张家口堡城墙初建仅高"二丈五尺"，经万历九年二年"包砖"，万历九年加修"城堞"，自万历《宣大山西三镇图说》后均记载为"三丈五尺"。张家口堡西高东低，落差达8米，堡内地势又高于堡外，城墙对外则更为高大，城内登城作战则较为方便。

出于军事防御的考虑，城堡最初只在东南两面开有城门，东门为"永镇"，南门曰"承恩"，东南二门均有瓮城。军城出于增强城门防御功能考虑，一般瓮城城门与主城门不能相对，都将两个城门做成90°角，在其左右拐角而出入。张家口堡东门瓮城城门向南，南门瓮城城门向东，利于战斗中的配合。这种模式在明代九边的军堡中是十分典型的。北边的小北门则是建堡百年之后才开辟的，但根据当时形势，蒙古鞑靼部与明政府之间的战争经常发生，所以小北门的门洞狭窄，高度很低，骑马不能通过，且出小北门为赫然陡坡也应是考虑到堡城的防务而专门设计的。"小北门"相对"南门"向西错开，城堡格局仍遵循着"城门不相对，道路不直通"的原则。目前张家口堡的东、南两个城门及其瓮城均被拆除，仅余小北门。

隆庆五年（1571年）与蒙古俺答部的议和，结束了长达18年的战乱。

定张家口为马市，亦称官市。明政权在互市同时，仍不断完善边镇的防务，此后又增建了一些城堡，原有的土城堡也逐渐修葺包砖。而此时的张家口由于是大市所在，地位较之原来的一般边堡更为重要。万历二年（1574年）重修张家口堡，土城包砖。万历九年（1581年）加修城堞阙楼。城堞是对城墙的继续完善，阙楼应是指玉皇阁的修建。小北门旁的玉皇阁是整个堡城的制高点，实际是相当于北城墙高大的马面敌台，更多的是用于军事瞭望。

（二）道路与衙署

张家口堡原址应当有居民点，高地上原有建于金代佛教大寺。西边水泉山（今称赐儿山）上有云泉寺。据《万全县志》记载，在建堡之初就已基本形成现在的"干"字形道路格局，在"马道底"接"东门大街"和"鼓楼东西大街"为两条横路，和"鼓楼南北大街"为纵路交叉而成。另有"东城墙底街"和"西城墙底街"的顺城道路。而堡内的其他大街小巷则是在后边的发展中逐渐形成的。

张家口堡的城墙损毁大半，门楼和关厢已无迹可寻，但堡内的20多条街巷和近500个院落却基本保持着原有的格局。现存街巷的命名基本源自过去街道上的主要标志建筑，据此我们可以复原出当时城堡内的大致功能分布。

张家口堡内各种守城官衙营署基本都集中在马道底街道以北。官厅在堡内西北隅，宣德六年（1431年）建；察院（巡按的助手）设在堡内北边，指挥胡玺成化十八年（1482年）建；守备公廨在官厅西。囤积粮草的张家口仓设在堡东南隅。草场则在堡西北隅。城堡外西南方位现有两条道路，名曰北教场坡和南教场坡，为原来教场的位置。

（三）世俗建筑的修建

城堡世俗功能的扩充也反映在一些公共建筑的修建方面。明清以来，城堡一般都有钟楼、鼓楼，规格因城堡等级和经济实力而定。最初的张家口堡只是戍边屯兵的小堡，城堡内基本都是军人和他们的家属，实际上就是一个大兵营。钟鼓楼并非必需。隆庆议和后，张家口堡涌来各地的商贾匠人，人口增加，军人不再是主体，晨钟暮鼓的世俗管治就成为地方行政管理的重要职能。鼓楼于万历四十六年（1618年）修建在城堡的核心位置，其4门所通的原来的4条道路也因此得名为鼓楼大街。魁星阁原建于城墙东南角，建于清朝，实为角楼。鼓楼又叫"文昌阁"，与"魁星阁"都是取意文化昌盛，与科举考试有关，乃是希望为曾经的"武城"增加文气。

世俗生活的坛庙也在城堡内外逐渐出现，城隍庙、关王庙、孔庙、奶奶庙等现在还有迹可寻。堡城东关的"武城街"是当时最繁华的商业街，山东会馆、戏园子等都在其附近。伴随商业繁荣同时出现的还有娼馆，旧时设在武城街南边的"安仁里""新生巷"（旧称大观院）。政府也在武城街南边设立了税司来向商贾征税，这里现在还叫作税司街。在关厢里因不同行业的匠人聚居还形成了一些以行业命名的街巷，如"风箱巷""头道毛毛匠巷""赵家布店巷"等。

（四）关厢的形态考证

随着经济活动的发展，城堡人口的增加，城堡内部无法解决新增人口的居住问题，城堡向外扩展空间。嘉靖八年（1529年）展筑关厢。对于关厢的具体位置并无明确记载，只知其"方五里，高二丈"。城堡北界西沙河，西侧为高地缓坡，不利于扩展，难于防御。向东向南，城堡到清水河之间，平坦开阔宜百姓居住，是城堡扩展的理想选择。在城堡东边的武城街南口原有一"通桥门"，应为关厢的东门。嘉靖八年（1529年）还在城堡北城墙开"小北门"。小北门外的街道叫北关街，据《万全县志》载，此街道于成化年间展筑北关厢时所形成。因此推测开小北门可能是方便北关厢同城堡内的交通关联。据考，原有的关厢并没有城墙，嘉靖十二年（1533年）"展筑"外城可能是因开设小北门后，北关厢发展迅速，所以展筑外城予以保护。而城堡西侧为高地缓坡，不利于扩展。时至清朝，才在城墙西边开了个豁口，直通马道底大街，西关街在此后方逐渐形成。

根据地形和古代城池建设的特点，推测张家口堡城厢应是在北、东、南3个方向扩展，且外城城墙走向并不规矩，应是据河道和沟渠的走势建起了圈墙，在关厢内逐步形成了南北走向的武城街和西关街、东关街、小南关的十字街，以及北关街。

（五）双城结构的形成

张家口堡北5里有马市。《宣大山西三镇图说》记载："边外狮子屯一带，酋首青把都、合罗气等部落驻牧。本堡乃全镇互市之所。堡离边稍远，恐互市不便，乃砖垣于其口。每遇开市，朝往夕还。楼台高耸，关防严密，巍然一巨观焉。堡人习与虏市，远商辐辏其间。每市万虏蚁集，纷纭杂错，匿奸伏慝。窃为将来隐忧，故开市必道将往莅焉。"

万历十五年（1587年）申时行所修《明会典》记载，隆庆五年（1571年）后，除辽东等地原有马市市场外，长城沿线九边各镇又开市11处。其中，"在宣府者一，曰张家口"[8]"市易对象皆为俺答等部，属大市"[9]。万历四十一年（1613年），汪道亨任宣府巡抚，因原有"市圈""仅北面危垣半壁"，于是上书建议在旧城垣的基础上修筑堡城以巩固边防。工程于次年（1614年）十月竣工，汪道亨亲自命名"来远堡"，并写下《张家口新筑来远堡记》，记其事。

来远堡主要功能是民族管理与互市贸易，军事防务附属与张家口堡，因而后来也习惯地称其为"上堡"，张家口堡为"下堡"，两座城堡发展成双城结构。堡内有总管署1座，营房300间，观市厅2座、司税房24处、抚赏厅3座及讲市台和城隍庙等。祠庙2座，八角亭1座。总管署是来远堡交易的管理人员办公居住的地方，观市厅是供守御人员瞭望的地方。兵房驻军一为守备长城，二为监管市场。抚赏厅是政府对市场监管人员进行奖励，对蒙古部落头领进行赏赐的地方。司税房则专管税务。

四、城堡功能的转化与区域中心的转移

（一）军事防御为主的军城时期

宣府镇作为长城九边军事防御体系的一个边镇，明朝中前期一直以军管行政区的形式出现。防区的最高长官宣府镇总兵驻守在宣府镇城，这里也是整个区域的中心所在。宣府镇分八路防守，各路设参将分守路城，下管各堡。宣府镇防区内，另有一些大的卫所州城，如蔚州城、隆庆州城等。张家口堡原属宣府镇西路，后为上西路管辖。上西路参将驻守在万全右卫城，张家口堡在其东20里。这一时期，张家口堡虽为战略要害所在，但其仅是作为一个下级边堡，并不是整个区域的中心所在，甚至也不是西路的中心所在。但张家口堡北的马市却为城堡功能的转变及局域城市结构的变化留下了伏笔。

（二）区域商业中心形成的商城时期

张家口堡商业功能的产生与发展，受内外两种条件制约。内是人口增殖，需求增长，建立商业服务。明朝中期堡内人口总数不详，但是修建关厢，形成武城街，特别是后来建设钟鼓楼，可以看作内部商业条件形成。外是与堡外的商务联系。张家口扼守古代商路。隆庆和议（1571年）后的开市可以说是张家口堡由军城向商城转变的一个重要拐点。特别是开放小市，允许民间进行小宗农牧产品交易，更扩大影响规模。根据历史记载，宣府张家口马市规模是年"不得逾三万"，而大同、山西两镇不过一万匹。"张家口本荒徼，初立市场，每年缎布买自江南，皮张易自湖广。"商业繁荣，"物阜民安，商贾辐辏，无异中原"。清初《马市图序》追忆前朝的张家口：来远堡内"规方墉地，百货坌集。车、庐、马、驼、羊、毹（毡）、毳（绒毛）、布、缯、瓶、罂之属，蹴鞠、跳丸、意钱、蒲博之技，毕具"。长城外"穹庐千帐，隐隐展展。射生、投距之伦，莫可名数"。此时的张家口堡已然成为宣府镇商业意义上的区域中心，对商业活动的监管和保护成为其最主要的职能。

（三）区域行政中心转移的治城时期

隆庆议和后的开市可以说是张家口堡由军城向商城转变的一个重要拐点。清代的中俄贸易和张库商道的开通，使张家口逐步发展成为我国北方最重要的商业城市和金融中心之一，此时的张家口已经是与广州南北遥遥相对的主要外贸口岸。清末民初，随着民族资产阶级的壮大，京张铁路的开通，张家口堡的经贸有了迅速发展，逐渐成为通往西北的货流枢纽。辛亥革命后，张家口更成为对外开放的商埠，中外商贾聚集此地。在当时是除天津口岸、上海洋场之外又一个外商聚集之地。伴随着经济地位的日益重要，张家口的行政地位也从明初的小军堡成为管辖一方的治所，这一时期也是现在的张家口市逐渐形成的阶段。张家口的正式行政建制始于清雍正二年（1724年），置张家口理事厅。乾隆二十六年（1761年）设察哈尔都统，驻张家口；民国二年（1913年）属直隶省察哈尔特别区口北道。民国十七年（1928年）设察哈尔省，张家口为省会。民国二十八年（1939年）初设立张家口特别市。新中国成立后张家口市一直保留至今，作为河北省辖的一个地级市，而原来的区域中心宣府镇城已经降格成为张家口所管辖的一个区。

五、结语

张家口是长城沿线唯一一个由下级边堡发展而成的地级市，故其各方面的史料记载较为详细也保存较好。同时因为张家口的经济相对落后，所以张家口堡至今仍基本保留着明清时期的风貌形态，这在长城沿线的各个城堡中是较为少见的。且作为曾经汉蒙互市的大市，张库商道的起点，对外开放的商埠，这里是多元文化交融的地带。因此，对张家口堡城市形态演变的研究，对于长城沿线这个文化过渡地带的军堡研究是具有实践意义的。

注释：

[1] 王崇献.宣府镇志·卷十·文 [O]. 明正德版，南京图书馆珍藏复制本。

[2][民国] 赵尔巽.清史稿·志二十九·地理一.中华书局，1977。

[3][明] 高拱.边略五种.民国二十三年重印本。

[4] 王崇献.宣府镇志·卷二·城堡. 明正德版，南京图书馆珍藏复制本。

[5][明] 杨时宁.宣大山西三镇图说·卷一·张家口堡.正中书局印行明万历癸卯刊本。

[6] 王崇献.宣府镇志·卷三.明正德版，南京图书馆珍藏复制本。

[7] 王崇献.宣府镇志·卷五.明正德版，南京图书馆珍藏复制本。

[8][明] 申时行.明会典·卷107·朝贡三·北狄.万历重修，影印本.中华书局，1988。

[9] 台湾"中央研究院"历史语言研究所.明实录：穆宗庄皇帝实录·卷54[M].影印本.上海：上海书店出版社，1982。

（原载于《建筑学报学术论文专刊》2012年第7期）

杨申茂，男，天津美术学院副教授，高级工程师，国家一级注册建筑师。1980年生，天津大学博士。主要研究方向：明代北边城市发展史；校园规划与教育建筑设计；既有建筑改造更新。发表有多篇论文。曾参与大型丛书《中国长城志》中宣府卷的编写。出版有《京师北门宣府镇》《明长城宣府镇防御体系与军事聚落》等学术专著。

张萍，女，河北工业大学副教授，国家一级注册建筑师，英国曼彻斯特大学访问学者。1979年生，天津大学建筑设计及其理论博士。主要研究方向：适老住区研究；公共住房政策研究；明代北边城市发展史。在《建筑学报》等期刊发表多篇论文。是京津冀老龄住区研究会主任委员、发起人。

张家口堡城池考

胡 明

今日张家口市内的"堡子里"在明朝军事建制中称"宣府镇上西路张家口堡",属"极冲"级,设守备一名,"分边沿长三十一里有奇,砖石包砌过半,高两丈。边墩五十八座,火路墩三十一座,内灭虏台等极冲"。之所以称"堡",而不叫"城",是因为营建的初衷不是根据我国传统的府、州、县行政建制而建造的"城",而是根据当时战争和军事的需要,建造的为守御长城而屯兵的"戍堡"。因此,它的建筑形制和规模都不符合我国传统的方城建筑模式。由于战争的需要,"堡子里"经过几次"展筑"和"改筑",最后定型于"万历二年(1574年)堡始以砖包"。尽管"堡子里"最初仅是一座守御长城的戍堡,但在明清时期,它有一段从"边堡"到"商城"灿烂辉煌的发展历史。它是今日闻名中外的北方名城张家口市的发源地、军事重镇的根。

一、地理位置:兵家必争的要隘关口

在我国北方由农耕文化向畜牧文化过渡的地带,有一条天然分界线——大坝。在很长的一段历史时期内,大坝两边不同政权的政治制度、经济类型、社会结构、民族构成以及生活方式、语言、宗教、习俗风尚等,都有很大的差别。今日"堡子里"北部"平门"的位置,正是塞外通往中原道路上的重要隘口——翠屏口。翠屏口下的黑达子沟(今新华街)是官驿及民商站点。早于金大安三年(1211年),金代诗人周昂就在《翠屏口》中写道:"牛马来细路,灯火出寒松",即塞外的牛马就是从翠屏山下的小路来到这里的。因此,这一地区成为不同政权争夺的焦点,而张家口地理位置就处于这一焦点的突出部位——扼制辽、金、元时期从草原通往中原古道的山口要塞之一。

  元朝至正二十八年（1368 年），朱元璋大军攻克元大都（今北京），元顺帝途经张家口、越过野狐岭退回了"塞北"。元朝在中原的政权虽被推翻，但元顺帝仍然把握着完整的政治机构和较为强大的军事力量，并占有今长城以北的广阔领土。退回塞北草原的蒙古贵族"引弓之士不下百万众也，归附之部落不下数千里也"。"元人北归，屡谋兴复。永乐迁都北平，三面近塞。正统以后，敌患日多。故终明之世，边防甚重""。宣府"南屏京师，后控沙漠，左扼居庸之险，右拥云中之固"，而张家口是保卫宣府，防御蒙古族南下的咽喉之地。因此，明代程道生在《九边图考》中称："宣府山川纠纷，地险而狭，分屯建将倍于他镇，是以气势完固号称易守，然去京师不四百里，锁钥所寄，要害可知。"从元、明政权更替到"隆庆和议"达成，长达 200 多年的明、蒙交战中，张家口堡饱经了战火的摧残与蹂躏。

图 1　明朝万历十六年《宣府边图》（《皇舆考·九边》之一）

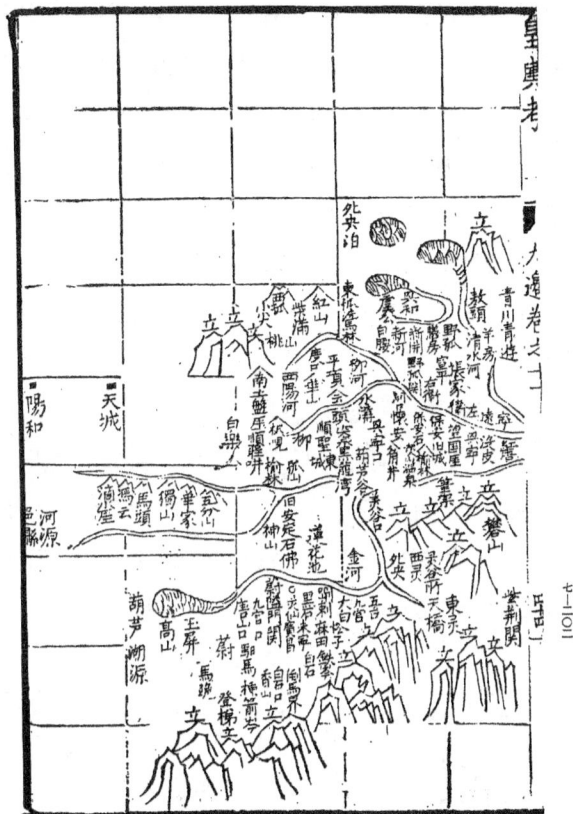

图 2　明朝万历十六年《宣府边图》(《皇舆考·九边》之二)

二、历史背景：饱受战火摧残的多难土地

明太祖朱元璋建国初，握有一支久经沙场能征惯战的军队，从军事上可以压制北元。从明洪武三年（1370 年）正月至明洪武二十九年（1396 年）三月，在长达 26 年的时间里，进行了 8 次北征沙漠对北元的作战，有些战争就发生在张家口周边地区。如：明洪武三年五月初，由明将李文忠率部出居庸关以后，经张家口，过野狐岭，连败元太尉蛮子、平章沙不丁朵耳只八剌于白海骆驼山。继明太祖北征之后，明成祖于永乐八年（1410 年）至永乐二十二年（1424 年），御驾亲征 5 次，动辄就是 50 万大军。而且 5 次亲征全入张境，其中 3 次进入了目前的城区范围。

明太祖通过武力征讨北元，亲身感受到来自北元的威胁。因此，特别重视北部边疆的防务建设。从洪武四年（1371 年）发动蔚、忻、崞三处民工和士兵协力修长城开始，到洪武三十年（1397年），多次修长城，并且设置了万全左卫、右卫（时隶属山西行都司），同时筹建今万全城。又在元兴和路（今张北县城）设置兴和千户所。明成祖朱棣对来自北元的威胁有切身体会，进一步加强了北边的防务。明成祖"于边备甚谨。自宣府迆西迄山西，缘边皆峻垣深壕，烽堠相接。隘口通车骑者百户守之，通樵牧者甲士十人守之。武安侯郑亨充总兵官，其敕书云：'各处烟墩，务增筑高原，上贮五月粮及柴薪药弩，墩傍开井，井外围墙与墩平，外望如一'"。"永乐十年敕边将，自长安岭迆西迄洗马林筑石垣，深壕堑。"尽管明成祖五次御驾亲征北元，修筑长城，加强了边疆防务，但并没有扼制北元部族对边防的袭扰和掠夺。特别是永乐二十年（1422年）三月，鞑靼部酋长阿鲁台攻陷兴和，都指挥王焕战死，明政府已无力保卫坝上地区的辖区，将兴和千户所"是年自兴和旧城徙宣府城内"，长城以外便成了蒙古游牧区。失去了前卫兴和千户所，坝头一线成了第一道防线，鞑靼部经常越边袭扰。此后的几百年里，无数长城战事就发生在这里。

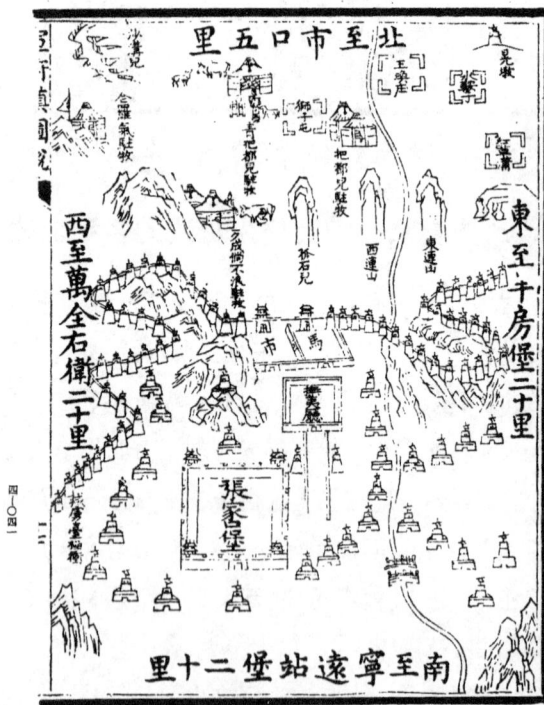

图3　明万历三十一年张家口堡地图（《宣大山西三镇图说》插图）

为了加强宣府西路长城的守卫、修建与管护，完善长城防御体系，宣德年间开始，在宣府西路，指挥张文在万全城东清水河畔建成堡一座，官方命名为"张家口堡"，即今日之张家口市区内"堡子里"。

城沿线，先后建起了洗马林堡、新河口堡、膳房堡等。

三、城池建筑：适应军事防御的建筑形制

《宣大山西三镇图说》（明万历癸卯刊本）："本堡筑于宣德四年，嘉靖间展修之，万历二年始包以砖。周四里，高三丈五尺。初设操守，后改设守备。所领见在官军一千二百九十五员名，马骡四百五十匹头。分边沿长三十一里有奇，砖石包砌过半，高两丈。边墩五十八座，火路墩三十一座，内灭虏台等极冲。"综合《宣府镇志》及顾祖禹《读史方舆纪要》中关于张家口堡的记载：明宣德四年（1429年），在指挥张文主持下，建于西高山南五里，堡方四里有余，高二丈五尺，东、南两面开有城门，东门曰"永镇"，南门曰"承恩"。嘉靖八年（1529年）指挥张珍改筑城堡。成化十六年（1480年）展筑关厢一，周五里，高二丈。万历二年（1574年）堡始以砖包。万历九年（1581年）加修城堞和阙楼。根据以上对"张家口堡"修建历程的记载，笔者几次对堡子里的建筑形制及城池历史遗迹进行了实地调查。

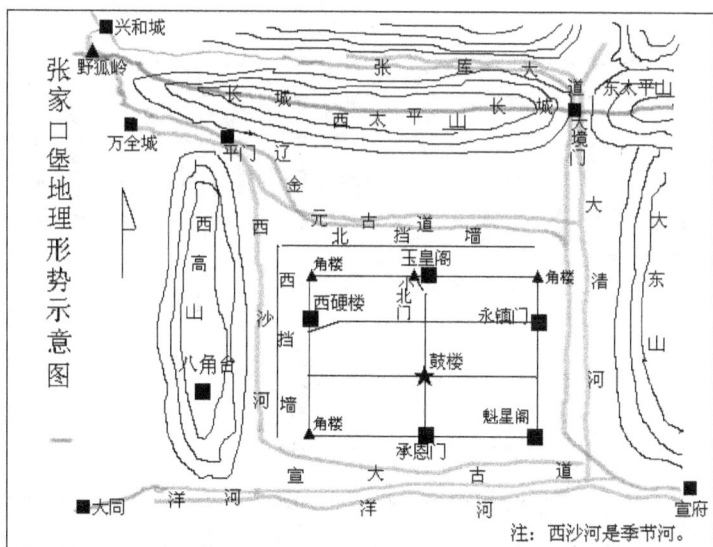

图 4　张家口堡地理形势示意图

《宣府镇志》记载：堡子里"明宣德四年（1429年），在指挥张文主持下，建于西高山南五里，堡方四里有余，高二丈五尺"。现在对原城墙遗址的实地测量是东西长590米、南北327米、偏西20度的长方形，实际周长3.7里。

史志记载建堡百年后，"嘉靖八年（1529年）指挥张珍改筑城堡"。张珍之所以要"改筑城堡"，是因为正统十四年（1449年）"土木之变"时，这一带的长城、边堡受到由野狐岭入境的瓦剌也先大军的严重破坏。张珍是如何"改筑城堡"的？在对堡内街道布局的调查中找到了答案。根据我国传统的城内街道布局模式，目前文昌阁［对称鼓楼、四门洞，四门门龛上分别镌刻着：（北）"玉皇阁"，（南）"钟楼"，（西）"鼓楼"，（东）"山楼"］应是城中心位置，鼓楼四方的街是主街，以南门直通玉皇阁的鼓楼南、北街为南北中轴线，鼓楼东、西街为东西中轴线，东城门应建在"鼓楼东街"的东城墙上。而目前的"东门大街""马道底"所在位置应该是北城墙址，这样就符合我国传统的方城建设格局了。

而现在的东大街、马道底一线与鼓楼东西街一线行成两条平行线，将城内的街道平均分成南北三等块，东门的位置远离了中轴线，东门大街以北的建筑置于城内整体建筑格局之外。之所以出现这种不正常的现象，正是张珍根据战争的需要，为了加强城堡的防御能力，加大堡内兵马、粮草的驻、囤量，在"改筑城堡"时扩展的。我们从对"马道底"街的探析中也可以证实这一点。

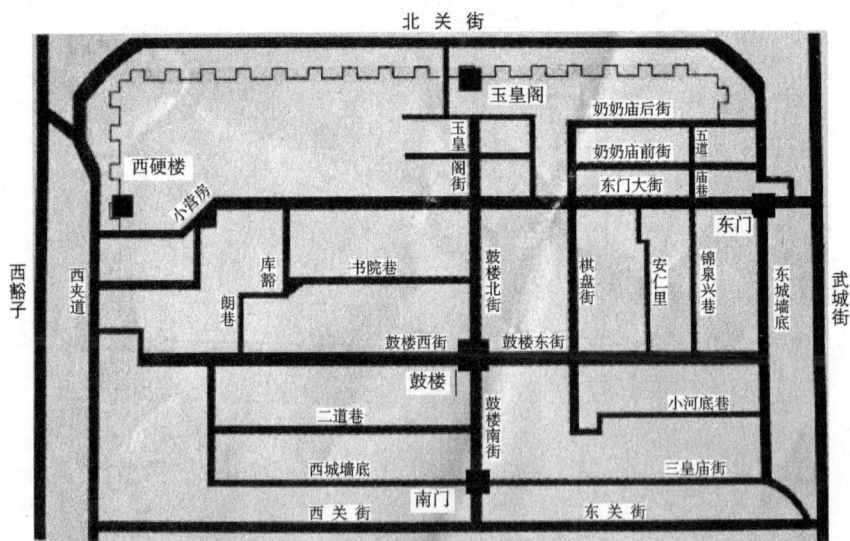

图5 堡子里建筑形制示意图

《马道底》（刘玉河：《马道底》，《张家口晚报》）一文的妙笔，就在紧扣一个"底"字，诠释了这座历尽沧桑的古堡在设计建造上深厚的内涵。文中："这其中的一个'底'字，明显是说，驻守的或外援的军队到此只得停下，不能再前行了，再前行，就是城池了。"因为"今天在马道底的最西端，我们还可以看到一个高高厚厚的类似城墙的土丘"。就是说，进东门直达西城墙是一条有悖于城市街道设计理念的"死胡同"。进"永镇门"后，一条街直行到西墙，按常规应是城门，而被"一个高高厚厚的类似城墙的土丘"挡住了去路，面对道路的是"登城马道"，此路到"底"了。登城马道一般设在城门或硬楼两侧，以及交通方便的路口，便于守军登城的地方。登城马道旁的街多命名为"马道街""马道巷"，如宣化城南门东西两侧的街直接命名为"东马道街""西马道街"。而这条街所以出现"底"字，是因为它垂直于登城马道。为什么会出现这种不正常现象，还得由城门谈起。

史志记载："东、南两面开有城门，东门曰'永镇'，南门曰'承恩'。"南门正北城墙上是玉皇阁，而不是门。玉皇阁的设置有其深刻的蕴意：从全城的布局形式上起到与南门对称、呼应的作用，显得巍峨而壮观。明清时期民间流行一种谚语："天上有玉帝，地上有皇帝。"把统辖天神、地祇、人鬼的天上之皇帝供奉在北墙正中高台顶上，从表面设计是祀福，保佑百姓及城池平安，而设计建造者的良苦用心，还是在军事防御上。建造张家口堡的目的是守御北部长城及翠屏口（今平门）关隘，北方入掠之敌多是沿翠屏山下之辽、金、元古道而进入清水河、洋河流域。明朝仅嘉靖七年（1528年）至四十九年（1570年），蒙古大规模地入掠这一地区就达14次。其中，5次经张家口堡攻宣府，张家口是首先攻击的目标："嘉靖十七年六月虏数千骑，入宣府张家口。"因此，张家口堡不留北门及西门，完全是出于城池安全的考虑。而建玉皇阁的潜在目的则是军事需要。著名作家冰心1935年7月9日在与其丈夫吴文藻及其他人士对京绥沿线考察时写道："出上堡，经旧城门，入下堡即旧堡，亦称'张家口堡'，为明宣德四年（1429年）所筑。城墙上有玉皇阁，登之正望见汉城灯火，满山烽堠，我们以为祀神是假借，而了望敌情，是当初建阁的本意。"名人一语道破天机。

玉皇阁西墙下开了一个"小北门"，门底宽2米，高2.5米，门道长9米。此门无门台，现有门台是后人修的，与紧贴的玉皇阁的墙体雉堞相比，显得不伦不类。再造者忽略了一条总则：历史遗存的价值在其原貌。再者，小于城门的比例，没有城门的形制，只是在城墙上掏了一个洞供行人出入，失去了中国传统门的庄严与壮观。既然北城墙不留门，为什么又要掏小门？这门是什么时候开的呢？《读史方舆纪要》卷九载："洪武二年，常遇春追扩阔于大同，即遣兵下顺宁府，于是山北州郡皆归于我。四年，命墟其地，悉徙其民入关。"明初，朱元璋将"北边"居民迁到关内，撤销了这一带的行政建制。此后便是修长城、建边堡，战争连年不断。特别是"土木之变"后，一直到隆庆年间，张家口堡一直处于高度武装戒备中，时刻警惕着蒙古来犯。这段时间内在北城墙开门，无疑是引狼入室。隆庆五年（1571 年）达成"隆庆和议"，在张家口开"互市"后，张家口出现了蒙、汉和谐，空前繁荣的景象。为了方便公务人员出入及商贾办事方便（理事署就设在城内小北门前），在北墙上掏了一个仅能供人员出入的"小北门"。此门虽然大致位于"北门"位置，但无台、无阙、无瓮城，门道长与城墙底宽相同，既不符合城门建筑形制，也与东门、南门无可比之处。

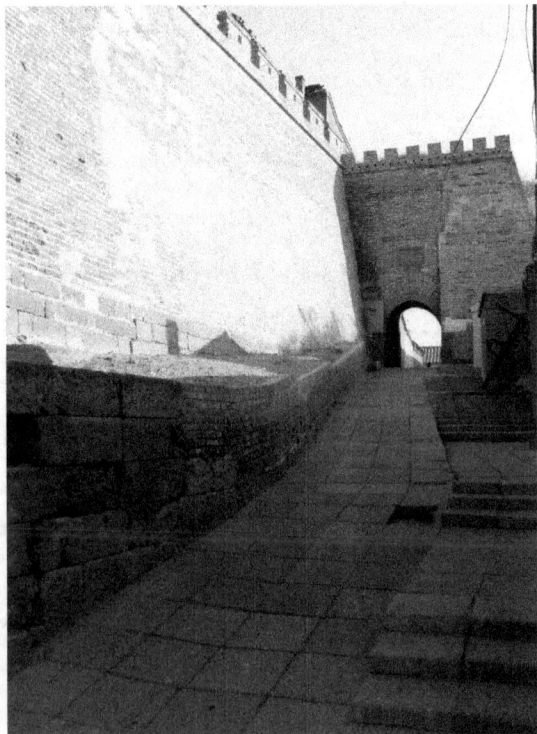

图 6　开在玉皇阁西墙下北城墙上的小北门

正对东门、横在"马道底"西端，南北约 50 米、高约 5 米、"历经了岁月的风雨冲刷后，自上而下一层层如老树的年轮"的土丘，确实是西城墙上的一段夯土墙。在正对东门的这段墙的东西两侧，有一段突出墙体的夯土紧贴在城墙上，交接部裂开明显的缝隙，杂土中夹着碎石。后贴的土质远不如原墙夯土匀细纯净，夯土的紧密度也不如原墙，但整体形成了与东门门台大小相近的夯土墩台。墩台的顶部有一层厚度约 2 厘米、似铺地的硬质材料，远看像墁地时的三合土垫层（无法上去考实），垫层上有散碎的青砖。实际上这正是饱经百年战火摧残后、"万历九年（1581 年）加修城堞和阙楼"时，毫不掩饰地加修的完全用于军事防御的硬楼（类似马面、战台，上建敌楼，城墙防御设置）的楼台。

从乾隆年间绘制的示意图看，西墙敌楼墩台上建有与东、南门楼形制一样的重檐敌楼。

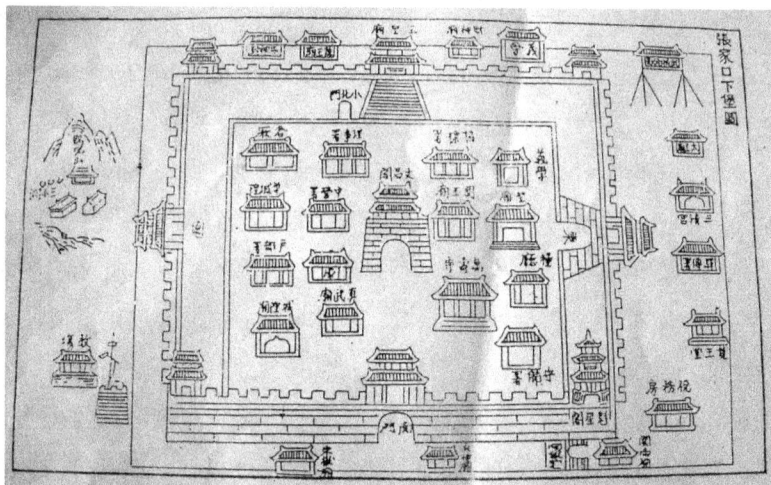

图 7　清乾隆年间张家口堡建筑布局图

在承恩门的遗址处，目前尚存南北约 20 米长、突出南城墙的一段城墙。城墙顶部杂乱地堆积着破筐等杂物，墙壁上布满斑痕脱落遗迹，像不堪历史重负，滴落下的斑斑泪痕。墙高约 7 米，包砖比较完整，实地勘测，应是瓮城西墙。20 世纪 50 年代，东、南门的瓮城尚在。南门瓮城门向东开，东门瓮城门向南开。现在，只有通过这段残缺的城墙想象城门昔日的雄姿了。

史志载："万历九年（1581 年）加修城堞和阙楼。"城的西南、西北、东北城墙结合部上有重檐角楼。东南角城墙上有一座三重檐的魁星阁，是全城的制高点，实际上是该城的望楼（或曰望火楼）。魁星是北斗七星中的第一星，古代将其排"奎宿"中二十八宿之一，为主宰文运兴衰的神，过去许多地方建魁星阁供奉它。而建在这一特殊位置上的高阁真实的意图，是借"文用"而实施"武用"。一是弥补了"东门"从原东西轴线北移造成门南城墙防御距离拉长的缺陷；二是登高阁之上，可以鸟瞰全城治安、火情，四城防卫，城外敌情。因此，将"守备署"建在了阁下。据此分析，门楼、敌楼、角楼、魁星阁都应是万历九年加修城堞和阙楼时修建的。"成化十六年（1480年）展筑关厢一，周五里，高二丈。"关厢：清朝法式善在《陶卢杂录》卷五写道："明洪武十四年，令天下编黄册，在城曰坊，近城曰厢，乡都曰里。"关：城门附近的地方，如城关。关厢无疑在城附近，我们从城周围街道的名称中便可找到"展筑关厢"。史志记载的关厢，"关厢一，周五里，高二丈"，实际上就是一道低于城墙（高二丈五）的防护城墙的墙，即护墙、挡墙。东城墙外以城命名为"武城街"，北有"北关街"，南门外东是"东关街"、西是"西关街"，而西城墙外却叫"西夹道"。夹道，两墙之间的过道也。从西豁子进城口的大西坡和"西夹道"南部清真寺大殿看，"西豁子街"明显高于"西夹道街"。清真寺西边地形也低于路面。记得20世纪50年代，到目前十六中所在地的一所大院里玩，一进门便是大下坡，街道两旁都明显低于道路。西豁子斜坡和清真寺北边的斜坡长度基本相等，西豁子街和西城墙是平行的，间距约40米，此街应是西挡墙墙基。在北关街有一条"武家大门"巷，从北城墙底向北巷内是上坡，40米处是一条与北城墙平行的鱼脊梁。站在"小北门"北眺，从鱼脊背向西盖的房，整齐的高出下边房顶4米多。西豁子街的路基和城北的鱼脊梁便是明"成化十六年，展筑关厢"时所修筑的北、西"挡墙"遗址。

"张库大道"这条道路是从"隆庆和义""马市"开启后开辟的，此前鞑靼、瓦剌主要从辽、金、元古道入犯。从张家口堡地理形势看，修筑西、北挡墙既可阻击来犯的蒙古骑兵，又可阻挡来自西北的风沙对城堡的袭击。

四、性质意义：从壁垒森严的"武城"，发展为名扬中外的商埠

"堡子里"之所以建成军事防御形制，是由初创人的身份及建堡的初衷决定的。建堡之人张文，官职是"指挥"，《明史·列传》无记载。明朝地方最高军事官由明初变换过程为：都指挥—总兵官—巡抚、总兵官—总督。府镇军职有什长、队长、哨官、把总、守备、都司、游击、参将、副总兵、总兵统属，

直属兵部。都司军职有小旗、总旗、百户、千户、卫指挥使、都指挥使，上而至五军都督府统辖。万全都指挥使司建立于宣德五年（1430年），张文在宣德四年已是指挥，显然不是万全都司指挥了。总兵属下无指挥职。战时有将总兵、守备任命为指挥的，张文应是今万全辖区的战时军事指挥官。一位战时军事指挥官，绝不会在战争期间去建设"民居城堡"或"商业城堡"。在今日武城街北口处，曾竖一座木制单檐独门牌坊，门额上书着"武城风光"四个字，"武城"二字则源于"堡子里"的性质。从堡子里的城防设施看，玉皇阁两边和南门遗存的城墙，底宽9米，高10米以上，条石座基，青砖包墙。在周长3.7里的城墙上，高大的雉堞连接着8座重檐敌楼。四面墙仅留二座门，二门均建瓮城。北、西距墙40米处，筑一道两丈高墙的纵深防御设施。整个城池森严壁垒、固若金汤，在冷兵器时代，足以使来犯之敌望而生畏。后金皇太极、多尔衮几次金戈铁马、兵临城下而未入城，畏武城的威严也是原因之一。

"堡子里"虽然是一座"武城"，但依然有居民及商业活动。从乾隆年间史志及绘制的《张家口下堡图》中，通过对堡内的机构设置及街道布局情况的分析，可以进一步了解与认识"堡子里"的发展情况。堡内设置了守备署、户部署、中营署、理事署、协镖署、粮厅、仓廒、义学。庙宇有：万寿寺、真武庙、城隍庙、关王庙、圣庙。堡外东南角有税务署，今日税司街由此得名。东门外有驿传署。堡外西南角有教场，今日教场坡由此得名。堡外庙宇：堡南由东至西：关帝庙、火神庙、东岳庙；堡东由南至北：龙王庙、三清宫、太王庙；城北由东至西：财神庙、药王庙、马神庙。从以上设置及建筑看，该堡驻扎着守御部队，设有粮仓等后勤单位。明朝前期的屯边部队允许带家属，朝廷要求卫所采取耕田、饲养等办法自行解决给养，这样就形成了边堡内民居与军营共存的局面。为了满足军民们的精神需求，请来了中国民间尊奉的各路神仙，修建了大批庙宇。大批军民的生活及宗教活动不仅增大了城内、外居住人口，同时也必然带来物资的流通等商业活动。因此，除设置了户部署、理事署这些民政部门外，还设置了协镖署（官军也压镖）、税务房。顺治二年（1645年）六月二十八日的奏折："查得张家口堡旧有市圈房屋，商贾贸易其中，岁征课银向供抚赏，于是檄行道臣程绍孔备查。该堡原额官房一百九间半，除披塌外，现在房一百四间半，每间岁该课银陆两，共银六百二十七两，见今催征。""市圈"的商业活动也略见一斑。从史志资料及图示中，未见商贾建筑，说明"市圈"的商业活动仅是解决圈内的生活、生产等消费问题。

特殊的地理位置确立了张家口军事重镇地位；连年震惊朝野的战争扬名了张家口；隆庆互市像巨大的磁铁吸引了内外客商云集张家口，使本来"华夷封界在咫尺，黄沙白草，满目萧条，盖向来商贾舟车，足迹所罕到之地"（明代梅国桢《请罢榷税疏》）的张家口迅速发展成商业巨镇，使大境门外、来远堡、今日泛指的"上堡"及黑达子沟一带"大市中贾店鳞比，各有名称。如云：南京罗缎铺、苏杭绸缎铺、潞州绸铺、泽州帕铺、临清布帛铺、绒线铺、杂货铺，各行交易，铺沿长四五里许，贾皆争居之"（《古今图书集成·职方典》卷155《宣化府风俗考》）。边堡发展为商城，边贸走出了国门。在浩瀚的沙海里，在茫茫的草原中，"张库大道"上至今镶嵌着吱吱呀呀的汗板车的身影，回荡着沉闷而悠扬的驼铃声……

（原载于《张家口历史文化研究》2008 年第 6 期）

最小的"口"、最大的"关"

——明长城小境门考

胡　明

在环绕张家口市区北部连绵起伏的崇山峻岭中部，大自然的鬼斧神工在这里突然劈开了一个豁口，对峙的悬崖峭壁营造出一座巍峨险峻的雄关。大清河水从隘口中飞流直下，回荡在峡谷中的波浪声，形成了一支多声部的合唱曲。高峡深涧、清波激流构成一幅浓墨重彩的山水画。明长城像一条乌黑的巨龙，跃悬崖、穿激流、攀峭壁，将深山峡谷紧紧地锁在一起。特别是雄踞隘口长城上的"大境门"，更是这幅巨画中夺目的亮点。多少年来，每个出入大境门的人都会对这座保存近乎完好的古代建筑发出由衷的赞叹，都会对门上"大好河山"四个雄浑遒劲的大字诱发出不尽的遐思。特别是被譬喻为"北方丝绸之路"的"张库大道"的起点，不知有多少人为其毫不吝啬地挥毫泼墨。

然而，不能忽略的是，从明朝隆庆年间张家口马市开启至明末清初大境门的修建（待考），造就了张家口城市发展的宣镇张家口堡马市浩大的交易物质的通关，却是经过"高不能骑马，宽不能二马并行"的被尘封于地下多年的"小境门"。

一、"马市"悠悠四百年

大、小境门因何开启？是为了解决宣府开启马市后，经过长城的互市牲畜、货物通关问题而在长城上开的门。因此，只有对张家口马市历史的了解，才能够对大、小境门丰厚的历史文化内涵有较深刻的理解和认识。

庚戌之变次年（嘉靖三十年，1551年）五月，鞑靼强盛，俺答汗扰掠边境，明政府为与俺答议和，在宣府上西路"设马市于新开口堡，虏酋把都儿、辛爱、伯要卜朗台吉、委兀儿慎台吉凡五部入市，共易马2000余匹"[1]。马市开启后，因嘉靖皇帝拒绝了俺答特使脱脱"请易菽粟"及一般牧民生活物资的需求，俺答部落又复归以战争方式掠取物资。蒙古部落"欲以牛羊易谷豆者候命不得，遂分散为盗无虚日。十一月间大入边三次，抢掳人畜甚众"[2]。明朝遂于次年三月关闭马市，九月，嘉靖皇帝下诏罢各边马市，明令"复言开马市者斩"[3]。明朝闭绝互市之门后，明蒙双方关系复回到战争状态。

新开口闭关后，边塞又经过了20年的战火硝烟，终于迎来了又一次和平互市机遇。隆庆五年（1571年）五月，终于完成了开数十年太平局面的"隆庆和议"。确定封俺答为顺义王，分别授予俺答属下以都督、指挥等官职，并约期开设明、蒙间的互市。到万历年间互市场所发展到11处："在大同者三，曰得胜口、曰新平、曰守口；在宣府者一，曰张家口……"[4]宣镇互市吸取在上西路新开口开辟马市"市易未终，遂行抢掠"的教训，将市址选在今日大境门外不易用兵的深山峡谷中。

张家口互市由于地方官员的重视及精心的安排，塞北大量畜产品进入长城以内，内地大批生产、生活用品进入了市场。万历三年（1575年），方逢时向朝廷所报交易：马18000匹，价银120000两。民市、私市贸易额是官市的3倍多。

后金统一蒙古各部后急需中原茶、布等物资。为解决"互市"问题，皇太极在追剿林丹汗返回途中，从天聪六年（1632年）六月庚寅（24日）驻军张家口，直到七月丁酉（1日），长达8日之久，终于和宣府达成协议"大市于张家口"，开辟了金、清史上第一"互市"。清廷为了加强对张家口"互市"的管理，"崇德四年（1639年）六月壬申，达雅齐等往明张家口议岁币及互市""崇德五年己未，遣希福等至张家口互市"。从此，张家口成为清时期草原地区与中原的主要交易市场。

清朝建都中原后，即把张家口列入管理重点，作为清廷联系蒙古的中枢纽带。为了加强对蒙古的统治，解决朝廷的后勤供应，满足清廷中蒙古人的需求，清廷赋予张家口很大特权，使其不仅管理了坝下诸县，而且还管辖了阿巴嘎右翼、阿巴哈内尔右翼、苏尼特、四子部落、喀尔喀右翼、茂明安六部、七旗，即现在的张家口市、锡盟、乌盟、包头市的达茂联合旗行政区。为了保证交通运输，清廷还开通了张家口通蒙古的重要"贡道"。张家口贡道不仅担负辖区内"贡车"的通行，漠北喀尔喀等部落的"贡车"也走这条路。

随着贡道的开通，官商、私商蜂拥而至，大江南北的内商和慕名而来的蒙古贵族集聚张家口互市，善于捕捉商机的中国商人走出国门，把生意做到了欧洲，用勤劳的双脚踏出了贯通欧亚大陆的"张库大道"。此道不仅是商道，而且是连接草原民族与中原政权的纽带，北方政治、经济、军事大动脉。

进入民国，由于战乱，土匪四起，这条闻名遐迩的"张库大道"逐渐萧条了。但是由于蒙、汉人民必需的生活品的交流，这条大道上的物资往来一直没有中断过。新中国成立后，尽管交通发达了，实行了计划经济，但是大批的活畜依然经过这条路徒步押送到大境门外马市集散。我有位叫鲁布曾丹巴的蒙古族朋友就是专从蒙古草原向大境门外押送马帮的，俗称"赶趟子的"，马市上的人叫他"小蒙古"，他直到"文革"前才停止了这项活计，回到他的家乡三台蒙古营。

二、一段奇特的长城建筑形制

张家口市区东、北、西三面群山环绕，在北部东、西太平山中部出现了一条东西300多米长的断崖。金大安三年（1211年），"蒙、金野狐岭大战"前，金代著名诗人周昂随承裕之军驻扎在翠屏口，写下了《翠屏口》诗七首。诗中写道："山去何时断，云来本自通。"正是指这段山在这里突然中断，两端形成了悬崖峭壁。在山口北部，由东、西太平山与元宝山三山交汇处形成了一块环形平原。从北沟流下的正沟河水顺东山脚下流至悬崖处，与从西太平山北麓流向悬崖的西沟河水交汇，形成了纵贯张家口市区的大清河。这里群山环绕，地势平坦，水草丰盛，气候宜人，正是久负盛名的张家口马市场址。市址如瓮，断崖是口，环山险峻，关隘雄宏，在国力渐弱、战火连天的明朝中期，选择这里作马市确实是高明之举。所以，在这里修筑坚固的防御工事是必然的了。

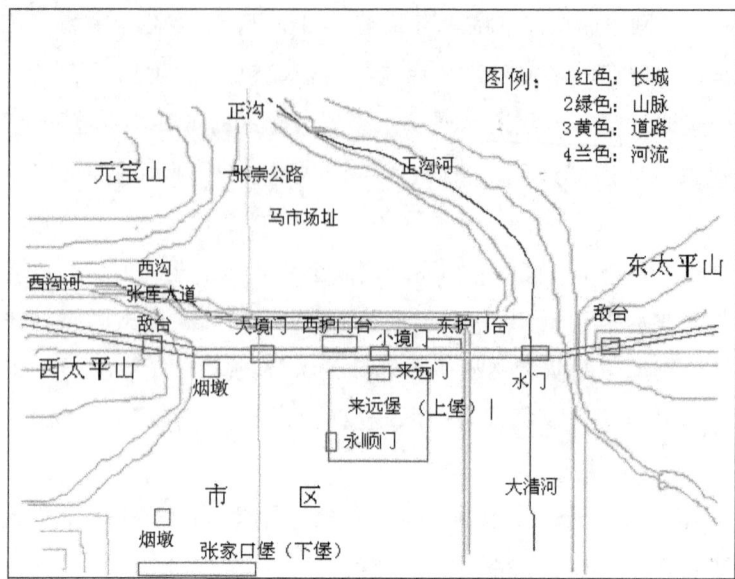

图 1　大境门地形示意图

　　长城沿东太平山峰顶直至悬崖顶端，远望似一条乌黑的巨龙将头探出峭壁，呈吸吮崖下河水之势。长城从悬崖根部向西越过清水河沿西太平山攀延而上。连接两山根部的长城是包砖夯土墙，顶宽4米，底宽6米，高6米。从西太平山根部向上，长城依然为砖砌，到山顶上改由石块垒砌，底宽2.5米，高4米，为牛脊顶。东太平山上为石块垒砌的长城，现已坍塌。

　　断崖中间分陆地和河床两类地形。东、西两山悬崖顶端各有一座敌台，由西山向东50米处是大境门，门东30米处是类似马头的一座敌台，台东5米是小境门，门东50米有一座同样形制的敌台，敌台以东进入河床，河床中有水门一座（河床中的长城及水门已不存在，东岩壁上有与长城交接的痕迹）。明万历四十一年（1613年），宣府巡抚汪道亨到这里巡阅，感叹道："上谷延袤千三百里，未有若此山之扼要而雄峙也！"于是他奏请朝廷，在长城南10米建起了"来远堡"。堡为方形，周长2里13步，墙高4丈。城开二门，北门曰"来远"，开在墙中部，与小境门正对。西门曰"永顺"，开在西墙南部。墙基为长条石，墙顶有5尺高女儿墙，四角有角楼。现西、南墙，西门，东北角楼墩台尚存。当年，"每逢开市，朝往夕返，楼台高耸，官防严密，巍然一巨观也！"[5]

三、长城防御体系实地考

宣府上西路长城从明洪武年间开始进行了多次修筑，基本定型于成化二十一年（1485 年），余子俊总督宣大时修筑的长城。当时修筑的长城，在山上是石块垒砌，山下有的地方是砂石夯土墙。大境门所在位置的山下长城即是夯土长城。上西路属下的张家口堡、膳房堡、新开口堡、新河口堡分别于万历二年（1574 年）、万历元年（1573 年）、隆庆四年（1570 年）、隆庆五年（1571 年）包砖。同时，将其守卫内的敌台同时包砖。张家口马市隆庆五年开启，张家口堡万历二年包砖，《宣大山西三镇图说》中说："分边沿长三十一里有奇，砖石包砌过半，高两丈……本堡乃全镇互市之所，堡离边稍远，恐互市不便乃砖垣于其口。"从以上情况分析，大境门位置的城墙应该是互市开启、宣镇上西路及张家口堡包砖的同时包的砖，即 1571—1574 年间。

东、西护门台各 3 丈（宽）×3.5 丈（长）×1.2 丈（残高）。据清乾隆年间修的《宣化府志》记载："现设外委把总一员，马兵四名，步兵十六名，营房二十间，马棚二间，外台兵三名。"可见此台的重要。笔者对西台考察时，发现几种情况：

1. 夯土墩台与城墙夯体直接相连，而墩台与墙体结合部是齐面，没有咬合痕迹，与墙体土质也不一样，说明墩台是后贴上去的。

2. 从墩台南贴长城的齐面墙体上明显地看出，墩台夯土是由三部分组成的：东西两边夯土各 1.5 丈，与中间 2 丈长的夯土不仅土质不一样，而且接合部还有垂直的缝隙。特别引人注意的是，在东接合部还留有一截砖墙，砖的规格与城墙砖规格一样，说明马市开启后，为了加强防御，在城墙包砖的同时，增筑了两个类似马头的敌台（楼）。

3. 墩台的包砖不仅和城墙砖（7×18×38 厘米）不一样，而且很不规格，即（8—8.5）×（20—22）×38 厘米，但与来远堡的城墙砖完全一致，说明万历四十一年（1613 年），汪道亨修筑来远堡时，又将墩台由长二丈扩展到三丈五尺，在靠门一侧增筑了登台踏道，并且进行了加固（台顶应筑有楼橹，若能登顶，可能会确定）。

四、对大、小境门历史信息的探析

大境门是一座墩台式城门，门墙高 12 米，底长 13 米，宽 9 米。顶部平台长 12 米，宽 7.5 米，垛口高 1.7 米，女儿墙高 0.8 米。大、小境门何时建成？现在有几种说法：1. "本朝（清朝）于墙下开二门，西曰大境门，东曰小境门"[6]，"清朝修二门"说法显然是地方志的错误。2.1485 年和 1546 年，大境门段长城再次得以修筑，并建成来远堡和小境门。至 1644 年，在小境门西边建"大境门"。因大、小境门是明、清王朝的边境之门，于是就有了"境门"之称。[7]"来远堡与小境门同时建"，来远堡建于万历四十一年（1613 年），此前至隆庆五年（1571 年）马市开启，长达 58 年间所交易的牲畜与货物是从哪里通关的呢？此地明朝是边关，清朝则是腹里了。3. "清圣祖征服蒙古后建"：明崇祯五年、后金天聪六年（1632 年），皇太极攻察哈尔部，林丹汗弃归化城（今内蒙古呼和浩特）远走。自此宣、大以北亦归后金控制。后金统一蒙古至清入主中原（顺治元年，1644 年）期间长达 12 年，期间后金军曾几次兵临张家口，但宣府一直在明廷统辖之下，此间李自成进京也曾"光顾"此地，在这战乱年间是谁出于什么目的去建大境门呢？ 4. "大境门位于张家口市区北端，建于清顺治元年（1644 年），虽饱经沧桑，但雄姿依旧。"[8]"建于清顺治元年"：顺治元年（1644 年）大事记：三月，李自成入大同、宣府、居庸关，十七日兵临京城，十九日破城。五月，多尔衮入京师。八月，李自成踞西安，部将李过攻大同。九月，清世祖进京。十月，清世祖即位。十一月，史可法派兵收复宿迁；张宪忠在成都称帝。这一年，清军入关，战火四起，危机四伏，政局不稳，是谁，出于什么目的去修大境门呢？而目前不论什么地方，什么书刊、网站，只要涉及大境门，就会看到"建于清顺治元年"语。笔者曾于 1993 年发表过一篇题为《长城第一门——大境门》[9]的文章，其文的论述也是以"顺治元年建"为依据，今日看来，有些观点是需要重新考虑的。

《口北三厅志》载："大境门据长城之要隘，扼边关之锁钥。明设防守，清置总管，形式险要拱卫。"此条重要的是："大境门……明设防守"，说明明朝时已有大境门。

在《宣大山西三镇图说》中有一幅张家口堡周边形势图[10]，此图在大、小境门所处的位置上画了两座门，那两座门毫无疑问的是大、小境门了。明朝万历年间是张家口堡互市贸易的鼎盛时期，有时一年的交易量超过山西、大同的总和，一年仅大牲畜入关量就达到18000头（匹），如此数量的大牲畜只靠"高不能骑马，宽不可二马并行"的小境门何时才能通过呢？就在此书刊发的前一年（万历三十年，1602年），明廷应鞑靼各部要求，恢复了贡市。因此，为了解决大批货物、牲畜因长城口小通关难的压力，在小境门的西边破墙开口修建大境门是完全必要的。该书是明朝杨时宁撰，明万历癸卯刊本。万历癸卯年即万历三十一年（1603年），比顺治元年（1644年）早41年，比来远堡建成（万历三十一年）早10年。而大境门实际建筑时间，还应该在该书刊发前几年。

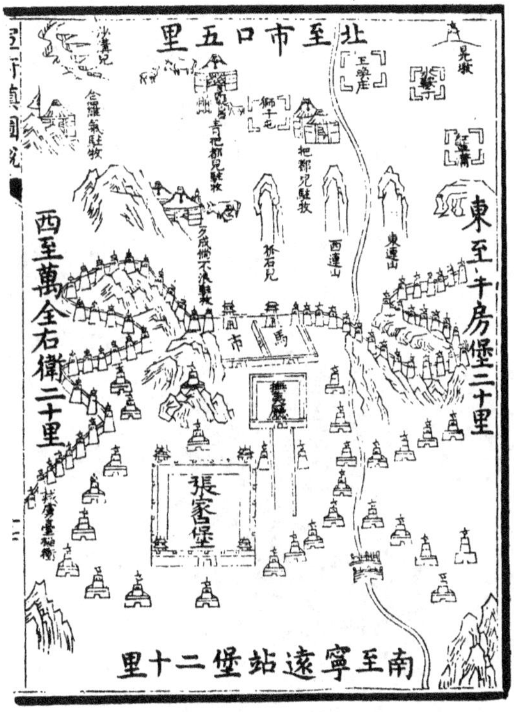

图 2　明万历年间，绘有大、小境门的张家口堡形势图

张家口马市开市（隆庆五年，1571年）至大境门建成的30多年里，互市牲畜和物资主要靠小境门输送。大境门开通后，小境门主要是供来远堡的公务人员、谈生意的商人通行了。清朝政局稳定后，来远堡失去了军事价值，在北门的城墙上盖起一座关帝庙，至此小境门就废弃了。特别是小境门的废弃、张库大道的兴起与发展，使大境门名扬天下，而小境门则从人们的记忆中逐渐淡忘了，最后终于被历史尘封于地下2米多深。

几年来笔者为了寻找小境门曾访查了许多当地居住的老乡，2006年终于在桥西区路政局院内，南平房与南院墙中间不足1米的夹道中找到了，地表处仅露出券门顶部的拱砖，拱砖斜对着一座小厕所，青砖已被腐蚀得看不出样子了，砖的周围是被风雨冲刷得斑驳脱落的夯土墙。

2007年桥西区政府依据大境门保护方案，对大境门以东的房屋进行拆迁，笔者去调查时正值发掘小境门，终于看到了庐山真面目。因探坑不足2平方米，仅勉强拍了几张照片。

小境门是一座墙洞式门，门道宽2.05米，门洞顶高3.1米，门券墙厚78厘米。门道用不规则、多种材质的石块铺设，石块上留下两道距离1.2米、深7厘米的车辙。笔者在赵州桥、卢沟桥、居庸关云台也见过同样的车辙印，那些桥都是使用了几百年、上千年，车辙印深也就是10厘米左右。而小境门使用也就是几十年，却留下如此深的车辙，由此不难想象小境门当年车水马龙的繁忙景象。

图3　发掘中的小境门

门道的券砖给人的印象是收集的旧砖砌就的。券门的顶部与夯土层距离有20多厘米,其间填充了许多碎石块,说明此门和城墙不是同时建造的一体建筑。间隙填充的碎石、使用收集的旧砖、拼凑的铺路石、粗糙的建筑工艺,整座城门给人一种建造得仓忙而简陋的感觉。但是,两道深深的十分醒目的车辙却叙述着它不堪重负的经历,折射出它昔日辉煌的历史。

五、大、小境门名称之谜

现代人对大境门名称的解释基本上把"境"作"界",如"因大、小境门是明、清王朝的边境之门,于是就有了'境门'之称"。[11] 明朝这里是边疆,而清朝这里就成为腹地了,"边境"之说显然有些牵强了。

"相对于以长城为界的'小境',长城内外的广阔河山可谓'大境'了。这可能是命名大境门的道理。而原来的城门也就被称为'小境门'了。"[12] 这是一种比较常见的解释。此种解释的前提是:"根据《万全县志》,长城大境门是顺治元年(1644年)'开豁建造'的。"而小境门是明朝建造的,清朝为"门"命名的官员认为"长城内外的广阔河山可谓'大境'"。而明朝为"门"命名的官员会认为"以长城为界"是"小境"吗?其"河山"不"广阔"吗?

近日,桥西区政府从民间找回了小境门的额匾,匾额上却较清楚地阴刻"西境门"三个大字。一个"西"字破解了大、小境门的命名之谜。

在我国历史方舆学上经常把"境"字作"范围""辖区"使用,大、小境门的"境"字不是"边界"概念,而是"辖区"概念。明朝时的张家口堡与膳房堡、新开口堡、新河口堡属于宣府上西路辖区,在宣府镇城西部区域,也就是宣府镇城西境。张家口堡马市属于宣府马市,只是市址位于张家口堡。例如:同时开启的大同马市市址在德胜堡、新平堡。山西马市在水泉营堡。因此,在宣府"西境"开启的对外互市之"门"曰:"西境门"。

随着互市的发展,通关物资剧增,西境门已不能满足通关要求,于是在西境门西侧城墙上开豁建门。因当时建门只是为了扩大物资通关,因此继续沿用了"境门"二字。因为此门开得比较大,为了区别于西境门,于是称"大境门"。

大境门开启之后,西境门逐步废弃。进入清朝,由于张家口行政区划的多次变迁，"西"字已失去了原义，西境门也逐步从人们的视野中消失，被历史的风沙渐渐淹埋于地下。而大境门三字也融入了新的内涵，此点尤以察哈尔都统高维岳为胜，他在"大境门"门匾的上边又增加了一块巨幅额匾，从左读为"大好河山"，从右读为"山河好大"。西境门不见了，但它的踪迹并没有消失，它的贡献已载入史册。清乾隆年间的史学家们没有忘记大境门开启前的那座通关的"小"门，于是，根据汉字有"大"就应该有"小"的特点与规律，在史志上写上了"小境门"。由于注重汉字上下、左右、前后、大小、东西等表示方位、顺序、形状等词组的特点与规律，加之缺乏实地调查研究，清乾隆年间《宣化府志》的修撰者竟然在《塞垣志》中写出了："东曰大境门，西曰小境门，系内外出入要隘"的笑话，他们认为，"大"的就应该在"东"边，"小"的就应该在"西"边。但是，也不排除有另一种可能：修志者了解小境门历史上曾叫西境门，"西"境门可能是"西边"的境门，所以就把小境门放到了西边。

六、小"口"大"关"的历史风采

隆庆五年（1571年），明朝实行"外示羁縻、内修守备"的边防新政，完成了"隆庆协议"，决定在张家口开设互市，并吸取新开口市"市易未终，遂行抢掠"的教训，将市址选在今日大境门外不易用兵的深山峡谷中，在长城上掏一个小券洞，作为通关之口，此口即是后称的小境门。

宣府张家口堡互市开启后，贸易双方的规模逐步扩大，而且向内地纵深发展。蒙古方面由开始俺答统率下的漠南蒙古右翼诸部，已发展到蒙古高原上的各个部落。有的甚至远从漠北、漠西赶来贸易。俺答诸部每年都以数万匹马以及更多的牛、羊、驴等牲畜和大量的皮毛、鬃尾等畜产品与内地货物进行交易。塞北的大量畜产品通过互市渠道，进入长城以内，直到江南地区，改变了江南人民的日常服饰穿着，提高了内地生活水平。内地参加边贸的人员也遍布大江南北。除官方马市外，民市中交换的商品种类也特别丰富，其中生活必需品和生产资料占主要地位，也有一部分满足蒙古贵族所需之奢侈消费品。汉人的绸缎、布绢、棉花、针线索、改机、梳篦、米盐、糖果、梭布、水獭皮、羊皮盒等都进入了市场。

在明、蒙互市中，张家口互市处于领军地位，是明、蒙马市贸易中一个突出的亮点。黄丽生女士对宣府、大同、山西三镇马市交易量的分析说:"盖三镇之中,宣化交易量增长幅度最大,到万历二年(1574年)时,已超过了山西、大同二镇的总和。"[13] 从以下几张马市官方交易报表中,也足以看出张家口互市的繁华景象:

王崇古所报市马数(隆庆五年九月):参与互市的昆都力哈、永邵卜、大成部。

宣府镇(张家口堡)六月十三日至二十六日:

官市:马 1993 15277两

私市:马骡牛羊9000 抚赏费800两

王崇古所列私市交易量只是近似值,据日本学者小野和子考证,这一年私市交易总量为马骡牛羊总计24217匹,为官市交易3倍以上。相应地,私市交易额也应在官市交易总额56475两的3倍左右。即便除去不确定因素造成的价格损失量,官市和私市贸易总量应该超过15万两。

到万历初年,"诸酋感德日深,赶市日众,市马日多"。兹据方逢时疏报列市马数额递增表如下:

方逢时所报市马数(万历二年):

	宣府 (张家口)	大同 (得胜堡、新平堡)	山西 (水泉营)	合计
隆庆五年:	1993	2096	2941	7030
隆庆六年:	902	4565	23787	845
万历元年:	7810	7505	37881	9103
万历二年:	14500余	7670余	5000余	27171余

开市以来4年间,仅官市市马总额就增长近4倍,而且,增长之势持续不减。方逢时等人根据万历二年以来的市马数额,申报万历三年市马总额,列表如下:

方逢时所拟市马数(万历三年):

场所:	宣府	大同	山西	合计
数量:	18000	10000	6000	34000
价银(两):	120000	70000	40000	230000

以上数据仅显示官市市马交易量,不包括民市和私市。

万历六年（1578 年），明巡按直隶御史黄应坤惊呼："以宣镇之大数言之，方互市之初，虏马不及二千匹。今岁已市者三万五六千已，追及岁终当不下四万。每岁辄增数千匹，夫马以数千计则银以数万计，非小小增益也，且今岁增矣，明岁又增，明岁增矣，又明岁又增，其在于今视始市，不啻二十倍而犹未可以为限也。后将何所底极哉！"[14]。交易量之大，简直把黄巡按惊呆了。从每年通过小境门的货物吞吐量来看，小境门确实是明长城上最大的"关"。

万历初年，山西商贾开始大批聚集张家口，并定居设店，从事对蒙贸易。本来"华夷封界在咫尺，黄沙白草，满目萧条，盖向来商贾舟车，足迹所罕到之地"的张家口迅速发展成商业巨镇，"大市中贾店鳞比，各有名称。如：云南京罗缎铺、苏杭绸缎铺、潞州绸铺、泽州帕铺、临清布帛铺、绒线铺、杂货铺，各行交易，铺沿长四五里许，商贾皆争居之"。长城成就了互市，互市使张家口由边堡发展成闻名大江南北的商城，而这一历史进程的见证者，则是明长城上最小的"口"最大的"关"——小境门。

参考文献：

[1]《明世宗实录》卷 373。

[2]《〈明实录〉大同史料汇编》。

[3]《明史》卷 222《王崇古传》。

[4] 万历《大明会典》卷 107。

[5]《宣大山西三镇图说·张家口堡》，[明] 杨时宁撰，明万历癸卯刊本。

[6] 乾隆《万全县志》

[7] 狄志惠、杨茯芩：《大境门的过去与未来》，《河北城市研究》2006年第 2 期。

[8]《话说京西第一　京西第一门——大境门》，河北大学出版社。

[9] 胡明：《长城第一门——大境门》，《张家口文史》第二辑 2004 年 9 月。

[10][明] 杨时宁：《宣大山西三镇图说》，明万历癸卯刊本。

[11] 同 [7]。

[12] 杨润平：《张家口来远堡与蒙汉互市》，《张家口历史文化研究》2005年第 2 期。

[13] 黄丽生:《从军事征掠到城市贸易——内蒙古归绥地区的社会经济变迁（14世纪中至20世纪初）》。

[14] 全太锦:《明蒙隆庆和议前后边疆社会的变迁》。

（原载于《万里长城》2007年第3期）

大境门长城的亮点——水关长城

李鸿昌

大境门是明长城中一个重要的隘口，不仅因其城门上"大好河山"四个雄浑的大字享誉海内外，而且因其是著名的"张库商道"的起点而声名远播大江南北。但是，大境门长城除大境门、小境门外，最具特色的建筑应该是横贯清水河的水关长城。

水关长城顾名思义是镇守水域河流的关隘城墙。张家口大境门水关长城是距今400多年前，明朝万历四十一年（1613年）修建的。

那一年，新上任的宣府镇巡抚汪道亨在当地官员的陪同下，到张家口巡视关塞边防事务，当来到北部东、西山区一带时，环视了这里的山川走势，只见"两山对峙，崖奔壑斗，东西相向，长河来束"，是不可多得的易守难攻的关隘雄关。但是，如此天设之险，却在防务上有很大的缺陷。只见两山之间的山谷地带，只有西面筑有长城边墙，而东边一半是平坦的大道，一半是常年流水的清水河，整个东部虚无设防。汪道亨不由得惊叹道：张家市口，离宣府城60里之近，假如垣门失守，必然导致万千铁骑铺天盖地南下而不可阻挡，将如何保障京城的安全？

汪道亨认为"山川之险，险与敌共；坦堑之险，险为我用"。此处为我"北门，截函夏于阃阈，锁天府于尺箧。上谷延袤千三百里，未有若此山之扼要而雄峙也者。夫有险而不守，非计之得也"。于是，汪道亨决意在大境门长城的东边修筑城堡和水关长城。

明朝，张家口不仅是边防重地，数千里的明长城由此而过，同时也是边贸交易的重镇，特别是明隆庆五年（1571年），明朝廷与蒙古俺答汗达成封贡互市协议，明廷封俺答汗为顺义王，并在张家口设立互市场所。由此开始，"张库商道"逐步兴盛起来，张家口成为沟通长城内外皮毛和茶叶交易的大型集散地。

因此，汪道亨给朝廷申报的修建方案中突出了边防和边贸相结合的特点，既巩固了边防，又规范和促进了互市贸易的发展，并将新建的城堡取名为"来远堡"。城堡名的寓意既炫耀了"皇灵远荡，声教远敷"，又注重于"数千里款阙纳尽，至此如归"。当地的老百姓则习惯称"来远堡"为上堡，堡子里为下堡。

"来远堡"和大境门水关长城建成之后，汪道亨书写了《张家口新筑来远堡记》并篆刻碑文留于后世。《张家口新筑来远堡记》详细记载了来远堡和水关长城修建的时间、耗费的银两、建造的规模以及修建的规制和功能等。整个工期不到两年时间，1613年"秋七月伊始，至九月而土工毕；又于明年三月始事，至十月而工竟毕"。

新建的"来远堡"，"计堡墙东南二面并西垣接旧城，四正曲直，沿长一百四丈四尺，平高三丈，上加女儿墙五尺，下掘底，垒石为基，加甃甓其上"。来远堡城堡内有戍楼、兵营、公署、祠庙、司税房和观市厅。观市厅也就是货物交易市场。

明万历年间，有人画了一幅《马市图》，图中对"来远堡"互市繁华热闹的情景作了生动形象的描绘。清人所作《马市图序》称，图中的"来远堡"堡内"百货纷集"，热闹的艺术表演门类众多。堡外"穹庐千帐，隐隐展展""盖一时之盛也！"明代兵部侍郎、著名文学家穆文熙在考察了"来远堡"互市后，也欣然命笔："少小胡姬学汉装，满身貂锦压明珰。金鞭娇踏桃花马，共逐单于入市场。"

《张家口新筑来远堡记》还详细地描绘了新建的大境门水关长城的壮观景象："仿江南泽国之制，临河筑堤，凿趾镇地，甃砖砌石，铲两崖，嵌三洞，截断岸以虹桥，绕溯洄以云雉。内用板闸，启闭因时，波汹则辟，以杀怒水之荡突；流淀则合，以杜小寇之潜窥。"

由此可见，大境门水关长城是一座非常有特点的建筑。首先，它模仿江南水乡的桥梁和水坝的建造艺术，将桥、坝和边墙连为一体，设计建成横跨清水河两岸的三孔彩虹水关长城，成为塞外山城一处造型独特的亮丽景观；其次，在三孔彩虹水关长城上建有可以控制升降功能的板闸，根据季节和清水河水量的大小，随时调整板闸的升降高度，雨量大时开启板闸，以便及时泄洪，河水小的时候，则关闭板闸，防止流寇潜入城内，同时兼有蓄水和泄洪的综合作用；另外，大境门水关长城的建成，将西太平山和东山的明代长城连成了一体，随山就势，绵绵不绝，雄伟而壮观。

关于大境门水关长城的建造形状，成书于清乾隆二十三年（1758年）的《口北三厅志》的插图，以及成书于清道光年间的《万全县志》中张家口上堡的插图都清晰地展现了大境门水关长城的宏伟雄姿。

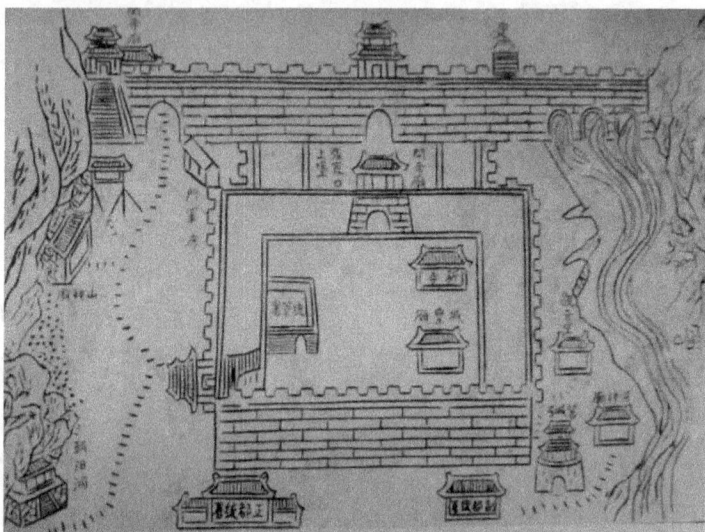

上堡图（清·道光版《万全县志》）

主持修建张家口来远堡和大境门水关长城的宣化巡抚汪道亨是安徽怀宁人。万历十一年（1583年）进士，历任郎中、泉州知府、广东布政司布政使、按察使，后为应天府尹。万历四十年（1612年）以右副都御史，巡抚宣府。因守边御敌和精心修筑边墙有功，万历四十三年（1615年）升任兵部右侍郎。汪道亨于万历四十六年（1618年）四月二十日病逝。

关于大境门水关长城毁于何时，有两种说法：一种说法是在民国初期的大洪水中被彻底冲毁，另一种说法是明朝后期大境门水关长城被冲毁，明政府又在此处河道横拉了七条胳膊粗的铁索以阻挡铁骑流寇的突袭。当地老百姓称之为"铁链关"或"绊马索"。有的老人回忆说，民国初年还有两条铁索。依据清朝道光版《万全县志》中的上堡图来看，当时的大境门水关长城依然完好无损。因此，明朝被毁掉的可信度不高，清末民初被特大洪水冲毁的可能性极大。但无论是"水关长城"还是后来的"铁链关"，都是张家口令人震撼的宏大建筑。

国家文物局和国家测绘局经过多年的调查与测量，于2009年4月18日首次正式公布明长城数据：其东起鸭绿江畔辽宁虎山，西至祁连山东麓甘肃嘉峪关，从东向西行经辽宁、河北、天津、北京、山西、内蒙古、陕西、宁夏、甘肃、青海十个省（自治区、直辖市）的156个县域，总长度8851.8公里。其中，涉及水关长城的有三处，一是山海关老龙头，二是北京八达岭水关长城，三是张家口大境门水关长城，前两处已成为著名的旅游景区。相信随着张家口旅游事业的大发展，大境门景区一定会成建设得更加光彩夺目。

（原载于《张家口日报》2018年9月3日）

李鸿昌，男，张家口市委宣传部原副部长，市文化局原局长，市广电局原局长，市委讲师团原主任。1949年生，大专学历。主要研究方向为张家口历史文化遗产以及泥河湾文化，在多种报刊上发表研究文章20余篇。

论大境门的历史地位

刘振瑛

雄伟壮丽的万里长城，是中华民族的骄傲，是全人类宝贵的历史文化遗产。她记录了中华民族的风雨沧桑，显示了中国古代劳动人民的勤劳和智慧。

奔腾延展的万里长城和依附于长城的烽燧、敌台、城堡、兵营、驿站、田园、庙宇、村廓，直至人流物流，都是组成长城文化的基本元素。

纵观历史我们发现，长城应该是一种界定，一条制度，一个规矩，它曾将自然的、习俗的、民族的、地理的脉络划分；长城应该是一种象征，它曾将历史的、现实的、精神的精髓凝聚；长城应该是一种召唤，它曾将政治的、军事的、文化的、经济的精英募集。长城，是一部承载中国历史的大百科全书。具体到张家口，横贯全域的长城和北向延伸的张库大道，恰恰以文化的碰撞、博弈、融汇和走向交叉，构成了张家口 600 多年历史的大纵横、大开合。

是的，长城文化的内涵是丰富的。客观地看，长城不仅仅是刀光剑影和战火硝烟写就的铁血历史，长城更有着广泛的包容、海纳，更是民族间友谊、发展的纽带。万里长城线上，最能代表长城博大襟怀，表现民族交流融汇的地方便是万里长城第一门——大境门。

万里长城所有的关口城门都以"关"或"口"命名，比如山海关、居庸关、紫荆关、玉门关、雁门关、榆林关、嘉峪关、喜峰口、古北口、独石口、杀虎口，等等。而唯独大境门以"门"命名，这其中有着深刻的蕴意。

《周礼》注云："关者，境之门也。"依此解，边境之门应有防御作用和拒敌功能，因而名之关。而把边境线上应该叫关的门，直接呼为境门，似乎是在强调此门与关的不同。

《辞海》云：关，本义门闩，可引申为关闭，要塞。关口，为防御而设，为战争而设，为限制和制约而设。门者，则为通道，则为出入口。门，为交流而设，为沟通而设，为往来而设。关和门，虽一字之差，却有着本质意义的区别，它们是不同政治、时势背景的产物。

既称为"门"，又称其为"境门"，其源亦深。嘉靖四十五年（1566年），明政府增筑西路长城，定人头山破房台至新河口中寨台为上西路长城。

万历四十一年（1613年），宣化巡抚汪道亨巡视上西路长城时发现，今大境门段长城"危垣残壁，敌可来，我亦可往"。为加强防御，规范贸易，开始对今大境门段长城大规模加固修复。同时在长城开门，门内建互市之堡。

此项工程有着重大的政治意义。长城线上开门，是明政府对长城外游牧民族政策的转变，是"开边"势力争斗多年的结果。此门开在宣府镇以西的西路长城境上，故而名之"西境门"。西境门内的互市之堡借"有朋自远方来，不亦乐乎？"意，名之"来远堡"。其实，西境门就是我们常提及的小境门。多年来，人们一直把西境门叫作小境门，虽然偶尔也可听到"西境门"的说法，但却没有更多地引起人们的注意。2007年，征集回的西境门门楣匾额为我们澄清了历史。

那么，为什么把西境门叫作小境门呢？原因可能有二。

其一，西境门开得很小，比起长城线上其他关口可谓小得可怜，当时人们就可能直呼其为小境门。其二，顺治元年（1644年），清政府应张家口商民之请，在西境门西侧近百米处又开大城门一座。相对西境门来讲，此门可谓巨大。因而，沿袭旧称，称新门为"大境门"。又因为有了大境门，人们可能便把很小的西境门改称"小境门"。时日久了，人们叫西境门反而生疏了，甚至官方文件中也把西境门改为了小境门。再后来，西境门城楼及门顶塌落，门额匾佚失，"西境门"便渐渐从人们的记忆中淡去。

再谈"境"门，要想深入探讨西境门及大境门名称的来源，还要看一下当年西境门与来远堡集市贸易乃至后来大境门外"外馆市场"的管理方式。

当时西境门及大境门长城内外曾是"贡市""互市"及张库大道交易的贸易集散地。明中后期，西境门外由蒙古军队把守，西境门内由明朝军队把守。参与互市贸易的蒙汉商人，凭张家口同知官方文书，可自由出入西境门。交易中，蒙古商人不遵守规定者，由蒙方官吏处理；明朝商人不遵守规定者，由明朝官吏处理。这和现在国际通行的边境贸易管理的方法是一样的。小境门和大境门是万里长城线上唯一一个以"门"命名的关口，是万里长城第一门。追根溯源，清王朝的执政者们构建中华大一统的意图绝非一日，入关前他们已研究汉文化多年，达到了精通的境界。入关后对明王朝的"政治痕迹"没有一味抛弃，而是根据政治的需要，决定取舍。明显的例子是清王朝总结了明王朝对蒙古族的历史经验，把长城沿线的旧有敌对含义的关口统统进行了修改。如把"胡"改为了"虎"，万全的镇胡台就成了镇虎台；把"虏"改为"鲁"，张家口小境门旁原来的克虏台就成了克鲁台。所以，在西境门西面开筑更大的城门后，没有依历史上隘口建关的惯例为城门命名。确实，相对西境门来讲，此门可谓巨大。因而，沿袭旧称，直呼此门为大境门。如果说明代的小境门是直接意义上的边境之门，其文化内涵在于对"门"的解读。那么清代大境门的文化诠释则在于"境"，在于回味无穷的意境。所以，这座大城门不仅是西境门功能的延续，更是西境门文化的延续和升华。而这一切，都是政治需要。

据《宣府镇志》记载：清代，"凡由京城（北京）奉差人员及外藩蒙古扎萨克官军出入，必有兵部理藩及各管大员的火牌、印文，经验证记档（出入关登记）后，才准出入境；凡察哈尔各蒙古人员进口交易者，只许从小门出入，不许擅自出入大境门；凡当地小买卖人及出城种地人等，俱验明官方印票（类似边防证）记档后方准出入；凡蒙古等商民往来贸易者，必有张家口同知关方文书（相当于今天的商品通关手续），才能放行；同时商民的马、牛、羊、皮张等各种货物进入大境门，必交征税银（海关税）后，才可以出入"。

道光甲午年重修的《万全县志》说得更为清楚："凡大境门出入进贡各扎萨克蒙古人等，讯明人数、事由，加印文一道咨呈理藩院查核。其出口京城人员，照验兵部印票，勘合火牌验收。附近察哈尔蒙古人等进口人员进口，照验将军并该管大员印文发单出入。其附近村庄居民买卖柴炭，俱登记档案，验放出入。出口种地民人照验理事同知印票放行。凡小境门出口八家商人及民商人等，驮载货物前往口外蒙古喀尔喀，以及库伦、俄罗斯贸易，皆照验理藩院原给印文挂号，回日验销。凡察哈尔蒙古进口交易出入小境门者不禁，但不许出南门（永顺门）。其欲进口者，仍由大境门挂号验放。其附近居民买卖人等，照例进出挂号销号。凡南门禁止面生人等出入行走。凡大、小二门民商出口，俱查验违禁器货诸物及盘查奸匪。"管理方法和复杂的出入手续与今天边境管理的海关通行、口岸通商管理方法相似。

史料还记载：在大境门段长城水关东高山（东太平山）的石壁上曾刻有"华夷分界，蒙海朝宗"字样（《万全县志》记载为：蒙海朝宗，华夷分界），这是贡市时的石刻，说明当时是把这段长城作为蒙民族和汉民族的分界线的。

另，同是长城关口的怀安西洋河堡长城段，也有一小关门叫"境门"。其门之内是汉地，其门之外是蒙古地。这小关口的名称虽未传叫开，但却从另一角度为我们探讨小、大境门名称的来源提供了一个佐证。

因此，可以得出一个推论，当时的西境门是明王朝的边境之门和海关之门。既然是边境，是海关国门，人员来往和通商就要有个约束。这也就是当年西境门和大境门的管理依照海关口岸管理的原因。

如果说以上仅是推论，那么《万全县志·武备志》（卷四）的相关说法就更为肯定："……本朝二年初设防御二员，笔帖式二员。康熙三十二年添设总管一员，防御六员，管理边境大、小二门一应出入事物，驻来远堡。"这段文字直接说大、小境门是"边境大、小二门"，应当无异议。

通过以上资料，我们可以得出一个结论：张家口一线长城是明、清时我国北方游牧民族、汉民族的分界线，而繁荣于分界线上的"贡市""互市"和张库大道贸易，就更突出强调了"边"和"境"的存在及其作用。

既然是边境之门，把这门叫作"境门"也就顺乎情理了。这应当就是大境门名称的真正来源。

不过，有一点需要特别说明的。这里所说的"边"和"境"，是中华民族大家庭中的"兄弟阋墙"。"即使把长城称做边墙的明代，它也非中华民族所在区域的边界，更不是国界。"

长城曾拒胡马，长城曾开门揖客。围绕着长城演绎出的分分合合、碰撞交流，历来是中华民族的内部战争和阻隔，是中华民族大家庭间各种文化相互认知、理解、融汇的过程，"它与任何外族斗争有着本质的区别"（吉人：《长城之我叹》）。

关于大境门的开筑时间，是长城史研究中一个争论很久的问题。

明代之前，张家口东西太平山一线，原有北魏长城。明洪武元年（1368年），明皇朱元璋派大将徐达、燕王朱棣主持修筑北方长城。此次修筑大体沿旧长城走向展开，并沿边设卫，屯兵戍守，大境门段长城也得到了修葺。

明成化二十一年（1485年），兵部尚书余子俊主持修筑大境门段长城。嘉靖二十五年（1546年），宣大总督翁万达主持修筑大境门段长城。因无史料，此段长城这期间是否留有城门不可臆断。不过，史籍屡有"敌从膳房堡入"和"敌从洗马林入"的记载，而大境门段长城却一直沉寂，没有一次战争的记录。分析认为，此段长城外当时与草原的路未通，门未建。

100多年后的万历年间，张家口堡北"贡市"开，"互市"兴。宣化巡抚汪道亨巡视时，发现这里"仅危垣半壁""半为彪池，半为坦道"。为规范贸易，巩固边防，建来远堡，开西境门。

建来远堡、开小境门31年后，明朝灭亡。这期间，在张家口来远堡一带没有太大的军事、经济举动，所以不应存在开筑大境门的可能。

笔者一直坚持"顺治元年开门说"，近日又发现大境门内300米处一通清同治年间碑碣。其文云："我国初创，辟境门……"此为清初筑门的又一证据。可见，大境门开筑于清初说基本可确定。

大境门条石为基，青砖为体，高12米。门下马道平铺石板，门洞配置了两扇木制铁皮大门。顶部为一平台，长12米，宽7.5米，外有1.7米高的垛口，内有0.8米高的女儿墙，平台上无建筑。大境门拱门进深13米，宽9米，其宽度创万里长城关门之最。

从大境门的建筑形制看，它似乎不够雄伟，似乎缺乏威严，似乎没有边关要塞那种拒人千里之外的森森傲气和腾腾杀气。可它却以朴实敦厚、亲和近人的形象，展示了长城少有的温情："内外一统"是它的宣言，"大好河山"是它的呼唤，"太平"是它的祈盼，大境门是万里长城线上一座特殊的门。

大境门开通后开门修道，伟大的张库大道应运而生。在鸦片战争前相当长的一段历史时期，张库大道几乎成为中俄贸易的唯一通道，张家口成为中国最大的茶叶出口基地和皮毛集散地。清末民初，张家口又成为京都、天津口岸、华北经济区与西北地区沟通的枢纽，成为北方对欧洲贸易的内陆口岸，其经济贸易活动被卷入世界资本主义市场，张家口因商事而更加发达兴盛。民国十六年（1927年），察哈尔都统高维岳被大境门内外的高山大川和繁荣景象所感动，挥笔写下了"大好河山"四个颜体大字，更为大境门增添了气势。"大好河山"是一种赞叹，一种描述，一种写实，一种意境，更是一种期盼。

清王朝建立后，不再依赖万里长城做军事防线。康熙曾说："昔秦兴土石之工，修筑长城。我朝施恩于喀尔喀，使之防备朔方，较长城更为坚固。"清代诗人陈世倌诗云："圣朝自有安边策，岂恃秦城万里长。"康熙巡边时看到雄伟的长城，又发出了"但留形胜壮山河"的感叹。确实，史籍中没有清王朝修筑长城的记载，清王朝建立以后停止修筑长城，是一个不争的史实。大境门的名称之所以区别于长城线上所有的关口，独称为门，是清王朝向世人宣布的一个政治信息，是向草原蒙古民族开放边界的进步举措，是促进民族交流融汇、开创大清帝国的具体步骤。所以，大境门是开放之门，交流之门，民族团结之门。它限而不拘的特色，为长城文化描绘了精彩的页章，在长城史上有着不可替代的研究价值。大境门，不愧是万里长城第一门。

清顺治元年（1644年）五月二日，清摄政王多尔衮进占北京。同年十月，清世祖福临正式迁都北京。这期间，中国南部战争频繁，北方在做迁都准备，可谓国是繁忙。为什么清政府急于在北部长城一线开筑大境门？而且，不修长城是国家的大政方针。既然不修长城，又为何要开筑大境门？这是留给我们的又一个疑问。

疑问可以从以下三个方面去解释：一是蒙古族与原明朝有着深刻的矛盾，况清入关前就已统一了蒙古各部，有的蒙古部族甚至参加了清王朝对明王朝的战争，并立有战功（如后来的外八旗）。清王朝入主中原，北部边疆安定，驿路畅通，无须设防。开设大境门是开放的需要，也是笼络、安定蒙古部族人心的需要。

二是在张家口经商的八大晋商（即清政府赐封的八家商人），在清兵入关前即与清政府有贸易往来，曾对清提供过物资保障。清王朝入关后，八大皇商提出扩大张库大道贸易的请求，因小境门狭小，通商不便，故开大境门，这是经济发展的需要。

三是清王朝刚入关，南方战争需要物资保障，尤其是战争用的马匹更是急需。所以，开大境门扩大贸易也是战争的需要、政治的需要。

建大境门的举措，在某种程度上讲是应急措施，是在仓促中进行的。这一点可以从大境门券门基坐条石的遗痕上得到证实。我们发现，券门基座的条石有三块是刻有云纹的。三块刻有云纹的条石，虽说都码放在基石第四层，但不对称、不规范，可以断定当初不是刻意码砌的。另外，基座条石的石料质地也不一样，可以肯定不是从一个地方采集而来的。由此可看出，建大境门的石料没有经过事先的准备，是就近搜集而来的。那刻有云纹的三块条石，大约是从其他毁坏的建筑遗址上搬来的。因此推断，大境门是在仓促中修筑的。

另外依建关城的惯例，城门上应有城楼。据史料记载，西境门上就建有城楼，而大境门上却未建，也证明了修建时的仓促。

大境门是万里长城修建史上最后开筑的一个关门，是万里长城线上最年轻的门。它的修建是一个结束，也是一个开始。它结束了历代封建王朝利用万里长城进行防御的历史，为万里长城修筑史画上了一个完美的句号。它开始了以长城为纽带的又一次中华民族的大交融、大团结，开始了农耕文化与游牧文化在中华大地上的又一次大交流，开始了长城和平文化的精彩页章。事实证明，自大境门开通后清代200年来张家口长城一线无战事，和谐、交流、融汇是大境门的主旋律。

大境门的开通是清政府对北方丝绸之路——张库大道的极大支持，因为有了政府的支持，才有了大境门内外贸易的兴盛。据史料记载，大境门开通后，张库大道贸易渐渐繁荣。及至清末民初，大境门内外不但有国内大小商家店铺1500多家，而且还吸引了美、英、日、德、俄等44家国外洋行，年贸易额达到了1.5亿两白银。

大境门的开通是张家口历史的一个拐点，对于张家口的发展起到过非常积极的促进作用，成就了张家口曾经的辉煌。也正是因为张库大道贸易的繁荣，才使来远堡和张家口堡相向发展形成了市区；也正是因为张库大道贸易的繁荣，才促使清王朝修筑了我国第一条实用铁路——京张铁路；也正是因为张库大道贸易的繁荣，才促使国民政府修筑了第一条国有公路——张库公路。所以说，没有大境门就没有今天的张家口市。

历史上，张家口曾因张库大道而名扬四海。按照国际通译地名的惯例，西方人应把张家口直译为"Zhangjiakou"，可是20世纪30年代出版的英汉辞典中，"张家口"一词的对照词条却为"KALGAN"（音：卡拉根）。1909年京张铁路建成，张家口站站名匾英文标示也为"KALGAN"（音：卡拉根）。旧俄罗斯地图标示张家口时还是"KALGAN"（音：卡拉根）。时至今日，维基百科、加拿大和俄罗斯航班显示的张家口域名还是"KALGAN"。可为什么是"卡拉根"呢？这是个有趣的话题。

最早把张家口称为卡拉根的是蒙古民族。民国二十七年（1938年）商务印书馆出版的《宣化盆地》说："西人把张家口（大境门）译为 KALGAN，也即是蒙古语大门的意思。"

由于所处地理单元及文化观念的不同，长城内外的人们对大境门的概念也不相同。长城内人们把大境门当作"口"，是货物进出的"口"，是"口岸"。由此延伸，把这里的商人称为"口商"，来这里经营叫"走东口"，沿张库大道出去做生意叫作"跑口外"。经大境门进关，汇集的商品叫作"口蘑""口皮""口马""口碱""口平银""口芪"等。而当年蒙古人从草原来到长城下的张家口，首先看到的就是大境门。他们在张家口与汉民族贸易交流的过程中，要经常进出大境门，对大境门印象极为深刻，故而把张家口直观形象地称为大门（音：卡拉根）。

首先我们可以确定，西方人是依蒙古语的音译才把张家口称为卡拉根的。那么还可以推定：西方人听到、见到张家口的途径想必不是海路，而是草原陆路，也正是张库大道。今天，我们已难以考证是哪个西方人最先随蒙古人从草原来到张家口的，但他来到大境门下看到大境门时，一定会为蒙古人把张家口译为"卡拉根"而击掌叫好。因为他来到张家口首先看到的就是大境门，就是卡拉根。大境门将永远是张家口的象征。

1937年，大境门沦陷于日本侵略者之手，人民在水深火热中挣扎，大境门在敌人的铁蹄下呻吟。1945年8月23日，我党领导的八路军从日寇手中夺回了大境门，光复了山城。张家口是我党领导的八路军从敌人手中夺回的第一个大城市，八路军将士扛枪进入大境门的珍贵历史照片，是二战期间东方主战场反法西斯战争胜利的标志之一。大境门是我国民族主义革命的胜利之门。

1946年10月八路军实行战略撤退，主动撤离大境门。3年之后的1948年12月24日，中国人民解放军又从国民党手中夺回了大境门。大境门又是中国新民主主义革命和共产党人领导的人民军队的凯旋之门。

大境门是万里长城第一门，其表现形式是以粗犷、悲壮、豪放、质朴为底色的长城文化，是以民族交融、限而不局、兼收并蓄为特色的边塞文化。从历史发展的角度看，大境门是千百年来长城文化积淀中独具特色的宝贵文化遗产，应是和山海关、嘉峪关、居庸关、雁门关等齐名的名关之一。

大境门不但是社会先进文化弘扬、承传的载体，也是张家口经济发展的独特资源资本，是山城之根，山城之魂，山城之希望。

历史车轮轻轻碾过，却留下了深深的印痕。大境门以它 300 多年的经历，向世人诉说着长城历史的悲欢离合、更迭变迁，求证着它应有的历史地位。

大境门，是历史留给我们的一个永恒话题！

（原载于《中国长城博物馆》2006 年第 3 期）

刘振瑛，男，1949 年生，现任张家口张库大道博物馆馆长。主要研究方向：张库大道历史。曾发表《品读张家口堡》《品味大境门》《品评张库大道》《大境门的述说——故事集》及《记忆张家口》照片画册等书籍。

大境门的根祖及由来

许宝宽

大境门，作为惠及中国300余年——张库商道的起点和边塞武城张家口的标志性建筑，有着广泛的知名度和影响力。然而，由于对大境门的来历及其历史知识了解的缺乏，许多人把大境门称为"万里长城第一门"，严重违反了历史的真实。"万里长城第一门"作为导游的矫情与夸饰无可厚非，但作为治史与学术研究，真正的"长城时代"即以长城作为防御建筑的时代，大境门根本就不存在，更无从谈什么第一、第二了。若从大境门开关贸易角度来讲，也没有道理。因为早在康熙年间，俄罗斯就三次要求开放张家口，清朝政府均以"张家口北临草原，外敌难以防范"为由，予以拒绝。而这已经是扒开长城修建大境门以后几十年的事情了。

大境门因何而来，在西境门未面世之前，我们一直凭着直觉和感受，以其雄伟阔大理解大境门之大。直到近年，随着大境门广场的拓修，西境门现世，在很小的间隔中赫然矗立着两座境门，一大一小，让人在相互比较参照的维度上理解了"大境门"是相对于"小境门"而言。然而，随着小境门即"西境门"的出现，又一个问题不容回避地摆在人们面前，它为什么叫"西境门"？"西境门"提示我们，在它的东面一定还有一个境门。

事实果真如此，在西境门以东十几公里确实有一个"境门"，它的确切位置是在崇礼县水晶屯与宣化青边口交界的山脊上。这里长城气势雄伟，所有墩台都为砖砌，而且密度较大，这在张家口外长城属于鲜见，表明这里的战略地位非同一般。可惜的是"境门"已毁。

2012年我在撰写《发现崇礼》的时候，曾经谈及此"境门"，只不过是从

"界分夷夏"和"每年冬初烧荒自此出"的角度，论述明长城把崇礼摒弃于长城之外，并且年年烧荒，造成崇礼"空民"，以及数百年文化空白和明朝以前历史与文化的丢失。

"境门"在明宣府志右都御史丛兰所撰写的《重修真武庙记》中有详细的描述和记载："宣府镇北四十里曰青边口堡，堡之北又十余里山脊之间边城在焉，附城屹立，有墩名曰答，凡胡虏款塞，必先于此通译，以伸诚恳故名。台东不数十武有境门，每岁冬初，烧荒自此出境，界分夷夏，为北门第一……"

丛兰，字廷秀，山东文登人。明朝有名的谏臣，一生战功卓著，深得皇帝重用。曾经总制宣大、山东等处军务，"令内地皆筑堡，寇至收堡如塞下"，今天张家口地域的明代军事建筑，特别是蔚县境内的诸多军堡民堡都是其任宣大总兵的时候所修建或督建。蔚县的古堡建筑、古堡文化，与丛兰有着特殊的历史渊源。

明正德甲戌（1514年）秋八月，御用太监张永，受命总制宣大并延缓等处军务，来到宣府，携丛兰及宣府总兵白玉一同视察边巡。在青边口长城沿线视察完毕后，三人登上答话台，"俯瞰北荒，尘沙满野，极目无际……慨然有封狼居胥之想"。游兴之余，张永问到了西南百步之外，白玉先前任中路守备时所修建的真武庙，当得知寺庙"中罹兵燹"残破不堪时，"公深用悼惜，捐白金三十两，命有司即旧址拓而新之，崭麓为台，高丈余，缭以垣墙，甃以砖石，为殿三间，宽阔各三丈余，塑玄帝像于中"。

境门，答话台，真武庙三者互相印证。特别是真武庙的修建，进一步佐证了"境门""第一"及其重要性。文献以"形势险要，非神无以镇之"，突出强调这里战略地位的极端重要和长城第一门的属性。

"北门第一"出自朝廷一品大员，不是信口而出，是撰文铭石，以为传世，而且是为一名负责"宣大延缓等处军务"御用太监的巡察与善举树碑立传，绝非草率的评价与断言。"北门第一"其背后有三重含义，一是该门所处的地位，所肩负的使命，以及该门的作用非其他境门所能比拟。二是该门"第一"是北京第一。三是这里所说的第一是长城第一，起码是九边长城中宣府镇、大同镇、延绥镇的第一。

历史的情形是，在明朝中早期，水晶屯青边口之间的长城境门一直是使者往来，军队进出，和民间交往的唯一通道。1571年"隆庆开关"，为适应开辟市场，大规模交易的需求，在张家口筑上堡即来远堡，重开一门，叫"西境门"。"来远"一名的由来，也间接佐证着上述观点。

据史料记载，汉蒙交易，内地商贾云集，店铺鳞次栉比，"穹庐千帐，隐隐展展，盖一时之盛也"。显然，崇礼水晶屯长城外的地势、道路、水源都不具备开辟这样规模的贸易场所。

清入关之前，蒙满早已结盟并长期保持着通婚关系。清朝入主中原，为体现天下一统，满蒙一家，于顺治元年（1644 年）扒开长城，修建大境门。

值得注意的是，在古代，凡修筑城门，一般都会在城门上建筑楼阁，除去实用功能以外，还体现美观与气势，这是中国古代建筑的一项基本规制。而大境门、西境门既没有建筑楼阁的规模，也没有任何楼阁的痕迹，这也进一步证明了这两门属于后建，而并非修建长城时的原始建筑。

境门的发现，第一，解开了长期以来困扰我们、有关"西境门"名称的来由与疑惑，同时也使我们对于张家口境门的传承、演变，有了更加真实、详尽的了解。第二，它为我们研究两汉时期，在张家口置榷场乃至更早的时候，中原汉民族与北方游牧民族边贸互市，提供了新思考路径。第三，它为研究张库商道的历史以及崇礼"空民"与文化丢失问题提供了新的有力的证据。第四，它进一步丰富了张家口长城文化的内涵。

（原载于《张家口历史文化研究》2013 年第 13 期）

许宝宽，男，1959 年生，张家口市蔚县人武部原政委，河北省摄影家协会副主席。自 2005 年起专注于拍摄、研究张家口长城文化。所摄长城照片为多种报刊采用或参加相关展览。出版有《崇礼长城文化》和《发现崇礼》两部专著。

长城脚下民居群

——张家口堡子里及其保护

郭大顺

我每次回张家口老家探亲，姐弟们总要给我一些他们特意为我保留的有关当地文物考古方面的报道。2005 年留给我的是《燕赵都市报》于 2004 年 5 月 6 日刊登的一篇介绍张家口堡子里民居及其保护情况的报道文章，题为《堡子里，山城的根》。文章是该报驻张家口记者李彦宏同志撰写的。读了，总有些放心不下，觉得张家口堡子里的古民居及其保护，应该引起诸位长城研究者与有关文物行政部门的进一步关注。

根据李彦宏同志的这篇文章和我的印象，又翻阅了手头能找到的资料，对张家口堡子里的历史与现状有一个大概的了解。

堡子里是长城线上的一座边堡，它坐落在西沙河与清水河交汇处一块平坦高地上，西依赐儿山，北距明外长城约 2.5 公里，东南俯视清水河川。城墙范围从地图上看，东西略宽，东西 700 余米，南北 300 多米，名张家口堡，又称"武城"，初建于明宣德四年（1429 年）。《明史·地理志》记，京师万全右卫"东有张家口堡"。据说作为长城脚下的一个边堡，当时只开东门和南门，后又开小北门。城墙先土筑后包砖，城墙外有宽大的城壕，现存的北城壕以多层大石条垒砌，小北门宽仅 2 米余，也全部以大石条券起，可见从始筑起张家口堡北军事防御体系时就具有十分险要的地位。明成化年间，在城堡的东南"展筑关厢"，规模有所扩大。明万历年间，又在张家口堡北约 2 公里长城大境门口附近筑来远堡，与张家口堡南北相呼应，故有上堡与下堡之说。由于期间蒙古族与明王朝修好，张家口就成了蒙汉交流的枢纽，来远堡附近设有马市，成为

402

远近闻名的蒙汉茶马"互市之所"，城堡的功能于是逐步有所转变。清顺治年间，大境口开筑为门，这就是长城线上有名的大境门，从此口内口外交通更为方便。雍正二年（1724年）设张家口厅。《清史稿·地理志》记，直隶口北三厅："张家口厅，顺治初为张家口路，隶属宣府镇，康熙中置县丞，雍正二年改理事厅。""辖官地及察哈尔东翼镶黄一旗，西翼正黄半旗，并口内蔚、保安二州，宣化、万全、怀安、西宁四县旗民。""雍正十年，与俄定恰克图约，为孔道。"随着内地汉族与蒙古族以及俄罗斯通商贸易的开展，张家口作为通往库伦（现乌兰巴托）、俄罗斯恰克图等地的交通要道和马匹、皮毛以及茶、盐、绸缎等货物的集散地和转运地，渐渐繁荣起来，皮毛加工业和皮货贸易尤其驰名，是著名的"皮都"和"陆路商埠"，并开通了号称北方丝绸之路的张库商道。乾隆年间，张家口又为察哈尔都统驻地，军事、商业地位都同时有所提升。

大概在此先后，堡子里建筑格局逐渐形成。约以建于明代的文昌阁（钟鼓楼，俗称四门洞）为中心，形成十字街，井然有序地布置着以民居为主要类型的各类建筑。

这些民居不仅从明代始建后一直延续到清末至民国初年，而且多数建筑规格较高。一般都设门楼、门道、影壁。门前置石门墩、抱鼓石，有多层石台阶，不少门楼有砖雕，个别还保存着木雕。影壁上也有嵌大面积砖雕的。大都由门道左转进入四合院，院内的房屋虽多一面坡屋顶，然举架也都较高，以多层石条为基座，墙体磨砖对缝。院落多为一进院，也有二进和三进院。鼓楼西街路北有一处院落，左右各两跨院，院间以月亮门相通，正屋出檐廊，屋脊保存的砖雕脊饰，宽大而层次感强，这大概就是清朝贵族定安府第，又称定将军府。据我的记忆，新中国成立之初，这个院落曾为察哈尔省政府驻地，现为市艺术团所在地。四合院中还有为两层的楼房，其中鼓楼东街5号院正房的二层小木楼，木柱和窗户还保存着旧涂的红绿漆，据说有的室内铺地板，还有拉门，那时间大概已到20世纪初期了。

这些古民居，多为当时的富商所建，有的是钱庄和票号，应与晋商在张家口聚集（清代张家口曾为山西"八大家"皇商封地）并频繁经营中蒙、中俄贸易有关，故建筑也多山西风格。有些域外格调的建筑，还可能是近代外国买办的活动场所（鸦片战争后，俄、日、英、美、德等接踵在张家口设领事馆或洋行）。

除了以民居为主以外，堡子里还有几座规模不大但有特点的古寺庙和戏台。寺庙有玉皇阁、关帝庙、奶奶庙、千佛寺，还有一个万字会。其中的玉皇阁，建于明万历九年（1581年），它坐落在堡子里的北城墙上，为墩台式单体建筑。文昌阁下关帝庙的屋顶还使用了琉璃瓦。玉皇阁下的一座戏台，尚保存有精美的木雕。1923年康有为讲演场地抢才书院，孙中山视察过的街巷、内战时周恩来调停期间暂住的将军楼，则已与名人和一段近代历史联系在一起了。

按报道估计，堡子里现共有20条街巷，每条街巷有10至20多处院落不等，总计有240多处院落，其中约有一半是比较典型的四合院。由于堡内面积不大，院落一般规模较小，除十字街外的街巷也都甚窄，个别小巷仅通一人。布局十分密集却有序，且有一定层次，它们布满了整个城堡，形成一个以古民居为主的整体传统建筑群。

写到这里，自然要提到堡子里的古民居如何保护的问题了。"堡子里是张家口这座城市的根，是任何现代化大楼所无法替代的"，这是记者采访张家口市桥西区文体局有关人士时的看法，地方官员有如此高的认识，很不容易。但如何进一步采取保护措施，特别是如何整体保护下来，仍然是令人忧虑的。因为我家从20世纪60年代起曾在堡子里住过一段时间，我每次回家，总要到附近街巷走走，发现每次都有变化，有的是好消息，如文昌阁维修并列入河北省级文物保护单位，但见到更多的是古建筑的破败。先是城墙被拆，后是拆院落建新楼。记者的报道也说道："经历了金、元、明、清四个朝代、拥有900多年历史的千佛大寺，就是在20世纪90年代由于建一座小学之需，被彻底拆毁。还有建于清代的万字会，一座外国人在当地传教的建筑，则是于20世纪80年代被拆。原地起了一座大楼。"20世纪90年代以后，我家已搬出，不过我一直惦记着堡子里民居的保护问题。这次回家，虽然十分匆忙，我还是特意到几个院落去转了转，令人感到欣慰的是，十多年过去了，堡子里的变化不大，整体格局和大部分民居还保留着。张家口市文物管理处的同志们在电话里告诉我，市里已着意在制定保护规划，小北门正在申报省级文物保护单位并着手维修。看来，随着近些年来全国对古民居文物价值认识的提高和保护力度的加强，张家口堡子里民居的保护也已经提上日程。但更有力的保护还需要各方面的支持，包括系统地调查、测绘，全面收集资料，民居等各类建筑准确年代和类别、性质的断定，提高保护级别，还有居民维修房子的政策，以至房屋置换和搬迁，等等。为了加大保护力度，提高对堡子里民居群历史文化价值的认识，特别是加强对堡子里民居群形成历史背景的研究十分重要。据我在辽宁所见，一般军事性质的城堡内缺少高层次的民居建筑。张家口堡子里之所以集中形成文化内涵较为丰富的古民居群，显然是商业发展较早且持续时间较长的缘故，这里曾经历了一个由以军事防御为主到以通商为主的历史演变过程。出堡子里东关有一条与堡子里平行、南北走向的狭窄街道，名叫"武城街"，一直是张家口商业最发达的一条街，就很能说明这一点。近年对长城研究的一个重要成果，是认识到长城作为中华民族的象征，从范围看，既是一条线，又是一个多民族多元文化交汇从而古文化发达的地带；从功能看，既具军事防御性质，又使各民族的交往有序化。张家口的堡子里就是长城这种民族象征性意义及其功能演变的一个具体而形象的例证。在长城脚下的一座边堡内有这样等级较高、类型较多、密集而有序分布的古民居群被保留下来，是一件值得庆幸的事，在长城史上是浓墨重彩的一笔。所以，对张家口堡子里进行整体保护，既很有必要，又迫在眉睫。

还要说到的是，张家口是一个交通比较发达的中等城市，距北京200公里，京张高速公路开通后，单程只两个多小时，又是已在规划的京津冀经济圈的组成部分。堡子里就位于张家口的市中心，与其他地处偏远的古城堡和古民居相比，又有着十分优越的地理位置。保护的同时加以利用，堡子里将成为京城以外长城沿线又一处具有特殊历史价值的胜迹。堡子里作为塞北山城的根，随着地方政府的重视和社会各界对它认识的加深，必然会再现繁荣景象。

（原载于《张家口历史文化研究》2005年第2期）

郭大顺，男，辽宁省文物考古研究院名誉院长、辽宁省文物专家组组长。原辽宁省文化厅副厅长兼省文物考古研究所所长。1938年生，北京大学历史系研究生毕业。先后主持牛河梁、大南沟等多项考古发掘工作，发表论文百余篇。主要著作有《文明曙光期祭祀遗珍——辽宁省红山文化坛庙冢》《牛河梁红山文化遗址发掘报告》《郭大顺考古文集》等。

张家口来远堡与蒙汉互市

杨润平

张家口上堡来远堡俗称"市圈",始建于明万历四十一年(1613年),是明清时代的"互市之所",明末市圈以北设市,通商,清代成对蒙古各部和俄罗斯通商贸易之重地。[1] 现在张家口城市开发的步伐已进入大境门和来远堡地区,考察和保存该地区的历史文化古迹及其价值刻不容缓。本文试图恢复明末清初来远堡的历史面貌,为开发者提供背景资料,为张家口人民保留已经久远的历史记忆。

恢复来远堡

张家口堡修建于1429年,早于来远堡约200年时间。随着多民族国家的巩固和社会经济的发展,后修建的来远堡逐步发展成为张家口、宣化对内对外贸易的中心。张家口城市的重心北移,政府管理机构和对蒙古及俄罗斯贸易的商号向来远堡集中,在城堡周围形成新的居民区。张家口至库伦(今蒙古国首都乌兰巴托)的商道张库大道以来远堡为起点,本地级别最高的察哈尔都统衙门在来远堡附近,清朝建立的大境门遂成为长城的著名关隘。

来远堡建成之前这里是什么样子呢?我们只能从汪道亨的《张家口新筑来远堡记》了解它的大概。汪道亨巡阅边关时发现,张家口东西太平山之间"仅北面危垣半壁,而东畔则一水(清水河)朝宗,半为濒池,半为坦道,敌可来我亦可往,其险固与敌共之"。张家口是长城著名的市口之一,从明朝初年起就有时断时续的国内民族贸易。1571年,蒙古鞑靼部与明政府达成通贡互市协定,促成长城内外的和平安定与经济发展,张家口堡遂由"武城"转化为商业贸易的手工业生产城市。与有序的政府贡市并存，有大量民间贸易。"来市即率我吏、士兵、商民裹粮北向而遇合之。番汉错趾，贸易有无，绵亘野处。市罢各散走。"[2]

为什么要修建来远堡呢？主持修来远堡的宣大总督汪道亨出于对长城防务的考虑，"山川之险，险与敌共。垣堑之险，险为我专"。不倚山险建设城堡是"有天设之险，而我未之据也""缩之内地"，张家口堡不利于正常的贸易管理，也不适应变化了的军事政治形势。重要的历史背景条件是进入 17 世纪初，以汉蒙互市贸易为基础的国内民族关系格局开始发生改变。在蒙古族内部，坚持归顺明政府管理，促进互市贸易的鞑靼部，因俺达汗和三娘子的去世而出现衰落迹象。迅速崛起的察哈尔部已经威胁到鞑靼部在蒙古民族的中心地位。远在东北的女真族逐步脱离明朝的控制，边境地区的贸易摩擦和军事冲突时有发生。明朝北方长城需要再度发挥防御作用。

修建来远堡是地方军政部门的共同意愿，经国家批准后施工的。事先进行了周密的设计和安排。"计丈数，揣高卑，度厚薄，测深广，量事期，物土方，议糇粮，分命监臬禆校。"负责工程的质量标准。对照现代的工程设计规范也是比较严密的。

"画而董之"的设计和施工人员是当地的"文武吏士"。

主要劳动力是现役士兵和本镇的农民、市民。"戍卒取于僻隅，拨补不增募也""力役取于本镇，民庸不他扰也"。

开工时间选在"未雨桑土"的农历七月，在本地大体上是秋收前的小农闲时节。至九月土工完工，第二年十月竣工。

竣工之初来远堡的风貌是什么样子呢？汪道亨《张家口新筑来远堡记》记载：城堡紧靠长城，"四正曲直，沿长一百四丈四尺，平高三丈，上加女墙五尺""环堡四隅，为戍楼者各一"。现在城堡的轮廓尚完整，戍楼的遗迹是可以找到的。"内为公署者二，为营房者三百。为祠庙者二。为八角亭者一。为棹契于衢者一。外，抚赏厅三楹，观市厅二所，司税房二十四桁。其余间闬道路井井秩秩。"棹应当解释作"船"。为什么在衢道中央有船呢？大概是考虑到洪水的袭击，做战备和应急使用。

再看清朝《万全县志》的《张家口上堡图》，墙堡设北门和西门，城内有税管署，城隍庙和新寺。城北有长城和两处关帝庙，城南是正都统署、副都统署和营城子。附近有庙宇有山神庙、朝阳洞、观音堂、河神庙。此外，大境门内有门军房和牌坊。正都统署是察哈尔都统衙门，俗称"德王府"。副都统署曾经是满洲八旗张家口副都统的衙署。

修筑工程分析

来远堡修建之前这里有没有城堡或者类似的建筑呢？我认为应当有的。第一，按中国古代边墙的建筑和防御模式，长城内外设有许多墩台即烽火台。墩台是守卫长城将士的战斗岗位和生活场所。大的墩台四周有高大的围墙，如同小小城堡，明朝张家口长城的墩台我们已经难考证准确名称。清朝初年在来远堡附近有"克鲁""护门""护关"三台（鲁即虏，过去对北方少数民族的蔑称）。《张家口上堡图》中明显看出长城是有重墙的，或者是墩台的院落。一般墩台间的距离在 500 米之内，这恰好是当时火炮的射程范围，以构成交叉火力封锁。围墙、重墙与墩台都属于长城的防御工程。据记载，山西雁门关有城门三重，"西门外有一南北走向的小北门。"可以作为辅证。第二，汪道亨《张家口新筑来远堡记》写道，这里是"北面危垣半壁""右为陡地可垣"。其垣"虚左""欲垣而不可得"这里的垣也应当解释为重墙或者墩台护院，或者墩台就在重墙之中，构成长城的防御体系。

有人以为在大境门开通前张家口长城没有门，这没有根据，也没有道理。长城从来都有双重作用，军事防御和两边居民的经济交流。因为功能的区别，既有关隘也有市口，关和市都有门。早在张家口堡修建前几年，明政府曾派出"张家口巡抚"，或许是为筹建城堡而设。长城一线以姓氏命名的市口还有潘家口、李家口、刘家口等，而这一口的门就应当叫"张家口"。今张家口堡小北门上的题额是"张家口"，为什么？我认为是告诉居民北面长城的市口大门叫张家口。宣化古城钟楼清远楼四个门洞上的题额是与方向对应的城门的名称。其他古城也有这样的例证。所以"小境门"原来应该叫"张家口"。

据汪道亨总结，修建来远堡"计物料银仅 584 两，粮粟 3498 石，盐菜银1320 两，其费颇省"。没有战争的蓟镇、宣府、大同三镇的军费总额是 27 万两，区区几千两白银不是大数。因此上人不疲劳，公有底绩，私无怨讟（dú，意为诽谤，怨言）。节俭又得民心，花费少而工期短，原因是恰当地利用了旧有的建筑，仅"墙东南二面，并西垣接联旧城"。完全从头建起的只有东城墙和南城墙，改变过去"河流漫漶"的旧貌。西城墙即原来"接联旧城"，重墙建筑的一部分。北城墙没有专门提及，大概是原来的城墙可整体利用。上"加女墙五尺"，下"掘底垒石为基"，增强了防御功能。

来远堡工程的难点是清水河上的长城水关。当时"垒石为基加瓴甓其上。其跨水一隅，仿江南泽国之制，临河筑堤，凿趾镌地，甃砖砌石。铲两崖，嵌三洞截断岸以虹桥，绕溯洄以云雉。内用板闸，启闭因时"。长城水关兼有蓄水和泄洪的综合作用，景观应当是很美的，可惜在民国初期的大洪水中彻底冲毁。

根据《万全县志》，长城大境门是顺治元年（1644年）"开豁建造"的。前述来远堡开旧有城门和街道地很难适应军队的通过。当年清军包括归顺清朝的蒙古人，一定是为进入张家口而扒开城墙。清朝自顺治朝就在张家口长城设防，补豁口为门洞是最方便的工程。根据桥西大境门开发办的实地考察，门下铺衬的石条不整齐划一，工程比较简单。相对于以长城为界的"小境"，长城内外的广阔河山可谓"大境"。这可能是命名"大境门"的道理。而原来的城门也就被称为"小境门"了。清朝内部确实有完全拆除长城的主张。后来康熙提出要把长城作为胜迹保留下来。这样，张家口大境门可以说是长城防务的最后工程，大境门也在后来的时日中成为长城的著名关隘。[3]

解读边城来远堡

来远堡建立后不久，明朝就陷入长期的国内战争状态。蒙古民族的反叛、满洲民族的兴起、农民起义军的打击，使得来远堡的商业贸易在明朝仅维持了十几年。有一幅历史画卷《马市图》描绘了当年贸易盛况，可惜图画失传，只保留下对画面的文字叙述：

"宣府来远堡贡市，拓中为城……城中有台翼然，朱衣危坐者二人，青方袍左右侍者十许人，青袍坐别幄者四三人，环城睥睨，甲楯立者可百人。"这俨然是政府贸易管理的情景，其台为讲市台。

"规方墉地，百货坌集，车、庐、马、驼、羊、斿毳、布缯、瓶罂之属，蹋鞠、跳丸、意钱、蒲博之技毕具。"城堡内繁华的市场热闹非凡，可以想见商品经济的发展繁荣。"其外穹庐千帐，隐隐展展……射生投距之伦，莫可名数"描述了城外长城下蒙古等游牧民族生活生产的景象。[4]

鸦片战争前夕，江都人陈逢衡写《张家口秋日杂兴》，呈给时任万全知县的朋友施彦江。他来到张家口，看到"色目竟夸蒙古集，珍奇远自恰图来"（恰克图）"转粟当年出异才，八家封殖阜民财，山环冀北星辰远，路入京西贡道开。上客貂皮千户拥，番儿马牧九边来。凭高别有兴亡事，落日还登讲市台""山号赐儿生聚广，堡名来远辑柔多"。[5] 另一位文人戴本孝则在《登张家口城》诗中写道："驵侩（马匹交易的经济人）驿通中外市，牛羊气杂往来车。神争社会当场采，女竞边妆满鬓花。"[6] 诗人们感受的是商业城市的繁荣。保守地估计在贸易时节张家口的人口至少是 5 万人。另据清政府统计，张家口 1799 年常关税收的盈余达 40561 两，在全国收税的 29 处关口中居第 13 位。[7]

来远堡真正的繁华在清朝中期。随着国内战争的结束，长城内外的民族贸易逐步正常化。康熙三十五年（1696 年），清政府批准张家口为对蒙古各部的贸易地。后来，伴随军台驿道的开通，张家口至库仑（今蒙古国乌兰巴托）的商道正式形成。雍正五年（1727 年）中俄《恰克图条约》签订，俄国商人可以经张家口进入北京，大批外贸商品在张家口汇集和转输。

那时张家口来远堡的管理很严格。顺治年"设置防御二员，笔贴式二员"。到康熙年"添设总管一员，防御六员"。管理边境大小二门驻来远堡。商民出口中，走小境门，"照验理藩院原给印文"。蒙古进口交易"出入小境门者不禁，但不准出南门。其欲进口者，仍由大境门挂号验放"[8]。来远堡人群的主流是商人、官员和士兵。根据中华民国初年的历史记载，清朝中期来远堡"商贾辐辏，市面繁荣，殷实商号麇集市圈"[9]。来远堡内除衙门和兵营外，可能有大商号的办事处，普通居民住户很难住进来远堡内。

张家口蒙汉之间的民间贸易有明显的季节性。每当秋高马肥季节，蒙古草原的马、驼、牛、羊牲畜和车载驼驮的畜产品汇集于长城外的正沟和西沟，绵延长达十里。"穹庐千帐，隐隐展展"，颇为壮观。为贸易服务的农民、手工业者和运输工人超过万人。在张家口至库伦的商道上进行贸易的商人也在这里组织货源，开展贸易。大门外的市场实际上是张家口市圈在长城外的扩展。

注释：

[1]《张家口桥西区地名志·市圈》240 页。

[2]见 [清]《万全县志·城堡和杂文》。

[3] 刘敦祯主编:《中国古代建筑史》第 7 章第 6 节,"明代万里长城和海防据点"。

[4][清]《万全县志·艺文》,见王鹭《马市图序》。

[5][6][清]《万全县志·艺文》。

[7] 转引自《中华二千年史·卷五下》,邓之诚著。

[8] 清《万全县志》。

[9] 民国《万全县志》之张家口概况。

（原载于《张家口历史文化研究》2005 年第 2 期）

张家口：由军堡到商城的转变

韩祥瑞

张家口是万里长城上的一个重要关口，指的是今张家口市区北端东、西太平山之间的隘口。明正德年间（1506—1521年）的《宣府镇志》就有张家隘口的名称。清乾隆年间（1736—1795年）的《口北三厅志》载："张家口，二山皆在边口，相去数百步，对峙如门，张家口之名以此。"

明宣德四年（1429年），指挥张文在张家口南约5里地的地方修建了一个军事防御城堡，这就是现今张家口市主城区之"根"——张家口堡。此后，张家口于明隆庆五年（1571年）成为蒙汉民族进行茶马互市之所，清朝初年成为张库商道的起点。

张家口堡从肇建以来，经历了由军堡到商城的转变，在这个历史转变过程中，张家口堡由属于宣府镇西路万全卫的一个普通军堡，发展成为察哈尔都统、察哈尔特别行政区都统、察哈尔省政府的治所，商业贸易迅猛发展，成为茶马互市最兴盛的市场、张库商道的起点、草原茶叶之路的重要节点，享有"皮都""华北第二商埠"的美誉。

下面，就让我们一起回顾张家口的由军堡到商城的历史转变：

明宣德四年（1429年），张家口堡肇建，成为明长城防线上一处重要的军事城堡。张家口堡的修建是当时边防建设的需要。明朝自朱元璋建立以来，就一直面临着北元势力的袭扰。但在朱元璋时期，明朝对北元还保持着战略优势。永乐年间（1403—1424年），明成祖虽然5次亲征漠北，但最终未能彻底打垮蒙古势力。到了明宣德年间（1426—1435年），明朝与北元势力之间的关系发生了根本性的变化，明朝军队再没有主动出击，朝廷的策略也由战略进攻转变为战略防御。在这期间，明朝开始在北方边境一线大规模修筑长城和边堡。张家口堡就是在这种情况下修建的。时任宣府、大同、山西三镇总督兼领明兵部尚书衔的杨时宁编撰的《宣大山西三镇图说》载："本堡（指张家口堡）筑于宣德四年（1429年），嘉靖间展筑之，万历二年（1574年）始包以砖，周四里，高三丈五尺。"张家口堡筑在一块平坦的台地上，西靠赐儿山，东临清水河，北扼张家隘口，西控通往蒙古草原的传统大道，开设东、南二门，是一座规模不大，但比较坚实的军堡。修筑张家口堡的第二年，明宣宗又在宣府（今宣化）设置了万全都指挥使司。张家口堡的修建和万全都指挥使司的设置，都是当时明朝加强北方边境军事防御的重要举措。明朝时期，张家口堡置守备一员，驻防官军1200余人。

明隆庆五年（1571年），明朝与蒙古鞑靼部实现了"封贡互市"，张家口成为蒙汉互市之所。明隆庆五年，为争取开展贸易互市而与明朝进行长期战争的蒙古鞑靼部首领俺答汗产生家庭矛盾，其孙子把汉那吉一行十几人，投奔到大同。大同巡抚方逢时与宣大总督王崇古认为这是一个与蒙古俺答汗实现和平的大好时机，这一建议也得到了大学士高拱和张居正的大力支持，经过朝廷激烈争论，隆庆皇帝同意与蒙古俺答汗达成和议，双方议定在张家口等11处边境地方开设互市之所。

这一事件促成了张家口发展史上最为重要的一次转变。茶马互市的开设，暂时结束了蒙明之间的战争，使张家口进入了相对和平发展的时期。当时张家口的茶马互市，是蒙明之间最重要的互市之地，一年仅马匹的交易量就达3万匹，而当时大同互市的马匹交易量只有18000匹。后来，为了适应茶马互市规模发展的需要，明朝于万历四十一年（1613年），在宣府巡抚汪道亨主持下，在张家口长城之内，修筑了来远堡，成为专门用于茶马互市的通关处所，被人们称为"市圈"。每到开市，不仅本堡的人积极参与，口内周围很远地方的商人也带着茶叶、布匹及生活用具，赶来做买卖；口外则有上万的蒙古人赶着牛羊、驮着皮张和羊毛前来交易。摩肩接踵，人声鼎沸，十分热闹。驻军将领也必须要亲临现场指导。茶马互市的兴起和繁荣，有力地促进了张家口由一个单纯的军事防御城堡转变为一个兼具军事防御与经济贸易功能的边贸城堡。

清朝康熙、雍正年间（1662—1735年），张库商道形成，张家口成为全国闻名的"皮都"。清朝定鼎北京前，在与明朝的战争中，曾得到一些商人在后勤保障上的大力支持。因此，清军占领张家口后的第一件事，就是将在战争中作出贡献的八位商人封为"皇商"，特许他们在张家口经商做生意。当时，已是内外一统，清朝在张家口长城上开设了大境门，以便于蒙古骑兵大规模入关作战的调动和八大皇商的军供生意。大境门的开设，特别使过去只能由专供互市贸易的狭小的西境门进出来远堡的商队，可以通过宽敞的大境门进出交易，使蒙汉民族之间的贸易有了进一步的发展。随着形势的不断变化，逐渐形成了以张家口大境门为起点，直到库伦（今蒙古国乌兰巴托）的贸易运销线路——张库商道。雍正五年（1728年），酝酿于康熙年间的《中俄恰克图条约》终于签订，双方决定辟恰克图为商务口岸。张库商道的贸易活动又得以延伸到中俄边界，同时也使这条重要商道的贸易更为活跃。张库商道贸易量的增大，也促使商人们不断地在福建一带开辟自己的茶叶基地，将这些茶叶运到张家口，进而转运到蒙古草原和俄罗斯及欧洲。这些跑草地的旅蒙商还将草原盛产的皮张、羊毛带回张家口，在这里进行作坊加工和市场交易。当时从张家口大境门出发和回归的旅蒙商队络绎不绝。

张库商道的形成，使张家口的经济贸易功能进一步加强，张家口成为我国北方最为重要的皮毛集散地，张家口及周边县从事皮毛加工的人员多达4.5万人，当时张家口的皮毛价格直接影响着天津、武汉甚至国际市场，被誉为"皮都"，这也使得张家口成为具有国际影响力的城市。

1909年京张铁路开通，使张家口进入现代工业商贸城市行列，享有"华北第二商埠"的美誉。京张铁路是由我国自主设计、自主施工、自主投资修建的第一条铁路。它的开通，将北京与张家口紧紧联系在一起，并进而将张家口和天津海港联系在一起，大大便利了货物的流通。京张铁路的开通，一方面更加促进了张库商道的繁荣，使张库商道最高年贸易额达1.5亿两白银，张家口的贸易进入了鼎盛时期。另一方面也促进了张家口的大发展，特别是催生了张家口桥东的形成，使张家口城区不再局限于清水河西，而迅速扩展到清水河东，市区明显扩大。更为重要的是，京张铁路开通之后，围绕着张家口火车站，在张家口建设了一批现代工商企业，创办了铁路机器修理厂、泰通汽车股份有限公司、大成汽车股份有限公司，建设了怡安街新商业区，这使得张家口成为我国北方重要的工商业城市，成为北方较早的现代城市，成为除天津之外的北方又一处重要商埠。当时张家口的商号达1600余家，外国在张家口设立的洋行达44家，成为全国票号、银行最为集中的城市之一，所以张家口被称为"华北第二商埠"和"旱码头"。现代工业的发展，也使张家口开始有了产业工人。产业工人的诞生，为工人运动的兴起、为中国共产党的建立奠定了阶级基础。张家口成为北方工人运动的重要策源地，成为长城以北中国共产党最早成立党组织的地方，李大钊、何孟雄等中共早期革命家先后来张家口进行革命活动，谱写了张家口革命斗争的辉煌篇章。

总之，经过几百年的发展与变迁，张家口已经成为集政治、经济、文化、军事功能为一体的新型城市，它的地位越来越重要，经济越来越发达，环境越来越美丽。2011年，全市国民生产总值达1100亿元，全部财政收入达179亿元，并进入了全国园林城市的行列。现在，张家口依然具有重要的战略地位和军事地位，是首都北京的北大门，也是北京重要的水源地和后花园，与首都在经济、文化等方面有着千丝万缕的联系，成为名副其实的京西第一重镇和环首都经济圈内的重要成员。目前，张家口正在努力实现绿色崛起，加速建设强市名城。

（原载于《万里长城》2012年第2期）

韩祥瑞，男，张家口教育学院原党委书记、院长，高级政工师。曾任张家口历史文化研究会常务副会长兼秘书长。1945年生，南开大学毕业。在报刊上发表多篇文章，并撰写有《察哈尔特别区史稿》，主编出版有《张家口古代史话》《张家口百年史话》《大境门史话》《察哈尔都统署史话》等著作。

"万全右卫"寻踪札记

陈希英

2017年春夏之交,有幸随梅大生局长前往万全,参加了万全区主管部门举办的关于培育发展万全古城旅游文化资源优势的研讨会议,聆听了当地多位文史专家学者发表的真知灼见,受益匪浅。

"六百年右卫,崛起中的万全。"了解这座明长城线上著名的古城堡有着怎样的前世今生,是揭示她独特魅力与名牌效应的基础性工作。笔者参考史料写成下面的文字,并企盼能给行家里手的研究探讨提供一些有用的素材和线索。

一、史籍方志中记述的"万全右卫"

1. 作为中原农业文明与北方游牧文明分界线上的一处极具军事价值的险关要隘,万全右卫闻名遐迩,远远早于明洪武年间正式设置万全左右卫之前。

以下史料中的记载,足以说明这一点。

《金史·本纪第十三·卫绍王》载:"(大安)三年(1211年)……八月……千家奴、胡沙自抚州退军,驻于宣平……九月,千家奴、胡沙败绩于会河堡,居庸关失守。"

《元史·本纪第一·太祖》载:"(太祖)六年(1211年)辛未春,帝(成吉思汗)居怯绿连河。西域哈剌鲁部主阿昔兰罕来降,畏吾儿国主亦都护来觐。二月,帝自将南伐,败金将定薛于野狐岭,取大水泺、丰利等县。金复筑乌沙堡。秋七月,命遮别攻乌沙堡及乌月营,拔之。八月,帝及金师战于宣平之会河川,败之。九月,拔德兴府,居庸关守将遁去。遮别遂入关,抵中都。"

两条史料,说的是一件事,即成吉思汗挥师野狐岭,大败金军于"宣平之会河川"。

文中提到了"野狐岭""宣平""会河川"等地名，而没有提到"万全"。但这并不是说彼时的万全所在地就没有名称。

那么，金元时期的万全所处的地界，叫什么呢？

这里，不妨看看如下几位古人的表述：

其一，金代边塞诗人周昂的诗作《翠屏口七首》一向为人熟知。其诗句云："去岁翠屏下，东流看波涌。"

据专家考证，周昂的这一组诗作于金卫绍王大安三年（1211年）。其时，成吉思汗率军南下，发起野狐岭大战。而周昂以金朝六部员外郎身份，随从完颜承裕备边迎敌。是年八月，完颜承裕兵败宣平，狼狈地"跳走上谷""众欲径归，昂独不从，城陷，与其从子嗣明同死于难"。

其二，1221年，应成吉思汗邀请，长春真人丘处机由宣化出发，踏上西行的万里征途。其后，他的弟子李志常于1228年编著的《长春真人西游记》提及这一经历时也说："二月八日启行……十日，宿翠帡口（即翠屏口）。明日，北度野狐岭……"

由此可见，金元时期，万全这个地界有着另外一个称谓——翠屏口。

2.元代，尤其是元世祖忽必烈在位期间，创立了上都、大都两都巡幸制。行经今万全、野狐岭、兴和抵达上都的这条巡幸路线被称为"西路"，也称为"孛老路"。

蒙古语"孛老"，或记作孛落，意为"驿站"。《元史·世祖本纪》载：中统三年（1262年）五月，"自燕至开平，立牛驿，给钞市车牛"。中统四年（1263年）四月，"宣德至开平置驿"。中统四年五月，"上都以西，隆兴府道，立孛老站"。

有史料表明，元代由上都返回大都的这条驿路，野狐岭（孛老站）为第十二站，得胜口、宣平县为第十三站。

1247年6月，曾在金朝为官、金灭亡后投奔蒙古大将史天泽为经历官的张德辉，受忽必烈召见北上和林。在与尚未登临大位的忽必烈的深入交谈中，张德辉就治国理政、抚民教化等诸多方面，坦率地阐述了自己的观点，并应忽必烈的要求，推荐了包括元好问、李冶等在内的20多名中原才俊。

在记录此行始末的《岭北纪行》（亦作《塞北纪行》）中，张德辉极为生动细致地记述了他的跋涉行程。文中提及："……西过鸡鸣山之阳……循山之西而北，沿桑干河以上，河有石桥，由桥而西，乃德兴府道也……经石梯子至宣德州。复西北行，过沙岭子口及宣平县驿，出得胜口，抵扼胡岭下，有驿曰孛落。自是以北诸驿皆蒙古部族所分主也……"

1252 年，被称为金元时期"北方文雄""一代文宗"的元好问（时年 63 岁），与张德辉一起，北上觐见忽必烈，也写过一首《过翠屏口》的律诗。

这几条史料说明了金元时期的"翠屏口"改称"德胜口"的过程。当然，也可以看出，这期间有一个"翠屏口"和"德胜口"两种称谓并存的阶段。

到了元顺帝至正十二年（1352 年），由翰林直学士、兵部侍郎拜监察御史的周伯琦在扈从元顺帝巡幸上都时，写下了《扈从诗前后序》。文中记述了他随从顺帝銮驾，经兴和（今张北）南下野狐岭到达德胜口的情景。写道："由兴和行三十里，过野狐岭……东南盘折而下平地，天气即暄，无不减衣者。前至得胜口，宣平县境也……"

3. 其后，在明清时期的一些方志典籍中，对德胜口的记载，可谓屡见不鲜，如：

明正德刻嘉靖增修本、王崇献纂修的《宣府镇志·卷之二》载："万全右卫城，高三丈五尺，周围六里三十步，城铺三十二，门二，南无名，北曰德胜，南一关，永乐二年（1404 年）筑，弘治十年（1497 年）葛全修饬。"

明嘉靖四十年（1561 年）刊、孙世芳纂修的《宣府镇志·卷八·山川考》中也记述道："翠屏山，在万全右卫城北三里。两峡高百余丈，望之如屏……"

明万历三十一年（1603 年），宣大山西三镇总督杨时宁编撰的《宣大山西三镇图说》中的"万全右卫城图说"，则明确描述道："城本德胜口故地，洪武二十六年（1393 年）土筑，永乐二年（1404 年）复移以卫，砖包之，年久砖多损坏，万历二十七年（1599 年）复议砖包，城周六里三十步，高三丈五尺。坐设平川，东北面河，西南平坦，东北抵宣府。"

这里特别需要注意的是，宣大山西三镇总督杨时宁曾亲自参与主持了万历二十七年万全右卫城的修葺工程（见下面引用的向高明《重修万全右卫城记》一文）。

雍正年版《畿辅通志·卷十四·建置沿革》在记述"万全县"时说："万全县……本汉上谷郡宁县地，唐为武州文德县地，元为宣德府宣平县地，明洪武二十六年（1393 年）于此置德胜堡，永乐二年（1404 年）移万全右卫治此，十六年直隶京师，宣德中属万全都指挥使司……"

《畿辅通志·卷二十·山》中记述了"翠屏山"，说："翠屏山，万全县北三里，两峡高百余丈，望之若屏。"

《畿辅通志·卷二十五·城池》中记载道："万全县城，旧系万全右卫城。明洪武二十六年（1393 年）筑，周围六里三十步，高三丈五尺，广二丈三尺，东西南三门，池阔二丈，永乐二年（1404 年）甃以砖石。"

清朝初年，顾祖禹编撰的《读史方舆纪要》在《卷十八·北直九》中记述"万全右卫"时说：万全右卫，镇（宣府镇）西八十里。西至怀安卫四十里，西南至山西大同府三百五十里。唐武州地。元属宣德府。明洪武中，与左卫同置，曰万全右卫。今仍之。卫控御边陲，为东西声援。漠南有事，每当其冲，防卫不可略也。德胜城即今卫治。《边防考》：右卫初与左卫同城，永乐二年（1404 年），城德胜口，移卫治焉。本曰德胜堡，洪武二十六年（1393 年）所置，至是改筑为卫。城东北面河，西南平坦，去边三十里，屡有边患。成化十年（1474 年），设上西路参将于此，所辖边墙一百二十四里有奇。其近卫城者镇河、平夷等墩台，俱极冲口。外庄窠沟一带，为部落驻牧。万历二十六年（1598 年），增修卫城，周六里有奇。翠屏山，卫北三里。两峡高百余丈，望之如屏。宋嘉定四年（1211 年），蒙古攻金西京，金将胡沙虎弃城遁，蒙古主追败之于翠屏山，遂取西京。西京，即大同府也。

请注意，上述引文中，明嘉靖年孙世芳纂修的《宣府镇志》、雍正年版《畿辅通志》，以及顾祖禹编撰的《读史方舆纪要》三者中，关于"德胜口"和"翠屏山"的表述，几乎没有什么大的差别。尤为重要的是，三部文献中极为一致地指认了"翠屏山"的地理位置所在。这无疑是辨析"翠屏口"与"德胜口"沿革变更的有力佐证。

4. 雍正年版的《畿辅通志》还有一些记载，有助于今人了解当年万全右卫城内的规模格局。如：

《畿辅通志·卷二十七·公署》一节中记述道："万全县署，在城西南隅。典史廨，在县署西。"

《畿辅通志·卷二十八·学校》一节中记述道："万全县学，在县治东，明正德五年（1510 年）建，天启六年（1626 年）同知张聚垣重修，原系万全右卫学。本朝康熙三十二年（1693 年）改卫为县，即以卫县为县学。"

《畿辅通志·卷五十四·古迹》一节中记述道："永安楼，在万全右卫城中，明正统年（1436—1449年）建。长清楼，在万全右卫城中，明嘉靖年（1522—1619年）建。"

乾隆版《万全县志》记载了康熙五十八年（1719年）万全一带遭受地震的情况，说："（万全）文庙：自明季迄今，更历百年有余，鸟鼠之所穿穴，风雨之所侵凌，日渐倾颓，几于鞠草……经理甫毕，而又灾于己亥（康熙五十八年）之地震，于是旧制新规，荡然嘶尽……"

道光版的《万全县志·卷之二·建置志·学校》一节中，则记述道："万全右卫学，旧在卫治东，明正德五年（1510年）建。嘉靖五年（1526年），教授李韶等重修。天启六年（1626年），西路通判张聚垣重修。本朝康熙三十二年（1693年）改卫为县，改卫学为万全县学。康熙五十九年（1720年），绅士李时正等重修。"

道光版《万全县志·卷之八·艺文志》中还收录了明人向高明的《重修万全右卫城记》。文云：

　　万全右卫，古禹贡冀州之域，周职方幽并二境，金为柔远，元为宣平。高皇帝二十六年始设卫治，即迁德胜。故城用砖石包甃，于今二百二十年于兹矣。岁久圮甚，罔裨捍卫。兵宪孙公忧之，下其事于郡丞李公议定，而后以闻总督梅公、巡抚都御史王公。

　　方是时，游击刘君三省适推独石分守，孙公闻而喜曰：是尝与我共事赤城，效有成绩者。乃力恳于上，调补万全，而已大工属焉。君至，审时度势，与守备孙君应武伐石陶甓，庀材鸠工，殚智竭虑，皇皇不辞怨劳。而郡丞公则劳来征发，致膳具用。经始于万历乙亥三月，落成于乙巳八月。周一千四百一十四丈，高三丈五尺。门楼四，角楼四，敌台小楼二十有七，城门二，南曰迎恩、北曰德胜。门之外各翼以瓮城，规模雄整，气势完固，视曩之卑陋，不啻什伯过之。屹然称西北巨防矣……维时主持斯事者，则总督杨公时宁、前抚彭公国光、今抚马公鸣銮，协赞则户部郎中杜公诗、前口北道郭公士吉、今道张公我续、总兵梁公秀、副总兵王公尚忠，而巡按御史崔公邦亮、黄公吉士、汤公兆京则先后综核者也。是用立之贞石以示来者。

再后来，到民国二十四年（1935年），宋哲元、梁建章主修的《察哈尔通志·卷二·疆域编》中也有记述说："得胜口，为明万全卫（今张家口西北三十里）的北门，有山曰翠屏，在旧治城北三里，距今张家口三十三里。旧时曾置德胜关于此，俗称得胜口。"

二、《明实录》《清实录》中关于"万全右卫"的记述

对于万全右卫的设置，《明太祖实录·卷二百二十五》有记载说：洪武二十六年（1393年）二月，"置大同后卫及东胜左右、阳和、天城、怀安、万全左右、宣府左右十卫于大同之东，高山、镇朔、定边、玉林、云川、镇虏、宣德七卫于大同之西，皆筑城置兵屯守……"

对于万全卫城的修筑，《明太祖实录·卷二百三十六》有记载说：洪武二十八年（1395年）二月，"命北平都指挥使盛熙筑万全、怀安等城"。

永乐帝五次北征，是明朝前期征讨北元势力的重大军事举措。《明太宗实录·卷一百一》记载了永乐八年二月永乐帝第一次北征的情形，说："（二月）丁巳，驻跸宣府……壬戌，车驾度德胜关，驻跸兴和……"

扈从出征的文渊阁大学士金幼孜（1367—1431年），曾受命仔细记录了永乐八年（1410年）二月和十二年（1414年）三月，永乐帝两次北征期间行军作战情况，以及沿途见闻等，并为此撰写了《北征录》和《北征后录》。

在《北征录》中，金幼孜的记述相当生动鲜明，说：（永乐八年二月）二十四日早，（永乐帝）发宣平。行数里，渡一河……更行数里，入山峡中。行又数里，上登山而行。过山，下平陆，次万全……二十五日，大风寒，发万全。行数里，至城下。上谓幼孜三人曰："此城朕所筑。"过城北，见城西诸山积雪。上曰："此亦西山晴雪也。"过城北，入德胜口。上指关口曰："如此险，人马安能渡？"山皆碎石，若堆粟然。入关，两峡石壁崎峭如削。时车马辏集，拆关垣以度……"

永乐十二年（1414年）三月，永乐帝第二次北征。《明太宗实录·卷一百四十九》有记载说："……（三月）乙未，驻跸沙城，命成安侯郭亮等督运粮车赴万全……庚子，驻跸宁远镇……辛丑，车驾至万全。命忻城伯赵彝，建平伯高福，尚书吴中、郭资，都御史李庆，通政马麟督运兵饷，又命都指挥

王唤等以骑兵护送……（四月，甲辰朔）是日驻跸兴和，大阅。"

七月十九日，永乐帝班师回到兴和，再次越野狐岭，过德胜口，经万全到达宣府。其后，经鸡鸣山、土木、怀来、居庸关，于八月初一回到京城。

永乐帝第四次亲征，发生在永乐二十一年（1423年）七月至十一月。

《明太宗实录·卷二百六十二》有记载说："永乐二十一年八月……（甲寅）车驾发宣府，次沙岭，赐诸将内厩马……（庚申）车驾次万全。兵民有进马牛瓜果等物者，上命倍时直酬之……敕宣府、隆庆、怀来、万全、怀安等卫筑塞黑峪、长安岭等处缘边险要之地，务令坚固昼夜严谨守护，如寇至兵寡不敌，星驰报来。"

《明太宗实录·卷二百六十三》记载说："永乐二十一年九月，己卯朔，驻跸沙城（今怀安县北沙城）。朝鲜国王李裪遣陪臣崔云诣军门奏事，今还北京待命……（戊子）车驾次西阳河（今怀安县西洋河）。"

《明太宗实录·卷二百六十四》记载说："永乐二十一年冬十月（戊申朔）……（甲戌）（班师）驻跸万全……（乙亥）车驾发万全，上乘马忠勇王金忠一骑随后……"

永乐二十二年（1424年）秋七月，永乐帝驾崩于第五次北征的班师途中。八月，其长子朱高炽继位，是为明仁宗。

《明太宗实录·卷七》载："永乐二十二年十一月，壬申朔……丙子，升通州卫指挥使黄真、金吾左卫指挥使魏清俱为都指挥佥事，真镇万全，清镇天城。"

《明仁宗实录·卷十》载："洪熙元年（1425年）春正月壬申朔……辛巳……升万全右卫千户许礼为金吾右卫指挥佥事……"

《明仁宗·卷十三》载："洪熙元年三月（辛未朔）……（丁酉）镇守万全右卫都指挥佥黄真私造应禁兵器，事觉，降为指挥使，发口外立功。"

明仁宗朱高炽在位仅仅10个月，便于洪熙元年五月暴死，终年47岁。其长子朱瞻基继位，是为宣德帝。

据《明宣宗实录·卷十五》载："宣德元年（1426年）三月，乙未朔……（戊午）太子太保阳武侯薛禄奏，万全右卫城在德胜关口，地高乏水，宜徙于近城七里宣平堡，计军士三万人筑城可一月毕工。上（宣德帝）曰：此城戍守已久，安得重劳军民，唐太宗时有请修古长城发民乘堡障者，太宗曰当扫清沙漠何用劳民远修堡障？此役姑止。"

《明宣宗实录·卷三十三》载："宣德二年（1427年）十一月，乙酉朔……（甲辰）定万全中盐例。初，镇守万全右卫都指挥黄直言：本卫地临极边，路当冲要，宜广储蓄以备不虞……上（宣德帝）命行在户部议，至是请于万全左右二卫开中淮浙盐，每引纳米三斗，不拘次支给。从之。"

《明宣宗实录·卷四十五》载："宣德三年（1428年）秋七月，辛亥朔……（戊午）总兵官都督谭广奏，宣府、怀安、怀来、永宁、万全左右诸卫城垣，并各处台墩桥梁，近因久雨倾颓，请以各卫军士修筑，从之。"

宣德帝在位10年。期间，曾于宣德五年（1430年）与宣德九年（1434年）两次巡查宣府边备。

《明宣宗实录·卷七十一》载："宣德五年冬十月，戊辰朔……癸未，驻跸宣府之泥河，总兵官都督谭广入谒……甲申，驻跸老鸦站。乙酉，驻跸洗马林……丙戌，驻跸洗马林，上（宣德帝）亲历城堡营垒，遍阅士马铠甲旗帜，皆称上意，大悦，召见诸帅咸加赐劳。丁亥，驻跸洗马林，遣敕谕太监杨瑛、林景芳、李和等曰：朕十八日至洗马林，亲历城堡，阅视兵备，咸毕，以二十一日旋师，二十五日至京……"

《明宣宗实录·卷一百十二》载："宣德九年九月，乙亥朔……癸未，重阳节，赐文武群臣宴，车驾发京师，驻跸唐家岭……己丑，驻跸雷家站。庚寅，驻跸宣府之泥河。辛卯，驻跸万全……癸巳，行在工部尚书吴中奏请令万全都指挥黄真于洗马岭及西阳河一路预治桥道，从之……丙申，驻跸安家堡。丁酉，驻跸洗马岭，上亲历城堡阅兵备，喜顾文武扈从之臣曰：比五年来时又谨饬，此边将克用命也……庚子，回銮，驻跸沙岭……"

再，据《明宣宗实录·卷一百十五》载："宣德九年十二月，甲辰朔……（丙午）行在户部右侍郎王佐奏，昨户部员外郎罗通言，万全都司所辖德胜口守备官军四千六百九十余人，缘山筑长城、浚壕堑、设烽置堡屯守兼备……"

明永乐帝之后，朝廷逐渐将主动出击北元的战略做了调整，并着力加强了长城一线的防守。洗马林、新河口、西阳河等处，均是"万全右卫"城左近的要冲之地。

据《明英宗实录·卷一百十》载："正统八年（1443年）十一月，壬子朔……（丁丑）宣府总兵官永宁伯谭广等奏：洗马林实要冲之地，而堡稍近内，宜徙置北边十五里，以镇虏、东孤山二堡官军归并于彼守备，新河口及西阳河二堡亦临要害，宜摘拨万全右卫及怀安卫军官益彼守备……"

正统十四年（1449年）八月，土木之变发生，明英宗被瓦剌俘虏。次年八月，英宗获释南归。

对此，《明英宗实录·卷一百九十五·废帝郕戾王附录第十三》的记载是："景泰元年（1450年）八月，壬申朔……（辛巳）是日，虏酋也先遣得知院等领人马护送太上皇帝（英宗）驾至野狐岭……是日驻跸于宣府右卫城外官厅。"而明人杨铭撰写的《正统临戎录》中，则直截了当地说："……至晚，到于万全右卫教场官厅内安歇。次日，到于宣府住歇。"杨铭，原名哈铭，蒙古人，曾在漠北侍奉过英宗。随英宗南归后，被赐姓杨。

《明史·列传第五十五》提及哈铭时说："有哈铭者，蒙古人。幼从其父为通事，至是亦侍帝。帝宣谕也先及其部下，尝使铭。也先辈有所陈请，亦铭为转达。帝独居毡庐，南望悒郁。二人时进谐语慰帝，帝亦为解颜。"

下面的这段文字，不仅提到野狐岭、万全右卫城，还特别强调了德胜关和关东水口当时的状况与存在的隐患。

《明宪宗实录·卷七十九》载："成化六年（1470年）五月，戊寅朔……（己卯）六部会议甘肃、宣府巡抚官所陈事宜……西路野狐岭距万全右卫城三十余里，路平无险，沿边旧筑墙垣壕堑低薄浅狭，迤南虽设德胜关，然关东水口可通人马，北虏近欲从此入贡不为无意，一旦窃发长驱为患非小。请令分守参将督守备官军修筑墙壕，务在高厚阔深，仍以砖石甃塞关东水口，量留小门或间以铁窗石条，则地方可保无虞。议入，诏悉从之。"

《明宪宗实录·卷一百二十九》载："成化十年（1474年）六月，甲寅朔……（丁卯）命都督佥事周贤充右参将，分守万全右卫地方。"

再如：

《明孝宗实录·卷一百七十六》载："弘治十四年（1501年）七月，丁未朔……（戊午）虏数入宣府德胜关、张家口等处杀虏人畜，命逮问提调指挥冀顺等二十人之罪，其分守参将杨英、少监唐禄，并守备少监葛全、监丞徐玉，命俟冀顺等问结后，并以闻奏。"

《明武宗实录·卷六十三》载："正德五年（1510年）五月，乙卯朔……己巳，建万全右卫儒学，怀安及万全左卫旧有武学、右卫军生，以就学怀安不便乞别建儒学，礼部议，从之。"

《明武宗实录·卷一百十六》载："正德九年（1514年）九月，庚申朔……（壬戌）虏五万余骑自宣府万全右卫、新开口入，踰怀安趋蔚州等处劫掠。又三万余骑入平虏城南，都御史丛兰总兵官白玉等领兵追击……"

《明世宗实录·卷二百八十三》载："嘉靖二十三年（1544年）二月，庚午朔……（戊子），兵部覆巡抚宣府都御史王仪，言：宣镇五路若北路则龙门城许家冲，中路则大白阳，西路则膳房、新开、新河、洗马林等堡尤为要地。请得选民兵趫健敢死者必以三千聚居镇城西，一千聚居万全右卫北路，一千聚居独石城，……"

《明世宗实录·卷二百九十一》载："嘉靖二十三年（1544年）十月，丙寅朔……（甲戌）虏寇膳房堡，总兵郤永御之，（虏）不能入，遂于万全右卫拆墙拥入。上（嘉靖帝）以本镇防御不严切责总督翟鹏等，仍令东西厅参将罗文豸等整搠士马候报出征。"

《明世宗实录·卷三百七十三》载："嘉靖三十年（1551年）五月，戊子朔……（庚戌）宣府设马市于新开口堡，虏酋把都儿、辛爱、伯腰、卜郎台吉、委兀儿慎台吉凡五部入市，共易马二千余匹。"

《明穆宗实录卷三十九》载："隆庆三年（1569年）十一月，庚午朔……（丙戌）以宣府西路及万全右卫等处修边工完，赏督抚等官陈其学、王遴，总兵马芳，郎中邵元哲，副使郑洛、方逢时，参议何棨及副总兵等刘国等八人银两有差。"

《明万历实录·卷三百三十四》载："万历二十七年（1599年）闰四月，己卯朔……（甲申）修宣府万全右卫城。"

《明万历实录·卷四百七十一》载："万历三十八年（1610年）五月，乙巳朔……（辛亥）起原任参将方时春为宣府西路万全右卫城参将。"

自清军入关一统天下，战事频仍的明长城一线渐渐平静下来。在这种大格局下，万全右卫的军事要地的情势有了很大的变化。清康熙三十二年（1693年），清廷裁改万全右卫置万全县。而此时的张家口在政治、军事、经济贸易诸方面的特殊作用日益彰显。《清实录》中，有关万全右卫的记载也少了起来。

《顺治朝实录·卷三十五》载："顺治四年（1647年）十二月，丁卯朔……庚寅，户部兵部奏：差理事官科奎、钟固，自张家口起西至黄河止，察得张家口关门迤西、黄河迤东，共一千四十五里。其间险峻处六七里一台，平坦处约四里一台。共应留台二百四十四座。每台设军丁三名，共军丁七百三十二名。其余台一千三十二座应不用。故明时得胜堡一口，系察哈尔国讨赏出入之路。河保营，系鄂尔多斯部落茶盐交易之处。以上二口、俱已堵塞。"

《顺治朝实录·卷八十六》载："顺治十一年（1654年）九月，丁亥朔……（癸巳）免宣府万全右卫所属暖店堡、梁家、渠家、吴家、沙家等庄、盆儿窑、西红庙、本年分雹灾额赋。"

《雍正实录·卷二十八》载："雍正三年（1725年）春正月，庚子朔……（壬戌）……张家口之东百里内，蒙古汉人杂居。盗贼词讼应严加管理。又德胜口、张家口之仓，应籴谷分贮。每年出旧籴新报部。其衙署仓库，应盖造于张家口内城郭会集之处。添派千总一员、把总一员、马兵二十名，协同办理看守……"

《雍正实录·卷一百五十三》载："雍正十三年（1735年）三月，辛未朔……辛卯，裁直隶张家口协标左营守备一员。改张家口路参将所辖万全营、膳房堡、新河口堡、洗马林堡、柴沟营、怀安城、左卫城、西阳河堡等营汛，归张家口副将管辖。从直隶总督李卫请也。"

《乾隆实录·卷之一百四十》载："乾隆六年（1741年）夏四月，乙未朔……（庚子）工部议覆：直隶总督孙嘉淦奏称，万全县属洗马林堡，城外逼近大沙河，向有护城沙堤被水冲坍。请修筑石堤以保城垣。并加筑灰土坦坡，疏挑引溜。应如所请。从之。"

《乾隆实录·卷之四百三十六》载："乾隆十八年（1753年）夏四月，丙戌朔……（丁酉）户部议覆：直隶总督方观承疏称：万全县仓，旧建于本城、张家口、洗马林三处，计八十间。今例存米谷及额征屯粮、兵米等项，仅敷存贮。所有张家口同知积存采买谷一万六千余石，请于张家口下堡建仓十二间。洗马林口内、万全县仓旁，建仓八间另贮。应如所请。从之。"

三、与"万全右卫"相关的诗文

翠屏口

金·周昂

去岁翠屏下，东流看涌波。

愁将新鬓发，还对旧关河。

翅健翻秋隼，峰高并晚驼。
草深饶虎迹，夜黑欲谁过。

地拥河山壮，营关剑甲重。
马牛来细路，灯火出寒松。
刁斗方严夜，羔裘欲御冬。
可怜天设险，不入汉提封。

玉帐初鸣鼓，金鞍半偃弓。
伤心看寒水，对面隔华风。
山去何时断，云来本自通。
不须惊异域，曾在版图中。

野蔓梢驼架，轻泥溅马鞍。
径斜来险石，溪急上清滩。
羽檄千山静，羔裘六月寒。
长松空夹道，萧飒不成看。

旌节瞻前帐，风尘识旧坡。
恨平青草短，情乱碧山多。
晚起方投笔，前驱效执戈。
马蹄须爱惜，留渡北流河。

万里来崩豁，终年气惨凄。
地穷清涧断，天近玉绳低。
孛窟黄沙北，昆仑白雪西。
故园何处觅，搔首意空迷。

塞古秋风早，山昏落日低。
积云鸦度久，荒岸马归齐。

灯火看时出，茅茨渐欲迷。

尘沙恨于役，况乃对鸡栖。

笔者注：据专家考证，周昂的这一组诗作于金卫绍王大安三年（1211年）。其时，蒙古军南下，发起野狐岭大战，周昂以六部员外郎身份，随从完颜承裕备边迎敌。是年八月，完颜承裕兵败宣平，狼狈地"跳走上谷"，而"众欲径归，昂独不从，城陷，与其从子嗣明同死于难"。

这一组《翠屏口》诗是周昂的绝笔。

《长春真人西游记》

这本书是丘处机的弟子李志常于1228年编著的。该文详尽记载了1221年丘处机应成吉思汗之邀，由宣化出发，踏上西行万里征途的情形。

文云："二月八日启行，时天气晴霁，（宣德州）道友饯行于西郊，遮马首以泣曰：父师去万里外，何时复获瞻礼？师曰：但若辈道心坚固，会有日矣。众复泣请：果何时邪？师曰：行止非人所能为也，兼远涉异域，其道合与不合，未可必也。众曰：师岂不知？愿预告弟子等。度不获已，乃重言曰：三载归，三载归。十日，宿翠帡口。明日，北度野狐岭，登高南望，俯视太行诸山，晴岚可爱，北顾但寒沙衰草，中原之风，自此隔绝矣。"

笔者注：文中提及的翠帡口，指的就是万全卫城北的德胜口。

《岭北纪行》（亦作《塞北纪行》） 金·张德辉

《岭北纪行》生动细致地记述了蒙古定宗二年六月，张德辉受忽必烈召见，北上和林的情形。

文中说，他"入南口度居庸关，出关之北口则西行……西过鸡鸣山之阳……循山之西而北，沿桑干河以上……经石梯子至宣德州。复西北行，过沙岭子口及宣平县驿，出德胜口，抵扼胡岭下，有驿曰孛落……"

笔者注：此处"出德胜口"，即应是张德辉、元好问诗文中说的"翠屏口"。

过翠屏口

元·元好问

鬓须苍白葛衣宽，事外闲身也属官。

授简如闻数枚叔，乘车初不少冯驩。

沙城雨塌名空在，石峡风来夏亦寒。

两饱三饥已旬日，虚劳儿女劝加餐。

笔者注：元宪宗二年（1252年）春夏之间，年已63岁高龄的元好问与其好友张德辉一起北上觐见忽必烈，请求忽必烈为儒教大宗师，忽必烈非常高兴地接受了。

《扈从诗前后序》（元·周伯琦）

至正十二年（1352年），监察御史周伯琦扈从顺帝元顺巡幸上都，写下了《扈从诗前后序》。

依照元代皇帝每岁北巡东出西还的规制，周伯琦的《扈从诗前序》记述的是由京师往上都的旅程，而《扈从诗后序》的文字则描述了他于是年七月随从顺帝銮驾，由上都返回京城的所见所闻。

文中写道："由兴和行三十里，过野狐岭，上为纳钵地。高风甚寒，东南盘折而下平地，天气即暄，无不减衣者。前至得胜口，宣平县境也。有御花园，杂植诸果，中置行宫，南至县（宣平）十五里。去邑三十里有山，出玛瑙石。又前至沙岭，五十里至顺宁府，本宣德府也，因地震，改名。"

对于这一段路程，周伯琦还写了一首《野狐岭》诗，并作有小注。

其诗云：

高岭出云表，白昼生虚寒。

冰霜四时凛，星斗咫尺攀。

其阴控朔部，其阳接燕关。

涧谷深叵测，梯磴纡百盘。

坳垤草披拂，崎岖石巉岏。

轮蹄纷杂沓，我马习以安。

恍然九天上，熙熙俯人寰。

连冈束重隘，拱揖犹城垣。

停鞭履平地，回首势望尊。

棉衣遂顿减，长途汗流鞯。

亭柳荫古道，园果登御筵。

境虽居庸北，物色幽蓟前。

始悟一岭隔，气候殊寒暄。

小邑名宣平，相距两舍间。

牛羊岁蕃息，土沃农事专。

野人敬上官，柴门莫款延。

休养嘉承平，禹迹迈古先。

汉唐所羁縻，今则同中原。

大哉舆地图，垂创何其艰！

张皇我六师，金汤永深坚。

其注曰：岭界南北，甚寒，南下平地，则暄矣。

次老鸦庄

明·金幼孜

好山如画里，列戟照银屏。

云冻雪犹在，沙寒草未青。

题诗临夕照，横槊依青冥。

万里收功业，先期静幕庭。

笔者注：此诗为金幼孜宣德五年（1430 年）扈从宣德帝巡视宣府边备时所作。

老鸦庄，位于张家口市区。明嘉靖四十年（1561 年）刊行孙世芳纂修的《宣府镇志·卷十一·城堡考》有记载说："老鸦庄堡，镇城（宣府镇）西北四十里，元所筑，我朝（明朝）因遗址复修。"

早发安家堡

明·杨士奇

上马触西风，风寒夜正中。

众星斜转北，一水自朝东。

不恨冯唐老，虚怀杜甫忠。

殷勤扈龙跸，何暇惜微躬。

笔者注：此诗为杨士奇宣德九年（1434年）九月扈从宣德帝巡视宣府边备时所作。在这此巡边中，70岁高龄的杨士奇共作诗五十二首，记载了沿途的所见所闻。

过荨麻林

明·杨士奇

浩荡山川气象开，氛清多倚将臣才。

平生不解读孙武，也到荨麻塞上来。

渺渺良畴岁岁丰，清山清水淡兼浓。

世人只说边州苦，不识边州乐趣同。

笔者注：此诗见道光版《万全县志》。

荨麻林早发

明·杨士奇

四更寒露衣湿，十里飘风帽斜。

足底河流石涩，马前月色云遮。

笔者注：此诗见道光版《万全县志》。

荨麻岭晓晴

明·杨荣

周庐夜半雨，萧萧不成响。

晓起看新晴，雪满青山上。

笔者注：这首五言绝句作于宣德九年（1434 年），杨荣扈从宣德帝巡视宣府边备之时。

荨麻岭，即今张家口市万全区的洗马林。由于这里生长着许多荨麻，洗马林古代也称荨麻岭。

翠屏山

明·熊伟

绝壁横空峙，遥看却似屏。

色添山霭润，影入水波澄。

石发铺晴碧，岚光抱晓青。

别来惊岁晚，回首若为晴。

笔者注：熊伟，字彦卿，生卒年不详，明代宣府前卫（今张家口宣化）人。弘治八年（1495 年），登进士第，被任为兵科给事中。弘治十一年（1498年），提升为通政。正德十三年（1518 年），以右佥都御史身份到大同任职。在任一年后被罢职。回乡后，熊伟专心研读经书，写诗作文。宣府镇各地到处留下他的足迹，也到处留下他的诗文。

紫岩阁

明·熊伟

紫岩幽胜处，重阁倚高寒。

云雾当檐宿，星河倚楹看。

群峰相掩映，石磴几回盘。

短策何年理，清游续旧欢。

笔者注：此诗见道光版《万全县志》。明嘉靖四十年刊本孙世芳纂修《宣府镇志》之《卷八·山川考》中记载说："紫岩，（万全右卫）城西北五里。熊伟紫岩重阁诗：紫岩幽胜处，重阁依高寒……"

上谷歌上孙月厓中丞（八首之一）

明·尹耕

新河洗马晚苍苍，风急城孤古膳房。

分道往年频失利，筑垣今日见周防。

转输几实饥人腹，锋镝新扶战士疮。

乳哺庙谋应不后，坐看穷徽系苞桑。

笔者注：尹耕（1515年—？），蔚州（今张家口蔚县）人。嘉靖十一年（1532年）进士，历任藁城知县、礼部仪制主事、员外郎、河间知府，并被破格提拔为河南按察司兵备佥事。后因被人弹劾，遣戍辽东，几年后才获准回乡。回乡之后，尹耕建了一座书房，名曰"九宫山房"，借以专心读书、专心著述。

他的著作有《塞语》《乡约》《两镇三关志》《九宫私记》《朔野山人记》等。

尹耕的边塞诗也有着很高的艺术成就。清代诗人钱谦益称其"作为歌诗，沉雄历落，《秋兴》《上谷》诸篇，有河朔侠烈之风"。清诗大家朱彝尊也在《静志居诗话》中说，"朔野以边才自负，一蹶不振，坎壈而终，诗如晓角秋笳，听者凄楚"。

（原载于《张家口历史文化研究》2017年第17期）

陈希英，男，1947年生，张家口市文化局原副局长，在《张家口历史文化研究》等刊物发表论文多篇。参与编写出版了《张家口历史文化读本》、《张家口百年史话》《张家口事典》等多部书籍。

明长城宣府镇西路城堡考

张依萌

一、文献使用说明

明长城分九镇，各镇下分诸路以为次级统御机构。宣府镇西路居其一。考察历代文献，多有记载明长城建制者。其中有专章记录明长城宣府镇西路者以明人的专修长城志书及明、清、民国三代各地方志为主，约十余部。关于记载宣府镇西路的明代书籍，主要集中出版于嘉靖、万历两朝。最早有正德年间刻本《宣府镇志》，亦于嘉靖二十年（1541 年）增修。因此，我们能看到的相关文献以嘉靖年间为最早。清、民国二代关于明长城的记载多取材甚至照搬于明人著作，一则无系统的实地考察以对明人观点加以证实或证伪，二则誊抄过程中难免错谬。因此本文所征引的文献，除清人编纂的《明史》作为参考外，优先选取明代人的著述，主要有嘉靖《皇明九边考》《二镇三关通志》、正德刻嘉靖二十年增修《宣府镇志》、嘉靖四十年（1561 年）《宣府镇志》、隆庆三年（1569 年）《九边图说》以及万历癸卯刊本《宣大山西三镇图说》六部。据清道光甲午年重修《万全县志》记载，明人曾著有《西路志》《上西路志》，清代已逸，因而不论。明代文献失载者，则以清人编纂的康熙《畿辅通志》《宣化府志》《万全县志》等为参考。

二、明代志书所见宣府镇西路城堡

（一）疆域

正德《宣府镇志》载，西路疆域"东据清水河（今张家口市内清水河），西据金阁山，南据长安岭，北据野狐岭，广一百三十里，袤一百一十里"；嘉靖《宣府镇志》载，宣府镇西路疆域"东据清水河，西据枳儿岭，南据兴宁口，北据野狐岭，广一百三十里，输一百一十里"。今金阁山、长安岭均在京西赤城、怀来一带，疑正德志有误。明长城内边自长安岭向西延伸，或为边界。兴宁口，《畿辅通志》云"在蔚县东北一百二十里"；枳儿岭，据《宣大山西三镇图说》、隆庆三年《九边图说》，枳儿岭亦为城堡名，万历间属下西路。《畿辅通志》载，枳儿岭在"怀安县西三十里，与山西天镇县接界"。

（二）建制

据嘉靖《两镇三关通志》《皇明九边考》（后文简称《九边考》）等文献记载，太祖年间已有宣府之称。王崇献纂修、正德刻嘉靖二十年增修《宣府镇志》（以下简称正德《镇志》）卷一载："国朝洪武……二十五年（1392年）称宣府，领五路。"即宣府有东、南、西、北、中路。此"西路"即本文题目所说之"西路"。万历癸卯刊本《宣大山西三镇图说》（以下简称《图说》）云："嘉靖初以沿边多事，右卫去各堡隔远，应援不便"乃分西路为上、下二路。

通考明代志书，宣府镇西路曾统辖过的关口、屯、庄、寨、堡数以百计。正德《镇志》记载，本路边墙设有德胜口关、野狐岭关、东洋河口、张家隘口关等4处关隘。边内城堡则有西洋河、渡口堡、怀安城、李信屯、柴沟堡、洗马林、新河口、新开口、万全左卫、万全右卫（德胜堡）、膳房堡、来远堡、张家口堡、宁远堡等十余座城堡设兵戍守，根据各城所处位置的战略重要性高低依次划分"极冲""次冲"……直至"腹里"，并派驻不同级别的军事指挥员。军事上，路的最高指挥员称参将，为次于镇总兵、副总兵的高级将领。以下于"营堡要紧处设守备"驻守，游击率机动兵力，以下又设操守、坐营、把总、管队、贴队等中下级军官。一路军额在万人规模，各城堡驻军自数十至数千不等（见附表1）。对于设兵戍守的军堡，志书加以着重描述。各堡之下又有数量不等的不设兵戍守的"属堡""属寨"。正德《镇志》共记录寨堡194座；嘉靖《宣府镇志》（以下简称嘉靖《镇志》）增加到234座。志书中一般仅列举名称，个别的也记录设置时间。

关于设兵戍守的重要城堡并非定制，多有增筑、改辖。《九边考》云："洪武二十六年始置万全都司于镇城……西路所统万全左右卫、怀安、洗马林。"洪武之宣镇西路初辖驻军城堡4座。而同书后文又云："西路分守左参将所属万全右卫等一十二城堡。"

据《两镇三关通志》载，成化十年（1474 年）"置分守西路参将……驻柴沟堡，属以柴沟堡、万全左右卫、新河、新开口、怀安、洗马林、西洋河、张家口九城堡"。

据正德《镇志》载，西路所辖驻军城堡包括万全右卫、万全左卫、怀安城、柴沟堡、洗马林堡、西洋河堡、张家口堡、新开口堡、新河口堡、膳房堡、渡口堡等 11 座。

据嘉靖《镇志》载，西路辖万全左卫、右卫、怀安（保安右卫）、柴沟堡、荨麻林（洗马林）、西洋河、张家口、新开口、新河口、膳房堡、渡口堡、李信屯等 12 城堡。

《两镇三关通志》云，嘉靖十三年（1534 年）"城李信屯"。三志互证，可知正德间宣镇西路辖驻军城堡 11 座，嘉靖十三年增至 12 座，基本可信。

据上所述，至迟在嘉靖年间，宣镇西路所辖驻军城堡已达 12 座。

据《图说》"上西路总图"所绘，至万历年间，宣镇上西路辖宁远堡、张家口堡、来远堡、膳房堡、万全右卫城、万全左卫城、新开口堡、新河口堡及永安堡等 9 个军堡；下西路辖洗马林堡、柴沟堡、怀安城、李信屯、渡口堡、西洋河堡、枳儿岭等 7 堡（图 1、图 2）。西路合计有军堡 16 座。

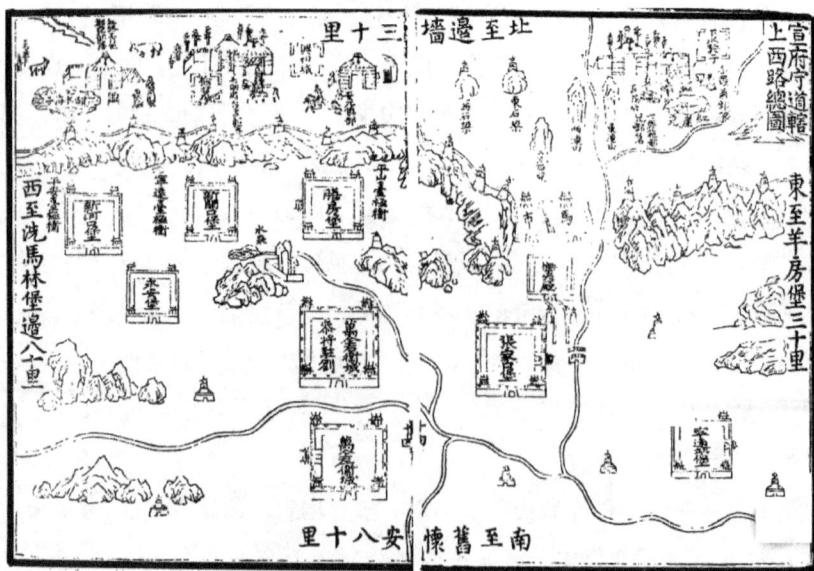

图 1　嘉靖《宣大山西三镇图说》宣镇上西路总图

图 2　嘉靖《宣大山西三镇图说》宣镇下西路总图

（三）关口

今已全部不存。兹考证方位如下：

乾隆《宣化府志》（以下简称乾隆《府志》）云：德胜口"在（万全）县北三里翠屏山下"；清代万全县治即万全右卫城。根据明制，一里约合 480 米 [1]。即德胜口在万全右卫城北约 1.44 千米。通过对地图的肉眼观察，以万全右卫城为中心，以志书记载的距离有正负 20% 的误差记，则方圆 1.1—1.8 千米范围内符合这一方位的山口仅有一处，即城北张石高速与 207 国道通过处。古今一理，当代道路的选址，亦应考虑施工最为便利、成本最低处，最佳方案即选择已经存在的孔道。且该地两侧高处有明代烽火台遗迹。推测原关口即在高速路沿线山口南侧。

东洋河口在柴沟堡"西北十里"[2]，柴沟堡西北约 2500 米处，正是东洋河山口，应为明代关隘无疑。

野狐岭关"在县西北三十里"[3]；以同样的方法考察，可知县西北半径在 14—18 千米范围内，符合描述的地点有三。两处在长城线上，另一处则在长城内。笔者以为前两者为野狐岭关的可能性更大。而这两者中，一者亦在张石高速沿线，万全右卫城及德胜口正北，另一处在城西北。前者又有德胜口在前阻挡，因此后者更加符合文献描述。

张家隘口关"在（张家）堡址五里通境外"[4]，亦仅一处可能地点，即今大境门长城附近的东、西太平山间的山口。大境门开于康熙年间 [5]，东侧小境门的开通亦晚到万历年间，此前边墙封境无门。据嘉靖《镇志》记载，张家隘口曾设关口，但最迟嘉靖年间就已经废弃，后几兴土木，因此所谓"张家隘口"的具体位置已无法确定。

（四）城堡

宣镇西路诸城堡之名在当代大部得到沿用，成为城、乡镇、村名，这为我们追考及复原明代宣镇西路布局提供了方便。根据明人的记载，结合当代历次调查及笔者的实地考察，可知宣府镇上西路诸城堡均位于今张家口市的桥东区、桥西区、万全县、怀安县境内。

现将明清志书中详细描述各主要城堡沿革的文字进行梳理。限于篇幅，属堡仅择若干材料相对丰富、有代表性的进行介绍。

西洋河，为元代旧城。《两镇三关通志》云："西洋河……正统间（1436—1449 年）城"；嘉靖《镇志》云："正统五年（1440 年）都指挥文宏广因旧基修筑"；城址在今怀安县渡口堡乡西洋河村。保存较好。

怀安城（保安右卫），《九边考》载："怀安卫……洪武二十五年（1392 年）设卫"；嘉靖《两镇三关通志》云洪武二十六年（1393 年）置；《太祖实录》卷 236 云：洪武二十八年"筑万全、怀安等城"；永乐十三年"置保安右卫治顺圣东城……后徙怀安"；嘉靖《镇志》属堡 63。城址即今怀安县怀安镇。尚存城圈。

*枳儿岭堡 [6]，怀安城属堡 [7]。嘉靖四十年（1561 年）《宣府镇志》所载宣镇西路西界。《图说》、隆庆三年《九边图说》宣府镇图中均标有枳儿岭堡（图 8），因此可知枳儿岭堡的设置不晚于万历三十一年（1603 年）。城址在今怀安县王虎屯乡枳儿岭村。尚存部分城墙，城门不存。

*团山堡，嘉靖《镇志》载为怀安城属堡。城址在今怀安县王虎屯乡团山村。仅存北墙、西墙。城门不存。

李信屯堡，《两镇三关通志》载云嘉靖十三年（1534 年）"城李信屯"；嘉靖《镇志》属堡 5。城址在今怀安县王虎屯乡李信屯村。尚存城圈及东门瓮城。

洗马林堡、新开口堡，《两镇三关通志》载，宣德十年（1435 年）"城洗马林、新开口"；嘉靖《镇志》属堡 7。洗马林堡址在今万全县洗马林镇，尚存南、北、西三门；新开口堡址在今万全县膳房堡乡。保存较差。

*旧堡，嘉靖《镇志》为洗马林堡属堡。旧址今为旧堡村。道光《万全县志》载有阳门古城，在"县西南七十里，今阳门堡地。唐以前置唐史妫州，妫川郡有阳门堡城即此"。《万全县志》所绘县域图中洗马林城南有阳门堡，呈东西长、南北窄的长方形（图3）；乾隆《怀安县志》载有阳门废县，"在县北。金置，元废……贞祐二年升为县……贞祐初城焉"。

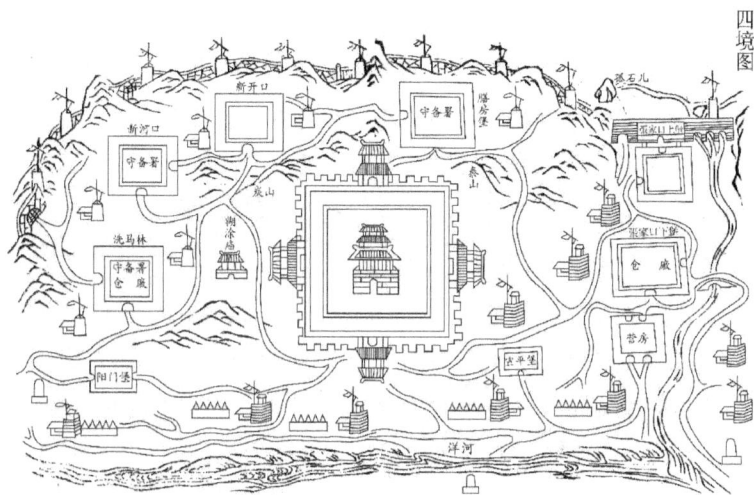

图3　道光《万全县志》四境图

根据笔者实地调查，今洗马林镇南约4千米、南距怀安城约30千米的西洋河支流西岸有旧堡村，村内土城遗迹亦呈东西长、南北窄的长方形。比照道光《万全县志》县域图及各志的位置描述，旧堡即阳门堡。

新河口，乾隆《府志》引《宣镇图说》云："创于宣德十年（1435年）"；洗马林堡属堡共4座[8]。城址在今万全县北新屯乡新河口村，保存较差。

*永丰堡，嘉靖《镇志》载新河口堡属堡下有永丰堡。但根据位置判断，以及调查所见，永丰堡当非文献所指。城址在今桥西区西北部，北距西太平山明长城约800米。城圈尚存，门不存。

*永安堡，新河口属堡之一。见于《图说》"上西路总图"。城址在今万全县新河口乡永安堡村。遗迹不清。

万全左卫，《两镇三关通志》云：弘治元年（1488年）"置万全左卫"；嘉靖《镇志》属56堡，1寨；城址在今万全县左卫镇。尚存城圈。

*旧怀安堡，嘉靖《镇志》为万全左卫属堡。城址在今怀安县头百户乡旧

怀安村。尚存城圈。

德胜堡（万全右卫），今万全镇。《两镇三关通志》云洪武二十七年（1394年）春三月"城镇城（今宣化区）及德胜口"；永乐二年（1404年）"移万全右卫于德胜口"；永乐十五年（1417年）"置永宁卫保安右卫"；万全右卫属堡共计七十七[9]。如宣平堡等，旧地今仍有同名村。城址在今万全县万全镇，保存较完好。

*宣平堡，万全右卫属堡，见于道光《万全县志》所绘万全县域图（图3）。该志认为即金代大新镇，元代宣德县治。明初废县。《两镇三关通志》载，洪武二十六年（1393年）"万全左右卫置于宣德县"；嘉靖四十年《镇志》载，洪武二十六年"置万全左右卫于宣平"；后右卫迁德胜堡，左卫迁左卫城。城址在今万全县宣平堡乡。遗迹不清。

膳房堡，乾隆《府志》引《宣府镇志》云："成化十五年（1479）都御史殷谦筑"；《两镇三关通志》载，嘉靖二十三年（1544年）下有"北虏寇膳房"条，可见最迟到嘉靖二十三年，膳房堡已经存在。据清《读史方舆纪要》卷十八记载，膳房堡建于明成化十五年（1479年）。城址在今万全县膳房堡乡膳房堡村。遗迹仅北、西残墙各100余米，西墙存马面一座。

张家口堡，嘉靖《两镇三关通志》载，宣德四年（1429年）"城张家口"；嘉靖《镇志》属堡11。城址即今桥西区堡子里。仅存北墙及东墙北段，北墙尚存1门，2个马面。

来远堡（张家口上堡），《图说》绘上西路总图于张家口东北边墙内有"马市"，为明蒙互市之所，即来远堡。道光《万全县志》载，明万历四十一年（1613年）"巡抚汪道亨筑砖包"。是为宣镇西路有确切记载的建成最晚的一堡。城址在今桥西区大境门南侧，存东西二门。城墙现已修复。

宁远堡，堡内设有宁远站[10]，因此又称宁远站堡。正德《镇志》以之属镇城；嘉靖《两镇三关通志》载，嘉靖二十八年（1549年）"城宁远诸堡"；城址在今桥东区张家口火车南站东南约2千米处的宁远堡村。尚存1南门。

柴沟堡，正德《镇志》云："正统二年（1437年）都指挥文宏广筑"；嘉靖《镇志》属堡13。城址在今怀安县治柴沟堡镇。遗迹无存。

渡口堡，正德《镇志》云："弘治十一年（1498年）添兵戍守"；《畿辅通志》卷四十一云："明弘治九年（1496年）筑"；乾隆《府志》为"弘治十一年筑"。存疑。在今怀安县渡口堡乡渡口堡村。尚存 1 南门。

三、小结

考明长城宣府镇西路城堡建制，以万全右卫城为中心，疆域东置清水河，西至枳儿堡（近太行山），南、北分抵长城外边、内边。东西约 63 千米，南北约 53 千米。宣镇西路的军事管理体制以路—卫—关堡—属堡（寨）为线索，又以明代都司—卫—所制度为依托层级统辖。万全都司辖卫、所，卫所以下各关堡设兵戍守，较大城堡又下辖"属堡"若干。至嘉靖四十年（1561 年），全路所辖寨堡总数已达 234 座。关隘共有 4 处。

设兵戍守的军堡数量自明初以降增加。由洪武年间的 4 座，于成化十年（1474 年）增至 9 座，正德年间增至 11 座，嘉靖十三年（1534 年）12 座，至迟嘉靖四十年（1561 年）时为 16 座。从地图上看，各驻军城堡主要沿河兴筑，平面形制多为矩形，设城门 1 座至 4 座不等，城墙有角台、马面。各堡间距及与长城的距离大体相当，一般在 5—10 千米，可谓百里声势联络。诸军堡地名多为当代沿用，且遗迹大部尚存，周长自数百米至数千米不等，实测尺寸与文献记载多有出入。保存状况不一，好者格局完整，差者几乎消失。

以下附宣镇西路主要关堡分布图（图 4）及基本信息（附表 1、2）。

图 4　宣府镇西路长城、水系、关堡分布图

附表1　明代宣府镇西路主要城堡基本信息表

序号	明代名称	始建年代	军事长官	军额	属堡	备注	战略位置
1	宁远堡	嘉靖二十八年（1549年）	—	嘉靖新设36	—		次冲
2	来远堡	万历四十一年（1613年）	—	—	—		—
3	张家口堡	宣德四年（1429年）	守备	1078	11		极冲
4	膳房堡	成化十五年（1479年）	操守	649	—		极冲
5	德胜口堡（万全右卫）	洪武二十七年（1394年）	参将、守备	3732	77	永乐二年设万全右卫	极冲
6	万全左卫	弘治元年（1488年）	守备	1875	56堡，1寨		次冲
7	怀安城（怀安卫、保安右卫）	洪武二十五年（1392年）	守备	1959	63		腹里
8	新开口堡	宣德十年（1435年）	守备	570	—		极冲
9	新河口堡	宣德十年（1435年）	守备	822	4		极冲
10	柴沟堡	正统二年（1437年）	参将、守备	1805	13		次冲
11	渡口堡	弘治九年（1496年）	操守	659	—		极冲
12	洗马林堡	宣德十年（1435年）	守备	1424	4		极冲
13	西洋河堡	元代旧城，正统间（1436—1449年）重修	守备	1002	—		极冲
14	李信屯堡	嘉靖十三年（1534年）	把总	嘉靖新设743	5		再次
15	枳儿岭堡	不晚于万历三十一年（1603年）	—	—	—	属怀安卫	—
16	宣平堡	始建于金元	—	—	—	洪武二十六年置万全左右卫，永乐二年撤。属万全右卫	—
17	永丰堡	—	—	—	—	可能属右卫	—
18	旧怀安堡	—	—	—	—	属万全左卫	—
19	永安堡	—	—	—	—	属新河口	—
20	阳门堡（旧堡）	—	—	—	—	属洗马林堡	—
21	团山堡	—	—	—	—	属怀安卫	—

附表2　明代宣府镇西路主要城堡基本信息表

序号	明代名称	尺寸						城门	
		周长		高		厚		文献	遗迹
		文献	实测（米）	文献	实测（米）	文献	实测（米）		
1	宁远堡	二里七十八步	仅存1门	三丈五尺	5.86	—	—	1	1
2	来远堡	一里一百五十六步	1200	三丈五尺	6.78—7.28	—	2.91	—	2（东、西）
3	张家口堡	四里有奇（宣德）/五里，后改三里（嘉靖）	1550	一丈五尺（宣德）/二丈（嘉靖）	8.41	—	—	东、南、北三门	1（北）
4	膳房堡	一里三十步（成化）/二里有奇（嘉靖）	北墙残长108，西墙残长149	一丈八尺（成化）/三丈（嘉靖）	—	—	—	—	无
5	德胜口堡（万全右卫）	六里三十步	6500	三丈五尺	9.5	—	—	2	2（南、北）
6	万全左卫	十里，崇祯八年改六里	3800	三丈五尺	7.2	—	10.1	4	无
7	怀安城（怀安卫、保安右卫）	九里十三步	5700	三丈五尺	10.32	—	3.5—4.5	4	1（南）
8	新开口堡	一里三百四十步	不清	二丈五尺	9.57—11.65	—	6.25—9.33	—	—
9	新河口堡	二里二百二十步	1300	二丈八尺（宣德）/三丈三尺（嘉靖）	6.31	—	1.85	1	—
10	柴沟堡	八里	—	二丈八尺	无	三丈二尺	—	3	—
11	渡口堡	二里五十七步	2170	三丈五尺	7	—	4.6	2	1（南）
12	洗马林堡	八里	2200	二丈八尺	5.5—6	—	4—5	2	3（北、西、南）
13	西洋河堡	一里八十二步（正统）/四里百十三步（乾隆）	2200	二丈六尺（正统）/三丈六尺（乾隆）	—	二丈三尺二寸	2.8—3.2	2（正统），4（乾隆）	4
14	李信屯堡	二里八十步	1300	三丈五尺	6.5	—	3—8	—	1（东）
15	枳儿岭堡	—	633	—	6.5	—	3.5	—	无
16	宣平堡	—	1300	—	9.24	—	2.2	—	1（西）
17	永丰堡	—	不清	—	6.85	—	—	—	—
18	旧怀安堡	—	803	—	5	—	3.5	—	—

续表

序号	明代名称	尺寸						城门	
		周长		高		厚			
		文献	实测（米）	文献	实测（米）	文献	实测（米）	文献	遗迹
19	永安堡	—	不清	—	—	—	—	—	—
20	阳门堡（旧堡）	—	不清	—	—	—	—	—	—
21	团山堡	—	336	—	3.5		2.3—3		

注释：

[1] 丘克明等：《中国科学技术史》度量衡卷，科学出版社 2001 年版。

[2] 正德《宣府镇志·关隘》。

[3] 正德《宣化府志·关隘》。

[4]《皇明九边考》卷四。

[5] 道光《万全县志》。

[6] 前打"*"者为属堡。

[7] 嘉靖《宣府镇志》。

[8] 嘉靖《宣府镇志·城堡》。

[9] 嘉靖《宣府镇志·城堡》。

[10] 正德《宣府镇志·驿传》。

（原载于"长城小站论坛"2015 年 9 月 28 日）

张依萌，男，中国文化遗产研究院中国世界文化遗产中心副研究馆员。北京大学考古文博学院历史学硕士。主要从事长城考古、保护与管理研究，曾参与《明长城资源调查资料整理与研究》重大科研项目。在国内外发表学术论文 10 余篇。主要学术著作有《明长城砖砌空心敌台类型与分期研究——以蓟州镇、真保镇为中心》《甘肃金塔长城》《哈德良长城保护与战略管理》等。

万全"五堡"史话

谢绍坤

历史上，万全右卫所辖"五堡"——洗马林堡、新河口堡、新开口堡、膳房堡、张家口堡是明代早期修建的五座军事城堡，至今将近600年了。当时修建这些城堡的目的是驻扎军队，守卫边防。横亘在万全县北部的野狐岭、虞台岭、西崖山等山岭，明代时是防御蒙兵南下袭扰的天然屏障。但这些山岭分布着一些天然形成的豁口，由西至东分别是镇河口、新河口、新开口、黑风口等，这些豁口是蒙古骑兵南下的必经关口。为了镇守这些关口，明廷在宣德、正统年间分别修建了洗马林堡、新河口堡、新开口堡、膳房堡、张家口堡五座军堡。可以说，这些堡历史悠久，底蕴深厚，是我们研究万全历史文化的丰富矿藏。笔者经过翻阅大量的相关史料，初步整理出这些城堡的一些资料，算作抛砖引玉之举，期盼更多的史志同仁及历史文化爱好者共同挖掘、探索、研究这些城堡的历史，为重建万全历史文化添砖加瓦。

洗马林堡

洗马林堡位于县境内的西北部，距万全右卫城80里，西、北、东三面环山，向南是广阔平川。这里交通发达，地理位置重要，自古以来就是商贾云集的商品集散地，也是历代兵家必争之地。

据有关史料记载和口碑资料相传，洗马林始建于唐代，因当时居住人口多，村落比较大，故名万家村，距今已1200多年。村落周围长有荨麻草。元朝时，村西的荨麻岭长年驻扎着元军，经过多年的称呼，荨麻岭慢慢代替了万家村。大约明代时，荨麻岭改名为洗马林。关于改名还有一段故事，传说：一年夏天，皇帝视察边关，来到洗马林。当时正是中午时分，烈日当头，人马口渴难耐，忽见林间有一处清澈的泉水，皇帝命下马休息饮水。人马饮水完毕，随从军士便给马洗澡。这时正有一农夫路过，皇帝问：这是什么村？农夫答：荨麻岭。皇帝误听为洗马林，连声叫好：我等在此洗马，原来这就是洗马林。皇帝金口一叫，荨麻岭就改名为洗马林。

据史书记载：洗马林堡修建于明宣德十年（1435年），隆庆五年（1571年）增修砖包。清乾隆六年（1741年）又修。城为方城，墙高三丈五尺，底宽四丈五尺，顶宽一丈七尺。马面（城间突出部分，长15米）分布四面，共16个。城门有3处：北门、西门、南门。北门是死门，为了防止水患、匪患、兵患常年不开；西门叫观澜门，隆庆五年重修时，改为大有门，当地人称为丧门，为出丧之用；南门叫承恩门，后改为迎恩门，当地人称为喜门，为办喜事通行。北、西、南三门均设瓮城，俗称瓮圈。三个瓮城规模大致相同，皆为长43米，宽17米。南城外还有一座小城，叫"郭"，俗称"土围子"或"外城"，长与城墙相同，宽为100米，全是土石垒砌而成。外城设南门和东门，南门名为定远门。

《宣大山西三镇图说》[1]洗马林堡图说：本堡创建于宣德十年，隆庆五年始以砖包，周四里零六丈，高三丈五尺。原设守备一员，分管边四十三里有奇，边墩七十座，内镇河台极冲，火路墩五十四座。所领见在官军一千二百一十三员（名），马骡四百四十五匹（头）。本堡俗称西马营[2]，盖谓边多平坦，危而难守，亦与东马营无异也。未款前，嘉靖三十八年黄酋从此入犯，由柴沟、怀安侵至洪、蔚等处，抢掠经月，其他出没不时可知。边外有大谎堆、桂柏山等处通大房，明暗等酋部落驻牧，虽系互市之夷，实为门庭之寇。旁有旧堡。今虽砖包，颇可收保，防御之计更当严慎焉。

据《万全县志》（民国版）记载：洗马林堡明时设守备1员，把总1员，存籍官军1461名，军马671匹及骡、驼、驴、牛，装备大将军炮2门，小将军炮25门，流行炮44个等，还配有佛郎机、火铳、三眼铳等武器。

由于特殊的地理位置，洗马林从很早就是汉族和北方少数民族的商品贸易集散地，从元朝时就设立了"纳失失局"（蒙语，类似于今天的纺织局），明朝时是"汉虏（蒙）互市"之地，清朝时是方圆数百里的"旱码头"。市场的发达，繁荣了地方经济。经济发展必然刺激文化的发达，多数文化活动都是通过宗教开展的，所以洗马林堡明清时期修建了 30 多座庙宇：玉皇阁、西大寺、天齐庙、玄坛庙、河神庙、姑子庙、三星楼、城隍庙、文王庙、老爷庙、东大寺、财神庙等。众多的庙宇，衍生了丰富的庙事活动，创造了多彩的民俗文化形式，如六月六"晾经节"，元宵节"挂灯山"，城隍出府烧"油木梁"等。还留下了不少故事传说，如牢子成精、城隍爷不叠被子、南蛮子偷水等，显示了洗马林厚重的文化底蕴。

明成祖翰林编纂官、礼部侍郎兼华盖大学士杨士奇曾来此考察军务，有感于这里的英勇将士和秀美山川，赋诗赞曰——

过荨麻岭

浩荡山川气象开，氛清多倚将臣才。

生平不解谈孙武，也到荨麻塞上来。

渺渺良畴岁岁丰，清山清水澹兼浓。

世人只说边州苦，不识边州乐趣同。

释义：广阔秀美的山川，呈现出无限美丽的景象；百姓生活安定而祥和，倚仗驻扎在这里的英武将士；他们一生研读孙武兵法，是运筹帷幄的将才帅才，但为了国家和民族的需要，来到这边塞之地，镇守边关。这里有广袤的良田，年年五谷丰登；清水秀水静静地掩映在浓浓的绿色之中，显示了勃勃生机。人们都说边塞清苦，这是一种误传，因为这里也有许多令人意想不到的乐趣。

新河口堡

由于新河口也是一个颇具战略意义的主要关隘，明建立不久，即洪武三十年（1398 年），就在南下 7 里的地势平坦水草丰盛之处设立兵驿。它的作用有二：一是为过往官军提供食宿、供养及马匹，保证传递军情信息的通畅；二是为东边的军马场（现在的冯家夭）提供人员往来，转运马匹等服务，所以取名西马驿。但是一个驿站是难以承担起守卫一个军事要塞责任的，于是朝廷很快就派出重兵驻扎在此，镇守这一关口。为了增强防御能力，宣德十年（1435 年），朝廷在兵驿的基础上修筑了城堡，易名为新河口堡。建城之初是土城，墙高三丈三尺，周长二里二百二十步，仅设一南门，曰迎恩门。

过了90多年，即嘉靖六年（1527年），又修筑了南瓮城，进一步提高了城堡的防御能力。又过了40多年，即隆庆五年（1571年），还于南门外修建了面积大约为5亩大的练武校场。校场内设有演武厅台、练箭埂、挡箭壁等。这些设施在新中国成立之初还可见遗迹，现已无存。

新河口堡曾有全庙之称，意思是什么庙都有，据老人们说古庙全部加起来有20多座。村民们回忆起来的庙名有：老爷庙、大寺庙、三官庙、五道庙、河神庙、城隍庙、马神庙、龙王庙、火神庙、观音殿、真武庙、奶奶庙（两座）、山神庙、玉皇阁、玄坛庙、魁星阁、老母庙等17座。在这些古庙之中，还有几座建有戏台。

《宣大山西三镇图说》新河口堡图说：本堡设在上西西北隅，与下西接壤。始筑于宣德十年，嘉靖六年帮修，隆庆五年砖包，周二里二百二十步，高三丈五尺。设有守备，所领见在官军六百五十二员（名），马骡二百五十匹头。分边沿长二十六里，土筑三百二十步，石砌二十五里零，高二丈。边墩三十一座，火路墩一十九座，内水沟、平安等台俱极冲。边外牛心山、甜水海子等处，酋首明暗台吉部落驻牧。本堡坐落平川，西北两面皆边，最称孤悬。先年房犯右卫迤北，俱由此入。今乘暇修筑挑浚，各建砖台土墩，如治世台等处山势陡峻，壕堑深阔，颇足保障云。

据《万全县志》（民国版）记载：明初，新河口堡设守备1员，把总1员，存籍官军600多名。装备14门铁将军炮，4门流星炮，58门铁炮，神枪150杆，佛郎机100多架等，配备军马599匹及骡、驼、驴、牛若干头（匹）。

另据史书记载："明天启三年（1617年），侯大节升任新河口守备。"据传，侯大节驻堡时，治军有方，操练有节。他的部队纪律严明，能征善战，常打胜仗，出色地完成了守卫边关的任务，受到朝廷的赏识和地方百姓的爱戴。至今，这里还流传着侯大节勇战牛勒兀术的传奇故事。

新开口堡

新开口堡位于万全右卫城西北40里，距新河口9里。关于新开口的来历，《明英宗实录》[3]有记载："景泰二年（1451年），户部左侍郎刘琏请于新开口置关一所，令使客出入。两旁筑二台，捷军守备，其余墙垣务筑立高厚坚完，俾人马不得往来。"刘琏的申请得到了朝廷批准，批转兵部。兵部令宣府总兵实施。于是宣府在新开口建立起一所关口（类似于今天的边防检查站），目的是方便双方的边民开展贸易。由于是新开的一个关口，所以取名新开口。

新开口堡的"母体"叫东马驿，它是建立在口南约 10 里平坦之处的一所驿站，与新河口（西马驿）相对应。后为加强对这一关口的防守，朝廷派驻军队驻扎于此。宣德年间建起了城堡，取名新开口堡。今县文保所收藏一块石匾，阴刻楷书"新开口堡镇胡台"，并署有"万历乙卯年"字样。

《宣大山西三镇图说》新开口堡图说：本堡创建于宣德十年，重修于嘉靖七年，隆庆四年始以砖包，周二里零二十三步，高三丈四尺。初设操守，后改守备，所邻见在官军六百六员（名），马骡三百八匹头。分边一十八里零，内石砌一十四里零，斩崖三里零，高二丈。边墩二十二座，火路墩二十一座，内宁远，德胜，镇胡等台俱极冲。边外榆林庄一带，俱青把都，毛明暗台吉驻牧。未款前，虏数大举入犯，左右卫动遭荼毒，其他窃掠无虚日，以此称为东马营，盖谓危而难守，亦犹北路之有马营也，戒备可不慎哉。

据《万全县志》（民国版）记载：明初，新河口堡设守备 1 员，把总 1 员，存籍官军 669 名。装备神炮、神铳、腰刀、角弓等兵器，配备军马 343 匹及骡、驼、驴、牛若干头（匹）。

新开口南距万全右卫城 40 里，北距狼窝沟口 20 里，西距新河口 20 里，位置十分重要。嘉靖年间，蒙古鞑靼部为了解决物资短缺问题，首领俺答汗经常率兵扰掠边境。明廷出于全面考虑，同意与俺答汗议和，开展边境贸易。嘉靖三十年（1552 年）四月在大同镇羌堡开市，取名茶马互市（以茶叶、布匹、马匹、皮毛等货物为主要内容的贸易市场）。五月在新开口堡开马市，多半年交易马匹 2000 多，因贸易量不大，这个马市于次年三月关闭。

膳房堡

膳房堡位于万全右卫城北偏东 20 里处，北距野狐岭 10 里，地处半坝。因野狐岭是极具战略意义的军事要塞，所以膳房堡成为历代兵家必争之地。据有关资料记载，明正统年间（1436—1449 年），为兵营驻防区，取名上房营。当时只是修建了一些营房。为了增强防御功能，成化十五年（1479 年），都御史殷谦指挥修筑了城堡，当时只是垒土为墙，是土城。嘉靖十二年（1533 年），由于防守任务加重，大量迁入移民，实行"屯田制"（半军半农），人口迅速增加。时任操守的指挥官丁璋扩建了城堡。因为上房营还有另外一项任务，就是为过往的官军提供膳食，城堡修建后改名为膳房堡。关于膳房堡名的来历还有另外一说：明英宗被瓦剌俘获后，被囚禁在草原一年，天天吃的是牛羊肉，喝的是马奶，因不合胃口而十分苦恼，一回到中原，第一件事就是想吃一顿家乡饭。刚进入关内（黑风口），就命人在上房营安排了一顿"御膳"。此后，上房营改名为膳房堡。

《宣大山西三镇图说》膳房堡图说：本堡土筑于成化十五年，嘉靖十二年展修之，万历元年始秋以砖包，周二里百余步，高三丈五尺。初设防守，后改守备，所领见在官军六百二十四员（名），马骡三百五十一匹头。边长一十八里，俱石砌，高二丈。边墩二十座，内野狐岭，平山台极冲。边处大红沟一带，酋首黄台吉，威兀慎妓等部落驻牧。本堡地极冲险，往时北往之路，沿边关口在焉。治九年虏从此入犯，镇城及南路东西城大被蹂躏。未款前困守本堡，几陷，幸援兵至始解。今虽和款，防守何可少弛，然北望边外兴和所遗址犹存，恢复之议不能不为之一慨。

据《万全县志》（民国版）记载：驻军600多名，军马300多匹，装备大将军炮、佛郎机炮、枪、火铳等火器500多门（支），另外还配有大量的弓箭、弩弓（古代兵器，一种利用机械力量射箭的弓）、盔甲、腰刀、钺斧、撒袋等武器，装备先进而全面。

在这座城堡中，曾发生过多次战事，其中一次就是张臣"导演"的"空城计"。张臣：明代将领。陕西榆林人。行伍出身，初为队长。矫健精悍，搏战攻坚，屡立战功。累擢守备、游击将军、副总兵。万历初，进都督佥事。万历五年（1577年）以总兵官镇守宁夏，后出任陕西总兵官，镇守固原。万历十八年（1590年），移镇甘肃，名著塞垣，时为良将。后以疾谢归。

空城计：张臣为膳房堡守备时，"寇尝大入，环攻堡，欲生得臣。臣台麾下酾水为酒，欢呼歌饮，寇莫测所为，不敢登。臣夜决围出，取他道以归"（见于《明史·卷二百三十九·列传第一百二十七》）。

复原"空城计"故事：张臣曾任膳房堡守备。有一次，瓦剌聚集重兵大举进攻膳房堡，他们团团围住城堡，想要生擒张臣。城内驻军虽然不多，但是张臣不急不慌，并且心生妙计，他指挥手下官兵演起了"空城计"。他命兵卒在城楼摆上酒（水）席，和属下喝酒唱歌。瓦剌兵不知道城内有多少兵马，摆有什么阵法，不敢贸然攻城。等到天黑时，张臣趁着夜色掩护，率兵冲出包围，南下回归。

张家口堡

张家口堡俗称堡子里，又称下堡，是张家口市区的"原点"和"根"。张家口堡北以万里长城为屏障，西傍赐儿山，东临大清河，可谓依山傍水，虎踞龙盘。历时 500 多年，形成气势雄浑，蔚为壮观的规模。张家口堡明代属万全右卫地。宣德四年（1429 年），指挥张文始筑城堡，因该堡以北有东、西太平山对峙如巨口，故名"张家口"。城高三丈二尺，方四里十三步，东南各开一门，东门叫"永镇门"，南门叫"承恩门"。成化十六年（1480 年）又展筑关厢，高二丈，方五里。嘉靖八年（1529 年）守备张珍在北城墙开一小门，叫"小北门"。明万历二年（1574 年）砖包，万历九年（1581 年）城墙上加修城堞和城楼。张家口堡是万全防线上的要塞之一，在阻止蒙古军队的进犯中一直发挥着重要作用，战争中从未失守过，成为雄冠北疆的边塞城堡，享有"武城"之称。有诗赞曰："欲把舆图求胜概，张城第一塞垣冲。"

《宣大山西三镇图说》张家口堡图说：本堡筑于宣德四年，嘉靖间展修之，万历二年始包以砖，周四里，高三丈五尺。初设操守，后改设守备，所领见在官军一千二百九十五员（名），马骡四百五十匹头。分边沿长三十一里有奇，砖石包砌过半，高二丈。边墩五十八座，火路墩三十一座，内灭虏台等极冲。边外狮子屯一带，酋首青把都、合罗气等部落驻牧。本堡乃全镇互市之所，堡离边稍远，恐互市不便，乃砖垣于其口，每遇开市，朝往夕还。楼台高耸，关防严密，巍然一巨观焉，堡人飞与虏市，远商辐辏其间，每市万虏蚁集，纷纭杂错，匿奸伏慝，窃为将来隐忧，故开市必道将往莅焉。

张家口堡构造坚固，四角建成楼各一，东南门楼和西城墙上有瞭望和御敌功能的重檐阁楼。堡内有中营署、守备署，长年驻扎着为数不少的军队，是一座名副其实的武城。建堡之初，堡内的大多建筑为官衙、官邸、豪商私宅、宗教场所等。后来，依附于城堡的寺庙、民居、街市才陆续建成，堡东的武城街即因靠近武城而命名，它是边关重镇商文化和武文化的结节。据《万全县志》载，武城街车密人稠，是本埠商业中心。约乾隆年间，该街北口曾树立一座高大的牌坊，上书"武城烟景"四个大字。

明隆庆五年（1571年），明廷与蒙古鞑靼俺答汗化干戈为玉帛，朝廷下诏，准许张家口边外每年举行一次"茶马互市"。从此，张家口堡的功能也相应由单纯的军事要塞演变成兼有贸易功能的边境城市，张家口堡也由"武城"向"商城"发展。清朝末年，张家口堡的经贸发展迅速。特别是1909年京张铁路开通后，张家口成为通往西北的货流枢纽。辛亥革命后，张家口成为对外开放的商埠。1918年张家口商业贸易达到鼎盛。据《张库通商》记载，张家口对蒙古贸易的商号增加至1600多家，年贸易额达白银1.5亿两。张家口被称为"华北第二商埠"，成为中外商贾聚集之地。

鼓楼（文昌阁）是堡子里的中心，建于明万历四十六年（1618年），是墩台式单体建筑，与玉皇阁均在堡子里中轴线上。楼分两层，由墩台和楼阁两部分组成，呈四角状，底层留四门，四门通衢。墩台东南、西南角各有一石质基座，一边置钟，一边置鼓。遥想当年，那晨钟暮鼓向世人宣示着无尽的繁华。

玉皇阁是堡子里的制高点，坐落于北城墙上，建于明万历九年（1581年），已有400余年的历史，也属墩台式单体建筑。它以建筑高大，殿宇构造精巧，人物雕刻细致并称玉皇阁三绝。

大佛寺在建堡之前就已存在。历经了金、元、明、清四个朝代，距今已800多年，大约是张家口堡最早的庙。寺庙坐北朝南，寺门三座，旁有两个小配门，院内两侧有钟鼓楼二楼，寺庙分两进院。关岳庙位于千佛寺北边，建于明万历三十六年（1608年），最初称关帝庙。民国元年（1912年）定制崇祀岳忠武王与关帝合祀，改称关岳庙。关岳庙现主体完好，尤其是重修时所立两通双龙首石碑，双龙造型生动，碑文字迹工整，且保护完整。

另外，堡城东北还有奶奶庙、孔庙，堡城西南有真武庙、城隍庙，现都已成民居。环堡四周，北有财神庙、火神庙、东岳庙、弥勒寺，西有清真寺。其中值得一提的是清真寺，这座寺院建于清雍正年间，寺内庄严肃穆，迎面是雄浑壮观的大殿，大殿后面是小而雅致的望月楼。清真寺的建筑融西域和中原地区风格为一体，显得十分抢眼。

张家口堡初建曾设有几种官署，分别是玉皇阁下西边的理事署，东边的协标署，紧靠文昌阁西北的中营署，鼓楼西尽头的户部署，堡城东南角的守备署。后来，万全县治所迁至堡子里，县衙就是今天的东门大街21号。

注释：

[1]《宣大山西三镇图说》内容简介：明初修建了长城，并在长城沿线设立"九边"以与蒙古政权角逐。北边三镇宣府、大同、山西内屏京师，外抗强敌，战略位置十分重要。时任宣大山西三镇总督的杨时宁于万历三十年（1602）组织文武将吏对三镇进行实地调查，图画条说各镇的地形、要害、边防情况，杨时宁将此次工作的结果编辑、整理成《宣大山西三镇图说》。全书属于纲目式结构。前有三镇总图，以统其纲。后有每镇分图，以析其目。而后按镇、路、城堡逐级分别叙述，一图一说，先图后说，是研究明代三镇军事防御的第一手资料。

[2]西马营：本史料记载与口碑史料不同，口碑史料是新河口古时叫西马驿，新开口叫东马驿。笔者采信了口碑史料。

[3]《明英宗实录》：系明代官修之编年体史料长编。史料丰富，为研究明史之基本史籍。

（原载于《张家口历史文化研究》2017 年第 17 期）

附录

古老厚重的万全右卫城

万全右卫城是明代建文四年（1402 年）修建的一座军事城堡，距今已经600 多年了（卫：明代军事建制单位，辖兵约 5600 名）。它历经朝代更替，战争洗礼，蒙汉通商的沧桑岁月，是一座古老厚重的历史文化古城。下面从城堡、庙宇、人文三个方面进行简略介绍。

一、雄伟壮观的卫城城堡

（一）时代背景

1368 年元月，朱元璋在应天府（今南京）称帝，国号大明。同年 8 月，朱元璋大将徐达率兵 25 万攻入大都（今北京），宣告了元朝灭亡。虽然元朝残部已退居漠北（蒙古高原大沙漠以北的地区）草原，但仍割据长城（明）以北广大地区，军事力量还很强大。他们不甘失败，伺机南下，攻城略地，抢夺财物，骚扰边境；同时广积粮草，秣马厉兵，养精蓄锐，以图东山再起。所以，巩固边防，杜绝外患，就成了明朝安身立命的头等大事。

明洪武二十六年（1393年）设万全右卫，建文四年（1402年）修筑卫城，地址就选在了古德胜口南1.5公里处的德胜堡，就是今天的万全右卫城。明代以前，德胜堡还是个名不见经传的小城堡，资料记载凌乱而且很少，但经考古发现，西城墙豁口的横断面中可以清楚地看到原城墙的形状——城墙呈三角状，高不过3米。当然，这很可能是年长日久加上风吹雨淋的结果，当初修建的城墙肯定不是这个样子。至于是什么形制，还有待考证。

相传，朝廷在议定万全右卫城地址时，曾选定坝上兴和（今张北）一带。后有大臣提出异议，坝上筑城，无险可守，乃兵家所忌，于安全不利。于是文武众臣一致认定，城堡建于坝下德胜口处方为"背枕长垣（长城），面临洋水（洋河），左扼居庸（今居庸关）之险，右拥云中（今大同）之固"的"万全之策"。这就是"万全"右卫城名的来历。

（二）城堡形制

整个城堡坐北朝南，由于受地形限制（紧靠城东河），城东北角稍微内缩，整个城堡略显菱形。城墙的附属设施主要有：城门、瓮城、关城、翼城、城楼、角楼等。由于右卫城包含着丰富的历史文化信息，万全右卫城被誉为明代军事建制"卫、所制"的活化石。

这座古城建筑很有讲究，有"轿子城"之说：它不开东、西门（便于防守），只开南、北门。东、西留有两个无门翼城，似为轿子的两个耳窗。城外有两条自然形成的护城河，像两根轿杆。城堡中央有高于城墙的玉皇阁，宛如轿城的轿顶。远眺近瞧，都十分壮观精巧。

城墙东西长880.4米，南北深880.7米，周长3522.2米（折合7.04里），高12米。城墙底宽15米，顶宽5.7米。城墙马道铺设一层青砖，以防雨水渗漏。城池占地面积0.78平方公里（1163亩）。

明代时，这里"猛将如云，谋士如雨"，曾无数次抗击蒙兵南下袭扰，史料记载为"英雄之城"。

（三）城堡特征

1. 构造精巧的城门。城门是进入城堡的唯一通道，是维系城堡安全的关键所在。在战争中，它是攻城战的重点，也是城防的薄弱环节，所以万全右卫城的城门建造得非常讲究，采取的是"城套城""门套门"的结构。

（1）城门：万全右卫城开有南、北二门，门洞都是砖拱券式样。南门洞深18.7米，宽4.3米，高7.5米。北门洞与之相仿。门洞内均设厚约20厘米的木制大门。门扇还由铁板包裹，布满铁蘑菇钉，从而增强了门扇的硬度，降低了火攻城门的危险性。南门名曰"迎恩门"，据说是迎官、娶亲、敬神的吉祥之门；北门为"德胜门"，是城隍出府、送殡、扫墓、处决犯人的凶险之门。

（2）瓮城：取"瓮中捉鳖"之意，是建在城门外的小城，用以增强城堡的防御能力。万全右卫城南、北城门外分别建有南、北两座瓮城，其长宽皆为60×43米，且均开东门。瓮城门洞也是砖拱券式样，除长度略短外，其宽、高及门扇均同于城门洞及门扇。

（3）关城：取"一夫当关万夫莫开"之意，是设在瓮城外的小城，作用仍然是增强防御能力。万全右卫城的两座瓮城外均设有关城。南、北关城的长宽皆为80×63米，分设南、北门，其门洞、门扇与瓮城门洞、门扇相仿。

这种"城套城""门套门"的设计是很科学的，三道城门、弯曲的进攻线路大大增加了敌军攻城的难度。战争中，即使敌军从正面攻破关城门（第一道），还得绕个弯再攻瓮城门（第二道），再使瓮城门失守，敌军进攻的线路仍然不能一气呵成，只能再绕个直角后攻打城门（第三道）。从战术上讲，已经延迟了敌军进攻的速度，而为守城军士争得了时间，城上守军则可迅速组织调度，居高临下从四面八方组成交叉射击网，给攻城敌军以致命打击。

2.独树一帜的翼城。万全右卫城东、西城墙不开城门，但在中间分别建有两座相当于关城面积的无门翼城。关于无门翼城功能有多种说法，其中一种是：设计无门瓮城并非现时使用，而是出于长远考虑——等将来战争结束和平了，经济发展了，再开通东、西城门，方便通行，无门瓮城是开通东、西城门的基础性工程（其他说法：存放武器弹药说，临时关押俘虏房说等）。

万全右卫城基本保存完好，虽然北墙有部分坍塌，城墙附属建筑毁坏较重，但仍然是全国保存最完整，砌筑工艺精湛的明代卫城。现为全国文物保护单位。

二、丰富多彩的卫城庙宇

有专家说，万全右卫城曾经是中国庙宇的"博物馆"，道教文化、佛教文化的"教科书"——这里建有明清时期各类庙宇60多座，供奉了中国神话中大多数神仙及佛教中的主要菩萨、罗汉。城内庙宇占地面积约占城池面积的十分之一。历史上，这里道观、寺院、庵堂林立，规模宏大、热闹非凡、内容各异的庙事活动长年不断，祈求神灵赐予平安吉祥、文运昌盛和风调雨顺，丰富的宗教活动承载着教化、娱乐、经济等项功能，成为全城社会生活的重要组成部分。

（一）武庙多

明初是战争的多发年代，作为边关重地的万全右卫城，需要一种"超级"力量作为精神支柱，以保持旺盛的斗志，完成守卫使命。在当时的历史条件下，宗教作为一种精神支柱是再合适不过了。人们相信，法力广大无边的神灵会保佑他们平安和胜利。所以在万全城庙宇中，弘扬"忠义、勇武"精神的武庙占有较大比重：关帝庙（供奉武圣关公）、真武庙（供奉北方威猛之神）、武当庙（供奉武当祖师张三丰）等有十几座之多。宗教的核心学说是惩恶扬善，但在这里还被赋予了忠君、卫国、保家的内涵，从而有了积极意义。由此可以推出，这些武庙是万全城建造较早的庙，基本上是和城堡同时建造的。

（二）神庙多

虽然耕种着贫瘠的土地，经历着战火的磨难，经营着艰难的日子，但人们向往美好生活的"天性"并未泯灭。人们把美好的希望寄托在了玉皇大帝、王母娘娘等神灵身上，求财、求运、求平安等。万全右卫城中，建有玉皇阁、城隍庙、奶奶庙（4座）、海仓阁、三殿庙、龙王庙、财神庙、三官庙、东岳庙、五道庙（6座）、海潮庵、火神庙、河神庙、三皇庙、千佛寺、康济寺、三清观、三贤庙、子孙庙、泰山庙、二郎神庙、玄坛庙、药王庙、七圣祠、观音寺、东大寺、西大寺、弥陀寺、昭化寺等神庙（寺）近40处。而且各庙（寺）香火旺盛，庙会不断，庙戏连台。

（三）文庙也不少

读书自古以来就是大事，它开民智、顺民心、求功名、建业绩，关系到个人的前途命运和社会的发展进程。在历史的长河中，从来就是打打停停，分分合合。在战争的空隙，十年八载也罢，三十年五十载也罢，先民们在享受和平的同时，就把读书摆上了紧要地位。在古代社会的认识中，读书的事也是天上的神管着。他们希望得到神灵的保佑。所以在万全右卫城中建了十几座有关读书人的庙：文庙、文王庙、孔圣庙等。特别值得一提的是建在城墙东南角的魁星阁——在一个纯粹的军事城堡上，也没有忘记读书人的事，祈求上天掌管文章兴衰的神——魁星保佑万全城文运昌盛，兴旺发达。

（四）糊涂庙

这是在中国浩瀚庙宇中独树一帜的一座庙——糊涂庙。相传，明代宣德（1426—1436 年）年间，因边关战事吃紧，万全右卫粮草供应不济，宣化府派出李姓同知（知府的佐官，分管督粮、缉捕、水利等项事务，分驻指定地点）驻万全督办粮草。李同知看起来是稀里糊涂的样子，但很快就解决了粮草供应紧张问题，这才被人们刮目相看。人们询问其办差窍门，李同知无可奉告，却在城西建起了一座供奉糊涂神的糊涂庙。它是一座孤庙，规模也不是很大，但在史书上多有记载——《清稗类钞》载："万全县北十里许有座糊涂庙者，不知所始，或云县与山西接壤，庙祀晋大夫狐突，音讹而为此，理或然也。宣统间庙额则曰'胡神'，须猬卷而状狞恶，绝类波斯胡。其庙踞山坳，前三楹供神，后则庙祝居之。"

令人遗憾的是，由于自然的、人为的原因，万全城的 60 多处庙宇已毁坏殆尽，仅有少量庙房遗存，但我们仍然可以从中看出万全右卫城曾经有过的兴旺、繁华及厚重的历史文化底蕴。

三、厚重古朴的卫城人文

（一）万全霍家

霍家是清、民时期万全县，甚至周边数十县的大财主。有资料说，霍家是商业资本家兼大地主，财富名列周围 37 县首户。

1. 霍家发家。万全县流传着这样一句话，发财有个门，倒霉有个根。霍家发财的门在哪里？民间对霍家发家有多种传说，如清坟说、劫财说、联姓说、神送说等。

简说"清坟说"。霍家先祖从山西迁来后，请风水先生清坟。风水先生手持罗盘，在周围村落转悠了好几天，最后选中了宣平堡（距万全城东南十里）鱼儿梁底的海儿洼。这座坟地方圆十几亩大，有头枕青山，脚踩绿水说，有官运、财运之象。在定穴位时，风水先生征询霍家意见：要功名，还是要财帛？二者只能得其一。霍家先祖毫不犹豫地说：有了财帛，什么都有了，于是风水先生把第一穴往下挪了一穴。所以霍家七代无功名，而富甲一方。霍家还在宣平堡专门雇了一位姓董的看坟人，寓意是霍家发财霍董霍董（呼咚呼咚——万全方言，财源滚滚之意）。

上述传说，或许有之，或许杜撰，不足为据。要说霍家发财，主要得益于蒙汉通商及张家口作为商埠的崛起。霍家先祖从山西迁来时，正是蒙汉通商兴起之时。霍家以敏锐的商业眼光，大做蒙汉生意，组织起庞大的旅蒙商队，常年活跃在张库〔张家口—库伦（现名乌兰巴托）〕商道上。据考察，霍家的旅蒙生意，掘得了"第一桶金"，完成了资本的"原始积累"。

2. 霍家财富。随后，霍家大开商号，进行资本扩张。先后在张家口、天津、北京等地做生意。其中在张家口就开设了"裕"字头的十家商号：裕源永汇兑庄、裕源生钱铺、裕源昌油酒店、裕源盛碱店、裕源宏杂货行等。

霍家在经营商号、钱庄的同时，还向农业进行扩张。清末民初，霍家拿出大量商业利润购买耕地。先后在宣平堡、霍家房、第八滩、张家口清水河两岸的百儿顷、尖台寨、张北等地购置肥沃耕地3万多亩。霍家就地建起仓库，存放粮食，伺机出借、交易或送缸房使用。丰年时收租三万七千余石，霍家又多了一条进财之道。从此霍家由一个商业资本家转变为商业资本家兼大地主。

传说，一个山西大粮商在霍家吃饭时，夸了自家财富：我能用装满谷子的口袋从太原城铺到万全城。霍枚微微一笑说：这不算个什，我能用五十两一锭的银子从万全城排到库伦（今蒙古首都乌兰巴托）。

3. 霍家衰败。霍家产业民国时发展至鼎盛，新中国成立前走向了衰落。主要原因是：一是挥霍无度，入不敷出。霍家每年的开销很大，有时要花光全年的收入。二是外蒙古独立，商号受挫。宣统三年（1911年），外蒙古在沙俄的策动和武力支持下，宣布"独立"，蒙汉通商逐日减少，民国十八年，中俄断交，中国在蒙商号全部为蒙没收。在这场变故中，霍家成房的蒙币作废，损失百万两白银。霍家由此大伤元气。三是由于帝国主义的入侵，民族工商业受到打击。1924年前后，中国市场上洋货充斥。霍家商号不得不缩小规模，惨淡经营。四是军阀混战，摊派成灾。民国时期，由于军阀连年混战，工商业凋敝，军队的供给也成了问题。张家口由于战略位置重要，驻军又多，这些驻军便大量向地方工商业摊派。军队摊派，对霍家犹如雪上加霜。五是经营失策，后继无人。由于霍家后继无人，霍枚在80高龄时仍然掌管着家业。由于思想僵化保守，经营理念陈旧落后，经营举措不能适应动荡不安的社会形势，加速了霍家的衰败。

霍家是万全右卫城的一本大书，有说不完、道不尽的传奇故事。

（二）风味小吃

万全右卫城在其漫长的历史进程中，创造了具有鲜明地域特色的风味小吃，如：生炸糕、莜面、饸饹、荞粉、腐肉、肥马肠、芝麻饼等。这些小吃深受万全人的喜爱，也受到外地人的青睐。这些小吃源远流长，具有深厚历史底蕴，在其发展过程中，逐渐形成独特的制作工序，具有香味醇厚和富有营养的特点。有人这样说，吃万全风味小吃，吃的是历史，品的是文化，嚼的是情调。

简说生炸糕：说起生炸糕，还有一段不平凡的来历呢。一次，明成祖朱棣决定御驾亲征蒙古诸部，打击其势力。永乐八年（1410年），成祖点起50万大军，浩浩荡荡向漠北进发。进军线路是出居庸关，经宣化，过野狐岭，直扑草原腹地。一日，成祖途经万全右卫城，进城稍事休息。参将（镇守万全的最大统兵官）张辅请膳。成祖体恤下情，叫准备些简单易做、耐饥顶事之食即可。张辅介绍说，三十里的莜面，四十里的糕，十里的饸饹饿断腰……成祖即说，既然糕最耐饥，就做糕吧。

张辅命手下差官即刻去准备黄米炸糕，并要求半个时辰做好。差官急忙去厨房安排，厨子却作了难：这黄米糕虽然好吃、耐饥，但做起来挺费事，先得烧开水和面，再上锅蒸熟，还得设剂包馅，再油炸，半个时辰是无论如何做不出来的。差官发狠说，圣命难为，你是做出来也得做，做不出来也得做，要是耽误了圣上的军情大事，咱们都得玩完。厨子一听害了怕，也算是急中生智吧，心里盘算，不行就包上点菜馅生炸吧。边想边烧水和面，叫下手准备菜馅。不到半个时辰，一盆金灿灿、香喷喷的炸糕就端到了成祖面前。成祖久居深宫，哪里见过这般民间美食，再加上旅途劳顿，腹中饥饿，只吃得满心喜欢，连连赞叹。

这件事传开后，人们都想尝尝生炸糕的味道，也都尝试着做生炸糕，生炸糕就流传开并流传下来。

（三）传统民居

万全右卫城的民居以传统的四合院为主要形式。

1.布局。四合院的组群布局，均采取均衡对称的方式。有五间（正房）或七间布局。五间结构为五檩起脊；中间三间为一堂两室，中间开积善门（四扇）；两侧耳房略微偏低。东、西厢房多为三间格局，外形为四檩卷棚顶，比正房稍低。院内方砖或石子铺地。普通人家多为一进院，大户或富豪则为二进或三进院。宅院宽裕一些的人家往往还要再建一二处跨院，通常布置为厨、厕、贮藏或仆役等用房。

2. 门。大门：坐北朝南的四合院一般开巽字门（东南门），坐南朝北的则开乾字门（西北门）。古代设置院门，都是依照先天八卦定位。八卦中的西北为乾，东南为巽，都是最吉利的方向，故选择作为大门的位置。这种建筑习俗是万全右卫城民宅建筑的定规。

二门：除非红白喜事、过年过节一般不轻易打开，人们平常从侧门通行。其建筑形式多为一殿一卷式，即屋顶是由一个尖型顶和一个卷棚顶组合而成，门旁两侧垂花，形态各异，色调十分讲究。因此二门也称垂花门。进了二门，才真正进入了内宅。

3. 影壁。四合院讲究含蓄、祥和，无论门第高低，大门内都有一扇影壁，寓意是聚财。实则是挡住院内的杂乱，也藏住了主人的隐私。万全的影壁有三种：一种是独立于厢房山墙之外或隔墙之外的，称为一字影壁；如果影壁与山墙连为一体的，则称为座山影壁；如果坐落在住宅对面则称为燕翅影壁。影壁虽非四合院的主体，但是也显示出与四合院气氛完全吻合的文化特征。无论是采用砖雕或是吉祥颂语，都寄托着主人祈祝祥和、平安的愿望。

由于风雨侵蚀和时代变迁，这里的四合院多数已经改建或是重建，但仍有部分档次较高的四合院较为完整地保存下来，记录着万全右卫城民居的人文风格和原有风采。

谢绍坤，男，张家口市万全县政协宣教（文史）科原科长，现任万全历史文化研究会办公室主任。1956年生，大专学历。曾主持、参与编撰《走近万全右卫》等十余部地方文史著作。

明代赤城的战略地位

祁万利

明代赤城的战略地位，于明初即已显现且日趋重要。然而，究其根源应追溯到元初即宪宗六年（1256 年），开平城（今内蒙古正蓝旗东北约 20 公里）的兴建和升为都城（即元上都），以及与大都（今北京）的两都制建立。

元中统四年（1263 年），忽必烈下令将开平城升为都城即为上都，将燕京改名为中都。至元四年（1267 年）在中都东北新建都城，至元九年（1272 年）二月，改中都为大都，至元十三年（1276 年）新大都建成，两都制度被正式确定下来。两都之中大都为正都，上都为陪都。两都之间有道路三条：东路，由上都东绕今河北之围场、丰宁、滦平（元为宜兴州），经古北口至北京之密云（元为檀州）、顺义（顺州）进大都（北京）；西路，由上都西绕今河北之张北（兴和）、万全、张家口（宣平）、宣化（宣德）、怀来、北京之延庆（缙山）、昌平进大都（北京）；中路，（即驿路）东西皆不绕，全长约 400 公里，比东西路各近 100 多公里，即由上都而南经今河北沽源、赤城（南北全境）、怀来、北京之延庆、昌平进大都（北京），史称"望云道"（沽水通道），其捷近方便，为两都之间行走最多最繁华的驿路，也是行走时间最长的驿路。其整整走了 100 多年。

元时最捷近的通道，必然是明代最险要的关隘。元人轻车熟路走了一个多世纪的驿道，明军必须严加防范，牢牢扼守。

明永乐十八年（1420 年），将首都由南京北迁至北京（元大都）之后，扼守独石、张家二口，屏蔽神京，保卫国都。死死阻断"沽水通道"，就成为明初军事防御的头等大事。于是，在八达岭、居庸关之外围，迅速构筑防线。在赤城这一"角突"之地，筑长城、立峰台、建城堡、屯重兵，寸土必争，寸土必守。因此，昔日驿马飞尘的赤城也由始作为战略要地，得以大规模开发和空前重视。

一、忽必烈与金莲川幕府和开平城

在内蒙古自治区正蓝旗政府所在地黄旗大营子东北约 20 公里处的滦河北岸，有一座规模宏伟的古城遗址，当地蒙古同胞称其为"北奈曼苏默"（意为 108 个庙，即指古城址中众多的建筑遗址）。城北有连绵起伏的山冈（即南屏山），城南有滦河自西向东流过，东、西及滦河两岸，是广阔的草原，每逢夏季，开满金灿灿的金莲花，远远望去，就像金色的海洋。这便是金、元历史上享有盛名的金莲川。坐落在川上的古城，便是显赫于 13、14 世纪的元代上都城。

金莲川，辽称曷里浒东川。川中长满金莲花，"花色金黄，花瓣环绕其心，一茎数朵，若莲而小。六月盛开，一望遍地，金色灿然""味极凉，佐茗饮之，可疗火疾"。金世宗大定八年（1168 年）五月，"以莲者连也，取其金枝玉叶相连之义"，将曷里浒东川命名为金莲川。

金莲川幕府是由忽必烈建立的。忽必烈是元代的创始人，生于元太祖十年（1215 年）八月。他与许多蒙古王子明显不同，有着远大的政治抱负，"早已思大有为于天下"，广招人才，为将来的统治大业作准备。其父拖雷为成吉思汗幼子（蒙古人有幼子继承财产习俗），继承了大汗领地、宫帐及十余万蒙古主力军。元太宗四年（1232 年），拖雷病逝，其妻唆鲁禾帖尼（忽必烈生母）掌管拖雷家族的领地、财产和部属。元太宗八年（1236 年），唆鲁禾帖尼又得到真定（今河北正定）八万户，通过对真定封地的经营，拖雷家族与中原建立了密切联系。因此，忽必烈在青年时代，便对中原的汉文化有了密切的接触和了解。1242 年，忽必烈将中原佛教领袖海云请到漠北，"问佛法大意"。海云南还时，将徒弟刘秉忠留在了忽必烈身边。刘秉忠是儒、释、道皆通的人物，他不但自己不倦地向忽必烈讲述治理天下的道理，还将张文谦、李德辉、马亨等中原儒者推荐到忽必烈帐下。真定封地的"藩府旧臣"燕真、贾居贞、孟速思、董文炳等人也先后受召投身于忽必烈帐下。金代状元王鹗、名士元好问、张德辉等，也陆续北上会见忽必烈。在上述种种人物的影响下，忽必烈对汉文化有了较深的认识。

蒙哥（忽必烈兄）即大汗位的当年（1251年），命令忽必烈总领漠南汉地军国庶事。忽必烈承令后由漠北南下，驻帐于桓州（黄旗大营子正北5公里）抚州（今河北之张北县）之间的金莲川。"征天下名士而用之""得开府，专封拜"，建立了蒙古史上有名的"金莲川幕府"。被召入金莲川幕府的各界人士，可以考见的有60余名。他们中有满腹经纶的学者，也有精通治道的谋士；有的人独具一技之长，有的人是战功卓著的勇将，已然成为一个文武兼备的政治集团。在他们的支持下，忽必烈对邢州、河南、关中等地进行综合治理，改变蒙古国传统的统治方式，采用中原地区、历代王朝沿袭下来的封建政治、经济制度，即"汉法"，取得了较好效果。当时中原汉地的知识分子普遍对忽必烈寄予很大希望，把他看成是"中国之主"，愿意为之效力。后来的事实证明，忽必烈即位之后，左右大臣大多出自金莲川幕府，元代建国的各项制度也多由他们谋划和制定。没有金莲川幕府数年的准备，忽必烈的统治不会很快稳固下来。也正因如此，金莲川幕府人士在后来被忽必烈称为"潜邸旧臣"，享受着特殊待遇。

金莲川幕府大多数人习惯于城居，难以适应"居穹庐、无城壁栋宇，迁就水草无常"的草原生活方式。为解决这一矛盾，忽必烈先于元宪宗四年（1254年）八月，"复立抚州"，以惠州滦阳人赵炳为抚州长官，使"城邑规制，为之一新"，充做幕府人员的暂时住所，随后即着手在驻帐处营建城池，做长期经营的打算。

元宪宗六年（1256年）三月，忽必烈命刘秉忠选择合适地点兴筑新城。刘秉忠看中了桓州之东、滦河北岸的龙冈为建城地点。龙冈北依南屏山，南临金莲川，东、西都是广阔的草原，地势平坦，宜于建城。新城取名开平城。开平城的兴建用了3年时间。统领工程的是藁城人董文炳、真定获鹿人贾居贞和丰州丰县人谢仲温。之后历经多年，宫城之外，再建皇城，皇城之外再筑外城。在设计者和工匠的共同努力下，一座新的草原城市终于出现在滦河边上。且在建成后不久便被升为都城——上都。上都开平城的地理位置无论在政治上还是军事上都具有特殊的重要性。上都所在地区南北是连接漠北蒙古兴起之地与"汉地"的交通枢纽，东西又都是蒙古宗王贵族的封地。从成吉思汗始蒙古实行分封制度，宗王、贵族各有封地、属民，在政治上有很大势力。他们的向背，直接关系到汗位统治能否巩固。加强与宗王贵族的联系使他们倾向于朝廷，是元代历朝皇帝必须经常考虑的大事。皇帝到位于草原交通枢纽的上都，处理政务和按蒙古习俗举行一系列活动，便于与周围特别是漠北宗王贵族的联络，也更有助于加强宗王贵族的向心力。而从军事上来讲，每逢漠北或辽东发生叛乱，大批军队和物资从"汉地"北调时，上都是最重要的集散地。皇帝也要坐镇上都指挥战斗，而当"汉地"发生动乱时，草原的蒙古军队往往要先在这里集中，然后南下镇压。

由此可见，忽必烈选中金莲川建城是有其特殊的政治、军事意义的。所以早在建城之前他便长期驻帐于此，并在此建立了即位之前的"班底"——金莲川幕府。也正是由于开平新城的地理位置重要，政治、军事意义特殊，在建成后便被定为都城，成为大都（北京）的陪都——上都。

二、忽必烈与元大都（北京）

元宪宗九年（1259 年）七月，蒙古大汗蒙哥（忽必烈兄）死于四川钓鱼山，在鄂州前线指挥作战的忽必烈和留守漠北的阿里不哥（忽必烈弟）闻讯后，都开始了谋取汗位的活动。忽必烈于闰十一月下旬（1260 年 1 月初）从前线返回燕京。在燕京逗留了 3 个月，名义上是"驻冬"，实际上是等待北撤的大军和联络支持蒙古宗王。次年三月初一（1260 年 4 月 12 日），忽必烈由燕京抵达开平。合丹、塔察儿等东西道蒙古宗王先后率众来会。忽必烈妻子和留在漠北草原的部众也在燕真等人的护送下赶到开平。同月十七日（4 月28 日），忽必烈在开平被推举为蒙古大汗，随即改元"中统"。阿里不哥也在漠北称汗。为夺取蒙古国都城，取缔阿里不哥的自誉汗位，忽必烈在开平集中了大量军需粮草，调动蒙古军和汉军精锐，于七月亲自率军北上。入冬前，忽必烈占领了和林城，夺得了四个大斡耳朵（成吉思汗时兴建的四个"宫帐"亦称行宫），随即在汪吉河（亦译翁金河）冬营驻冬。阿里不哥则西退至谦谦州立营。

由于诸多因素，和林城继续作为蒙古国都城已不再适应形势的发展。更为重要的是忽必烈经过多年的汉地治理，深刻地认识到了中原地区的重要性，其统治基础已在中原奠定。如果继续在漠北建都，仍被人们视为草原帝国，势必影响蒙汉统治阶级的进一步联合，对中原地区的统治和管理也难以走入正轨。显然，无论从地理位置、经济状况，还是从政治形势来说，和林都已不适合作为全国统治的中心。忽必烈早已下了移都的决心，所以无意在和林逗留。中统元年十二月（1261 年 1 月）便率众返驻燕京（今北京）近郊。和林城从此失去了都城的地位。原来蒙古大汗的四季营地和行宫也一同被放弃了。

开平和燕京，一个是忽必烈"潜邸"，一个是当时治理汉地的中心，对忽必烈来说具有同等重要的地位。在燕京定都，符合汉人的地主阶级帮助蒙古统治者建立正统王朝的愿望。一些蒙古贵族也早已认识到了这一点。扎剌儿部人霸突鲁在忽必烈即位前曾进言："幽燕之地，龙盘虎踞，形势雄伟，南控江淮，北连朔漠，且天子必居中以受四方朝觐。大王果欲经营天下，驻跸之所，非燕不可。"而提高开平城的地位，将它建成类似和林城附近和行宫的四时营地，作为联络漠北蒙古宗王贵族的中心，对蒙古统治者也是至关重要的。开平和燕京两都并立的思想，在忽必烈即位后不久即已成熟。于是，中统四年五月九日（1263 年 6 月 16 日）忽必烈下令将开平城升为都城，定名上都。次年八月十四日（1264 年 9 月 5 日）便将燕京改名中都，两都制度被正式确定下来。定立两都之后，忽必烈着手对两个都城进行大规模建设。至元四年（1267 年），在中都东北新建都城。至元九年（1272 年）二月，改中都为大都。至元十三年（1276 年），大都城建成，到至元二十二年（1285 年），官衙民居迁入新城，且将大都定为正都。

三、两都之间的交通干线——望云道（沽水通道）

望云道（沽水通道）即由大都至上都的驿路，长 800 余华里，主要经过以下地点：

1. 大都健德门。元大都有 11 个城门，东西南各 3 门，北城只开 2 门，东为安贞门（今北京安定门小关），西为健德门（今德胜门小关）。由大都北赴上都，大多从健德门出城，当时人们都以该门作为驿路的起点。"北顾宫廷暑气清，神尧圣禹继升平。今朝建德门前马，千里滦京（即滦河边上的都城——上都）第一程。"

2. 昌平县。距大都城 70 华里，至上都 730 华里。由大都北行者大多在县城留宿。

3. 新店。亦作辛店，"距京师仅百里"，元初常被行人作为休息之所。

4. 南口。居庸关、北口，由南口过居庸关至北口，长 40 余华里，都在山峡中行走，至今还被称为 40 里"关沟"（因山沟内有居庸关）。

5. 居庸关过街塔。元顺帝至正二年至五年（1342—1345 年），在居庸关建"过街三塔"，塔下设门以通往来，门洞壁面刻有梵文、藏文、八思巴文、维吾尔文、西夏文、汉文六种文字经文咒语（塔门及刻文今存）。

6. 榆林驿。距北口 20 余里，地处今延庆康庄附近，现仍称榆林堡。"其地大山北环"。在该驿附近建有一处御苑，供皇帝途经时游玩。

7. 怀来县。距北口 50 余华里，今怀来县旧城已淹没于官厅水库之下。该地有一名为"玉液"的泉水，酿酒甚佳，"官为置务岁供御醪马"。

8. 统墓店。由怀来西行，过狼居西山（今狼山）至统墓店（今土木镇），因店北旧有"统军墓"而得名。驿路至此折向北行。

9. 洪赞。在统墓店北 30 余里处。今杏林堡之南，有西洪站、东洪站二地名，当为元代之洪赞。

10. 枪杆岭。亦称桑干岭，今称长安岭。在洪赞之北。山路九折盘行，在驿路上"兹山称最高"。

11. 李老谷。尖帽山，枪杆岭（长安岭）北 10 余里处为李老谷，驿路由谷中穿过。

12. 龙门站、雕窝站（亦称雕窠）。两站大致平行，在东西一条线上，相距约 40 华里，即今龙关镇和雕鹗镇。元人揭傒斯的《望云道中》云："南连鹊谷北龙门，一带风云际塞垣。草树每迎天仗过，河山高揖帝畿尊。两都形胜司津要，九域轮蹄据吐吞。谁道古阳居僻陋，圣朝今日是中原。"

13. 赤城站。即今赤城县城所在地，因"城东二里，山石多赤，望若雄堞"而得名，沽水（今白河）由城东向南流过。元代过此地的人称它"市厘集商贾、有驿通上京"，可见这是驿路上一个重要的市镇，从赤城站出发始沿沽水北行。元人陈益稷的《上都回宿赤城站》云："涂山执玉会诸侯，宴罢回程宿岭头。白海雨来云漠漠，赤城秋入夜飕飕。皇国万里乾坤阔，客路几年身世浮。驿吏惊呼诗梦破，一声鸡唱隔云州。"

14. 云州。辽设望云县，元中统四年（1263 年）五月废县升州，现仍称云州（今为赤城县云州乡政府所在地），该州居大都至上都的驿路中间，距两都各约400华里，位置重要，北距龙门（即龙门崖）天险仅5华里，为冲要之地。且有储量极富的银矿，设州同时还有"炼银提举司"负责采矿、炼银、铸币。

15. 独石站。即今独石口镇，距赤城站约百里。

16. 偏岭、檐子洼。出独石站后，北行40余里至偏岭。"行人过偏岭之北、面不可洗、头不可梳，冷极故也。""谁信片云三十里，寒暄只隔此重山。"过岭后进入草原，偏岭和檐子洼是驿路上草原与谷地的分界线。地点在今沽源县境内。"自从始出关，数日走崖谷，迢迢度偏岭，险尽得平陆。坡陀皆土山，高下纷起伏，连天暗丰草，不复见林木。"行人至此，所见皆游牧生活。

17. 牛群头驿。在今河北沽源县南十余里处，其地有"驿站、有邮亭，有巡检司，居者三千余家"。是车道辇路与驿路的汇合点。

18. 察罕脑儿。此为蒙语，意为"白海子"（即今沽源县小宏城子）。西路在察罕脑儿与驿路汇合。在行宫东，建有明安驿（今沽源县北小红城）供行人食宿。

19. 李陵台驿。李陵台遗址在今正蓝旗西南的黑城子。按元人计算，该地距上都为100余里。

20. 桓州（即金代桓州）。距上都50里左右。

21. 望都铺。在桓州东北，距上都30余里。有胡助的诗篇为证："坡陀散漫草茸茸，地接乌桓古塞风。仰止神京三十里，楼台缥缈碧云中。"此地当为"南坡店"。

22. 滦河。由望都铺过滦河即达上都，元人往往将滦河视为驿路的终点。

忽必烈即位之前，经宣德（今宣化）、野狐岭至开平（上都）的道路（即后来的西路）为驿路。忽必烈即位之中统元年（1260年）五月，迅即下诏设望云驿（辽设望云县地，今赤城之云州乡），在望云与榆林之间的"酌中处"亦设一站，即洪赞站，由燕京（大都）至开平（上都）的望云道就此开通。中统三年（1262年）四月，"整顿开平站路"，设置雕窝、枪杆岭（长安岭）、统墓（土木）、北口、南口等站，将望云道正式定为驿路。此后，枪杆岭（长安岭）北口、南口、土木（统墓）等站相继罢去。由大都至上都共设：昌平、榆林、洪赞、雕窝、赤城、独石、牛群头、明安、李陵台、桓州十处驿站。

望云道（沽水通道）自开通至元亡，作为大都、上都两都间最捷近、方便、繁华的驿路，元人整整走了100余年。驿路上由南口（今北京驿南口）

进山，由独石口出山，此间 300 余华里，为华北平原与内蒙古高原之间的山地走廊。

在此段山地走廊中，赤城境内占去多半（为 260 多华里），且山高川险，易守难攻。尤其是雄居塞外的独石口，更为出山上原的险关要隘。明灭元后，势必将此处作为战略要地，予以高度重视。

四、永乐皇帝与迤北防线和望云古道（沽水通道）

元至正二十八年（1368 年）闰七月廿八日，明军逼近大都（北京），元顺帝（妥懽帖睦尔）仓皇北逃。八月十五日到达上都。"上都经红贼（指红巾军，即农民起义军）焚掠，公私扫地，宫殿官署皆焚毁，民居间有存者。"元顺帝在上都只能居住"行殿"，显然是营帐。第二年四月，明军在大将常遇春、李义忠指挥下，大败元军。常遇春亲率所部，由望云道（即沽水通道），过枪杆岭（长安岭）经雕窝、赤城、云州、独石出塞，直指开平（上都）。六月十七日，将开平城（上都）攻下，元顺帝逃往应昌，从此结束了上都作为元代都城的历史。

明永乐帝（即成祖）名朱棣（1360—1424 年），太祖朱元璋第四子。生得"相貌奇伟，美髭髯""智勇有大略，能推诚任人"。《明史》还赞曰："文皇少长习兵，据幽燕形胜之地。乘建文孱弱，长驱内向，奄有四海。知人善任，表里洞达。雄武之略，同符高祖。六师屡出，漠北尘清。至其季年，威德遐被，四方宾服。受朝命而入贡者达三十国。幅员之广，远迈汉唐。"

朱元璋建立明朝之后，深恐一旦天下有事，皇室孤立无援，遂推行分封制度，先后将二十四子及一从孙（其弟之孙）分封于全国各地，分据津要。或抵御蒙古，或监督地方，以藩卫中央。洪武三年（1370 年），年仅 10 岁的朱棣被封为燕王。治所北平（今北京）。

洪武十三年三月十一日（1380 年 4 月 16 日）20 岁的燕王朱棣就藩。朱元璋赐其侍从、将士 5774 人，钞 27770 锭。

朱棣就藩之后，因征讨蒙古乃儿不花有功，获命节制沿边兵马，筑城屯田，加固迤北防线，并屡率诸将出征蒙古（即民间久传的"燕王扫北"）。数建功勋，王威大振，且拥有重兵，势力愈加强大。朱元璋死后，建文帝朱允文（朱元璋长孙）即位，纳老臣齐泰、黄子澄谋议，行"削藩"之策。燕王朱棣（为建文帝四叔）遂自北平发难，举兵"清君侧"，谓之"靖难"，直指南京。经过历时四年的"靖难"之役，1402年，朱棣攻克南京，夺得帝位。次年（1403年）改元"永乐"。以后，为抵御蒙古袭扰，并进一步经营东北，巩固迤北边防，永乐帝于永乐元年改北平为北京，并对其进行数十余年的建设准备，于永乐十八年（1421年）冬，将都城由南京迁至北京。

永乐帝朱棣在即位之前，就藩燕地（北京）20余年，对北方边地的地形地貌、山川关隘了如指掌，深知迤北防线对巩固明王朝疆域和统治的至关重要。在为燕王时，其屡率大军主动出击，扫荡迤北元朝残部，先后荡平自辽东至陕甘，绵延数千里入寇之敌，不予其喘息机会。因此，至今在中国北方还流传着许多"燕王扫北"的民间故事。在其即位之后，永乐元年六月，"令大将武安侯郑亨镇守为神京屏障的军事重镇——宣府。八月发流罪以下垦北京田，并徙直隶、苏州等10郡，浙江等九省富民实北京"。永乐二年九月，"徙山西民万户实北京"。永乐三年"令赵王高燧居守北京"。九月，"徙山西民万户实北京"。永乐四年"下诏，准备建北京宫殿"。"永乐十年（1413年）八月，令边将自长安岭迤西迄洗马林（今万全镇）筑石垣，深壕堑"。为巩固边防、迁都北京做准备，于永乐八年始，先后六次亲征兀良哈、本稚失里、马哈木、阿鲁台等蒙古诸部。尤其是永乐十八年迁都北京之后，永乐帝深感北边不固，京师会随时受到威胁。在筑垣修边的同时自永乐十九年至二十二年（即最后一次亲征死于途中），连年亲征，每次都是兵发北京经望云道（沽水通道）直指漠北。《明史·本纪·成祖》载："十九年（1421年）秋七月，帝将北征，令都督朱荣领前锋，安远侯柳升领中军，宁阳侯陈懋领御前精骑，永顺伯薛斌、恭顺伯吴克忠领马队，武安侯郑亨、阳武侯薛禄领左右哨，英国公张辅、成山侯王通领左右掖。发直隶、山西、河南、山东及南畿、应天等五府，涂、和、徐三州丁壮运粮，期明年二月至宣府。"永乐二十年（1422年）二月，隆平侯张信、兵部尚书李庆分督北征粮饷，役四省、五府民夫23.5万余人，运粮37万石于宣府。三月乙亥阿鲁台犯兴和（今河北张北），都指挥王焕战死。丁丑，亲征阿鲁台，皇太子监国。戊寅，六军发京师。辛巳，次鸡鸣山（今怀来境），阿鲁台遁。夏四月乙卯，次云州（今河北赤城之云州乡），大阅。五月乙丑猎于偏岭（望云道驿站北山地草原交界处）。辛未，次西凉亭（今河北沽源境）。乙酉，次开平（元上都，今内蒙古正蓝旗东）。四月末，谍报阿鲁台兵攻万全（河北万全），诸将请分兵还击，永乐帝曰："诈也。彼虑大军捣其巢穴，欲以牵制我师。敢攻城哉。"甲午，次阳和谷（今山西阳高），寇攻万全者果遁去。秋七月乙未，阿鲁台弃辎重于阔栾海侧北遁，发兵焚之，收其牲畜，遂旋师。谓诸将曰："阿鲁台敢悖逆，恃兀良哈为羽翼也。当还师剪之。"简步骑二万，分五道并进，庚午，遇于屈烈儿河，帝亲击之，追奔三十里，斩部长数十人。辛未，徇河西，捕斩甚众，甲戌，兀良哈余党诣军门降。八月辛丑，以班师诏天下。

永乐二十一年（1424年）秋七月戊戌，复亲征阿鲁台，随从大将有：柳升、陈英、郑亨、孟瑛、薛禄、谭忠、张辅、李安、王通、徐亨等。壬寅，兵发京师。戊申，次宣府，庚申塞黑峪（今黑峪口）、长安岭诸边险要。九月，次西洋河，癸巳，闻阿鲁台为瓦剌所败，部落溃散，遂驻师不进。冬十一月，班师回京。永乐二十二年（1425年）春，阿鲁台犯大同、开平，诏群臣议北征，令边将整兵待命。征山西、山东、河南、陕西、辽东五都司及西宁、昌、洮、岷各卫兵，期三月会北京及宣府。三月初七，率诸将亲征。命柳升、陈英为中军，张辅、朱勇领左掖，王通、徐亨领右掖，郑亨、孟瑛领左哨，薛禄、谭忠领右哨，陈懋、金忠领前锋。夏四月初六，兵发京师。初七，次隰宁，谍报阿鲁台走答兰纳木儿河，遂趋进师。五月初六，出独石口次开平，遣使招谕阿鲁台诸部。十三日，宴群臣于应昌。六月初七，前锋至答兰纳木儿河，不见敌，命张辅等穷搜山谷三百里无所得，十一日，班师，命郑亨等以步卒西会于开平。七月十五日，遣吕震以旋师谕太子诏告天下。七月二十二日，次苍崖戍，不豫。二十三日，至榆木川（今内蒙古多伦西北），大渐。遗诏传位皇太子，丧礼一如高皇帝遗制。二十四日，崩，年六十有五。太监马云与大学士杨荣、金幼孜谋：以六军在外，秘不发丧。熔锡为椑以敛。载以龙辇，所至朝夕上膳如常仪。二十五日，杨荣等驰讣皇太子。八月初一，杨荣等至京师，皇太子即日遣皇太孙奉迎于开平。初六，次雕鄂谷（今赤城雕鄂镇），皇太孙至军中发丧。

永乐十八年（1421年），迁都北京之后，年逾华甲的永乐帝，对阿鲁台、兀良哈等部屡寇边境，忧虑有加。为使新都安然无恙，为给子孙扫清来自北部的威胁，创造一个和平、生息和发展的环境，他不顾自己年事已高，自永乐十九年（1422年）至二十二年（1424年）连续4年，年年率六军亲征。终因军旅劳累，战场拼杀患中风（脑出血），逝于亲征途中。永乐帝每次亲征，皆由望云道（沽水通道）出塞和班师。古道蜿蜒的赤城大地留下了他铿锵有力的足迹，山高川险的独石关隘留下了他飘动美髯的身姿，以及他庄严肃穆的梓棺也是由这条古道中的雕鄂谷发回北京的。因此，可以说，望云古驿道的烟尘迎来了燕王的青年、永乐大帝壮年，送走了他的老年，这里融进了他的生命，在赤城这条古道上他走完了生命的最后一程。永乐大帝也正是由赤城之望云古道"率六师屡出，让漠北尘清"。其雄武大略在这条古道上有口皆碑，传于民间，留于青史。

五、神京屏蔽——宣府、独石

明代的北部边疆，一直是个令人头疼的地方。元朝被朱元璋推翻之后，失败的蒙古人退到了长城以北，他们在广袤的沙漠边缘群居散处，恢复了军事化的游牧生活。这是一股绝不可小视的对抗力量。且不说他们心存着复辟幻想，而且战争与掠夺一直是游牧民族特殊的生产方式，他们以此获得生产资料和可供驱使的人口。蒙古铁骑威胁的阴影，始终笼罩在明王朝统治者和千百万民众的心头。自永乐十八年（1421年）迁都北京之后，首都直接暴露于前线，明王朝北部的边防也就愈见重要。永乐二十二年（1424年），明成祖死后，蒙古诸部尤其是瓦剌部势力逐渐强大，明代的北部边防也逐渐由主动出击变为守地防御。一直到明代下半叶，即嘉靖朝前后，朝廷花掉巨大的财力物力来维修长城，以防止蒙古诸部的南下。同时又沿着长城建立了辽东、蓟州、宣府、大同、榆林、宁夏、甘肃、太原、固原九个军事重镇，作为防御的枢纽。在这九个军事重镇中，辽东、蓟州为京师之右翼，宣府、大同为京师之左翼，地位尤其重要。在嘉靖朝中期，即1541年至1551年前后，朝廷又特设蓟（州）、辽（东）、宣（府）、大（同）总督各一名，兼兵部侍郎衔，以协调两翼的军事防御。这两名总督内调时则任兵部尚书，由此足见朝廷对这两个地区的战略地位之重视。

洪武二十六年（1393年），于宣德县旧址设宣府镇及宣府左卫、右卫和前卫。洪武二十七年（1394年），筑宣府城（今宣化古城）。宣德五年（1430年），在宣府镇设万全都指挥司。万全左卫、右卫，宣府左卫、右卫、前卫，怀安卫都隶属于京师万全都指挥使司（治所为今宣化）。同年6月，废云州置云州守御千户所（驻赤城堡）。将原大宁都指挥使司的开平卫治所，由元上都

（开平城）迁至今赤城之独石口，仍称开平卫。改属万全都指挥使司。宣德六年（1431年）七月，废望云县（其治所一度在今龙关）置龙门卫（今龙关镇）和龙门守御千户所（今赤城之龙门所镇）。设长安岭（今长安岭）守御千户所。自洪武至宣德50多年间，以"九边"（即九个军事重镇）之一著称的宣府为都司的（都指挥使司）卫、所、堡军事防御体系日臻完备。同时，宣府都司所控制的东起四海（今延庆四海镇）西至马市口（今怀安境）近千里石垣长城防御功能也日臻完善。即由古北口至居庸关段之长城（八达岭长城东段）在今延庆四海境向西北分岔，沿今赤城境内黑河与白河的分水岭蜿蜒向北走东卯与后城界，东万口与龙门所界，青羊沟与云州界，直上海拔2300多米的冰山梁，再转向西，走沽源、赤城界锁住独石口（险关）再向西锁住马莲口、界墙口关隘，而后再转向南走崇礼、赤城界，走宣化赤城界达锁阳关。石垣长城由延庆四海西北入赤城境，至此勾出了赤城境内"角突"地形，从东、北、西三面牢牢锁住了独石口。然后再向西走宣化、崇礼界，走张家口、崇礼界锁住张家口（大境门），再向西走万全、张北界，走怀安、尚义界再向西由马市口（怀安县境）出宣府都司防御范围进入大同都司界。蜿蜒近千里的长城和深堑与长城内侧设立的卫、所、堡，构成了宣府（都司）坚固、庞大的军事防御体系，牢固地建起了八达岭的外围防线。宣府（都司）真正成了京师屏障。

明洪武元年（1368年），朱元璋采纳刘基建议在全国实行卫、所兵制。从京师至郡县，建立卫所。相度各地形势及军事战略地位，凡一郡者设所，连郡者设卫。大约5600人为卫，设卫指挥使统之，下领5000户所。千户之下设百户，百户之下设总旗二、小旗五，大小比连以成军。

中央统军机构为五军督都府（即前军、后军、左军、右军。宣府都司隶后军督都府辖），军事最高领导机构为兵部（六部之一）。五军督都府有统兵之权无出兵之令，兵部有出兵之令无统兵之权，共同组成相互制约的中央军事领导体制。

地方（省级）最高军事领导机构为都指挥使司，简称都司。掌一方之军政，各率其卫、所，隶于五军督都府，而听命于兵部。与行省之布政司、按察司同为封疆大吏，其序衔又在布政、按察之上。置都指挥使一人（正二品），指挥同知二人（从二品），都指挥金事四人（正三品）。下设经历、断事、司狱三司，为其办事机构。卫，即卫指挥使司，简称卫司。下领千户所，设指挥使一人（正三品），指挥同知二人（从三品），指挥佥事四人（正四品），镇抚二人（从五品）。明初，洪武二十六年（1393 年）全国设都司十七，行都司三，留守司一，内外卫 329，千户所 65。到永乐时，全国都司增至 21，留守司二，内外卫 493，千户所 359。总兵力达 270 多万人。

宣德五年（1430 年），于京师门户宣府镇（今宣化）设万全都司，统领自东向西永宁卫、隆庆（今延庆）左右卫、怀来卫、开平卫（今独石口）、龙门卫（今龙关镇）、保安卫（今涿鹿县城）、保安右卫、宣府前左右卫，万全左右卫、怀安卫、蔚州卫以及四海冶、广昌、美峪（今怀来新保安）、长安岭、云州、龙门所等千户所。自宣德至正统后，为进一步强化边务防卫，实行总兵镇守制度。"总兵"，原本为差遣官职名称，非常设，后因常年镇戍地方，渐成常驻之官，以至正德四年（1509 年）后，成为凌驾于三司之上的地方（省级）最高军事长官。宣府设镇守总兵官之后，于嘉靖九年（1530 年），将东至居庸东北永宁南口起，迤西至马市口（今怀安境内）西与大同都司界止，近千里的辖区分为五路，分别戍守。

中路，防地为宣府前、左、右三卫，兴和守御所，赵川、大小白阳，葛峪、常峪口、青边口六堡。

西路，防地为万全左右，怀安、保安右四卫，柴沟、西洋河、洗马林、新河口、张家口五堡。

南路，防地为蔚州卫、广昌守御所，加之顺圣川东城，旧弘州西城（今阳原境内）。

东路，防地为怀来、永宁、隆庆左右、保安五卫，美峪守御所、永宁卫后所，隆庆、保安二州，永宁一县，共五城、二所。

北路，又称独石路，防地为开平（今独石口）、龙门二卫，长安岭、龙门所二守御所，半壁、猫峪、马营、君子、松树、云州、赤城、镇宁、镇安、青泉、牧马、长伸地、滴水崖、雕鹗等十余堡。其防区为东接潮河川（今承德丰宁境）西至锁阳关，南至长安岭，北距毡帽山（今独石口北），即今赤城全境。万历十八年（1590 年）后，北路独石路又分上、中、下三路。上北路由开平卫（独石口）统领，中北路由龙门卫统领，下北路由龙门守御所（龙门所）统领。以达层层扼守"望云古道"（即沽水通道）的目的。今所见龙门崖（云州舍身崖）石壁刻"三路咽喉"四大字，即意为此处为上、中、下北路必守之咽喉要道，足见沽水通道的至关重要。"九边"之一的宣府都司，在东起四海、西至马市口（今张家口市坝下地区）广袤的防御辖区内，兵分五路防守。然五路中唯北路即独石路守御防线最长，面积最广，近4000平方公里，兵力部署也最多。它辖二卫、二所和近20个城堡（占总堡数的三分之一还多）。由此可见，元代的驿路——望云道（即沽水通道），始终是明王朝北部防御战略中的重中之重。所以，明人在形容宣府（都司）形胜时讲："宣府之形胜类虎踞，然独石则为虎头也。"宣府为京师屏障，独石则为宣府肩背，独石防御的尺寸进退，直接关系到官府（都司）防御的成败。

（一）独石、独石口、独石城

独石口位于今赤城县西北，即"角突"之地的角尖位置，南距赤城县城45公里。处在冀北山地与内蒙古高原（即坝上草原）的交界线上，是沽水入塞的山口，是元望云道由草原进入山地的隘口，更是明代宣府（都司）防御辖区内，北路防区须倾全力而防御的关口。它三面孤悬，"角突"塞外，据垣临川，屏蔽神京，自古就有"控扼南北、实为巨防"之称。金戈铁马、刀光剑影就是它的全部历史。正如明代北路参将李仙风在《独石》诗中描写的那样："俯揽山河归指顾，藜光剑气总相联。"独石口是一处"甲士九关屯虎豹，风云万里护金汤"的军事战略要地。

独石口，顾名思义，因南卧孤根"独石"，北通险绝"隘口"合而得名。城南里许，有一座平地突起，青苍孤立，亭亭独秀的巨石，谓之独石。它"上无峦岫，下无岩谷，巍然立于天地间，不假援借，无事凭依"。早在1500年前，北魏地理学家郦道元为考察沽水来到这里，对这座"独石孤生，不因阿而自峙"的巨石惊叹不已，并亲自做了丈量："其周围百余步，高二丈余，与园圃中假山相似。"其自古还有"星石""丈夫石"之美称。"星石"之意不单是镇星吉祥的意思，而且自古就有"太空飞来"之说（即由太空飞来的一块陨石）。在其西侧的峭壁上，至今仍存留古人刻"一石飞来"四个大字。其石质与周围山石明显不同，且其上生有八棵古榆，胸径双人难以合围。旁逸斜出，枝繁叶茂，其根若龙虬蛇翻嵌进石内，显示着旺盛的生命力。"丈夫石"则是戍边文人借石发挥的结果。明代万历年间，宣大阅边巡按御史吴亮就留下了"尔号丈夫石，谁称石丈夫，乱中出砥柱，绝塞表雄图"的诗句。清康熙三十五年（1696年）三月，康熙大帝玄烨统六军亲征噶尔丹，出塞、班师皆走望云古道，并驻跸独石口，巡察了这里形势险绝的边关防务，还留下《过独石口》七言诗一首："关名独石插遥天，路绕青冥绝嶂悬。翠壁千里标九塞，黄云万叠护三边。霓旌晓度长城月，毳帐春回大漠烟。总为民生勤战伐，不辞筹划在中权。"历代文人咏独石的诗也很多，如清王汝梅《夜月登独石台》："地角边连瀚海头，龙沙形胜一拳收。为台昔尔真奇略，把酒今余亦壮游。千嶂影涵霜月迥，两河声控朔方流。暂开立塞醉明主，未许青门学故侯。"清鄂昌《独石》："要隘通边塞，怀龙控制长。双盘千嶂险，独石一夫强。地势高临坝，山形曲抱墙。神京连保嶂，宣郡接巍昂。司马心如水，军门剑列霜。使君多仰赖，相与制封疆。"

独石城始建于宣德五年（1430年），宣德初，阳武侯薛禄屡佩镇朔将军印，巡边护饷，出入于开平（元上都）、独石、宣府间，其以开平悬远难守为由，多次向宣宗进言，内移独石，并建议："永宁团山、雕鹗、赤城、云州、独石宜筑建堡，便守御。"后来宣宗同意了他的建议，并命他全权负责修筑独石、赤城诸城堡。宣德五年，诏发36000夫役，精骑1500护之，皆听薛禄节制。是年四月开工，"阳武筑独石，躬勤早暮"，两月后筑成。方九里十二步，城楼四，角楼四，城辅入，门三：东曰常胜，西曰长宁，南曰永安。

城筑好后便将开平卫（元上都开平城）迁至独石城。从此，独石城（开平卫）便成了宣镇都司的北路（独石路）之首，成了"屏翰"之"屏翰"。正像古志书所云："宣府全境，飞狐、紫荆控其南。长城、独石枕其北，居庸屹险于左；云中固结于右。群山叠嶂，盘踞崎列，足以拱卫京师。"《宣化府志》更是强调独石的战略地位："北路重山突出，府垂北荒，相传以本镇类虎，此为虎首也。"独石乃为"北路绝塞之地，三面孤悬，九边中尤称要冲，实乃上谷（宣化）之咽喉，神京之右臂"。

（二）独石路长城

独石口地处险要，自明初至明末，历朝都不敢忽视。对于它的诸如长城、敌楼、墩台、城堡、戍兵等防御体系不断修筑、巩固和完善。

独石路长城修筑完备于明嘉靖间。嘉靖二十三年（1544年），兵部右侍郎翁万达任宣大、山西等军务总督。鉴于俺答40年来屡屡犯边，造成巨大损失，危及京师安全，翁万达认为"驰击者彼所长，守险者我所专，百人之堡，非千人不能攻，以有垣堑可凭也，修边之事当再举"，遂屡疏请修筑边墙。皇帝倚重万达，其主张很快得到允准。万达精心设计，善钩校，墙堞近远，濠堑深广、曲尽其宜。先后筑成西起黄河东岸，东至大同府东阳和镇口台和西自宣府西洋河，历中、北二路，东抵永宁四海冶，共计 1924 里的长城。

在该段近 2000 华里的长城中，独石路长城的起点为今宣化、崇礼、赤城三县交界处的大尖山（锁阳关北），由此沿崇礼、赤城二县界山脉向北行，到独石口后向东复南下，经冰山梁沿今赤城境内黑河与白河的分水岭，经镇安堡、青泉堡、牧马堡、龙门所、长伸地，至后城（滴水崖）马道梁入延庆永宁四海冶与八达岭东段相接，全长 460 余里。沿此长城为独石路防区的西、北、东三面之边际。

独石路长城，皆沿山势而行，就地取材而筑。清翰林储大文在其《独石长城形制》一文中写道："山上多以条石垒筑，平地则以土夯筑，个别地段砖砌。"明都督签事尹耕在《两镇三关志》中有这样一段介绍：自西洋河镇西界台起至龙门所灭胡墩止，不仅垒筑长城一百七十九里，同时建筑敌台、铺屋各 719 座，暗门 60 个，水口 9 个。所需人力，有军有民，并有严格的进度要求：民夫日以五寸计，军夫日以三寸五分计，防守军夫日以三寸计。其工程之浩大，施工之艰巨可见一斑。

（三）独石路城堡布防及其形势

独石路作为宣府都司所辖防线的要冲，在深濠堑、筑边墙的同时，还在沿长城内侧的险关隘口修筑众多屯兵戍守的坚固城堡。因其山高川险地形复杂，隘口众多，又扼守元人之"望云古道"（即沽水通道），因此，其路城堡众多，竟占去宣府都司所领城堡的近一半。其据险近边之城堡主要有如下：

独石城。方九里十二步，城北山墅中有长城（边墙）两道：大边东至镇安堡边镇界墩，西至马营堡马家门墩，沿垣一百零八里，二边东至镇安堡边镇堡墩，西至马家门墩沿垣一百零三里。次冲若平夷墩等 12 处，山俱险峻。极冲若镇安门等 12 处，地势平漫，有警则设伏于护口墩，护冲墩、北栅子、西栅子剿劫堵御，云州、马营相去三十里可以应援，半壁店相去二十里可以邀击，而青泉堡相去四十里可以击尾矣。

马营堡。城方六里五十步，高三丈五，堡楼四，角楼四，铺二十四，门四：东曰宝文，西曰昭武，南曰广义，北曰恒仁。宣德七年（1432 年）后军督都府左督、昌平侯杨洪率军修建。其东至独石城三十里，西至松树堡十五里，南至云州堡三十里，北至君子堡二十里。次冲若大嵯墩等五处，山势险峻，拒堵非难。极冲若镇门、威远、厦儿岭等四处平漫，可通大举。有警则设伏镇守墩堵剿，半壁店、苍上堡相为应援，松树堡可以邀击，君子堡为之击尾矣。

君子堡。明嘉靖二十五年（1546年）筑。周不足二里，高三五丈。楼二、铺一、门一。东至独石城三十里，西至松树堡十五里，南至马营二十里，北至边五里。"君子堡"当为马营正北之要冲，北距冲隘马莲口仅五里。若敌从此入犯，径逼马营，则本堡首先受困。此堡虽小，乃马营之唇齿，唇亡齿寒最称要地焉。新镇楼口川原平坦，一望内外，毫无阻隔，尤为极冲。

松树堡。嘉靖二十五年（1546年）筑。城方二里，高丈五，堡城二，角楼五，门一。东至马营十五里，西至边五里，南至云州十五里，北至君子堡十五里。其位马营正西，与君子堡互为掎角，盖为马营之屏翰。次冲如光葫芦梁四处，极冲如总望墩，其平漫河通大举，真危地也。堡西黄家梁可伏兵。

清泉堡。位于独石城东四十里，云州东北十七里，景泰四年（1453年）筑。

镇安堡。明成化八年（1472年）筑，周二里六十六步三尺，高三丈五尺，城楼四，铺一，门一。东至西河口七里，西至云州堡三十里，南至龙门所四十五里，北至清泉堡三十里。该堡地处重峦叠嶂，山势险峻，西河口、镇岭口、镇虎墩俱称极冲。其西北清泉堡四塞孤悬，虽小亦称要地。

云州堡。宣德五年（1430年）筑。城周三里一百五十八步，门二，东曰镇清，南曰景和。又开关厢，置南北二门。城楼三、角楼四。北至独石城六十里，南至赤城堡三十里。城北五里即为"朔方屏障""三路咽喉"的龙门峡，出龙门峡正北可通独石口，西北可通马莲口。其正处在"丫"字形咽喉要地。沽水经城东向南流过。其为元时望云道驿路（沽水通道）上的州城云州旧址，至宣德五年（1430年）复筑时，已有近200年历史了。至今有近800年的历史了。

赤城堡。宣德五年（1430年），阳武侯薛禄筑。城周三里一百八十四步，高三丈，城楼四，门二：东曰崇宁，南称大定。赤城北控独石、马营、云州，东拒龙门所，南下隆（庆）、永（宁），为独石路的适中地。

镇宁堡。弘治十一年（1498年）筑。周二里五十七步，高三大五尺，堡、角楼共六，门一。东至云州三十里，西至金家庄三十里，南至赤城之外屏。东北擒胡墩二处最为冲要，堡西侯家冲可以伏兵。

龙门所。宣德六年（1431年）筑。隆庆元年（1567年）重修，城固四里。东至边十里，西至赤城三十里，南至长伸地四十里，北至镇安堡四十五里，原名东庄。"沿边若塘子、望关诸隘口，皆旧时往来大宁之故道，辙迹犹存。堡北盘道、塘子、清平、望关，西北正平诸口俱极冲。平房镇口、了望、双望、青山、沙沟诸墩并次之。堡西南蒋家堡可伏兵。"

滴水崖堡（即今赤城之后城镇），原名大屯。在河之南，弘治八年移此，九年（1496年）筑城，隆庆三年（1569年）砖包，城周三里。东至边十五里，西至雕鄂三十里，南至靖安堡（今延庆之白河堡）三十里，北至长伸地堡三十里。其北据悬崖、离大边不足二十里，为古北、蓟镇之后冲，山多蹊径，拒守为难。堡东二十里盘道口极冲，西北新墩、苦菜口墩、抱榆洼墩并次冲。长胜、宁疆二堡皆可伏兵。

附塞垣列表、墩垣列表。

塞　垣

城堡	边界	沿长（里）	极冲	次冲	险隘名称
滴水岸	自靖安堡新宁墩起	36	3		盘道口、鲤鱼洼、苦菜沟
宁远		4			
长伸地		19	1	2	镇安台、石门、四道沟
龙门所		48	3	2	青羊口、塘子口、盘道口望关口、沙沟
牧马堡		36	1	1	永宁口、平镇口
镇安堡		43	1		两河口
清泉堡		30	1		镇宁口
独石城	东起镇安松树墩西至镇守新店台	120	3		北栅口、西栅口、东栅口
马营城	东起独石又望墩西至镇守新店台	114	1		北栅口
君子堡		13	1		四明台
松树堡		30	1		两栅口
镇宁堡		8	1		野鸡山
赤城		21			
合计		522	17	5	

墩 垣

城堡	管边路墩（座）	守瞭官兵	腹里接火路墩	守瞭官兵
赤城			48	188
独石	70	505	50	178
马营	35	245	56	185
云州			32	115
镇宁堡	63	389	20	59
镇安堡	44	214	21	70
松树堡	23	86	9	33
君子堡	17	77	13	18
半壁店			9	32
龙门所	62	309	39	143
牧马堡	27	134	7	29
滴水崖	74	343	29	109
样田			7	31
合计	415		340	

明代自永乐二十二年（1424年），成祖朱棣死后，蒙古迤北势力逐渐强大，明军的战略方针逐渐由主动进攻变为被动防御。尤其到正统十四年（1449年）"土木之变"之后，明军元气大伤，明王朝从军事、政治尤其是心理上遭到了沉重打击，对来自迤北蒙古诸部的骚扰和威胁只能是被动挨打和消极防御。后来到了明末，国力不支，消极防御都成了问题，正如明末分守口北参将李仙风在《北地兵单战守两难议》中说："宣镇（今宣化）为陵京右背，而北路（独石路）乃上谷（宣化）咽喉，无处非冲要之地。然其所最吃紧者，无如独石、马营、青泉、镇安诸堡，昔者寇从马营边外地名梳妆楼（今沽源县境内）转至独石所管宁赛墩而入，直抵云晋，地方遭兵蹂躏。而后寇又至独石，东栅分股，一从青泉堡边镇宁口入，一从镇安堡边两河口入，长驱飞渡，京川为之震惊。则北路为右辅要区，是不待再计而决者……""再稽先年，曾改镇安防守为守备，时驻参将于马营，盖慎重其地可推矣。今天下之要害，宣府为急。而宣镇之要区，北路（独石路）当先。则增兵一着，诚今日之急务也！"

纵观明代军事防御历史可见，至明王朝后半叶，就其政治、军事及综合国力都在走下坡路。但就其危及京师安全的北方——独石口却始终未敢懈怠。对宣镇北路即独石路却始终予以高度重视。"筑塞垣、浚濠堑、添墩台、固城堡、屯重兵、委良将。"凡到独石督边、戍守的要臣、武将，有奏必准。由此可见，独石路作为扼守贯通赤城全境的元代"望云古道"（沽水通道），屏蔽京师的北方门户，对于保卫明王朝的心脏——北京的安全，其战略地位是何等的重要。

（原载于《张家口历史文化研究》2005 年第 2 期）

祁万利，男，1957 年生，研究生学历，张家口市政协原副主席，九三学社张家口市委原主委，张家口社会主义学院院长。写有多篇学术论文，并著有《赤城县历史概述》等书籍。

葛峪堡

彭诠文

一

1368 年，朱元璋领导的农民起义推翻了元朝的统治，建立了新的封建王朝——明朝。

明朝建立以后，被推翻的元朝残余势力退回大漠。然而，他们并不甘心自己的失败，不断对明朝北部进行袭扰。因此，明廷把防务的重点放在北部。

在明廷北部的防务政策中，从朱元璋洪武时起到朱翊钧万历年间一直采取的一项措施就是增筑和修葺长城，以此作为重要的防御工程体系之一；二是在东起辽东鸭绿江，西至嘉峪关长城沿线，先后建立了辽东、蓟州、宣府、大同、延绥、宁夏、甘肃、太原、固原等 9 个边防重镇，称为"九边"。各边都驻有重兵，主要用于对北方元朝残余势力进攻的防守。

宣府镇在这"九边"中是非常重要的，具有连接东西，牵制左右，捍卫京师的作用。

对于宣府镇，明政府还在其防御范围内，十多里或数十里相隔，即修筑一座城堡，以相互策应军事防御行动。

葛峪堡是明朝建立后明廷回击和防御元朝灭亡后其残余势力军事袭扰的产物。战略上，它具体实施明廷对元朝灭亡后其残余势力军事袭扰的防御政策；战术上，它以山谷间复杂险要的地形、地势和坚固的城堡及其他军事设施阻挡和回击元朝灭亡后其残余势力的袭扰。

葛峪堡的历史比较悠久，唐代以前就有人居住。这里山峰林立，沟壑纵横，海拔千米以上的山峰即 82 座。正是明廷对元灭亡后其残余势力袭扰的回击与防御政策，才有了军事意义上的葛峪堡。

从军事和经济发展的角度观察，葛峪堡堡城的选址肯定经过周密的考虑。它首先要考虑军事防务问题，其次就是堡内的用水问题。从这两方面来看，最好是依山靠水。

葛峪堡四周环山，北、东北、东南，猴儿山和凤凰山相连，西北、西、西南、正南梁山、章家梁山连绵，地势由东北向西南倾斜；西堡墙外就是滚滚流淌的西河（葛峪堡村民俗称）；乱泉河由东北流向东南。明时的西河和乱泉河肯定要比现在的宽得多，流量也比现在的大（葛峪堡村村民现在仍用乱泉河的水）。这说明古代这里的水利条件也是比较方便的。另外，葛峪堡的地势由东北向西南倾斜，积水顺着地势涌向西南，堡内排水方便。

上述这些条件，对于古代用于作战的城堡来说都是必须具备的。如果不具备上述的条件，这个地方就不能修筑军事城堡。

二

葛峪堡始建于明宣德年间。从此间开始，明廷对元朝灭亡后其残余势力的军事态势由主动的军事进攻（如明成祖朱棣亲率大军六次征讨元残余势力）转为依赖各边的地形、地势和坚固的城堡及其他设施进行防御的方略。这一点，现今张家口市的所有城堡就是很好的例证。因为它们大都是从明宣德朝开始修建的。

葛峪堡的最早记载在《宣府镇志》。该志书由明朝林院国史修撰孙世芳纂修。明世宗嘉靖四十年（1561 年）木刻本成书。在其卷二中记述了葛峪堡的大概。有这样一段话："葛峪堡，高二丈六尺，方三里三百步。城楼三、城铺四、南西二门。宣德五年筑。因屯戍之所，故大书下放此。属堡有五，曰：趄柳树、水地、张全、范家庄、王家庄。"这段话给出了葛峪堡的大小、高度、建筑时间。

上文中"宣德五年"这句话中的"宣德"是明宣宗朱瞻基的年号。明宣宗朱瞻基，1426—1435 年在位。"宣德五年"应为 1430 年，也就是说，按明朝翰林院国史修撰孙世芳纂修的《宣府镇志》中提到的葛峪堡的建筑时间应为 1430 年。"属堡有五，曰：趄柳树、水地、张全、范家庄、王家庄"，就是今天宣化县的趄柳树、水地庄、张全庄、范家庄、鲍家庄五个村子。

另一本记载葛峪堡的志书是《宣化府志》。该志书由王者辅、王芥园、王晼（相继任过宣化府知府）总裁，吴廷华（内阁三礼馆纂修官）总修，清朝乾隆八年（1743年）木刻印成书。此志书中关于葛峪堡的记载是这样的："《北中三路志》：宣德五年土筑，嘉靖四十二年增修，万历六年砖包。周四里二百九十二步，高三丈五尺，堡楼三，角楼四，门二。《县志》：南曰：永安，西曰：永宁。"（《县志》指龙关县志）

这样算来，葛峪堡的建筑从明宣德五年（1430年）筑土堡开始到明万历六年（1578年）砖包，整个修筑工程的全面完成，前后达149年。

三

明朝初期对军事的管理由高到低，依次为都指挥司（最高指挥官称都司）、卫、所。每卫下设前、后、中、左、右5个千户所，每个千户所统10个百户所，每个百户所辖两个总旗，每个总旗领5个小旗，每个小旗率军卒10人。每个百户所编112人，每个千户所编1120人，每卫编5600人。卫、所以下军官分别称为卫指挥、千户、百户、总旗和小旗。后来，随着北方部族袭扰的逐步升级和明王朝对宣府方向防守的实践，从明朝中期起，便逐步改变防御作战的战略及其相适应的军事机构，由初期都司、卫、所的设防机构，演变为中、后期的镇、路、参、守的设防机构。原来的卫、所分为北、中、西、南、东五路（西、北、中三路通称左路；东、南二路称为右路）来镇守，每路各设镇守参将一名。卫指挥、千户、百户、总旗和小旗这些官职被镇守总兵、协守总兵、镇守参将、游击将军、守备替代。

明朝时的中路范围为"东接龙门关、西距张家口，南连镇城，北距沙漠，广一百三十里，轮三十五里"，葛峪堡属中路管辖。

与中路的其他城堡不同的是，葛峪堡作为军事重镇，除了具有防御功能外，它还是明朝"宣府边"中路的"路城"。

葛峪堡为什么会成为"路城"呢？因为这里驻有中路的最高军事长官——参将。《宣府镇志》载："文皇帝永乐七年（1409年）置镇兵将领。宣府逼近胡虏。特承印专制者，曰：镇守总兵；有与主将同守一城者，曰：协守总兵；独守该镇一路者，曰：分守参将；曰：游击将军；独守该镇一城一堡者，曰：守备。"从军事长官的级别来看，参将仅次于镇守总兵，他对一个相对独立的地理单元的军事享有权力和负有责任。

从明宣德朝开始，中路形成了以葛峪堡为中心，赵川堡、大白阳堡、小白阳堡、羊房堡、青边口堡、常峪堡及其属堡在内的扇形防御体系。它西连西路防御体系的张家口堡，南接镇城（宣化）、北靠北路的独石口、东和东南分别与龙门、雕鹗、保安等堡城相接，十分便于相互策应军事行动。

《宣府镇志》《宣化府志》中对葛峪堡的防御情况说得比较详细。

从明宣宗朱瞻基宣德年间开始，到明神宗朱翊钧万历近200年的时间里，明廷对葛峪堡的军事防御是十分重视的，为其配备了重兵和强大的火力。嘉靖二十年（1541年），堡内部署兵力"存籍官军八百一十六员名，实操官军八百八十名，新增五百三十七名"（引自《宣府镇志》），各种军器充分保障。据《宣府镇志》载：葛峪堡内配有"守堡火器：制胜将军五个、平房将军十八个、虎尾炮十六个、神枪十七杆、大小佛郎机三十五副、无敌手十一副、铁铳炮十七个、子母炮五个、铜炮十四个、铁小炮五十九个、神箭六十枝、起火一百根。守墩火器：神枪一百二十八杆、神铳五十五把、悬枪四十八杆、铁磁大小炮四百二十九个。随营火器：铜铁炮七个、神枪八十七杆、佛郎机二副、快枪二十一杆、神箭一百七十四枝"（制胜将军：一种威力较大的火炮。平房将军：一种威力较大的火炮。佛郎机：火枪。起火：导火线。墩：烽火台。随营，葛峪堡附近的驻兵兵营，如现在的大营盘村、小营盘村和当时堡内军事建制的"营"）。而"赵川堡：存籍官军二百七员名，实操官军二百一员名，新增四百二十名。常峪堡：存籍官军三百五十四员名，实操官军同，新增一百七十三名。羊房堡：存籍官军三百四十一员名，实操官军三百三十六员名，新增五十二名。青边口堡：存籍官军三百七十五员名，实操官军三百七十一员名，新增一百五十一名。小白阳堡：存籍官军二百四十六员名，实操官军同，新增三百五十名。大白阳堡：存籍官军二百七十二员名，实操官军二百七十员名，新增二百三十七名"（引自《宣府镇志》）；武器配置方面，其他各堡以铜铁小炮和虎尾炮、神枪、神箭等杀伤力较小的武器居多，"制胜将军"和"平房将军"这样威力较大的火炮除常峪堡有4个外，其余的1个也没有（笔者认为，因常峪堡离葛峪堡较近，便于重火力相互策应）。

所以，从兵力数量与武器数量、威力三方面来看，作为"路城"的葛峪堡都高于中路的大白阳堡、小白阳堡、常峪堡、青边口堡、羊房堡、赵川堡。

作为"路城"，明中后期，葛峪堡驻参将一员，守备一员。嘉靖四十五年（1566年）后，明廷将原来的五路分成八路来镇守宣府边。其中"中路参将分成城堡十个：葛峪堡、大白阳堡、小白阳堡、青边口堡、羊房堡、常峪堡、赵川堡、隆门关、龙门卫城、金家庄堡。本路官军五千一百九十四员名"。

另外，葛峪堡设立后，一直存有数量不等的战马。《宣府镇志》载："葛峪堡原额操马六百三十三匹，正德年间实有六百四十二匹、嘉靖三十七年（1558年）三百二十九匹。"这些战马消耗很大，"月料二百九十六担一斗，每担折银七钱"（引自《宣府镇志》）。

堡内的军需来源与供应来自两个方面。一是军屯自养，嘉靖二十三年（1544年）前，"葛峪堡围种地八顷四十亩"（引自《宣府镇志》）；二是依赖官仓，朝廷从全国各地调运拨给葛峪堡。

这里需要指出的是，葛峪堡的"围种地八顷四十亩"并不单单是供应堡内的军需，还要承担明廷的贡赋。《宣府镇志》中关于葛峪堡贡赋的记载也十分明确，嘉靖二十三年（1544年），葛峪堡"围种地八顷四十亩，粮一百八担、草九十束。粮今减六十七担六斗七升八合"。

明廷还对葛峪堡外围加强了防御，重要的措施就是修筑"塞垣"（长城），利用高墙、深池，关隘要塞，据以自守，确实起到了保卫领土的重要作用。嘉靖二十五年（1546年），总督侍郎翁万达建议明廷根据防御的轻重缓急修筑"塞垣"（长城），葛峪堡所辖段的长城即在被修之列。

明嘉靖朝以前，以葛峪堡为中心的中路所辖的长城及防守情况是："小白阳大台墩起至松树沟西墩止，垣一十一里，边墩一十一座。守瞭官军五十六员名；赵川堡靖朔墩起至永安墩止，垣四里，边墩四座。守瞭官军二十九员名；大白阳坝口新墩起至总了墩止，垣二十一里，边墩二十一座。守瞭官军一百五十员名；葛峪头台子墩起至静狐墩止，垣二十三里，边墩一十九座。守瞭官军一百三十四员名；常峪口大定墩起至西高山西空墩止，垣一十四里，边墩一十五座。守瞭官军一百七员名；青边口平顶山墩起至擒虎墩止，垣一十九里，边墩一十七座，守瞭官军一百二十员名：羊房堡何家堰墩起至柳沟墩止，垣一十四里，边墩一十四座。守瞭官军九十九员名。"

明神宗万历元年（1573年）依照宣大督抚的请求，明廷修缮南山及中北路诸边墩营寨，葛峪堡所辖边墙及墩台均在被修之中。

嘉靖朝至明灭亡，以葛峪堡为中心所辖的长城的情况是："东起赤城，西至张家口，边垣一百七十九里，边墩二百二十九座，卫口一十三处。"（引自《宣化府志》）

葛峪堡所辖的长城，清乾隆八年（1743年）时"东至大白阳堡三十里，西至常峪口堡七里，南至宣化府治四十里，北至边墙十五里。所管边口台汛十处。东自赵川堡边界总瞭台起，西至张家口边界破路台止，计长五十七里九十四步。所有边墙俱已塌毁。沿边墩台共三十六座。其中：奉开隘口二：凤凰台（即：常峪口东至靖虎台六里一百二十步，西至西空台六里三十步。通口外松树沟、马圈子等处地方。现设外委把总一员、马兵一名、守兵一名、台兵三名、营房五间、马棚一间）；镇宜台（即：青边口东至石嵯山台五里四十步，西至擒虎台七里五十步通口外新营子、水进头等处地方。现设外委把总一员、马兵一名、守兵一名、台兵三名、营房五间、马棚一间）。封禁边汛八：灭虎台：东至赵川堡边界总瞭台一里四步，西至靖虎台五里。现设守兵一名、台兵二名。靖虎台：西至凤凰台六里一百二十步。现设守兵一名、台兵二名。西空台：东至凤凰台六里六十步，西至石嵯山台七里五十步。现设台兵四名。石嵯山台：西至镇宜台五里四十步。现设台兵四名。擒虎台：东至镇宜台六里一十步，西至镇楼台五里。现设台兵三名。镇楼台：西至平山台一里十步。现设台兵三名。平山台：西至柳沟台十里一百步。现设台兵三名；柳沟台：西至张家口边界羊房堡破路台四里三十五步。现设台兵三名。东至平山台。现设步兵一名，台兵二名。以上八处俱无营房"（引自《宣化府志》）。这样长的"塞垣"都是广大劳动人民为戍边付出的血汗的结晶。

关于以葛峪堡为中心的中路的防御形势，《宣化府志》中是这样说的："本堡为龙门一路之中，内外只隔一墙，入犯甚易。常峪当河口之卫；青边实内外戒严之地且逼近镇城，与羊房堡同称要害。筹边者其母忘戒严乎。本堡庙儿台、常峪堡口、得胜梁、青边堡西、谎墩梁俱可设伏兵。"

为了进一步搞好各边镇的军务，明廷还设置文官参与各边镇的军务管理、监察等项事务，并根据实际制定了一系列的措施。其中："洪熙元年（1425年）命文臣赞理军务；正统元年（1436年）置巡抚都御史赞理军务；景泰二年（1451年）敕大臣总督宣大军务（引自《明史》）；正德八年（1513年）设宣大军务；嘉靖三十六年（1557年）置山西按察司副使备兵怀隆；三十八年（1559年）置山西按察司佥事备兵赤城（引自《续宣镇志》）；万历九年（1581年）遣科臣阅视军务（后归并巡按御史）；万历四十年（1612年）置分守道练兵营（引自《明职方图考》）；天启年置练兵游击营（引自《续宣镇志》）；崇祯七年置兵锋及三协四城守营；八年更置中权及左右翼营。"

清朝建立后的初期，基本沿用明制。顺治、康熙、雍正、乾隆四朝也同样重视北部的防务。"世祖章皇帝顺治四年（1647年）诏：置西、北、东三路台兵"（引自《宣化府志》），其中：葛峪堡置三十名；顺治十三年（1656年）清廷改明制的中路为"龙门路"。

"龙门路"辖"龙门城"和"葛峪、赵川、雕鹗"三堡。葛峪堡内设"守备一员；马步守兵：顺治年原额一百八十名。康熙年陆续裁，存马守等兵一百十七名。雍正十年（1732年）为钦奉上谕事，案内添设马步兵一百一十名。雍正十二年（1734年）为遵旨议奏事，裁汰马步兵九十名"。

乾隆八年（1743年）时，葛峪堡"现设马步守兵一百三十七名（内，除亲丁马兵四名，亲丁养粮守兵六名，公费步兵一名，公费守兵二名）；实在存城防汛马兵二十二名（内，外委马兵二名）；步兵一十一名；守兵六十二名；防边台兵二十九名。岁支官俸兵饷马乾米折（七十二石）等银二千五百八十六两零，本色米四百二十一石零。营备马三十四（内营马二十六匹、守备备马四匹）。随营军器：大小炮五百七十六位、生铁炸炮二千二百二十二个、子母炮四位、鸟枪五十杆、三眼枪二十九杆、三眼夹靶拐子等枪一百三杆、长枪二杆、钩枪四杆、大刀十八口、钺斧五十把、腰刀十七口、牌刀二十三面口、弓十张、战箭一千八百九十枝、撒袋十副、马兵盔甲二十六副、步兵盔甲九副、守兵盔甲九十九副、新旧旗帜十堂、帐房三架、锣锅三口、铁子二万六千二百六十二个、储备铅五百斛、储备火药九百六十斛、硫磺一百斛"。

为了搞好堡中军队的训练和饲养好战马，清廷还在堡东南置校场一处占地十一亩，置官地一百五十亩（校场余地）、永安台置马场一处。

四

明时，作为中路"路城"的葛峪堡，随着防守等军务的加强与人口的增加，各项军事和民用设施也逐步建筑完成。这里，笔者根据《宣府镇志》和

《宣化府志》的有关资料，作一扼要的整理（有的建筑为宣德朝以前的），如下：

（1）成化年间的巡按察院。由文官对葛峪堡和中路其它城堡军务进行督察；（2）成化九年（1473年）建成的守备官厅和神枪库（武器库）；（3）正德年间建筑的河间行府。统管中路的粮储、通判、列衔等项事务；（4）嘉靖二年（1523年）设立的参将府。这是葛峪堡内，也是中路的最高军事指挥官的住处；（5）草场；（6）葛峪仓（粮仓）；（7）仓库（堆放杂物）；（8）坊表（各种坊表）；（9）大市坊："堡通衢（十字街中心）有四。南曰承恩，北曰靖朔，东曰澄清，西曰威武。"大市坊就是我们今天所讲的牌坊；（10）永乐二年（1404年）所建的关帝庙；（11）成化十年（1474年）所建的城隍庙；（12）弘治二年（1489年）所建的龙神庙，弘治四年（1491年）所建的观音寺；（13）嘉靖六年（1527年）所建的三官庙，嘉靖三十六年（1557年）所建的大神庙，嘉靖四十一年（1562年）所建的地藏寺；（14）万历九年（1581年）所建的马神庙。

以上所有的建筑说明，明时中路的葛峪堡，堡内各种军事的后勤与指挥设施齐备，保障有序；各寺庙香烟缭绕，香客不断，硝烟战火中也有繁盛与和宁的一面。

对于葛峪堡中的各项建筑，《宣府镇志》中称："中路俱小堡，宫宇也无大者，葛峪外。在大白阳有一官厅，有仓，有草场；在小白阳有官厅，有神枪库，有仓，有草场；在常峪有官厅，有神枪库，有仓，有草场；在青边有官厅二，有仓，有草场；在羊房堡有官厅，有仓，有草场；在隆门关有官厅，有神枪库；在赵川有仓，有草场。皆天顺以来随时创建云。"

五

葛峪堡是明廷针对北方元朝残余势力的进攻进行防御的产物，它从明宣德五年（1430年）筑土堡开始到明万历六年（1578年）砖包，整个修筑工程的全面完成，历经149年。这期间，也是元残余势力对明北部袭扰最为严重的时期和明廷对元残余势力打击最为激烈的时期。葛峪堡作为宣府镇中重要的防御堡城之一，在明廷对元残余势力的打击中无疑是起了很大的作用的。期间，堡内及中路其他堡城的明军面对元残余势力的军事袭扰，为保卫边防的安宁和老百姓生命财产，奋勇出战，勇猛顽强，直至流血牺牲。这里，笔者根据《宣府镇志》和《宣化府志》两本志书的记载介绍如下：

嘉靖丁亥年（嘉靖六年，1527年），元残余势力袭扰葛峪堡，葛峪堡告急，宣镇总兵命都指挥同知充参将镇守怀来的王经率兵增援。当王经的军队行至化家营（今宣化县赵川镇的大化家营村）时，只见烟尘蔽空，王经得知元残余势力的军队已连营而下，于是，他就指挥所率的明军，迅速布阵，形成非常严密的防卫态势，只待元残余势力军队的到来。不一会儿，敌军大规模朝王经所率的明军冲来，气焰嚣张。王经及其所率的明军没有被吓倒，全体将士奋勇出战，与敌大战10次。作为都指挥充参将的王经身先士卒，一马当先，勇猛杀敌，迫使敌军后撤。王经冒着流箭带明军追击敌人，俘获多名敌兵，接着连战数日，仍不能击退敌军。随后王经挑选2000名义勇，组成敢死队，筹集军饷，与敌车交手多次，久持不下。王经请求宣府总兵派兵增援。过数日，援兵仍没有到来。王经心急如焚，决定不再等援兵。一天夜里，王经率敢死队袭击敌军大营，最后中流箭而死。明廷得知后，对王经予以褒奖，为其建褒忠祠并抚恤其家人。同年，元残余势力联络数万人，来势更汹，从小沙洼梁（今葛峪堡小沙洼梁）攻击葛峪堡。参将王镇率千余驻堡明军奋起反击，与敌遭遇。双方从上午七点战到下午七点，大战十余次，明军斩敌无数。天将黑时，敌军从四面八方围拢而来，明军被包围。敌强我弱，情势十分严峻。但在场的明军没有畏惧元残余势力军队的包围。他们越战越勇，杀伤杀死敌人无数，最后全部战死。明军将士个个死状惨烈。让敌人心惊胆寒。敌人将王镇开膛破腹，取出肝胆示众并对葛峪堡内的老百姓说，这是什么样的汉族男儿，多么英勇，多么值得敬重。如果都像这样的话，还要杀我方多少人呢？与王镇同时遇难的还有千户江钺。嘉靖皇帝闻听此事后，下旨隆重祭葬二人和全体死难兵士，建褒忠祠、立牌位以对二人进行纪念。葛峪堡人高怵山任该堡参将时，多次与元残余势力军队交战，多次大败敌人。有一次，葛峪堡又遭元残余势力军队的袭扰。高怵山率堡内的明军与敌接火，最后因寡不敌众被杀。如果没有高怵山这样的人来抗击元残余势力的袭扰，大明江山还能存在200多年吗？老百姓遭殃、生灵涂炭的局面又该会多重呢？这一切，正如《宣化府志》中所说的：（高怵山）"羊首以见忠勇之气，虽死犹生也。"此外，嘉靖六年（1527年）关山以都指挥战死。嘉靖三十四年（1555年）四月，元残余势力军队犯宣府。敌军中的一路围攻葛峪堡。参将李光启率明军与元残余势力军队交战，李光启壮烈战死。嘉靖三十五年（1556年），祁勉以指挥佥事死。

从成化八年（1472年）置参将一职第一任李延起到崇祯朝最后一任姜暄止，共有55人在葛峪堡任参将。他们大多在任内与元残余势力军队的战争中为国捐躯。他们的精神是值得赞颂的。

在葛峪堡死难的兵士中有两位是非常值得一提的，一位是葛峪堡人穆得海，另一位是小白阳人王羊儿。嘉靖丁亥年（1527年），元残余势力军队袭扰葛峪堡。二人随参将关山出战。双方对阵，穆得海入敌阵擒一人，当即斩首以激励同营将士。敌聚集围射穆得海。他英勇无畏，东奔西突，又连砍数敌，最后力竭，战死疆场。王羊儿面对强敌，也毫无惧色，蹲下身子，与敌对射，箭无虚发，杀死敌多人。后因箭尽，被敌围攻，力战而死。战后，王羊儿父亲收尸，见王羊儿手上还紧提一敌的头颅。乡亲们见后都为王羊儿的骁勇敬佩不已。

然而，葛峪堡和中路守军将士的浴血奋战并不能改变从宣德朝始到明灭亡明廷一直执行的消极防御政策。这种消极防御政策执行的结果是：明朝官军分兵把口，处处设防，致使坚固的长城和城堡不能发挥重要的作用，不能集中力量打歼灭战，有效地打击元残余势力对明北部的袭扰。从嘉靖十八年（1539年）到四十五年（1566年）共28年的时间里，元残余势力对宣府的进犯达23次，有的一年内竟达数次。他们想来就来，想走就走，如出入无人之境。每次进犯，元残余势力不是烧杀，就是抢走人口牲畜，所掠之地老百姓对元残余势力的野蛮行径恨之入骨。所以，葛峪堡数次战争的胜利又怎能改变明廷消极防御政策造成的整个明军对元残余势力军队被动作战的局面呢？

清朝建立后，清廷通过征讨、联姻、馈赠金银财帛、封王许愿等手段安抚、笼络蒙古封建上层人物，实现了满蒙亲和，清廷北部边界的安全已基本上得到了保障。原"宣府边"各城堡虽还驻有很强的军事防御力量，但军事上的实质意义已经失去，此时原"宣府边"各城堡已成为清朝统治者镇压人民群众反抗的工具，区区葛峪堡就更是如此了。

六

城堡作为一定历史时期的产物，是随着生产力的发展和国家政权的需要出现的，但它到底还是一种军事建筑，葛峪堡也是如此。

葛峪堡是按明代城堡的建筑规制、军事需要和当时葛峪堡的地形地势所建筑的。

《宣府镇志》中讲："葛峪堡，高二尺六尺，方三里三百步。城楼三、城铺四、南西二门。宣德五年筑。"《宣化府志》中讲："《北中三路志》：宣德五年土筑，嘉靖四十二年增修，万历六年砖包。周四里二百九十二步，高三丈五尺，堡楼三，角楼四，门二。《县志》：南曰：永安，西曰：永宁"（《县志》指龙关县志）。两段话提到的葛峪堡的建筑，情况发生了变化。一是堡的高度发生了变化，由原来的二丈六尺变为三丈五尺；二是堡的周长由原来的三里三百步增长为四里二百九十二步。关于这两点，笔者认为，葛峪堡堡墙的高度和周长发生的变化，都是在嘉靖四十三年（1564年）增修的。高度的增加是因为增修了九尺高的用于掩护、瞭望、射击的雉堞。

那么，"城厚"又怎样呢？《宣府镇志》和《宣化府志》两本重要的志书都没有记载。为此，笔者实地察看了葛峪堡残存堡墙的厚度。

从现存的堡墙来看，墙身为素土夯筑，夯层厚度在0.15米左右，内侧墙体的外面又加筑了宽1米左右的三合土表层，加固了城体内侧的坚固程度。墙体的厚度达6米多，加上后来包砖的厚度1.5米（葛峪堡的老人们回忆说也在1.5米以上），葛峪堡堡墙的厚度也在8米上下。堡墙的内外侧有灰砖包砌，砖墙底部砌基石三层，高1米，基石以上砌砖直至垛口。包砖厚度在1—1.5米，砌法为"一顺一丁"墙体的顶部铺有0.3米的三合土夯层，上面平铺着一至二层灰砖地面并建有排水设施，墙体内侧每隔70米距离有砖砌的排水槽，从墙顶部至墙体的下面直至沟渠。堡门和堡门角里面（内侧）还有马道，马道长50米，宽6米。南堡墙的西段马道叫"南马道"，西部堡墙下的马道叫"西马道"。一有战事，军队车马就从马道上通过，直接登城，对敌人开战。南堡墙的东段、东堡墙和北堡墙都没有马道。另外，作战的士兵也有休息的地方，叫"铺"。葛峪堡的四座堡墙上都有"铺"。它凸出于墙体内侧，长15米，宽6米。

葛峪堡的堡门建筑形制森严而威武。南门"永安"、西门"永宁"。两门楼都是一层，高6.5米，面宽三间，进深六搭椽，圆孔窗，四周有廊，建在高近8米的墩台之上，为布瓦歇山顶木质结构建筑。

中国古代修筑城堡的同时建筑瓮城，作为城门防务的延伸。瓮城环抱城门，高墙深沟。在一般情况下，瓮城的城门与主城门不能相对，都将两个城门做成九十度角，在其右或其左拐角而出入。瓮城，常常是攻守城门的激烈战场。葛峪堡有瓮城吗？回答是肯定的。那么，葛峪堡的瓮城又在哪里呢？它就在堡城门墩的下面。比如南门，从北向南，入南门往里走约20米就到头了，迎面是一座观音殿，观音殿进深5米左右。从观音殿门前再向右转，往东过一门（同南门成九十度角，这应是瓮城的特征），径直向前走十几步可看到一门，出这一门就是堡外，一座影壁立于前。西门也是如此，只不过是行走与出入的方向不同于南门罢了。

葛峪堡的堡墙、门及门楼、角楼、堡墙上的设施经历了三次大的破坏、损毁后留下了现在的北部堡墙和西部堡墙的几截残垣断壁（相加长不过200米）和塌陷较重的南门。一是抗日战争中，日军在堡墙和两座门楼上修筑防御工事，破坏了堡墙和门楼的面目；二是1946年，国民党军队占据葛峪堡，在堡墙上到处修筑防御工事，多段堡墙被拆乱；三是20世纪60年代末80年代初社员们盖房用去了堡墙的素土、城砖，西门楼也随之拆完。至于两本志书中说到的三个城楼，笔者认为应是志书编著者和印刷者的错误。葛峪堡70多岁老人们的阅历中就没有见过葛峪堡有3个城楼，只见过堡墙的四角上各有1个角楼。

（原载于《张家口历史文化研究》2006年第4期）

彭诠文，男，张家口市宣化县政协文教科原科长。1961年生，大学毕业，长时间专门负责搜集、整理县域内的文史资料。发表有《明清时的赵川堡》《谢家湾大峡谷》《山水王家湾》等文章。

张家口长城烽燧燃放点调查研究

——兼与持"五连墩""一烽五燧"称谓的学者商榷

高鸿宾

2011年6月，有网友在张家口市赤城县独石口段长城烽火台附近发现了按一定距离排列有序的石头堆，将其称之为"五连墩"，并认为："'五连墩'是长城上一种独特的烽火墩台建筑，在西北长城上有少许分布，而在东部长城上则相当罕见。"此后，又有"七连墩""九连墩"发现，一时间该消息被多家网站及各类媒体相继转载报道，引起社会广泛关注。

其实，这种所谓"五连墩"或"七连墩"现象，在张家口长城沿线人迹罕至的地方还有存在，也有人将其称之为"一烽五燧"[1]。但笔者对上述称呼均不能认同。根据以往查阅过的长城建筑文献，从未有"五连墩""七连墩"或"一烽五燧"的建筑制式记载。为辨明这些烽火台旁石头堆的真实历史功能与确切名称，笔者根据历代长城文献中有关烽燧制度、建筑制式、设施配置的记载为依据线索，对赤城县独石口镇马厂村和炮梁乡砖楼村一带长城沿线的三处存有石头堆的烽燧进行了实地调查，分别编号为F1、F2、F3。

F1位于独石口城正西2.5公里处山梁上的长城南侧，长城北侧山下约1.5公里处为沽源县三棵树村，长城南侧山下1.5公里处为赤城县马厂村。该处长城由北向南至烽火台北侧偏东处拐向西行，并一直向西延伸，建筑形制为片石干插砌筑的尖顶式长城。墙体底宽4.5—5米，顶宽0.8—1米，高3.5—4米。除个别段落坍塌成豁口，整体保存情况较好。

F1地理坐标：东经115°39′21.7″，北纬41°19′01.5″，海拔1700米。片石干插砌筑，圆角方梯柱形。东南角保存原建筑边际，其他几面均已坍塌，存高 11 米，顶部南北长 6.7 米，东西宽 6 米，底部直径 10 米左右。烽台北侧为长城，东、南、西三面有石砌围墙，墙体宽 1.5—2.5 米，残存高 0.8—1.5 米，东西两侧墙长 30 米，南北长 40 米。南墙与烽火台之间存在一道障墙，现存高 2 米，宽 2.3 米。

在烽火台南面围墙外的山脊上，从北向南有规律地分布着 10 处石堆遗迹，面向正东方向的独石口城一字排列，间距 8—12 米。因破坏严重，大部分形制已不清晰，其中 2 号遗迹近于消失；8、9、10 号遗迹已与地平，仅存一丝痕迹；其他存高在 0.2—0.5 米。经观察，原始形制有圆形和方形两种，直径或边长在 2—2.4 米，构筑材料为就地取材的毛石块（见图 1）。

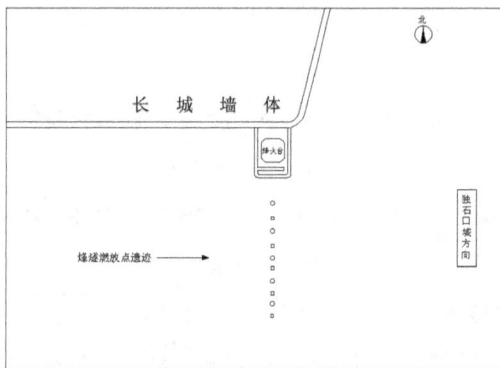

图 1　赤城县独石口镇马厂村段长城峰火台（F1）及烽燧燃放点遗迹分布示意图

F2 位于赤城县炮梁乡砖楼村西北方向的砖楼梁上，据河北省长城资源调查队调查，该处长城属于长城腹里支线，整体呈东西走向，墙体毛石砌筑，保存状况较差，地面仅存一线痕迹。F2 位于砖楼梁上的一个小山丘上，地理坐标：东经 115°31′45.5″，北纬 40°55′13.9″，海拔 1961 米。烽台毛石堆筑，圆形，存高 6 米，底部直径 14 米左右，顶部直径 6 米左右，外筑环形围墙，墙距台体 3—5 米，存高 1—2 米，墙宽 2.3 米左右。在烽台围墙外的南侧，自东向西排列着 10 处石块堆遗迹，形制为方形和圆形两种，方形、圆形间隔分布，排列走向为北偏东 60°（见图 2）。该组遗迹保存较好，存高 0.1—0.5 米，大部分基础形制清晰可辨，相互间距最小为 1 米，最大为 2.8 米，以 1.5 米左右为普遍。在烽台东侧 15 米处的山坡上，有毛石砌筑房址一处，根据遗迹观察，房址呈品字形分布，西侧一间南北长 4.3 米，东西宽 3.6 米；北侧一间南北长 4.8 米，东西宽 4.1 米；南侧一间南北长 4 米，东西宽 4.8 米。

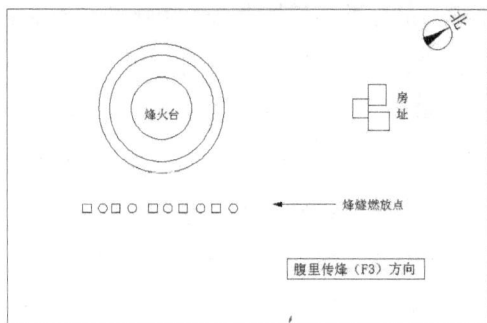

图 2   赤城县炮梁乡砖楼梁烽火台（F2）及烽燧燃放点分布示意图

F3 位于 F2 南偏东 35°，直线距离 1000 米处的另一山头上，属于腹里传烽台。地理坐标：东经 115°32′12.6″，北纬 40°54′56.7″，海拔 1983 米。烽台主体建筑呈圆形，毛石堆筑，直径 20 米左右，存高 10 米，外环以毛石砌筑围墙，已成大石埂状，存高 1 米左右。南侧围墙外东西走向一字排列 10 处石块堆遗迹，形制为方、圆两种，间隔分布，大部分保存较为完整，形制清晰，排列整齐有序，间距 2.5—5 米。烽燧建筑形制与石块堆遗迹分布状态与 F2 基本相同。

根据对上述三处烽燧周边相关遗迹的调查，结合历史文献记载，笔者认为：这些存在于烽火台旁排列有序的石堆遗迹，应该是长城烽燧燃放点遗迹，属于燃烽构筑设施，在历史上应该有属于自己的专门名称，无论构筑形制、单体规模和实际功能均不应将其称之为"连墩"或"一烽五燧"。由于烽燧建筑制式和燃烽设施因传烽制度和传烽方式所决定，所以，不妨从以下四个方面进行分析。

一、古代的烽燧制度

烽燧，是以烟、火、旗帜、灯笼等为信号，进行目视联络、报警通信的一种军事设施。按照所处位置和担负的传烽责任，修筑在长城沿线高地上的为塞烽，亦称烽燧、烽堠、烽火台、边墩等；修筑在长城内地交通要道、山川谷口上的为警烽、传烽，多称为大路墩、火路墩、腹里墩或联墩。不同时代、不同地域，称呼不尽相同。

烽燧及传烽制度历史悠久，周幽王"烽火戏诸侯"的典故证实，在西周时期就已出现。"烽燧"分指烟焰及火光，白天燃烟为号称为"烽"，夜间燃火为号称为"燧"。烽燧燃放的炷数与传烽办法，历代皆有规定。

汉代《塞上蓬火品约》将敌情分为五品，根据敌人的人数和入犯的程度发送相应的蓬火信号，如敌十人以下在塞外者，昼举一蓬，夜举一苣火，毋燔薪；敌十人以上在塞外，或一人以上、五百人以下入塞者，昼举二蓬，夜举二苣火，燔一积薪；敌千人以上入塞，或五百人以上、千人以下攻亭障者，昼举三蓬，夜举三苣火，燔二积薪；敌千人以上攻亭障者，昼举三蓬，夜举三苣火，燔三积薪；敌已据守亭下障城者，昼举亭上蓬，夜举离合火。蓬，以缯布制作，白天有敌情，在烽火台下用桔槔或辘轳升起，使后方传递烽见而知之；苣火是用柴草堆积，夜间有敌情，则在烽火台旁点火燃烧，白天可见烟起；夜间有敌情，则将苣薪插在烽火台上的木橛上点燃，同时在烽火台下也燃烧一定堆数的积薪，以便后方望见火光而传烽。唯有"亭上蓬"和"离合火"分别为危急信号。当敌人已占领烽火台下的障城，烽火台受到直接攻击时，白天则在烽火台上挂起布蓬，夜间则在烽火台上举离合火。离合火，据推测是举起两个火把，频作分合以示紧急。[2]

唐代规定："凡寇贼入境，马步兵五十人以上，不满五百人，放烽一炬。得蕃界事宜，又有烟尘，欲知南入，放烽两炬。若余寇贼五百人以上不满三千人亦放两炬，番贼五百骑以上不满千骑，审知南入，放烽三炬。若余寇贼三千骑以上，亦放烽三炬。若番贼千人以上不知头数，放烽四炬，若余贼一万人以上亦放四炬。其放烽一炬者，至所管州、县止。两炬以上者并至京。先放烟火处州、县、镇，即录状驰驿奏闻，若依式放烽至京。迄贼回，放烽一炬，报平安。凡放烽告贼至者，三应三灭，报平安者两应两灭。"[3]

明代烽燧制度基本沿袭了汉唐制度，并得到进一步完善。在燃放烽燧时加入了硫磺、硝石以助燃。除此之外，还规定了鸣炮制度，辅助以旗帜、灯笼、木梆等传讯设备，根据入犯敌人的人数及军情紧急程度，利用不同的传递方式发出警报。明成化二年（1466年）朝廷规定："各边墩侯烽炮务要审实贼势多寡，严立举放之数，仍于紧要便于瞭望之所如数举放。彼有一二人至百余人举放一烽一炮，五百余人举放二烽二炮，一千余人举放三烽三炮，五千余人举放四烽四炮，一万余人举放五烽五炮。"[4] 这时的"烽"已是对"烽""燧"的统称，而炮的使用，则表明在传烽系统中增加了声讯传递的手段，体现出火药在军事通信体系中的应用。隆庆年间戚继光总理蓟镇练兵后，更是将烽制编成口诀以便墩军掌握："墩军瞭见贼从何方入犯,昼则放炮扯旗,夜则放炮扯灯,邻墩如式接应照下口诀行之:一炮青旗贼在东,南方连炮旗色红,白旗三炮贼西至,四炮黑旗北路凶。"夜晚"一灯一炮贼从东,双灯双炮看南风,三灯三炮防西面,四灯四炮北方攻"[5]。又如宣镇规定:"凡瞭见达贼境外经过,发梆一次,近边发梆两次;拆墙放炮一个,烧柴一垛;入境放炮两个,烧柴二垛;声息紧急,则以渐加添,仍各照记号举旗兼竖立草人,贼势寡少,本墩差人走报,贼势重大,邻墩差人走报,如声息稍缓则依次差人走报,至晚,每更一人轮流探听,折墙有声,随即举火放炮。"[6]由此可见,不同地域、不同时期、不同将帅在传烽方式上存在着区别。

清初于各省边境扼要处,设立墩台营房,有警则守兵举烟为号。"寇至百人者,挂一席,鸣一炮;至三百人者,挂二席,鸣二炮;至五百人者,挂三席,鸣三炮;至千人者,挂五席,鸣五炮;至万人者,挂七席,连炮传递。"[7]

烽火台的距离,习惯称为"五里一小墩,十里一大墩",但据实地考察,也并非如此绝对,有的近不到一公里,有的竟有十公里之遥。一般建于长城沿线山岭的制高点上,或建于长城腹里视野开阔的大路旁台地上,以战略防御的需要和视闻有效距离决定其疏密程度。即如"梆鼓相闻为一墩……相去惟以视见听闻为准,不相间断"[8]。

二、古代烽燧建筑形制

烽燧形状因时因地而不同,大体分方、圆两种(极个别因地势建异形台)。建筑材料因地制宜,就地取材,一般情况平川地带烽燧多为夯土打筑,山地多为石块垒砌。腹里墩台则多为夯土台心,外包砖石。从汉代至明清,烽燧建筑形制主体变化不大,即以一座高大的烽台(或实心,或空心),顶上建望楼(或称望亭、楼橹)。周围建障城(或称坞、羊马城、月城、围墙等),墙外挑壕堑。以明成化二十年三月总督大同宣府军务兼督粮储户部尚书兼左副都御史余子俊奏请于大同、宣镇一带增筑墩台制式为例:"每二里许筑墩台一座,每墩阔方三丈,高亦如之;每角作二悬楼,方径六尺。两墩相去空内挑壕堑,广一丈五尺,深一丈。"[9]嘉靖后期建筑制式又有所改进:"空心墩台每座共高三丈三尺,上加女墙四尺,周围月城一道,外挑围堑一道。罗汉大墩体制与空心无异,每座一面根阔五丈,顶收三丈五尺,身高三丈,上加女墙五尺,下半截实心，平高一丈五尺，收顶四丈；上半截空心根厚八尺，收顶五尺，高一丈五尺，上加女墙五尺；月城根厚一丈，收顶七尺，平高一丈五尺，上加女墙五尺，每面八丈，周围三十二丈。"[10]清初烽台建筑形制基本沿袭明制，并增加了营房、马棚、铺房、告示房、界碑等设施。[11]

张家口市高新区东榆林村中、宣化县深井村西、赤城县镇宁堡附近、怀安县渡口堡、耿家屯附近，这种带有围墙的墩台现在仍保存可见，其中高新区东榆林村的围堡式空心大墩台最为典型，保存也最为完好，堪称明代腹里墩台制式的珍贵范本。

三、古代烽燧的燃烽设施

古代传烽报警，因受距离、视力、角度和风向多种因素的影响，燃烽必须拉开一定距离，否则难以辨清燃放的数量，也就不能准确地传达要报送的军情信息。所以烽燧燃放一定是面向下一站传烽台一字形排列，以便清晰准确地传达讯息。而燃烽点的间隔距离取决于与下一个传烽点的远近，相隔越远，则燃烽点的间隔距离就相应较远，两个传烽点较近，则燃烽点间隔就相对距离较近。为了聚拢柴薪不被山风吹散而引起山火，就地取材用石块垒砌池灶，也是情理之中。如：汉代烽燧燃烽设施有柴笼、积薪、羊头石（羊头般大小的石头，备投掷用）；唐代烽燧设施有土筒、火合（土筒，即烟筒，下有炉灶；火合，为安插火炬的高台，上有木橛安插火炬。各相去二十五步，如山险地狭不及二十五步，只要火焰分明，不限远近）。[12]明代各地烽燧燃烽设施配置大致相同，但也存在一些差别，除日常应用设施相同外，在火器配置、旗帜颜色、柴薪燃放方式等细节方面，不同地域有不同特点，或用不同称呼表述。如戚继光将燃烽设施称为"火池"[13]，甘肃省高台县境内发现的明嘉靖十年（1531年）《深沟儿墩碑》中有"柴碓五座，烟皂五座"的记载（笔者以为："皂"应是"灶"的别字）。而明代草架法专门规定："每架务高一丈二尺，方四面俱一丈，下二尺高用木横阁使草架不着地，不为雨湿所浥，上用稻草苫盖如屋形。""如若遇天日阴霾有云雾，望旗不见，则将原搭草屋举火连草屋通听燃烧。"[14]这些燃放烽燧的设施，经过数百年的自然灾害和人为破坏，有的已经消失，有的已变成石堆状，虽然原物原式只能根据文献揣摩其形制，但这些构筑物多少会留下一些痕迹。而被网友们称为

"五连墩""七连墩"或"一烽五燧"的石块堆遗迹，应该就是当年烽燧燃放点"火池"和"烟皂（灶）"构筑物的遗迹。按上文所引文献中有关"草架法"的规定推测，方形的应该是架设"柴薪草架"的"火池"，圆形的应为"土筒"或"烟皂（灶）"，这些遗迹无论是总体数量，还是排列方向以及方、圆间隔分布的特征，均完全符合传烽制度的要求，印证了文献中的相关记载。

四、何谓"连墩"

迄今为止，在有关长城烽燧建筑形制和防御体系建置的文献中，从未见所谓"五连墩""七连墩"或"一烽五燧"的提法，仅有"联墩"的记载。联墩是以相隔一定距离连成一线的高大墩台形成的防御和传烽系统，墩与墩相距500米以内，短于一般警烽距离。位于张家口怀来县境内的明宣镇南山路长城，是有史可查的明代联墩标本。明嘉靖三十五年（1556年）"设险南山……以岔道当居庸吭背，即堡为城，易土为石，崇其陴堞，高其闬闳，迤西抵龙爬山（今怀来龙宝山），迤东尽四海冶，皆联墩山立"[15]"南山者，东路之南也，东路之南则腹里矣。乃亦联墩列成以为边者，盖以一带之边为防护山陵耳"[16]。该线联墩沿军都山及延怀盆地南部边缘的丘陵地带，依靠山险设隘，平川联墩列成为边。境内现存联墩遗址137座，墩台夯筑方形，平均间距在200—300米。在联墩南侧距离不等存有土筑障寨11座，为列成城障遗址。[17]与该联墩的建筑制式和相距距离对照，网友们所认为的"五连墩""七连墩"，显然是两种不同的存在形式，不属联墩范畴。而"一烽五燧"的称呼，从字面理解和建筑形制分析，容易曲解古代烽燧燃放制度，"烽"和"燧"是在昼夜不同时间燃放的传烽报警信号，"一"和"五"是传递不同军情信息的量词，仅以明代传烽报警制度为例，如果来犯之敌超过百人，需要燃放两个以上烽时，仅有一烽如何表达？所以"一烽五燧"的称呼既不科学，也不严谨。

综上所述，这些火池、烟皂（灶）设施遗迹，作为历史上燃烽制度的实物资料和长城烽火台的附属文物，具有较高的历史价值、研究价值和保护价值。而所谓"五连墩""七连墩"和"一烽五燧"的称呼，如果作为长城烽燧的固定形制或制式名称，迄今尚未在文献史料中出现过，没有文献依据支撑，应属对长城烽燧制度、内涵缺乏了解，主观创作出来的称呼。而以这些不曾有的形制或被曲解了的制式名称去解读长城，久而久之，以讹传讹，必将误导长城考古学研究，为长城考古学者带来不必要的困惑。笔者以为，文物考古工作，应以正确解读古人思想、诠释历史真相为最高目标，以实事求是为原则，持严谨审慎的态度去探索和发现。考古的终极内涵是诠释，对暂时不能认知的古代文明遗迹，不轻易取名定义，以免混淆了历史真相。故以一己拙见参与探讨，如有不妥，愿与大家商榷。

注释：

[1] 胡明著《张北长城》，解放军出版社，2009年8月。

[2] 李正宇：《敦煌郡的边塞长城及烽警系统》，《敦煌研究》1995年第2期。

[3] [明] 范景文撰明崇祯刻本《战守全书·卷六·战部》；《四库禁毁书丛刊》子部三六册第36—324、326页，北京出版社。

[4]《明宪宗实录·卷三十四》，第680—681页。

[5] [明] 李盤等撰：明崇祯刻本《金汤借箸十二筹十二卷》（卷六）。《四库禁毁书丛刊》子部三三册，第33—138页，北京出版社。

[6] [明] 孙世芳撰《宣府镇志·兵政考》明嘉靖四十年刊抄补本。

[7]《清史稿·卷一百三十七·志一百十二·边防》。

[8] [明] 戚继光撰：《练兵杂记·卷六·烽堠解》《景印文渊阁四库全书》子部，台湾商务印书馆1983年发行本，第728—799页。

[9] 李国祥、杨昶主编：《明实录类纂河北天津卷》，武汉出版社，1995年第1版。《宪宗实录》卷二百五十，第108页。

[10][明] 孙世芳撰：《宣府镇志·亭障考》明嘉靖四十年刊抄补本，台湾学生书局出版。《新修方志丛刊·边疆方志之二十六》，第321页。

[11] [清] 吴廷华总修：《宣化府志·卷八·城堡志·墩汛》，清乾隆八年刻本，第32—33页。

[12] 同 [3]。

[13] 同 [8]。

[14] [明] 王鸣鹤撰《登坛必究四十卷·烽燧卷一》明万历年刻本。《四库禁毁书丛刊》子部三五册，第35—344、345页，北京出版社。

[15] [清] 许隆起编纂：《怀来县志·卷之十六·艺文》；[明] 张镐撰：《怀

隆兵备道题名记》，光绪·席之瓒重修版，1984 年编译本，第 405 页。

[16] [清] 许隆起编纂：《怀来县志·卷之十六·艺文》；[明] 孙世芳撰：《南山志总论》，光绪·席之瓒重修版，1984 年编译本，第 453 页。

[17] 高鸿宾：《张家口战国燕长城辨析》，《中国长城年鉴》创刊号 2006 年 9 月第一版，长城出版社，第 382 页。

（原载于《中国长城博物馆》2012 年第 2 期）

话说阳原烽火台

池　涌

阳原县是张家口市唯一没有长城的县，但是阳原县有 70 座遍布全县的长城附属设施烽火台。

烽火台又名烽火，也叫烽燧，是古代军情报警的一种措施，即敌人白天侵犯时就燃烟（燧），夜间来犯就点火（烽），以可见的烟气和光亮向各方与上级报警。烽火台在汉代称作烽堠（烽候）、亭燧，唐宋称作烽台，并把"烽燧"一词也引申为烽火台，明代则一般称作烟墩或墩台。汉代烽火台一般相距 10 里左右，明代有距离不足 5 里的，相对比较密集。阳原县还有 5 里一墩，10 里一台的说法，即墩小，看守的人员少，台比墩大，看守人员相对多。守台士兵发现敌人来犯时，立即于墩或台上燃起烽火，邻台见到后依样随之，这样敌情便可迅速传递到军事中枢部门。

白天举烟多数用狼粪作燃料，因为狼粪燃烧起来烟很大，可直上云霄，远处容易看见，故烽堠多用狼粪烧烟。因此烽火台也称狼烟台，只要看到狼烟即意味着有军事情报，战争就会开始。所以古代用狼烟四起形容战争爆发。

明代，瓦剌部铁骑经常犯边，引起了朝廷对长城防御工程的高度重视和火器的大量应用，烽火台的建筑和制式也有改进。明朝曾规定："各处烟墩务增筑高厚，上贮五月粮及柴薪药弩，墩旁开井，井外围墙与墩平，外望如一重门。"明嘉靖二十四年（1545 年）巡按黄洪毗上疏提议："乞敕兵部咨行宣大山西巡抚衙门委官相勘，各路建设墩台连属内地，使东西毕达。有军处，每墩拨军五名住居，其下架炮传烽，无军处金居民五名，免其差役，有警时给以口粮，一体传报。其墩须高广其制，上盖平房二间，周以女墙，置以军器、炮药。真保等府一体建设。"大的墩台火器装备：钩头炮一个，线枪一杆，火药火线全。器械：军每人弓一张，刀一把，箭三十支，军旗一面，梆铃一副，软梯一架，柴碓五座，烟皂五座，擂石二十碓。家具：锅五口，缸五只，碗十个，筷十双，鸡犬狼粪全。明代传报军情除放烽、烟之外，还加上放炮，且点火放烟时还加上了硫磺、硝石等助燃。传讯方法明成化二年（1466年）有法令规定："令边候举放烽炮，若见敌一二人至百余人举放一烽一炮，五百人二烽二炮，千人以上三烽三炮，五千人以上四烽四炮，万人以上五烽五炮。"

而在有的防区还有自订的传报方法，悬灯的长竿分为三等，竿上悬灯均染成红色，以数量不等作为军情缓急、敌数众寡的区分。在管理上，该法令也规定："合设烟墩，并看守墩夫，务必时加提调整点，须要广积秆草，昼夜轮流看望，遇有警急，昼则举烟，夜则举火，接递通报，毋致损坏，有误军情声息""传报得宜克敌者，准奇功。违者处以军法"。据《大同县志》记载："其墩之上除候卒自持口粮外，常蓄一月水米若夫。烽燧之制：古人昼则播燧，夜则举烽。偶逢风劲，则烟斜而不能示远；值霖雨，则火郁而不能大明。宜于墩台之上立为长竿，分为三等，上悬红灯，以灯数多寡为缓急众寡之候。所谓红灯者，锻羊角效鱼筑为之，而染以红，遇夜则悬以示众，数百里之间举目可见。"

阳原县遗存的烽火台，少部分为汉代兴建，如葡萄湾的两个烽火台都为汉代修建，尽管明代重修，但现在风化极为严重，其中一台仅存一堆土丘。其余多为明代所建，现存者，为土质夯成。重要关口的烽火台外部夯土经过筛选、烘炒，以避免杂草滋生，拌有糯米浆，以增加强度和硬度，这些烽火台现在仍很坚固。

从形制上看，现存最大的烽火台东西长16.2米，南北长17.2米，高10米；小者东西长4.3米，南北长4.9米，高5米。大烽火台外部都有围墙，内部有水井等生活设施。

烽火台在县境分布呈东西走向的3条线路：一条在桑干河南，东起葡萄湾村，经保伸观，西达火石岭村，沿南山坡或坡底建成，称为南线；一条在桑干河北，东起赵家坪村，经虎头梁，西至下滋铺村，建在桑干河北岸梁台或高地之上，称为中线；一条东起大黑沟村，经鳌鱼口，西至灰泉子山，一般建在峪口的山巅高台之处，称为北线。此线烽火台数量最多。此外，在开阔地带还建有相呼应的烽火台，如一吐泉、黄粮坡、嘴儿图等村的烽火台。3条线共计70处。

阳原县境内这些烽火台是内外长城之间的报警系统，与敌台、墙台等长城建筑密切配合，遥相呼应，被称为"软边"（软长城），是长城的附属设施。

中线烽火台除传递军事警报信息外，还有另一个功能，就是起瞭望看管马群的作用。顺圣川（明代阳原县旧称）是朝廷驯养军马的所在，主要集中在10个马坊村，所以每个马坊村附近都建有一个或两个烽火台，站在烽火台上，一马平川的草场尽收眼底，可以了解马群的活动情况，所以当地人又称烽火台为瞭马台。

清以来，民族交融，疆域一统，烽火台失去了往日的作用，成为一种历史遗存。随着时间的推移，烽火台受到风雨的严重剥蚀，以及受到人为破坏，个别因建设需要，彻底挖去，现在连痕迹也很难找到。阳原县境内现存比较完整的有马家庄烽火台、西窑头烽火台、九马坊烽火台、西六马坊烽火台、朱家庄烽火台等。胡家台烽火台顶部还保留了女儿墙等设施。

现在烽火台与长城一样列入国家文物保护范围，但愿这些文物能得到应有的保护，让后人铭记那一段惊心动魄的民族文化碰撞、融合的历史。

（原载于《张家口历史文化研究》2019年刊）

池涌，男，张家口市阳原县教师进修学校原校长。阳原县泥河湾文化研究会副会长，中国民艺协会、中国民俗学会会员。1948年生，大专学历，中学高级教师。撰写的多篇文章被市、县文史刊物采用，出版有《泥河湾漫笔》《故事阳原》等著作。

赤城县后城镇长伸地堡镇虏楼勘察报告

张家口市文物考古研究所第一研究室

镇虏楼位于赤城县后城镇长伸地村西偏南的小山顶上，距村堡墙西南角直线距离 200 米，是一座长城腹里单体方形砖砌空心敌楼，因门额嵌有"镇虏楼"石楼铭而得名。受赤城县博物馆委托，张家口市文物考古研究所专业技术人员于 2012 年 7 月 19 日对其进行了实地勘测，勘测情况如下：

一、历史沿革

长伸地堡，据《明神宗实录·卷之八十五》载：万历七年（1579 年）三月"庚戌，命建屯堡兵于长伸地，一以固南山陵寝之防，一以援北路孤悬之势，从督抚吴兑议"。明代杨时宁撰《宣大山西三镇图说》（明万历刻本影印）记载：其地"北至龙门所四十里，南至宁远堡十五里，东至大边山六十余步，西至样田堡三十里。本堡边外十三家乃属夷驻牧之区，嘉靖年间东夷启衅，残毁殆尽。自北虏通款，史、车旋亦内徙，故万历七年遂得修复，十年添设管兵守之，堡周一里二百七十六步，高三丈五尺，皆砖建也。操守官一员，分管大边三十二里，边墩一十九座，火路墩一十一座。所领见在官军七百三十八员名，马七十四匹。边墩如镇安台极冲，边外乱泉寺一带安兔等部落驻牧。本堡东北近大边，而以弹丸之堡当之，孤危大有可虞。近议于堡北巡检寺（司）要害处东西添建敌台瓮城，与旧台相犄角，又添募兵马。虽独坐穷山，足称扼险云。"清乾隆十二年（1747 年）知县孟思谊编撰、清乾隆二十四年（1759 年）知县黄绍七重修、清光绪七年（1881 年）知县许憬续修的《赤城县志》卷之四·武备志·塞垣所引《北中三路志》载长伸地堡："旧名外十三家，嘉靖中为史、车二酋盘踞，隆庆四年内徙二酋，万历七年始开复疆土，修筑堡墙。周一里八步，高三丈五尺，皆砖砌，楼二座，南北门二座。"另据清乾隆年《宣化府志》卷之十四·塞垣志载："长伸地堡旧名外十三家，为通龙门之捷径，东西面背岗陵，南北止通一线之路，东北近大边双盘道，与北镇安台俱极冲，堡东四道树北石门儿并次冲，堡西巡检寺（司）可设伏兵。"又"万历七年修复十三家墩（在龙门所东南四十里，地名长伸地堡，原名外十三家，毁于嘉靖年间，至是始得修复）""万历八年增置长伸地堡五楼"。根据上述文献记载，结合实地勘察分析，镇虏楼的建筑年代为明万历八年（1580年）所增建"五楼"之一，距今已400多年。经对楼体勘察，未发现二次修缮痕迹，所存建筑为明代原迹。

长伸地村，明代属宣府镇下北路属堡，清代属宣化府赤城县后城镇，民国年间属直隶口北道赤城县，新中国成立后先后隶属于赤城县姚家湾乡和后城镇。

镇虏楼于20世纪70年代末文物普查发现并登记为文物保护单位，1987年11月，赤城县人民政府公布其为第一批县级文物保护单位；2007年8月，河北省长城资源调查队对其进行调查；2008年，赤城县博物馆在第三次文物普查中进行复查。

二、地理位置及周边环境

镇虏楼所在长伸地堡村位于赤城县南部偏东，西北距赤城县城47.5公里，南距后城镇18公里，蒋（家堡）京（北京）线公路从堡东由北向南经过。城堡夯土墙保存基本完整，现存南、北城门、南瓮城及南关城，东堡墙损毁严重，基本不存。民居建筑除北门外有少量新建，基本仍控制在堡墙范围之内，南关城内为耕地。

镇虏楼位于长伸地堡西偏南200米的一个小山顶上，地理坐标为北纬40°46′49.6″，东经116°05′24.3″，海拔871米。山的东、南、西三侧均为陡峭的山坡或断崖，北侧与大山主峰相连。其地居高临下可以俯瞰村堡全貌，并将东、西两条沟谷尽收眼底。山坡上生长灌木类植被，有小路蜿蜒曲折通往山顶楼前。

三、建筑形制与规模

镇虏楼为单体砖砌空心敌楼，空心平面为"中庭回廊式"形制，建筑布局呈"回"字形，立体结构为多向筒券组合式。整体坐落方位：北偏西48°。

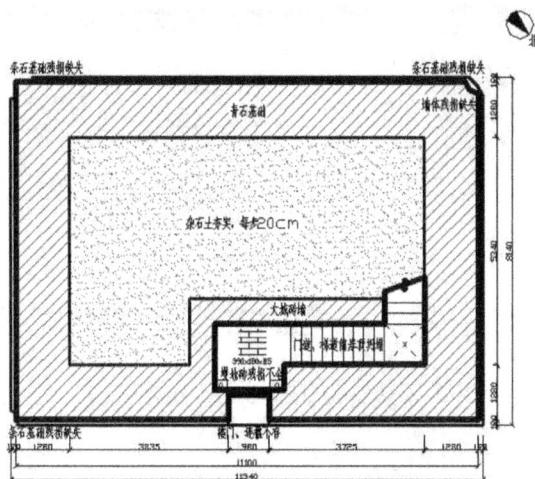

图 1   镇虏楼一层平面图（1∶100）

　　楼体建于陡峭的小山顶部，因山顶地势狭窄，南、西、北三面用毛石灰浆砌筑找平基座，其上用条石砌筑一层好头石，石料厚 0.18 米左右，长度不等，外留金边 0.12 米，上为三层台基石。台基石料厚分别为 0.19 米、0.21 米、0.30 米，石条长度大部分在 1—1.2 米，剁斧加工明显。三层台基石条以上用大城砖包砌楼身，楼顶出三层砖拔檐线（两层平砖夹一层牙子），其上砌筑垛口墙。楼体平面呈长方形，南北底长 11.1 米，东西底宽 7.9 米（条石台基以上测点），南北顶长 9.7 米，东西顶宽 6.82 米，楼体包括垛口墙总高 11.31 米（不包括毛石台基部分）。楼门设于东侧中部，楼铭石匾额镶嵌于东侧二层中间箭窗的上部 0.65 米处，外围砖制边框，横式匾额，石灰岩质，宽 0.9 米、高 0.6 米。阴刻卷草纹边饰。楼铭楷书，阴刻双勾"镇虏楼"3 字，字径 0.35 米，因风化严重，上下款识模糊不清。楼体建筑用砖长 0.39 米，宽 0.18 米，厚 0.085 米。

　　楼体一层除门道和梯道外，均为夯土台心（见图 1）。楼门位于东侧中部偏南，门口宽 0.98 米，置石下槛及门枕石。下槛内门道宽 1.35 米，门道进深 1.57 米，起券高 2.05 米。门道内向北设梯道，下槛内侧至梯道外壁墙厚 0.6 米，梯道内壁墙厚

图 2   镇虏楼远眺图

0.6 米，中间梯道宽 0.98 米，斜坡券顶式，起券高 1.92 米。楼梯每抬步高 0.23 米，每踏步宽 0.24 米，经 10 级条石台阶至楼内东北角歇步台，在歇步台东壁向外设一望孔，望孔高 0.55 米，宽 0.38 米，距歇步台地面高 0.93 米。梯道转向西向上又设 8 级台阶至二层北廊的中部。一层地面至二层地面距离 4.3 米。（见图 3）

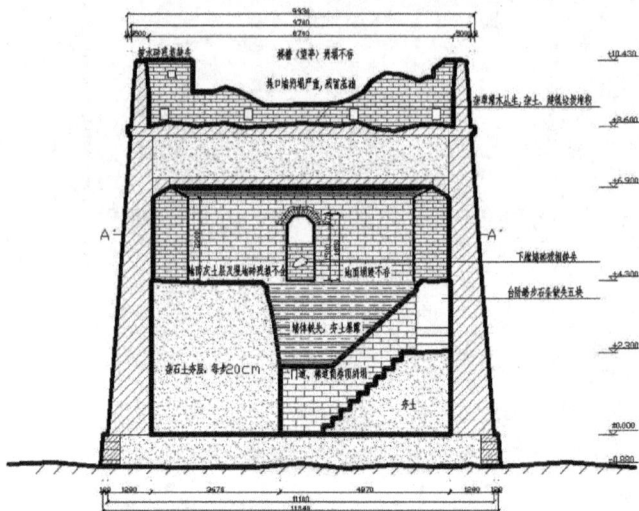

图 3　东侧回廊剖面图（1∶100）

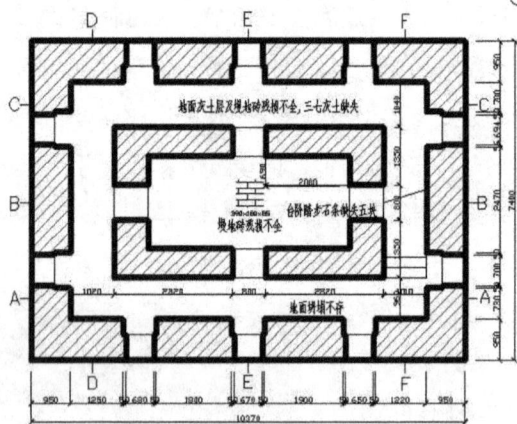

图 4　二层平面图（1∶100）

二层为中庭回廊式（见图 4），四周回廊宽 1—1.04 米，筒券通高 2.6 米，起券高 2.3 米。南、北廊内部通长 5.4 米，外壁各设两个箭窗，箭窗两侧距东西内壁 0.7 米，两窗相距 2.45 米；（见图 5）东、西廊内部通长 8.55 米，外壁各设三个箭窗，两侧箭窗距南北内壁 1.25 米，三箭窗之间相距 1.85 米（见图

6）。箭窗券洞通高 2.05 米，起券高 1.68 米，宽 0.77—0.8 米，箭窗通高 1.03 米，起券高 0.7 米，一伏一券砌式，箭窗宽 0.7 米，窗下槛高 1.02 米。在南廊西段顶部设竖井式登顶通道，竖井东西长 2.22 米，宽 1 米，上口宽 0.93 米。二层地面至楼顶地面距离 4.3 米。

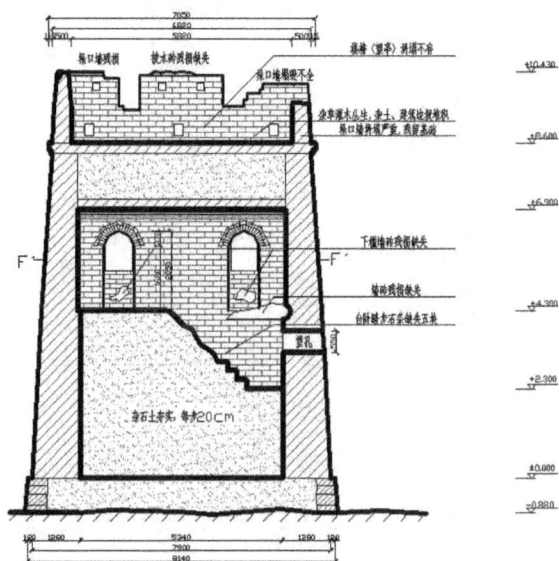

图 5　北侧回廊剖面图（1∶100）

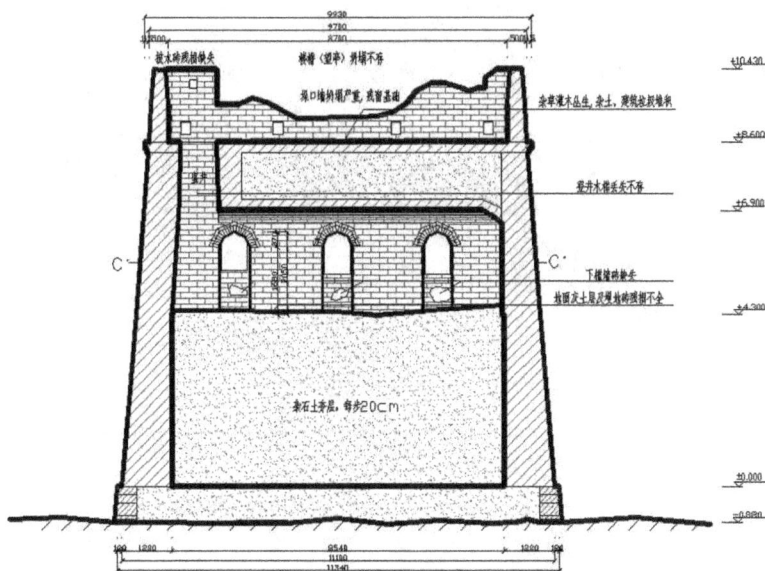

图 6　西侧回廊剖面图（1∶100）

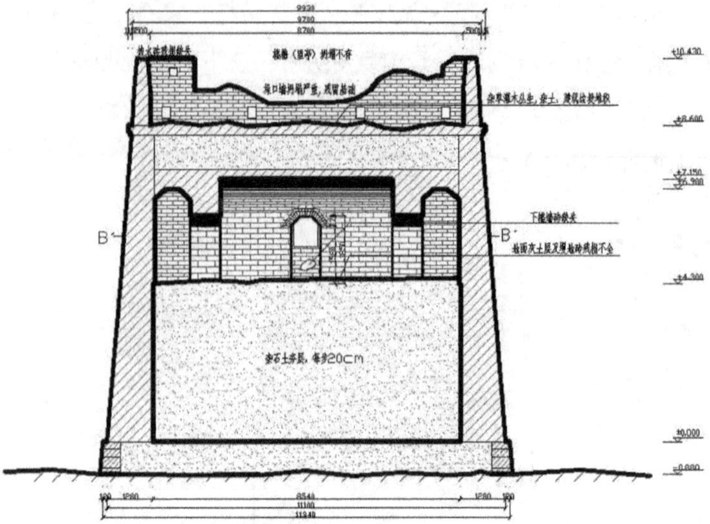

图 7　南北纵剖面图（1∶100）

中庭外部南北长 6.5 米，东西宽 3.5 米，内部南北长 4.8 米，东西宽 2.1 米，庭内筒券顶通高 2.85 米，起券高 2 米。在四壁中部各开券门，门通高 1.85 米，起券高 1.58 米，门宽 0.8 米，一伏一券砌式，东西两门正与外壁中间箭窗相对。（见图 7、图 8）

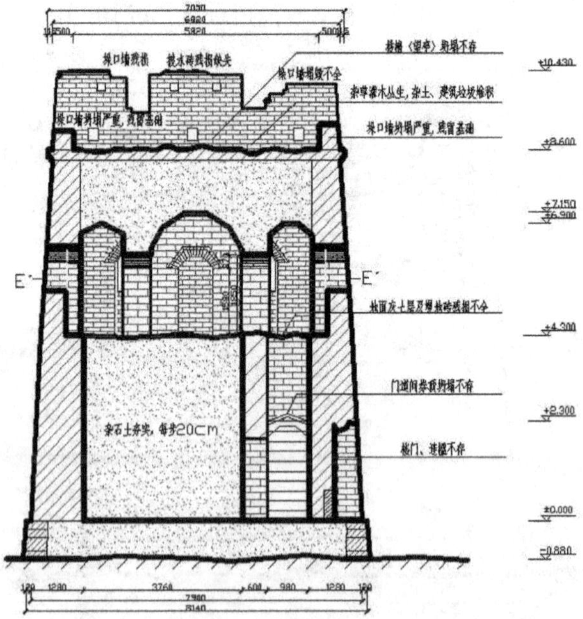

图 8　东西横剖面图（1∶100）

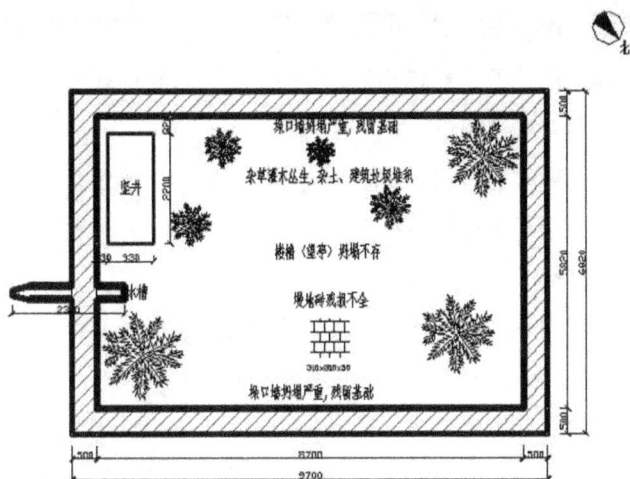

图 9　三层平面图（1∶100）

楼顶地面与外侧拔檐线砖上皮齐平，四周砌筑垛口墙，垛口墙高 1.83 米（包括顶部劈水砖），底厚 0.5 米，顶厚 0.32 米，有收分。南北垛口墙设 2 个垛口，东西垛口墙设 3 个垛口，分别与二层箭窗相对应。垛口宽 0.55 米，高 0.84 米，距楼顶地面 0.95 米，在南北垛口墙上部设有四个望孔，下部设有 3 个射孔，东西垛口墙上部设 6 个望孔，下部设四个射孔，上下错孔分布。望孔高 0.2 米，宽 0.2 米；射孔高 0.24 米，宽 0.3 米。有石质龙首吐水槽位于南侧中部，低于楼顶地面一层砖，总长 2.3 米，垛口墙内留有 0.68 米水槽。

楼顶建筑坍塌不存，堆积着杂土和建筑垃圾，生长着大小 7 株树木及杂草灌木，树木最高者 4 米，树冠最大直径 3 米。根据在楼顶采集到瓦片的情况，分析楼顶中部原有楼橹（望亭）。楼顶地面墁地方砖长 0.31 米，宽 0.31 米，厚 0.05 米。（见图 9）

四、建筑保存现状

（一）楼体外部

楼体基座及台基：南、西、北三面毛石砌筑的基座最上部已有 0.3—0.5 米的石料缺失，致使上部台基石悬空，部分好头石和台基石脱落，尤其是楼体东南、西南、西北三角位置的好头石和台基石已经脱落丢失至包砖处，使上部包砖墙呈悬空之势。

楼体南北两侧包砖墙均存在上下贯通性裂缝，南墙两道裂缝分别位于中部和西部，北墙裂缝位于西箭窗内侧。

楼门坍塌，门柱石、券脸石丢失，门上及门边墙壁残损。

部分拔檐线砖残缺损坏。

楼顶东、西两侧垛口墙塌毁不全，北侧东段垛口墙残损。

顶部楼橹（望亭）坍塌不存。

（二）楼内设施

1. 楼门券坍塌，连楹、楼门丢失，门道间券顶坍塌不存。

2. 梯道斜坡券顶坍塌，连带二层东廊北侧地面坍塌不存。

3. 北廊台阶石条缺失 5 块，呈土坡状。

4. 二层四周回廊以及中庭地面原打灰土层及墁地砖残损不全，坑洼不平，东廊下层梯道券顶坍塌，导致北段地面不存。

5. 东西廊券顶中部均存在贯通性裂缝。

6. 箭窗大部分存在下槛墙砖缺失情况。

7. 登顶竖井墙壁因长期攀登造成多处坑窝损坏。

五、修缮方案

（一）楼体外部

1. 楼体台基：用毛石将南、西、北三面基座缺失部分补足填齐，灰浆灌筑；按各层条石厚度规格，补齐丢失的好头石和台基石。

2. 用气泵清理楼体南北两侧墙体裂缝，灌注月白灰浆或桃花浆加固控制。

3. 重制楼门门柱石、券脸石，修补门周残缺墙壁。

4. 剔补损坏缺失的拔檐线砖。

5. 补齐楼顶东、西两侧垛口墙及北侧东段垛口墙。

6. 清理楼顶建筑遗址，参考明代同期敌楼建筑形制，恢复楼橹建筑，内为筒券结构，外做卷棚布瓦顶，东、西两面设券门。

7. 增设登顶竖井活动盖板，增加防雨功能。

8. 清理顶部杂草树木至灰土层，重做防水层，用 3：7 灰土加糯米浆，其上采用新材料做防渗层，再上铺墁两层大城砖、一层方砖。

9. 疏通排水系统。环楼橹四周地面向外侧做 3% 坡度，沿垛口墙内四周置石质排水槽至南部吐水嘴。

10. 墙下四周以小停泥砖补做 0.6 米宽散水,坡度 3%。

(二)楼内设施

1. 修缮楼门,配制木连楹、插杠石;制作包铁皮木拼门两扇、配制门插杠一根。

2. 采用一伏一券砌法,重砌门道间和梯道筒券顶,券顶上部用灰土夯实至二层地面高度。

3. 补齐北廊丢失的 5 块踏步石条,整修台阶。

4. 清理、整修二层回廊及中庭地面,下用一步 3:7 灰土夯实,上墁二层大城砖。

5. 用气泵清理东西廊券顶裂缝,用月白灰膏充填加固。

6. 补齐箭窗下槛墙砖,各窗口配置木质窗框,安装铁皮木板窗。

7. 剔补竖井两侧墙面残损砖,配置登顶竖井处木梯。

六、价值评估

1. 赤城县长伸地镇虏楼,建于明万历八年(1580 年),建筑年代明确,文献记载有据,对该建筑实施保护修缮,有利于开展对明代宣府镇下北路长城建筑史的研究,尤其是对赤城县境内明代戍堡及腹里墩台的分布、增建、敌台军伍配置、军械配置等研究课目,保留和提供了珍贵的实物资料,具有重要的历史价值。

2. 镇虏楼是张家口境内现存为数不多的明代空心敌楼之一,建筑形制高大,建筑布局设计合理,多向筒券结构稳固,整体保存完整,是明代空心敌楼建筑的典型代表。它的存在,为研究明代长城敌楼的建筑结构和形制变化,以及中国古代砖结构建筑力学研究,具有重要的科学价值。

3. 赤城县是河北省乃至全国历代长城分布最为丰富的地方,仅明长城就占河北全省明长城总长度的 23.3%,长城文化绵长悠久、积淀深厚,是全省名副其实的长城大县。长伸地镇虏楼作为长城建筑的典型代表,它的存在和保护具有重要的地标性意义。

七、管理条件评估

1. 镇虏楼于 20 世纪 70 年代末文物普查被发现登记后,即被列为县级重点文物保护单位，一直被当地文物主管部门列为重点保护的古代建筑之一，具有较好的管理基础。

2. 镇虏楼所在长伸地村的广大村民具有较好的文物保护意识，在漫长的岁月里，自觉保护镇虏楼建筑的完整与安全，尤其是近年以来，经过对《长城保护条例》的宣传，已经形成了保护长城、保护镇虏楼的良好社会氛围。

八、保存现状评估

1. 镇虏楼历经 432 年的风雨沧桑，主体建筑外观完整，内部多向筒券组合结构保存完好，楼顶坚实。但各处的损坏，已经严重影响到其整体建筑的安全与稳固，特别是大部基座石料被掏空，如不尽快修复加固，将会导致楼身包砖裂缝加剧，从而造成整座建筑的塌毁。

2. 赤城县是张家口开发长城旅游的重点县，当地村民对镇虏楼已经有了明显的利用意识，近期已开辟出上山登楼的小路，清理了楼内塌落的建筑垃圾。但如不尽快实施整体修缮，任其在残损的状态下开展旅游接待，必将加速镇虏楼的损毁，为今后的全面修复增加困难和加大经费投入。

3. 镇虏楼的保护修缮意向，已经成为当地政府、文物主管部门以及所在地村民的广泛共识。保护长城及其附属建筑，国家法规有依据，地方政府有要求，民众有愿望，社会人士有意向，民力可聚，民资可集，修缮镇虏楼已具备了较好的社会基础。

参加勘察人员：高鸿宾、李现云、冯光、王雁华、魏惠平

摄影：高鸿宾、李现云

测量：李现云、冯光、王雁华、魏惠平

绘图：王雁华、裴蕾

报告执笔：高鸿宾

（原载于《中国长城博物馆》2012 年第 3 期）

长城神威台遗址发掘简报

河北省文物研究所

张家口市文管处

万全县文保所

张北县文保所

为配合张石高速公路工程，受河北省文物局委托，河北省文物研究所会同当地文物部门，于 2004 年 9 月 19 日—2004 年 11 月 3 日对万里长城附属建筑——黑风口神威台遗址进行了抢救性考古发掘。

兹将此次发掘情况报告如下。

一、基本情况

瞭望台遗址位于万全与张北县交界处（见图 1），地属万全县膳房堡乡，海拔 1561 米。坝上坝下交界，为东西向坝头所在，坝上呈近平原地貌，间有浅山、丘陵和河道谷地。自坝上向南地势渐高，至坝头呈东西向山脊状，向南坝下地势骤降。瞭望台所处坝头地名野狐岭。野狐岭东西绵延 5 华里，其东、西各为隘口，东面隘口名黑风口，其北习称狼窝沟。西隘口处有野狐岭台，东隘口处有神威台。此次发掘长城瞭望台即为神威台，是长城的重要关隘。

此段长城东西向，神威台东侧为南北向 207 国道，西侧为古道。神威台附近地势最低，向东西两侧地势渐高。长城依坝头山势而建，蜿蜒于山脊上。东西长城为玄武岩垒砌而成，坍塌严重。墙体断面呈梯形，底宽约 15 米、顶宽约 6 米、残高 1.5—2.5 米。瞭望台为一近方形高台，分基座和其上台体及基座南部马道三部分，基座原与东西长城相连，东西两侧被后代挖断，基座南北宽

29 米、东西残宽 30 米，向上渐收。顶部台体平面呈方形，边长 10 米。马道南北向，位于基座南面，坡度较缓。基座和台体残高 16 米。

基座下为自然山体。为便于口内、口外交往，雍正二年（1724 年）奉开，神威台西侧已开凿一豁口，并设有木栅栏，致使台体与西连长城断开[1]。东连长城处于日军侵华时开挖了一条公路，即今 207 国道所在。此台现已成为左右皆断而与东西长城不相连属的孤台。

此次共发掘面积 1000 平方米。发掘基座、台体和马道，并对重要遗迹进行了解剖。发掘出百余件珍贵文物，辨明了神威台的形制结构，明确了其独特的军事性质。

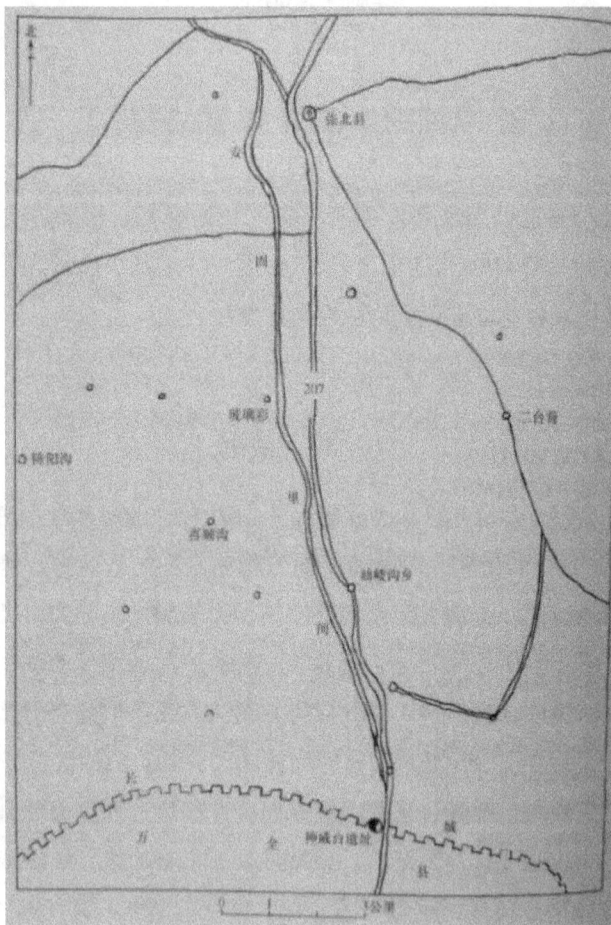

图 1　神威台遗址地理位置示意图

二、形制结构

由于受风雨侵蚀、人为及战争的破坏，此台四周包墙及台体上部破坏严重，台体北侧、东侧破坏尤甚，但其轮廓依然清晰。

（一）基座

此台地处隘口处，其地基为东南侧山体向西北延伸的余脉，呈坡状南高北低。先土石混夯内胎，局部包土夯墙，再通体包砖石。基座北面相对高度8.1米，南面5.5米，底南北阔29.5米，顶部南北宽15米（见图2）。此段基体除自然山体地基部分外，均为三合土水平夯筑而成，夯层厚0.1—0.2米，夯层清楚，长方形夯窝，直径0.12—0.13米，深0.03—0.05米。

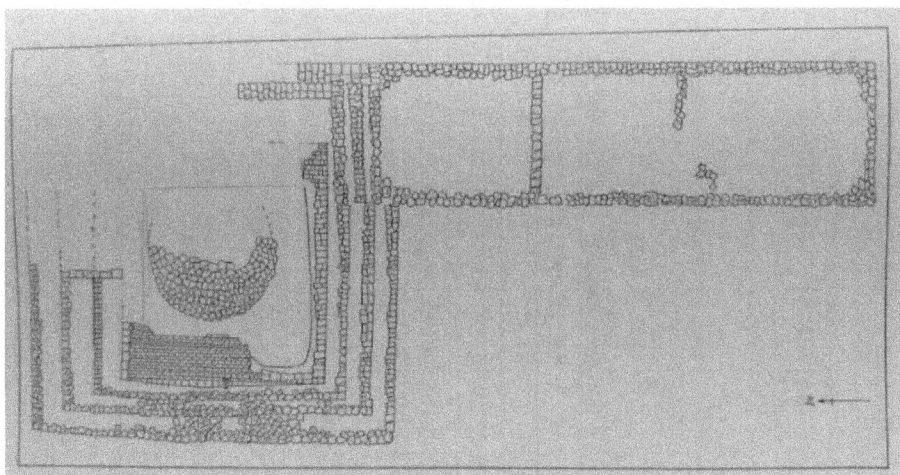

图2　神威台遗址平面图

基座用黏土、石子、白灰混合而成的三合土混夯内胎，外以分块板筑法夯成上窄下宽的梯形包墙。板墙上留0.7—0.8米、下宽1.5米、厚0.2米，高度各依地势。墙体南缓北陡，北侧倾角约80°，南侧4级墙体，逐级内收。南包墙平地夯基，白灰较多，基础厚0.1米，伸出墙体1米外。包石坐于地基上，南侧由下至上共有4级包石，逐级收缩，呈台阶状。阶宽0.8米。基部包石上残存砌砖6层，砖规格为0.36米×0.18米×0.09米，砌砖残高0.4米、残宽0.5米，两顺一丁错缝叠砌，条砖以白灰泥砌筑，外抹平缝，内灌灰浆（见图3）。包石就地取材，并加工雕凿。北侧在自然山体之上以石块堆砌成高1.5米的护坡，上接北夯墙外的毛石包墙。北包石墙为三层大毛石下压一层薄但厚度均匀的石块，石块主要起压缝与取平的作用，石墙上部缺失，残墙高1米（见图4）。此段墙体坡度较大，以增加墙体的坚固性。墙体顶部北边残存铺地砖一层，现存不太规整，但大体可辨为两顺两丁平，应是当时的城墙顶面。垛口与女儿墙现已无存。东西与两侧长城相连部分破坏严重，明显残断。

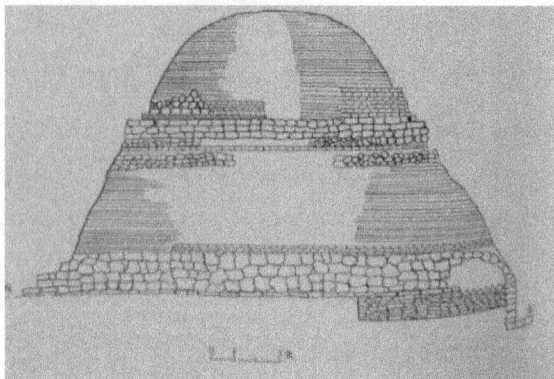

图3　神威台遗址南剖视图

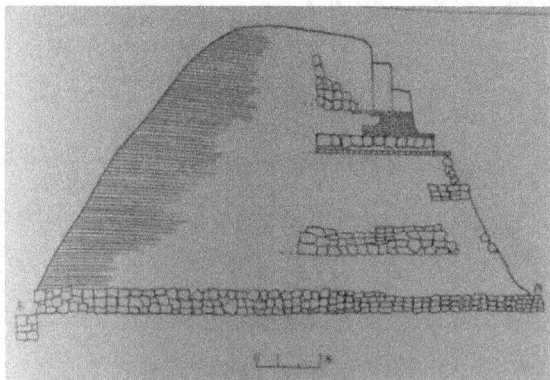

图4　神威台遗址北剖视图

（二）台体

整个台体坐落于基座上，台体基础东西长10.8米、宽11米。结构同基体基本相似，土石混夯，只是台体内用毛石砌一馒头形内核，外包土夯墙，其外依次包砖、包石（见图5）。其上部已被破坏，情况不详。整个台体在建造的过程中，在基座达到一定高度，便开始垒石块，选择表面光滑的石头堆砌，以泥浆灌缝，形成穹庐状，底径3米、高4.3米。其外板筑四周土围。西侧共有3道土围墙平行，厚1.8米。东侧已破坏，估计与西侧对称。北侧与南侧各有一道包墙，其相对较厚，底宽1米，顶宽0.8米。夯墙外四周平砌五层经过雕凿的规整条石，坐于 0.1 米厚的奠基石上，共高 1.8 米（见图 5）。其上砌砖墙，多用顶砖相砌，现残存砌砖最多 6 层。北墙较厚约 1 米，余皆厚 50 厘米。西墙在中间基石顶面之上砌一石凿滴水，并以此为中心，向两边呈圆弧状收缩，推测东墙也应是类似的结构；北侧砖墙残存包砖 6 层，残高约 0.45 米；南墙残存 3 至 8 层包砖，残高 0.4 米；其磨痕明显，中部有两小窝，类似脚窝。

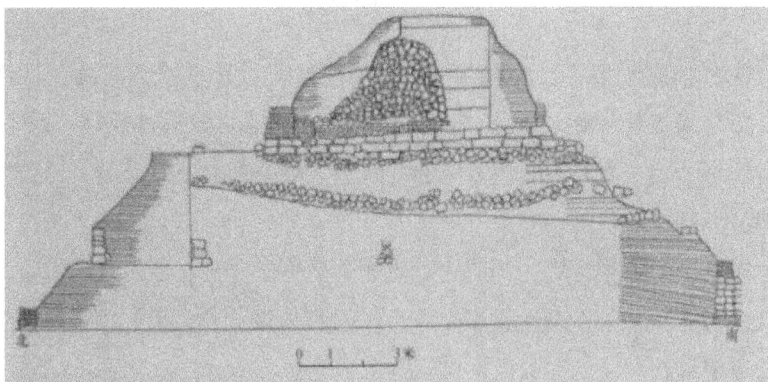

图 5　神威台遗址西剖视图

石基之外又是土石混夯结构，共有三层石头，中间两大层夯土，应为加固台体基础用。另外，在台体上残存一砖铺面，与台体基础石顶面在同一水平面上。在此砖铺面上靠近台核处有两个砖墩，靠近北墙，起加固台核作用。在砖墩南面流水东面有一近圆形砌砖与滴水相接，与收集台体上部排水有关。

（三）马道

神威台马道在基座东南角，呈南北走向，北高南低斜坡状。最高处与基座持平，高 5.5 米、残长 20 米、宽 7 米，上窄下宽，夯土内胎，外包石墙，东侧较完整，夯层清楚，夹杂较多白灰。台体上与马道对应处，向上延伸为两级台阶。马道修筑时，与基座同步进行，连为一体，后多次遭破坏，数次重修。

三、遗物（删节）

在清理与解剖此台的过程中，出土了一批时代特征明显的文物。其中既有瓷质、陶质、石质，又有铜质、铁质；既有完整和可复原的整器，又有大量残片。可分为生活用具、建筑材料、武器装备和娱乐工具等类别。

生活用具类遗物有：陶质品包括盆、棋子、器盖、甑底等器型残片；瓷质品包括青釉碗、瓶、酒杯、盘等残片；石质品包括玄武岩质石雷等。

建筑材料类主要有镂雕蔓草纹砖、菊花纹砖，卯砖，带状砖，半圆孔砖、磨制小方砖、大灰砖、小灰砖、筒瓦、板瓦、滴水瓦等。武器装备类主要有子弹、弹夹、枪簧、石雷等。娱乐工具有象棋子等。出土器物中，除子弹为近现代遗留，其余均为明代遗物。

四、结语

明代嘉靖二十五年（1546年），总督侍郎翁万达重修洗马林—西洋河段长城，沿线筑5座城堡，其中之一为膳房堡，下辖8座讯瞭望台，即明烽台、望虎台、黑山台、神威台，野狐岭台、虎台、虞台岭台、水湾台，全部位于极冲之地。

此次发掘的瞭望台即为神威台。发掘中发现部分砖瓦，可推测其上仍有建筑，发掘过程中并未发现大量灰烬，可排除其为烽火台之用，推测该台为建有敌楼的瞭望台。

另外，神威台马道形制特殊，为南北走向。考古资料表明，城址中马道多有发现，但走向皆与城墙一致，像此台这样的与城墙相顶（垂直）的马道尚属首次发现。推测这种马道的作用有二：一是起到加固台体之用，使之成为一个整体；二是神威台作为极冲之地，便于战时迅速上城。

五、余论

张北高原"东通辽碣，西控丰胜，为北边外屏"，张北旧曰抚州，位于蒙古高原南陲，境内多山，属阴山余脉，地理位置险要。其南之坝头，坝上坝下海拔落差达千米，扼守南北交通之咽喉。野狐岭为一战略价值极高的作战区域，前人曾有诗云："野狐圣地古今传，路险山高云汉边。莫怪兵家争此地，长驱直捣空幽燕。"自古以来，野狐岭便为兵家必争之地，蒙金野狐岭大战（野狐岭西侧）、苏蒙联军对日攻击战（野狐岭东侧）即发生于此。抚州（张北）之南一线坝头称李太山，海拔1560米，长城在此据险蜿蜒其上。黑风口为李太山一天然豁口，地理位置异常险要，而神威台正坐落于黑风口，向北逼视大狼窝沟，远望抚州城；向南俯瞰膳房堡，远眺万全卫；东扼大脑包山；西拒桂台山。自清代有通衢西而过，今有207国道从东穿行。

野狐岭自古即为兵家必争之地，重要性在元明时期发展至峰顶。元至治三年（1323年）修野狐岭道，泰定二、三年续修，逐渐发展成汉蒙之间主要的交通要道——纳钵西路。野狐岭道位于野狐岭西侧隘口，明初万全右卫野狐关即位于此。自雍正二年（1724年）辟修野狐岭东侧神威台西南北大道后，野狐岭道遂逐渐湮塞。随着东侧南北大路的开通和兴盛。其自然变为新的野狐岭道。"黑风口又西7公里，旧曰神威台坝口，交通咽喉，地理位置独具，张化公路过于此"，即为神威台西侧大路[2]。"当代，张宝公路自神威台入境。"即为神威台东大道。神威台在历史上是一处雄台要隘，其处有野狐岭道、东有入大境门道。因207国道的原因，今神威台常被传讹成野狐岭台。此次发掘恢复了其真正的身份。

附记：参加发掘的人员有郭济桥、赵战护、柴立波、殷双进、刘猛、董向英、刘缀生

执笔：郭济桥　赵战护　佟宇喆

注释：

[1]《畿辅通志·卷六十九·舆地略二十四·关隘三》。

[2] 参阅《张北县志》。

（原载于《河北省考古文集（三）》，科学出版社2007年）

河北张家口市桥东区东榆林村威远台调查报告

裴 蕾

威远台，位于河北省张家口市区东南方向约 9 公里的桥东区姚家庄镇东榆林村，地理坐标为北纬 40° 43′ 10.8″，东经 114° 57′ 52.8″，海拔 711 米，是明代宣府镇腹里接火墩台之一，是目前张家口市保存最为完整的明代宣府镇腹里墩台，并在清代作为军站继续沿用，至今已有 400 余年的历史，属全国重点文物保护单位——长城的组成部分。2013 年，张家口市文物考古研究所对威远台及围堡进行了勘察和测绘，以期为今后保护工作的开展提供科学依据。

威远台为"围堡式墩台"，围堡坐北朝南，平面近方形，堡墙北侧两端起于烽火台东西两壁中部，南面居中有砖石砌堡门，因门匾阴刻"威远台"三个大字，故而得名。墩台为空心高台式，位于围堡北部，平面呈方形，由基座、二层券室和台顶三部分构成。

一、历史沿革

宣府镇为明代九边重镇之一，其管辖范围东起今北京市延庆区的四海冶，西至怀安县的西洋河，全长 1023 里，所辖长城主要位于今河北省张家口市境内。宣府镇坐落在京师的右后方，位于蓟镇与大同镇之间，是京师的右膀，其战略地位十分重要。宣府镇"山川纠纷，地险而狭，分屯建将，倍于他镇，是以气势完固，号称易守。然去京师不四百里，锁钥所寄，要害可知"[1]，一直是明朝北边防御系统中的重中之重。长城防御体系从明初至明终一直修筑不辍，据《宣大山西三镇图说》记载，宣府镇 1 个镇城，下辖 8 个路城和 1 个驿城，65 个驻军戍堡，全镇所辖边腹墩台共计 2763 座。[2] 从地理位置上分析，推断威远台应属宣府镇镇城管辖之腹里接火墩。

威远台修建于明万历庚寅年（1590年）[3]，地处宣化城与张家口堡两者之间的古道上。《宣化府志·卷十七·驿递军站志》载："雍正八年，为钦奉上谕事内，增设宣化府城北榆林堡军站，马匹四十匹，万全县属之张家口下堡军站，马四十匹……"[4]又载："宣化县军站五处系知县管理，榆林堡军站，北路腰站，原拨新增马三十匹，马夫一十五名（雍正八年增设，原额马四十匹，乾隆元年裁减十匹），岁支工料等银一千三百八十一两零一，应递送公文系军站笔帖式管理。"[5]另据《口北三厅志·卷六·台站志》载："张家口驿站部员管理汉驿一、台站十、腰站七，外兼管内地腰站二处，宣化县榆林堡，万全县张家口下堡……"[6]再据《清高宗实录》记载，清乾隆五十五年（1790年）十二月乙丑，阿布该卓里克图王进京，在宣化县榆林堡驿站被贼窃去衣物银两之事。[7]根据上述记载，结合威远台的地理位置和地处交通要道的事实以及对当地村民的采访，可以断定威远台即清雍正八年（1730年）因明代威远台之旧所设榆林堡军站，属清代北路腰站，是清代京师经宣化府至张家口乃至西北地区阿尔泰军台线路中的汉驿军站之一，发挥着军情传送、物资转运、来往驻驿的作用。

1939年日军占领张家口后，于1942年在东榆林村成立了日伪榆林大乡，隶属于当时日伪宣化县管辖，伪大乡公所就设在威远台及围堡内。1944年抗日游击队与伪大乡人员激战，伪大乡人员败逃，院内房屋被战火烧毁。1945年国民党军队进驻威远台，将原院内房屋进行清理后，在原址上又盖了正房5间，西房5间。

1957年，张家口市粮食局榆林粮站将威远台作为粮库使用。"文革"期间，台顶建筑被拆毁。改革开放后榆林粮站退出，之后威远台及围堡一直由东榆林村村民委员会管理和保护，作为村委会仓房使用。

威远台所在的张家口市桥东区姚家庄镇东榆林村，明代属宣府镇镇城管辖，清代属直隶省宣化府宣化县，民国初年属直隶省口北道宣化县，民国十八年（1929年）属察哈尔省宣化县，日伪占领时期属伪察南自治政府、伪蒙疆联合自治政府宣化县。新中国成立后相继隶属于张家口市的宣化县、高新区、桥东区。

2005年，张家口市文物考古研究所对威远台进行调查登记，2007年8月8

日，河北省长城资源调查队也对它进行了调查，2009 年，将它纳入长城资源调查数据库，2010 年，完成认定工作，长城认定编码为：130702353201170002，并通过了国家文物局的验收。

二、建筑形制

威远台主要由两部分组成：威远台和围堡墙。

（一）威远台

威远台为砖砌空心式敌台，外观为方柱梯形，底部边长 19.5 米，现通高为 12.3 米。分为三层，一层为实心基座；二层发券空心，其平面布局呈"田"字形，顶部以砖砌拱券承重，构成互相连通的券室，四面外墙辟有箭窗；登台梯道设于台东南隅，三层为台顶，现被泥土、碎砖石及杂草覆盖，四周垛口坍塌缺损。威远台整体坐落方位：坐北朝南，偏东约 15°。

1. 一层基座

基座由条石砌筑而成，条石长 0.58—1.42 米，厚 0.27—0.40 米，共 9 层，总高 3 米。条石基础下有一层放脚石，放脚石高 0.2—0.22 米，挑出 0.1—0.12 米；放脚石下有碎石垫层；垫层下为粉土或粉质黏土，土质较均匀。[8] 条石基础形式统一，砌筑规则，基础布置及受力合理稳定。条石基础以上青砖到顶，青砖规格为 380 毫米 ×180 毫米 ×80 毫米，"一顺一丁"摆砌，外包砖墙厚度 1.2—1.3 米，墙体收分约 4.1%。四墙中部为夯土填筑，形成整个基座平面。通过勘察二层券室内部分残存的原始地面，可推断基座平面原为三、四层青砖铺墁，最上层用方砖海墁。目前，基座平面已改为白灰石子砂浆地面，距底部土衬石垂直高度为 6.91 米。以上为二层发券空间。

2. 威远台入口

威远台入口位于二层空间东壁中央，与围堡北墙相接。入口地面距基座土衬石上皮 6.36 米。入口外向南、向下为条石阶梯，踏步石长 1.6 米，踏步石宽 0.25 米左右，厚 0.12 米，现存 7 级条石阶梯，其下现为毛石土堆。

台门宽 0.91 米，柱石立于距地面 0.74 米处，其上为压面石、门券石做成的台门。两侧门柱石均由前后两块石组成，呈长方形，宽 0.24 米，两块厚 0.58 米，高 0.92 米，门柱石之上置压面石，压面石宽 0.26 米，厚 0.58 米，高 0.16 米。压面石上外侧为一整块门券石，为一长方形石材刻成券状，整块门券石宽

1.396 米，厚 0.26 米，高 0.82 米，券脚高 1.82 米，券高 0.46 米；压面石上、门券石内部为砖券，进深 0.32 米，券脚高 1.82 米，券高 0.56 米，一伏一券砌式。

门洞为砖砌拱券，拱券宽 1.47 米，进深 0.96 米，券脚高 2.37 米，券高 0.6 米，一伏一券砌式。门闩孔石位于距地面 1.59 米处的门洞墙上，其平面呈方形，边长 0.31 米，厚 0.11 米，中部有圆形栓孔，圆栓孔光滑，栓孔直径 0.145 米，门口北侧栓孔较深、南侧较浅。底部两侧各置一门枕石，门枕石平面呈正方形，边长 0.16 米，高 0.15 米，门轴孔直径 0.10 厘米，深 0.06 米，轴孔距 1.31 米。原门扇不存，现存穿带式板门为后人补配。

3. 二层券室

二层主体结构为砖券形成的较大空间，平面呈"田"字形，即"十字交叉回廊式"，四周由四个筒券围成一个回廊，内部由以南北与东西各一道拱券垂直交叉组成（见图 1）。

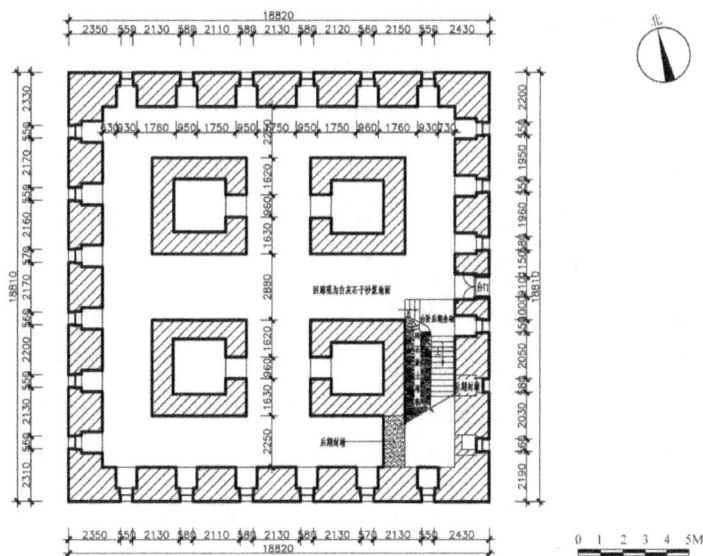

图 1　威远台二层平面图

回廊筒券宽 2.2—2.25 米，券脚高 3.55 米，券高 0.98 米，两伏两券砌式。各面长 15.8 米，回廊四角筒券交接处形成斜弧线对缝。在回廊东南隅交汇处设一竖井通往台顶，其平面呈方形，边长 2.18 米。现东券南部以及竖井内部自北向南有后人铺设砖石阶梯可通至台顶。

"田"字券边长 11.2—11.3 米，中部台室为十字交叉拱券通道，各通道进深 4.21 米，宽 2.88 米，券脚高 1.63 米，券高 1.54 米，两伏两券砌式，两通道券顶在台心十字交会。回廊与十字通道所形成的间隔为四个方形砖柱，四砖柱内设有小券室。小券室券门开于南北通道的东西两壁中央，券门为单券砌式，宽 0.96 米，进深 0.94 米，券脚高 0.87 米，券高 0.53 米。小券室平面近正方形，南北长 2.33 米，东西宽 2.34 米，券脚高 1.2 米，券高 1.23 米。

4. 箭窗

二层四周墙壁各辟 6 个箭窗，两箭窗间距为 1.75—1.78 米，每个箭窗形制尺寸基本一致。箭窗距基座平面 1.3 米，外口宽 0.55—0.58 米，进深 0.3 米，券脚高 0.67 米，券高 0.28 米，一伏一券砌式；内口加宽为 0.60—0.63 米，进深 0.33 米，券脚高 0.90 米，券高 0.26 米，一伏一券砌式。箭窗内口两壁距箭窗底部 0.48 米处各有一方形栓孔，边长均为 0.08 米。箭窗内外口间留有安置木制窗框的槽口，窗框高 0.065 米，厚 0.04 米。木窗上槛、下槛的两端各有一单槛，长 0.12 米，宽 0.03—0.04 米，高 0.05 厘米，窗轴孔直径 0.025 米，深 0.045 米，轴孔距 0.5 米，窗扇现已不存。箭窗洞内拱宽 0.93—0.96 米，券脚高 2.05 米，券高 0.46 米，一伏一券砌式，进深 0.89 米。

5. 三层台顶

台顶平面呈方形，长宽各 18.5 米，四周环以垛口，现已坍塌，垛口底厚约 0.6 米，残存高度最高处 0.3 米。台顶垛口与二层墙身以一层拔檐砖分割，高 0.08 米。东西垛口底部各置石质排水嘴 1 个，长 1.6 米，宽 0.24 米，伸出垛口 0.68 米。在台顶中部发现残存的建筑基址，以及部分残损的柱础、条石、地面砖，基址长 10.35 米，宽 6.57 米。台顶西南角有一高 2.1 米的圆形碉堡，为毛石砌筑；东北角有一高 1 米的方形石砌物，据当地村民介绍，两石砌物均为 20 世纪六七十年代砌筑。目前，整个台顶地面为泥土和碎砖石覆盖，长满杂草。

6. 围堡

围堡坐北朝南，其北面墙体两端起于威远台东西两壁中部，南面居中有砖砌堡门。围堡平面近方形，南墙长 37.8 米，东墙 36.4 米，北墙长 39 米（含威远台），西墙长 35 米，周长 148.2 米。堡墙为夯土版筑，无条石基础和包砖，现存底宽 2.05—4.44 米，顶宽 0.6—1.2 米，残高 2.8—7.0 米。

　　堡门为砖石砌筑，底部平面作长方形，长 5.07 米，宽 4.4 米，堡门通高 7 米。堡门内外两侧形制有所不同。外立面底部砌土衬石，高出地面 0.05 米，挑出 0.07—0.09 米，其上为 5 层条石基础，高 1.34 米；条石基础之上为城砖包砌，城砖规格为 380 毫米 ×180 毫米 ×80 毫米，摆砌方式不统一（下部为 "一顺一丁"，上部砌式里侧为后来所做），白灰勾缝，墙面略带收分。顶部出一层拔檐砖，高 0.08 米，拔檐上残存 4 层城砖，高 0.35 米。外侧门洞 "二伏二券" 券式，券脚高 1.34 米，券高 1.07 米，宽 2.04 米，进深 1.81 米。堡门内侧则全部为条石砌筑，共 13 层，高 2.78 米。内侧的门洞宽 2.04 米，进深 2.58 米。因内侧门洞原顶部已坍塌，原形制已不可辨。现顶部改为红机砖、城砖、毛石等垒砌。内侧门洞两壁距地面 0.97 米处各设有一方形门闩孔石，边长 0.55 米，栓孔直径 0.2 米。门洞内置两扇木板门，外包铁皮。堡门内地面现为后改水泥地面。

　　堡门外立面券门上方 0.52 米处为门匾石，砖雕匾框，长 1.20 米，高 0.77 米，内嵌石质门匾，阴刻楷书 "威远台" 三个大字，右下款为 "万历庚寅孟秋之吉立"，保存完好。门匾上方砌大小额枋，枋两端砌垂柱；大额枋上砌平板枋，枋上砖砌仿木三攒单翘三踩斗拱；翘上承托异形厢拱，出跳甚短；厢拱上无三才升，直接砌挑檐枋和挑檐檩，挑檐檩上为方形的飞椽。堡门内侧门洞上方亦有石匾一块，长 0.55 米，高 0.27 米，字迹已不能辨识。

（二）围堡墙

　　通过挖掘的五处探沟，未发现围堡墙条石基础及土垫层、散水等。结合对围堡堡门、各面残存围堡墙、北围堡墙西段与威远台相接处所发现的粗加工基础条石的勘察测量，同时考虑到夯土剥落、缺失等病害对围堡墙存形制数据的影响因素，经分析和研究，原围堡墙的大体形制为：围堡墙坐落在素土地基上，堡墙基础底宽约 4.4 米，高约 7.2 米，夯土版筑，夯层厚度为 0.12—0.15 米，外墙收分为 13%。

　　围堡墙内院落现有东房 7 间，北房 5 间，西房棚舍 5 间，西北角棚舍 2 间，这些房屋均为 20 世纪四五十年代添建。根据当地村民提供的线索，在院落东南经试掘发现一口水井；距威远台西侧基座 1.37 米处的围堡墙下发现一处暗门，宽 0.86 米，进深 2.35 米，高 1 米。暗门内通道两壁为不规则毛石砌筑，两壁顶部置巨大条石，通向围堡内的出口现被红机砖封堵。

三、现状存在的主要问题

威远台及围堡墙历经数百年的风雨沧桑，主体建筑外观完整，内部多向筒券组合结构保存完好，堡墙保存相对较好，但由于年久失修、自然灾害及人为等因素，存在着诸多病害损伤以及拆改状况。

（一）威远台

①一层基座：部分条石缺棱掉角、表面残损；条石基础存多条竖向裂缝，其中东北角基础裂缝最长，并延伸至城砖墙体。

主要为风化、雨水侵蚀。裂缝是由于台体基础埋深不一，台体东北角埋深最小，导致了此处基础侧向变形较大，产生竖向裂缝，加之年复一年的地基土冻胀及消融反复作用，从而引起和加剧基础裂缝。

②外部墙体：部分墙体风化酥碱，勾缝灰脱落；墙体存多条竖向裂缝。

主要为风雨侵蚀、基础沉降造成。

③二层券室：回廊各筒券墙体和券顶出现多条裂缝，墙面风化酥碱，大面积泛碱；回廊南筒券东部用土坯墙封堵，东筒券南起第二箭窗用红砖封堵；回廊东南隅后人砌筑通向竖井的砖石阶梯；回廊现为白灰石子砂浆地面；小券室内地面砖缺失；各箭窗窗扇缺失。

回廊顶部裂缝、酥碱主要由于台顶墁砖不存，降水渗漏加剧了顶部青砖的冻融酥碱风化。其他是人为拆改、自然老化所致。

④三层台顶：部分拔檐砖残损缺失；垛口墙塌毁不存；台顶墁砖不存，且杂草丛生，在顶部西南角和东北角有石砌构筑物 2 座。

主要为风雨侵蚀，人为破坏、拆改和自然因素造成。

（二）围堡墙

①堡门：拱券门洞基本保存完整。堡门条石基础勾缝灰脱落；墙体部分风化酥碱，部分外抹水泥；门匾上方砖砌建筑构件如垂柱、斗拱及飞椽部分残损缺失；堡门内侧顶部塌毁不存；原门扇不存。

主要为风雨侵蚀、人为拆改、自然老化造成。

②围堡墙：四周堡墙不同程度地存在表层剥落，裂缝，雨水冲沟，夯土大面积残损缺失，墙中生长树木等问题，特别是围堡东墙中部墙体大面积坍塌，已形成巨大的缺口。

主要由于夯土墙长期受风化、雨雪侵蚀和雨水冲刷导致表层剥落、开裂、夯土墙体坍塌，而生长于夯土墙体中树木的根系，以及村民取土对墙体造成了不同程度的破坏。

此外，围堡内院落无排水、外侧紧邻围堡墙所建房屋、菜园和牲畜棚舍等人类活动对文物本体影响非常明显。

鉴于上述问题的存在，应对威远台及围堡墙进行必要的加固修缮，做好文物周边环境的整治工作。

四、保护价值及意义

威远台始建于明代万历年间，历经 400 年的风雨沧桑，作为国家级重点文物保护单位长城的重要组成部分，具有重要的历史、艺术、科学和社会价值。

（一）历史价值

明代修建长城大致分为两个阶段。前期主要是小规模的修缮，增添部分防御设施。1449 年后，着手大规模构建长城，特别是戚继光主持北方军务以后，修筑了山海关至居庸关的蓟镇长城，创制并增设空心敌台这一防御设施。涞源县现存 275 座敌台中（为蓟镇属下真保镇管辖），形制以梯柱形为主，平面方形布局，中空结构以"回"字形券室居多，底部单侧在 10—12 米。[9] 这些敌台相较于东榆林威远台，建筑体量略小，建筑结构也相对简单。

与宣府镇毗邻的明代"九边"之一的大同镇，据目前已刊布大同地区的长城调查资料来看，保存下来的空心敌楼已寥寥无几，具有代表性的当数位于大同市左云县的镇宁楼。镇宁楼底阔近 14 米，高 15 米有余，二层主体结构也是砖砌"回"字形券室，而且残毁严重。[10] 建筑构造较为简单，保存状况也不理想。而威远台作为张家口境内现存为数不多且体量较大的明代空心敌台之一，内部为"田"字券形制，且多向筒券结构稳固，整体保存完整，可谓明代砖券结构建筑的典型代表。

威远台作为明代宣府镇腹里接火烽火台的典型实例，其存世不仅对研究宣府镇境内明代戍堡及腹里接火墩台的分布、增建以及烽火台军伍配置、军械配置等课目，提供了珍贵的实物资料，而且对研究明代历史和长城史有着十分重要的意义。此外，威远台在清代作为负责传送军情战报的军站得到沿用，也为我们研究清代由腹地向沿边地区传送军报的军站、台站制度提供了重要实例。

（二）艺术价值

威远台建筑细部设计精美，例如，堡门砖壁上雕有的垂柱、匾额、枋、斗拱、飞椽、檐等砖雕建筑构件和各种装饰纹样，增加了建筑的艺术性和观赏性。威远台内"田"字回廊及十字交叉拱券，构思巧妙，空间布局合理，具有一定的艺术研究价值。

（三）科学价值

从长城构筑方法看，明代是一个变革时期。这个时期发展了土筑及石砌技术，出现了砖石混砌等新方法，综合了砖石土各自特长，使得墙台坚固、稳固。对威远台勘察中的一些细节值得我们重视，如，威远台放脚石下存有古人铺设的碎（卵）石垫层，层厚达 1.5—1.75 米，垫层自台基外扩 2.9—4 米，碎石垫层的存在使地基的受力更加均匀，增强了地基的承载能力，有利于台体整体的稳定性。[11] 而它与现存于唐山境内的明长城敌台基座施工方法不同，"基座四周底部刨槽夯实，用长方形条石抹白灰泥找平"[12]，可见敌台的建造，就地取材，因地而宜。这些发现为中国古代砖石建筑的施工技术、建筑材料及结构力学方面的研究提供了重要实证。

（四）社会价值

张家口市桥东区形成历史较短，开发也晚，威远台及围堡作为长城建筑的典型代表，它的存在承载着重要的历史文化信息，将其打造成桥东区的地标性建筑，对于桥东区对外文化宣传具有重要意义。

威远台属世界文化遗产长城的重要组成部分，具备成为当地重要的文化和旅游资源的潜质。通过对它的宣传和保护，不仅可以使民众了解长城防御体系，更重要的是可以普及保护长城的理念，引导民众参与到保护长城的公益行动中来。未来开放展示，可将它作为爱国主义、教学实践等各类教育基地，亦可以进行旅游开发，使之成为国内外宾客了解中国古代边塞文化、张家口地区长城历史文化的重要场所。以其为载体进行历史文化传播，将在提高当地社会凝聚力、建设社会主义新农村、构建和谐社会的过程中，发挥重要的社会价值。

五、结语

威远台是张家口市保存最为完整、体量最大的明代宣府镇腹里接火台，弥足珍贵，具有重要的文物价值和历史研究价值。本文通过对威远台及围堡个案的分析研究，对砖砌空心式烽火台的形制和构造有了较为深入的了解，同时，萦绕着威远台的一些问题，例如，历史上它的修筑背景，选址与地形的考量，建造过程，以及清代它在传递军事情报过程中所发挥的作用等方面都有待深入研究。

此外，一直以来，威远台得到了地方政府、社会各界和民众的普遍关注，目前，有关威远台及围堡墙的保护方案正在制定当中。

本文撰写过程中得到张家口市文物考古研究所副研究员高鸿宾老师的指导，特表谢忱。

调查：李现云、王雁华、裴蕾、王晓平、刘文清、魏惠平、梅晨、张益嘉

绘图：王雁华、裴　蕾

注释：

[1] 张天复.皇舆考 [M]// 北京图书馆古籍珍本丛刊 23.据明嘉靖应明德刻本影印.北京：书目文献出版社，1998。

[2] 杨时宁.宣大山西三镇图说 [M].玄览堂丛书本.台北：正中书局，1981。

[3] 堡门上方现存一石质门匾，阴刻楷书"威远台"，右下款为"万历庚寅孟秋之吉立"，由此推断威远台修建时间为 1590 年。

[4][5] 吴廷华修.王者辅等纂.宣化府志 [M]// 中国方志丛书：塞北地方·第十八号.据清乾隆八年修二十二年订补重刊本影印.台北：成文出版社，1968：322，323。

[6] 金志节，原本.黄可润，增修.口北三厅志 [M]// 中国方志丛书：塞北地方·第三十六号.据清乾隆二十三年刊本影印.台北：成文出版社，1968：101。

[7] 高宗实录：卷 1369[M]// 清实录：第 26 册.北京：中华书局，1986：366。

[8] 河北建研建筑设计有限公司.张家口市桥东区东榆林村烽火台勘测及稳定性分析评估报告 [R].2016：9—10，17。

[9] 河北省文物局，河北省古代建筑保护研究所，河北省长城资源调查队 . 河北省明长城资源调查报告（涞源卷）[M]. 北京：文物出版社，2010。

[10] 常军富 . 大同市明代砖砌空心敌台镇宁楼的形制与构造特征 [J]. 民族建筑，2014（8）。

[11] 同 [8]。

[12] 孟昭永 . 明长城敌台建筑形制分类 [J]. 文物春秋，1998（2）：30。

（原载于《文物春秋》2016 年第 5—6 期）

裴蕾，女，张家口文物考古研究所馆员。1980 年生，硕士研究生。研究方向：区域考古、古建筑保护。撰写有《试论马家窑文化的历史地位》（第一作者）、《张家口市物质文化遗产保护研究——略论辽墓的研究与保护》等论文。

实看宣府镇长城现存最大的敌楼

严欣强

一、缘起

在长城小站的朋友们在关于五连墩的讨论中，高鸿宾老师在文章中的一句话给我留下了极大的好奇心："张家口东榆林的空心大墩台是目前保存最完好的一个遗存。"

说完好的墩台，辽宁省绥中县的三台子园墩，陕西省神木县的二十里墩，河北省怀安县渡口堡西墩我都参拜过了。高老师指的"空心大墩台"是个什么样？问号从此挥之不去，一直想找机会去弄个明白。

清华大学的张骅老师每次在寻访长城行动中都坚持实行计划民主，于是我的"空心大墩台"被排上了寻访计划。

二、过程

2012 年 6 月 9 日早上，我们好不容易集合齐人马，按时出发，不料车刚过清河收费站就开始"打摆子"，练起了慢三步。为了安全，张骅老师毅然决然地掉头返京修车。把车修好，在中国外文局黄东晖的电子地图导航下，我们从张家口市的西榆林、中榆林摸到东榆林时，太阳已经压到地平线上了。

当我正想找地停车，下去寻问"空心大墩台"何在时，张老师一脚猛刹，就在车左前方，一个每面横排 6 个楼券窗的大敌楼巍然耸立，从一片民房后探出头来，向我等张望。张老师左盘右拐，发现敌楼总是躲在民居后面，不能接近，我等只好弃车前寻。

待我们找到大敌楼围墙的正门，却发现大门紧锁，门前两只恶狗，十分愤怒，阻止我们靠近。狗叫引出附近老乡，有老乡指点，方知此大敌楼为公产，门锁现由大队掌管。我们不甘心几百里跑来只在墙外转转，于是抱着试试的心态找到大队部，还好尚有人在。交上我们的"长城学会"证件，陈述了我们远道而来的理由，大队领导很友好地表示"欢迎你们来看看！"还专派一姓冯的干部陪同我等前往。门前两狗见了老冯，立刻摇尾欢跳，不理我等。

此大敌楼的围墙不是把敌楼围在中央，而是只围了南半个楼，包括大敌楼的东门。敌楼北半部在围墙外。围墙近 5 米高，曾有包砖，现几近被扒光。土芯墙头还有部分残砖留做证据。墙内土芯外有大石垒砌，也几近被扒光，只是墙根处露出一溜，呈坡状。

围墙南面居中有砖包门台，十分完整。门洞外口为两顺一伏砖券弧砌。门洞内口为垒石砌洞壁，顶横厚木。门洞宽可并行两马，高却不容人骑马而过，须下马牵马而过。门洞内有木门两扇，门厚笨重，然开启却轻巧自如。门洞外口门券上方有毛主席画像，虽年久模糊，却依然可辨。门洞内口门梁上方有石匾一块，刻字被毁不可辨读。

堡院内敌楼南三面铺房。北房五间，东房五间，西房四间。都是四五十年前的样式，简陋且无人居住或使用。沿东排铺房北行，钻过灌木杂草沿坡上得北围墙，来到大敌楼东面唯一的楼门。此楼门南北各有三券楼窗。楼门顶券石为方石凿挖出圆弧，上有浅线刻花纹。门柱石短一截，用砖续补。楼木门板上有尺来长见方的铁皮包铺，用门钉凿挂。

进门后楼内为 6 人宽的高大十字穿心券道，四周为 4 人宽的回廊券道，敌楼四面均有 6 个卷窗。在十字券道南北向券壁，各有一高 1.5 米小券门，各自在东、西、南、北四个券柱设有一个 2 米 ×2 米 ×3 米的券室。敌楼内每个券窗根都被砌上半人高的砖墙，使窗券成可放置散物的斗池。

以我等对敌楼的理解：在面敌方向有 3 个券窗，侧面为一个楼门和 2 个券窗的敌楼简称 3×3 眼敌楼为标准样式。1×1 或 2×2 眼敌楼为小敌楼。4×4 眼敌楼是大敌楼。5×5 眼敌楼可是少见（虽然有个 9×9 眼敌楼，但此敌楼的楼窗间隔之窄可让人看出纯粹是在拼凑数量）。6×6 眼敌楼在北京市古北口长城附近有两个，但它是把 3×3 眼敌楼再加高一层，现在已都塌垮残破。东榆林的 6×6 眼敌楼，其楼窗间隔都在 4 个窗洞以上。楼窗间隔之宽绝对罕见。明长城敌楼多数的楼额有两个窗洞高，也有因木板铺敌楼顶，楼额仅一个窗洞高。东榆林 6×6 眼敌楼的楼额有三个窗洞高，在敌楼规格和质量上又是一高等级证明。

敌楼东南角有一 2 米 ×2 米见方的梯口，从敌楼门向梯口有可并行 2 人的砖砌台阶供人上下。楼顶垛墙已全无。于敌楼顶西南角有一石砌一人高，带枪眼的圆碉堡。东北角有一垮成堆状的石砌物。敌楼顶中央立着 3 米高铁架，拴有 4 个大扩音喇叭。

在楼顶萋萋荒草之中有墙础基石。老冯同志介绍，据老人们说，原来这里是一座庙，名为"玉皇阁"。老冯还讲，敌楼顶原有一石碑，记述此楼为万历年造，后被推下敌楼摔碎，不知所终。

老冯还介绍，据专家考证，此敌楼乃明朝驿站。然明朝崇祯皇帝为节约开支，搞精简机构，其最要命的败笔就是取消驿站，造成整个明王朝驿传系统员工失业，引发了当时在驿站混饭吃的李自成参与谋反，使几百年的大明王朝败在了自己的驿传小干部手中。

好在此敌楼在本地历史迄今为止算得上是投资最高，个头最大的建筑。各朝各代的官员、干部都还觉得可以利用。如今，此敌楼交由大队代管，大队的同志希望这处古建筑能得到省里，或是市里文物或旅游部门的重视，能够出资、出方案，对这个明代留下来的老敌楼给予保护、修缮，使此敌楼永保辉煌。

纵观明朝长城九镇之一的宣府镇长城，从北京市延庆县的九眼楼到河北省怀安县的马市口，我原以为宣府镇长城敌楼遗存最大的是赤城县的"盘道界楼"。盘道界楼虽然为4×5眼，比9×9的九眼楼券窗少，但体形要比九眼楼还宽一些。而这次看了东榆林村的这处6×6眼敌楼，发现此敌楼才是真正的"心宽体胖"，至少要比九眼楼胖出1/3以上，比"盘道界楼"还大一点，（2012年7月29日，长城小站的积雪芦用皮尺量了东榆林的6×6眼敌楼顶宽是18.6米。而中央电视台报道介绍九眼楼基宽13米）。

在明万里长城中，笔者个人以为，若说最大的墩台，陕西省榆林市的镇北台为冠。张家口桥东区东榆林村的大敌楼就算貌不惊人，缺少魅力，不太入长城摄影家的法眼，但其宽胖仍可拿全国明长城敌楼的第一。此言虽不为定论，但若能抛砖引玉，也是为认知长城做个推动。

（原载于《万里长城》2012年第1期）

严欣强，男，1945生，中国人民解放军艺术学院毕业。曾任中国外文局新世界出版社美术编审，现为中国长城学会常务理事，中国长城学会大型外宣画册《长城》副主编。从1984年起自费求知考察长城30多年，所摄大批长城照片为人民美术出版社、外文出版社等选用，所撰多篇长城文章在相关刊物上发表。

阿尔泰军台张北台站说及其考证

尹自先

康熙三十二年（1693 年），在平定噶尔丹叛乱后，为加强西北边疆与中央的紧密联系，清政府在内外蒙古地区广设驿传，各台路（驿路）择水草丰盛、距离适中的地方安布台站（驿站，蒙语"乌日特"），接力传递。诸路中，张家口至四子部落、归化城（今呼和浩特）、阿尔泰新城——乌里雅苏台（今蒙古国乌里雅苏台）三路均穿行于张北县境。

张家口至乌里雅苏台一路统名"阿尔泰军台"，直隶理藩院，除递送公文消息外，因公赴蒙入京，押解人犯，输送官兵，乃至行旅也假台站，更兼"路通葱都（天山北路），侯骑所从出"，为内地联结西北边疆的一条通信、交通大动脉。

该台全程 2276 里。列布台站 44 个，其中大站 29 个，腰站 15 个。设总理军台事物总管一员，副总管一员（俱驻扎张家口）；又设张家口驿传道一员（驻张家口）。赛尔乌苏驿传道一员（驻赛尔乌苏，在今蒙古国境），分管内外蒙古（当时之地理区划）境内所在台站；以上三衙门各设笔帖式（文书）一名。全台为四段，依次称察汗拖罗海台、布鲁图台、赛尔乌苏台、窄尔玛克泰台，分别掌理一至十二台、十三至二十三台、二十四至三十四台、三十五至四十四台，各段设参领一员，分驻各段首站。每站设章京或骁骑校一员，领催一员，站丁 10 名。又设甲兵，大站 10 名，腰站 1 名。参领以下官兵、站丁率由蒙古人充之。以上"一应官兵粮饷、官员养廉、兵丁武器，各站口粮羊只俱资行理藩院转咨各部开销"。上述人事、经费制度终清末大体未变。除十六台至十九台沙漠地带不便养马而设驼站外，余皆设马。各站驼马"或系附近蒙古部落派拨，或系效力废员（谪贬官员）自备应差。马驼倒毙孳生也资行理藩院拨补记档"。随着转运差役加重。马站也增备驼，额数几变。同治十年（1871年）整饬台务，定"每台连同旧定额设之数以驼100头、马50匹为定数""不能用马之处备驼150头"。清末，又饬内外札隆克旗"帮台"，派人畜应差。运输高峰期全台动用驼马达数万乃至数十万之多。每年查台一次，考校兵丁技艺、驼马肥瘦及数目虚实。清末多在三年一届的口外牧政考验时顺便考校。各站接递公文，随到随送，并填注收发时刻。又分别缓急，紧要公文须依时限驰递，其限有日行三百里、四百里、五百里、六百里几种，故谷站拴马桩上时刻备马。官员等人乘骑，一般限日行三站，有紧急不在此限。所须乘骑、行装驮畜按规定数目由各站供备。

道光以后，制度日趋松弛，弊端百出，站丁困乏。清末，以"供送征兵，转运军械粮饷，日无休息，（各台）率已不堪使用"，更有"贼匪滋扰台站"，布鲁图台段以北不少台站溃散，几经复设，终不能疏畅，帮台应差之旗寥寥无几。光绪十七年（1891年），清政府制定《整顿台站章程》，然积弊日深，颓局不能挽。其后又受裁驿设邮（边疆地带驿传未裁）、外蒙古独立、蒙地开发特别受政局败亡诸因素的影响，到清末民初之际仅存两段，路通库伦，除首段尚供职外，余皆"自行离散"，名存实亡。

民国五年整顿台站，改称"张家口路"，设"张家口台站管理处"，隶蒙藏院，置处长一员，总理台务。又以"头段第一站至第九站之驻在地均在察哈尔行政区域县治之内，似无设立台站之必要，拟将头段九站之员弁移在第二段各站"，总共一段14站，置参领一员掌理，又设副参领、委参领各一员协理。各站设站长一员（仍称章京或骁骑校，后又增设副站长一职）、站兵10名，站夫、伙夫各一名。然终不能畅，遂恢复原首段十二台站，实际仅察区界内一台至九台运行。另三台及第二段名存实亡。南京国民政府初期该台路隶蒙藏委员会，又行整顿，改处为局，下设东营盘"台站总理事务所"，长官仍称参领，管理一至十二台（实为一至九台）台务，各站设正副站长，仍称章京、骁骑校。时邮政大兴。民国二十三年有取消台站设牧场之议。到蒙疆时，随着交通邮电事业的发展，这段台站也自动消废。

关于阿尔泰军台《张家口台路》在张北县境所设台站，民国二十三年《张北县志》云："由张家口起，一台在张北第一区东营盘……由一台向西北行二十里至二台村，在县城西十余里。为第二台站。再向西北行四十里至三台村，在县城西（北）五十里，为第三台站。"查该县志"户籍志"，并无二台村、三台村，所载语焉不详。

按《口北三厅志·台站志》，第三台名"哈柳泰"，清人著文又作"海流台""哈留台"等。考其位置，民国四年九月财政部金事赵世荣调查察哈尔羊群（今尚义县大青沟一带）、大马群（今商都县）垦务时所留日记可得线索。28日记："过二台后，十二时止客店午餐，地名黑马户（黑麻胡）……晚止客店宿，地名安固林诺尔（安固里淖）。"29日记："黎明微雨，旋即晴。行三十余里，止客店午餐，地名大青沟（今尚义大青沟）。计行程已过四台，入五台界矣。"据此，三台应在安固里淖方向，大青沟以东。又民国二年，北洋政府遣员"前往牛羊群、大马群、左翼四旗、太仆寺牧场宣布共和德意""沿途调查，逐日登记"，写有《调查察哈尔左翼四旗、两群报告》，云："阳历四月十三号，调查员关云、宝石由兴和城（今张北镇）起程，上午十句（点）钟北去……过哈玛户村（黑麻胡）……过东永和大庄向西北行，见大水泡一处，问名曰安吉林诺尔（安固里淖）……暮六句钟抵土城子。即三台交界处，宿蒙古包，计程九十里。""十四号上午十一句钟（自土城子）起程，北风甚巨，凉甚，牧草甚肥。据云，百里王故居（指土城子），土城较兴和城为小，固垣约数十里（按此数不合），疑即昔日元明废县故址。一里许过三台河，水不深。北过安古林诺尔……"据此，三台在土城子附近。土城子即今海流图乡土城子，三台即土城子附近之蒙古营子。询之当地蒙民，多系守台人后裔，亦足证。

第二台（腰站）名"布尔哈苏泰"，由于民国二十三年《张北县志》所载语焉不详，光绪十九年（1893年）三月至十一月，俄人波兹德涅耶夫在内蒙古旅行，写有考察日记《蒙台及蒙台人》，其中记其在归化城至张家口驿道所经："3月22日：（下午）2点20分出发……3点钟经过一座只有3户人家的破落小村，叫三岔口。又走了40分钟后，见到一个坐落在一片洼地之中的察哈尔人村子。只有两座带有蒙古包的'板升'（房子）。这是一个便道驿站，叫哈盖，或按汉人的叫法——汉淖台。……5点10分快走到一条向北流去的小河时才找到路。这条路叫大河，分成两条河汊，共约3俄里宽，岸边是沼泽地，河底淤泥很厚。我们从这里走到5点40分，来到一个坐落在小河边的村庄，河名及村名都叫小河……7点40分才来到多尔济花（今大河乡姑子营一带）的一家客店，并在这里落脚过夜。从小河到多尔济花有8里路。""3月23日：

我们于 6 点 50 分出发，几乎一出客店就进入一条小河的河谷，这条河叫雅岱河，流入布尔噶哈苏台（泰）。……8 点 30 分，我们在有着许多山岗的草原上走过了一座察哈尔人的庄，叫丘伦翁果卓，汉人称之为马连渠，这里有 6 个供归化城村——张家口大道上的驿差使用的哈沙（畜圈、院子）。由此又走出了一小时后，我们来到了布尔噶苏台河。河岸上有一座阿尔泰路军台的驿站，我们就在这座驿站上游不远的地方坐在车上渡过了河。现在布尔噶苏台河在这里的宽度不超过一俄丈，而且在我们沿着它的右岸行走，直到抵达布尔噶苏台札兰（'负责官员'意）的村庄的整个过程中，它始终保持着这样的宽度。10 点 15 分，我们来到库伦——张家口商道的谷地，它正对着哈刺巴勒嘎鄂苏博（意为黑石头脑包）。我们的道路由此开始折向东南，一路上都是平坦的草原。11 点 30 分，我们来到玻璃采（今油篓沟乡玻璃采），清代立有张家口至归化城台路驿站。"以上可以看出：该俄人从今汗淖台经小河、姑子营、马连渠，沿马连渠河东进，抵达布尔哈苏泰台站负责官员驻地后，经过 45 分钟即插入张化公路（原张库商道）所在之安固里河河谷，布尔哈苏泰正位于马连渠河道与安固里河道交汇处。具备这一地理形势的唯有县城西数里之二台背、大山尖、蒙古营、树儿湾一带。我们进一步考证，康熙年间使臣某经张家口至归化城路出使俄罗斯，其《奉使俄罗斯日记》云："次博（布）尔哈斯（苏）泰，犹华言柳条沟也。有小河北流绕山下……"又清末叶使臣某赴乌里雅苏台，著有纪行诗《张家口至乌里雅苏台竹枝词一百首》，其中《布尔哈苏第二台》诗题序云："译言柳树沟，今存空名，并无树矣。"诗曰："布尔哈苏在半山，当年杨柳已凋残。征车到此浑无阻，两马齐驱换驾竿。"由以上两记可知，布尔哈苏泰依山傍水（俄人《日记》也明言在河岸上），此地理环境非蒙古营莫属。

第一台称察汗拖罗海，从诸多史料看，清时不在东营盘，而在坝下崇礼县境。《奉使俄罗斯日记》云："初八日，（出张家口）由山峡中行二十里，有土屋陀罗庙（又作陶赖庙）古槐一株。又去三十里，次察汗托（拖）诺（罗）亥（海）大坝，犹华言白头岭也……初九日，上崇山，石路崎岖，约三里入平阜，四十七里次博尔哈斯泰，犹华言白条沟也。"据此可知该台在坝下，如在东营盘，那去布尔哈苏泰（二台）就不必"上崇山"了。到清末叶，该台位置仍未变。《张家口至乌里雅苏台竹枝词一百首》中有《察汗拖罗海一台》，题序云："译言白头岭也。"诗曰："察汗拖罗海得名，白头岭上赋长征……"另如《大坝口关帝庙》诗，该诗自注中云："头台北行上大坝，至高，坝口有关帝祠，行者至此，有去国离乡之感。拜罢回望张家口边外诸山，俯视罗列如儿孙矣。地势甚高，气候如秋，五月着棉衣。"据此可知该台仍在坝下。考其地址，清中叶使臣某出使三音诺颜，着纪行诗文《奉使三音诺颜记程诗》，其中《由陀罗庙之察汗陀（拖）罗盖（海）》一诗题序云："第一台，译言白头，八十里。"诗曰："陀罗庙西石径粗，平沙莽苍路盘纡。塞民纵辔驰群马，山犬吠门迥野狐（五十家子迤西见一野狐与几头驴，埒背纯黑，前肩红色，山犬吠之——自注）……"从自注及诗文看，第一台距五十家子不远，今崇礼县有五十家子村，村东南有察汗陀罗村，村侧有山，石皆白色，俗称白头岭，可见第一台即该村所在。

东营盘俗称"头台"也是事实，究其由来有两种可能：

阿尔泰军台曾分四段，清初制度：各段主职官员——参领驻扎该段之首站，段名也因治所命称。第一队称"察汗拖罗海台"，该台段居四段之首，治所又为第一站，故有"第一台"或"头台"别称，这在不少史料中可见。冬（东）营盘原本为冬季牧畜营盘地，约在雍乾时期苏氏（苏毓秀）家族自张家口外（今崇礼县）迁此世居，清末叶（有史可查最晚在同治二年），该家族中曾先后数人担任第一台（第一段）参领一职。清末制度松弛可能参领驻地自察汗拖罗海至冬营盘，或在冬营盘办公，如果这样，那冬营盘作为第一段所称"第一台"或"头台"应在情理之中。

民国五年整顿台站，曾撤裁一至九台，恢复时，可能将一台北移冬营盘，按当时制度参领仍驻首站，这样，冬营盘无论是第一站还是第一段治所，均可称名"第一台"或"头台"。到南京国民政府整顿台务时，台站总理事务所已明确设在冬营盘了。

（原载于《张家口文史资料》第 21 期）

尹自先，男，现供职于张家口市张北县历史文化研究会。1948 年生，大专学历。主要研究张家口张北高原地方历史。发表有《白城子说》等学术论文 20 余篇，主编出版有《张北县志》《张北高原历史文化研究文萃》等著作。

飞狐古道探源

张子儒

飞狐古道坐落在河北省西北部张家口以南的蔚县境内，自古即是南北交战的军事要冲，也是南北贸易的重要商道，曾在古代的历史进程中发挥过重要的地理位置作用，留下了往昔积淀的许多奇闻逸事，令人不尽遐思……

神秘传奇的名称符号

山川土地，江海河流，本来是大自然的造物，无名无姓，但是在历史的进程中，人们为它们起了被指认和被呼唤的名称符号，这或许也是人类社会发展、进步与文明的一个重要标志。

作为蔚县人，从小我就知道蔚县有个北口村、北口峪，或四十里黑风洞，其中尤其是对"四十里黑风洞"这个名字，聚积着几分想象中的神秘和莫测的恐惧，疑惧那"黑风洞"里定然是狂风大作，神鬼出没，日后决不可涉足其"洞"。后来，待亲自走了北口峪，或四十里黑风洞之后，才认识了它的真面貌，自然也就释去了记忆中对它的恐惧。但是，知道它还有许多其他名称和它承载的历史故事，还是在接触了一些历史古籍之后。不过也是皮毛，仅限于"知道"的层面，而对它曾在历史上发挥过独特地理位置作用，并因此蕴积的深层文化内涵，直到现在也还是茫茫然然，浑浑噩噩。当然，这只能怪本人孤陋寡闻，浅薄无知。

说起蔚县大南山里这个北口峪，翻阅历史古籍真可谓是名称多多，有飞狐岭、飞狐崚、飞狐峪、飞狐关、飞狐口、飞狐道、飞狐径，等等，它是著名的"太行八陉"之一，也曾被称为"常山陉"（古称太行山为常山）。峪外一块巨石上刻有丈高"飞狐古道"四个楷体大字，显然是相对古时的后人所刻，故而又有了"飞狐古道"的名称。综观其所有名称，为什么都冠以"飞狐"二字？据传山中曾经有过一种四条腿、长肉翅的狐，会飞。《辽史·地理志》记载，"相传有狐于岭，食五粒松子，成飞狐，故此起名飞狐口"，这就是名称与"飞狐"连在一起的原因。到底有没有飞狐，人们谁也没有见过，《辽史·地理志》的记载也是"相传"嘛。也许古代时山中有过那么一种长肉翅、会飞的狐，后来灭种消失了；也许从来就没有出现过那种长肉翅的飞狐，所谓"飞狐"不过是人们的一种想象。不妨设想一下，古时这一带的山山岭岭，森林茂密，草木丛生，动物成群，其中也许有一种身轻敏捷的狐，奔跑如飞似的穿越过山岭，出没在密林之中，令人目不暇接，于是便有了"飞狐"的传闻，峡峪的名称也就以"飞狐"冠之而传遍天下了。其实这一带是不是有过飞狐并不重要，"飞狐天下险"却是这里真实的写照。至于北口峪，或四十里黑风洞的名称，那都是当地人以直观的视觉起的俗名。之所以叫北口峪，是因为这条峪是南北走向，出北口为蔚县平川，所以蔚县人叫它北口峪，并在峪口建起了居住的村落——北口村。

其实，叫它飞狐关、飞狐峪、飞狐口也好，叫它飞狐古道也罢，它就是一条天然大峡谷，一座万丈高的横山，平白地裂开一道可以南北通行的夹缝，完全是大自然的神力所赐，绝非人力所能为。

飞狐峪的巍峨壮观、山奇峰险，直接源于它的地质状况。这一带地形地貌的形成，最早是受到2亿3000万年到1亿3700多万年前中生代时期，燕山造山运动的影响。由于这次剧烈的地质运动，山岭骤隆，奇峰突起，形成了燕山山脉和太行山、恒山北部山脉的雏形，嵯嵯峨峨的山势初具规模。到了6700多万年前新生代第三纪时，喜马拉雅山造山运动又波及这一带。这次被地质学界称为新构造运动的造山运动，又促使这一带地层不断隆高，山势不断拔升。据地质测探，直到今天，飞狐峪一带的高峰巨岭，仍在不断运动着，并且继续升高着。当然这种以地质年代为单位的变化，是人们的肉眼无法观察到的，也是几十年、几百年，甚至上千年也不易觉察到的。

从飞狐峪，或飞狐古道这里远瞩眺望，这里正是太行山余脉、恒山余脉西从山西进入蔚山，与东从京西进入蔚县的燕山余脉的交错点，而恰在这里，东西横亘蔚县、厚达百余华里的大南山，宛如被刀劈斧砑般地开了一道山口子，从这道山口子进入大山向南纵深绵延，逶迤曲折，形成了一条穿山而逾的峡谷长峪，即是飞狐峪，或飞狐峪古道。这条险要的峡峪，全长百余华里，一路蜿蜒蛇行，横穿崇山峻岭，一直向南延伸。最宽处也只有百余米，最窄处仅有四五米。峡谷两边峭壁陡立、悬崖凌空，抬头只能望见一线天，给人一种惊奇悚然的直观感受。以制高点黑石岭为分界和分水岭，峡谷在蔚县界和涞源县界各为一半，只是进入涞源县界，峡峪趋缓，雄险不再。山的北坡下边，是蔚县的沃野平川，桑干河支流的壶流河流域；山的南坡下边，是涞源县山区和拒马河上游河谷。

自古以来，在没有公路、铁路的漫长历史进程中，飞狐古道一直是华夏中原与塞外高原和漠北大草原贯通的要隘，是关内通往关外或关外通往关内的一条重要孔道。从南往北，出了这道峡谷长峪的北口，越过蔚县，东可以去辽东，西可以到甘绥，北上越过宣化、张家口，踏上旅蒙商道，抵达大草原，直达蒙古和贝加尔湖；从北南下穿过飞狐古道，可以东下江浙，南去中州湘楚，西赴陕川。因此，历史上提起飞狐峪，一直赫然贯耳，颇有名气。

历代战争的军事要冲

虽然蔚县四周环山，被西进的太行山、恒山和东来的燕山包围得严严实实，但是，大自然奇迹般地在蔚县的南北群山中留下了八大峪口，古时也叫关隘。这八大峪口分别是：南山自西而东有石门峪、北口峪（即飞狐峪）、九宫口峪、松枝口峪、金河口峪，北山自东而西有鸳鸯口峪、榆林关峪、五岔峪。所谓峪，即可以穿过大山的那种"蛛曲蚊穿"的山中峡谷。虽然这些峡谷也可以走出走进蔚县，但是只有飞狐峪才是唯一一条南北大通道，也是历史上闻名遐迩的军事要冲。因为只有飞狐峪既可以容下千军万马通过，也可以在峪中屯兵隐匿形迹，还可以布阵陈兵，借助天然屏障，易守难攻，别说在冷兵器时代，即使在飞弹流矢的热兵器时代这里也是非常有价值的军事要地。古籍上称飞狐关"襟带桑干，表里紫荆""摄乎云谷之间，吭背京鼎，号锁钥重地"。可见此处自古就是京城与畿辅的肩背，关里关外的"襟喉"。所以，古代有许多战争与崇山峻岭的飞狐关有着密切的关联。

与飞狐峪有关的最早一次战争，是春秋末期赵襄子征服古代国的战争。

3000多年前，在蔚县这块土地上建立有一个古代国。据说这个代国受商汤分封。古籍记载:"代,汤所封,赐翟姓,子爵",后又臣服于西周。代国所占的地盘土腴水丰,物资丰厚,在长期的治理发展中国强民富,而且盛产良马、猎犬,制作的白狐皮裘衣,更是价值连城,成为当时北方一个富饶的方国。春秋末期,晋国一个叫赵简子的卿大夫雄心勃勃,不断壮大势力,意欲建立自己的政权,一个劲儿地向北扩张,对代国虎视眈眈,垂涎欲得。先是将其女嫁于代国做了代王夫人,后又设谋策划,意在必取代国。一天,赵简子把自己的儿子们召集在一起,对他们说:"我有宝符藏在常山(古时称太行山为常山)之上,谁得到它,我就给予重赏。"别的儿子骑马进山去找,全部失望而归,只有毋恤(即后来的赵襄子)回来说:"我找到宝符了。"赵简子问:"你找到的宝符在哪?"毋恤说:"从常山上临代,代可取也,那宝符就是代国。"所谓从常山上临代,就是走飞狐峪这条通道,越过常山,去征服代国。赵简子看中毋恤的聪明和才干,乃废长子伯鲁继承资格,立毋恤为其继承人。

公元前475年,赵简子死亡,其子赵襄子借父丧之机,北登夏屋山(今山西代县北),暗藏杀机,宴请代王会盟。因是姻亲,小舅子请姐夫,代王毫无防范,携带随从,欣然赴请。岂料早已阴谋成竹的赵襄子暗设埋伏,酒席间令厨人和暗藏的杀手,猝然将代王及其随从一并击杀。然后,赵襄子亲率大军,越过百里大峡谷的飞狐峪,长驱直入,侵占了代国的全部土地,重兵包围了代国都邑代王城,劝姐姐与其回国。其姐得知丈夫——代王被杀,弟弟兵临城下,心如刀割,万念俱灰,对其弟厉声说:"只许占领,不许屠城。"代王夫人在回娘家的途中,走到一座山下,仰天长叹:"以弟慢夫,非仁也;以夫慢弟,非义也。"她从头上拔下笄簪,在山石上磨了磨,自刺而亡。这就是史上著名的"赵襄子灭代"。

公元前453年,赵、魏、韩"三国分晋"之后,赵国始终占有代地(今蔚县),并控制着军事要冲——飞狐峪,而且在兼并战争中逐渐成为战国七雄之一。到了赵武灵王时,赵武灵王更是把飞狐峪里的西甸子梁(即现今空中草原)作为"胡服骑射"的训练场,使赵国的军队很快强大起来。他亲自率领骑兵,穿越飞狐峪,向北作战打败了中山等诸小国,拓展疆域千余里。从公元前475年赵襄子灭代,掠代为赵国领地之后,到公元前221年秦始皇统一六国,在250多年的历史演进过程中,飞狐峪始终是赵国向外扩张的用兵要道。

秦始皇统一六国时期和西汉初创时期,代地之所以作为一个重要区域被重视，是与代地拥有飞狐峪天险这一军事要道分不开的。秦统一全国后设三十六郡，代郡为一郡，可见代郡对秦是一个举足轻重的地方。

公元前204年，刘邦与项羽逐鹿中原，争夺天下，曾一度被项羽打得节节败退，意欲退守到关中。他麾下的谋士郦食其分析了当时的战局，反对西逃，提出东塞太行之险，北拒飞狐之口，南守白马之津，便可在战略上对项羽形成大包围态势的建议。刘邦采纳了这一战略决策，果然最后击败了项羽。北拒飞狐之口，是因为飞狐口居高扼险，优势独具，占据主动，攻守自如。兵出飞狐，沿太行山东侧南下，奇兵突至，正好直捣项羽背后，使项羽腹背受敌，无暇招架，当然要吃败仗。可见飞狐口在军事运作上具有重大战略地位。

刘邦夺得天下之后，对拥有飞狐古道的代地极为重视，屡屡派遣大将率兵冲出飞狐口，直达代地，稳定对匈奴作战的前沿阵地。到了汉武帝时代，刘彻为了巩固边防，曾多次令大将军卫青、霍去病带领大队人马，冲出飞狐口，以代郡为出发地，向北出击匈奴，屡屡获胜，打得匈奴败北而逃，远远退居大漠以北地区，使边陲的汉族人民得以拥有安定的生活环境。

西汉末，随着汉王朝的风雨飘摇，江河日下，外戚王莽乘机篡权，施行所谓新政，搞得民不聊生，怨声载道，民怨沸腾，义军四起。东汉光武帝刘秀，也乘机光复汉室，在冀州征讨群雄时，得到耿况、寇恂的帮助，打败了割据政权、自称皇帝的王郎。然后，刘秀从上谷郡（今怀来一带）率兵西进，把王莽的所谓新军消灭在代郡以东（今蔚县桃花一带），一举控制了飞狐口这道军事要隘，释去了后顾之忧，于公元前36年宣布登基，后完成中兴大业。刘秀深识飞狐口的重要，下令大将军王霸任上谷郡太守，派大将杜茂协助王霸领兵治理飞狐峪，在飞狐峪一线修筑亭障、烽火台、敌楼，驻重兵把守。同时从黑石岭开始，沿山脊直到大同一线修筑300余华里长城。这段东汉古长城，现在仍能辨认其残存的遗迹。

从东汉初起，飞狐口成了历朝历代国家重兵驻守的重要军事关隘。

东汉末年，乌桓不断南下骚扰。曹操除亲自率兵北征乌桓外，建安二十三年（218年），又派他的儿子曹彰为北中郎将、骁骑将军，率兵北征乌桓。曹彰在现在的涿县与乌桓接战打了一仗，然后乘胜沿拒马河北上追击乌桓溃骑。两边的大队人马穿过百余华里的飞狐峪，冲出飞狐口，一直打到桑干河畔。这一仗追使乌桓退出塞外，败北千余里，保证了边塞的安宁。

南北朝时期，飞狐峪更成了兵家必争必守之地，这里一直是铁血英雄们你争我夺的重要关隘。晋朝的刘琨、北魏的拓跋珪，都在飞狐峪一带打过大仗，双方兵力动辄十几万、几十万，往往是前部人马已经进入了深峪，后边的队伍还未踏进关口，可谓是声势浩大，规模惊人。

北周大象二年（580年），撤代郡，设蔚州，修筑蔚州土城（即现今蔚县城）。而蔚州城正好修筑在飞狐峪北口不到30华里的壶流河南岸，与飞狐峪北口遥相对峙，显然是倚重了飞狐口这道天然屏障。

赵匡胤建立北宋王朝，统一中原后，曾雄心勃勃地想收复被石敬瑭割给契丹的包括蔚州在内的燕云十六州。为了争夺蔚州，扼控飞狐口，双方几十万大军大战于飞狐峪，那真是马蹄动地，山谷呼啸，战尘飞扬，令人惊心动魄的场面。至今，在谷峪里的山头上还留有杨六郎箭射三川的"箭眼"，马蹄梁上还留有当年战马的蹄印。

明朝时，为抵御残元势力南下，把蔚州城的城墙用巨砖砌筑，加固扩建成御敌的"铁城"。同时沿拒马河北岸山脊向西修筑内长城，用紫荆关控制了飞狐峪的南面出口，而飞狐峪从北口到黑石岭，则派重兵把守，成了紫荆关口的外围屏障。明朝时，飞狐峪显得尤为重要。燕王扫北时，曾多次率兵进入飞狐峪，"山峪里燕王逼子"（俗称阎王鼻子）的村名，就是那时留下的。

山谷峡峪自古即是战争中必先夺之的天然屏障，而具有"天险"之称的飞狐峪更是如此，谁抢先控制了飞狐口，谁就立于不败之地，在古今的战史上盖没例外。抗日战争时期，八路军得到侵华日军一支辎重部队要穿越飞狐峪去涞源县的情报，提前进入飞狐峪，在明铺设伏，一举歼敌数十人，缴获辎重汽车几十辆，大获全胜，不但在抗日战争史上写下了一页著名"明铺战斗"的光辉篇章，而且粉碎了敌人欲把飞狐峪作为南运军用物资补给线的图谋，此后日寇再也没敢涉足英雄的飞狐峪。诸如此类的战例，在解放战争时期也举不胜举。

南北贸易的重要商道

商贸流通，尤其是长途商贸流通，是经济社会和商品社会发展的必然产物，而长途商贸流通的至要则是必须要有畅通的交通道路。在古代，阻隔长途商贸流通的障碍无非是两种：深水和大山。

深水的阻隔早已不是问题，可以用大小船只引渡通过，而大山的阻隔却是长期难以解决的障碍。在没有现代公路、铁路的年代里，人们要进行大范围、长距离的商贸交流，就必须寻找通过大山的深谷峡峪，从大山的裂缝中走过去，跬足千里，抵达到要去的地方，飞狐峪正是古代这样一条关内关外贸易交流的重要商道。

当然，蔚县还有其他一些山峪可以出入通达，如大南山的石门峪通往山西灵丘、浑源；九宫口峪通往涞源；松枝口峪通往易县、保定；金河口峪通往涞水、高碑店。不过，这些峡峪更为陡峭狭窄，崎岖艰险跋涉艰难，携带货物的客商很少涉足，最为宽敞通达的山峪，还是飞狐古道。

那时，越过大山峡峪，除了肩挑人背，主要的运输工具是高脚骡驮，俗称骡帮，与南方的马帮相似。这些骡驮几匹、十几匹，或几十匹为一帮，骡子的脊颈上套上铜铃，脊背上驮着客商的货物，昼夜络绎不绝地穿行在弯弯转转的飞狐古道上，打破了大山的静寂，喧嚣着商贸的旺气。明清时期，由于需要运输的货物源源不断，沿途不但兴起了数十家货栈，而且除了大大小小数以千匹计的零散骡帮外，涞源县的留家庄，蔚县的郑家庄，上苏庄、北口等村，竟出现了拥有上百匹骡驮的骡帮大户。沿峪的大宁、岔道、明铺以及峪外北口等路边村庄，开设的草料大店、货栈、留人客店、煎饼铺、小饼铺、饭铺、豆腐房、医药铺、杂货铺等不下百余家，简直就是条飞狐古道经济长廊，骡帮可以随时歇脚，喂饮；客商可以随时憩息，打尖，不论是南来的还是北往的客商，都是客至如宾，照顾周到，熟者如老友重逢，生者可以"停车聊问俗、啜茗且看山"。这些骡帮北上的，主要驮的是京津广保的杂货，杭州的丝线、绸缎，江赣浙闽、武夷山的茶叶，中原的小土布、棉花、棉线，山南的黑红枣、柿子、花生、核桃等，过了飞狐古道之后，至到宣化、张家口，有的沿途卸货，即为终点；有的越过蔚县、阳原、怀安、宣化、张家口，踏上张库大道，一路风尘滚滚，或直达坝上草原，或继续越过大沙漠，走向蒙古高原直达俄罗斯。折转身，又驮上皮毛、名贵药材、香蘑等奇货，一路南下，越过飞狐古道，走向冀中平原，走向北京、天津、上海、广东，走向苏杭，走向武汉、襄樊的码头。当然，蔚州产的煤炭、白麻、麻绳、麻纸、窗花、大瓮等，也成了南下北上，驰骋大江南北、长城内外的著名商品。正是由于有了飞狐古道这条沟通南北贸易的商道，当时的蔚州区域实际上成了南北物资交流的集散中心，因而带动崛起八大乡镇，也带动了多门类的大批手工艺人的兴起涌现，促进了当地商品生产的发展，促进了当地经济的繁荣。也正是在这条商道上的走来走去，走出了飞狐古道上蔚州古老的人文精神。

岁月流逝的历史回声

时代在前进，历史在发展，火车的车轮毕竟要比两条腿快得多，京张铁路、同蒲铁路修筑通车之后原本热热闹闹的飞狐古道，骤然间一落千丈，变得冷清了，空荡了，少见人迹了，南来北往的一条捷径被抛弃了，蔚县很快也由蔚州时开放型的地理位置变为封闭型的死角了。山还是原来那座山，路还是原来那条路，然而，骡帮的铃声消失了，南腔北调的客商们也遁无踪迹了。时至1985年，蔚、涞两县决定修筑飞狐峪这条千年古道，经过两个年度，历时16个月，动用土石81.5万立方米，修成一条穿越飞狐峪的三级砂石路。虽然这条路从蔚县到涞源县比走207国道少40余公里，但由于道路坑坑洼洼，崎岖不平，人们还是很少驶上这条路。

慨叹沧海桑田，当历史的车轮进入21世纪这个辉煌时代的轨道上时，随着富裕起来的人们对回归大自然的热望，冷清了一个多世纪的飞狐古道，以其峡谷奇观、苍山嶙峋、巅峰异景、光怪陆离的景色，加之笼罩着久远而神奇的传闻迷雾，形成了当地亟待开发的独特生态旅游资源。尤为引人入胜，堪称旷世奇境的是，进入飞狐古道，一路盘旋蛇行，在海拔2158米的山顶上，陡地展现出浩瀚无际的平原，一马平川，坦荡如砥，面积达36平方公里，已被命名为空中草原（即西甸子梁）。这里春季山花遍野，夏季绿草茸茸。伫立在高山之巅的草原上仰观远眺，湛蓝的天空，低垂的白云，清风习习，有如被大自然拥抱，会顿生惬意；脚下踩着万仞叠峦，千峰万壑俱在脚下，一览众山矮小。如果八月登上空中草原，就会看到铺天盖地盛开的世界名贵的雪绒花。

在发展旅游产业的热潮中，蔚县从2000年投入飞狐峪砂路改建油路工程，同时对新辟到达空中草原的旅游路线进行勘查、选线，一次又一次地优化设计。到2003年，连续奋战4个年头，终于修通了从县城到北口村，从北口村进入飞狐古道，又从飞狐古道的马蹄梁直达空中草原的全线沥青砼油路。从2005年开工的张石高速公路蔚县段，正在南山开凿隧道，那将是一条具有现代化意义的真正南北通道。

现在，远古原生态的蔚县大南山，山，依旧还是那座山；逾越数千年的飞狐峰，峪，依旧是那条峪；古道也依旧还是那条古道，但是，脚下的路，却不是那条乱石滚滚、崎崎岖岖、磕脚碰腿、举步艰难的路了。

现在，从蔚县城出发，南行 20 多华里，过北口村，进飞狐峪，直到西甸子梁（空中草原）全线都是油路。驱车穿行在整洁光滑的飞狐古道上，可以尽情地感受大山的沧桑，欣赏沿途的奇观。夹峙两边势如"千夫拔剑，露立星攒"的山岩，犹如压顶似的悬崖，眼看就要撞上万丈山壁，忽然又别开洞天，峰回路转，实在是令人惊心动魄。那层层叠叠、千姿百态的峰峦，陡峭参天；那山岩绛红色、古铁色的，刻留着千万年来道道雨水的流痕，别具一番情趣；在那错综复杂的山石缝里硬是挤冒出浓重绿色的灌木，与山岩互映，红绿参差，煞是美不胜收。飞狐古道宛然是在乱山中盘旋穿行的巨蟒，人如置身在千山万山的怀抱之中，那夹缝中的一线天、孤零零凌空而立的一炷香、半山腰上的八仙洞、杨六郎箭射三川的"箭眼"等自然景观，走一路，看一路，目不暇接。

飞狐古道承载着沉重的历史，拥抱着厚重的历史文化，从远古走来。虽然昔日的金戈铁马、骁勇杀伐，商队的驼铃、商人的步履不会再现了，但是，那不惧艰险的精神、繁荣的景象、喧嚣的场面、南北融合的和谐、超越地域的交流，还有那岿然屹立、临危不惧、处变不惊的大山性格，依然折射着历史的辉煌，穿越时空隧道，在新的历史时期，一定会焕发出新的耀眼光芒。

（原载于《张家口历史文化研究》2006 年第 4 期）

张子儒，男，张家口市蔚县退休干部。1934 年生，长期从事于地方行政、文史工作。主要研究蔚县地方史，发表有多篇论文，并著有《张苏的故事》等 10 余部作品。

明朝蒙古部落和后金在张家口地域的战事

耿双全

明代北元蒙古部落的变迁

明洪武元年（1368年）正月，朱元璋于应天（今江苏省南京市）称帝，建立明朝，是为明太祖。随后明军大举北伐，在大将徐达的率领下攻占大都（今北京）。元顺帝（又称元惠宗）妥懽帖睦尔在大都陷落的前夕，带领百官扈从仓皇出走居庸关，过宣德府（今张家口市宣化），出塞逃往开平（今内蒙古多伦），大一统的元朝政权宣告灭亡。

元顺帝虽退回蒙古地域，但元势力仍有"引弓之士，不下百万众；归附之部落，不下数千里；资装铠杖尚赖可用"。在明朝较长时期内，元朝原有的统治机构仍然比较完整地存在着，诸如左右丞相、平章政事、枢密知院、御史大夫等职官一应俱全，自称"大元"，史称"北元"。北元蒙古贵族在草原仍维持其旧日统治，实行部落割据。他们始终不甘心于自己的失败，对明朝采取敌对态度：政治上不承认其合法地位，而仍以正统自居；军事上不时南下，袭扰内地，抗衡明军，图谋重新入主中原，恢复元朝统治。

纵观明朝的整个历史，以明朝和蒙古部落发生的"土木之变"和"俺答封贡"两个重大事件为限，可以大致分为明前期、明中期和明后期三个阶段。在不同时期，明朝采取了不同的对蒙策略，即军事攻伐和政治诱降策略，对峙局面下的北边防御策略，对降附蒙古人的安置和封贡互市策略。

明前期对北元蒙古采取的主要是统一全国战略下的军事攻伐和政治诱降政策。

明中期已无力对蒙古部落进行征伐，逐渐放弃了主动出击的积极防御策略，采取的主要是安抚和被动防御策略，即一方面继续实行封贡以羁縻蒙古，另一方面对北边防御体系进行调整，采取逐渐收缩军事防线，大量修筑长城，实行边关重点防卫的防御策略。

明后期因国力下降，对蒙古策略日渐走向消极保守，主要采取的是封贡互市和固守边城相结合的应付策略。明朝对蒙古贯穿始终的是依托长城的防御策略，这一策略的直接产物就是包括张家口地域在内的"九边防御体制"的建立和完善。

蒙古各部落对明朝策略在不同时期也有变化。如瓦剌部落也先之后至鞑靼部落满都鲁汗实行的亦贡亦掠策略；达延汗继位后凭借强势要求平等往来的策略；俺答汗崛起后以和求和及以战迫和策略。从中可以看出，蒙古贵族权臣比大汗有着更为灵活务实的态度，他们有时向明朝俯首进贡封王，其目的是谋求生存和发展，一旦势力雄厚就又南下，对明朝攻城略地。

明朝初期为了解除蒙古在北方的威胁，曾多次出兵朔漠，力图消灭北元势力。明初，信国公徐达四次北伐，曾取开平，占应昌（今内蒙古太仆寺旗），击败蒙将王保保，收降蒙将纳哈出，获元主嫡孙买的里八剌并后妃宫人、诸王、省院达官、士卒等，并获宋元玉玺、金银珠宝及驼马牛羊，遣人俱送京师。经多次征讨，北元势力虽被击败，但未被消灭，太子爱猷识理达腊与数十骑遁去。

到明洪武末年，蒙古逐步形成三大集团，即东蒙古鞑靼、西蒙古瓦剌和兀良哈三卫。明永乐初年，因刚取得政权，巩固尚需时日，加之连年用兵，消耗财力过大，所以，永乐时期对蒙古采取了羁縻为主、征伐为辅的政策。永乐元年（1403年），明朝分派大臣招抚蒙古瓦剌和鞑靼的首领；同时招抚女真部落，设置卫所。瓦剌部首领应召到京朝贡，献良马请封。永乐帝以高官厚爵相酬，封瓦剌部三首领为王，其中马哈木为顺庆王、太平为贤义王、把秃孛罗为安乐王。瓦剌三王名号出自明朝的杜撰，其品级为散阶正一品，三王中顺庆王马哈木势力最为强盛。后明廷封鞑靼部太师阿鲁台为和宁王，使其与瓦剌部相互抗衡，以利明朝制约。

明朝初期，洪武、永乐二帝，雄才大略，国力强盛，蒙古各部不敢大举南犯。但明中期以后，局势发生变化，蒙古各部势力有所增强，不断地骚扰北陲，破墙而入，围困京师。明正统年间，漠西蒙古瓦剌部崛起。瓦剌部明初游牧于今蒙古西部及俄罗斯境内，先前首领为猛可帖木儿，后以马哈木为首。时蒙古汗室衰微，瓦剌部开始问鼎蒙古。马哈木死后，子脱欢（托懽）袭顺庆王。不久，脱欢攻杀太平贤义王、把秃孛罗安乐王，并其部众，统一瓦剌三部，立元顺帝后裔脱脱不花为可汗。脱欢自称太师，后为丞相，实际掌握瓦剌兵权，势力遍及整个蒙古。明正统四年（1439年），脱欢死，子也先（额森）（1407—1454年）继位。明正统十四年（1449年）也先率瓦剌军南下攻明。明英宗朱祁镇仓促亲征，兵败土木堡（张家口怀来境）。也先俘获明英宗皇帝，并进攻北京城，这就是历史上著名的"土木之变"。后景泰二年（1451年），也先自立为可汗，称大元天盛（天圣）可汗。明廷称也先为瓦剌可汗。

明成化、正德年间，东蒙古鞑靼部发生重大变化。明成化三年（1467年）蒙古成吉思汗的第十二世孙大汗满都鲁汗病逝，因他无子，无人可接替汗位。其遗孀满都海（满都古勒汗），史称"满都海彻辰夫人"，亲自执掌国政。满都海生于明正统十三年（1448年），土默特部英库持鄂托克人。她自小武艺高强，政治军事才能出众，是蒙古族的女中豪杰。当时蒙古本部共六万户，满都鲁大汗直辖一万户，她继承的大汗直属部众还包括了当初兼并孛罗忽的部分部众。她决心维护成吉思汗家族的汗统，毅然嫁给了年仅7岁的成吉思汗后裔第十五世孙巴图蒙克，决心扶持其继承汗位。

巴图蒙克在满都海彻辰夫人的扶持下，在祭祀成吉思汗的八白室（今内蒙古伊克昭盟成吉思汗陵地）后，称大元大可汗，蒙文史书称为达延汗，明朝人称为小王子。达延汗（巴图蒙克）（约1473—1517年）为人"贤智卓越"，他在满都海彻辰夫人的帮助下决心改变北元大汗被强臣操纵的状况，以结束蒙古诸部各自为政的局面，成为重新统一蒙古的君主。

在达延汗统一蒙古的大业中，满都海彻辰夫人发挥了极其重要的作用。蒙文史册《黄金史纲》和《蒙古源流》中对这位文武双全的绝代巾帼英雄为结束东西蒙古长期打内战的混乱局面，进行的军事行动都有不惜笔墨的描写。据记载，她多次带着幼小的达延汗率军出征，骑马纵横战场，身披铠甲，携弓插箭，身先士卒，冲锋陷阵，指挥战斗。明成化十七年（1481年），满都海彻辰夫人携幼小的达延汗进攻瓦剌部，在塔斯博尔图（今蒙古国乌布萨湖一带）与瓦剌部激战，取得了决定性胜利，迫使盛极一时的瓦剌部退回西北地区。明成化十九年（1483年），永谢布万户首领亦思马因劫掠兀良哈三卫，满都海彻辰夫人携达延汗趁机联合三卫将亦思马因打得大败而逃，3年后，终于铲除了统一蒙古的最大障碍亦思马因。由于满都海彻辰夫人扶助达延汗统一蒙古，给蒙古人民休养生息，发展生产带来好处，因此，古今史家们对她都给予高度的评价。蒙古编年史《西拉古吉》书中誉她为"充满智慧和聪明的好夫人"。《蒙古源流》一书中，赞颂了满都海彻辰夫人统一蒙古的功绩。满都海彻辰夫人是中外历史上少见的，具有远见卓识、深明大义的文武兼备的巾帼英雄。

达延汗即位后，直接统领左翼，而右翼的一些异姓封建主却不服从大汗约束，并杀死达延汗的次子乌鲁斯博罗特。达延汗决定收服反叛的右翼封建主。明正德五年（1510年），达延汗亲率大军征讨右翼，右翼首领亦不剌和满都赉阿固勒呼战败，率残部逃往青海。达延汗征服了右翼，统一了蒙古本部。

统一东蒙古后，达延汗乘势削弱异姓封建主。他摒弃元朝官制，废除异姓封建主担任的太师、丞相等官职，规定异姓封建主只能充当普通官吏，而且没有领地。达延汗将东蒙古划分为左、右翼共六个万户（蒙语图门）：

左翼三万户：察哈尔（又译察罕儿、插汉儿）万户驻牧于今内蒙锡林郭勒盟北部和乌兰察布市北部；喀尔喀（哈剌哈）万户驻牧于今哈拉哈河流域；兀良哈万户驻牧于今赤峰市一带。

右翼三万户：卫拉特万户（史称瓦剌）驻牧于今内蒙古鄂尔多斯市一带；土默特万户驻在今内蒙古呼和浩特一带；永谢布（又译应绍不、永绍卜）万户驻牧于今内蒙古锡林郭勒盟南部和张家口以北地区，即清朝时察哈尔驻地。后永谢布领主亦不剌太师，在反抗达延汗的战争中失利，被迫率残部从原驻地向西南方向移牧，在甘（今张掖）、凉（今武威）边外辗转数年后，最后在西海（即今青海省地域，因青海湖在明代被称作"西海"而得名）驻牧下来，成为最早进入西海的蒙古部落。永谢布一度是西海最强盛的蒙古部落，后因内讧而衰落。

达延汗向兀良哈万户之外的五个万户及其下属的鄂托克（万户下面的基本行政单位）分封了自己的子孙，他自己与长子一系驻牧在察哈尔万户。右翼的鄂尔多斯万户是济农（副汗）的直属领地。这样，各个万户和各个鄂托克的领主全部由达延汗的子孙充任，剥夺了异姓封建主对领地的统治权。

六万户并非蒙古全部，而只是达延汗的嫡系子孙们所领有的蒙古各部。达延汗后分封诸子，这就是后世蒙古各部落形成的起源，在蒙古历史上影响极为广泛而深远。后来达延汗建立的六万户制度，虽经变迁，但保留了基本面貌，成为清朝在蒙古建立盟旗制度的基础。

明正德十二年（1517年），达延汗在位37年后去世，时年仅44岁。达延汗死后，长子早丧，嫡孙年幼，汗权衰微，蒙古各部开始相互争斗。经过各部此消彼长，分化重组，驻地转移，形成了明末蒙古诸部落。其中，邻近张家口北面的主要是土默特万户和察哈尔万户。

土默特万户：由达延汗及其子巴尔斯博罗特统领。巴尔斯博罗特死后，其子俺答汗（阿勒坦汗、安滩）（1507—1581年）于嘉靖十九年（1550年）称汗，时年43岁。俺答汗曾率军内犯，进攻京师，史称"庚戌之变"。隆庆四年（1570年），俺答汗纳娶外孙女即三娘子为妻。他先后多次遣使明朝，要求互市。隆庆帝采纳王崇古议，成"隆庆和议"，准俺答汗朝贡、互市、抚赏、封爵。明诏封俺答汗为顺义王，后封三娘子（1550—1612年）为忠顺夫人。《明史·鞑靼传》记载：俺答汗"自是，约束诸部无人犯，岁来入贡，西塞以宁"。俺答汗还把藏传佛教格鲁派即喇嘛教引入蒙古，对蒙古社会发展和汉蒙关系有着重要影响。俺答汗晚年多病，三娘子凭着自己的文韬武略，在维护蒙汉友好关系上发挥了重要作用。按照当时北方游牧民族风俗，俺答汗死后，长子黄台吉即汗位，又娶三娘子，袭顺义王，改名乞庆哈。三年后黄台吉死，其子奢力克（又译扯克）继汗位，再娶三娘子。蒙古族当时有夫死妻主事的风俗，使三娘子在俺答汗去世后的30年中，一直执掌鞑靼的军政大权，并继续实行与明朝友好互市的政策。《明史·鞑靼传》记载：三娘子"历配三王，主兵柄，为中国守边保塞，众畏服之，乃敕封为忠顺夫人。自宣、大至甘肃，不用兵二十年"。实际上，三娘子曾"历配四王"。据《明史》记载，奢力克死后，其长孙卜失兔求婚于三娘子，后"卜失兔始婚于忠顺，东、西部长皆具状为请封。忠顺夫人旋卒，诏封卜失兔为顺义王"。后来为了纪念这位为蒙汉和平作出卓越贡献的女性，宣府在茶马互市的交易地——张家口来远堡内修建了三娘子庙，供蒙汉民众瞻仰。明政治家、学者、诗人于慎行曾作《题忠顺夫人画像》诗："天山猎罢雪漫漫，绣袜斜偎七宝鞍。半醉屠苏双颊冷，桃花一片殢春寒。"对三娘子的远大抱负和宽广胸襟进行了热情歌颂。

察哈尔万户：由达延汗及其长子铁力摆户（图鲁博罗特）统领。因达延汗及其长子铁力摆户既统领察哈尔万户，又统左翼三万户，这时的察哈尔不仅具有军事、行政、生产三方面职能的一个万户称谓，而且是大汗驻帐的强兵劲旅——中央万户，形成了具有宗主部地位的部族（蒙语称爱玛克）。故此察哈尔部自诩为正宗嫡系，且为诸部之雄长。达延汗此后，察哈尔部领主世袭蒙古汗位，号称蒙古各部的共主，所以后来蒙古可汗实际上成了察哈尔部的汗。明人对北元时期的历代蒙古可汗统称"小王子"，又因大汗皆驻帐于世袭汗位的察哈尔宗主部，于是后来"小王子"就成了察哈尔大汗的简称。

察哈尔部由于铁力摆户先达延汗死，后由其子博迪（卜赤）为汗。博迪之子为打来孙汗（达赉逊库登汗），后裔形成浩齐特（蒿齐特）、苏尼特、乌珠穆沁、敖汉、奈曼、克什坦（克什克腾）等部。明万历三十二年（1604年），成吉思汗二十二世孙林丹汗（1592—1634年）即汗位，时年13岁，又称陵丹汗，号库图可图，明人谐其音称为虎墩兔，是蒙古最后一位大汗。此期，蒙古各部虽然名义上尊林丹汗为大汗，实际上各自为政。所以，林丹汗实际上只能统辖察哈尔部，因之又称其为察哈尔汗或察哈尔小王子。此后，林丹汗就成为张家口地域面临的最大威胁，经常统率察哈尔部袭扰张家口。

连绵不断的张家口地域战事

元代时，张家口地域人口不多，村庄甚少，十分荒凉，长城南北大部分为蒙古部落游牧场所。明军占领后，筑堡屯军，大举移民，汉民逐渐增多。永乐年间，明廷迁都北京，张家口地域的军事作用更为显现。

张家口作为靠近蒙古地区的边疆，又是京师的门户，一直是明朝重点防御地区。由于宣府镇与蒙古部落仅有长城之隔，因而发生在宣府沿线的战事频繁，几次危及北京的安全，守边的任务非常艰巨，战略地位极为重要，被称为"极冲"之地。明初，朱元璋派兵取得宣德府后，废宣德府，改名宣府。未置府，而作为京师畿辅之地，由朝廷六部直管。现今张家口市所辖地域的坝下各县区，基本属明代宣府镇戍边之将与万全都指挥使司所统卫所之地。从洪武年间开始，明朝就集中人力物力修筑长城，并在长城沿线筑堡屯兵。张家口作为重要长城重要关口，周围修建了大量城堡，构建起了坚固的防御体系。

明永乐时期，沿长城先后建立了9个防务区，即：辽东、宣府、大同、延绥四镇，后又设宁夏、甘肃、蓟州、太原、固原五镇。因长城在明代又称边墙，所以这长城又称"九边"。九边各镇兵将配备精良，机构健全，官制分武官、内臣、文官三部分：武官以总兵官为首，包括副总兵、参将、游击、守备、把总等；内臣包括镇守、分守、守备、监枪诸内臣；文臣主要包括总督、巡抚、巡按和兵备。宣府镇是九边中驻兵最多的镇，明初时就有驻军十万，永乐年间又从外地调集军队加强北京的防卫，最多时有驻军15万多人。朝廷派遣武将佩镇朔大将军印，镇守镇城及负责边墩城堡之防务。宣府镇同时也是防守边墙最长的军镇，不仅有称为"边墙"的外长城，同时还有被称为"次边"的内长城。明沿长城修建有万全左卫、万全右卫、怀安卫、开平卫（独石城）、蔚州卫、龙门卫等15个卫，另26个守御千户所，下辖69座城堡，张家口堡是当时众多军堡之一。明朝还实行军垦制，守卫官兵十分之二的人戍守，十分之八的人垦殖。同时还在张家口地域移民屯田，建移民屯、民堡共有2000余座，现在张家口的许多村、屯都是在明朝逐渐形成的。

明朝从洪武年开创到崇祯年结束，先后经16个皇帝，共276年，期间在宣府以北张家口地域与北元军队和蒙古部落进行了多次战斗。据查阅史书统计，发生在这片地域的战事就有200余起，较大的战事有50多次。这些战事在《明史》《清史稿》《宣府镇志》《察哈尔省通志》以及近年张家口市图书馆编纂的《张家口明代纪事》等有关史书中都有较为详细的记载。另外，中国第一历史馆收藏的相当数量的明朝档案对这些战事也均有记录，其中兵部题行档资料对这些战事记录得最直接，最详细，是对上述史料的补存和佐证。兵部题行档以宣府、大同等地将军、地方大臣如宣大总督、宣大巡抚、宣大总兵、宣府总兵等地方官员向明廷的题本和塘报占多数。作为史料，明朝兵部题行有很强的可信性和很高的价值。现根据上述有关史料，简要摘录其中一些明朝军队与蒙古部落发生在张家口地域影响较大的战事：

洪武元年（1368年），明征虏将军、征北副将常遇春带兵追元顺帝至宣德府北，元顺帝退走开平。常遇春率军在通往西北之山口地，起土筑堡名曰常屿口（今宣化县北）。十二月明将傅友德率众在宣德府东击败元将图鲁卜。

洪武二年（1369年），六月常遇春率师北伐，克开平，元顺帝北走应昌。七月常遇春病卒军中，后晋封为鄂国公。帝诏李文忠代常遇春之职，继续作战。都督汤和击败元将脱列伯，元军退至兴和（今张北县），后又败走应昌。都督张温统兵至蔚州境（今蔚县），守城元将楚宝善闻讯率全城官兵归附。

洪武三年（1370年）正月，徐达为征虏大将军，李文忠、汤和等为副将军，分道北征。徐达命李文忠率兵十万出野狐岭至兴和，主战野狐岭。北元之将领兵十万设阵野狐岭，经决战，大败而逃。李文忠克兴和城，进兵察罕淖儿，捉元朝平章竹贞。四月，元顺帝在应昌去世，其子爱先斯里达剌继位。五月李文忠率军克应昌，元嗣君北逃，获其子买的里八剌，降五万余人。买的里八剌经宣府到京师，朝拜明皇帝，帝封其为崇礼侯。六月明参将华云龙率军克云州（今赤城），擒北元平章丞忽答、左丞哈海等。明将汤和率军克旧怀安，又占柴沟堡，元将扩廓北逃。至此，明军已将塞外大部占领，北元的军队在宣府周围基本被打退。

洪武七年（1374年），已封为曹国公的李文忠派将至顺宁、阳门（今万全县境内阳门堡），击败北元平章丞安礼木契。后追击北元鲁王于独石口北毡帽山，擒获其妃子及司徒答海等人。

洪武十四年（1381年），北元火儿哲领兵犯开平，卫指挥使丁忠率兵击败来敌，又在独石口帽儿山（今赤城境）斩获数百人。

洪武二十九年（1396年），燕王朱棣率军出塞，经宣府、云州、独石口，击败北元军。

永乐三年（1405年），因鞑靼部之本雅失里可汗杀明朝使臣郭骥，丘福佩带征西大将军印奉命充任总兵官，领十万骑，经宣府出塞征讨鞑靼部。

永乐八年（1410年）二月，明成祖朱棣称帝后第一次亲率军五十万，在开平、云州、兴和、西凉亭四次大阅兵。后直达漠南征讨本雅失里可汗，本雅失里战败逃走，枢密院知院阿鲁台降。

永乐十二年（1414年），永乐帝朱棣带着皇太孙朱瞻基，率军第二次北征瓦剌。三月出京城，随住宣府。四月北征军到兴和，明成祖朱棣检阅五军，并颁大军奖罚号令。北征军行至吞方谷，瓦剌部下属里罗不花来降。六月都督刘江率军至康哈里亥遇瓦剌之兵，经激战不敌瓦剌军，战败。后瓦剌部马哈木率军与朱棣率亲征军相遇，被亲征军击败，追至土剌河（蒙古国境内），马哈木北逃。朱棣班师凯旋经兴和野狐岭、万全右卫、宣府入居庸关回京。

永乐二十年（1422年），鞑靼部阿鲁台进犯兴和，都指挥王焕战死。朱棣决定第三次率师北征。三月军行至保安卫鸡鸣驿山（今怀来县境）下，阿鲁台退走。北征军途经云州、独石口、开平，追至应昌。阿鲁台战败北逃，弃辎重于阔栾海北侧，北征军俱焚之，收其牲畜，凯旋。

永乐二十一年（1423年），朱棣第四次亲征鞑靼部阿鲁台。七月发兵京师，至宣府镇。八月逾黑峪、长安岭诸边险要。九月驻西洋河，适闻阿鲁台被瓦剌军击败，部落溃败，遂驻师不前。帝随北征军驻上庄堡，拖北王子也先土干率所部来降，封也先土干为忠勇王，赐姓名金忠，遂班师回朝。

永乐二十二年（1424年）正月，鞑靼部首领阿鲁台率军进犯明山西大同、开平（今内蒙古正蓝旗东北）等地。朱棣遂调集山西、山东、河南、陕西、辽东五都司之兵于京师和宣府待命。四月三日亲率大军第五次北征。二十五日，进至隰宁（今张家口市沽源县南），获悉阿鲁台逃往答兰纳木儿河（今蒙古境内之哈剌哈河下游），朱棣令全军急速追击。六月十七日，进至答兰纳木儿河，周围三百余里不见阿鲁台部踪影，遂下令班师。七月十八日，明成祖在回京途中病死于榆木川（今内蒙古多伦西北）。至此蒙古势力暂时削弱，明朝也已精疲力竭，无力再做大规模远征。

宣德元年（1426年），瓦剌部也先战胜鞑靼部后统领蒙古诸部，控弦十万人，与明军常有战事。二月发兵犯开平，镇朔大将军薛禄率军从宣府出发，在奇黄山（今赤城县独石口北）斩获众敌。

正统四年（1439年），宣府守将杨洪率兵追击乌梁海来犯之敌，后在三岔河激战，连连取胜，逼敌退出塞外。

正统十四年（1449年），瓦剌部太师也先以马互市，明朝内宦官王振强令减其马价，也先大怒，发兵大举宣府诸边。三月瓦剌部兵犯独石口，马营守备杨俊弃城，永宁守备孙刚、谷春领兵前来救援，途中遇敌战死，随之北路八城皆陷。七月也先又入犯诸边，王振主张帝亲征。帝从王振，便下诏亲征。御驾出关，众臣力请回銮，王振怒，令户部尚书王佐皆随大营。车驾次宣府城，成国公朱勇战败，兵部尚书邝野闻讯请帝趋入关。王振不允，帝遂至大同。八月帝见也先大军到大同，诏六师东还。诸臣请帝入紫荆关回京，王振恐兵践踏蔚州家乡稼禾，改道居庸关，车驾至宣府。也先兵随尾追，不少将士战死。帝在宣府未敢停留，行至土木堡（今怀来县境）。众臣请驾入怀来城，因王振随淄重在后，为等王振到，帝诏驻土木。扎营后，土木无水。也先追到，将土木包围，派使通礼和谈，帝命内阁大学士曹鼐起诏书答应，王振不允，急令移营。移营时，也先兵乘机进攻，六师大溃，死者数万，随帝大臣英国公张辅等五十余人皆战死，帝被包围、俘虏。土木一战，使明朝由盛转衰。

天顺四年（1460 年），瓦剌部可汗继承者孛来兵分三路进犯宣府、大同诸边。宣府总兵官杨能出兵抵御，大破瓦剌兵于磨儿山。

成化十九年（1483 年），鞑靼部小王子领骑兵两千余人由万全右卫入境至顺圣川（今阳原县境）大掠。宣府总兵周玉率兵配合大同巡抚，共同击败鞑靼兵。

弘治九年（1496 年），鞑靼部小王子领骑兵六千余人由西路入境，占镇西台、西河台（今怀安县地）等处，又入内地剽掠百姓财物，蹂躏田禾。宣府总兵周玉等率兵伏兵狙击，鞑靼兵败，北逃。

弘治十二年（1499 年）秋，鞑靼部火筛领三万骑入塞抢掠。游击将军张俊先遣兵三百邀其前，复兵为策应，后依河结营开始总攻，击败来敌。

弘治十八年（1505 年），鞑靼部数千骑兵自万全新河口入犯，守堡明军被击败。宣府总兵张俊、游击将军张雄率兵抵御，错将军营收缩于土丘上。鞑靼兵乘机合围，截断水源，只让开一条峡谷。张俊率兵近万人入峡谷，被鞑靼兵包围，使内外音信隔绝，断水断粮，军士困苦不堪。七天之后，又逢大雨冰雹。张俊之守军死七千余人，张雄被困七日战死于虞台岭。

正德九年（1514 年），瓦剌部也先遣兵自野狐岭入，直至顺圣川东、西城抢掠。鞑靼部小王子领兵入犯顺圣川、万全右卫城、怀安卫、蔚州抢掠。明两名游击将军遇敌皆战死。

正德十二年（1517 年），鞑靼部小王子领兵五万入塞，明将王勋等力战，官兵死伤数百，告急京师。十月，明武宗朱厚照亲征，驻顺圣川，督军与小王子战，五日后小王子退去。十一月，明武宗移驻宣府镇。

嘉靖二年（1523 年），瓦剌部入塞攻占丁字堡，都指挥使王刚奋战身亡。

嘉靖六年（1527 年），鞑靼部小王子领兵入塞进犯葛峪堡、青边口、羊房口（今宣化县境）等地，扎营数里，明将指挥使王镇率千人抵御，经十余战，最后寡不敌众，奋战而死。

嘉靖三十四年（1555 年），鞑靼部俺答以十万骑，由中路入塞。一股入顺圣川、蔚州抢掠；一股入怀来、永宁、隆庆抢掠。明游击将军张纮率军在保安张家堡遇敌包围战死。

隆庆二年（1568 年），鞑靼部俺答之子领五万骑兵直掠蔚州，为诱宣府总兵马芳出兵，又以五万骑兵偷袭宣府镇。马芳固守城镇，敌久攻不下，遂退去。

隆庆五年（1571年），明朝诏封鞑靼部俺答为顺义王，并批准在大同镇和宣府镇万全右卫张家口设马市（亦称官市），同时开设民市，双方定期开放互市市场。俺答为表示诚意把所住的开化城改名为"归化"城（今内蒙古呼和浩特市），以示对明朝的归顺之意，并派特使向明朝致谢，誓不犯边，结束了张家口地域和蒙古部落长期的战乱。《明实录》载："俺答封贡成……三陲晏然，一尘不扰，边氓释戈而荷锄，关城息烽而安枕。""隆庆和议"开创了蒙汉之间的友好互市局面，一直延续到明朝末年，保持了近七十年的友好贸易关系。

后金兴起在张家口地域的战事

明朝在东北地区主要居住着女真族。明万历四十四年（1616年）努尔哈赤统一了女真部落，在赫图阿拉（今辽宁省新宾满族自治县老城）建立了大金国（史称后金）。此后，努尔哈赤开始不断扩充疆土，吞并拉拢辽东蒙古各部，频繁进攻明朝。

这时蒙古察哈尔部林丹汗少年得志，血气方刚，力图继承世祖达延汗的事业，号令漠南蒙古，共同抗击后金。他采取的战略首先是打破蒙古内部长期割据、互不统属的局面，待统一蒙古后，再与后金争夺辽东。他屡次声称："南朝只一个大明皇帝，北边只我一人，何得处处称王？我当先处里，后处外。"（《崇祯长编》）为实现这个目标，他实行南讨明朝封赏，东与后金争雄的策略，并为之进行了多年努力。

当时，明朝、后金与蒙古察哈尔部都想要统一辽东地区，但后金势力的扩张威胁着察哈尔部，察哈尔部的强大又妨碍后金抚绥漠南蒙古。因此，后金为对抗明朝，必须先征服察哈尔部。而在明朝看来，察哈尔部与后金相比较，主要威胁来自后金。明朝为了对付后金，便利用林丹汗与努尔哈赤的矛盾，实行"以西虏制东夷"的策略，极力拉拢察哈尔以抵御后金的进攻。林丹汗初登汗位时，明朝很看不起他，说他是"穷饿之虏""懦弱未威"（《明神宗实录》）。后林丹汗奋而自强，即位后便不断地进攻明朝的边境地区，以武力胁迫明朝给予重赏。明朝迫于压力，同时也企图借助林丹汗的力量，共同抵御后金，就答应林丹汗的条件，逐渐增加岁币（岁币是明朝每年以赏赐的名义，给蒙古王公定额的物资和金银），并把过去由明朝直接给漠南东部蒙古诸部的岁币，转交给林丹汗控制。因为在这个时候，20多岁的林丹汗在明朝眼中已是"虏中之王"了。据《明熹宗实录》记载，仅在明天启二年、三年的两年，明朝给蒙古各部首领的赏银就达 306900 两之多。

林丹汗兴起之日，恰逢土默特万户衰落之时。俺答汗已死多年，其曾孙卜失兔袭封爵。不久，配四汗、主兵柄的三娘子死。卜失兔徒有空名，部势衰落，后败走河套。卜失兔衰，林丹汗兴。

明万历四十六年（1618 年），林丹汗乘后金陷明朝抚顺、开原之机，向明廷提出"助明朝、邀封赏"。明朝给林丹汗赏银 4000 两，使其"联结炒花（蒙古另一部落名称）诸部，以捍大清"。第二年，明廷加林丹汗赏银至 4 万两。这些赏银大都由驻张家口堡的明军代明廷发放。另外，林丹汗到明朝近边时，明朝都要提供宴会饮食，即"迎风宴"，同时还要给予"迎风赏"。

天启四年（1624 年），林丹汗的近属歹青因领赏时对明朝不满，在边关哗噪而被杀。明朝边臣议每年给偿命银 13000 两，而林丹汗对此不悦，对明朝若即若离。明廷为了进一步拉拢林丹汗，到崇祯年间，将给林丹汗的赏银提高到 81000 两，以牛羊、茶果、米谷、布匹、金银为附金，换取察哈尔林丹汗不犯边，而求得西边安靖，使明廷得以集中力量对付后金。

林丹汗急于完成统一蒙古大业，经常暴虐各部，动辄以武力相逼，再加上后金千方百计威胁引诱蒙古各部，使他的努力结果适得其反。后来，察哈尔部之外的科尔沁、喀尔喀诸部纷纷叛离，察哈尔属下的部落有的也陆续离他而去。林丹汗由于后金攻击和诸部叛离，在辽西地再也无以立足，于是开始向右翼蒙古地区迁徙，攻打收服右翼蒙古诸部。

天启七年（1627 年）十月，林丹汗打败漠南蒙古喀喇沁，进入宣府边外。十一月，打败土默特部，占领了归化城。

崇祯元年（1628 年），林丹汗部控制了宣化、大同边外地方，不断骚扰明朝。宣府巡抚向明廷报告，宣大边上出现了"虏情万分紧急，粮草一时难供"的局面。

崇祯元年（1628 年），后金兵由长城南下，攻打林丹汗部，并兵分四路掠怀安卫，屠万全左卫。

崇祯二年（1629 年）初，察哈尔部在张家口一带抢掠，并零星进犯明边。但在后金的压力下，明朝和林丹汗的关系有所改善。双方商议制定了在张家口来远堡开市的日期，林丹汗亲自到张家口边外举行了祭天仪式，明宣府巡抚按惯例派人送去了"迎风宴",准备三月开市。但因后金兵征讨察哈尔,林丹汗未敢久留。后金以征察哈尔部为由驻扎蓟、宣、大三镇边外,京师闻警戒严。十一月,后金兵攻蓟镇,宣府镇出兵救援。

崇祯三年(1630年),后金兵退,林丹汗又率部返回张家口边外,向明朝索取了不少泥匠、瓦匠等手艺人,在张家口边外修建庙宇和库房,并打算在张家口外长期驻牧。

崇祯五年(1632年),后金兵入犯宣府地。因林丹汗已闻讯转移,后金遂放火烧毁察哈尔部在张家口边外新修的库房,掠夺所留货物,并对留守蒙古兵杀死少壮,俘虏老弱。

崇祯五年(1632年),后金皇太极亲征察哈尔,林丹汗向西遁逃,经河套,越宁夏,后退至甘肃西部,不久患病死于撒里畏兀儿境内大草滩地方(今甘肃天祝藏族自治县境)。两年后,其子额尔克孔果尔额哲率察哈尔十六部降附了后金,被安置于义州边外。

崇祯六年(1633年)五月,后金贝勒阿济格率左翼军入犯宣府大同两镇边外。阿济格驻塞上扎营七百里,西至黄河,东至宣府镇边外,蒙古察哈尔部全部归附。六月,阿济格兵驻张家口外正沟,列营四十里,并向宣府镇强索明朝给察哈尔的缎、布、皮和银12500两归后金。

崇祯七年(1634年),后金皇太极派兵西征察哈尔残部后,金兵入塞攻下膳房堡、洗马林,直至宣府。南下分四路并进,入怀安卫,破万全左卫,守备常如松率军民奋战而亡。后金围攻宣府镇,兵驻沙岭子,久攻不下,转打深井堡。

崇祯八年(1635年),后金贝勒阿济格、多尔衮、多铎等率军毁边墙入龙门卫,分四路向宣府镇围攻,并东略保安,西攻德胜堡。

崇祯九年(1636年),皇太极宣布改汗称帝,更国号为大清。

崇祯十年(1637年),清兵阿济格及归附的蒙古各部合兵进攻宣府镇、延庆州等地,俘掠人畜15000余。

崇祯十一年(1638年),清兵入犯顺天府,宣府总督卢象升、太监高起潜、总兵杨嗣昌同率兵入援。卢象升在巨鹿与清兵奋战中身亡。

崇祯十七年(1644年),李自成率农民起义军兵临宣府,巡抚朱之冯自缢。三月十九日李自成领军攻破北京城,明朝灭亡。

蒙古鞑靼、瓦剌和兀良哈部落的起源与兴衰

明朝时期，蒙古主要有鞑靼、瓦剌和兀良哈三个部落。这些部落和张家口地域相连，关系极为密切，经常发生袭扰内地的战事，但是也有和谐共处，互市贸易，共同发展时期。

鞑靼之名始见于唐朝中叶。鞑靼又作达怛、达旦、达靼、达达、塔塔儿等。鞑靼人属突厥语族，混合了蒙古人和跟随蒙古人西征的其他种类的突厥人的血统。明朝人把退居蒙古高原的北元政权及其治下的东蒙古族各部落通称为鞑靼。

明洪武元年（1368 年），元顺帝弃大都北逃，两年后死于应昌，子爱猷识理达腊继位，退到漠北，仍用大元国号。由于明朝的多次进攻和蒙古贵族内部的激烈斗争，其势力逐渐削弱，元顺帝后裔虽然仍被奉为正统，但汗权衰微，权臣势盛，爱猷识理达腊以后的四代大汗（脱古思帖木儿至坤帖木儿）都在内争中被杀。明建文四年（1402 年）蒙古贵族鬼力赤篡夺了汗位，鬼力赤废除元朝国号，自称鞑靼可汗。因非汗裔，部众不服，被其部将阿鲁台杀之。

明永乐六年（1408 年），阿鲁台拥立元朝皇族坤帖木儿弟本雅失里为鞑靼可汗（即蒙文史书上的额勒锥特穆耳汗），自任太师，专擅朝政。据《蒙古源流》记载，阿鲁台为"阿速人"。在元朝时，由阿速人组成的阿速卫是元廷的侍卫亲军之一。有学者认为"明灭北元捕鱼儿海之役，阿鲁台同产兄妹二人被明军俘虏，他本人则似乎在哈剌章部下。后来阿鲁台以呼伦贝尔为根据地，左右蒙古政局达 30 年，可能就是在哈剌章旧部的基础上发展起来的"。其后，鞑靼阿鲁台与雄踞蒙古西部的瓦剌部贵族攻战不已，各自拥立北元汗裔为傀儡可汗。

明永乐七年（1409 年），明朝遣使臣郭骥到本雅失里处通好，被杀。这年七月，明成祖朱棣即派淇国公丘福领兵 10 万进攻鞑靼，结果在今克鲁伦河被击败，全军覆没，丘福战死。明永乐八年（1410 年），明成祖朱棣第一次亲统 50 万大军北征鞑靼，大军进到今鄂嫩河，击溃了鞑靼主力军，大获全胜。本雅失里向西逃遁，阿鲁台也领兵东下，从此东西分裂，各自为部。此后，阿鲁台向明朝贡马称臣，本雅失里则于永乐十年（1412 年）被瓦剌部马哈木所攻杀。明朝则利用双方矛盾，先后封瓦剌首领和鞑靼太师为王，使其相互抗衡。

瓦剌部马哈木子脱欢统一各部后，出兵攻杀阿鲁台及其所立之阿岱汗，另立脱脱不花为汗（即蒙文史书上的岱总汗），治鞑靼诸部。后脱欢子也先为进一步扩展势力，完全兼并了鞑靼，并杀汗自立。也先以异姓贵族篡夺汗位，部下离心，纷纷背叛，不久亦在内讧中被杀。瓦剌势衰，鞑靼复起。但蒙古各部异姓贵族仍争权夺利，操纵可汗，相互混战。

明成化十六年（1480年），达延汗击败瓦剌，削平割据势力的反抗与叛乱，统一了鞑靼各部，汗权大大加强，结束了权臣专政、诸部纷争局面。明正德十二年（1517年）达延汗死后，鞑靼又陷于分裂。后土默特万户俺答汗控制了右翼三万户，称司徒汗，与大汗分庭抗礼，进而吞并左翼一些部落，迫使汗庭东迁义州（今辽宁义县）边外。俺答曾大举进攻明朝，明隆庆五年（1571年）达成协议，被明朝封为顺义王，恢复并发展了与明的封贡关系，土默特的中心地丰州滩"板升"被命名为归化城。他还远征瓦剌及甘、青、藏交界地区，将西藏佛教（黄帽派）传入蒙古，封其主锁南坚错为达赖喇嘛三世，达赖喇嘛之号自此始。鞑靼大汗东迁后，在土蛮汗（即图们札萨克图汗）时代曾一度强盛。明末，林丹汗收服了蒙古右翼诸部，并得到漠北喀尔喀部的拥戴，力图重建统一蒙古诸部，但却由于后金的势力日益强盛，最后兵败仓促西逃，未成大业。

鞑靼名称作为对中国北方游牧民族的泛称，也传到西方，蒙古军西征，西方人即称他们为鞑靼。鞑靼后成为古代中国汉族对北方游牧民族的统称。

鞑靼族现主要居住在俄罗斯和中国。俄罗斯联邦的鞑靼族居住在鞑靼斯坦共和国和西西伯利亚、中亚的土库曼斯坦和乌兹别克斯坦，分喀山鞑靼人、克里米亚鞑靼人、西伯利亚鞑靼人等很多种，现有人口600多万，是今俄罗斯联邦人口最多的少数民族。在中国的鞑靼族即塔塔尔族，塔塔尔是鞑靼（Tatar或Tartar）的音译，是中国的少数民族之一。现在塔塔尔族主要分布在新疆维吾尔自治区的伊宁、塔城、乌鲁木齐等地。

瓦剌是明朝人对西部蒙古部落的称呼。瓦剌原分布于扎布汗河、科布多河、额尔齐斯河、叶尼塞河上游和准噶尔盆地一带。瓦剌部人数众多，据说人口有四万户以上，有若干分支，各有自己的名称。元朝时称斡亦剌，又作卫拉特或卫喇特。元时开始南下，定居于阿尔泰山麓至色楞格河下游的广阔草原的西北部，并改狩猎经济为畜牧经济，兼营部分农业。瓦剌和鞑靼有矛盾，互相仇杀不休。后瓦剌乘蒙古本部的势力日渐式微的机会，开始介入争夺蒙古统治权的战争中。

　　明初对鞑靼用兵，使瓦剌首领猛哥帖木儿乘势而起。明成祖朱棣即皇帝位后，即派使臣告谕瓦剌部。永乐六年（1408年），马哈木等遣使向明朝贡马请封。逾年，瓦剌首领马哈木、太平、把秃孛罗受明封为顺宁王、贤义王、安乐王。为争夺蒙古汗位，瓦剌与鞑靼部频繁争战，势力各有消长。永乐八年（1410年），明成祖朱棣北征，鞑靼势衰。永乐十年（1412年），瓦剌乘机南下，攻杀鞑靼的本雅失里，进而南下攻明。永乐十二年（1414年），明成祖朱棣闻警，举行第二次北征。六月，明军大败瓦剌于忽兰忽失温（今蒙古乌兰巴托东），一直追击至土剌河（蒙古境内的图拉河），马哈木遁去。翌年，马哈木等遣使贡马谢罪。不久马哈木死，传子脱欢，明朝封脱欢为顺宁王。宣德九年（1434年），脱欢袭杀鞑靼部的阿鲁台，正统初年又杀贤义、安乐两王，统一蒙古帝国。他立元皇室后裔脱脱不花为可汗，自为丞相。正统四年（1439年）脱欢死，子也先嗣，称太师淮王。至此，瓦剌势力极盛。也先不仅征服了北方蒙古诸部，又西攻哈密，控制西域要道，东破兀良哈三卫，袭扰辽东，威胁朝鲜，日渐跋扈，成为明朝北方严重的边患。

　　正统十四年（1449年），瓦剌部也先大举攻明，俘明英宗于张家口土木堡，后直犯京师，但被明将于谦所却，只好与明讲和，送还英宗。此后，也先与脱脱不花间的矛盾加剧。也先恃强，杀脱脱不花，自己取而代之，日益骄横，景泰六年（1455年）被内部所杀。也先死后，瓦剌部落分散，逐渐衰落，内部事态鲜为人所知。对外则西侵谢米列契地，并沿锡尔河洗劫了塔什干等城；向东争夺哈密，一度攻入肃州城，以求开拓东西方通道。一部分瓦剌人则向青海、甘州等地陆续转移。也先之后约150年，哈剌忽喇兴起。

　　哈剌忽喇与马哈木、脱欢、也先祖孙一样，亦出身于绰罗斯部。约与其同时，还有和硕特部首领拜巴噶斯。二人先后为瓦剌四部盟主。此时瓦剌的分布在额尔齐斯河左岸低洼地带，其牧场地可达伊赛克湖。清朝，称瓦剌为卫拉特或额鲁特、厄鲁特，分为杜尔伯特、准噶尔（绰罗斯、厄尔伯特）、土尔扈特、和硕特四部。

　　兀良哈是蒙古东部的部落，由泰宁卫、福余卫、朵颜卫三卫组成。兀良哈三卫是明人对漠北蒙古东部的称呼，又名朵颜三卫。兀良哈部在洪武时归附明朝，洪武二十二年（1389年）朱元璋在其居住地置泰宁卫、福余卫、朵颜卫指挥使司。又封儿子朱权为宁王，镇守大宁，以控制朵颜三卫。

泰宁卫的蒙古语名"罔流"（或往流），即翁牛特部，首领系辽王脱脱（成吉思汗末弟铁木哥斡赤斤四世孙）之后。福余卫自称我著，女真语密林之义，科尔沁等部渊源于此。朵颜卫曰五两案，即兀良哈异译，创始者脱儿豁察儿乃成吉思汗功臣折里走之后，为喀喇沁、东土默特二部的始祖。三卫所辖区域以嫩江为中心，东起乌裕尔河，西至洮尔、绰尔两河流域。

明建文元年（1399年），明朝发生皇室战争，史称"靖难之役"。朱棣在发动"靖难之役"前，借助兀良哈三卫的支持，挫败了镇守大宁卫（卫治在今赤峰市宁城县）的宁王朱权。后来，他又向兀良哈借用3000名精骑兵，作为其"靖难军"的骨干。建文四年（1402年），朱棣即皇帝位后，为了酬谢"从战有功"的兀良哈三卫，决定把大宁卫（今承德市、平泉县、建昌县及老哈河流域）割让。同时，他还封三卫首领以都督、指挥、千户和百户等职，决定在开原、广宁两地开设互市，供兀良哈三卫和明朝进行交易活动。将大宁卫地割让兀良哈是朱棣的一大失误，为明朝后世留下隐患。

明朝在宣宗末年和英宗初年，边防松弛，御警薄弱。兀良哈三卫从西拉木伦河到辽河流域全面展开攻势，向南推进。到明朝中晚期，他们终于来到明朝长城边外驻牧。据《明史》记载，当时兀良哈三卫驻牧地分布情况是："自大宁前抵喜峰口，近宣府，曰朵颜；自锦（州）、义（州）历广宁（卫）至辽河，曰泰宁；自黄泥洼，逾沈阳、铁岭至开原，曰福余。"从此，西拉木伦河和辽河以南，东起开原，西近宣府的长城边外，均属兀良哈地。

明朝授三卫首领以官职，决定其更袭和升迁，并颁给敕书，以凭朝贡，并规定三卫每年两贡，每次各500人，由喜峰口出入，贡物有马、驼等物。永乐初，还在辽东开东原和广宁（今辽宁北镇）等地设马市，与三卫市易马匹。尽管三卫时而和明朝互市贸易，时而寇掠明之边地，但总的说来，他们尚能服从明朝中央政权管辖。弘治、正德年间（1488—1521年），朵颜卫首领花当（即和通）势力自辽东远达于张家口地域宣府边外。由于三卫屏捍，自立三卫至嘉靖年间的一百五六十年中，平滦诸州未遭蒙古袭扰之祸。明清战争中，三卫先后臣属于清。

明末，在清朝的不断进攻下，蒙古诸部有的与清朝满族统治者联盟、联姻，如科尔沁部；有的则被清朝征服，如察哈尔、准噶尔部，最终整个蒙古各部都成为清朝的一部分。后来清朝以北方戈壁为界，将蒙古分为漠南蒙古（内蒙古）和漠北蒙古（外蒙古），并以此为基础在内蒙古建立了盟旗制。盟是由各部定期会盟而形成的机构，旗是分解原来的部落而组成，盟旗设置一直沿用至今。

参考资料：《明史》《蒙古族简史》《皇明九边考》《明世宗实录》《蒙古源流》《黄金史》《元朝秘史》《俺答汗传》《明代蒙古史论集》《钦定外藩蒙古回部王公表传》《清朝通史》《清史稿》《明神宗实录》《明清史料》《蒙古文书档案》《崇祯实录》《明代漠南蒙古历史研究》《中国古代史纲》《察哈尔省通志》《张家口明代纪事》《张家口历史文化读本》以及宣化、万全、蔚县县志等有关资料和历史书籍。

（原载于《张家口历史文化研究》2010年第9期）

耿双全，男，张家口市政协文史委原主任，张家口历史文化研究会原副会长。1950年生，河北大学中文系毕业。在省以上刊物发表论文50余篇，曾主编《张家口文史》《张家口历史文化研究》《张家口历史概览》等书籍。

后　记

　　《张家口长城研究文集》即将付印出版，这是张家口长城学界一件很有意义的事情。

　　张家口地区，因为所处的特殊地理人文环境，成为我国长城修筑较早又多朝代续修不断，修筑集中又里程较长，修筑规制齐备且式样丰富的地区之一，所以张家口被著名长城专家罗哲文先生誉为"历代长城博物馆"。也因此，张家口的长城，很早以来就引起了人们的研究兴趣，并有许多研究成果刊行于世。张家口地方长城研究者们也很早就有一个愿望，希望能把这些研究成果集中编辑出版，为大家提供一个展窗，使更多的人可以借鉴学习；为大家提供一个平台，让更多的人可以从这里出发，深入探讨，从而推动人们对张家口长城更高水平的研究。张家口历史文化研究会组织专班人员，广泛搜集已公开发表的有关张家口长城研究的文章，认真阅评，精心编辑了这一文集，满足了大家的这一热切要求。中共张家口市委宣传部、市社科联领导对本书从编辑到出版，都给予了细致的指导和巨大的帮助，使本书得以顺利出版。在此，我们由衷地表示感谢。

　　这里需要说明：一是本文集所编入的文章，只是我们看到的近些年来发表的有关张家口长城研究文章的一部分，年代更久远的文章或专著都没有涉及。二是所编入的文章，都是在公开或内部正式刊物上已经发表过的，并且得到了所有作者（有的是已故作者的亲属）的授权，同意我们编辑出版，我们对大家的热情支持表示衷心感谢。李晓宁等几位摄影师为本文集出版提供了他们有关长城的摄影作品，我们在这里也一并表示感谢。三是所编入的文章，基本上保留了它们当初发表时的原貌，因为时代关系当时研究条件关系，可能个别看法有些过时，但这正记录了我们的研究所走过的真实过程，故录以备考。四是因为研究条件不同可能所选文章中的观点相互间有不尽一致的情况，但这正可以促进彼此间的借鉴切磋，促进更深入的探讨。

本文集编选由程葆刚、韩祥瑞确定编选大纲和编辑要则，编辑部所有成员大家一起分头、分块阅审多种刊物上的相关文章分别遂选出可用文章初步意见，最后由主编主持逐篇审查确定了入选文章。本文集共收入有关张家口长城研究的文章59篇，其中张家口本地作者文章34篇，市外作者文章25篇，大体上比较客观地反映了目前有关张家口长城研究工作的概貌以及所能达到的水平。

由于编者的学识水平所限，本文集编辑尚有不少不尽人意之处。诸多不妥，还望读者不吝赐教。

编者

2024 年 2 月 18 日